D1698260

BASTEI
LÜBBE
TASCHENBUCH

Weitere Titel der Autorin:

Psychopathinnen
Auf dünnem Eis

Titel auch als E-Books erhältlich

Über die Autorin:

Lydia Benecke arbeitet als selbstständige Psychologin und als Therapeutin, unter anderem in einer Sozialtherapeutischen Einrichtung des Strafvollzugs mit schweren Straftätern. Sie hält regelmäßig Fortbildungen und Vorträge für ein breites Publikum. Als
Co-Autorin von AUS DER DUNKELKAMMER DES BÖSEN
und mit ihren eigenen Büchern AUF DÜNNEM EIS, Sadisten und
PSYCHOPATHINNEN hat sie bereits mehrere Bestseller geschrieben. Mehr über sie unter www.benecke-psychology.com

Lydia Benecke

Sadisten

Tödliche Liebe –
Geschichten aus dem wahren Leben

BASTEI
LÜBBE
TASCHENBUCH

BASTEI LÜBBE TASCHENBUCH
Band 61001

Dieser Titel ist auch als E-Book erschienen

Vollständige Taschenbuchausgabe
der bei Lübbe Ehrenwirth erschienenen Paperbackausgabe

Copyright © 2018 by Bastei Lübbe AG, Köln
Einband-/Umschlagmotive: © Olivier Favre, Odenthal
Umschlaggestaltung: Christin Wilhelm, www.grafic4u.de
Satz: Dörlemann Satz, Lemförde
Gesetzt aus der Minion Pro
Druck und Verarbeitung: CPI books GmbH, Leck – Germany
Printed in Germany
ISBN 978-3-404-61001-3

5   4   3   2   1

Sie finden uns im Internet unter www.luebbe.de
Bitte beachten Sie auch: www.lesejury.de

Ein verlagsneues Buch kostet in Deutschland und Österreich jeweils überall
dasselbe.
Damit die kulturelle Vielfalt erhalten und für die Leser bezahlbar bleibt,
gibt es die gesetzliche Buchpreisbindung. Ob im Internet, in der Großbuch-
handlung, beim lokalen Buchhändler, im Dorf oder in der Großstadt –
überall bekommen Sie Ihre verlagsneuen Bücher zum selben Preis.

Inhalt

Vorwort

Glaube und kämpfe.
Wenn du den Mut dazu hast.
Wenn das Herz nicht stottert.

Die Freiheit der Dunklen
– die ist ja nicht deswegen schlecht,
weil sie Freiheit von anderen bedeutet.
Das ist auch nur die Erklärung für die Kinder.

Die Freiheit der Dunklen ist in erster Linie
Freiheit von dir selbst,
von deinem Gewissen und deiner Seele.

Wenn du spürst,
dass in deiner Brust nichts mehr schmerzt,
dann schlag Alarm.

Obwohl es dann eigentlich schon zu spät ist.

(aus dem Roman »Wächter der Nacht« von Sergei Lukjanenko)

Immer wieder begegnen mir Menschen, die sich nicht recht vorzustellen vermögen, wie jemand glücklich sein kann, wenn er sich wie ich jeden Tag intensiv mit dem wirklichen Grauen auseinandersetzt. Gewalttaten, Vergewaltigungen, Tötungen und Kindesmissbrauch sind die Themen, mit denen ich mich in meinem Beruf – und sogar in großen Teilen meiner knapp bemessenen Freizeit – beschäftige. Auch nach Jahren, in denen ich diese Frage gestellt bekomme, fällt es mir schwer, meine Haltung dazu wirklich nachvollziehbar darzustellen. Denn Entsetzen und Abscheu sind unwillkürliche Gefühle, die viele Menschen empfinden, wenn sie mit derlei Themen in Berührung kommen. Solche Empfindungen hatte ich in dieser Form noch nie, wenn es um Verbrechen ging. Dennoch bedauere auch ich jeden Tag, dass es all diese Taten überhaupt gibt. Hätte ich die Wahl, würde ich lieber in einer Welt leben, in der es keine Verbrechen gibt – auch wenn mein Leben dann völlig anders aussehen würde.

Als ich mich in den letzten beiden Jahren intensiver mit meiner Familiengeschichte zu beschäftigen begann, wurde mir klar: Meine eher unorthodoxe Art, mit diesen Themen umzugehen, scheint auch eine genetische Komponente zu haben. So wie es in manchen Familien beispielsweise eine Häufung von Angsterkrankungen wie der sozialen Phobie oder der Blutphobie gibt, so herrscht in meiner Familie seit Generationen ein verstärktes Interesse an düsteren Themen und Kriminalfällen, gepaart mit einer gewissen Abenteuerlust. Als ich ein Kind war, erzählte mir meine Großmutter mütterlicherseits viel über ihre eigene Kindheit und Familie. Dabei erfuhr ich, dass ihre Mutter die Angewohnheit hatte, ihren Kindern aus Grusel- und Kriminalromanen vorzulesen. Einige dieser Geschichten erzählte meine Großmutter mir auch weiter. Außerdem hatte jene Urgroßmutter – wie auch meine Großmutter selbst – den Ruf, eine ziemlich abgeklärte und furchtlose Person zu sein. Im damaligen Deutsch Piekar in Oberschlesien, wo meine Urgroßmutter lebte, war Aberglaube weit verbreitet. In dieser Umgebung war sie für einen Spruch bekannt, den sie immer dann parat hatte, wenn mal wieder ein Dorfbewohner von gespenstischen Erscheinungen auf dem örtlichen Friedhof erzählte: »Du hättest nicht so viel trinken sollen, dann wären dir auch keine Geister erschienen. Vor den Toten brauchen wir keine Angst zu haben, sondern nur vor den Lebenden.« In dieser Einstellung mag sich ihre eher rationale Art niedergeschlagen haben, aber auch ein Interesse für jede Art von Kriminalfällen.

Ihr Sohn, mein 2014 verstorbener Großonkel Leon Bogacki, erbte ihre Faszination für derlei Themen. Er studierte Jura und machte eine steile Karriere bei den Ermittlungsbehörden im damaligen kommunistischen Polen. Was er während seiner langen

Berufslaufbahn alles erlebte, das erzählte er seiner Familie und mir erst vor wenigen Jahren, nämlich als er mitbekam, in welche Richtung meine Interessen und meine berufliche Laufbahn gehen. Dazu muss man wissen, dass niemand in meiner Familie jemals in irgendeiner Form versucht hat, in mir das Interesse für die Beschäftigung mit Verbrechen zu wecken. Ganz im Gegenteil sahen alle meine Verwandten, egal wie nah oder fern, meine schon als Kind angelegte Sammlung von Ordnern, Büchern und VHS-Kassetten über Kriminalfälle als ein etwas schrulliges Hobby an, von dem sie annahmen, es würde sich irgendwann legen.

Onkel Leon und der Vampir von Krakau

Kurz gesagt:
Töten und das Blut der Opfer trinken,
Menschen zerstören und ihr Eigentum.

(Karol Kots Lebensmotto)

Als mein Onkel und ich vor wenigen Jahren ein Gespräch über meine Arbeit mit Straftätern führten, meinte er, es sei doch ein merkwürdiger Zufall, dieses Interesse. Denn obwohl er in seinem gesamten Berufsleben eigentlich »nur« dafür da war, die »bösen Jungs« zu fangen, hatte er ebenso wie ich schon immer wissen wollen, warum sie das taten, was sie taten.

Als junger Ermittler arbeitete er am Fall des polnischen Serienmörders Karol Kot, dessen Nachname auf Polnisch »Kater« bedeutet und der bis heute allen Polen ein Begriff ist. Karol Kot wurde in Polen als »Vampir von Krakau« bekannt. In vielerlei Hinsicht war er für die damaligen Ermittler ein Rätsel. Im Gegensatz zu vielen schweren Verbrechern stammte er aus einer bürgerlichen, gebildeten, finanziell eher gut gestellten Familie. Der Sohn eines Ingenieurs war ein durchschnittlicher Schüler mit einem schelmischen

Jungengesicht und – wenn er es wollte – feinen Manieren. Sein adrettes äußeres Erscheinungsbild und seine höflichen Umgangsformen wiesen Parallelen zu dem westdeutschen Serienmörder Jürgen Bartsch und dem ostdeutschen Serienmörder Erwin Hagedorn auf. Ebenso wie diese beiden begann er früh mit seiner mörderischen Karriere.

Mit siebzehn attackiert Kot eine alte Frau, die in der Kirche zum Gebet kniet, mit einem Jagdmesser. Die Frau überlebt. Wenige Tage später wiederholt er seinen Versuch an einer anderen Frau ähnlichen Alters. Nachdem auch diese überlebt, verläuft sein dritter Messerangriff innerhalb eines Monats auf eine ältere Frau schließlich tödlich. In den nächsten anderthalb Jahren verändert er seinen Modus Operandi, also seine Art der Tatdurchführung. Er versucht mehrfach, Menschen zu vergiften. In den meisten Fällen sind diese Versuche gegen Fremde gerichtet. Er schüttet Arsen in Bier- oder Limonadenflaschen und lässt diese offen stehen, während er sie aus einiger Entfernung beobachtet. Als aber niemand die Getränke zu sich nimmt, versetzt er eine Flasche Essig in einem Restaurant mit dem Gift. Er hofft, das scharfe Aroma des Essigs werde mögliche Geschmacksveränderungen durch das Gift verdecken. In den Tagen darauf sucht Kot in den Tageszeitungen Berichte über Vergiftungserscheinungen oder Todesfälle von Restaurantgästen, doch er wird nicht fündig.

Entmutigt versucht er nun, einen Mitschüler mit einem vergifteten Getränk zu töten. Aber auch dieser Versuch scheitert, da der Mitschüler einen ungewöhnlichen Geruch des Getränks wahrnimmt und sich daher weigert, es zu trinken. Als Giftmörder dauerhaft erfolglos, ändert Kot seine Vorgehensweise erneut. Anderthalb Jahre nach seiner Angriffsserie auf ältere Frauen zieht er an einem nebligen, verschneiten Wintertag im Februar 1966 los, um zu töten. Zufällig begegnet er dem 11-jährigen Leszek, der mit seinem Schlitten unterwegs ist. Er fragt den Jungen, ob die lauten Geräusche aus der Nähe von einem Schlittenrennen herrühren. Der bejaht – auf dem nahe gelegenen Hügel finde ein Schlittenrennen statt. Als Leszek weitergehen will, packt Kot seinen Kopf mit der

*Der polnische
Serienmörder
Karol Kot
(*1946, †1968).*

linken Hand, zieht ihn nach hinten und versetzt ihm mit der rechten Hand elf Stiche mit einem großen Messer. Der Junge stirbt auf der Stelle, für die Tat gibt es keine Zeugen.

Dieses Erlebnis muss Kot einen starken Schub von Glückshormonen versetzt haben, denn schon zwei Monate später sucht er ein neues Opfer. Er tritt in den Eingang eines Wohnblocks und beabsichtigt, dort jemanden anzugreifen. Nach einer Weile, in der sich niemand zeigt, setzt er sich auf die Treppe. Da sieht er, wie ein kleines Mädchen die Treppe herunterkommt und zum Briefkasten geht, um die Post ihrer Eltern zu holen. Er stellt sich hinter die siebenjährige Małgosia und beginnt, mit einem Dolch auf sie einzustechen. Doch auch dieses Opfer kann trotz seiner schweren Stichverletzungen gerettet werden. Bald darauf wird Kot aufgrund einer Zeugenbeschreibung verhaftet und von den älteren Damen wiedererkannt, die er angegriffen hatte. Wegen zweifachen Mordes, zehnfachen versuchten Mordes und vierfacher Brandstiftungen wird er schließlich zum Tode verurteilt.

In Haft versucht Kot nicht einmal, Bedauern zu heucheln. Stattdessen berichtet er erschreckend kühl und offen von seiner seltsamen Entwicklung zum Serientäter. Die Diskrepanz zwischen seinem kindlich-unschuldig wirkenden Äußeren und dem Grauen seiner eiskalten Worte und Taten beeindruckt alle, die an dem Fall arbeiten. Genau diese erschreckende Kluft zwischen Schein und Sein ist es auch, die zwei Monate später Westdeutschland (im Fall Jürgen Bartsch) und fünf Jahre später Ostdeutschland (im Fall Erwin Hagedorn) erschüttern wird. Auch von diesen wird später bekannt, dass sie schon als Kinder auffällig waren, andere Kinder quälten und sich für Foltermethoden interessierten.

Kots Geschichte beginnt mit seiner früh entwickelten regelrechten Obsession für Messer. Sie üben eine unbeschreibliche Anziehungskraft auf ihn aus, sodass er die unterschiedlichsten Ausführungen sammelt und damit umzugehen übt. Bald ist er sehr geschickt im Messerwerfen oder auch darin, ein Messer möglichst schnell zwischen seinen gespreizten Fingern in den Tisch zu rammen. Auch wenn dieses Hobby eher ungewöhnlich ist, macht sich in seinem Umfeld niemand große Gedanken. In einer Zeit, wo Jungs noch Cowboy und Indianer spielen, lässt sich die Vorliebe für derlei Spielchen als Auswuchs eines durch Abenteuergeschichten geformten Freiheitsdranges interpretieren. So zumindest scheinen es seine Lehrer zu sehen. Nur einer sagt ihm irgendwann, er sei doch langsam zu alt für solche Spiele.

Mit seinen Messern zieht er bald los, um Tiere aufzuschneiden, die er in der Wildnis findet. An Kröten, Maulwürfen, Vögeln übt er das Töten und Zerteilen. Dabei entdeckt er, dass das frische, warme, fließende Blut in ihm ein angenehmes Gefühl weckt. Dieses Gefühl will er unbedingt verstärken. Gelegenheit dazu hat er während seiner Ferien in einer ländlichen Gegend. Da ihm langweilig ist, sieht er bei Schlachtungen landwirtschaftlicher Tiere zu. Dies begeistert ihn sehr, und er bittet den Metzger darum, ein bis zwei Gläser mit dem frischen Blut abzapfen zu dürfen. Der Metzger wundert sich zwar etwas, gestattet es dem Jungen aber, sodass Kot zum ersten Mal frisches Blut größerer Lebewesen trinken kann. Dies zu tun, solange das Blut noch warm ist, empfindet er als ultimativen Kick, wie er später beschreibt: »Das ist das echte Getränk der Götter. Das Bewusstsein darüber, dass du Blut trinkst, welches eben noch lebendig war, das ist etwas Erhebendes. Ihr (…) werdet das nicht begreifen, verstehen können dies nur Auserwählte. Ich war auf dieser Erde dazu auserwählt, um dies zu empfinden und meinen Körper mit dem vergehenden Leben anderer Wesen zu nähren.« Diese Blutleidenschaft lebt Kot auch in seinen mörderischen Überfällen aus, indem er das frische Blut von den Klingen leckt.

Parallel zu seiner Leidenschaft für Blut spielt Kot mit Feuer und beginnt damit, kleine Brände zu legen. Unter Gleichaltrigen ist er nicht sonderlich beliebt, er gilt als seltsamer Kauz, wozu er durch seine Art allerdings auch aktiv beiträgt. Seine Spitznamen in der Schule sind »der Schlitzer« (wegen seiner Vorliebe für Messer), »der Blutige« (wegen seines Interesses für alles, was mit Tötungsmethoden zusammenhängt), »der Verrückte« (wegen seines für die Mitschüler nicht immer nachvollziehbaren Verhaltens) oder »Erotoman« (da er sich Mitschülerinnen gegenüber unangemessen verhält und sie beispielsweise immer wieder unsittlich berührt). Seit früher Kindheit lernt Kot Karate; ein für die damalige Zeit eher ungewöhnlicher Sport, den er gerne einsetzt, vor allem gegen seine Mitschüler. Auch tritt er diversen Vereinen bei, die mit Uniformen, Waffen und Macht assoziiert sind, unter anderem dem Schützenverein, wo er durch gute Schießleistungen auffällt. Außerdem besorgt er sich Bücher über Anatomie und Gifte, um den Aufbau des menschlichen Körpers für die Realisierung seiner Tötungsfantasien besser verstehen zu können.

Kot erzählt freiheraus und geradezu stolz von seinen ungewöhnlichen Vorlieben, Gedanken, Gefühlen und auch von seinen Taten. Seine frühen, ungewöhnlichen Interessen und Hobbys sind nicht die Ursache, sondern nur ein Ausdruck seiner äußerst auffälligen Psyche. Wie auffällig diese ist, wird auch Kot selbst deutlich. Später wird er beispielsweise aussagen: »Es ist doch wohl nicht normal, dass ein 19-jähriger Junge schon ein so verwirrtes Gewissen hat. Ich habe es meiner Freundin Danka gesagt, dass ich wohl krank bin und an Schizophrenie oder Psychopathie leide. Die Gutachter waren da anderer Meinung. Sie finden, dass ich nicht krank bin. Ich denke mir, warum haben meine gleichaltrigen Kollegen nicht solche Taten begangen? Wenn ich gemordet habe und psychisch ebenso gesund bin wie sie, dann ist es für sie wahrscheinlich verletzend, dass ich zu derselben Gruppe normaler Jungs gehöre wie sie.«

Obwohl Kot umfangreiche Auskünfte zu seiner sehr ungewöhnlichen Gefühls- und Gedankenwelt gibt, bleibt eine umfassende, schlüssige Erklärung für seinen psychischen Zustand und seine Taten zunächst aus. Mein damals 30-jähriger Onkel Leon besucht ihn mehrfach im Gefängnis und spricht mit ihm. Er erhofft sich nachvollziehbare Antworten auf die Frage nach dem »Warum«. Auch will er wissen, wie so ein extremer Serienmörder im persönlichen Kontakt wirkt. Onkel Leon beschreibt mir Kot über vierzig Jahre nach ihren Begegnungen als einen intelligenten, gebildeten jungen Mann mit einem feinen, leicht düsteren Sinn für Humor, der auffällig kaltblütig von seinen Verbrechen berichtet. Auch meinem Onkel fällt deutlich auf, dass Kot in der Tat wohl nicht einen Funken Reue zeigt und auch angesichts der bevorstehenden Hinrichtung erstaunlich gefasst und sachlich wirkt.

Dieser persönliche Eindruck passt zu einer Aussage, die Kot bezüglich seiner Taten zu Protokoll gab: »Ich weiß, dass man nicht töten darf … aber trotzdem habe ich beschlossen zu töten, weil mir dies Vergnügen bereitete. Selbstverständlich hätte ich mir diese Art des Vergnügens versagen können, wenn ich dies gewollt hätte, doch das wollte ich nicht. Ich zog es vor zu töten. Eigentlich bereue ich nichts. Es tut mir auch nicht leid um die Menschen, denen ich geschadet habe. Wenn ich nicht aufgehalten worden wäre, so versichere ich, dass ich dasselbe tun würde, also weiterhin Menschen töten würde, Erwachsene und Kinder.«

Interessanterweise fällt meinem Onkel auch Kots seltsam anmutende Beziehung zu seiner Mutter auf. Diese versucht alles, um ihren Sohn vor der Todesstrafe zu bewahren. Sie scheint hinter der Fassade der besorgten Übermutter eine dominante Persönlichkeit zu haben, von der sich Kot nicht gut abgrenzen kann. Seine Aussagen zu den Verhältnissen in seiner Familie sind äußerst widersprüchlich. Je nachdem, mit wem er spricht, behauptet er entweder, seine Kindheit sei sehr schön und das Verhältnis zu seinen Eltern stets bestens gewesen; oder er sagt, er könne seine Mutter nicht leiden und sähe seinen Vater am liebsten tot. Mit diesem Widerspruch konfrontiert, erklärt er in seiner ganz eigenen Logik: »Tatsächlich habe ich das gesagt, aber das war etwas anderes. Sie machten mit mir so seltsame Tests, fragten mich nach Assoziationen, da habe ich das gesagt. Doch ich kann versichern, und das wird wahrscheinlich der einzige Trost für meine Eltern sein, dass ich sie tatsächlich geliebt habe.« Auch Jürgen Bartsch und Erwin Hagedorn hatten derart zwiespältige Beziehungen zu ihren Eltern, die nach außen hin um den perfekten Schein bemüht waren. Offenbar zeigen alle drei Täter eine von starker Ambivalenz – also widersprüchlichen und eigentlich nicht miteinander zu vereinbarenden Gefühlen – geprägte Bindung zu ihren Eltern. Interessanterweise geben alle drei an, ihre Eltern seien die wichtigsten Menschen und Bezugspersonen in ihrem Leben.

Ebenso zwiespältig ist Kots Verhältnis zu seiner acht Jahre jüngeren Schwester. Obwohl er behauptet, sie eigentlich zu mögen (unter anderem sagt er, sie und seine Cousine seien die einzigen Frauen auf der Welt, die er nicht töten würde, was interessanterweise seine Mutter nicht mit einschließt), misshandelt er sie körperlich schwer. Er gibt zu, sich immer wieder von dem deutlich jüngeren Mädchen genervt zu fühlen und zu glauben, die Eltern würden sie mehr lieben als ihn. Wenn Kot mit ihr alleine zu Hause ist, schlägt er seine kleine Schwester immer wieder; mal mit der Hand, mal mit seinem Gürtel oder sogar einem Kleiderbügel. Danach schließt er sie in ihrem Zimmer ein. Wie diese Misshandlungen seinen Eltern dauerhaft verborgen bleiben konnten, ist schleierhaft. Ganz offensichtlich ist im Inneren dieser Familie einiges nicht so, wie es wünschenswert wäre und wie es die glatte Fassade nach außen hin glauben macht. Auch hier wird eine deutliche Parallele zu den Biografien Bartschs und Hagedorns erkennbar.

Auch in der Schule ist Kots Verhalten bei genauerem Hinsehen sehr auffällig. Er attackiert immer wieder männliche und weibliche Mitschüler. Allerdings wird auch er häufiger von Mitschülern geärgert, worunter er doch mehr leidet, als er zugeben möchte. Diesbezüglich vertraut er sich manchmal seiner Mutter oder seiner engsten Freundin an. Auch der sechs Jahre älteren Danuta, in die er verliebt ist und mit der ihn eine vertrauensvolle Freundschaft verbindet, fallen zunehmend Auffälligkeiten auf. Er berichtet ihr von seinen gewalttätigen Fantasien und dass ihn die Vorstellung, Menschen zu quälen, erregt. Sie rät ihm, einen Arzt oder Psychologen aufzusuchen, was er jedoch ablehnt.

Eines Tages reißt er Danuta ohne erkennbaren Grund bei einem Waldspaziergang zu Boden und hält ihr ein Messer an den Hals. Er werde sie töten, sagt Kot. Danuta, die ihm nicht glaubt, dass er ihr etwas antun würde, erwidert überraschend sachlich, das sei doch Unsinn. Schließlich sei bekannt, dass er sie in den Wald begleitet habe. Würde er sie hier töten, so würde man ihn leicht überführen können. Von diesem plausiblen Argument lässt sich Kot überzeugen. Nachdem sie einige Schritte weitergegangen sind, attackiert er ihren Hals allerdings erneut, jetzt mit einer scharfen Glasscherbe. Würde er ihr damit jetzt die Pulsadern aufschneiden und ihre Leiche dann in den Fluss werfen, meint er, so würden die Leute glauben, sie hätte sich selbst getötet, aus Liebeskummer wegen ihm. Danuta hält es weiterhin für einen schlechten Scherz. Erst später, nachdem seine Taten aufgedeckt worden sind, wird ihr klar, dass er nicht nur ein seltsamer Junge mit einer allzu lebhaften Fantasie war.

Doch selbst all diese Auffälligkeiten in Kots Leben liefern aus Sicht der Ermittler und Juristen keine plausible Erklärung für die unheimlichen Verbrechen des noch so jungen Mannes. Mein Onkel geht schließlich freiwillig zu Kots Hinrichtung am 16. Mai 1968. Er spricht noch kurz vorher mit ihm. Eigentlich hofft er, der zu diesem Zeitpunkt 21-Jährige könne noch irgendeinen plausiblen Hinweis auf die Ursachen seiner Motive geben. Vielleicht werde er auch im letzten Moment noch Reue oder Schuldgefühl zeigen. Doch nichts davon geschieht, und Karol Kot stirbt am Galgen.

Mein Onkel, der seine Gespräche mit diesem ungewöhnlichen jungen Mann nie vergisst, findet nie die Antworten auf das »Warum« für seine bizarren Taten.

Ein seltsames Erbe

Wer in der Zukunft lesen will,
muss in der Vergangenheit blättern.

(André Malraux)

Auch mich treibt, solange ich denken kann, die Frage um: Warum gibt es so viele unvorstellbare Verbrechen? Grausame Vergewaltigungen oder Serienmorde, deren Details die Vorstellungskraft der meisten Menschen sprengen und deren Motive unbegreiflich zu sein scheinen?

Mit der Zeit begann ich aber auch, mich zu fragen: Warum gibt es diese seltsame Bandbreite von emotionalen Reaktionen auf wahre Verbrechen – von Entsetzen bis zu weitgehender Gleichgültigkeit. Als Jugendliche wurde mir zunehmend bewusst, wo ich mich persönlich auf dem Spektrum dieser emotionalen Reaktionen anzusiedeln hatte: Mir dämmerte, dass ich wie einige meiner Verwandten emotional eher unbeteiligt blieb und dass wir wahrscheinlich gerade deswegen eine Affinität zur Beschäftigung mit Verbrechen oder anderweitig düsteren Motiven hatten. Ist man wie ich in seiner Persönlichkeit so gestrickt, dann wirkt die Auseinandersetzung mit brutalen Straftaten nicht unerträglich belastend, sondern eher intellektuell anregend, da Verbrechen stets eine eigene Logik beinhalten.

Während ich in den letzten beiden Jahren vermehrt über meine Familie nachdachte, fielen mir einige Besonderheiten auf: Mein Großvater mütterlicherseits – also der Schwager von Onkel Leon – war in seinem Leben unter anderem als Schlachter und als Polizist tätig. Ich besitze noch ein Schwarzweißfoto, auf dem er gut gelaunt in der Schlachterei bei der Arbeit zu sehen ist, ein anderes zeigt ihn und einen Polizeikollegen auf dem Motorrad. Auch meine Verwandten väterlicherseits sind gewissermaßen von eher abenteuerlustigem Naturell. Bis zu meinem Urgroßvater zurückverfolgbar, ist es in dieser Familienlinie normal, in jungen Jahren auszuwandern – und nicht unbedingt zurückzukehren. Die Zwillingsschwester meines Großvaters väterlicherseits etwa wanderte nach Belgien aus und arbeitete dort für die Polizei. Kinder bekam sie nie; ungewöhnlich für die damalige Zeit. Ihr Zwillingsbruder, mein Großvater, hatte, auch das auffällig für sein soziokulturelles Umfeld in Polen, schon als junger Mann ein gut sichtbares Tattoo auf seinem Unterarm.

Die Reaktion der väterlichen Familienlinie auf meine Tätigkeit als Autorin zu kriminalpsychologischen Themen barg für mich eine weitere Überraschung: Meine Tante, die Schwester meines Vaters, den ich nie näher kennengelernt habe, sagte mir, das sei wirklich seltsam. Denn mein Vater habe genau wie ich seit seiner Kindheit Bücher über Kriminalfälle gelesen und sich für Gerichtsmedizin und Polizeiarbeit interessiert. Das habe sie mir aber bewusst nie erzählt, weil sie mich lieber nicht durch diese Aussage beeinflussen wollte. Seine Hobbys galten jedenfalls als seltsam und nicht unbedingt fördernswert. Dasselbe galt für seine Vorliebe für abenteuerliche Aktivitäten wie Sportschießen, Fliegen mit dem Gleitflugzeug und Fallschirmspringen – alles typische Betätigungsfelder für ausgeprägte »Sensation Seeker«, also »Erlebnissucher«. Die Suche nach starken Reizen und ungewöhnlichen Erfahrungen ist eine bedeutsame Persönlichkeitseigenschaft, die ich noch näher erklären werde und die deutlich genetisch vererbbar ist.

Sei es selektive Wahrnehmung meinerseits oder doch eine irgendwie geartete Form von familiär »gehäufter« und vielleicht sogar vererbter Vorliebe für eher ungewöhnliche Themen und Aktivitäten: Auf jeden Fall kam mir schon früh der Gedanke, dass sich meine Fähigkeit und Begeisterung dafür, Verbrechen und ihre Ursachen analytisch zu beleuchten, sinnvoll für mich und andere Menschen einsetzen lässt. Einer der Gründe, warum ich als Therapeutin von Straftätern arbeite, ist mein Wunsch, etwas an dem Vorhandensein von Verbrechen zu ändern. Ich möchte die Menschen, die ich behandle, positiv verändern und gleichzeitig durch die Arbeit mit ihnen ein immer genaueres Verständnis für ihre psychischen Besonderheiten und deren biografische Hintergründe entwickeln. In meiner Weltsicht funktionieren Menschen metaphorisch betrachtet wie Computer; ihre Gene und ihre neurologische Ausstattung sind die Hardware, ihre durch Erlebnisse, Erfahrungen und Bindungspersonen geformte Persönlichkeit ist die Software. Die psychischen »Programme«, ihre Ursprünge und Wechselwirkungen immer besser zu verstehen, ist meine größte Leidenschaft. Auf einen großen Teil der Fragen, die Karol Kots Persönlichkeit für meinen Onkel Leon und viele seiner Zeitgenossen aufwarf, haben moderne wissenschaftliche Erkenntnisse inzwischen Antworten gegeben.

Hinter diesem Buch steht folgender Grundgedanke: Ich will dem interessierten Leser Erklärungsansätze aufzeigen, die ihm beim Nachdenken über kriminell sadistische Täter und ihre tragischen und komplexen Taten helfen können. Die Zusammenhänge zwischen Persönlichkeitseigenschaften und deren Auswirkungen auf Fühlen, Denken und Handeln zu verstehen, ist der Kern jeder psychologischen Betrachtung. Es ist die Grundlage für die Logik des Verbrechens.

KAPITEL 1

SEX, LIEBE UND MORD IN NEW YORK

Jede gute Handlung braucht eine Liebesgeschichte.

(der psychopathische Sektenführer Joe Carroll in der Fernsehserie »The Following«)

Am Weihnachtsmorgen des Jahres 1884 wird dem Ehepaar Winfield und Florence Nesbit in Pennsylvania ein wunderschönes Töchterchen geboren: Die Haut ist so weiß wie Schnee, das Haar schwarz wie Ebenholz, die Lippen sind rot wie Blut. Das kleine Mädchen ist von so außergewöhnlicher Schönheit, dass Menschen von nah und fern zu Besuch kommen, um seinen Anblick zu bewundern. So oder so ähnlich wird es Florence ihrer Tochter Evelyn viele Jahre später erzählen. Das hübsche Aussehen des Mädchens und ihre bezaubernde Ausstrahlung werden zum Kern einer Geschichte, wie sie kein Märchenerzähler fantastischer und dramatischer erdenken könnte.

Von Cinderella zum ersten Pin-up-Girl

Es ist komisch, wie etwas Distanz alles klein erscheinen lässt.
Und die Ängste, die mich einst kontrollierten,
mir nicht mehr nahe kommen können.

Es ist an der Zeit zu sehen, was ich tun kann,
die Grenzen zu testen und zu durchbrechen.
Kein Richtig, kein Falsch, keine Regeln für mich.

Ich bin frei!

(»Let it go« – Song aus dem Disney-Film »Die Eiskönigin –
Völlig unverfroren«)

Evelyn ist der kleine Liebling ihres Vaters, eines freundlichen und nachdenklichen Träumers, der allerdings kein Geschick im Umgang mit Geld besitzt. Obwohl er als Anwalt tätig ist, kann die Familie am Monatsende keine Ersparnisse zur Seite legen, sondern schiebt stets einen Haufen unbezahlter Rechnungen vor sich her. Trotz der insgesamt einfachen Verhältnisse, in denen sie lebt, sind die ersten Lebensjahre in Evelyns Leben glücklich. Winfried Nesbit ist ein für seine Zeit aufgeschlossener, modern denkender Mann. Er kauft seiner wissbegierigen Tochter viele Bücher, darunter auch solche, die Ende des 19. Jahrhunderts als ungeeignet für Mädchen angesehen werden. Im Gegensatz zu ihrer eher konservativen Mutter, die voll in der Rolle als Ehefrau aufgeht, ist Evelyn neugierig, selbstbewusst und fantasievoll.

Die insgesamt glücklichen Tage ihrer Kindheit enden abrupt, als Winfried Nesbit völlig unerwartet mit vierzig Jahren verstirbt. Die 11-jährige Evelyn, ihr zwei Jahre jüngerer Bruder Howard und ihre Mutter stehen mittellos dar, da sie zum Begleichen der ausstehenden Rechnungen all ihre Habseligkeiten verkaufen müssen. Florence Nesbit ist völlig überfordert und hat nur wenig Glück bei ihren Versuchen, als Schneiderin für sich und die Kinder zu sorgen. Zeitweise wohnen sie bei Freunden, dann wieder in billigen Pensionen. Schließlich kann Florence sich genug Geld leihen, um eine eigene kleine Pension zu eröffnen. Florence, die bis zum Tod ihres Mannes nie einer anderen Tätigkeit als ihrer Ehefrauen- und Mutterrolle nachgegangen war, weiß sich nicht zu helfen, wenn säumige Kunden mit der Miete im Verzug sind. So schickt sie ihre bildhübsche Tochter los, um das Geld einzufordern. Dem bezaubernden Mädchen etwas abzuschlagen, fällt Mietern der Pension schwer, und so bleibt es dabei: Florence lässt ihr Geld auf diese Weise eintreiben. Dass Evelyn sich unwohl dabei fühlt, die vor allem männlichen Durchreisenden mit betont charmantem Auftreten zur Zahlung zu bewegen, spielt für Florence keine Rolle.

Trotz Evelyns Einsatz muss die Familie Woche für Woche um ihre Existenz bangen. Als die Tochter vierzehn Jahre alt ist, versucht ihre Mutter einen Neuanfang in Philadelphia. Sie hofft, dort als Schneiderin mehr Glück zu haben. Auch dieser Versuch scheitert, und Florence beginnt als Verkäuferin in einem Kaufhaus zu arbeiten. Die Arbeitsbedingungen sind schlecht, sie arbeitet an sechs Tagen die Woche, zwölf Stunden am Tag. Was sie verdient, reicht nicht aus, um die Familie zu ernähren. So müssen ihre beiden Kinder die gleiche Arbeit im Kaufhaus verrichten wie sie selbst, damit die kleine Familie über die Runden kommt. Eines

Tages fällt Evelyn einer Malerin auf, die ihr anbietet, für sie Modell zu stehen. Für vier Stunden wird ihr ein Dollar angeboten – eine im Vergleich zum Lohn im Kaufhaus gute Bezahlung. Da eine Frau Evelyn als Modell möchte, willigt Florence ein. Der Malerin fällt die außergewöhnliche Schönheit und Ausstrahlung des Mädchens so sehr auf, dass sie es mit anderen Künstlern aus der Gegend bekannt macht. Der Beginn eines aufregenden, aber auch tragischen Lebensweges.

Als 14-Jährige beginnt Evelyn, zahlreichen Künstlern in Philadelphia Modell zu stehen. Sie verdient dabei mehr als durch die harte Arbeit im Kaufhaus. So kann sie ihre Mutter überzeugen, immer neue Aufträge als Modell annehmen zu dürfen. Es vergehen fast zwei Jahre, bis Florence Nesbit einen weiteren Versuch unternimmt, die Lebenssituation ihrer Familie zu verbessern. Ein weiterer Umzug, diesmal nach New York, soll ihr bessere Chancen als Schneiderin ermöglichen. Erneut wird die Hoffnung enttäuscht. Im November 1900, einen Monat vor Evelyns sechzehntem Geburtstag, wohnt die dreiköpfige Familie in einem kleinen Hinterzimmer an der 38. Straße, nahe der Fifth Avenue in Manhattan. Doch diesmal hat die Familie eine neue Möglichkeit, um über die Runden zu kommen: Empfehlungsschreiben angesehener Künstler aus Philadelphia, die Evelyn in die New Yorker Künstlerszene einführen. Auch in New York wird die junge Schönheit begeistert als Modell aufgenommen. Ihre Mutter wird später sagen, dass sie Evelyn nie erlaubte, sich als Modell auszuziehen. Doch ob mit oder ohne das Wissen von Florence Nesbit, Evelyn posiert spätestens in New York unter anderem als Nacktmodell.

Maler und zunehmend auch Fotografen zahlen gute Preise, um Evelyn als Modell zu gewinnen. Ihr Gesicht ziert bald die Titelbilder von Zeitschriften, es lächelt in Werbeanzeigen und von so unterschiedlichen Produkten wie Kartenspielen oder Schminkspiegeln. Bald ist Evelyn auf so vielen Abbildungen zu sehen, dass sie durch einen Zufall sogar zum Motiv auf der ersten Ausgabe des erfolgreichen Jugendbuches »Anne auf Green Gables« wird. Der Autorin Lucy Maud Montgomery gefällt eins ihrer Bilder aus dem

Die fünfzehnjährige Evelyn Nesbit im Jahr 1900.

Metropolitan Magazine so gut, dass sie es als Vorlage für ihr Buchcover nutzt. Durch ihre Fotos in Kalendern bekannter Firmen wird Evelyn zum ersten »Pin-up-Girl«. Inzwischen verdient sie mit Leichtigkeit mehr, als die kleine Familie vorher gemeinschaftlich durch harte Arbeit erwirtschaften konnte. Zum ersten Mal seit Jahren leidet die Familie keinen Hunger und muss auch die drohende Obdachlosigkeit nicht fürchten. Florence Nesbit kann angesichts dieses finanziellen Segens längst keinen ernsthaften Einfluss mehr auf das zunehmend selbstbestimmte Leben ihrer Tochter nehmen.

Evelyn ist bewusst, dass die Arbeit als Modell nur über einen begrenzten Zeitraum ein gutes Einkommen verspricht. Der Erfolg ist so vergänglich wie ihre Jugend, das ist ihr klar. Womöglich wird es dem aufgeweckten Mädchen auch zu langweilig, immer nur stillzustehen. Der Einstieg in die Unterhaltungsbranche erscheint

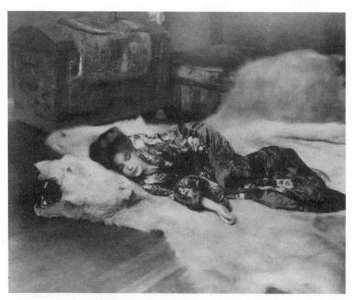

Die achtzehnjährige Evelyn Nesbit als exotische Schönheit, Postkartenmotiv, 1903.

ihr als vielversprechende Alternative. Im Mai 1901 gelingt es ihr, eine Rolle im Broadway-Erfolgsmusical »Florodora« zu ergattern und eines der sechs »Florodora Girls« zu werden. Diese stellen den Chor des Musicals dar. Immer wieder heiraten ehemalige »Florodora Girls« vermögende Männer, manchmal sogar Millionäre. Nur eine solche Ehe bietet einem Mädchen aus der Unterschicht zur damaligen Zeit eine dauerhafte wirtschaftliche Absicherung, verbunden mit dem entsprechenden gesellschaftlichen Aufstieg. Angesichts solch rosiger Zukunftsaussichten unterstützt Florence Nesbit die gerade 16-jährige Tochter bei ihrem Start als Showgirl.

Ein Architekt, der Millionen Mädchen liebte

Ich habe sie so oft sagen hören,
sie könnten allein ihre Ehefrauen lieben.
Doch ich denke, das ist töricht,
solche Männer müssen Herzen aus Stein haben.
Nun, mein Herz ist aus weicherem Material gemacht,
es schmilzt bei jedem warmen Blick.
Ein hübsches Mädchen kann nicht in meine Richtung schauen,
ohne eine neue Romanze.

(»I could love a million girls« – Song aus dem Musical
»Mam'zelle Champagne«)

Als »Florodora Girl« wird Evelyn Abend für Abend vor allem von den männlichen Besuchern mit bewundernden, teils sogar lüsternen Blicken betrachtet. In der durch gesellschaftliche Prüderie geprägten Zeit sind die aufreizend gekleideten, bildhübschen jungen Showgirls Sexsymbole. Einer der Stammgäste des Broadway-Musicals »Florodora« ist Stanford White, genannt Stanny, ein siebenundvierzigjähriger Stararchitekt. White ist es gelungen, ohne jemals ein Architekturstudium absolviert zu haben, gemeinsam mit zwei Partnern das seinerzeit bedeutendste Architekturbüro der Vereinigten Staaten aufzubauen. »McKim, Mead, and White«, gegründet 1879, steht für erhabene Bauwerke im Stile der Beaux-Arts-Architektur: betont dekadent im Stil, üppig vergoldet, ein Hauch Pariser Schick. Es ist der passende Baustil für die Reichen und Superreichen des ausgehenden 19. Jahrhunderts, den White und seine Partner pflegen – der Baustil für das »Gilded Age«, das »Vergoldete Zeitalter«. Nach dem Motto »Nicht kleckern, klotzen!« erschaffen die Architekten des Büros zahlreiche großzügig ausgestaltete, extrem kostspielige Bauwerke. Stanford White fungiert dabei häufig auch als Innenarchitekt, der die ausgefallensten Wünsche seiner verwöhnten Kunden umzusetzen bereit ist. So ist er bald selbst ein reiches, gern gesehenes Mitglied der New Yorker Oberschicht. Er entwirft zahlreiche prestigeträchtige Bauten, vor allem in New York. Der »Washington Square Arch«, ein imposanter Triumphbogen im Washington Square Park, direkt an der Fifth Avenue gelegen, ist sein bekanntestes, bis heute erhaltenes Bauwerk. Ausgerechnet dem Hollywood-Liebesfilm-Klassiker »Harry und Sally« dient er 1989 als Kulisse.

Stanfords Vater ist der wohlhabende Shakespeare-Forscher, Literaturkritiker und Journalist Richard Grant White. Gemeinsam mit seiner acht Jahre jüngeren Frau Alexina hat er neben Stanford noch den zwei Jahre älteren Sohn Richard. Mit achtzehn beginnt Stanford für sechs Jahre als Assistent des damals erfolgreichsten Architekten der USA, Henry Hobson Richardson, zu arbeiten. Anschließend verbringt er anderthalb Jahre in Europa, bevor er gerade erst 26-jährig die Partnerschaft mit Charles Follen McKim und William Rutherford Mead eingeht.

Fünf Jahre später heiratet Stanford die 22-jährige Bessie Springs Smith. Es ist eher eine strategische Heirat, denn Bessie ist Mitglied einer der ältesten und angesehensten Familien von Long Island. Zusammen mit Bessie bezieht er das Anwesen »Box Hill« auf Long Island, das er mit Unterstützung seines Architekturbüros um- und ausbaut. Drei Jahre nach der Hochzeit macht die Geburt des Sohnes Lawrence Grant White das bürgerliche Glück schein-

Stanford White, der sexuell ausschweifende Architekt mit Hang zu jungen Mädchen.

bar perfekt. Doch Stanford verbringt nicht allzu viel Zeit zu Hause. Durch seine Berufstätigkeit und die Pflege seiner vielen einflussreichen Kontakte hat er genug Vorwände, dem trauten Heim fernzubleiben. 1887, im Geburtsjahr seines Sohnes, mietet er ein Apartment an der West 55th Street in New York. Dort steht seit zehn Jahren ein »The Benedick« genanntes Gebäude, dessen Apartments und Ateliers ausschließlich an unverheiratete Männer vermietet werden. Das Gebäude wurde im Sinne seiner Zielgruppe nach einer der Hauptfiguren aus Shakespeares Liebeskomödie »Viel Lärm um nichts«, dem Junggesellen Benedick, benannt.

Wie auch immer es White als verheiratetem Mann gelingt, einige Räume in dem Gebäude zu mieten – was darin geschieht, dringt nie ans Licht der Öffentlichkeit. Sicher ist nur, dass White die Räume gemeinsam mit einigen befreundeten Architekten und Künstlern nutzt und die verschworene Männergemeinschaft sich als »The Sewer Club« bezeichnet. »Sewer« lässt sich mit »Sündenpfuhl« übersetzen, aber auch mit »Kanalisation«. Was die Herren in ihrem Club »kanalisieren«, darüber wird auch über hundert

Jahre später noch spekuliert. Stanford ist berüchtigt für seinen Ruf als Frauenheld und Partylöwe mit einem ausgeprägten Hang zu Ausschweifungen aller Art. Und er umgibt sich gern mit ähnlich gestrickten Männern. Daher erscheinen Gerüchte, der »Sewer Club« diene seinen Mitgliedern als freier Raum für sexuelle Ausschweifungen aller Art, nicht allzu abwegig.

Stanford scheint sein Ruf nicht zu stören, eher im Gegenteil: Er lebt seine Vorlieben für die damalige Zeit erstaunlich offen aus. Dass er eine Neigung zu blutjungen Mädchen und dekadenten Partys hat, ist kein Geheimnis. Broadway-Shows nutzt er zum Ausspähen immer neuer potenzieller Gespielinnen. Die oft minderjährigen Showgirls sind mehr als geschmeichelt, wenn der sich jugendlich gebende Stararchitekt Stanny ihnen seine Aufmerksamkeit schenkt – hält diese auch meist nicht allzu lang. So bieten besonders die »Florodora-Girls« eine attraktive Auswahl für Stanford: Neben gutem Aussehen müssen sie auch eine ähnliche Größe und Figur aufweisen. Alle müssen etwa 1,60 m groß sein und etwa 58 kg wiegen. Ein Körperbau, der offenbar perfekt in die Vorlieben von Stanford White passt. Aus heutiger wissenschaftlicher Sicht liegt nahe, dass White eine sexuelle Neigung zu pubertierenden Mädchen hat. Eine solche Neigung nennen die Wissenschaftler »Parthenophilie«.

Wenn Erwachsene sich zu Minderjährigen hingezogen fühlen … – Pädophilie, Hebephilie, Parthenophilie und Ephebophilie

Es liegt ein großer Reiz in einem solchen reinen Weibe. Andeutungen, die einen wahnsinnig machen können. Toller als in den älteren Mädchen. Freier, ohne daß doch das fertige Weibe verliert. Vielleicht ist manches bei ihr fertiger als bei den reiferen und verkümmert wieder. Der Reichtum ist sicher größer jetzt.

(aus einem Brief des deutschen Malers Ernst Ludwig Kirchner an seinen Kollegen Erich Heckel im Jahr 1910 – beide Mitglieder der expressionistischen Künstlergruppe »Brücke«, die gerade in jüngerer Zeit, wegen ihrer provozierenden Darstellung von Mädchen, in den Verdacht des Kindesmissbrauchs geraten ist)

Viele Menschen glauben, dass Erwachsene, die sich durch Minderjährige sexuell erregt fühlen, einfach »pädophil« seien. Dies stimmt nicht in allen Fällen. Die sexuelle Neigung zu bestimmten Altersgruppen ist vergleichbar mit der sexuellen Neigung zu bestimmten Geschlechtern. So können Personen nicht nur entweder heterosexuell oder homosexuell sein, sondern auch bisexuell. Ähnlich kann das Alter von Minderjährigen, durch die sich Erwachsene angezogen fühlen, differieren.

Menschen, die sich dauerhaft durch Kinder sexuell erregt fühlen, die noch nicht die Pubertät erreicht haben, werden »pädophil« genannt. Dieses Wort setzt sich aus zwei griechischen Begriffen zusammen, die so viel wie »Kindervorliebe« bedeuten. Wie alle sexuellen Abweichungen gab es auch Pädophilie in allen Zeiten und Kulturen. Das erste Mal wissenschaftlich beschrieben wurde die Neigung 1886 vom österreichischen Psychiater Richard von Krafft-Ebing. Eigentlich nur für die Fachwelt gedacht, wurde seine wissenschaftliche Abhandlung »Psychopathia Sexualis« bald ein Bestseller. Es war das erste Buch, in dem nachzulesen war, wie unterschiedlich sexuelle Neigungen sind und wie viele Menschen ähnliche ungewöhnliche Vorlieben haben.

Krafft-Ebing nannte die heute als »Pädophilie« bekannte Neigung »Paedophilia erotica«. Dank seiner Beschreibung wissen wir, dass pädophile Menschen sich 1886 nicht von denen unserer Zeit unterscheiden. Sie empfinden kindliche Körper als erregend und verlieren ihr sexuelles Interesse an einem Kind, sobald dessen Körper Geschlechtsmerkmale wie Schamhaare und Brüste entwickelt und Penis und Hoden zu wachsen beginnen. Wenn ein Mensch sich ausschließlich von Kindern sexuell erregt fühlt, wird er »kernpädophil« genannt. Empfindet er auch Erwachsene als erregend, so bezeichnen Wissenschaftler dies heute als »pädophile Nebenströmung«.

Wo die Vorliebe der Pädophilen aufhört, beginnt das sexuelle Interesse von sogenannten Hebephilen. Solche Menschen fühlen sich durch die Körper pubertierender Jugendlicher sexuell erregt. Entscheidend ist nicht das genaue Alter der

Jugendlichen, sondern dass sie körperlich erkennbar eher am Anfang als am Ende ihrer Pubertät stehen. Die meisten Hebephilen geben das für sie erregendste Alter im Bereich elf bis fünfzehn Jahre für Mädchen an, für Jungen mit zwölf bis sechzehn Jahre.

Der US-amerikanische Psychiater Bernard Gluck Jr. beschrieb diese sexuelle Neigung 1955 im Abschlussbericht einer zweijährigen Forschungsarbeit. Er hatte Straffällige untersucht, deren Taten mit sexuell abweichenden Vorlieben in Zusammenhang standen. Um diese Neigung von Pädophilie unterscheiden zu können, benannte er sie nach Hebe, der griechischen Göttin

Lydia Benecke vor dem Gemälde »Das grüne Sofa« von Max Pechstein (1910), das die neunjährige Lina Franziska »Franzi« Fehrmann zeigt – mutmaßlich ein Opfer sexuellen Missbrauchs.

der Jugend. Eine klare Unterscheidung zwischen Pädophilie und Hebephilie lässt sich oft aber nicht immer treffen. So gibt es auch die »Pädohebephilie«. Menschen mit dieser Neigung verlieren nicht wie Pädophile ihr sexuelles Interesse an einem Kind, sobald es erkennbar in die Pubertät kommt. Sie finden Kinder auch noch in ihrer frühen Pubertät erregend und verlieren ihr sexuelles Interesse erst, wenn das Kind zwischen zwölf und fünfzehn Jahre alt ist.

Eine weitere sexuelle Neigung, die kaum jemand kennt, dürfte im Fall um Evelyn Nesbit besonders interessant sein: die »Parthenophilie«, die »Vorliebe zu Jungfrauen«. Erwachsene Menschen mit dieser Neigung fühlen sich vor allem sexuell erregt durch pubertierende Mädchen, die bereits geschlechtsreif sind – also körperlich so weit entwickelt, dass sie schwanger werden können. Der deutsche Arzt und Sexualforscher Magnus Hirschfelder führte diesen Begriff 1906 in seinem Buch »Vom Wesen der Liebe« ein. Das entsprechende Gegenstück, also die Vorliebe zu pubertierenden, geschlechtsreifen Jungen, nannte Hirschfelder »Ephebophilie« – die »Vorliebe zum Jüngling«.

1914 verwendete Hirschfelder die Begriffe »Parthenophilie« und »Ephebophilie« erneut in seinem Buch »Die Homosexualität des Mannes und des Weibes«, wo er darunter eine Vorliebe für Mädchen oder Jungen zwischen dem Beginn und dem Abschluss ihrer körperlichen Reifung verstand. Erwachsene mit entsprechender sexueller Neigung finden also vor allem Jugendliche zwischen dem zwölften und siebzehnten Lebensjahr sexuell erregend, wobei auch hier nicht das genaue Alter, sondern das Aussehen des Körpers entscheidend ist. So können beispielsweise Parthenophile auch erwachsene Frauen attraktiv finden, wenn diese eher klein und zierlich gebaut sind, ihr Körper also dem Bau eines pubertierenden Mädchens entspricht.

Die Casting-Kriterien für die »Florodora-Girls« – fünfzehn bis siebzehn Jahre, klein, schlank und hübsch – passten also perfekt zu den Körpermerkmalen, die dem »Beuteschema« parthenophiler Männer entsprechen.

Der Erlkönig und die rote Samtschaukel

Du liebes Kind, komm, geh mit mir!
Gar schöne Spiele spiel' ich mit dir;
Manch' bunte Blumen sind an dem Strand,
Meine Mutter hat manch gülden Gewand.

(»Erlkönig« – Ballade von Johann Wolfgang von Goethe)

Als Stanford White die 16-jährige Evelyn Nesbit auf der Bühne entdeckt, ist er sofort angetan von ihr. Um Evelyn kennenzulernen, nutzt er seine Bekanntschaft mit einem anderen »Florodora-Showgirl«, der ein Jahr älteren Edna Goodrich. Edna und ihre Mutter kamen gemeinsam nach New York, um als Revuetänzerinnen zu arbeiten. Vor Gericht beschreibt Evelyn später, wie Stanford sie im August 1901 dank Ednas Hilfe zu sich lotst. Mit der Kutsche geht es nicht, wie sie glaubt, zum Tanzsaal, sondern »zum Broadway, durch die 24. Straße, bis zu einer düster wirkenden Tür«.

Sie betritt, ohne es zu ahnen, zusammen mit ihrer Freundin Edna das »Vergnügungsatelier« von Stanford White. Die Räume erstrecken sich über zwei Stockwerke, ironischerweise direkt über dem »FAO Schwarz Spielzeuggeschäft«. Dieses Refugium von seinen Pflichten als Ehemann und Vater hat sich Stanford zur Erfüllung all seiner Fantasien luxuriös eingerichtet. Ihre erste Begegnung mit dem damals 47-Jährigen wird ein aufregendes Abenteuer für die dreißig Jahre jüngere Evelyn: »Wir gingen die Treppe hoch, und dort traf ich einen Mann, der mir als Stanford White vorgestellt wurde. Ich empfand ihn als hässlichen Mann. Da stand ein Tisch, der bereits für vier Personen gedeckt war. Ein anderer Gentleman erschien später. Ich erinnere mich, dass Mr. White mich wegen meiner Haare neckte, die ich über meinen Rücken herabfallend trug, und wegen meines kurzen Rocks … Nach dem Abendessen gingen wir noch zwei Treppenabsätze höher, und in dem Raum befand sich eine große, rote Samtschaukel. Mr. White setzte mich in die Schaukel und stieß mich sehr fest an. Er schaukelte mich so fest, dass mein Fuß durch einen großen japanischen Schirm krachte, der von der Decke hing.« Evelyn weiß nicht, dass die rote Samtschaukel ebenso wie viele andere Dinge im Atelier sehr genau Stanfords sexuellen Fantasien entspricht. Der besonders in altertümlicher Architektur gebildete Stanford weiß, dass eine ausladende Schaukel als erotisches Spielzeug von den alten Römern und später auch von Aristokraten während der Epoche des Rokoko (etwa 1730 bis 1770) genutzt wurde. Ebenso wenig weiß Evelyn, dass White einen hohen »Verschleiß« an jungen Showgirls hat und Edna Goodrich ihm immer wieder »Neulinge« unter den Mädchen auf diese Weise »zuführt«.

An diesem Abend trinkt Evelyn zusammen mit ihrer Freundin ihr erstes Glas Champagner. Die Situation erscheint trotz allem unverfänglich, denn schließlich sind sie zu viert, und White verhält sich wie ein jugendlich gebliebener, aber anständiger Gentleman. Edna und Evelyn dürfen ihn »Stanny« nennen. Obwohl Evelyn den mehr als dreißig Jahre älteren Mann zunächst unattraktiv findet, kann er sie doch schnell für sich einnehmen. Er ist gebildet, kultiviert, auf angenehme Art humorvoll und dabei so offen und verspielt, als sei er selbst noch ein junger Mann. Der erste, negative Eindruck verliert sich bei Evelyn schnell.

Irgendwann merkt Stanford an, dass Evelyns schönes Lächeln durch den schlechten Zustand ihrer Zähne verdorben werde. Dieses Problem haben damals viele Showgirls, da sie sich teure Zahnbehandlungen nicht leisten können. Scheinbar großzügig gibt er ihr die Karte seines Zahnarztes mit und sagt, es wäre ihm ein Vergnügen, für eine entsprechende Behandlung aufzukommen. Der Abend klingt angenehm aus, und die Mädchen kommen mit einer Kutsche heil zu Hause an. Dort vernimmt Evelyns Mutter die abenteuerliche Geschichte mit gewisser Besorgnis. Stanford ist zehn Jahre älter als sie selbst. Sie wünscht nicht, dass Evelyn von dem Angebot mit dem Zahnarzt Gebrauch macht. Als Stanford dies erfährt, lädt er die Mutter zu einem klärenden Gespräch in sein Büro ein.

Er macht gewaltigen Eindruck auf Florence Nesbit. Später wird sie sich an seine Worte erinnern: »Mrs. Nesbit, wissen Sie, dass Sie eine außergewöhnlich schöne Tochter haben? Sie sollte nicht auf der Bühne stehen oder sich in Künstlerateliers aufhalten. Sie ist zu gut für diese Art von Dingen. Sie müssen auf sie achtgeben. Sie gut beaufsichtigen. Ihre Bekannten im Auge behalten, vor allem die Männer, mit denen sie sich trifft. Sie können nicht vorsichtig genug sein: New York ist eine sehr üble und sündhafte Stadt, voller Gefahren für ein junges Mädchen.« Ein perfides Spiel, das Stanford mit Florence Nesbit treibt. Denn er warnt sie vor genau dem Übel, das er selbst im Schilde führt.

Doch eine so hinterhältige und kaltblütige Art, Menschen zu manipulieren, traut Florence Nesbit dem Gentleman natürlich nicht zu. Wie die meisten normal fühlenden Menschen kann sie sich nicht vorstellen, dass sie und ihre Tochter nur Spielfiguren für ihn sind, die er auf einem psychologischen Schachbrett nach eigenem Gutdünken herumschiebt. Stanfords warnende Worte fasst Florence Nesbit so auf, wie er es beabsichtigt: als Beweis seiner Vertrauenswürdigkeit und seines Anstandes. Florence ist nach diesem Gespräch überzeugt, es mit einem gutherzigen Wohltäter und Ehrenmann ohne zweifelhafte Absichten zu tun zu haben. Daher erlaubt sie Evelyn, die Zahnbehandlung anzunehmen. Stanford etabliert sich so als väterlicher Freund der Familie.

Die Psychologie erfolgreicher Lügner

Wie tief der Eindruck ist, den Stanford bei Evelyns Mutter gezielt hinterlässt, schildert sie Jahre später: »Wenn jemals eine Frau einem Mann gegenüber bedingungsloses Vertrauen empfand, tat ich dies gegenüber Stanford White. Sein Auftreten, seine Worte, seine Handlungen waren die Verkörperung herzlicher, uneigennütziger Großzügigkeit. Er war der erste Mann, mit dem ich in New York in Kontakt kam, der uneigennützig zu sein schien: der, was er tat, zu tun schien ohne die geringste Erwartung einer Gegenleistung. Nach unserem ersten Gespräch verließ ich sein Büro mit Tränen in den Augen. Es war so wohltuend und beruhigend zu wissen, dass ich endlich einen Freund gefunden hatte, auf den ich mich verlassen konnte, der sich für meine Kinder interessierte, der uns helfen wollte ohne Gegenleistung. Der dies tat einfach aus Freude daran, von seinem Reichtum jenen etwas abzugeben, die Unterstützung brauchen. Ich war überzeugt, dass Stanford White einer der nobelsten Männer auf Erden war.«

War die Frau einfach naiv? Oder wie konnte Stanford White sie mit nur einem Gespräch so tiefgreifend beeinflussen? Er log, dass sich die Balken bogen, und kam damit dennoch (wie auch in vielen anderen Fällen) problemlos durch. Wie kann ein Mensch so erfolgreich lügen? Als mir ein guter Freund namens Henrik Hoemann seine Bachelorarbeit in Psychologie zum Thema Lügen zu lesen gab, war ich so begeistert vom Thema, dass ich mich damit zu beschäftigen begann. Die Forschung in diesem Bereich ist vielfältig und noch lange nicht abgeschlossen. Ihre bisherigen Ergebnisse legen nahe, dass es Eigenschaften gibt, die erfolgreiche Lügen von erfolglosen unterscheiden.

Aus der Quintessenz unterschiedlicher Studien zum Thema Lügen ergibt sich ein typisches Profil besonders guter Lügner, ebenso wie die Mechanismen nachvollziehbar werden, die ihren Erfolg ausmachen:

- Lügner zeigen im Gespräch eine stärkere Motivation als Nicht-Lügner, ihr Gegenüber von ihrer Aufrichtigkeit zu überzeugen.
- Menschen neigen dazu, den Gefühlszustand, den ihr Gegenüber darstellt, spontan zu glauben, auch wenn dieser Gefühlszustand nur vorgetäuscht ist. Dies bedeutet, dass Lügnern, die beim Lügen besonders betont vorgetäuschte Empfindungen darstellen, häufig geglaubt wird.
- Es ist allgemein einfacher positive Gefühle vorzutäuschen als negative.
- Menschen, die ihre wahren Empfindungen nur schlecht ver-

bergen können, werden häufiger als andere beim Lügen erwischt.

- Gute Lügner hingegen sind beim Lügen »Allroundtalente«: Wer immer wieder erfolgreich inhaltliche Lügen schlüssig darbieten kann, der kann auch erfolgreich seine Gefühle vortäuschen. Wer gut Frauen belügen kann, kann dies auch gut bei Männern.
- Dramatisierung kommt beim Lügen eher selten vor, etwa ein Viertel aller Lügenden verwenden diese Strategie.
- Lügner, die besonders emotional und möglichst dramatisch ihre Lügen ausführen – egal, ob sie dabei positive oder negative Gefühle vortäuschen – und sich dabei übermäßig aufspielen, sind besonders erfolgreich darin, andere zu täuschen.
- Diese besonders erfolgreiche Art Lügen zu verpacken und damit durchzukommen wird vor allem von besonders machiavellistischen Menschen betrieben. Diese Menschen manipulieren andere immer wieder gezielt, um zu bekommen, was sie wollen. Sie lügen und betrügen häufiger und hemmungsloser als andere, nutzen auch gern unaufrichtige Schmeicheleien, um zu bekommen, was sie wollen und haben keinerlei Skrupel, Mitmenschen jederzeit rücksichtslos auszubeuten. Im Vordergrund ihres Denkens, Handelns und Fühlens stehen ihre persönlichen Ziele und Bedürfnisse sowie ihr großer Machthunger. Die machiavellistische Persönlichkeit ist insgesamt auf Erfolg, Macht und Führung ausgerichtet..

Jahrmarkt der Eitelkeiten

Sie warnten dich vor Sünde und Gefahr.
Aber du hast immer schon geahnt,
dass ihre Sicherheit ein großer Schwindel war.
Es war alles gelogen, was man dir versprach.
Jeder hat dich betrogen, wenn er dich bestach.

Doch ich geb dir, was dir fehlt:
Eine Reise auf den Flügeln der Nacht in die wahre Wirklichkeit,
in den Rausch der Dunkelheit.
Mach dein Herz bereit.
Ich lad dich ein zum Mitternachtsball.

(»Einladung zum Ball« – gesungen im Musical »Tanz der Vampire«
vom Vampir Graf von Krolock)

Für Stanford stellen das Geld und die Zeit, die er in Evelyn und ihre
Familie investiert, einen lächerlichen Aufwand dar. Er ist Millionär
und für seinen ausschweifenden Lebensstil in der High Society
bekannt. Es gibt nichts, was er fürchten, keine gesellschaftlichen
Regeln, an die er sich halten muss. Jungfräuliche Mädchen zu verführen ist für ihn ein Vergnügen, vergleichbar mit dem des Jägers
bei der Jagd auf Tiere.

Mit dem Vertrauen ihrer Mutter kann Stanford innerhalb von
nur zwei Monaten die Kontrolle über Evelyns Leben gewinnen. Er
quartiert die bisher auf engem Raum lebenden Nesbits in einem
luxuriösen Hotel ein und schickt Evelyns kleinen Bruder Howard –
natürlich »großzügig« von ihm finanziert – auf eine Militärakademie. Evelyns Mutter hat in der Zwischenzeit den Heiratsantrag
eines Mr. Holman aus Philadelphia angenommen. Die Familie
scheint plötzlich eine Glückssträhne erwischt zu haben. Als Florence Nesbit plant, ihren Verlobten in Philadelphia zu besuchen,
bietet sich Stanford – den sie im Gegensatz zu ihrer Tochter weiterhin Mr. White nennt – als Aufpasser für Evelyn an. Inzwischen
hat die Mutter keinen Zweifel mehr daran, dass der gutherzige
Mr. White ihre Tochter einfach väterlich umsorgt – sein eigener
Sohn Lawrence ist schließlich nur drei Jahre jünger als Evelyn.

Stanford versichert, er werde gut auf Evelyn aufpassen, sodass
sich ihre Mutter im Oktober 1901 beruhigt auf die Reise nach Philadelphia macht. Kaum ist die Mutter fort, lädt Stanny Evelyn in
sein Atelier ein, diesmal jenes an der 22. Straße. Dort erwartet er
Evelyn gemeinsam mit einem Fotografen und einem weiteren
Mann. Dass der so väterliche Freund bereits dort versucht, sich ihr

sexuell zu nähern, fällt Evelyn zunächst nicht auf, wie sie später vor Gericht aussagt: »Ich ging in die Garderobe, um das Kleid anzuziehen. Mr. White klopfte an die Tür und fragte, ob ich Hilfe bräuchte. Ich antwortete ›Nein‹.« Das anschließende Fotoshooting dauert lang. Evelyn ist müde, als sie endlich fertig sind und Stanford Essen kommen lässt. Gemeinsam stärken sich alle, wobei Evelyn erneut ein Glas Champagner trinkt. Dann verabschiedet sich der Fotograf, und Evelyn geht erneut in die Umkleide, um den eben noch auf den Fotos getragenen Kimono gegen ihre Alltagskleidung zu wechseln. Erneut klopft Stanny an die Tür und fragt, ob er ihr helfen kann. Erneut verneint sie, ohne sich etwas dabei zu denken. Wie vereinbart fährt sie anschließend mit einer Kutsche alleine zu ihrem Hotel zurück.

Der Puppenspieler im Spiegelkabinett

Ich liebe dich, mich reizt deine schöne Gestalt;
Und bist du nicht willig, so brauch' ich Gewalt.

(»Erlkönig« – Ballade von Johann Wolfgang von Goethe)

Die vorsichtigen Annäherungsversuche während des Fotoshootings haben Stanford nicht an sein erhofftes Ziel gebracht. Offenbar wird er sich etwas mehr Mühe geben müssen, um das Mädchen zu den sexuellen Handlungen zu bewegen, die er sich erträumt. Von Ungeduld getrieben, lässt er Evelyn am nächsten Tag eine schriftliche Einladung zum Essen zukommen. Er wolle sich in dem Atelier, wo sie ihn kennengelernt hat, nach einem Theaterbesuch mit Freunden treffen. Evelyn könne mit der Gruppe zusammen speisen. Wie die letzten Male auch werde er sie anschließend mit der Kutsche zum Hotel zurückfahren lassen. Erfreut erscheint Evelyn wie verabredet in Stannys Atelier. Zu ihrer Überraschung erwartet er sie alleine.

»Die anderen haben abgesagt«, erklärt er die Situation. »Ich sollte besser heimgehen«, sagt Evelyn, doch Stanny erwidert: »Du solltest dich lieber hinsetzen und etwas von dem Obst kosten.« Evelyn widerspricht nicht. Gemeinsam nehmen sie das Abendessen ein, wobei Evelyn erneut ein Glas Champagner trinkt. Anschließend erklärt Stanny ihr, dass sie noch nicht all seine Räume in diesem Gebäude gesehen habe. So bietet er ihr einen Rundgang an. Sie gehen durch märchenhafte Interieurs und plaudern angeregt. Schließlich betreten sie gemeinsam ein ihr bis dahin unbekanntes Schlafzimmer, dessen Wände und Decken voller Spiegel hängen. Evelyn schildert später vor Gericht:

»Auf einem kleinen Tisch stand eine Flasche Champagner, daneben ein Glas. Mr. White schenkte nur für mich ein Glas ein, was ich nicht besonders beachtete. Mr. White ging hinaus, kam wieder und sagte: ›Ich habe diesen Raum selbst eingerichtet.‹ Dann fragte er mich, warum ich meinen Champagner nicht trinke, und ich erwiderte, dass ich ihn nicht mag: er schmeckte bitter. Doch er überredete mich.« Später wird Evelyn einer Zeitung gegenüber zugeben, dass sie an diesem Abend ungefähr fünf Gläser Champagner trinkt. Eine ganze Menge für ein zierlich gebautes, 16-jähriges Mädchen, das keinen Alkohol gewohnt ist. Dieses Quantum macht plausibel, was laut Evelyn dann geschieht:

»In meinen Ohren begann es zu hämmern und zu tosen, und alles wurde schwarz. Als ich wieder zu mir kam, war ich außerordentlich verängstigt, und ich begann zu schreien. An meinen Oberschenkeln war Blut, ich hatte Schmerzen und begriff, was er getan hatte. Mr. White betrat den Raum und versuchte mich zu beruhigen.« Später wird Evelyn berichten, Stanford habe sie umarmt und geküsst und gesagt: »Weine nicht, Kätzchen, bitte weine nicht. Es ist alles vorbei. Nun gehörst du mir.« Stanford zieht ihr den Kimono über und verlässt den Raum. Evelyn beschreibt weiter: »Ich schrie noch lauter als zuvor. An das, was danach geschah, erinnere ich mich kaum. Er brachte mich heim, und ich weinte die ganze Nacht. Später ließ er mich schwören, dass ich niemals meiner Mutter davon erzählen würde. Er sagte, es sei nicht sinnvoll zu reden, und das Wichtigste im Leben sei es, nicht erwischt zu werden. Er sagte, die Mädchen im Theater seien dumm, dass sie tratschen. Dann lachte er und sagte, alles sei in bester Ordnung. Es gäbe nichts Schöneres als junge Mädchen und nichts Ekelhafteres als fette Mädchen. Ich dürfe nie fett werden, sagte er mir.«

Ein wohltätiger Vampir

Alles was du mir angetan hast,
war das die Fantasie eines jungen Mädchens?
Ich habe deine Stadtspielchen akzeptabel gespielt, nicht wahr?

Ich weiß schon, was vor sich geht,
wie die schmutzige Stadt sich anfühlt und aussieht.
Ich habe es letzte Nacht gekostet, nicht wahr?

(Eva zu ihrem wesentlich älteren Liebhaber Magaldi
im Musical »Evita«)

Wie verhält sich ein junges Mädchen in dieser Situation? Evelyn muss entsetzt und voller Hass sein wegen dem, was Stanford ihr angetan hat. Diese Schlussfolgerung ziehen die meisten Menschen. Doch weder erzählt Evelyn von dem Geschehen ihrer Mutter, noch bricht sie den Kontakt zu Stanford ab. Eine Reaktion, die auf den ersten Blick verwundert. Wie kann ein Mädchen, das allen Grund hätte, diesen Mann zu hassen, weiter mit ihm verkehren?

Sexueller Missbrauch und die Zerrissenheit der Seele

Susanna: »Da bin ich ambivalent. Das ist übrigens mein neues Lieblingswort.«
Dr. Wick: »Weißt du, was das bedeutet – ambivalent?«
Susanna: »Ist mir egal.«
Dr. Wick: »Wenn das dein neues Lieblingswort ist, dann …«
Susanna: »Es bedeutet, es ist mir egal.«

Dr. Wick: »Nein, ganz im Gegenteil, Susanna! Ambivalenz deutet auf starke Gefühle hin, die einander widersprechen. Die Vorsilbe ambi bedeutet beides gleichwertig. Der Rest ist auch lateinisch und bedeutet Wert. Dieser Begriff deutet darauf hin, du schwebst zwischen zwei sich widersprechenden Handlungsmöglichkeiten.«
Susanna: »Gehe ich oder bleibe ich.«

(Dialog zwischen einer Patientin und ihrer Therapeutin im Film »Durchgeknallt«)

Viele Menschen wissen nicht, dass Evelyns Verhalten nicht so ungewöhnlich ist, wie es erscheint. Denn erstaunlich viele Opfer sexuellen Missbrauchs brechen danach nicht den Kontakt zum Täter ab. Dies liegt unter anderem daran, dass der Missbrauch nur selten von Fremden begangen wird. Die meisten Täter sind Menschen, zu denen das Opfer vor der Tat bereits eine gefühlsmäßige Bindung hatte. Häufig sind es Familienmitglieder, Eltern, Stiefelternteile, Onkel, Cousins, Geschwister oder Großeltern. Öfter sind es auch Betreuer, Nachbarn, Lehrer oder Freunde der Familie. Minderjährige, die sich besonders nach einer Bindungsperson sehnen, sind gefährdeter als andere, missbraucht zu werden. Oft haben sie Probleme mit den eigenen Eltern, sie werden von diesen gefühlsmäßig vernachlässigt oder vermissen ein Elternteil, das sie verloren haben.

Solche Kinder oder Jugendlichen binden sich besonders schnell und stark an einen Erwachsenen, der ihnen die vermisste Zuwendung gibt. Missbraucht dieser Erwachsene sie zur Befriedigung seiner sexuellen Bedürfnisse, kommen sie häufig dennoch immer wieder zu ihm und kuscheln sogar mit ihm. Täter legen dieses Verhalten oft zu ihren Gunsten aus. Sie nehmen an, was sie tun, könne dem Opfer nicht wirklich schaden, manche glauben sogar, die sexuellen Handlungen würden dem Kind oder Jugendlichen gefallen. Warum sonst sollte das Opfer immer weiter ihre Nähe suchen?

Diese Täter verstehen – ebenso wie viele andere Menschen – nicht, dass ihr Opfer gefühlsmäßig von ihnen abhängig ist.

Diese Bindung bricht durch den Missbrauch meist nicht plötzlich ab, sondern sie bringt das Opfer dazu, weiter die Nähe des Täters zu suchen. Eine unglaubliche Verlustangst lässt das Kind oder den Jugendlichen immer wieder das tun, was der Täter sich wünscht. »Warum nennt sie mich noch Vati«?, fragte mich ein Klient, der seine Stieftochter missbraucht hatte. »Glauben Sie, dass Ihre Stieftochter Sie wegen Ihrer Tat von jetzt auf gleich nicht mehr als Ihren Vater ansieht und lieb hat«?, fragte ich.

Minderjährige erwarten von Menschen, die sie als Bezugspersonen sehen, ganz intuitiv Schutz und Geborgenheit. Diese Form von Bindung ist wichtig für die Entwicklung eines Menschen. Missbraucht eine Bindungsperson das minderjährige Opfer, hinterlässt dies tiefgreifenden Schaden in dessen Seele. Mit der Tat überschreitet der Täter extrem wichtige körperliche und seelische Grenzen, die er in seiner Position eigentlich nicht nur achten, sondern auch schützen sollte. Das Überschreiten dieser Grenzen erzeugt im Kind oder Jugendlichen Entsetzen, Panik, Wut, Trauer und Ekel. Doch gleichzeitig brechen die empfundene Liebe und Bindung zur Bezugsperson nicht ab. All diese starken Empfindungen gleichzeitig sind vollkommen widersprüchlich und erzeugen in dem Kind eine schier unerträgliche, innere Spannung, die »Ambivalenz« genannt wird: ein Zustand, in dem miteinander unvereinbare Gefühle und Impulse gleichzeitig empfunden werden. Liebe und Hass, das positive Gefühl beim Kuscheln mit einer Bindungsperson und die unangenehmen Gefühle, wenn aus dem Kuscheln ein sexueller Übergriff wird. All diese widersprüchlichen, nicht miteinander zu vereinbarenden Empfindungen lösen im Opfer Hass gegen sich selbst aus. Es sucht die Schuld bei sich. Hierdurch wird das Gefühl des Opfers, den Täter als Bezugsperson zu brauchen, oft noch stärker. Gleichzeitig vergrößert jeder weitere Missbrauch einerseits und jede weitere Freundlichkeit des Täters andererseits die unerträgliche Ambivalenz im Opfer. Oft tut es alles, um die Bindung zum Täter nicht zu verlieren, und hasst sich gleichzeitig immer stärker dafür.

Dem in der Box geschilderten Muster entsprechend entwickelt sich auch die weitere Beziehung zwischen Evelyn und Stanford. Als er sie am Tag nach der Tat besucht und sie verstört vorfindet, versucht er erneut, sie zu trösten. Er verhält sich scheinbar fürsorglich und erklärt ihr, dass dies »alle Menschen tun, sie reden nur nicht darüber«. Stanny gibt Evelyn das Gefühl, sie in »seine« Welt, die Welt der Erwachsenen, eingeführt zu haben. Dass er sie vergewaltigt hat, erklärt er ihr aus seiner ganz persönlichen Lebensphilosophie heraus: »Jeder Mensch ist schlecht, und das Böse ist die Grundlage des Lebens.«

Stanford ist durch sein väterliches und gleichzeitig freundschaftliches Verhalten Evelyn gegenüber zu einem gefühlsmäßigen Ersatz für ihren Vater geworden, den sie seit dessen Tod so sehr vermisst. Die ständig mit ihrem Leben überforderte Mutter hat es nicht geschafft, eine stabile Bezugsperson für ihre Kinder zu sein. Sie drängte Evelyn von klein auf in die Rolle einer Erwachsenen, die ebenso für die Versorgung der Familie verantwortlich war wie die Mutter selbst. Eine sichere, geschützte Kindheit hat die Mutter nicht bieten können.

So ist es nicht verwunderlich, dass sich die 16-Jährige, deren Kindheit fünf Jahre vorher, durch den Tod ihres Vaters, abrupt beendet worden ist, von ihrem Stanny trotz aller unerträglichen Gefühle nicht lösen kann. Stanny ist schließlich der erste Erwachsene seit ihrem Vater, der ihr das Gefühl gibt, sich um sie zu kümmern und für sie da zu sein. Er wird für sie ihren eigenen Worten zufolge zum »Vater, Liebhaber, Beschützer und Verführer«.

Später wird Evelyn Stanford den »wohltätigen Vampir« nennen und sagen, er habe sie mit »seiner Freundlichkeit und seiner Autorität« beherrscht. Die Metapher vom Vampir ist hier keineswegs abwegig. In der allgemeinen Vorstellung hat ein Vampir große, buchstäblich übernatürliche Macht über sein Opfer, die er dazu nutzt, es zur eigenen Befriedigung zu gebrauchen und zu schwächen. Eine treffende Beschreibung dessen, was Stanford mit Evelyn und sehr wahrscheinlich auch mit vielen anderen Mädchen tat.

Dass Stanford seine sexuellen Lüste mit jungen Mädchen vollkommen gewissenlos auslebt, belegt eine weitere Episode, die seinen zweifelhaften Ruf begründete und von der auch Evelyn wusste – das berühmt-berüchtigte »Pie Girl Dinner« hatte sechs Jahre zuvor stattgefunden. Auf dieser Party ließ Gastgeber White die 16-jährige Revuetänzerin Susie Johnson aus einer riesigen Torte springen, sehr zum Vergnügen der rund dreißig männlichen Gäste. White zog sich nach dem (bis heute nicht auszurottenden) Partygag mit dem Mädchen für eine ganze Weile in seine Privaträume zurück. Offenbar tat er dort dasselbe mit Susie wie später auch mit Evelyn. Und auch ihr gegenüber gab er sich zunächst mitfühlend und versprach, sich um sie zu kümmern. Doch bald wurden andere Mädchen interessanter, und er ließ sie fallen. Susie ordnete ihr Leben neu und heiratete einen Mann, dem sie nicht von ihrer Vergangenheit erzählte. Als er davon erfuhr, dass sie das »Pie Girl« gewesen war, verließ auch er sie. Einige Jahre nach dem Abend, an dem sie die Sensation auf Stanford Whites Party gewesen war, brachte sich Susie Johnson um.

Die missbrauchte Mätresse

Wir sind die Vergnügungen der Nachtzeit,
die in der Morgendämmerung verblassen.
Verkaufen die Kostbarkeiten der Nachtzeit,
bis die Nacht zu Ende ist.

Dann, wenn die Party vorüber,
jedermann heimgegangen ist,
starren wir auf einen leeren Tag,
was gibt es da zu tun oder zu sagen?

(»Mädchen der Nacht« – Song aus dem Musical
»Jekyll und Hyde«)

In den Monaten nach der verhängnisvollen Nacht trifft sich Evelyn immer wieder mit Stanny. Sie wird zu seiner Mätresse. Er sorgt weiter für sie und ihre Familie, geht mit ihr aus und verhält sich ihrer Mutter gegenüber so, als sei nichts gewesen. Am 23. Dezember 1901 schenkt er ihr zum siebzehnten Geburtstag eine Perlenkette, drei Diamantringe und Bekleidung aus weißem Fuchspelz. Im Januar läuft das Broadway-Musical »Florodora« aus, doch Evelyn bekommt die Rolle der Zigeunerin »Vashti« in dem Musical »Die wilde Rose«.

Ebendieses Musical besucht eines Abends Harry Kendall Thaw, Sohn eines der reichsten Männer der USA und fast vierzehn Jahre älter als Evelyn. Obwohl sie nicht die Hauptrolle in »Die wilde Rose« spielt, ist Harry von ihrer Schönheit und Ausstrahlung hingerissen. An die vierzig Mal besucht er die abendlichen Vorführungen, um Evelyn zu sehen. Unter dem Namen »Mr. Monroe« schickt er ihr teure Blumensträuße und andere erlesene Geschenke. Eines Abends begleitet Evelyn ein befreundetes Revuegirl zu einer Party in ein nobles Restaurant. Dort begegnet sie Harry. Der hält seine Tarnung als Mr. Monroe aufrecht und beginnt mit ihr zu plaudern.

Irgendwann lenkt er das Gespräch auf Stanford White. Dass Evelyn mit diesem Kontakt hat, weiß Harry, da er bereits Informationen über sie und ihre Lebensumstände eingeholt hat. Harry hegt eine schon länger währende tiefe Abneigung gegenüber dem gesellschaftlichen Konkurrenten White und ist nicht erfreut über den Kontakt. Er befragt Evelyn danach, in welchem Verhältnis sie zu White stehe und warum ihre Mutter ihr den Umgang erlaube. Evelyn empfindet seine Fragen als unangenehm und aufdringlich, sodass sie höflich, aber möglichst bald das Gespräch beendet.

Davon lässt sich Harry aber keineswegs entmutigen, er besucht weiterhin regelmäßig das Theater, in dem sie auftritt, und versucht sie sogar zu Treffen in ihrem Hotel zu überreden. Sein Verhalten ist aus heutiger Sicht durchaus als »Stalking« einzuordnen. Doch für Evelyn ist er zu diesem Zeitpunkt bestenfalls ein harmloser Verehrer, der sie mit Aufmerksamkeiten überhäuft. Sie ahnt nicht, wer sie da so stürmisch belagert. Zu dieser Zeit ist sie noch völlig in der Beziehung zu Stanford gefangen und merkt, dass er sich zunehmend auch seinen anderen Affären und neuen Eroberungen zuwendet. Es muss sich für sie anfühlen, als sei sie nur ein Spielzeug, das nichts Aufregendes mehr bieten kann und zunehmend auf's Abstellgleis gestellt wird.

Muse des jungen Schauspielers

Amor steckt von Schalkheit voll.

(aus »Ein Sommernachtstraum« –
Komödie von William Shakespeare)

Als sei das Leben der knapp 17-Jährigen nicht schon kompliziert genug, begegnet ihr auch noch John Barrymore. Er lernt sie etwa zu der Zeit seines neunzehnten Geburtstags – am Valentinstag 1901 – auf einer von Stanford organisierten Dinnerparty kennen. Barrymore entstammt einer angesehenen Schauspielerfamilie, seine Eltern sind der britische Theaterschauspieler Maurice Barrymore und die US-amerikanische Schauspielerin Georgiana Drew. Die älteren Geschwister Lionel und Ethel arbeiten zu dieser Zeit bereits als Schauspieler, während John sein Geld noch mit dem Zeichnen von Cartoons für Zeitungen verdient. Mit sechzehn war er wegen eines Bordellbesuchs von der Schule geflogen. Obwohl selbst noch nicht am Theater aktiv, treibt er sich in den Künstlerkreisen herum, in denen er aufwuchs.

Bei der Dinnerparty kommen Evelyn und John ins Gespräch. Von da an verbringen sie immer mehr Zeit miteinander. Für Evelyn ist John der erste etwa gleichaltrige junge Mann, mit dem sie näheren Kontakt hat – ein ziemlicher Gegensatz zu ihren bisherigen Erfahrungen mit Stanny. Evelyn wird häufiger dabei beobachtet, wie sie Johns Zimmer erst am Morgen verlässt. Die junge Liebe

Evelyn Nebits Jugendliebe John Barrymore 1920 als »Dr. Jekyll« und »Mr. Hyde«.

bleibt Stanford nicht verborgen. Sein abgeflautes Interesse an Evelyn flammt wieder auf. Schließlich muss es auf ihn so wirken, als wolle der junge Mann ihm sein kostbares Spielzeug wegnehmen. Er spannt Evelyns Mutter ein, um mit ihr einen Keil zwischen die Liebenden zu treiben. Sowohl Stanford als auch Florence Nesbit reden auf Evelyn ein, John sei ein praktisch mittelloser Mann und keine gute Partie für sie. Doch Evelyn lässt sich nichts mehr verbieten und genießt die Zeit mit John. Bald macht er ihr einen Heiratsantrag. Was dann geschieht, schildert Evelyn vor Gericht so:

»Eines Nachmittags im Square Garden sagte Mr. Barrymore zu mir: ›Willst du mich heiraten?‹ Ich antwortete: ›Ich weiß es nicht.‹ White fragte mich, ob ich Barrymore heiraten würde, und sagte: ›Wenn Kinder wie ihr heiratet, wovon wollt ihr dann leben?‹ Auch meine Mutter wollte von da an jeden Tag wissen, ob ich vorhätte, ›diesen kleinen Schnösel Barrymore‹ zu heiraten, und sie fügte hinzu, Mr. White fürchte, ich würde es tun. Dann kam Mr. White zu mir und sagte, ich wäre sehr töricht, wenn ich Barrymore heiratete. Wir würden nichts haben, wovon wir leben könnten, wir würden uns wahrscheinlich streiten und uns scheiden lassen. Außerdem sagte er, Mr. Barrymore sei ein wenig verrückt; sein Vater sei in einer Irrenanstalt gewesen, und seiner Meinung nach sei die gesamte Familie davon betroffen. Er war sicher, Mr. Barrymore würde in wenigen Jahren völlig verrückt werden, und allein aus diesem Grund sollte ich ihn nicht heiraten. Mr. Barrymore fragte mich ein weiteres Mal, ob ich ihn heiraten würde, und erneut erwiderte ich: ›Ich weiß es nicht‹, und lachte. Das Ergebnis dieser ganzen Geschichte war, dass Mr. White zu mir kam und sagte, ich solle zur Schule geschickt werden. Und das wurde ich.«

Das Erbe emotional instabiler Künstler –
Segen und Fluch der Familie Barrymore

Und durch glutenrote Fenster
Werden heute Wandrer sehn
Ungeheure Wahngespenster
Grauenhaft im Tanz sich drehn.

(aus »Der Untergang des Hauses Usher«
von Edgar Allan Poe)

John Barrymore ist der spätere Großvater der heute bekannten Schauspielerin Drew Barrymore. Ihr Name setzt sich aus zwei wichtigen Nachnamen ihres Stammbaums zusammen: den Drews und den Barrymores. Auch wenn Stanford White Evelyn Nesbit nur mit allen Mitteln von John Barrymore trennen will, als er sich über den Geisteszustand des Nebenbuhlers auslässt – seine Voraussage wird sich weitgehend bewahrheiten. Die Familiengeschichte der Barrymores ist geprägt durch große Kreativität und Schauspielleidenschaft einerseits, durch heftige Stimmungsschwankungen, kaputte Beziehungen und Suchtprobleme andererseits.

Johns Vater Maurice Barrymore (bürgerlich Herbert Arthur Chamberlayne Blythe) wird 1849 in Indien geboren, als Sohn eines britischen Landvermessers. Die Mutter stirbt an den Folgen der Geburt. Er wächst zunächst bei einer Tante, später im Internat auf, ohne emotionale Bezugsperson. Mit 22 schließt er sich einer Schauspieltruppe an und nimmt seinen Künstlernamen an, mit 25 wandert er in die USA aus. Die Ehe mit der Schauspielerkollegin Georgiana Drew bringt zwar dreifachen Nachwuchs (Tochter Ethel und zwei Söhne, Lionel und John), wird aber durch seine zahlreichen Affären, durch ständige Tourneen, Alkohol und Glücksspiel zerrüttet. Er ist kaum für seine Familie da. Im Dezember 1893 erkrankt Georgiana an Tuberkulose, anderthalb Jahre später stirbt sie. Maurice landet mit 51 Jahren in der Psychiatrie, wo er bis zu seinem Tod (Ursache: eine Syphilis-Erkrankung, damals ebenfalls noch unheilbar) vier Jahre später bleibt.

Evelyn Nesbits Verehrer John Barrymore (geb. 1882), der mit elf Jahren zur Halbwaisen wurde und von seinem Vater zeitlebens kaum etwas sah, will eigentlich nicht Schauspieler werden. Er versucht sich als Cartoonist und Reporter, stellt aber bald fest, dass die Arbeit auf der Bühne einträglicher ist. Mit einundzwanzig hat er seinen ersten Theaterauftritt und beginnt eine Karriere, die ihm unter anderem Engagements am Broadway und in London einbringt.

Die erste von vier Ehen schließt er 28-jährig, mit der acht Jahre jüngeren Katherine Heins. Die Verbindung leidet unter seinen Stimmungsschwankungen und der bereits bestehenden Alkoholabhängigkeit und wird sieben Jahre später kinderlos geschieden. Schon kurz darauf heiratet er die Autorin und Feministin Blanche Oelrichs. Die Ehe hält fünf Jahre und bringt eine Tochter, Diane. John, inzwischen 43 und ausschließlich als Filmschauspieler tätig und bekannt, macht der gerade 22-jährigen Kollegin Dolores Costello den Hof. Drei Jahre später heiraten die beiden, sie bekommen zwei Kinder. John ist jedoch krankhaft eifersüchtig und lässt vom Alkohol nicht ab. Tochter Dolores ist gerade vier und Sohn John Drew noch keine drei Jahre alt, als auch diese Ehe geschieden wird. Das Interesse des 52-Jährigen gilt inzwischen der gerade 19-jährigen Nachwuchsschauspielerin Elaine Barrie. Auch hier folgt zwei Jahre später eine von Anfang an schwierige Ehe, schon ein Jahr später fast folgerichtig die Scheidung.

In vielen seiner letzten Auftritte wirkt John wie eine Karikatur seiner selbst. Während einer Radiosendung, in der er sich selbst »spielt«, fragt eine junge Sprecherin – ihrem Drehbuch folgend: »Onkel John, ich brauche Rat. Einen Rat zum Thema Liebe.« John erwidert: »Liebe?«, räuspert sich und fährt fort: »Setz dich hin, mein Kind, das wird etwas dauern.« Die junge Frau fährt fort: »Onkel John, ich bin verliebt. Kannst du mir sagen, was ich tun soll?« »Nein, mein Schatz«, erwi-

dert John, »aber ich kann dir sagen, was du nicht tun solltest.«

Dieser kurze Radio-Sketch bringt das Leben eines Mannes
auf den Punkt, der von klein auf eine Familie vermisst hat und
sich von einer intensiven Liebesbeziehung in die nächste stürzt,
ohne dauerhaftes Glück zu finden. John Barrymore stirbt mit
60 Jahren, einsam und von jahrzehntelanger Sucht gezeichnet.
Seine letzten Worte im Krankenhaus: »Sterben? Ich würde ablehnen, mein Freund. Kein Barrymore würde es zulassen, dass
ihm eine solch profane Sache passiert.«

Zwei seiner Kinder, die ihn nie wirklich kennengelernt haben, werden das seelische »Vermächtnis« der Barrymores fort-
führen.

Diane, die Tochter aus zweiter Ehe, ist bei der Scheidung der
Eltern vier Jahre alt. Sie wächst zwischen der dominanten, den
Vater hassenden Mutter, Kindermädchen und Internaten auf.
Ebenso wie John fehlt ihr eine stabile, liebevolle Bezugsperson.
Mit achtzehn will sie in die Fußstapfen ihres Vaters treten und
beginnt als Broadway- und Filmschauspielerin zu arbeiten.
Doch dieselben psychischen Probleme, unter denen auch ihr
Vater litt, machen ihr das Leben zur Hölle. Und ebenso wie er
versucht sie, den dauernden Schmerz und die innere Leere mit
Alkohol und anderen Drogen zu lindern.

Die Sucht und ihre heftigen Stimmungsschwankungen stehen einer eigentlich vielversprechenden Filmkarriere im Weg.
Mit achtundzwanzig bekommt sie ein Angebot, die erste Talk-
show im US-Fernsehen zu moderieren. Sie erscheint aber nicht
zum Dreh und wird gefeuert – Menschen mit psychischen Problemen wie sie neigen dazu, Termine zu vergessen, kurzfristig
abzusagen oder zu spät zu kommen. Diane kommt aus dem
Teufelskreis von unerträglichen Gefühlszuständen, Drogen
und Suizidversuchen nicht heraus.

Ihr Privatleben gerät in die Klatschspalten, die Rollenan-
gebote werden seltener. Mit neunundzwanzig, nach dem Tod
ihrer Mutter, bleibt sie praktisch mittellos zurück. Sie nimmt

jeden Job an, den sie finden kann, und arbeitet unter anderem als Stripperin. Bis sie vierunddreißig ist, hat sie zwei unglückliche Ehen hinter sich, ihren dritten Ehemann verliert sie durch einen Herzinfarkt. Sie kann ihre Wutanfälle nicht mehr unterdrücken, geht für ein Jahr in die Psychiatrie und schreibt anschließend ihre Autobiografie. »Zu viel, zu schnell« wird zum Erfolg und 1958 verfilmt. Zwei Jahre später stirbt Diane im Alter von nur achtunddreißig Jahren kinderlos an einer Überdosis Schlaftabletten in Verbindung mit Alkohol.

John Drew Barrymore geht 1932 aus der zweiten Ehe von John Senior (damals schon fünfzig Jahre) hervor. Wie seine ältere Halbschwester Diane lernt er den Vater nie wirklich kennen. Nach der Scheidung – da ist er zwei Jahre alt – beginnt seine Mutter wieder als Schauspielerin zu arbeiten. Der leibliche Vater lässt sich nicht mehr blicken, und der Stiefvater baut keine Bindung zu John Drew auf. John Barrymore Senior stirbt, als sein Sohn neun Jahre alt ist. Sie begegnen einander nur noch einmal vor seinem Tod.

Schon in jungen Jahren versucht sich John Drew als Schauspieler, allerdings nur mäßig erfolgreich – wie seine Halbschwester Diane fällt er eher durch Alkohol- und Drogenexzesse auf. Und wie sie und ihrer beider Vater wechselt er seine Liebespartner in regelmäßigen Abständen und wird dabei niemals glücklich. Mit zwanzig heiratet er zum ersten Mal. In den nächsten zweiundvierzig Jahren geht er drei weitere Ehen ein. Jeder Scheidung schließt sich nahtlos die nächste Verbindung an, mit dem nächsten Kind. John Drew reagiert auf jedes neue Scheitern, als würde er in seinem Leben den »Resetknopf« drücken, sobald auf dem Bildschirm »Game over« erscheint.

Seine erste »Spielrunde« beginnt er 1952 mit der Schauspielkollegin Cara Williams, bekannt für ihr aufbrausendes Temperament. In diese turbulente und schwierige Ehe wird der Sohn John Blyth Barrymore geboren. Die Beziehung ist damit nicht gerettet; Cara reicht schließlich die Scheidung ein, sie erhält das alleinige Sorgerecht für den gerade fünfjährigen John III. Eigentlich wird John Senior zur Zahlung von Unterhalt verpflichtet, doch darum kümmert er sich nicht.

John kümmert sich weder um seinen Sohn noch um fällige Unterhaltszahlungen, er zieht nach Europa. Hier bekommt er zahlreiche Angebote, wenn auch nur für drittklassige Historienfilme. In Italien heiratet er 1960 die Schauspielerin Gaby Palazzolo. Kurz darauf kommt eine Tochter zur Welt. Auch diese Ehe scheitert jedoch, John geht nach Hollywood und (nach einer Verhaftung wegen Marihuanabesitz) nach Indien, wo er Meditation lernt. In die USA zurückgekehrt, zieht er in die kalifornische Wüste, lebt in einer Hütte, ernährt sich von wilden Pflanzen, praktiziert Meditation und Yoga. Als bärtiger Einsiedler kehrt John erneut nach Hollywood zurück, wo er bald die in Deutschland geborene Ungarin Jaid Makó heiratet.

1974 wird Jaid schwanger. Noch vor der Geburt von Tochter Drew – heute eine weltbekannte Schauspielerin – trennt sie sich von John. Anfangs versucht er noch, sich um Drew zu kümmern. Doch deren frühe Erinnerungen an den Vater sind ein Albtraum, wie sie später sagt: »Mein Vater war dreißig Jahre lang ein Junkie und ein Alkoholiker. Nette Mischung, was? Es war schwer für mich, damit aufzuwachsen. Es war chaotisch, gewalttätig und beängstigend.«

Johns letzte »Spielrunde« ist die Schauspielerin Nina Wayne. Die Ehe scheitert wie die anderen zuvor. Seine letzten zehn Lebensjahre verbringt er wie sein Vater: verarmt und zurückgezogen. Was seine Tochter Drew später über ihn sagt, beschreibt treffend die Rolle der abwesenden Barrymore-Väter, über vier Generationen hinweg: »Ich liebe ihn immer noch, doch er war nie ein Vater, und er wird nie einer sein.«

Das »Barrymore-Vermächtnis« wirkt auch in die vierte Generation. Zwei Kinder von John Drew Barrymore (und damit Enkel von John Barrymore I, dem Verehrer der jungen Evelyn Nesbit) treten in die Fußstapfen ihrer Vorfahren, und das nicht nur als Schauspieler.

Für den 1954 geborenen John Blythe Barrymore III wird die Schauspielerei sogar nur eine kurze Jugenderfahrung. Ab seinem achtzehnten Lebensjahr verkörpert er für zweieinhalb Jahre den Neffen des kämpfenden Shaolin-Mönchs Kwai Chang Caine – gespielt von David Carradine – in der Fernsehserie »Kung Fu«. Es bleibt seine einzige Schauspielrolle. Mit achtundvierzig gerät John Blythe auf andere Weise in die Schlagzeilen. Einige Jugendliche hatten ihn und seine Frau zu Hause überfallen – um das dort angepflanzte Marihuana zu stehlen. Schwer verletzt kommt das Ehepaar ins Krankenhaus. Ermittlungen werden eingeleitet, da die über hundert Cannabispflanzen von der Polizei nicht – wie von Barrymore angegeben – als »medizinischer Eigenbedarf gegen Migräne« gewertet werden. Interessant, wenn man bedenkt, dass sehr viele von der emotional-instabilen Persönlichkeitsstörung betroffene Menschen Cannabis zum Dämpfen ihrer unerträglichen Gefühlszustände konsumieren.

Johns Halbschwester Drew, Jahrgang 1975, ist die einzige Enkelin von Evelyn Nesbits Jugendliebe John I., die zur dauerhaft erfolgreichen Schauspielerin wird. Die Kreativität der Barrymores setzt Drew später auch als Autorin, Regisseurin und Filmproduzentin ein. Doch auch sie bezahlt, wie viele ihrer Vorfahren, einen hohen Preis für ihr künstlerisches Potenzial – das Familienerbe von »Sex, Drugs and Rock 'n' Roll«.

Die erste Erinnerung, die Drew an ihren Vater hat, ist, wie er sie im Alter von drei Jahren betrunken gegen eine Wand schleudert. Zwar bleiben die Eltern auf dem Papier verheiratet, doch der Vater ist die meiste Zeit abwesend und mit seinen psychischen Problemen beschäftigt. Die faktisch alleinerziehende Mutter wiederum ist zu wenig für ihre kleine Tochter da, weil sie viel arbeiten muss. Das Mädchen flüchtet sich von klein auf in Fantasiewelten und hat großen Spaß daran, in andere Rollen zu schlüpfen und »jemand anders zu sein«. So scheint sie für die Schauspielerei wie geschaffen. Ihr Talent, aber auch die

Beziehungen durch ihren prominenten Stammbaum – Steven Spielberg ist ihr Patenonkel – öffnen ihr früh die Tore zur Traumfabrik Hollywood.

Mit fünf spielt sie zum ersten Mal in einem Film mit, ein Jahr später wird sie als niedliche kleine Gertie im Blockbuster »E. T. – Der Außerirdische« weltberühmt. Als sie neun Jahre alt ist, lassen sich ihre Eltern scheiden, in guter alter Barrymore-Familientradition. Ironischerweise spielt Drew im selben Jahr im Film »Triple Trouble« ein Mädchen, das sich von seinen zerstrittenen Eltern scheiden lässt. Dieser Film über ein durch sein Elternhaus schwer belastetes Kind erscheint wie das ironische Spiegelbild ihres wirklichen Lebens.

Mit neun trinkt Drew zum ersten Mal Alkohol, ein Jahr später beginnt sie mit dem Rauchen von Marihuana. In dieser Zeit spielt sie in den Stephen-King-Verfilmungen »Der Feuerteufel« und »Katzenauge« mit. Als 12-Jährige wird sie kokainabhängig, mit dreizehn macht sie ihre erste Entziehungskur von Alkohol und Drogen. Nach zwölf Tagen Entzug geht es zum nächsten Filmdreh, gefolgt von Drogenrückfällen, weiteren Klinikaufenthalten und neuen Filmdrehs. Mit vierzehn versucht sie sich mit einem Küchenmesser die Pulsadern aufzuschneiden. Anschließend verbringt sie drei Monate in einer Klinik und weitere drei Monate bei einem befreundeten Ehepaar, das ebenfalls einen Alkohol- und Drogenentzug hinter sich hat.

Wie ihre verstorbene Tante Diane Barrymore schreibt die gerade 15-jährige Drew eine Biografie, in der sie ihre unglückliche Kindheit thematisiert. Kurz darauf setzt sie vor dem Jugendgericht durch, vor dem Gesetz als Erwachsene behandelt zu werden, und zieht in ihre eigene Wohnung. Mit siebzehn verstärkt sie ihr Lolita-Image durch den Film »Poison Ivy« und Nacktfotos im von Andy Warhol gegründeten Promi-Magazin »Interview«. Weitere aufsehenerregende Aktionen, wie Playboyfotos mit neunzehn und ein kurzer »Oben-ohne«-Auftritt in der Kult-Talkshow von David Letterman, zementieren ihr Bild als Enfant terrible Hollywoods.

Auch ihr Liebesleben ist das einer »typischen« Barrymore: geprägt von vielen intensiven, aber instabilen Beziehungen. Mit sechzehn verlobt sie sich das erste Mal, trennt sich, verlobt sich direkt darauf mit einem anderen Mann. Auch diese Verlobung wird aufgelöst, und sie heiratet, inzwischen neunzehn, ohne jede Vorankündigung einen zwölf Jahre älteren Barbesitzer – in dessen Bar. Dem Magazin »People« sagt sie dazu: »Normalerweise leben Menschen erst zusammen und heiraten dann. Ich denke, wir machen es gewissermaßen auf die altmodische Art.« Nach nur zwei Monaten wird die Scheidung eingereicht. Mit zweiundzwanzig lernt sie den Schauspielkollegen Luke Wilson bei einem Dreh kennen. Über ihn sagt sie: »In dem Augenblick, als ich ihn sah, wurde mir klar, dass er der unglaublichste Mensch war, dem ich je das Glück hatte zu begegnen.« Kaum zwei Jahre später trennen sich die beiden, denn Drew verliebt sich in den Schauspieler und Komiker Tom Green, mit dem sie bald zusammenzieht.

Sie sind ein Jahr zusammen, als er der 25-Jährigen einen Heiratsantrag macht, und zwei Jahre, als sie heiraten. Kein halbes Jahr später reicht Green die Scheidung ein und erklärt der Presse: »Drew ist eine wunderbare Frau. Ich liebe sie sehr. Ich wünschte, unsere Ehe hätte funktionieren können. Ich wünsche ihr viel Glück.« Vier Monate später kommt Drew mit dem Musiker Fabrizio Moretti zusammen, über den sie sagt: »Es ist die positivste Beziehung, die ich jemals geführt habe.« Immerhin fünf Jahre hält diese Beziehung, gefolgt von einigen Flirts, Affären und einer On-Off-Beziehung mit dem Schauspieler Justin Long. Im Alter von fünfunddreißig schließlich beginnt Drew eine Beziehung mit dem Kunsthändler Will Kopelman. Eine Verlobung, Hochzeit und die Geburt zweier Töchter folgen. Den kleinen Mädchen – Urenkelinnen von Evelyn Nesbits Jugendliebe John Barrymore – ist nur zu wünschen, dass sie vom Fluch ihrer berühmt-berüchtigten Vorfahren verschont bleiben.

Wie Traumata sich durch Generationen ziehen

Die Familiengeschichte der Barrymores ist durch die Aufmerksamkeit, die ihr seit über hundert Jahren zuteilwird, in dieser Form sicherlich einzigartig. Doch die dahintersteckenden psychologischen Prinzipien sind keine Seltenheit. Familiengeschichten vieler Menschen mit emotional-instabiler Persönlichkeitsstörung weisen ein Muster dieser Störung über mehrere Generationen auf.

Stanford Whites Warnung an Evelyn Nesbit, ihr Freund John Barrymore stamme aus einer mit »Wahnsinn« belasteten Familie und sei daher in Gefahr, selbst psychisch zu erkranken, stellte sich als prophetisch heraus. Wahrscheinlich war White – offenbar ein guter Beobachter und Menschenkenner – bewusst, dass in manchen Familienlinien psychische Erkrankungen auffällig häufig vorkommen. Heute wissen wir, dass dies einerseits mit Erbanlagen in Zusammenhang steht, dass allerdings meist ungünstige Lebensumstände in der Kindheit hinzukommen müssen, damit schwere Störungen wie die in der Familie Barrymore auftreten. In meinem Buch »Auf dünnem Eis – Die Psychologie des Bösen« habe ich erklärt, warum manche Menschen durch eine Kombination von Erbanlagen und ihrer Lebensgeschichte psychisch schwer erkranken. Vereinfacht gesagt, sorgen manche Erbanlagen dafür, dass Menschen für bestimmte Erkrankungen anfälliger sind als andere. Damit ist gemeint, dass sie eine bestimmte Krankheit schneller als andere Menschen entwickeln, wenn sie bestimmten Erlebnissen ausgesetzt sind.

Wenn Eltern ihr Kind gefühlsmäßig vernachlässigen, es körperlich misshandeln oder sexuell missbrauchen, wächst die Wahrscheinlichkeit, dass dieses Kind spätestens als Erwachsener psychische Probleme bekommt. Ebenso gefährlich wirken sich Elternhäuser aus, in denen die Eltern sich ständig verbal und körperlich aggressiv verhalten, wo das Kind sich also nie sicher fühlen kann. Der Schaden, den solche traumatischen

Lebensumstände anrichten, ist umso größer, je jünger das Kind ist und je länger es in dieser Umgebung leben muss.

Der alte Glaube, Kinder würden nicht »mitbekommen«, wenn ihre Lebensumstände in den ersten Lebensjahren traumatisch sind, ist vollkommen falsch. Zwar erinnern sich Menschen meist nicht bewusst an die Zeit vor ihrem dritten Lebensjahr, doch ihr Gehirn hat bis dahin schon den »Grundaufbau« vollzogen. Wie dieser Aufbau früh durch Traumata gestört werden kann, habe ich ebenfalls in meinem letzten Buch erklärt. Die tiefgreifendsten krankhaften Veränderungen der Psyche eines Menschen, die seine erwachsene Persönlichkeit formen, werden durch eine zerstörerische Umwelt in den ersten Lebensjahren ausgelöst.

In einem Extremfall, mit dem ich arbeitete, wurde ein Mann während der ersten zwei Lebensmonate von seinen leiblichen Eltern schwer körperlich misshandelt und vernachlässigt. Kurz darauf kam er in eine Pflegefamilie, die ihn zusätzlich zu ihrem leiblichen Kind adoptierte. Obwohl die Adoptiveltern sich alle Mühe gaben, zeigte ihr Adoptivsohn im Gegensatz zum leiblichen Sohn von klein auf schwere Auffälligkeiten. Er schrie hysterisch, wenn die Pflegeeltern ihn auch nur versuchsweise berühren wollten, er konnte kaum Kontakt zu anderen Menschen aufbauen, hatte immer wieder unerklärliche Wutausbrüche und heftige Stimmungsschwankungen. Obwohl er zu einem intelligenten und redegewandten Jungen heranwuchs, der mit wenig Fleiß das Abitur schaffte, verschwanden die Probleme in seinem Gefühlsleben und dem Umgang mit anderen Menschen nie. Ich hatte mit seinem Fall zu tun, weil er schließlich als Sexualstraftäter verurteilt wurde. Dies ist sicher ein Extrembeispiel, denn sehr viele Kinder, die von liebevollen Familien adoptiert werden, entwickeln sich zu psychisch gesunden, glücklichen Erwachsenen. Im Fall dieses Mannes aber ergaben seine Erbanlagen, gemischt mit den extrem traumatischen Umständen seiner ersten Lebensmonate, eine explosive Mischung, an die man nur ein Streichholz halten musste.

Schaut man sich die Familiengeschichte der Barrymores an, so fällt auf, dass viele, aber nicht alle Nachkommen von Maurice Barrymore, dem ersten »prominenten« Mitglied der Linie, beinahe identische psychische Auffälligkeiten zeigten. Offensichtlich können sowohl andere genetische Merkmale, die durch den zweiten Elternteil hinzukommen, als auch Umwelteinflüsse wie eine zuverlässige Bindungsperson verhindern, dass ein Kind diese Persönlichkeitsstörung entwickelt. Je nachdem, bei welchen Müttern die jeweiligen Kinder aufwuchsen, hatten sie mehr oder weniger Möglichkeiten, sich psychisch gesund zu entwickeln. Es ist interessant, dass Dolores Junior, die Schwester von John Drew, einen anderen Lebensweg einschlug als ihr Bruder und ihre Halbschwester Diane. Weder Dolores noch ihre Kinder und Enkel wurden Schauspieler oder machten jemals negative Schlagzeilen. Es ist möglich, dass ihre Mutter, Schauspielerin Dolores Costello, trotz der gescheiterten Ehe einen positiven Einfluss auf die Kinder hatte. Möglicherweise mehr auf ihre Tochter als auf ihren Sohn, weil diesem der Vater als männliche Bezugsperson besonders fehlte. Ebenso gut möglich ist, dass das Verhältnis des Stiefvaters zu der kleinen Dolores weniger angespannt war als das zu seinem Stiefsohn. In den vielen Biografien schwerer Straftäter, mit denen ich bisher gearbeitet habe, ergab sich häufig ein Muster: Jungen reagieren auf Schwierigkeiten in ihren Familien oft anders, nach außen hin aggressiver, als ihre Schwestern. Dadurch ziehen sie mehr Strafen auf sich und fühlen sich noch stärker abgelehnt als zuvor. Jungen neigen mehr als Mädchen dazu, ihre Situation durch aggressive Reaktionen auf ihre Familienverhältnisse noch zu verschlechtern. Dadurch können sich bei ihnen Muster ausprägen, aggressiv nach außen aufzutreten, während dies bei ihren Schwestern nicht passiert. Ein Extrembeispiel für diese Geschlechtsunterschiede begegnete mir, als ich ein psychologisches Profil des kolumbianischen Serienmörders Luis Alfredo Garavito Cubillos erstellte. Der pädophile, sadistische Psychopath hatte mindestens 138 kleine Jungen zur sexuellen

Befriedigung gefoltert und getötet. Meine psychologische Analyse des Falles ist im Buch »Aus der Dunkelkammer des Bösen«, das ich gemeinsam mit dem Kriminalbiologen Mark Benecke schrieb, nachzulesen. Garavito hatte drei Brüder und drei Schwestern. Die Brüder fielen alle durch gewalttätiges Verhalten auf und kamen mit dem Gesetz in Konflikt – im Gegensatz zu ihren Schwestern. Frauen neigen dazu, auf frühe traumatische Erlebnisse eher mit Selbsthass und Selbstbestrafung zu reagieren und sich mit den Tätern – oft unbewusst – gewissermaßen innerlich zu »verbünden«. Dieses Prinzip wird in Kapitel zehn noch deutlicher werden, wo eine selbst schwer traumatisierte Frau zur Komplizin des Serienmörders David Parker Ray wird.

Der Fluch der Barrymores – Die Borderline-Persönlichkeitsstörung

Die ungewöhnlichen Eigenschaften all jener Barrymores, die durch ihre besondere Persönlichkeit Schlagzeilen machten, ähneln sich auffällig in mehreren »Oberbereichen«:

1. Gestörte Beziehungen zu anderen Menschen
- Sie gehen auffällig schnell intensive Liebesbeziehungen ein, die stets nach einem ähnlichen Muster zu scheitern scheinen.
- Die Liebespartner werden anfangs übermäßig positiv gesehen, jede neue Liebe wird zur ganz besonderen »großen Liebe« erklärt.
- Vor dem Scheitern der Beziehung gibt es dramatische Szenen und Streitereien – u. a. wegen starker Eifersucht –, die in körperlichen Attacken gipfeln können.
- Es kommen auffällig häufig »On-Off-Beziehungen« vor, mit wiederholten Trennungen und Versöhnungen.
- Das endgültige Beziehungsende hängt meist mit einer am Horizont erscheinenden, neuen Liebe zusammen.
- Nach dem Beziehungsende werden die »Brücken« – auch zu

während der Beziehung gezeugten Kindern – von jetzt auf gleich abgebrochen.

2. Starke Stimmungsschwankungen

- das Gefühlsleben schwankt zwischen Extremen: Jede neue Liebe, jede neue Schauspielrolle, löst einen Glücksrausch aus, der schnell in Depression, Angst und Wut umschlagen kann. Beziehungen scheitern immer wieder an diesen schnellen, heftigen Gefühlsschwankungen.

- Immer muss »Action« im Alltag sein: Ob neue Rollen, viele Reisen, neue Beziehungen oder riskante Verhaltensweisen, das Verhalten vieler Barrymores wirkt wie eine nie enden wollende Flucht vor sich selbst, den eigenen Gefühlen und der Leere in ihnen.

3. Selbst- und fremdgefährdendes Verhalten

Alkohol am Steuer, Rasen, Besitz und sogar Herstellung von Drogen, Gewaltausbrüche, spontane Affären oder das übermäßige Ausgeben von Geld: Viele Verhaltensweisen einiger Familienmitglieder sind schädlich, auch für andere. Von ihren Stimmungen scheinbar völlig bestimmt, bringen sie sich immer wieder in Schwierigkeiten.

All diese Auffälligkeiten sind typisch für eine psychische Erkrankung, die heutzutage »Borderline-Persönlichkeitsstörung« oder »Emotional instabile Persönlichkeitsstörung des Borderline-Typs« genannt wird. Davon Betroffene fühlen anders als »normale« Menschen. Dies wirkt sich auf die Art aus, wie sie sich selbst und andere wahrnehmen, was sie denken und wie sie sich verhalten. Ihr Verhalten wirkt oft seltsam und widersprüchlich. Es steckt allerdings eine Logik dahinter, die für »normale« Menschen nur nicht erkennbar ist.

Was ist Borderline?

Gestörte Beziehungen

Menschen, die an der Borderline-Persönlichkeitsstörung leiden, haben eine übertriebene Angst davor, von Menschen, denen sie nahestehen, verlassen zu werden. Leider bewirken sie oft selbst, dass es genau dazu kommt. Denn die Art, mit der sie ihnen nahestehende Menschen wahrnehmen, schwankt häufig zwischen den Extremen Idealisierung und Abwertung.

Beginnen sie beispielsweise eine Liebesbeziehung, erscheint ihnen ihr Partner zunächst als der absolute Traumpartner, den sie buchstäblich über alles lieben. Doch bald kippt diese Wahrnehmung in das andere Extrem, und sie beginnen, ihren Partner als Gegner zu empfinden, der ihnen weh tun, sie hintergehen und verletzen will. Davon können Borderliner in dieser Phase der Abwertung so sehr überzeugt sein, dass sie ihren Partner hassen. Gleichzeitig lieben sie ihn jedoch weiter.

Dieses für »normale« Menschen unbegreifliche Schwanken zwischen Weiß und Schwarz, Liebe und Hass, beschrieb der englische Arzt Thomas Sydenham bereits im 17. Jahrhundert mit den Worten: »Sie lieben diejenigen ohne Maß, die sie ohne Grund hassen werden.« Ein 1992 von Jerold J. Kreisman und Hal Strauss herausgegebenes Buch über die Borderline-Persönlichkeitsstörung bringt diese Zerrissenheit der Betroffenen mit seinem Titel auf den Punkt: »Ich hasse dich – verlass mich nicht!«

Quälende Empfindungen

Borderliner werden von heftigen Stimmungsschwankungen und unerträglichen Gefühlen gequält. Sie haben immer wieder depressive Phasen, fühlen sich traurig, ängstlich, schuldig oder wütend. Diese Empfindungen können länger andauern als bei anderen Menschen, aber auch plötzlich umschlagen. Oft kommt auch Ekel hinzu, der beispielsweise durch die Erfahrung, sexuell missbraucht worden zu sein, ausgelöst wird.

Manchmal empfinden die Betroffenen aber auch eine »innere Leere«. Dies ist ein Zustand, in dem Empfindungen gedämpft oder ganz ausgeschaltet sein können. Für manche kann dieser Zustand angenehmer sein als die ansonsten unerträglichen Gefühle. Doch viele empfinden auch diese Leere als unerträglich. Auch Langeweile kann als sehr unangenehm erlebt werden. Für Außenstehende sind diese heftigen Schwankungen meist unverständlich.

Gefährliche Verhaltensweisen

Um ihre unerträglichen Empfindungen und Zustände zu beenden, verfallen Borderliner, bevor sie schließlich eine Therapie beginnen, auf manchmal gefährliche Methoden. Sie laufen schneller als andere Menschen Gefahr, von Alkohol oder Drogen abhängig zu werden. Manche entwickeln Essstörungen, bekommen beispielsweise Fressattacken, gefolgt von Selbsthass, Ekel und Erbrechen des Mageninhalts. Einige geben sehr viel Geld aus oder betreiben Glücksspiel, um sich kurzfristig positive »Kicks« zu verschaffen. Hierdurch können sie in ernsthafte finanzielle Schwierigkeiten geraten.

Um ihren unangenehmen Gefühlen und ihrem Alleinsein zu entfliehen, nutzen einige Borderliner ihre Sexualität. Sie können One-Night-Stands oder Affären eingehen, um sich kurzfristig die Nähe und positiven Gefühle zu verschaffen, nach denen sie sich sehnen. Manche fahren zu schnell Auto, hören laute Musik oder suchen andere Arten, um sich durch intensive Erlebnisse von ihren Empfindungen abzulenken.

Wenn sie wütend werden, können Borderliner dieses Gefühl manchmal nicht im Zaum halten. Sie werden verbal oder körperlich aggressiv. Sie können dann sehr verletzende Dinge sagen, Gegenstände zerstören oder sogar um sich schlagen. Viele vor allem weibliche Borderliner richten die Wut gegen sich selbst und tun dann Dinge, mit denen sie sich selbst schaden oder in Gefahr bringen. Das bekannteste Symptom von Borderlinern ist ihre Neigung, sich selbst Schmerzen zuzufügen, beispielsweise indem sie in ihre Haut schneiden. Viele verletzen sich auch in anderer Form: Sie knabbern an ihren Fingernägeln, kratzen sich immer wieder Wunden auf oder reißen sich Haare aus.

Schmerz durchbricht oft die unerträglichen Gefühlszustände, wenn auch nur vorübergehend. Eine wichtige Methode, die Borderliner daher in der Therapie erlernen, ist das Nutzen von starken Sinnesreizen, mit denen sie sich keinen körperlichen Schaden zufügen – zum Beispiel, indem sie Eiswürfel oder Kühlpacks in Küchentücher einwickeln und auf den Unterarm legen. Die Kälte erzeugt Schmerz, der ähnlich intensiv wirken kann wie das Aufschneiden der Haut. Andere Methoden können das Lutschen sehr saurer Bonbons, das Beißen auf Chili-Schoten, das Riechen an Pfefferminzöl oder Ammoniak sein.

Suizidalität

Die meisten Borderliner kennen das Gefühl einer gewissen »Todessehnsucht«. Manchmal haben sie Suizidgedanken, in Krisen auch häufiger. Oft sprechen sie diese auch anderen Menschen gegenüber aus. Einerseits tun sie das, weil sie dann verzweifelt sind und sich selbst nicht zu helfen wissen. Andererseits können sie auch mit Suizid drohen, um andere Menschen damit unter Druck zu setzen, nicht den Kontakt zu ihnen abzubrechen. Viele Menschen glauben, dass auf solche Suiziddrohungen keine Taten folgen. Dem ist nicht so. Die meisten Suizidenten kündigen ihre Tat vorher in irgendeiner

Form an. Fünf bis zehn Prozent der Borderliner sterben durch Suizid. Am wahrscheinlichsten ist ein vollendeter Suizid bei Borderlinern zwischen dem zwanzigsten und dreißigsten Lebensjahr.

Ver-rückte Wahrnehmung

Wenn Borderliner sich besonders stark belastet fühlen, kann ihre Wahrnehmung verzerrt werden. Dies nennt man in der Psychologie eine »Dissoziation«, abgeleitet vom lateinischen Wort für »trennen«. Dissoziation ist eine Zersplitterung der Wahrnehmung, sie kann auf sehr unterschiedliche Weise geschehen. Manche Betroffene haben Erinnerungslücken, spüren plötzlich Schmerz, Wärme oder Kälte nicht mehr. Einige glauben, nicht mehr sprechen, hören, riechen oder ihren Körper nicht mehr normal bewegen zu können. Während solcher Zustände haben sie den Eindruck, neben sich zu stehen oder nicht mehr voll bei Bewusstsein zu sein, wie in einem Traum.

Auch die Vorstellung davon, wer er eigentlich ist und was ihn ausmacht, kann ein Borderliner vorübergehend verlieren. Dies ist für Nicht-Betroffene kaum vorstellbar. In extremen Fällen kann ein stark traumatisierter Mensch glauben, dass er mehr als eine Persönlichkeit hat. Dies ergibt sich dann einerseits aus der Zerstückelung seiner Erinnerung durch dissoziative Zustände. Andererseits schwanken die Gefühle, Gedanken, Bedürfnisse und Handlungen solcher Menschen manchmal so stark, dass sie schier unvereinbar miteinander zu sein scheinen. In manchen Fällen erlebt der Betroffene sich selbst dann als unterschiedliche Personen in einem Körper. Es wird wissenschaftlich noch darüber diskutiert, ob die »Dissoziative Identitätsstörung«, die früher »Multiple Persönlichkeitsstörung« genannt wurde, eine extreme Form der Borderline-Persönlichkeitsstörung ist. Die »Dissoziative Identitätsstörung« tritt jedenfalls nur bei Menschen auf, die in frühem Alter schwer traumatisiert wurden – was auch bei vielen Borderlinern der Fall ist.

Viele Menschen haben schon Kontakt zu Borderlinern gehabt und daher ihre Meinung zu diesem Thema. Einige haben dabei schlechte Erfahrungen mit Borderlinern und sind dem Thema gegenüber entsprechend negativ eingestellt. Dass enge Beziehungen mit Borderlinern immer wieder anstrengend sein können, werden Betroffene und deren Angehörige bestätigen. Auf der anderen Seite haben Borderliner sehr viele Stärken, die sie für ihre Mitmenschen interessant machen: Außerhalb ihrer Krisen sind sie oft besonders hilfsbereit, freundlich, humorvoll, unterhaltsam, kreativ und intelligent. Viele Borderliner sind in Sozialberufen oder als Künstler tätig.

Für ihre Mitmenschen ist nur vollkommen unverständlich, warum die positiven Eigenschaften von Borderlinern immer wieder plötzlich zu verschwinden scheinen und sie sich dann völlig anders verhalten als in Situationen, in denen sie entspannt oder gut gelaunt sind. »Normale« Menschen können nicht nachvollziehen, dass – so überschwänglich und positiv die Höhen auch sind – sich die Tiefen von Borderlinern so abgrundtief schwarz und unerträglich anfühlen. Menschen, die nicht von dieser Störung betroffen sind, können sich solch anhaltend intensive Gefühlsdimensionen nicht wirklich vorstellen. Daher deuten sie das immer wiederkehrende Leiden und die scheinbar völlig unvorhersehbaren Handlungen der Betroffenen als Übertreibung, Generve, einfach als einen »schlechten Charakter«. Dies stimmt so nicht; doch was wirklich dahintersteckt, ist schwer zu begreifen. Marsha Linehan hat eine Therapiemethode für Borderline entwickelt: die »dialektisch-behaviorale Therapie«. Sie ist selbst von der Krankheit betroffen und schildert den Kern der Störung sehr gut: »Menschen mit einer Borderline-Persönlichkeitsstörung sind wie Menschen, deren Körper zu neunzig Prozent mit Verbrennungen dritten Grades bedeckt ist. Da ihnen die emotionale Haut fehlt, fühlen sie Höllenqualen bei der kleinsten Berührung oder Bewegung.«

Tatsächlich ist das Gefühlserleben von Borderlinern – zumindest phasenweise – wie das Schmerzempfinden von Menschen, die am ganzen Körper schwerste Brandverletzungen habe. Solchen Brandopfern tut ohne Schmerzmittel jede Bewegung, jeder Windhauch, jede kleinste Berührung unfassbar weh. Da würden die anderen auch nicht sagen: »Jetzt stell dich nicht so an, hör auf zu weinen und rumzuschreien, steh auf und geh arbeiten, du Heulsuse.« Dieser Vergleich ist nicht übertrieben!

Die Analogie zu Brandopfern ist auch aus anderen Gründen stimmig.

Borderliner haben in früher Kindheit in aller Regel (mir ist noch kein Ausnahmefall untergekommen) schwere emotionale, körperliche und/oder sexuelle Misshandlungen erlebt. Ihnen sind schlimme Dinge widerfahren, an die sie sich manchmal gar nicht mehr erinnern, die aber ihr Gehirn für immer verändert haben. Aufbau und Funktionsweise der Gehirne von Borderlinern sind anders als die anderer Menschen. Dass ihre Gefühle unerträglich stark sind und ungewöhnlich lange anhalten, liegt an diesen frühkindlich entwickelten Veränderungen.

Das Gefühlsleben von Borderlinern beeinflusst natürlich auch ihr Denken und Handeln – wie es bei allen Menschen der Fall ist. Denken, Fühlen und Handeln stehen immer in starker Wechselwirkung miteinander! Am Beginn von Borderline ebenso wie von körperlich sichtbaren Brandverletzungen stehen also tragische Ereignisse, die den betroffenen Menschen leider sein Leben lang begleiten, verändern und belasten werden.

Der Vergleich mit Brandopfern ist überdies passend, weil er einen Teil der scheinbar irrationalen Verhaltensweisen von Borderlinern verständlich macht: Viele trinken Alkohol, nehmen Drogen, stürzen sich in spontane Affären, führen einen unsteten, sehr abwechslungsreichen Lebensstil oder suchen sonstige »Kicks«, um ihre unangenehmen Empfindungen zum Schweigen zu bringen. Im Prinzip nichts anderes würden Menschen mit chronischen körperlichen Schmerzen tun.

Man denke nur an die Figur des Dr. House aus der gleichnamigen US-Fernsehserie: House ist ein genialer, wenn auch zynischer und durch das Leben verbitterter Arzt. Seit einer Fehldiagnose durch Kollegen leidet er an chronischen starken Beinschmerzen und humpelt. Er ist süchtig nach Schmerzmitteln, weil er diesen chronischen Schmerzen sonst hilflos und ohne Aussicht auf Besserung ausgesetzt wäre. Welcher Zuschauer hat dafür nicht irgendwo Verständnis?

Seltsamerweise werden ungünstige und gefährliche Verhaltensweisen von Borderlinern oft als weiterer Beweis für ihren vermeintlich »schlechten« Charakter gehalten. Dieses Missverständnis kann nur geschehen, weil die emotionalen Schmerzen – die nicht eingebildet, sondern auf Hirnebene in einem Magnetresonanztomographen sichtbar gemacht werden können! – für »normale« Menschen unsichtbar sind. Bei vielen Borderlinern ist die wirkliche Erkenntnis, was sie haben und wie ihre Krankheit funktioniert, der erste Schritt zur Besserung. Mithilfe der »dialektisch-behavioralen Therapie« können sie lernen, mit ihrer Krankheit zu leben – wie es auch beispielsweise Diabetiker tun, wenn sie ihre Krankheit verstanden und mit ihr umzugehen gelernt haben. Zusammenfassend: Die Borderline-Persönlichkeitsstörung ist nicht gleichbedeutend mit einem schlechten Charakter, und die Betroffenen sind keine hoffnungslosen Fälle! Mit den Erkenntnissen der heutigen Wissenschaft hätte sich die über so viele Generationen erstreckende Tragödie der Familie Barrymore so nicht ereignen müssen.

Stanley White und Florence Nesbit schicken Evelyn in eine private Mädchenschule in New Jersey. Diese Schule wird von Matilda DeMille betrieben, einer Witwe mit Kontakten zum Broadway, deren Sohn Cecil B. DeMille später ein bekannter Regisseur, Produzent und Schauspieler werden wird. Ein halbes Jahr bleibt Evelyn im Internat, bis sie sich plötzlich im April 1903 in medizinische Behandlung begeben muss. Offiziell ist eine Operation wegen akuter

Blinddarmentzündung notwendig. Einer anderen Vermutung zufolge wurde Evelyn von John Barrymore schwanger und kam zur Verschleierung der Schwangerschaft in die Mädchenschule. Als Blinddarmoperation getarnt, könnte sie ein Kind zur Welt gebracht und anschließend zur Adoption freigegeben haben. Dies ist zumindest nicht völlig unwahrscheinlich, bedenkt man, dass Evelyn zum Zeitpunkt ihrer Abreise ins Internat etwa im dritten Monat schwanger gewesen sein müsste.

Ungewollte Schwangerschaften sind zur damaligen Zeit kein seltenes Problem. Die betroffenen Frauen versuchen häufig, die Situation durch illegale Abtreibungen oder verschleierte Adoptionen zu lösen. Ausgerechnet die Leiterin der Mädchenschule, Matilda DeMille, wird später so etwas in ihrer eigenen Familie erleben. Ihr verheirateter Sohn William, Regisseur und Drehbuchautor, schwängert 1921 sein Geliebte, die Autorin Lorna Moon. Da Lorna sich nicht um das Kind kümmern kann, bittet William seinen Bruder Cecil um Hilfe. Cecil und seine Frau entscheiden sich, den kleinen Richard zu adoptieren. So wächst Richard, ohne es zu wissen, bei seinem Onkel Cecil auf. Williams Frau findet nie heraus, welch folgenreiche Affäre ihr Gatte da eingegangen war. Richard erfährt erst nach dem Tod seines leiblichen Vaters die Wahrheit über seine Herkunft und schreibt ein Buch über diesen Teil seiner Familiengeschichte.

Der Prinz von Pittsburgh

Gute Vorsätze [...] sind bloße Schecks,
die man auf eine Bank ausstellt,
bei der man kein Konto hat.

(aus »Das Bildnis des Dorian Gray«
von Oscar Wilde)

Während ihres Aufenthalts in der Mädchenschule verliert Evelyn den Kontakt zu John Barrymore. Stanford, der die endgültige Entscheidung, sie zur Schule zu schicken, getroffen hatte, kümmert sich nur noch gelegentlich um sie. Auch diese Affäre scheint beendet zu sein. Dies alles nutzt Harry Thaw, um Kontakt zu Evelyn aufzubauen. Er schickt ihr teure Geschenke und schreibt ihr Briefe. Als sie – aus welchem Grund auch immer – ins Krankenhaus kommt, besucht er sie regelmäßig. Auch Stanford kommt ab und zu dort vorbei, doch scheinen er und Harry sich nie zu begegnen. Evelyn weiß von Harry nur, dass er ein unvorstellbar reicher Lebemann ist, der ebenso wie sie aus Pittsburgh stammt. Er ist stets freundlich und höflich zu ihr, sodass sie keinen Anlass hat, an seinem Charakter zu zweifeln.

Was sie zunächst nicht bemerkt: Harry Thaw hat – ebenso wie ihr ehemaliger Geliebter John – eine stark ausgeprägte Persönlichkeitsstörung. Seit frühester Kindheit ist Harry für seine psychischen Auffälligkeiten bekannt. Er hat Schlafstörungen, häufige Wutanfälle, wird gewalttätig gegenüber anderen Menschen, spielt Bediensteten im Haus seiner Eltern schmerzhafte Streiche und redet viel, manchmal unzusammenhängend. An Regeln hält er sich grundsätzlich nicht, und nie zeigt er auch nur den Anflug eines aufrichtigen schlechten Gewissens. All diese Auffälligkeiten ziehen sich ohne jede Besserung bis ins Erwachsenenalter. Von den elf Kindern seines Vaters aus zwei Ehen bleibt Harry das Sorgenkind. Sein unerträgliches Benehmen bewirkt, dass er trotz eines millionenschweren Vermögens in kürzester Zeit von jeder Privatschule fliegt. Er scheint Freude am Leid anderer zu haben, sich vor nichts zu fürchten und aus Strafen nicht zu lernen.

Das Geld seines Vaters verschafft ihm Zugang zur Universität, wo er Jura studieren soll. Erst kommt er auf die Universität von Pittsburgh, dann gelingt es seinem Vater, ihn trotz aller schlechten Noten und Schulverweise auf der angesehenen Harvard-Universität unterzubringen. Wohl wissend, dass er niemals darauf angewiesen sein wird, Geld zu verdienen, treibt Harry seine Eskapaden immer weiter auf die Spitze. Er brüstet sich damit, nicht Jura, sondern

Poker zu studieren, er hat zahlreiche Affären und zeigt sich gern in Gesellschaft, Zigarren mit Hundert-Dollar-Noten anzündend. Natürlich hat er weiterhin Wutausbrüche.

Zwar versucht William Thaw Senior, seinen hemmungslosen Sohn zumindest finanziell zu beschränken, doch der halbherzige Versuch, Harry auf diese Weise zu erziehen, scheitert. So ordnet der Vater an, Harry sollten »nur noch« zweieinhalbtausend Dollar jährlich zur Verfügung stehen. Dies entspricht damals fünf Jahresgehältern eines Arbeiters. Doch auch diese mehr als großzügige »Einschränkung« wird von Harrys Mutter gleich nach dem Tod des Vaters wieder aufgehoben; der Sohn bekommt die damals unglaubliche Summe von achtzigtausend Dollar im Jahr zur freien Verfügung.

William Thaw stirbt, als Harry achtzehn Jahre als ist, und hinterlässt ihm drei Millionen Dollar – eine zur damaligen Zeit unvorstellbar hohe Geldsumme. Fortan widmet sich Harrys Mutter, Mary Sibbet Copley, der Schadensbegrenzung im Leben ihres Sorgenkindes. Gemeinsam mit den hochkarätigen Familienanwälten zahlt sie unglaubliche Bestechungssummen, um Menschen, die von Harrys Wutausbrüchen oder Sex-Eskapaden geschädigt werden, zum Schweigen zu bringen. Auf diese Art versucht sie, den guten Ruf der prominenten Familie Thaw zu schützen.

Am Verhalten ihres verwöhnten Sohnes etwas zu ändern, kommt Mary Copley allerdings nicht in den Sinn. Auch nicht, als Harrys Ausschweifungen nach dem Tod des Vaters immer wilder werden. Bei einer Gelegenheit jagt er einem Taxifahrer mit einer Schrotflinte hinterher, weil er meint, dieser habe ihn um zehn Cent – heute ungefähr 2,80 EUR – betrogen. An der teuer erkauften Harvard-Universität bedroht er Kommilitonen und Lehrpersonal, sodass schließlich keine Bestechung der Familie mehr ausreicht und er rausgeschmissen wird. Dies kommt Harry gerade recht; er nutzt die neu gewonnene Ungebundenheit für luxuriöse Europareisen. In der Alten Welt widmet sich der 24-Jährige weiter seinen Lieblingsbeschäftigungen: exklusives Essen, wilde Partys und Touren durch die Edelbordelle des Kontinents.

Berühmt-berüchtigt wird Harry in Paris für eine »Privatparty«, die er eines Abends in einem Nobelhotel veranstaltet. Er mietet eine ganze Etage an, bestellt den prominenten Musiker und Marschmusik-Komponisten John Philip Sousa zur Abendbegleitung und lädt als Gäste fünfundzwanzig äußerst attraktive Damen ein – Showgirls und Edelprostituierte, die er während seines Vergnügungsurlaubs kennengelernt hat. Mit den Damen verbringt er den Abend beim edlen Dinner und krönt dieses mit einem Glas Champagner für jede Dame, dem ein Schmuckstück im Wert von eintausend Dollar angehängt ist.

Ein Millionär mit Dissozialer Persönlichkeitsstörung

Harry Thaw gilt schon sein ganzes Leben als »verrückt«. Bedienstete, Lehrer, Mitschüler und Kommilitonen, die mit ihm Schwierigkeiten haben, stufen ihn aber schlicht als besonders ungezogenen, arroganten, reichen Schnösel ein. Andererseits kann Harry sich durchaus positiv darstellen. Es mangelt ihm nicht an oberflächlichen Bekannten, die sich gern mit ihm sehen lassen und Partys feiern. Ebenso sind ihm nicht wenige Damen zugetan.

Die Auffälligkeiten, für die Harry seit seiner Kindheit berühmt-berüchtigt ist, lassen sich in der modernen Psychologie mit einer im forensischen Bereich sehr wichtigen psychischen Störung erklären: der »Dissozialen Persönlichkeitsstörung«, in den USA auch »Antisoziale Persönlichkeitsstörung« genannt. Dieser Begriff fasst eine Liste von Persönlichkeitsmerkmalen zusammen. Eine Person, bei der diese Eigenschaften stark ausgeprägt sind, ist für ihre Mitmenschen ein eher unangenehmer Zeitgenosse. Menschen mit dieser Persönlichkeitsstörung haben sehr wenig bis gar kein Mitgefühl. Wenn sie andere Menschen leiden sehen oder wissen, dass diese leiden, berührt sie das selbst kaum bis gar nicht. Sie unterdrücken das Mitgefühl nicht etwa, sondern fühlen es ganz einfach nicht. Ein Mensch mit dieser »Mitgefühl-Verminderung« könnte also auf jemanden, der am Boden liegt, immer weiter einschlagen und mit dem Fuß gegen seinen Kopf treten, ohne irgendetwas dabei zu empfinden.

Wie ich in meinem Buch »Auf dünnem Eis – Die Psychologie des Bösen« ausführlich erkläre, ist Mitgefühl notwendig, damit Menschen Schuldgefühle und ein normal funktionierendes Gewissen entwickeln. Daher überrascht es nicht, dass ein Mensch mit »Dissozialer Persönlichkeitsstörung« auch wenige bis gar keine Schuldgefühle empfindet. Für alles, was er anderen antut, hat er stets eine Erklärung. Harry Thaw sieht beispielsweise einen hinreichenden Grund dafür, einen Menschen mit einer Schrotflinte zu bedrohen, darin, dass dieser Mensch ihn möglicherweise um einen für ihn völlig unbedeutenden Geldbetrag betrogen hat. Stets eine Rechtfertigung parat zu haben und gerne auch andere Menschen zu beschuldigen, um von der eigenen Verantwortung abzulenken, sind typische Verhaltensweisen dissozialer Menschen.

Aus dem fehlenden Mitgefühl und Schuldgefühl ergibt sich auch, dass solche Menschen soziale Normen missachten. Da ihnen völlig egal ist, ob andere ihr Verhalten unangemessen oder unangenehm finden, fühlen sie sich an keine Regel gebunden. Schon in ihrer Kindheit gilt das Prinzip: Egal, wie oft sie für etwas bestraft werden, die Strafe scheint nie eine Wirkung zu zeigen. Denn neben Schuldgefühl und Mitgefühl mangelt es ihnen auch an »vorausschauender« Angst. Die meisten Menschen lernen dazu, weil sie unangenehme Konsequenzen vermeiden möchten. Sie spüren im richtigen Moment Angst davor, bestraft zu werden, wenn sie erneut vor derselben Handlung stehen. Dissoziale Menschen haben diese unwillkürliche Angst nicht.

Dennoch sind ihnen unangenehme Folgen ihres Handelns nicht egal. Sie können sehr überzeugend lügen und andere auf die unterschiedlichste Weise betrügen. Manche nehmen sogar falsche Identitäten an, um sich Vorteile zu verschaffen. Harry Thaw stellt sich Evelyn Nesbit zunächst als »Mr. Monroe« vor und versucht möglichst unbemerkt Informationen von ihr zu bekommen. Dissoziale Menschen führen stärker als andere Beziehungen nach dem »Kosten-Nutzen-Prinzip«. Zu echten Beziehungen sind sie kaum in der Lage. Unter »echt« versteht man aus wissenschaftlicher Sicht, dass ein Mensch die enge Beziehung zu einem anderen Menschen gefühlsmäßig aufrichtig und deutlich empfindet. Außerdem übernimmt ein Mensch in einer echten Beziehung Verantwortung für den ihm nahestehenden Menschen und verhält sich entsprechend rücksichtsvoll.

Dissozialen Menschen mangelt es also an Empfindungen wie Mitgefühl, Schuldgefühl und Angst vor Strafe. Deren Fehlen bewirkt, dass sie sich egoistisch und schädlich verhalten. Sie haben keine Schwierigkeiten damit, zu lügen, zu betrügen und soziale Regeln zu missachten. Darüber hinaus sind sie oft auch angespannt und reizbar. Sie können sich leicht gekränkt fühlen, wütend und aggressiv werden. Frustrationen jeglicher Art halten sie nur schwer aus. Sie sind sehr impulsiv, lassen sich in ihrem Verhalten also stark von der momentanen Stimmung und kurzfristigen Gefühlen leiten. Bei dem, was sie tun, spielt es für sie oft keine Rolle, wie hoch das Risiko für sie oder ihre Mitmenschen ist. Für all diese Verhaltensauffälligkeiten ist Harry Thaw sein Leben lang bekannt. Er ist nicht einfach ein »verzogener« Junge aus reichem Hause, sondern ein stark dissozial persönlichkeitsgestörter Mann. Die meisten Männer mit dieser Störung landen früher oder später im Gefängnis. Harry Thaw bildet sehr lange nur deshalb eine Ausnahme von dieser Regel, weil er sich mit dem unvorstellbaren Vermögen der Familie wesentlich mehr Eskapaden leisten kann als die meisten anderen Menschen.

Harry hat nicht zu Unrecht das Gefühl, absolut alles tun zu können, was er will. Er wird getrieben von der Suche nach starken Kicks und lebt alle seine Bedürfnisse und Gefühle ungehemmt aus. So kann er es sich leicht leisten, ein ganzes Apartment in einem

Harry Thaw, der schwer persönlichkeitsgestörte, sadistische Millionär, welcher Evelyn Nesbit heiratete.

schicken New Yorker Bordell zu mieten. Dort lässt er seinen sexuellen Fantasien immer wieder freien Lauf. Ihn erregt es vor allem, immer neue junge Frauen zu demütigen und ihnen Schmerzen zuzufügen. Die Bordell-Besitzerin Susan Merrill beschreibt seine Handlungen später vor Gericht mit den Worten: »Ich konnte die Schreie hören, die aus seinem Apartment drangen, und irgendwann konnte ich es nicht mehr ertragen. Ich stürmte in sein Zimmer. Er hatte das Mädchen nackt ans Bett gefesselt und war dabei, sie auszupeitschen. Sie war übersät von Striemen.« Vor Gericht wird auch bekannt, dass Harry ein Notizbuch über die jungen Prostituierten führt, die er sich von Susan Merrill zuführen lässt. Er notiert, auf welche Art er die Mädchen quält und wie diese darauf reagieren. Jene, die anscheinend besonders viel »aushalten«, bestellt er häufiger zu sich. Sowohl die Bordell-Besitzerin als auch die zahllosen jungen Frauen werden über mehrere Jahre mit großzügigen Geldsummen zum Schweigen gebracht.

Wahnsinn hinter charmanter Fassade

Was Gewalt heißt, ist nichts:
Verführung ist die wahre Gewalt.

(aus »Emilia Galotti« – Bürgerliches Trauerspiel
von Gotthold Ephraim Lessing)

Nach ihrer Operation muss Evelyn Nesbit ihr Leben neu ordnen. Stanley White sorgt zwar dafür, dass sie anschließend in ein Sanatorium kommt, hat aber im Vergleich zu vorher eine eher lose Verbindung zu ihr. Auch zum ehemaligen Geliebten John Barrymore hat Evelyn den Kontakt gänzlich verloren. Für Harry Thaw ist es die ideale Gelegenheit, um emotionale Kontrolle über Evelyn zu gewinnen. Scheinbar besorgt um ihre Gesundheit und ihr Wohlbefinden nach der Operation bietet er ihr an, mit ihm – und aus

Anstandsgründen in Begleitung ihrer Mutter – eine Europareise zu unternehmen. Evelyn nimmt das großzügige Geschenk begeistert an. Inzwischen hat Harry ihr Vertrauen gewonnen, und da er bereitwillig ihre Mutter mit einlädt, hat sie keinen Grund, ihm unlautere Absichten zu unterstellen.

Im Juni 1903 reist die 18-jährige Evelyn gemeinsam mit ihrer Mutter und Harry nach Europa. Von Beginn an überschüttet Harry die beiden Frauen mit kostspieligen Geschenken: modische Kleidung, teurer Schmuck und feinstes Essen. Dennoch kommt es bald zu Streitereien zwischen Evelyn und ihrer Mutter, die Thaws verschwenderischen, hektischen und übertriebenen Lebensstil nicht schätzt. Sie traut Stanford White weiterhin mehr und hat heimlich eine Bankbürgschaft über 500 Dollar von diesem für Notfälle auf der Reise angenommen. Die drei reisen zunächst nach Frankreich. Harry erscheint Evelyn in dieser Zeit als der perfekte Mann, später berichtet sie: »In dieser Zeit behandelte er mich sehr liebevoll, trug mich Treppen hinauf und herunter, wenn ich krank war, brachte mir Blumen mit und machte mit mir Kutschfahrten.«

Nach einigen romantischen Tagen in Paris macht Harry Evelyn einen Heiratsantrag, wie sie später vor Gericht schildert: »Mr. Thaw sagte mir, dass er mich liebe und mich heiraten wolle. Ich starrte ihn eine Weile an und dann sagte er: ›Bedeute ich dir nichts?‹, und ich sagte: ›Doch.‹ Dann fragte er mich, was das Problem sei. Ich sagte: ›Nichts.‹ – ›Warum willst du mich nicht heiraten?‹, fragte er. Er legte seine Hände auf meine Schultern und fragte: ›Ist es wegen Stanford White?‹, und ich antwortete: ›Ja.‹ Dann sagte er mir, er würde niemals jemand anderen lieben oder jemand anderen heiraten. Ich begann zu weinen. Er sagte, er wolle, dass ich ihm alles erzählte. Also erzählte ich ihm, wie ich Stanford White zum ersten Mal traf.«

Das Ablehnen des Heiratsantrags erklärt Evelyn mit den Worten: »Es war wegen meines Rufes. Ich wollte ihn nicht von seiner Familie trennen. Ich wusste, für mich wäre es gut, ihn zu heiraten, aber nicht für ihn. Ich wollte ihn nicht heiraten, weil ich ihn liebte.

Wenn er mir nicht so viel bedeutet hätte, wäre ich sehr darauf aus gewesen, ihn zu heiraten.«

Harry zeigt sich zutiefst entsetzt und wütend über Evelyns Geschichte. Von diesem Tag an beherrscht ihre Vergangenheit mit Stanford White das Beziehungsleben zwischen ihr und Harry. Kurz darauf reisen die beiden mit Evelyns Mutter nach London. Die Situation wird für alle Beteiligten emotional immer angespannter. Die Streitereien zwischen Evelyn und ihrer Mutter werden heftiger. Sie finden ihren Höhepunkt, als Evelyn mit Harry nach Amsterdam abreist, ohne die Mutter zu informieren. Während Florence Nesbit mithilfe der finanziellen Unterstützung von Stanford White in die USA zurückkehren kann, beginnt für ihre Tochter eine schier unglaubliche Reise. Als Ehepaar Mr. und Mrs. Dellis getarnt, reisen Evelyn und Harry von den Niederlanden aus mit dem Zug nach München. Nach etwa anderthalb Monaten Umherreisens gelangen die beiden zu einer Burg bei Meran im damals österreichischen Südtirol. Evelyn berichtet später, dass Harry seit ihrem Geständnis in Paris von der Geschichte mit White geradezu besessen ist: »Er sprach ständig davon. Er weckte mich häufig nachts, weinend. Und dann fragte er mich unaufhörlich nach Details dieser schrecklichen Sache.«

Harry kann den Gedanken nicht ertragen, dass die Frau, die ihm alleine gehören soll, ausgerechnet von seinem größten gesellschaftlichen Rivalen ihrer Unschuld beraubt wurde. Seine emotional ohnehin instabile Persönlichkeit gerät immer weiter außer Kontrolle. Evelyn muss auf dieser Reise als Ventil für seine Wut und das unaufhörliche Kreisen seiner Gedanken herhalten. Der Aufenthalt auf der Burg wird für die 18-Jährige zu einem weiteren Albtraum, wie sie später einem Anwalt gegenüber zu Protokoll gibt:

»Thaw mietete eine Burg im österreichischen Tirol, die als Schloss Katzenstein bekannt ist. (…) Am Abend, nachdem wir Schloss Katzenstein erreicht hatten, war ich sehr müde und ging direkt nach dem Essen zu Bett. Am nächsten Morgen wurde ich von Thaw geweckt, der an meine Tür klopfte und mich aufforderte, zum Frühstück zu kommen. (…) Nach dem Frühstück sagte er mir, er wünsche mir etwas mitzuteilen, und bat mich, in mein Schlafzimmer zu gehen. Als ich mein Schlafzimmer betrat, packte Thaw mich – ohne dass ich ihn zuvor irgendwie provoziert hätte – am Hals. Ich sah an seinem Gesichtsausdruck, dass er in einem beängstigend erregten Zustand war. Er sah mich mit stechenden Augen an und ergriff eine rohlederne Peitsche. Er packte mich, steckte mir die Finger in den Mund und versuchte mich zu würgen. Dann schlug er einige Male mit der rohledernen Peitsche auf mich ein, so fest, dass meine Haut zerschnitten und voller blauer Flecken war. Ich flehte ihn an aufzuhören, doch er lehnte ab. Ich schrie und ich weinte. Er hörte dann eine Minute lang auf, bevor er mich erneut mit der Peitsche attackierte. Ich schrie um Hilfe, doch niemand hörte mich. (…) Thaw setzte seine Attacken fort, bis ich mich nicht mehr bewegen konnte.

Am folgenden Morgen verabreichte mir Thaw eine weitere Züchtigung, die jener vom Vortag entsprach. Er nahm die rohlederne Peitsche und bearbeitete mich gnadenlos. Ich wurde ohnmächtig und weiß nicht, wann ich das Bewusstsein wiedererlangte. Er ließ mich in einem fürchterlichen Zustand zurück. Meine Finger waren taub, und es dauerte fast drei Wochen, bis ich mich ausreichend erholt hatte, um aus dem Bett aufzustehen und zu gehen.«

Als Evelyn ausreichend genesen ist, setzen die beiden die Reise fort. Aber die Züchtigungen wiederholen sich bei der nächsten Reisestation, und auch nach der Rückkehr nach Paris, ohne dass Thaw sein Gebaren nur einmal entschuldigen oder auch nur erklären würde. Beim Aufräumen im Pariser Hotel stößt Evelyn schließlich auf eine Schachtel mit einer Injektionsspritze und anderen Utensilien: »Ich fragte Thaw, wofür dies gedacht sei, und er behauptete, er sei krank gewesen (…) und sei gezwungen gewesen, Kokain zu nehmen. Ich wusste, dass er abhängig war, seit ich gesehen hatte, wie er sich Kokain in Form kleiner Pillen verabreichte. Einmal wollte Thaw mich dazu bringen, auch eine dieser Pillen zu nehmen, doch ich weigerte mich.«

Noch während sie sich im Hotel von den Schlägen erholt, zwingt Thaw die Tänzerin, einen Brief an eine Freundin der Mutter zu schreiben, sodass diese nach Paris kommt. »Als sie eintraf, erzählte er ihr eine Menge Unwahrheiten und Lügen über mich. Vorher hatte er mir gesagt, würde ich nicht bestätigen, was er sagte, so würde er mich töten.«

Zwischen den Fronten

Niemand kann zwei Herren dienen:
Entweder er wird den einen hassen
und den anderen lieben,
oder er wird dem einen anhängen
und den anderen verachten.

(Bibel, Matthäus-Evangelium 6:24)

Irgendwann während der Europareise ändert sich Harrys Verhalten auf scheinbar unerklärliche Weise. »Ich vermute, du hasst mich nun«, sagt er überraschend. Evelyn ist wütend, kann ihn aber so weit beschwichtigen, dass er ihr im Oktober 1903 gestattet, zurück nach New York zu segeln. Dort weist er seinen Anwalt an, für sie zu sorgen. Überwältigt von den Erlebnissen, versucht Evelyn in New York, sich wieder ein eigenes Leben aufzubauen. Bald erfährt Stanford White, dass sie wieder in der Stadt ist. Er ruft sie an mit den Worten: »Meine Knospe, es ist schön, deine Stimme wieder zu hören«, und sagt, er wolle sie wiedersehen. Als sie ablehnt, bleibt er hartnäckig; er behauptet, es gehe »um Leben und Tod«, er könne am Telefon aber nicht darüber sprechen. Er lässt Evelyn im Glauben, es habe mit ihrer Mutter zu tun.

Was geschieht, als Stanford sie im Hotel Savoy in New York besucht, schildert Evelyn später so: »Als er hereinkam, versuchte er, mich zu küssen, doch ich ließ ihn nicht. Er fragte mich, was los sei. Ich sagte ihm, er solle sich setzen, und fragte ihn nochmals, ob meine Mutter krank sei. Er sagte ›nein‹ und begann plötzlich, über Harry Thaw zu sprechen. Er sagte mir, verschiedene Schauspielerinnen hätten ihm gesagt, dass ich mit Harry Thaw in Europa gewesen sei. Er (…) fragte mich, warum ich mit einem Mann umhergereist sei, der Morphin nahm. Er sagte eindeutig, dass Harry Thaw Morphin nahm, dass er noch nicht einmal ein Ehrenmann sei und dass ich nichts mit ihm zu tun haben dürfe. Danach kam er regelmäßig, um mich zu sehen. Er schickte auch Leute, die mir Geschichten über Thaw erzählten. (…) Ich sagte Thaw später, die Geschichten beunruhigten mich so sehr, dass ich nicht schlafen konnte. Ich war sehr nervös, weil ich wusste, dass Thaw wiederkommen würde und ich ihn nicht sehen wollte. Ich sagte Mr. White, dass ich Thaw nicht sehen wollte.«

Zu diesem Zeitpunkt hat Stanford White erreicht, was er beabsichtigt hatte: Evelyn vertraut sich ihm wieder an, da sie inzwischen große Angst vor Harry hat. So überzeugt er sie, ihre Vorwürfe gegen Harry seinem Anwalt zu Protokoll zu geben. Dabei lässt der Anwalt in ihre Aussage einfließen, der Übergriff von White, als Evelyn gerade sechzehn Jahre alt war, sei nie geschehen und eine Erfindung Harry Thaws. White will auf diese Weise sichergehen, dass sowohl Evelyn als auch Harry diese Geschichte nie wieder glaubwürdig gegen ihn vorbringen können. Stanford versucht mit seinem Anwalt eine Anklage gegen Harry zu bewirken, indem er ihm die Entführung und Misshandlung von Evelyn vorwirft. Evelyn, in panischer Angst vor Harrys Reaktion, taucht für eine Weile unter. Harrys Anwalt reagiert auf die Anschuldigungen durch Stanfords Anwalt, indem er ihn beschuldigt, die minderjährige Evelyn unter Alkoholeinfluss missbraucht zu haben.

Für beide Männer ist Evelyn ein Spielball auf dem Feld ihrer Rivalität. Das Beziehungsgeflecht wird in den nächsten anderthalb Jahren noch undurchsichtiger. Harrys Ehrgeiz, Evelyn wiederzugewinnen, wird angespornt durch Whites weiterhin bestehendes Interesse an ihr. Weiterhin zahlt er ihren Lebensunterhalt und besucht sie gelegentlich. Doch Stannys Interesse lässt – wie Evelyn bemerkt – deutlich nach. Sie ist nicht mehr »neu«, nicht mehr »unschuldig«, es gibt spannendere, jüngere »Objekte« für ihn zu erobern. Obwohl White weiterhin versucht, Evelyn von Thaw fernzuhalten, zeigt er ihr dennoch deutlich, dass er das Interesse an ihr verliert. So lädt er sie zwei Monate nach ihrer Rückkehr aus Europa nicht zu seiner alljährlichen berühmten Weihnachtsparty ein. Evelyn bemerkt spätestens zu diesem Zeitpunkt – ausgerechnet an ihrem neunzehnten Geburtstag –, dass sie für den Mann, zu dem sie in einem ambivalenten Abhängigkeitsverhältnis steht, der ihren eigenen Worten zufolge ihr »Vater, Liebhaber, Beschützer und Verführer« ist, zu alt und zu »verbraucht« geworden ist. Dass Stanny offensichtlich eine hebephile Neigung hat, kann sie nicht ahnen. Wie viele Opfer wird sie sich wertlos und verlassen fühlen von dem Menschen, der sie missbrauchte.

In dieser Situation ist es für Harry ein leichtes Spiel, sie zurückzuerobern. Zwar wirkt der Schock über seine Gewaltausbrüche noch in ihr nach, doch andererseits sieht sich Evelyn buchstäblich mutterseelenallein in New York. Ihre Mutter hat zwischenzeitlich einen Mann namens Charles J. Holman geheiratet und ist in die alte Heimat Pittsburgh zurückgezogen. Stanny zahlt noch ihre Rechnungen, doch angesichts seines wachsenden Desinteresses ist es nur noch eine Frage der Zeit, bis auch diese Unterstützung ausbleiben wird. Harry indes lässt ihr teure Geschenke zukommen und gibt sich reumütig. Er sei überwältigt gewesen von der Geschichte über Whites Missbrauch, führt er zu seiner Entschuldigung an. Eigentlich sei er auf White wütend gewesen, der seinen Traum von der unschuldigen Braut, die er in Evelyn habe sehen wollen, zerstört habe. Doch White sei weit weg gewesen und er, Harry, mit Evelyn allein in seiner Wut und Kränkung. Er bedauere inzwischen zutiefst, was er ihr angetan habe. Seine Beteuerungen und Entschuldigungen beeindrucken Evelyn, besonders da sie tatsächlich annimmt, er habe sie aus Wut und Verzweiflung so häufig und extrem geschlagen. Dass er ein sexueller Sadist ist, den es sehr erregt, eine Frau, die er begehrt, zu schlagen, kann sie nicht wissen. Daher machen seine Erklärungsversuche und Entschuldigungen in ihren Augen Sinn.

Traurig und enttäuscht über Stanny und ihre Mutter, die sie anscheinend verlassen haben, lässt Evelyn sich von Harry zu einer weiteren Europareise überreden. Wie sich die Beziehung auf dieser Reise genau gestaltet, ist nicht überliefert. Harry wird im Sommer 1904 in der Schweiz von der Polizei angehalten, weil er zu schnell Auto fährt. Dabei vermerkt die Polizei, dass er mit seiner »Ehefrau« Mrs. Thaw unterwegs sei. Auch in einigen Hotels checken die beiden als Ehepaar ein. Bald werden Harrys Mutter in Pittsburgh Gerüchte zugetragen, dass ihr Sohn heimlich das »Showgirl« Evelyn Nesbit geheiratet habe. Sie ist erbost. Sosehr sie die Eskapaden ihres Sorgenkindes bisher toleriert und sogar verdeckt hat, ihre Kinder sollen zumindest standesgemäß heiraten. Sie lässt Harry mitteilen, dass sein Jahreseinkommen von achtzigtausend Dollar umgehend wieder auf die Wunschsumme seines verstorbenen Vaters, zweieinhalbtausend Dollar, reduziert werden wird, sollte Evelyn Nesbit tatsächlich seine Frau geworden sein.

Harry reist mit Evelyn in die USA und vertritt mit der Leidenschaft, mit der er sein ganzes Leben über seine Bedürfnisse vertreten hat, dass er nur Evelyn und keine andere Frau heiraten werde. Mary Sibbet Copley, die den Starrsinn ihres Sohnes nur zu gut kennt, muss schließlich nachgeben. Zähneknirschend segnet sie die Verbindung ab, macht aber zur Bedingung, dass Evelyn jegliche unstandesgemäßen Arbeiten als Model und Showgirl einstellt und über ihr Leben vor der Hochzeit niemals wieder auch nur ein Wort verloren wird. Mary Copleys Wunsch gemäß sollen Evelyn und Harry durch einen Pfarrer der Presbyterianischen Kirche getraut werden – schließlich gilt Mary als tiefgläubige Frau, die dieser Kirche großzügige Spenden macht. So heiratet am 4. April 1905 der dreiunddreißigjährige Harry Thaw die zwanzigjährige Evelyn Nesbit. Seinem Wunsch gemäß trägt sie nicht, wie traditionell üblich, ein weißes, sondern ein schwarzes Hochzeitskleid.

Die Zeremonie wird in kleinstem Rahmen abgehalten: Nur Harrys Mutter, einer seiner Brüder, Evelyns Mutter und ihr neuer Ehemann sind anwesend. Evelyns Mutter sieht ihre Tochter zum ersten Mal seit der gemeinsamen Europareise vor anderthalb Jahren. Sie ist von der Hochzeit überrascht und nicht eben begeistert. Evelyn glaubt aber ebenso wie Harrys Mutter, dass dessen verantwortungsloses und unberechenbares Verhalten sich bessern wird, wenn er sich erst in seine Rolle als Ehemann und irgendwann auch Familienvater eingefunden hat. Dies hat er den beiden Frauen schließlich geschworen; auch in seinem Freundeskreis hat er verkündet, er werde nach der Hochzeit wie ein Mönch leben. Der Glaube an Harrys Veränderung ist jedoch ein großer Irrtum, wie sich herausstellen wird.

Tödliche Eifersucht

O bewahrt Euch, Herr, vor Eifersucht,
Dem grüngeäugten Scheusal, das verhöhnt
Die Speise, die es nährt!

(»*Othello*« – *Tragödie von William Shakespeare*)

Harry ist zunächst bemüht, sich den Wünschen seiner Mutter unterzuordnen. Mit Evelyn zieht er in das Herrenhaus »Lyndhurst«, einen luxuriösen Bau in Pittsburgh, den auch seine Mutter bewohnt. Evelyns zaghafte Versuche, in der feinen, zutiefst konservativen High Society von Pittsburgh Fuß zu fassen, scheitern. Ihr Ruf als unanständiges Showgirl aus dem Sündenpfuhl New York bewirkt, dass sie wie in einem goldenen Käfig zwar ohne finanzielle Sorgen, aber auch fast ohne soziale Kontakte lebt. Auch das Leben mit der strenggläubigen Schwiegermutter gestaltet sich nicht besonders angenehm. Obwohl sie in der Öffentlichkeit als gütige »Mutter Thaw« gilt, ist Mary Sibbet Copley in ihren eigenen vier Wänden launisch und ähnlich aufbrausend wie ihr Sohn Harry.

Dessen Gedanken kreisen immer weiter um Stanford White. Die Heirat brachte Harry nicht den erhofften inneren Frieden, zwar »gehört« ihm Evelyn nun formell, doch dass Stanford White ihm in seiner Wahrnehmung die unwiederbringliche Unschuld seiner Frau geraubt hat, kränkt ihn weiterhin. Im Herrenhaus seiner Mutter als braver Ehemann »festgesetzt«, steigert sich Harry immer heftiger in seine Kränkung und Wut hinein. Er ist vom Gedanken besessen, Stanford zu bestrafen.

Offensichtlich sucht Harry zunächst nach Wegen, um Stanford sozial zu »töten«. Seinen Ruf zu schädigen und ihn als Vergewaltiger minderjähriger Mädchen juristisch verurteilen zu lassen, erscheint ihm als gerechte Strafe und vor allem als Sieg über den Rivalen. Darüber hinaus möchte Harry selbst als strahlender Ritter dastehen, der ein Monster zur Strecke bringt. Dies bringt er mehr als deutlich zum Ausdruck, indem er anderen gegenüber Stanford oft als »die Bestie« bezeichnet. Ironisch erscheint daran, dass auch Harry ebenso wie Stanford Frauen als Objekte, Eroberungen, als sein »Spielzeug« ansieht. Er schreckt selbst nicht davor zurück, sehr junge Mädchen, die ihm in den Edelbordellen zugeführt werden, schwer zu misshandeln. Da erscheint es geradezu wahnsinnig, mit welchem Eifer sich jemand wie Harry moralisch über Stanford stellt.

Will er einfach von seinen eigenen Taten ablenken? Dies ist vorstellbar, da einige Täter, mit denen ich arbeitete, mir ein ähnliches Muster schilderten. So sind manche Menschen, die Kinder sexuell missbrauchen, in der typischen Stammtischrunde manchmal diejenigen, die am lautesten fordern, man solle »diese Schweine alle an die Wand stellen und erschießen«. Dies tun sie einerseits, weil sie dabei oft an medienträchtige Fälle denken, in denen Kindern körperlich krassere Gewalt angetan wurde, als sie es bei ihren eigenen Opfern taten. Dadurch können sie sich einreden, was sie tun, sei »nicht so schlimm«. Dass die tiefen seelischen Narben, die jeder dieser Täter bei seinem Opfer hinterlässt, nicht »harmloser« sind als körperliche Verletzungen, das begreifen sie oft nicht – zumindest nicht, bevor sie sich in einer Therapie befinden. Ein weiterer Grund für dieses scheinbar paradoxe Verhalten ist – wie mir einige Klienten berichteten – aber auch, dass sie glauben, am wenigsten verdächtig zu werden, wenn sie ihren Hass auf ähnliche Täter öffentlich zeigen.

In Harrys Fall mögen diese Aspekte auch eine Rolle gespielt haben, doch es kommt ein wichtiger weiterer psychologischer Grund hinzu, der seine Besessenheit von Stanford noch etwas verständlicher macht. Dieses Motiv wird allerdings erst durch das psychologische Profil von Harry Thaw verständlich, welches ich an späterer Stelle darstellen werde.

Harry nimmt Kontakt mit Anthony Comstock auf. Dieser ist ein selbst für seine Zeit extrem konservativer Politiker und Gründer der New Yorker »Gesellschaft zur Unterdrückung des Lasters«. Auf Comstock muss er wie der liebende Ehemann einer von einem Sexverbrecher geschändeten Frau wirken. Seine Ermittler versuchen White auf frischer Tat zu ertappen, haben damit aber keinen Erfolg. Dennoch bleiben ihre Nachforschungen nicht ohne Ergebnis. So berichtet Comstock vor Gericht: »Ich erfuhr von einem Fall, in dem White ein fünfzehnjähriges Mädchen verführte, fast haargenau auf dieselbe Art, wie es Evelyn Thaw beschreibt. Doch das Mädchen gehörte der Tanzgruppe eines fahrenden Ensembles an, sodass wir sie nicht erreichen und zur Zeugin machen konnten. Wir fanden auch Beweise für andere Dinge – Dinge, die mich davon überzeugen, dass das, was Harry Thaws Frau nun unter Eid aussagt, zutrifft. Ich glaube ihre Geschichte und gründe diese Überzeugung auf die Dinge, die ich über jenen Mann weiß.«

Während Comstock und seine Leute alles tun, um Stanford White zu überführen, reißt Harry allmählich der Geduldsfaden. In Pittsburgh, dominiert von seiner im Haus lebenden Mutter, fällt ihm sprichwörtlich die Decke auf den Kopf. Obwohl er die Frau seiner Träume erobert und geheiratet hat, ist Harry nicht zufrieden – ganz im Gegenteil. Von Tag zu Tag steigert er sich weiter in seine Eifersucht auf Stanford White hinein. Der lebt in New York trotz Ehe und Kind weiter ungehindert seine exzentrischen Bedürfnisse aus und ist offensichtlich sehr glücklich dabei. Diese Gedanken und die Vorstellung, wie White Evelyn entjungfert, lassen Harry nicht los. Seit jener Nacht in Paris vor zwei Jahren, als Evelyn ihm ihre Erlebnisse mit White berichtete, verfällt Harry immer wieder in unerklärliche Gefühlszustände. So erinnert sich seine Mutter später, was geschah, als Harry im Herbst 1903 von der Europareise zurückkehrte:

»Er schien geistesabwesend und hatte einen verzweifelten Blick. (…) Doch am auffälligsten war seine Schlaflosigkeit. Sein Zimmer lag gleich neben meinem, und ich hörte ihn schluchzen. Ich sah um drei oder vier Uhr am Morgen Licht durch den Spalt seiner Tür. Ich ging dann in sein Zimmer und fand ihn, wach und weinend. Dies passierte einige Male. (…) Eines Nachts erzählte er mir schließlich, was ihn bekümmerte. Zunächst nicht eindeutig; erst sagte er, dass es um etwas gehe, was ein bösartiger Mann in New York getan hatte und was sein Leben zerstört habe. Das war alles, was ich von ihm in Erfahrung bringen konnte. Er sagte, dieser Mann sei wahrscheinlich der schlimmste in ganz New York.«

In einer anderen Nacht erfährt die Mutter von ihrem verzweifelten Sohn schließlich die ganze Wahrheit – aber nicht den Namen des Mädchens.

Im Mai 1906, zweieinhalb Jahre später, hört Harry unerfreuliche Neuigkeiten von seiner Frau. Evelyn wird später vor Gericht darüber berichten: »May McKenzie sagte mir, Stanford White sei bei ihr vorbeigekommen, und sie habe ihm gesagt, dass Harry und ich bestens miteinander auskommen. Sie sagte, sie fände es so schön, wie wir einander lieben. Sie sagte, Stanford White habe angemerkt: ›Puh, es wird nicht lange halten. Ich werde sie zurückerobern.‹« Auf die Frage, ob Harry etwas zu ihr gesagt habe, nachdem sie ihm von diesem Vorfall berichtete, antwortet sie: »Er sagte, er habe dies bereits von Miss McKenzie gehört.« Als Evelyn gefragt wird, in welchem Zustand Harry gewesen sei, als sie ihm dies berichtet habe, antwortet sie: »So wie er immer war, wenn es um das Thema Stanford White ging. (…) Sehr gereizt und nervös.«

Showdown auf dem Dach

Bis zum Letzten ring ich mit dir,
aus dem Herzen der Hölle stech ich nach dir,
dem Haß zuliebe spei' ich
meinen letzten Hauch nach dir.

(Kapitän Ahab im Roman »Moby Dick« von
Herman Melville)

Um dem deprimierenden Leben im Haus seiner Mutter in Pittsburgh zu entgehen, beschließt Harry im Frühling 1906, mit Evelyn eine weitere Reise nach Europa zu unternehmen. Da sie von New York aus abreisen wollen, plant das Ehepaar Thaw vor der Abfahrt noch einen zweiwöchigen Aufenthalt in der Stadt ein. Tommy McCaleb, ein Freund von Harry, begleitet sie nach New York. Am Abend des 25. Juni 1906 wollen die Thaws gemeinsam mit Tommy eigentlich im noblen Restaurant »Sherry's« essen, doch sie begegnen unterwegs zufällig Truxton Beale. Beale wird zu einem von mehreren »psychologischen Bausteinen«, die den Verlauf dieses Abends entscheidend mitbestimmen.

Der Spross einer prominenten Militärdynastie, fünf Jahre älter als Harry, hat gerade Schlagzeilen gemacht, weil er den Ruf seiner künftigen Braut auf eigenwillige Weise verteidigt hat. In einer Samstagsausgabe des »San Francisco News Letter« war behauptet worden, eine junge Frau habe sich spärlich bekleidet auf dem Mount Tamalpais im kalifornischen Marin County herumgetrieben – durch die Brille der damals hochgradig prüden viktorianischen Gesellschaft gesehen, ein äußerst anstößiges Verhalten. Beale ist überzeugt, dass mit dem Artikel – auch wenn kein Name genannt wird – der Ruf seiner Angebeteten ruiniert werden soll, und beschließt, den Herausgeber der Zeitung, Frederick Marriott, zur Verantwortung zu ziehen. Zusammen mit einem Freund verschafft er sich unter einem Vorwand Zutritt zu Marriotts Haus und feuert drei Pistolenschüsse auf ihn ab, die allerdings nicht tödlich sind.

Die Angreifer versuchen erst gar nicht, sich der Justiz zu entziehen. Nach der Festnahme sagen sie aus, sie hätten den Angriff als einzige angemessene Strafe für den Verleger angesehen und sich im Recht gefühlt, die Ehre einer jungen Frau auf diese Art zu verteidigen. Was die Männer vertreten, ist damals als »ungeschriebenes Gesetz« bekannt. Es besagt, dass ein Mann nicht nur das Recht, sondern sogar die Pflicht hat, einen anderen Mann zu töten, wenn dieser die Ehre seiner Frau oder Tochter beschmutzt, und findet vor allem bei konservativen Menschen viel Verständnis. Truxton Beale und sein Komplize stehen dazu, gemeinsam die Tat begangen zu haben, doch keiner sagt aus, wer von ihnen die Schüsse abfeuerte. Am Ende des Prozesses steht für beide eine eher milde Strafe ohne langen Freiheitsentzug.

Harry bewundert seinen Freund Truxton dafür, das »ungeschriebene Gesetz« in die eigene Hand genommen zu haben. Der wiederum hat großes Verständnis für Harrys nicht enden wollenden Zorn gegenüber Stanford White. An jenem verhängnisvollen, heißen Juniabend im Jahr 1906 ist Truxton nicht schick genug für »Sherry's« gekleidet, sodass spontan ein neuer Ort für das Abendessen gewählt wird: das zwar ebenso noble, jedoch in der Kleiderordnung liberalere »Café Martin«. Es liegt in der Nähe des Madison Square Garden, wo sich die Thaws anschließend die Musicalpremiere von »Mam'zelle Champagne« anschauen wollen.

Stanford White wollte an diesem Abend eigentlich nicht in der Stadt sein. Doch sein 18-jähriger Sohn Lawrence Grant White ist gerade mit seinem Kommilitonen Leroy King – ebenfalls Student der angesehenen Harvard-Universität – zu Besuch in New York. So verabredet sich Stanford mit den jungen Männern zum Abendessen im »Café Martin«. Lawrence ahnt nicht, dass nur wenige Tische entfernt von ihnen der Mann speist, welcher wenige Stunden später seinen Vater töten wird.

Zunächst verläuft der Abend für Harry, Evelyn und ihre Begleiter angenehm. Die Stimmung ist gut, und der Champagner fließt in Strömen. Evelyn, die Harry gegenübersitzt und den Raum von ihrem Platz aus weit überblicken kann, sieht plötzlich Stanford, der das Café betritt. Er durchquert den Raum und geht auf den Balkon, wo sich ebenfalls Tische befinden. Das Wiedersehen – das erste seit etwa zwei Jahren – wühlt Evelyn auf. Den Täter wiederzusehen, ist gerade wegen der schon beschriebenen starken, ambivalenten Gefühle sehr schwer für viele Missbrauchsopfer. All die mit der Tat und der Beziehung zum Täter verbundenen Gefühle können in solch einem Moment wie eine Lawine über das Opfer hereinbrechen. Dies muss für Außenstehende nicht unbedingt erkennbar sein.

Stanford speist etwa eine Stunde lang auf dem Balkon mit seinem Sohn und dessen Kommilitonen. Dann verlässt er das Café alleine, da er sich – ohne es zu wissen – ebenso wie die Thaws zur Premiere von »Mam'zelle Champagne« im Madison Square Garden aufmachen will. Sein Sohn und dessen Kommilitone möchten sich ein anderes Stück am Broadway anschauen. Lawrence sieht seinen Vater bei der Verabschiedung zum letzten Mal lebend. Evelyn beobachtet, wie Stanford das Restaurant verlässt. Sie ist erleichtert, dass die Situation vorüber ist, ohne dass Stanford sie oder Harry entdeckt hat.

Doch nun denkt sie an eines der vielen Versprechen, die sie Harry geben musste: Wenn sie Stanford White irgendwo begegnen oder ihn (wie hier) entdecken würde, sollte sie ihn unverzüglich davon unterrichten. Harry hatte ihre dahingehende Aufrichtigkeit bereits einige Male »überprüft«, indem er ihre Aussagen mit den Berichten der von ihm immer wieder auf sie angesetzten Privatdetektive abgeglichen hatte. Evelyn gegenüber tut er so, als seien die Detektive nur zu ihrem Schutz auf sie angesetzt. Doch beiden ist klar, dass er ihr kein Stück vertraut.

Da Evelyn in Anwesenheit der Freunde nicht laut aussprechen will, dass sie Stanford gesehen hat, leiht sie sich von einem ihrer Begleiter Zettel und Stift, um Harry, der ihr gegenüber sitzt, unauffällig zu informieren. Den Zettel steckt sie ihm möglichst unauffällig zu: »Das B. war hier, ist aber schon wieder gegangen.« Harry hatte sie schon früh dazu aufgefordert, Stanford ausschließlich »das Biest« oder abgekürzt »das B.« zu nennen. »Bist du in Ordnung?«, fragt Harry und lächelt sie aufmunternd an, nachdem er den Zettel gelesen hat. »Ja«, antwortet Evelyn möglichst überzeugend. Um sich den Freunden gegenüber nichts anmerken zu lassen, setzen Harry und Evelyn ihre unbeschwerten Unterhaltungen mit ihnen fort.

Einige Zeit nach Stanford brechen auch die Thaws, begleitet von Tommy McCaleb und Truxton Beale, zum nahegelegenen Madison Square Garden auf. Ein Gebäude, das wie so viele andere in New York während der prunkvollen Epoche des »Vergoldeten Zeitalters« von Stanford White entworfen worden ist. Eigentlich meidet Harry alle Gebäude, an deren Entstehung Stanford beteiligt war. Unter diesen ist ihm der Madison Square Garden besonders verhasst, denn das Turmappartement, in dem Evelyn von Stanford missbraucht worden war, gehört zum Komplex des Garden. Evelyn, die ihren Mann sehr gut kennt, ist daher erstaunt darüber, dass Harry Karten für die Musicalpremiere in ebendiesem Gebäude besorgt hat.

In ihrer Biografie aus dem Jahr 1934 schreibt sie: »Ich konnte kaum glauben, dass Thaw sich mit den Dingen so weit abgefunden hatte, dass er auch nur einen Fuß in den Garden setzen würde, der so unabänderlich mit Stanford Whites Namen und meiner Verführung verknüpft war. Unglaublich! Und doch, dachte ich, waren wir inzwischen verheiratet und lebten nun schon seit über einem Jahr ruhig miteinander. Wahrscheinlich hatte er beschlossen, die Vergangenheit zu vergessen. Dies war nur eine weitere Erstaufführung. Warum sollten wir sie nicht besuchen, auch wenn wir im unmittelbaren Schatten des Turmes sitzen würden?«

Erst gegen Ende des ersten Aktes kommen die vier im Dachtheater des Madison Square Garden an und werden zu einem Tisch im hinteren Teil des überfüllten Publikumsraums geleitet. Während Evelyn sich mit den beiden Freunden an den ihnen zugewiesenen Tisch setzt, verschwindet Harry für etwa eine halbe Stunde. Obwohl es eine heiße Sommernacht ist, behält er seinen schwarzen Mantel an, in dem er eine Pistole mit sich führt. Die Pistole trägt er bei sich, da er sich seit einiger Zeit verfolgt fühlt. Er vermutet, Stanford lasse ihn beschatten. Es wirkt fast ironisch, dass ausgerechnet der Mann, welcher seit Jahren immer wieder Detektive und Privatpersonen dafür bezahlt, seine Frau wie auch Stanford White zu überwachen, sich selbst verfolgt und bedroht fühlt. Auch dies macht jedoch psychologisch sehr viel Sinn, wie ich später noch erklären werde. Ohne seinen Begleitern etwas davon zu sagen, macht Harry sich auf die Suche nach Stanford.

An diesem Abend fühlt Harry sich von seinem Rivalen ganz besonders verfolgt. In seinem Kopf spukt Stanfords vor erst einem Monat ausgesprochene Drohung: »Es wird nicht lange halten. Ich werde sie zurückerobern.« Harry ist angespannt, da sein Eheleben mit Evelyn in der Tat nicht so glücklich und harmonisch verläuft, wie er es sich erträumt hatte. Obwohl sie nach außen hin das Traumpaar spielen, ist der goldene Käfig, in dem sie in Pittsburgh leben, gefüllt von unerträglicher Langeweile einerseits und den Gefühlsschwankungen des Ehepaares wie auch der dort lebenden Schwiegermutter andererseits. Vielleicht hat Stanford inzwischen erfahren, dass das traute Eheglück hauptsächlich Fassade ist, fürchtet Harry. Stanford könnte seine Drohung wahr machen oder es zumindest versuchen. War es ein Zufall, dass Stanford auch ins »Café Martin« kam, oder hat er vom Aufenthalt der Thaws durch seine Privatdetektive erfahren und wollte damit seine Macht demonstrieren? Dieser Gedanke dürfte bei Harrys angespannter, leicht paranoider Stimmung nicht fernliegen.

Seine um Stanford kreisenden Gedanken schaukeln sich seit dem Aufenthalt im Café immer weiter hoch. Sie werden durch die Nähe zum Turm, in dem Stanford Evelyn entjungferte, noch verstärkt. Harrys über Jahre gärende Wut ist an diesem Abend auf ihrem Höhepunkt. Wie Kapitän Ahab im Roman »Moby Dick« ist Harry auf der Jagd nach seinem scheinbar ewigen Widersacher. Er glaubt, dass er niemals innere Ruhe finden wird, solange Stanford White als freier Mann umherläuft. Da seine Versuche, Stanford vor Gericht stellen zu lassen, scheiterten, sieht er nur noch einen Ausweg: ihn selbst zu bestrafen und vor allem für immer aus dem Weg zu räumen. Ist das »ungeschriebene Gesetz« nicht auf seiner Seite, wie es auch bei Truxton Beale der Fall war? Stanford White scheint nun schon seit Jahren wie ein chronischer Kopfschmerz in Harrys Gedanken zu bohren. Harry begreift nicht, dass es nicht Stanford ist, der für seine nie enden wollende Unzufriedenheit verantwortlich ist, sondern dass er vor seinem Spiegelbild davonrennt.

Als er mit seiner Frau und ihren gemeinsamen Freunden an diesem Abend das Freilichttheater betritt, entdeckt Harry zunächst nicht Stanford, sondern dessen Schwager James Clinch Smith. Er beschließt, Smith über seinen Rivalen auszuhorchen. Danach kehrt er zum Tisch seiner Frau und der beiden Freunde zurück. Inzwischen hat er Stanfords Sitzplatz ausgespäht und den Eindruck gewonnen, dass dieser das Musical ohne Begleitung besucht. »Wie war sein Verhalten da?«, wird Evelyn vor Gericht gefragt. »Es schien wie immer zu sein«, erwidert sie. »Sprachen Sie da über irgendetwas Bestimmtes?«, fragt Harrys Anwalt Delphin Delmas. »Nein, wir sprachen nur über allgemeine Dinge«, antwortet Evelyn. Dann erzählt sie, dass das Musical ihr sehr langweilig erschien. Auch ihre Begleiter sind von dem Stück nicht sonderlich angetan, sodass sich die Freundesgruppe noch vor Ende der Vorstellung auf den Heimweg machen will. Während Evelyn neben Tommy McCaleb voran durch die Menge geht, folgen Harry und Truxton Beale direkt hinter ihnen – das glaubt Evelyn zumindest, bis sie am Fahrstuhl ankommt. »Ich drehte mich um, weil ich Thaw etwas sagen wollte.« Doch ihr Mann steht nicht mit den Freunden am Ausgang, sondern in der Menge kurz vor der Bühne.

Den wenigen Menschen, denen es auffällt, kommt Harrys wenige Augenblicke vorher vollführter spontaner Richtungswechsel vor, als habe er etwas vergessen. Niemand weiß, dass er durch den Anblick eines Gebäudes ausgelöst wurde. Denn während das Vierergrüppchen auf dem Weg ins Theater lediglich die Bühne vor sich gesehen hatte, fällt ihr Blick während des Weges zum Ausgang auf den verhängnisvollen Turm, in dem die Geschichte mit Evelyn und Stanford ihren tragischen Lauf genommen hatte. »Hoch oben sah ich diese kleinen Fenster«, schreibt er später in seiner Biografie, »hinter denen sie gelitten hatte, ohne dass es ihre Schuld gewesen ist. Ich wusste auch, dass Evelyn sich noch besser daran erinnerte.«

Harry merkt, dass seine Gedanken zunehmend düster werden, doch der Versuch, sich abzulenken, misslingt. Zu tief ist er inzwischen in ihnen gefangen. Den Moment, als er, auf dem Weg zum Ausgang, nochmals zu Stanford hinüberblickt, beschreibt Harry so: »Ich sah das ›B.‹ und (…) einen Weg von der Bühne zu seinem Tisch. Wäre ich geradeaus gegangen, so hätte er mich nicht gesehen. Ich ging zur Bühne und drehte mich in seine Richtung, sodass er mich kommen sehen musste.« Stanford sitzt alleine an einem Tischchen. Seinen Kopf hat er auf der rechten Hand aufgestützt, der Ellbogen ruht auf dem Tisch. Verträumt betrachtet er die jungen Tänzerinnen auf der Bühne. Einige Augenblicke lang starrt Harry den in unmittelbarer Luftlinie vor ihm sitzenden Stanford an. Da beginnt einer der Hauptdarsteller des Musicals ausgerechnet das Lied »I could love a million girls« (»Ich könnte eine Million Mädchen lieben«) zu singen.

Wie aus einer Erstarrung erwachend, setzt Harry während dieses Liedes seinen Weg zu dem vor ihm sitzenden White fort. Er selbst beschreibt es so: »Dort sah ich ihn, etwa neun Meter vor mir, und während er zur Bühne schaute, sah er mich. Ich ging auf ihn zu, und etwa viereinhalb Meter von ihm entfernt zog ich meinen Revolver. Er erkannte mich und war dabei, sich zu erheben, und bewegte seine rechte Hand, wie ich meinte, in Richtung seiner Pistole. Ich wollte ihn lassen, doch wer war in unmittelbarer Nähe? Ein Mann, ein Dutzend Männer, hätten mich verletzen können, das Licht ausschalten, ihm erlauben zu fliehen und noch mehr amerikanische Mädchen zu vergewaltigen, wie schon zuvor. Zu viele, zu viele, so wie er auch Evelyn zerstört hatte. Halb erhoben starrte er mich bösartig an. Ich erschoss ihn, als er etwa dreieinhalb Meter entfernt war.«

»Sahen Sie Mr. Thaw?«, wird Evelyn während der Gerichtsverhandlung von Delphin Delmas, Harrys Anwalt, gefragt. »Nicht sofort, erst etwa nach einer Minute. Er stand unmittelbar vor Mr. White und hatte seinen Arm erhoben.« Wie in einer dramatischen Theaterinszenierung steht Harry im schwarzen Mantel vor Stanford, richtet seine Waffe direkt auf dessen Gesicht und drückt ab. Eine große, schwarze Rauchwolke umhüllt die beiden Männer. Stanford sackt zusammen, er rutscht vom Stuhl und bleibt mit dem Gesicht nach unten liegen. »Hörten Sie Schüsse?«, fragt Delmas Evelyn. »Ja, unmittelbar nachdem ich Mr. White entdeckt hatte, hörte ich die Schüsse.« Drei, antwortet Evelyn auf die Frage, wie viele es waren. Harry wird die Anzahl der Schüsse in seiner Biografie so erklären: »Ich war sicher, dass er tot war, doch ich wollte kein Risiko eingehen. Ich ging auf ihn zu und feuerte noch zwei weitere Schüsse ab.«

All dies beobachten Evelyn und die beiden Freunde der Familie, als sie schon am Fahrstuhl stehen. »Ich sagte McCaleb: ›Ich glaube, er hat ihn erschossen‹, sagt Evelyn aus. Zunächst glauben viele Zuschauer, dies sei ein spezielles Unterhaltungsprogramm, begleitend zur Musicalpremiere. Doch als sich die Rauchwolke verzieht, sehen immer mehr von ihnen die Leiche und beginnen entsetzt aufzuschreien. Harry schildert später: »Ich sah mich um, da ich sehen wollte, ob irgendein Narr mich angreifen würde. Da waren noch zwei Kugeln übrig, falls notwendig. Stattdessen stürzten alle Menschen auseinander, so weit auf den Rand des Daches zu, dass ich fürchtete, einige würden heruntergestoßen werden und auf die fast fünfundzwanzig Meter darunterliegende Straße stürzen. Daher erhob ich meine Waffe langsam über meinen Kopf und ging zügig – aber nicht schnell genug, um irgendwen zu beunruhigen – denselben Weg zurück, den ich gekommen war.«

Trotz Harrys Geste bricht Panik aus, als er sich durch die Menge bewegt. Der Theaterdirektor weist seine Leute an, das Musical weiter aufzuführen, um für Ruhe zu sorgen. Doch die Panik packt auch die Theaterschaffenden. Ein geistesgegenwärtiger Zuschauer bedeckt Stanfords Leiche mit einer Tischdecke. Doch die tiefroten Blutflecken bahnen sich schnell ihren Weg durch das Weiß, sodass eine weitere Tischdecke darübergeworfen wird. Die Pistole am Lauf haltend, leicht über Schulterhöhe erhoben, bewegt sich Harry zielstrebig auf den Aufzug zu, wo seine Frau und die beiden Freunde ihn fassungslos anstarren. Tommy McCaleb, der bleich und zittrig neben Evelyn steht, fährt Harry an: »Mein Gott! Du bist wahnsinnig!«

Da wird Harry auch schon von zwei Männern entwaffnet. Er wehrt sich nicht. Ganz im Gegenteil, er händigt freiwillig die Waffe aus. Convey fordert den ebenfalls herbeigeeilten Haustechniker Warner Paxson auf, auf Harry aufzupassen, da er sich selbst auf die Suche nach einem Polizeibeamten machen will. Harry bittet den Haustechniker, mit ihm im Fahrstuhl ins Erdgeschoss zu fahren. »Ich muss ja ohnehin hinunter, und ich will die Menschen hier nicht beunruhigen«, kommentiert er seinen Wunsch. Paxson erscheint dieses nachvollziehbar, sodass er mit Harry, Evelyn und den beiden Freunden des Ehepaares den Fahrstuhl zum Gebäudeausgang besteigt. Im Aufzug sagt Harry zu Paxson: »Ich habe es getan, weil er meine Frau zerstört hat.«

Evelyn entgegnet: »Ja, Harry, aber schau, in welcher Klemme du jetzt steckst.« »Schon gut, Kleines«, erwidert Harry, beugt sich zu ihr herunter und küsst sie. Dann sagt er: »Ich habe wahrscheinlich dein Leben gerettet.« Am Ausgang des alten Madison Square Garden angekommen, bittet Harry seine beiden Freunde, Evelyn ins Hotel zu bringen und seine Schwester anzurufen. Die beiden Männer besteigen mit Evelyn eine Kutsche, während Harry sich widerstandslos vom heraneilenden Polizeibeamten A. L. Debes festnehmen lässt. Während der Kutschfahrt herrscht einige Minuten lang eisiges Schweigen, da Evelyn und ihre beiden Begleiter die unbegreiflichen Geschehnisse in ihren Gedanken zu ordnen versuchen. Schließlich fragt Tommy McCaleb: »Wen hat er getötet?« »Als ich ihm sagte: ›Stanford White‹«, berichtet Evelyn später in ihrer Biografie, »wiederholte er den Namen mit Entsetzen und schrie auf: ›Oh mein Gott! Oh mein Gott!‹ Ich erinnere mich, wie ich dachte: ›Das ist ein Albtraum! Es ist nicht wahr! Es kann nicht wahr sein! Ich werde aufwachen und merken, dass es nur ein Traum war …‹.«

Währenddessen kümmert sich der Polizeibeamte um Harry. Als er vor Gericht gefragt wird, ob er sich mit Harry unterhalten habe, antwortet Debes: »Das habe ich. Ich fragte den Gefangenen, ob er Stanford White erschossen habe, und er sagte: ›Das habe ich.‹ Dann fragte ich ihn, warum er ihn erschossen habe, und er antwortete:

›Weil er meine Ehefrau (englisch: »Wife«) – oder mein Leben (englisch: »Life«) – zerstört hat.‹« »Sie konnten nicht unterscheiden, ob er ›Ehefrau‹ oder ›Leben‹ sagte?«, wird er gefragt. »Nein«, antwortet Debes. »Thaw fragte dann, wohin wir gehen. Ich antwortete: ›Zum Polizeirevier‹, und er sagte: ›In Ordnung.‹ Danach übergab ich ihn einem anderen Beamten und ging hoch, um Zeugen zu finden.«

Schuld oder Wahnsinn?

Gar manches ist vorherbestimmt;
das Schicksal führt ihn in Bedrängnis.
Doch wie er sich dabei benimmt,
ist seine Schuld und nicht Verhängnis.

(aus »Hans Huckebein, der Unglücksrabe« –
Bildergeschichte von Wilhelm Busch)

Harry zweifelt nicht daran, dass er über dem Gesetz steht und das Vermögen seiner Familie ihn schützen wird. Dennoch wird er wie jeder andere auch in Untersuchungshaft genommen und bald wegen Mordes angeklagt. Hier endet aber auch schon die »Gleichbehandlung« des Millionärssohns. Beginnend bei der Ausstattung seiner Zelle, behält Harry so weit wie möglich seinen luxuriösen Lebensstandard bei. Er lässt sich ein komfortables Bett mit ebenso hochwertiger Bettwäsche in die Zelle bringen und speist – wie er es gewohnt ist – nur vom Feinsten. Sein Essen wird von »Delmonico's«, dem ältesten Nobelrestaurant der USA, geliefert. Standesgemäß speist er mit Silberbesteck auf einer feinen Tischdecke. Im Gegensatz zu normalen Häftlingen ist ihm auch Alkohol nicht verboten, er macht es sich in der Zelle mit Wein und Champagner gemütlich. Auch normale Häftlingskleidung ist aus seiner Sicht unzumutbar, er bekommt die Erlaubnis, seine gewohnte, teure Kleidung zu tragen. Auf seine Sonderbehandlung ist Harry stolz, er lässt ein Foto von sich machen, in der seinen Ansprüchen entsprechend ausgestatteten Zelle.

Harrys »Größenwahnsinn« wird durch das Verhalten seiner Umgebung immer weiter beflügelt. Wie eh und je kann er sich fast alles herausnehmen und steht durch die Umstände seiner Untersuchungshaft faktisch über dem Gesetz. Immer weiter steigert er sich in die Überzeugung hinein, ein Held zu sein, der das Jungfrauen verschlingende Monster von New York erlegt hat. In seiner Zelle liest Harry ein Buch über Ritter Sankt Georg und den Drachen, eine Sage aus der Kleinstadt Nebra in Sachsen-Anhalt. Dieser Sage nach war die Burg von Nebra einst von Besatzern eingekesselt, sodass die in ihr verschanzten Menschen beinahe verdursteten. Eine mutige Jungfrau versuchte heimlich nachts Wasser von einer nahegelegenen Quelle zu holen, wurde hierbei aber von einem scheußlichen Drachen angegriffen. Just in diesem Augenblick ritt da der tapfere Ritter Georg mit seinen Leuten heran, um ihr zu Hilfe zu kommen. Georg stürzte auf den Drachen los und bohrte seine Lanze tief in dessen Rachen, bis der Drache tot zu Boden fiel. Anschließend schlug er die Besatzer in die Flucht. Eine Geschichte, die nur zu gut Harrys Selbstwahrnehmung einerseits und seinem Bild von Stanford White andererseits entspricht.

Während Harry es sich in der Haft gemütlich macht, bricht ein Pressesturm los, der dem Fall in den USA zu Recht den Ruf einbringt, das erste »Verbrechen des Jahrhunderts« zu sein. Der Sensationsjournalismus des frühen 20. Jahrhunderts steht dem heutigen in nichts nach. Im Gegenteil, Personen können sich damals noch weniger als heute dagegen wehren, dass alle Details ihres Privatlebens, egal ob wahr oder erfunden, in den großen Zeitungen ausgewalzt werden. Dass Harry Thaw Stanford White erschoss, käme in heutiger Zeit der Pressesensation gleich, wenn Brad Pitt aus Eifersucht wegen seiner Gattin Angelina Jolie George Clooney erschießen würde.

Unter diesen Umständen vergeht kaum ein Tag, an dem die großen Zeitungen nicht Geschichten über die Thaws, die Nesbits und die Whites abdrucken. Für die prominente Familie Thaw und vor allem deren Matriarchin, die erhabene »Mutter Thaw«, ist der Fall an sich, aber vor allem die Lawine der Medienberichterstattung, ein Albtraum. Ihr oberstes Ziel ist es, Harry vor dem drohenden elektrischen Stuhl zu bewahren, direkt gefolgt von dem Ziel, den Imageschaden für ihre Familie so gering wie möglich zu halten. Unterstützt wird sie dabei unter anderem von Truxton Beale, der angesichts seiner eigenen Geschichte und Einstellung zum »ungeschriebenen Gesetz« volles Verständnis für Harrys Tat hat. So bietet Truxton Harry Unterstützung durch den Anwalt an, der auch ihm selbst im Fall seines versuchten »Ehrenmordes« die Haut rettete: Delphin Delmas.

Während zunächst ein Team von Anwälten Strategien abwägt, mit denen Harry vor der Todesstrafe bewahrt werden soll, nutzen sowohl »Mutter Thaw« als auch die Bezirksstaatsanwaltschaft das riesige öffentliche Interesse an dem Fall für eine »Propaganda-Gegenpropaganda-Medienschlacht«. Beide Seiten bestechen Zeitungsleute für eine jeweils der einen oder anderen Seite gewogene Berichterstattung. »Mutter Thaw« lässt dank ihres unermesslichen Vermögens innerhalb einer Woche einen Stummfilm – das damals modernste Medium überhaupt – produzieren, in dem die Tat ihres Sohnes aus der für ihn günstigsten Perspektive dargestellt wird: Harry als liebender Ehemann und Held, der den überdeutlich als Bösewicht dargestellten Stanford tötet, um ihn von weiteren Vergewaltigungen junger Mädchen abzuhalten. Viele Menschen lassen sich zugunsten Harrys beeinflussen.

Die umfangreiche juristische und psychiatrische Arbeit an dem Fall, der sich über zwei lange Gerichtsprozesse und viele Jahre danach erstreckt, wäre ein eigenes Buch wert, lässt sich aber so zusammenfassen: Harrys erster Anwalt, Lewis Delafield, ist überzeugt davon, seinen Mandanten nur vor dem elektrischen Stuhl bewahren zu können, indem er auf Unzurechnungsfähigkeit plädiert. Der Gedanke liegt nahe, schließlich wirkt Harrys Tat in ihrer Art und Ausführung auf jeden sachlich denkenden Menschen irrsinnig. Doch Delafield bekommt bei diesem Vorhaben heftigen Gegenwind von allen Seiten: Der Bezirksstaatsanwalt würde das lange, teure Verfahren, welches im Zusammenhang mit Unzurechnungsfähigkeit notwendig ist, lieber vermeiden. Auch fürchtet er, dass einige angesehene Mitglieder der High Society zu Kollateralschäden eines solchen Verfahrens werden könnten, wenn jede Menge schmutziger Geheimnisse im Umfeld von White und Thaw – von geheimen Sexpartys bis zu inoffiziellen Edelbordellen – ans Licht kommen. Harry selbst ist ebenfalls entsetzt, als er hört, man wolle ihn für geisteskrank erklären lassen. Er bekommt einen seiner Wutanfälle.

Trotzdem beauftragt sein Anwalt Lewis Delafield unverzüglich Dr. Allan McLane Hamilton damit, Harry psychiatrisch zu begutachten. Hamilton ist einer der renommiertesten Gerichtspsychiater seiner Zeit, hat fast vierzig Jahre Berufserfahrung und lehrt als Professor für psychische Erkrankungen an der angesehenen Cornell-Universität. Schon zwei Tage nach der Tat begutachtet Dr. Hamilton Harry in der Bücherei des Gerichtsgebäudes. Seinen Eindruck schildert er später vor Gericht: »Ich stellte fest, dass er unter einem schweren Schock litt. Er verhielt sich verstört und war nervös. Seine Augen erschienen rosarot, und er schaute immer wieder argwöhnisch über seine Schulter. Er war auch misstrauisch den anderen Ärzten gegenüber, die mich begleiteten. Er weigerte sich, mit mir über irgendetwas zu sprechen. Einmal machte er die Bemerkung: ›Wozu soll das gut sein? Sie sind doch alle gegen mich.‹« Dem Psychiater fällt auf, dass Harry nicht nur den Ärzten, die vom Gericht bestellt worden sind, gegenüber misstrauisch ist, sondern auch ihm, obwohl er selbst von Harrys Anwalt beauftragt wurde.

Einen Tag später versucht Dr. Hamilton erneut, Harry zu sprechen. Diesmal besucht er ihn auf der Krankenstation des Gefängnisses. Erneut verhält Harry sich merkwürdig, wie der Psychiater später berichtet: »Thaw kam in den Raum und setzte sich neben mich. Dann schaute er unter das Bett, um zu sehen, ob sich dort jemand versteckte, doch er überprüfte nicht den Wandschrank oder den Korridor, wo ebenso jemand hätte sein können. Dr. McGuire begleitete mich, doch Thaw weigerte sich, mit ihm zu sprechen, sodass ich den Doktor bat, zu gehen.« Hamilton schätzt Harry als unfähig ein, seine Situation wirklich zu begreifen und seinem Anwalt Anweisungen zu geben. Dies bezieht sich auf Harrys ausdrücklichen Wunsch, sein Anwalt solle ihn nicht für geisteskrank und somit unzurechnungsfähig erklären lassen. Insgesamt kommt Hamilton zu dem Schluss, Harry leide unter »Dementia Praecox vom paranoiden Typ«.

Der Begriff »Dementia Praecox« wurde 1860 vom französischen Psychiater Bénédict Augustin Morel eingeführt. Er beschrieb damit die Erkrankung eines jungen Mannes, der nach zunächst normaler Kindheit begann, zunehmend in seinem Denken und Fühlen abzubauen und sich merkwürdig zu verhalten. Der Begriff für den psychischen Abbau von Persönlichkeitseigenschaften und Fähigkeiten war schon damals »Demenz«. Diese beobachtete man – wie heute – häufiger bei älteren Menschen. Trat dieser geistige Abbau in jungem Alter auf, wurde er als »Dementia Praecox« (»vorzeitige Verstandesabnahme«) bezeichnet. Heutzutage wird dieser Begriff nicht mehr genutzt, da die damit beschriebenen Symptome inzwischen eher der Schizophrenie und ihren Untergruppen zugeordnet werden können.

Zur damaligen Zeit wurden viele aus heutiger Sicht sehr unterschiedliche psychische Störungen mithilfe weniger Fachbegriffe zusammengefasst. Dies ist der Tatsache geschuldet, dass Psychiatrie und Psychologie historisch gerade in ihren Anfängen begriffen waren. Die Entwicklung der Lehre von psychischen Störungen seit damals bis in die Gegenwart ist vergleichbar mit einem Gewürzschrank. Man stelle sich vor, in einem neu gebauten Gewürzschrank seien anfangs lediglich zwei Schubladen vorhanden, die Gewürze nur grob in die Geschmacksrichtungen »nicht süß« und »süß« einteilten. Später würde die Schublade für »nicht süß« durch drei Schubladen namens »sauer«, »salzig« und »bitter« ersetzt werden. Die nun vier Schubladen würden immer weiter um neue ergänzt werden, womit immer unterschiedlichere Gewürzrichtungen voneinander getrennt und benannt werden könnten. Wenn man diese Metapher auf die Entwicklung der Psychologie und Psychiatrie überträgt, so wird verständlich, warum die Diagnosekataloge für psychische Störungen mit jeder neuen Auflage an Umfang zunehmen. Es ist nicht grundsätzlich so, dass immer neue Krankheiten dazuerfunden würden, sondern immer mehr psychische Auffälligkeiten können immer umfassender unterschieden und benannt werden.

Zur Zeit des Gerichtsverfahrens gegen Harry Thaw sind den Fachleuten noch nicht so viele umfangreiche Kategorien psychischer Störungen bekannt wie heute. Daher ist es nachvollziehbar, dass der Gutachter Dr. Hamilton Harrys seltsam anmutendes Verhalten und seine offenbaren Wahnvorstellungen, die anscheinend zur Tat führten, der damaligen Störungskategorie »Dementia Praecox« zuordnet. Wie Hamilton feststellt, beschränken sich Harrys paranoide Vorstellungen nicht nur auf Stanford White. Harry glaubt schließlich, seine Anwälte würden hinter seinem Rücken geheime Absprachen mit der Staatsanwaltschaft treffen und von Stanfords Freunden beeinflusst, um ihn für immer in einer Irrenanstalt unterbringen zu lassen. Hamilton vertritt vor Harrys Anwalt seine fachlich ehrliche Meinung. Zu dieser gehört auch, dass seinem Wissen und seiner Erfahrung nach Patienten mit einer »Dementia Praecox« in 98 % der Fälle dauerhaft psychisch gestört bleiben. Dies bedeutet in Harrys Fall, dass der Gutachter nicht von einer »vorübergehenden Unzurechnungsfähigkeit«, sondern von einer dauerhaften psychischen Erkrankung ausgeht. Die Folge dieser Diagnose müsste die dauerhafte Unterbringung in einer Anstalt für psychisch kranke Straftäter sein. Damit stößt Hamilton nicht auf allzu große Begeisterung seitens Lewis Delafield. Diesem ist klar, dass Hamiltons Einschätzung weder Harry noch seiner Familie gefallen wird. Doch Harry für psychisch gesund und somit voll zurechnungsfähig zu erklären, käme praktisch dem Todesurteil gleich. Delafield steckt somit in einer sehr schwierigen Situation.

Harrys Mutter ist derweil zwar jedes Mittel recht, um das Leben ihres Sohnes zu retten, doch ihn möglicherweise bis ans Lebensende in einer Anstalt für geisteskranke Verbrecher zu sehen, behagt ihr ebenso wenig. Sie hofft, ihn doch noch für nur »zeitweise geisteskrank« erklären lassen zu können, womit er eine Chance hätte, wieder auf freien Fuß zu kommen. Harry besteht aber zunächst darauf, dass an seiner geistigen Gesundheit nicht zu zweifeln sei und er bei der Mordanklage nach dem »ungeschriebenen Gesetz« für unschuldig erklärt werden wolle. Wie immer in seinem Leben, fügen sich auch diesmal seine Mutter und die Familienanwälte so weit wie möglich seinem Wunsch. Der Anwalt Lewis Delafield, den Harry inzwischen als »Verräter« ansieht, wird gefeuert und durch den von Truxton Beale empfohlenen Delphin Delmas ersetzt. Dieser versucht einen Kompromiss zu finden zwischen Harrys Wunsch, als psychisch gesund eingestuft zu werden, und dem aus anwaltlicher Sicht wichtigeren Ziel, ihn vor der Todesstrafe zu bewahren.

Für alle Beteiligten wird der fast drei Monate andauernde erste Gerichtsprozess zum Albtraum. Es ist der erste Fall in der Justizgeschichte der USA, in dem die Jury von der Öffentlichkeit abgeschottet wird. Eine logische Reaktion auf den bis dahin einmaligen Presserummel. Delphin Delmas hat die beinahe unmögliche Aufgabe, die Jury davon zu überzeugen, dass ein Mann, der unbestreitbar vor Hunderten von Zeugen einen anderen, wehrlosen Mann gezielt erschoss, unschuldig sein soll. Da das »ungeschriebene Gesetz« in New York keine juristische Relevanz hat, ist Delmas gezwungen, Harry zumindest zum Tatzeitpunkt als unzurechnungsfähig einstufen zu lassen. Delmas entwickelt einen Plan, mit dem er eine »vorübergehende Unzurechnungsfähigkeit« glaubhaft vertreten will. Die »vorübergehende Unzurechnungsfähigkeit« ähnelt dem heutzutage in Deutschland bekannten Prinzip einer »Affekttat«, einer Straftat also, die unter starker, vorübergehender Gefühlserregung verübt wurde.

Affekttat

Grausamer Tod, der nur um Liebe tötet!
Ach, warum nagst du so die Unterlippe?
Dein ganzer Bau erbebt in blut'ger Wut.
Das sind Vorzeichen; doch ich hoff', ich hoffe,
Sie deuten nicht auf mich.

(Desdemona, kurz bevor sie von ihrem Gatten Othello
getötet wird, in der Tragödie »Othello« von
William Shakespeare)

Affekttaten sind seit Mitte des 19. Jahrhunderts in verschiedenen Ländern Gegenstand juristischer Entscheidungen. In den USA wurden sie als »temporary insanity«, also »vorübergehende Geistesstörung«, in Frankreich als »crime passionnel« (»Verbrechen aus Leidenschaft«) bekannt. Eine solche Straftat wird vom Täter in einem gefühlsmäßigen Ausnahmezustand verübt. Dieser extreme Zustand eines Affekttäters ist dem deutsch-zypriotischen Psychiater Andreas Marneros zufolge immer das Ergebnis einer »tiefgreifenden Erschütterung der Selbstdefinition«. Das bedeutet, der Täter fühlt sich durch einen anderen Menschen im Kern seines Selbstbildes angegriffen und gefährdet. Er empfindet eine existenzielle Bedrohung, oft ausgelöst durch das Erleben einer heftigen Kränkung, wodurch sein Denken und Handeln maßgeblich beeinflusst wird.

Marneros unterscheidet die »Affekttat« von einer »Impulstat«. Er definiert eine Affekttat immer als Beziehungstat. Das bedeutet, der Konflikt zwischen Täter und Opfer wird immer schärfer, bis der Täter sich schließlich so »erschüttert in seiner Selbstdefinition« fühlt, dass er geradezu explodiert und seine ganze Aggression gegen das Opfer richtet. Der Impulstäter dagegen ist ein impulsiv handelnder Mensch; aufgrund seiner speziellen Persönlichkeit, einer psychischen Erkrankung wie beispielsweise der Schizophrenie, einer unvorhergesehenen Gefahrensituation oder bedingt durch Schlafmangel, Erschöpfung, Alkohol- oder Drogeneinfluss. Er begeht eine Tat nicht nach einem langen Konflikt, sondern seine Impulse brechen in einer aktuellen Situation spontan durch. Marneros verwendet in dem von ihm verfassten wissenschaftlichen Standardwerk »Affekttaten und Impulstaten: Forensische Beurteilung von Affektdelikten« zur Verdeutlichung das sehr anschauliche Bild, eine Affekttat sei wie ein »Regensturm aus seit langem am Himmel zusammengebrauten dunklen Wolken«, wohingegen eine Impulstat vergleichbar mit dem »Blitz aus heiterem Himmel« sei.

Als vermindert schuldfähig oder gar schuldunfähig kann sowohl der »Affekttäter« als auch der »Impulstäter« nach deutschem Recht dann eingestuft werden, wenn mehrere Bedingungen erfüllt sind. Der Täter muss mit einer aktuellen Situation derart überfordert sein, dass er eine sogenannte »akute Belastungsreaktion« zeigt, im Rahmen derer er plötzlich und vorübergehend einen emotionalen Ausbruch hat. Ein Gutachter muss beurteilen, ob der gefühlsmäßige Ausnahmezustand zum Zeitpunkt der Tat als »tiefgreifende Bewusstseinsstörung« – vergleichbar mit einem extremen »Tunnelblick«, der das Denken und Fühlen verzerrt – im Sinne der §§ 20, 21 StGB angesehen werden kann. Wenn ein Täter zum Tatzeitpunkt aufgrund einer »tiefgreifenden Bewusstseinsstörung« nicht mehr oder nur noch eingeschränkt in der Lage dazu war, »das Unrecht der Tat einzusehen oder nach dieser Einsicht zu handeln«, wie es im Strafgesetzbuch ausgedrückt wird, so kann ein Richter – und nicht wie viele Menschen fälschlich annehmen ein Gutachter – diesen Täter aus juristischer Sicht als vermindert schuldfähig oder sogar schuldunfähig einschätzen.

Um Harrys psychische Verfassung möglichst nachvollziehbar und glaubwürdig darstellen zu können, heuern seine Verteidiger ein ganzes Team renommierter Gerichtspsychiater an, die ihn begutachten sollen. Wie hochkarätig diese sind, zeigt sich unter anderem an ihren Lebensläufen: Drei der Gutachter werden in späteren Jahren zu Präsidenten der »American Psychiatric Association« (Amerikanische Psychiater-Vereinigung) gewählt, einer zum Präsidenten der »American Neurological Association« (Amerikanische Neurologen-Vereinigung). Ein weiterer Gutachter war zum Zeitpunkt des Prozesses bereits Präsident der Amerikanischen Neurologen-Vereinigung. Die hochrangigen Fachleute sind sich zwar einig, dass Harry zum Tatzeitpunkt psychisch krank war und dies zu seiner Tat führte. Somit ist er ihrer Ansicht nach als unzurechnungsfähig anzusehen. Doch welche psychische Erkrankung er genau haben soll, darauf können sich die Experten kaum einigen.

Die Aussage eines Gutachters der Verteidigung wird schließlich vom Gericht und der Presseberichterstattung als besonders relevant angesehen. Es ist die Einschätzung des Psychiaters und Leiters der staatlichen Irrenanstalt von New Jersey, Dr. Britton Evans. Dieser bezeichnet die Grundlage der von ihm bei Harry festgestellten »vorübergehenden Schuldunfähigkeit« als »Gehirnsturm« (»Brainstorm«). In seinen Ausführungen dazu sagt er: »Ich beobachtete, dass Harry K. Thaw einen seltsamen Gesichtsausdruck zeigte, ein grelles Leuchten der Augen, eine Ruhelosigkeit der Augen, ein argwöhnisches Betrachten der Umgebung und meiner Person, jede meiner Bewegungen beobachtend. Ich stellte eine nervöse Gemütserregung und Ruhelosigkeit fest, wie sie von einem schweren Gehirnsturm herrühren kann und wie sie verbreitet ist unter Menschen, die erst kürzlich einen explosiven oder stürmischen Zustand psychischer Unzurechnungsfähigkeit durchlebt haben. Ich beobachtete bei ihm auch einen eigentümlichen Zustand, der Logorrhö genannt wird.« Mit »Logorrhö« ist hier gemeint, dass Harry auffällig viel sprach, ohne dabei wie in einem Dialog üblich auf sein Gegenüber angemessen eingehen zu können. Dieses Symptom war auch damals schon als Anzeichen einer »Manie« bekannt, einer psychischen Störung, bei welcher der Betroffene übermäßig aktiv wird und die Realität nicht mehr richtig wahrnimmt. Während einer manischen Phase ist das Selbstwertgefühl extrem übersteigert, der Betroffene glaubt, dass ihm alles gelingt, dass er einfach großartig in allem ist. Und er verhält sich auch entsprechend größenwahnsinnig, ohne die Folgen seines Handelns richtig einschätzen zu können.

Evans' weitere Einschätzung von Harry deutet in ebendiese Richtung: »Er zeigte Wahnvorstellungen personenbezogener Art, ein übersteigertes Selbstwertgefühl, einhergehend mit Verfolgungswahn. Er glaubte, besonders wichtig zu sein und von einer Reihe von Personen verfolgt zu werden.« Auf Nachfrage führt Evans aus, er verstehe unter einem »übersteigerten Selbstwertgefühl«, dass der Betroffene »eine unangemessene Vorstellung seiner eigenen Wichtigkeit habe sowie mit Mächten, Fähigkeiten und Befugnissen ausgestattet zu sein glaube, die weit über normale Vorstellungen oder die tatsächlich vorhandenen Fähigkeiten hinausgehen«. Harrys Anwalt Delmas möchte von Evans wissen, welche Diagnosen seiner Meinung nach die beobachteten Auffälligkeiten erklären könnten. Evans zufolge kommen mehrere Diagnosen in Frage, oder eine Kombination aus mehreren.

Die erste von Evans genannte Diagnose ist die »Adolescent Insanity«, was so viel wie »Jugendwahnsinn« bedeutet. Dieser Begriff wurde vom schottischen Psychiater Sir Thomas Clouston im Jahr 1873 erstmals genutzt, um die psychischen Auffälligkeiten zu beschreiben, die er vor allem bei jungen, männlichen Patienten feststellen konnte. Sein Konzept war der wissenschaftliche Vorläufer der Dementia Praecox, welche der erste Gutachter in Harrys Fall, Dr. Hamilton, attestiert hatte. Evans führt aus, dass vom Jugendwahnsinn Betroffene häufig mehrere Fälle von psychischen Erkrankungen in ihrer Familie hätten, was auf Harrys Familie zutrifft. Auch wenn es dem Ansehen der Familie nicht eben förderlich ist, so muss »Mutter Thaw« doch zugeben, dass sowohl in ihrer Familienlinie als auch in der ihres verstorbenen Mannes einige Fälle dokumentierter psychischer Störungen vorliegen. Auch wenn keinem von Harrys direkten Vorfahren eine psychische Erkrankung nachgewiesen werden kann, so waren doch zwei Onkel mütterlicherseits psychisch krank, und auch in der Familie seines Vaters gab es Personen, die als psychisch gestört galten.

Wahrscheinlich nutzt Evans das Konzept des Jugendwahnsinns

und nicht, wie sein Kollege Hamilton, das der Dementia Praecox, weil vom Jugendwahnsinn bekannt ist, dass er sich in einigen Fällen bessert, wohingegen das Konzept der Dementia Praecox von einer sich fast immer mit der Zeit verschlimmernden Erkrankung ausgeht. Offenbar versucht Evans auf diese Art, in Verbindung mit seiner Idee eines akuten »Gehirnsturms«, dem Wunsch von Harrys Verteidigern nach einer »vorübergehenden Unzurechnungsfähigkeit« entgegenzukommen. Dies erklärt auch, warum Evans dem Gericht sagt, der Jugendwahnsinn komme am häufigsten bei Jungen und Männern im Alter zwischen zehn und vierzig Jahren vor. Hier sagt er wahrscheinlich bewusst nicht ganz die Wahrheit, da in der wissenschaftlichen Literatur der damaligen Zeit Jugendwahnsinn eher im Altersbereich zwischen dem achtzehnten und dem vierundzwanzigsten Lebensjahr beschrieben wird. Hierfür wäre Harry mit seinen fünfunddreißig Jahren beim Begehen der Tat schon zu alt.

Dr. Evans benutzt während des Prozesses mehrmals den Begriff »Gehirnsturm« als kurzfristige und vor allem vorübergehende Erklärung für Harrys Tat. Ein Gehirnsturm, führt er aus, sei »ein explosiver Zustand des Verstandes, in dem die Willenskraft geschwächt und die Vernunft entthront« sei. Der Begriff »Gehirnsturm« wurde erstmals 1894 in dem Fachbuch »Ein illustriertes Wörterbuch der Medizin, Biologie und verwandter Wissenschaften« von George Gould erwähnt. Dort wird er als »eine Reihe von plötzlichen und schweren Erscheinungen aufgrund einiger Hirnstörungen« beschrieben. Eine offensichtlich schwammige Begriffserklärung, die aber perfekt in das Konzept der »vorübergehenden Unzurechnungsfähigkeit« passt. Evans erklärt, Harry habe ihm während seiner Begutachtung versichert, dass er an jenem Abend nicht die Absicht hatte, Stanford zu töten. Harry habe gesagt: »Das Schicksal griff ein und übernahm die Kontrolle über die Situation.« Diesen Eindruck Harrys, das »Schicksal« habe seine Handlungen gesteuert, erklärt Evans mit der von ihm angenommenen »plötzlichen, heftigen Hirnstörung«, die er »Gehirnsturm« nennt. Die Presse stürzt sich auf diese für die meisten Menschen kurios anmutende Erklärung. Bald wird es in New York und Umgebung zum Running Gag, sich bei Verspätungen damit zu entschuldigen, man habe letzte Nacht einen »Gehirnsturm« gehabt und »die See unterm Dach« sei »weiterhin ziemlich stürmisch«. Psychiater werden denn auch als »Gehirnmeteorologen« verspottet.

Die anderen Experten für die Verteidigung vertreten dieselbe Grundhaltung wie Evans, was Harrys »vorübergehende Unzurechnungsfähigkeit« angeht. Allerdings sind sie sich nicht einig, mit welchen möglichen Diagnosen sie seine Störung erklären können. Dies liegt unter anderem daran, dass zur damaligen Zeit noch kein einheitliches System für die Beschreibung psychischer Störungen existiert. Unterschiedliche Theorien und Fachbegriffe stehen teilweise konkurrierend nebeneinander, wie die Konzepte des Jugendwahnsinns einerseits und der Dementia Praecox andererseits. 1906 sind, wie bereits erklärt, viel weniger Begriffe für eine große Anzahl psychischer Auffälligkeiten vorhanden als heutzutage. Daher ist es in der Tat schwierig für die Experten, den außergewöhnlichen Fall von Harry Thaw mit einer oder mehreren der damals bekannten Diagnosen wirklich plausibel zu erklären.

So kommen Aussagen vor Gericht zustande wie die des Experten für die Verteidigung, Dr. Charles Wagner. Wagner schließt sich seinem Kollegen Evans in der Meinung an, dass »Gehirnsturm« eine gute Bezeichnung für die Ursache des plötzlichen Gewaltausbruchs von Harry sei. Nach der dahinterstehenden psychischen Störung befragt, gibt er an, einige von Harrys Symptomen der Dementia Praecox und andere einer manisch-depressiven Erkrankung zuzuordnen. Der Verdacht einer manisch-depressiven Erkrankung, heutzutage »Bipolare affektive Störung« genannt, ist in Harrys Fall nicht abwegig. Denn einerseits wirkt Harry teilweise größenwahnsinnig und scheint sich der drohenden Gefahr, auf dem elektrischen Stuhl zu enden, nicht wirklich bewusst zu sein, andererseits fühlt er sich immer wieder ängstlich und glaubt, alle seien gegen ihn. Auch die von seiner Mutter geschilderten Nächte, in denen er stundenlang weinte, könnten für diese Diagnose sprechen. Dazwischen, berichten zahlreiche Zeugen, habe er sich immer wieder auch über längere Zeit anscheinend vollkommen normal verhalten. Während die Dementia Praecox zur damaligen Zeit als eine sich immer weiter verschlimmernde Erkrankung angesehen wird, was einer dauerhaften Unzurechnungsfähigkeit entspricht, sieht man die manisch-depressive Erkrankung als Störung mit vorübergehenden Phasen der Unzurechnungsfähigkeit an, was der Verteidigung eher entgegenkommt.

Der äußerst engagierte Oberstaatsanwalt William Travers Jerome glaubt den Experten der Verteidigung kein Wort. Er ist besessen davon, den Multimillionär als voll schuldfähigen Mörder auf den elektrischen Stuhl zu bringen. Um dies zu erreichen, engagiert er seinerseits eine Reihe hochrangiger Psychiater, darunter zwei Professoren der Cornell-Universität, einen späteren Präsidenten der »Amerikanischen Psychiater-Vereinigung« und einen ehemaligen Vorsitzenden der »New York State Kommission für Geistesstörungen«. Außerdem gelingt es Jerome, den ehemaligen ersten Experten der Verteidigung, Dr. Hamilton, für seine Seite zu gewinnen. Hamilton war zusammen mit Harrys ehemaligem Anwalt Delafield gefeuert worden, da er von Anfang an die Meinung vertreten hatte, Harry sei zwar nicht voll zurechnungsfähig, dafür aber dauerhaft als psychisch gestört und somit potenziell gefährlich anzusehen. Jerome hofft, Harry dank Dr. Hamilton wenn schon nicht auf den elektrischen Stuhl, dann zumindest bis an sein Lebensende in eine Anstalt für geisteskranke Straftäter bringen zu können. Die Experten der Anklage sind sich einig, dass Harry bei der Ausführung seiner Tat wusste, dass er Stanford nicht töten dürfe, dass er sich jedoch – aus welchen Gründen auch immer – bewusst dafür entschieden habe. Die seit seiner Kindheit deutlich gestörte Persönlichkeit Harrys sei kein vorübergehender Zustand, wie die Experten der Verteidigung nahelegten. Zur damaligen Zeit gibt es noch keinen passenden Ausdruck für eine über das gesamte Leben deutlich gestörte Persönlichkeit mit vielfältigen, auffälligen Symptomen. Dennoch sind die Aussagen der Experten der Anklage am ehesten mit der heutigen Vorstellung von sogenannten Persönlichkeitsstörungen in Einklang zu bringen.

Harrys Anwalt Delmas ist klar, dass die vielen komplizierten, vollkommen widersprüchlichen Expertenmeinungen gewöhnlichen Menschen wie den Jurymitgliedern großenteils unverständlich und daher unsinnig erscheinen müssen. Die Strategie, über Harrys vorübergehende Unzurechnungsfähigkeit zu debattieren, gibt ihm allerdings Raum für den Versuch, Harry als liebenden, wenn auch gefühlsmäßig instabilen Ehemann in moralisch möglichst gutem Licht dastehen zu lassen. Die Jury soll seinen Hass gegenüber Stanford nachvollziehen und vor allem nachfühlen können. Um dies zu erreichen, stellt Delmas alle schmutzigen Details über Stanfords Doppelleben als Familienvater einerseits und sexbesessener Partylöwe andererseits ausführlich dar. Seine zahlreichen über New York verteilten Liebesnester und die oft noch minderjährigen Mädchen, welche dort mit Champagner gefügig gemacht wurden, sind, angesichts der äußerst konservativen Wertvorstellungen der damaligen Zeit, Dreh- und Angelpunkt der Verteidigung. Hierauf reagiert Oberstaatsanwalt Jerome mit einer entsprechenden Darstellung der zahlreichen unvorteilhaften Details aus Harrys Leben, angefangen bei den seit frühester Jugend bekannten Wutausbrüchen bis hin zu seiner Vorliebe für das heftige Auspeitschen zahlreicher junger Damen, darunter auch seiner Ehefrau. Am Ende haben die Geschworenen ebenso wie die breite Öffentlichkeit, der jedes Detail aus der Presse bekannt ist, ein unfassbares Bild zweier Männer und der zwischen ihnen stehenden Frau vor sich. Die extremen Leben und Vorlieben von Stanford und Harry sind für die meisten konservativen Bürger unvorstellbar. In dieser Geschichte scheint es nicht möglich, »den Guten« und »den Bösen« auszumachen: Ein sexsüchtiger, Jungfrauen missbrauchender Familienvater steht einem arroganten, zu Wutausbrüchen neigenden Sadisten gegenüber.

Am Ende des über elf Wochen andauernden Prozesses appelliert Delphin Delmas nochmals nachdrücklich an die konservativen, moralischen Grundwerte, die religiösen Überzeugungen und den Nationalstolz der Jurymitglieder. Dies kommt in seinem sehr langen Schlussplädoyer deutlich zum Ausdruck, in dem er unter anderem sagt:

»Er sah dieses Monster, und er hörte seine Worte: ›Ich werde sie zurückerobern‹, und er dachte nicht nach, er wog nicht ab, er schlug zu wie die Löwin, die ihr Junges verteidigt. Schlug zu für die Reinheit der amerikanischen Heime. Schlug zu für die Reinheit der amerikanischen Jungfrauen. Schlug zu für die Reinheit der amerikanischen Ehefrauen. Er schlug zu, und wer mag behaupten, dass er nicht im Recht war. Er hatte die Pinkertons (Anm.: bekannteste Detektivagentur der damaligen Zeit) um Hilfe gebeten, er hatte an den Bezirksstaatsanwalt appelliert, und in jener Nacht rief er Gott um Hilfe an. Und in jener Nacht beantwortete Gott das Flehen – das Flehen des vaterlosen Kindes (Anm.: hier ist Evelyn gemeint). Da löste Gott sein Versprechen ein, das er vor Tausenden von Jahren gemacht hatte, als er sagte, er würde das Flehen der Heimgesuchten erhören, die Frauen der Unterdrücker zu Witwen und ihre Kinder zu Waisen machen. Ah, meine Herren, was waren seine Gedanken zu diesem Zeitpunkt? Mensch, beurteile deinen Nächsten, wie du selbst beurteilt werden würdest.«

An anderer Stelle sagt Delmas: »Meine Herren, wenn Sie nach einem Namen für diese Art des Wahnsinns verlangen, lassen Sie mich vorschlagen, ihn ›Dementia Americana‹ zu nennen. Es ist die Art von Wahnsinn, die jeden amerikanischen Mann dazu bringt zu glauben, sein Heim sei heilig. Es ist die Art von Wahnsinn, die ihn glauben macht, die Ehre seiner Tochter sei heilig. Es ist die Art von Wahnsinn, die ihn glauben macht, die Ehre seiner Ehefrau sei heilig. Es ist die Art von Wahnsinn, die ihn glauben macht, dass wer auch immer in sein Heim eindringt, dass wer auch immer die Tugend dieser Schwelle beschmutzt, das höchste der menschlichen Gesetze verletzt hat und um die Gnade Gottes bitten muss, wenn es für ihn überhaupt irgendwo im Universum Gnade geben sollte.«

Delmas verweist in seinen Ausführungen immer wieder auf das Alte Testament der Bibel und ermahnt die Jury, dass sie ein Urteil im Sinne Gottes fällen müssten. Die Ursache für Harrys psychischen Ausnahmezustand »Dementia Americana« zu nennen, was »amerikanische Verstandesabnahme« bedeutet, ist ein äußerst cleverer Schachzug. Denn sowenig die Jurymitglieder mit den Fachdebatten der Psychiaterschar anfangen können, so deutlich können sie doch nachvollziehen, dass so manche gefühlsmäßige Entscheidung sich eben nicht durch reine Vernunft aushebeln lässt. Jeder von ihnen kann sich vorstellen, welche Wut ihn packen würde, wenn ein Mann sich an seiner jungfräulichen Tochter vergehen würde. Dass Harry seinerseits junge Frauen auspeitscht, scheint dabei in den Hintergrund zu treten, vor allem, da es sich bei besagten Frauen hauptsächlich um Prostituierte handelte. Diese werden in der damaligen Zeit noch stärker als heute als minderwertige Menschen angesehen, sodass Harrys Verhalten bei vielen Menschen deutlich weniger Entsetzen auslöst als Stanfords Taten.

Oberstaatsanwalt Jerome versucht, den gefühlsmäßigen Manipulationsversuchen von Delmas mit Sachlichkeit, Vernunft und einer gehörigen Portion Sarkasmus zu begegnen. So kommentiert er dessen Schlussplädoyer mit den Worten: »Mord als Heilmittel für Geisteskrankheit ist eine Neuheit in unserem Rechtssystem, seit sie mit der ›Dementia Americana‹ durch meinen fachkundigen Freund Mr. Delmas eingeführt wurde.« Jerome vertritt die Meinung, dass Thaws Persönlichkeit zwar chronisch gestört sei, er aber dennoch das Unrecht seiner Tat begreifen konnte, als er sie ausführte. Auf dieser Grundlage will er Harry wegen vorsätzlichen Mordes verurteilen lassen. Er gibt der Jury zu bedenken: »Wenn das Einzige, was zwischen einem Bürger und seinem Feind steht, ein Gehirnsturm ist, dann (…) sollte jeder Mann lieber eine Schusswaffe bei sich tragen und den ersten Gehirnsturm haben.«

Als die Jury sich zur Beratung zurückzieht, muss sie die über fast drei Monate aufgenommenen Informationen berücksichtigen und auf dieser Grundlage eine Entscheidung treffen. Dass die Beratung der Jurymitglieder sehr lange andauert, ist nicht überraschend. Laut Oberstaatsanwalt Jerome liegt ein glasklarer Mord vor, während laut Anwalt Delmas ein psychisch instabiler, aber in seinen Grundwerten vorbildlicher Amerikaner einen durch das Gesetz nicht belangbaren Mädchenschänder von weiteren Missetaten abhielt. Auch wenn New York im Gegensatz zu anderen Teilen der USA bereits zur damaligen Zeit eher fortschrittlich ist, so sind konservative bis fundamentalistisch christliche Einstellungen auch dort vielen Menschen nicht fern. So schafft Dalmas das schier Unmögliche: Die Jury ist hin und her gerissen. Einerseits ist es schwierig, die Tat nicht als Mord anzusehen. Andererseits appelliert Harrys Anwalt nach allen Regeln der Kunst an die religiösen Werte der Jurymitglieder, denen zufolge Harrys Tat nach göttlicher Logik gerechtfertigt war. Bei dem einen oder anderen Jurymitglied mag der Eindruck entstehen, Harrys Gefühl, eine »höhere Macht« habe ihn bei der Tat geleitet, könnte vielleicht eine göttliche Eingebung gewesen sein. Nach siebenundvierzig Stunden Beratung geben die Jurymitglieder erschöpft bekannt, dass ein toter Punkt erreicht sei und kein eindeutiges Ergebnis gefunden werden könne. Sieben von ihnen halten Harry für des vorsätzlichen Mordes schuldig, fünf sehen ihn als unschuldig aufgrund einer Geisteskrankheit an. Auf dieser Grundlage kann kein Urteil gesprochen werden.

Es dauert fast neun Monate, bis ein neuer Prozess gegen Harry stattfindet. Bis zu diesem bleibt er in Untersuchungshaft, wo Evelyn ihn häufig besucht. Der Prozess beginnt im Januar 1908. Harry hat hierfür ein neues Team von Anwälten engagiert, und ein anderer Richter hat den Vorsitz. Oberstaatsanwalt Jerome vertritt erneut die Anklage. Im Vorfeld vereinbaren Anklage und Verteidigung, sich auf drei psychiatrische Gutachter auf jeder Seite zu beschränken. Inzwischen ist allen Prozessbeteiligten klar, dass Harry wohl kaum wegen Mordes verurteilt werden wird, dass er aber auch keinen Freispruch wegen »vorübergehender Unzurechnungsfähigkeit« erwarten kann. Die drei übrig gebliebenen Experten der Verteidigung einigen sich auf eine Diagnose: die manisch-depressive Erkrankung. Der einzige Kompromiss, auf den sich alle Seiten – außer Harry selbst – einigen können, ist der, Harry für unbegrenzt geisteskrank und somit unzurechnungsfähig zu erklären und in ein Gefängnis für geisteskranke Verbrecher einweisen zu lassen.

Es dauert weniger als einen Monat, bis die Jury genau dieses Urteil fällt. Am 1. Februar 1908 lässt der Richter Harry in die staatliche Anstalt für geisteskranke Straftäter in Matteawan einweisen.

Manche Dinge ändern sich nie

Die Freiheit nehm' ich mir!

(Werbespruch der US-Kreditkartengesellschaft VISA)

Harry zieht auch in die Anstalt für geisteskranke Straftäter mit dem außergewöhnlichen Luxus ausgestattet ein, der ihm schon während der gesamten Haft das Leben erleichtert hatte. Dennoch ist er vom ersten Tag der Unterbringung an fest entschlossen, so schnell wie möglich wieder in Freiheit zu gelangen. Dass er froh sein kann, noch am Leben zu sein, sieht er nicht ein. Mithilfe seines Vermögens bezahlt er eine Gruppe von Juristen, um möglichst bald als »geheilt« entlassen zu werden. Den ersten Versuch in dieser Richtung unternehmen Harrys Anwälte nur anderthalb Jahre nach dem Urteil. Sie scheitern. Währenddessen werden Evelyns Besuche bei ihrem Mann seltener. Dieser distanziert sich seinerseits zunehmend von ihr. Eine Weile kann sie noch von dem Vermögen leben, das ihr als Mrs. Thaw zur Verfügung steht. Im Oktober 1910 bringt sie während einer Europareise in Berlin ihren Sohn Russell zur Welt. Sie behauptet, er sei während einem ihrer Besuche bei ihrem Mann gezeugt worden. Harry bestreitet aber sein Leben lang, der Vater des Jungen zu sein. Die Geburt des Jungen leitet die endgültige Trennung des Ehepaares ein.

Evelyn nimmt den seit langem abgebrochenen Kontakt zu ihrer Mutter wieder auf. Diese kümmert sich um den kleinen Russell, während Evelyn, wie einst ihre eigene Mutter, ohne fremde Unterstützung für sich und ihr Kind sorgen muss. Sie schlägt sich mit gelegentlichen Theaterauftritten durch. Währenddessen ist Harry ausschließlich damit beschäftigt, sich seinen Weg zurück in die Freiheit zu erkämpfen. Mindestens ein Versuch, durch Bestechung freizukommen, scheitert. Nach fünf Jahren in der Anstalt versucht er auch mithilfe der Öffentlichkeit freizukommen. Er lässt 1913 ein Lied über sich produzieren und vermarkten; der Titel lautet »Why Don't They Set Him Free« (»Warum lassen sie ihn nicht frei«). Das Lied vertritt Harrys unerschütterliche Überzeugung, dass ihm Unrecht getan werde, in Zeilen wie diesen: »Just because he's a millionaire, everybody's willing to treat him unfair« (»Nur weil er ein Millionär ist, ist jedermann gewillt, ihn unfair zu behandeln«). Im selben Jahr flieht er aus der Anstalt. Die Flucht gestaltet sich denkbar einfach, da er einfach einen unbegleiteten Spaziergang anmeldet, zu seinem Fahrer in den Wagen steigt und von diesem über die Grenze nach Kanada chauffiert wird. Wieder geht der Presserummel los. Evelyn möchte diesmal nicht in die Sache verwickelt werden und lässt verlauten: »Er hat sich zwei Prozesse lang hinter meinem Rücken versteckt, das lasse ich nicht noch einmal mit mir machen. Ich werde nicht zulassen, dass irgendwelche Anwälte mich noch mehr mit Schmutz bewerfen.« Um ihre Sicht der Dinge darzustellen und dabei ihr Einkommen aufzubessern, veröffentlicht sie 1914 ihre erste Biografie.

Auch ohne Evelyns Unterstützung bemühen sich Harrys Anwälte, die US-Auslieferungsanträge abzuwehren; aber sie scheitern, und Harry wird an die USA ausgeliefert. Immerhin erreichen sie aber, dass er sich von den scheinbaren Strapazen erholen kann, indem er den Sommer in einem Hotel in New Hampshire verbringen darf. Dabei wird er von einem eigens zu seiner Bewachung einbestellten Sheriff begleitet. Zurück in der Anstalt für geisteskranke Straftäter, nimmt Harry seinen erbitterten juristischen Kampf wieder auf. Am 16. Juli 1915, neun Jahre nachdem er Stanford erschoss, wird Harry von einer Jury für »nicht länger geisteskrank« erklärt und freigelassen. Das Thaw-Vermögen, welches nicht nur für die unermüdliche juristische Arbeit der Familienanwälte, sondern auch für eine kontinuierliche Pressekampagne genutzt wurde, zahlt sich nochmals aus. Als Harry freigelassen wird, feiern ihn zahlreiche Anhänger als Helden der amerikanischen Familienwerte. Gleichzeitig ist seine erste Handlung als freier Mann die, sich offiziell von Evelyn scheiden zu lassen. Da die beiden längst zerstritten und getrennt sind, handelt es sich ohnehin nur um einen formalen Akt. Während ihrer erneuten Arbeit als Showtänzerin verliebt sich Evelyn in einen Kollegen, den Tänzer Jack Clifford.

Sie heiraten 1916 und versuchen, sich als Pärchen im Showbusiness zu etablieren.

Harry schafft es währenddessen trotz neu gewonnener Freiheit nicht, ein unauffälliges Leben zu führen. 1917 landet er wieder auf den Titelseiten großer Zeitungen, da er angeklagt wird, den zur Tatzeit sechzehnjährigen Schüler Frederick Gump entführt und schwer verletzt zu haben. Im Dezember 1915 hatte Harry den attraktiven Jungen in einer Eisdiele angesprochen. Harry bot Fred an, ihn nach Pittsburgh zu begleiten und ihm dort eine gut bezahlte Stelle zu geben. Fred lehnte ab, gab Harry aber seine Adresse. Dies nutzte Harry, um mit einer freundlichen Weihnachtsgrußkarte an Fred eine Brieffreundschaft zu beginnen. Warum ein fünfundvierzigjähriger prominenter Millionär auf diese Art Kontakt zu einem fünfzehnjährigen Jungen sucht, fragte sich zu diesem Zeitpunkt noch niemand.

Ein Jahr lang hält Harry die Brieffreundschaft aufrecht und bietet Fred unermüdlich an, für ihn zu arbeiten. Im Dezember 1916 schließlich macht Harry Fred den Vorschlag, ihm 50 Dollar (entspricht 900 Dollar im Jahr 2014) monatlich zur freien Verfügung zu zahlen und zusätzlich seine Unkosten zu übernehmen, wenn Fred entweder einen Posten in Harrys Fabrik annimmt oder sich an der »Carnegie Institution for Science« einschreibt, um sich für eine zukünftige Stelle in Harrys Fabrik besser zu qualifizieren. Als »Vorschuss« liegt dem Brief ein beglaubigter Scheck über fünfzig Dollar bei. Freds Vater gestattet seinem Sohn, die gut bezahlte Weiterbildung durch Harry anzunehmen. Harry lässt Fred in einer Depesche mitteilen, dieser solle unverzüglich auf seine Kosten nach New York reisen und im damals größten Hotel der Welt, dem McAlpin in Manhattan, einchecken, wo er weitere Anweisungen erhalten werde.

Für Fred ist die Einladung ein großes Abenteuer, seine erste Reise ganz allein in eine Großstadt. Er kann sein Glück kaum fassen. Am Weihnachtsabend 1916 betritt er das vornehme Hotel und erhält an der Rezeption eine schriftliche Mitteilung von Harry. Der fordert Fred auf, ihn am »Century Theater« zu treffen, wo er mit ihm eine Vorstellung besuchen möchte. Während des zweiten Aktes beginnt Harry, sich zu langweilen, und schlägt Fred vor, ins Hotel zurückzukehren. Dort erwartet Fred eine luxuriöse, große Suite im achtzehnten Stockwerk. Fred, dessen Eltern nicht reich sind, kann die prächtige Umgebung kaum fassen und verbringt einen vergnüglichen Abend mit Harry. Schließlich legt er sich im eigens für ihn reservierten Zimmer der Suite zu Bett.

Mitten in der Nacht wacht er auf, als Harry sein Zimmer betritt, das Licht einschaltet und mit einer Peitsche in der Hand auf ihn zustürzt. Der Junge kann nicht begreifen, was da passiert. Er versucht, sich vor Harry in Sicherheit zu bringen, doch alle Fenster und die Tür sind verschlossen. Fred hat nichts, womit er sich wehren kann, während Harry immer wieder mit der Peitsche auf ihn einschlägt und ihn durch das Zimmer jagt. Die Schreie hört niemand, da Harry vorsorglich auch die umliegenden Zimmer mit angemietet hat. Er lässt erst von Fred ab, als dessen Rücken und Beine mit blutenden Striemen übersät sind. Dann verlässt er das Zimmer kommentarlos, während Fred geschockt den Rest der Nacht auf dem Boden des wieder verschlossenen Zimmers verbringt.

Morgens erscheint Harry mit einem Mann, den er seinen Bodyguard nennt, und weist diesen an, Fred nicht aus dem Zimmer zu lassen. Erst am Nachmittag gewährt der Bodyguard Fred einen Ausgang, wobei er ihm Gewalt androht, sollte er versuchen, zu fliehen. Sobald er den Eindruck hat, dass Fred von seiner Seite weichen will, packt der muskulöse Mann ihn am Arm und tut dabei so, als würde er mit seinem »Freund« scherzen. Als sie wieder im Hotel ankommen, hat Fred Todesangst und denkt intensiv darüber nach, wie er fliehen kann. Er versucht inzwischen, möglichst ruhig und entspannt zu wirken. So fragt er seinen Bewacher, ob er sich kurz in der Hotellobby eine Limonade holen dürfe. Unerklärlicherweise hindert dieser ihn nicht daran. Sobald Fred unbewacht in der Lobby steht, rennt er um sein Leben, bis zu einer Bahnstation, von der aus er den nächsten Zug nach Hause nimmt. Dort berichtet er seinen fassungslosen Eltern, was ihm widerfahren ist. Ein guter Freund von Freds Vater ist Anwalt und unterstützt die

Familie unverzüglich dabei, Harry anzuzeigen. Harry versucht sich einer Verhaftung zu entziehen, flieht nach Philadelphia und begeht einen halbherzigen Suizidversuch. Mit Schnittverletzungen am Hals – er habe versucht, sich selbst die Kehle aufzuschlitzen, wird später festgestellt – kommt er erneut in Haft. Die Presse freut sich über seine nie enden wollende Geschichte mit hohem Unterhaltungswert. Oberstaatsanwalt Jerome, der in beiden Gerichtsprozessen Harrys erbittertster Gegner gewesen war und während dessen Flucht nach Kanada für seine Auslieferung gekämpft hatte, kommentiert der Presse gegenüber den erneuten Vorfall mit nur einem Wort: »Merkwürdig!«

Die Leben danach

Stanny war glücklich, er starb. Ich lebte.

(Evelyn Nesbit kurz vor ihrem Tod 1966)

Harry versucht, das erneute Problem wie immer zu lösen: mit Geld. Doch zunächst lehnt die Familie des misshandelten Jungen die halbe Million Dollar ab, die Harry anbietet, wenn sie alle Vorwürfe fallen lassen. Erneut wird er für psychisch krank und unzurechnungsfähig erklärt. Diesmal wird er für sieben Jahre und unter erhöhten Sicherheitsbedingungen in eine Psychiatrie in Philadelphia eingewiesen. Währenddessen erzielen seine Anwälte eine finanzielle Einigung mit Freds Familie, um erneut Harrys Freilassung vorbereiten zu können. Ein Jahr nach Harrys Rückkehr in die Psychiatrie zerbricht Evelyns zweite Ehe. Ihr neuer Mann Jack kann nicht damit leben, dass er nur als der Mann an der Seite der berühmt-berüchtigten Evelyn Nesbit angesehen wird. Einige Rollen in Stummfilmen, teilweise gemeinsam mit ihrem Sohn, können Evelyns schwierige wirtschaftliche Lage nicht stabilisieren. 1921 eröffnet die 35-jährige, alleinerziehende Mutter in einer Seitenstraße vom Broadway ein kleines Restaurant, das sie »Evelyn Nesbit's Spezialitätengeschäft« nennt.

In zwei Zimmern über dem Laden lebt sie mit ihrem elfjährigen Sohn. Die Geschichte ihrer Mutter scheint sich in ihrer zu wiederholen. Während des ersten halben Jahres wird ihr Geschäft drei Mal ausgeraubt, sie entgeht nur knapp einem Entführungsversuch und versucht, sich das Leben zu nehmen. Da sie ihre Rechnungen nicht bezahlen kann, verliert sie Anfang 1922 das Geschäft, findet aber bald Arbeit als Tänzerin im »Moulin Rouge Café« in Chicago. Offensichtlich mit dem Scheitern ihres Lebens völlig überfordert, wird Evelyn alkohol- und morphinabhängig. Als sie mit vierzig ihre Festanstellung im »Moulin Rouge Café« verliert, begeht sie einen weiteren Suizidversuch und kommt ins Krankenhaus. Zwei Jahre später erhängt sich ihr jüngerer Bruder Howard, der am Tag nach Stanfords Tod die von diesem bezahlte Militärakademie verlassen musste und sich von da an mit Aushilfsjobs und Betrügereien über Wasser gehalten hatte.

In der Zwischenzeit ist es Harry gelungen, 53-jährig erneut für »geheilt« erklärt und aus der Psychiatrie entlassen zu werden. Noch im selben Jahr, 1924, kauft er sich ein altes Anwesen in einer ländlichen Gemeinde im Bundesstaat Virginia. Er versucht, sich in das Kleinstadtleben zu integrieren, tritt der örtlichen Feuerwehr bei und marschiert sogar auf deren Paraden durch die Stadt mit. Zwei Jahre später veröffentlicht er seine Biografie, in der er sich wie eh und je als strahlenden Helden und Stanford White als Mädchen verschlingendes Monster darstellt. Er scheut sich nicht zu schreiben: »In einer ähnlichen Situation würde ich ihn wieder töten.« 1927 beschließt er, Filmproduzent zu werden. Er plant einen Film über Betrüger, die den Geisterglauben ihrer Mitmenschen ausnutzen – ein damals weit verbreitetes Phänomen. Der Film wird aufgrund eines Rechtsstreits mit den Drehbuchautoren aber nie produziert. Kurz fasst er den Plan, sein Leben in Eigenregie zu verfilmen, den er bald aber wieder verwirft.

Erstaunlicherweise hörte Harry niemals damit auf, seine Exfrau, von der er sich öffentlich abgewendet hatte, weiter von seinen Detektiven beschatten zu lassen. Als er von ihrem Suizidversuch 1926 in Chicago erfährt, besucht er sie im Krankenhaus. Die beiden versöhnen sich, es sieht so aus, als würden sie ihre Beziehung wieder aufnehmen. Eine Weile unterstützt Harry Evelyn finanziell mit zehn Dollar pro Tag (entspricht 2014 einem Wert von mehr als einhundert Dollar). Er nennt dies ein »Andenken an die schönen Erinnerungen der Vergangenheit, als wir glücklich waren«. Ob ihre Liebe nochmals aufflammt oder sie einfach »nur« Freunde bleiben, wird nie bekannt. Sehr wahrscheinlich wird es eine lose »On-Off-Beziehung«. In einem Filmausschnitt aus den 30er Jahren singt Evelyn in einem Lied über ihr eigenes Leben: »Ich gehöre keinem Mann mehr.« Wie auch immer sich ihr Verhältnis gestaltet, die beiden schaffen es doch, es aus der Presse herauszuhalten. Sie ziehen nie wieder zusammen und heiraten auch nicht.

Evelyn lebt die nächsten Jahre von Auftritten als Burlesque-Tänzerin, veröffentlicht eine weitere Biografie und wird schließlich Lehrerin für Töpferei und Bildhauerei. Harry stirbt 1947 im Alter von sechsundsiebzig Jahren in Miami und hinterlässt Evelyn in seinem Erbe ein Prozent seines Vermögens: zehntausend Dollar, was einem heutigen Wert von über einhunderttausend Dollar entspricht. Acht Jahre später erhält sie nochmals zehntausend Dollar als Beraterin für eine Hollywoodverfilmung über ihr Leben. Der Film »Das Mädchen auf der roten Samtschaukel« wird als Blockbuster geplant. Eigentlich ist Marilyn Monroe für die Hauptrolle vorgesehen, doch die lehnt ab, da ihr die Geschichte zu heikel ist. So bekommt Joan Collins die Rolle von Evelyn Nesbit. Ihre letzten Lebensjahre verbringt sie in der Kleinstadt Northfield in New Jersey, bevor sie schließlich 82-jährig in einem Altenpflegeheim in Kalifornien verstirbt.

KAPITEL 2

GESCHAFFEN FÜR DAS LIEBESDRAMA: SADISTEN MIT CLUSTER-B-PERSÖNLICHKEITSSTÖRUNGEN

DER FALL HARRY THAW UNTER DER LUPE MODERNER PSYCHOLOGIE

Die Maske meiner Zurechnungsfähigkeit droht herunterzurutschen.

(Patrick Bateman im Film »American Psycho«)

Harry Thaws Fall ist aus vielen Gründen ein Meilenstein in der Geschichte der Gerichtspsychiatrie. Nie zuvor hatten so viele renommierte Fachleute unter den Augen der Öffentlichkeit über einen Täter und seinen Geisteszustand gestritten. Den Fachleuten wie auch der Öffentlichkeit wurde damals klar, dass die noch jungen Wissenschaften »Psychologie und Psychiatrie« noch lange nicht in der Lage dazu waren, jeden Fall von »Wahnsinn« mit den verfügbaren Begriffen und Theorien zu beschreiben. Mit dem Erkenntnisstand der damaligen Zeit sind die Beschreibungen und Analysen der Fachleute zu Harrys Geisteszustand nachvollziehbar, jedoch insgesamt unbefriedigend.

Inzwischen, über ein Jahrhundert nach Harrys erstem Gerichtsverfahren, lässt sich dieser Fall sehr viel besser verstehen und erklären. Wie würde Harrys seltsamer »Wahnsinn« in der heutigen Zeit und mithilfe der heutigen wissenschaftlichen Erkenntnisse beurteilt werden? Während seiner Kindheit und Jugend zeigte er viele Auffälligkeiten, die sich, wie ich bereits beschrieb, mit der »antisozialen« beziehungsweise »dissozialen« Persönlichkeitsstörung« erklären lassen. Lügen, Wutausbrüche, das Bedrohen und Verletzen anderer Menschen, die verminderte Angst vor negativen Konsequenzen und Unfähigkeit, aus Strafen zu lernen, sind typische Kennzeichen dieser Persönlichkeitsstörung. Doch sie erklärt nicht Harrys bizarr anmutende Stimmungsschwankungen, seine vorübergehenden Angstzustände und den Wahn, es würden Intrigen gegen ihn gesponnen.

Besonders unerklärlich erscheint seine starke Fixierung auf Stanford White und in diesem Zusammenhang seine Vorstellung, ein Ritter des Guten zu sein, der ein Mädchen schändendes Monster zur Strecke bringt. Dies steht in krassem Gegensatz zu der Tatsache, dass Harry doch selbst zahlreiche junge Frauen und mindestens einen jungen Mann folterte. Am eigentümlichsten wirkt Harrys Hass auf genau die Neigung Stanfords, der Harry selbst erliegt: seine Vorliebe für sexuell erregende, möglichst junge Menschen, die er – auch gegen deren Willen – zu seinen Objekten der Befriedigung macht.

Aus moderner psychologischer Sicht lässt sich Harrys Persönlichkeit als eine Mischung mehrerer Persönlichkeitsstörungen beschreiben. Menschen mit einer Persönlichkeitsstörung haben unflexiblere Charaktermerkmale als andere. Dadurch ecken sie spätestens als Erwachsene immer wieder mit ihrer Umwelt an, merken aber nicht, dass dies an ihnen selbst liegt. Ihre Probleme schieben sie den angeblichen Charakterfehlern ihrer Mitmenschen zu. Unterschiedliche Persönlichkeitsstörungen erzeugen natürlich unterschiedliche Charakterprofile. Doch all diesen Störungen ist gemeinsam, dass die Betroffenen sich selbst und andere Menschen auf eine ganz spezielle Art wahrnehmen. Ihre Sicht auf die Welt unterscheidet sich von der ihrer Mitmenschen; als würden sie durch eine getönte Brille blicken, deren Gläser die Wahrnehmung aller Farben verändert.

Persönlichkeitsstörungen in den modernen Krankheitenkatalogen

Im Irrenhaus ist Wahnsinn normal.

(Andrzej Majewski, polnischer Aphoristiker,
Publizist, Redakteur und Steuerrechtler)

Um nachzuvollziehen, was die moderne Psychologie unter Persönlichkeitsstörungen versteht, muss man wissen, dass solche Störungen in »Krankheitenkatalogen« beschrieben werden, mit denen alle Psychologen und Psychiater arbeiten. Derzeit gibt es weltweit zwei solcher Kataloge: das ICD-10 und das DSM-5. Fachgremien passen diese Handbücher alle paar Jahre dem aktuellsten Forschungsstand an.

Ärzte und psychologische Psychotherapeuten in Deutschland müssen seit dem Jahr 2000 für die Abrechnung mit Krankenkassen das sogenannte ICD-10 benutzen. Die Abkürzung steht für »Internationale statistische Klassifikation der Krankheiten und verwandter Gesundheitsprobleme – in ihrer zehnten Version«. Dieser »Krankheitenkatalog« wird von der Weltgesundheitsorganisation herausgegeben. Darin sind nicht nur psychische Krankheiten aufgeführt, sondern auch alle anderen Arten: vom Husten bis zur Reisekrankheit (Kinetose). Die Merkmale werden weltweit einheitlich beschrieben.

Psychische Erkrankungen haben in diesem Katalog ein eigenes Kapitel. Deutsche Psychiater und Psychologen rechnen ihre Behandlungen mit den Krankenkassen ab, indem sie das Kürzel aus dem ICD-10 angeben. So wird etwa das, was umgangssprachlich Depression genannt wird, als »Depressive Episode« mit einem »F32.« kodiert, hinter dem eine weitere Ziffer die Schwere der Erkrankung angibt.

Eine Alternative zum ICD-10 bietet das DSM-5. Während das ICD in seiner jeweils aktuellen Version nicht nur psychische Störungen, sondern auch andere Erkrankungen benennt und beschreibt, ist der »Diagnostische und statistische Leitfaden psychischer Störungen«, von der englischen Bezeichnung abgeleitet kurz »DSM« genannt, ein Katalog ausschließlich für psychische Erkrankungen. Das DSM wird seit 1952 von der »Amerikanischen Psychiater-Vereinigung« herausgegeben – also ebenjener Organisation, zu deren Präsidenten einige von Harry Thaws Gutachtern zählten. Die aktuellste Version, das DSM-5, erschien im Mai 2013. Es wird derzeit offiziell nur von US-amerikanischen Psychologen und Psychiatern genutzt. Von deutschen Krankenkassen wird dieses Diagnosesystem nicht zur Abrechnung anerkannt.

Die Mitarbeiter der Weltgesundheitsorganisation brauchen länger bei der Vereinbarung einheitlicher Merkmale psychischer Krankheiten und müssen dabei auch mehr Kompromisse eingehen, weil ihr Katalog weltweit anwendbar sein muss. So hat es die nur in einem Land, nämlich den USA, tätige Psychiatrische Vereinigung leichter bei der Entwicklung ihres Katalogs. Das DSM ist daher in vielen Bereichen auf etwas aktuellerem Forschungsstand und beschreibt viele psychische Störungen genauer und umfangreicher als das ICD. Dies zeigt sich unter anderem daran, dass Veränderungen, die in der neuesten Version des DSM eingeführt werden, häufig erst anschließend ihren Weg in das ICD finden.

Deutsche Psychologen und Psychiater ziehen deswegen gerne die deutsche Version des amerikanischen Handbuchs bei der Diagnosestellung zu Rate. Um eine Rechnung oder einen Antrag an die Krankenkasse stellen zu können, muss der deutsche Behandler aber trotzdem die festgestellte Erkrankung mit der internationalen ICD-Kennziffer beschreiben.

Persönlichkeitsstörungen wurden mit dieser Bezeichnung (im Original »Personality Disorder«) erst 1980, in der dritten Auflage des DSM, eingeführt. Die im DSM-III eingeführten Persönlichkeitsstörungen lehnten sich an Beschreibungen eines schon 1923 veröffentlichten Buches an, »Die psychopathischen Persönlichkeiten«. Der deutsche Psychiater Kurt Schneider beschrieb in seinem Werk insgesamt zehn Typen von auffälligen Charakterausprägungen, die er immer wieder beobachtete. Schneider beschrieb mit dem Begriff »Psychopathie« auffällige Persönlichkeiten allgemein. Er meinte also nicht das, was die heutige Wissenschaft darunter versteht. In meinem Buch »Auf dünnem Eis – Die Psychologie des Bösen« habe ich anhand vieler Beispiele beschrieben, was einen »Psychopathen« aus heutiger Sicht ausmacht. Die von Schneider beschriebenen zehn Persönlichkeitstypen entsprechen zwar nicht mehr den Beschreibungen der modernen Persönlichkeitsstörungen. Sie haben mit diesen allerdings etwas Wichtiges gemeinsam: Schon Schneider fiel auf, dass die von ihm beschriebenen Persönlichkeitstypen selten allein und häufiger in Mischformen auftreten. Eine Beobachtung, die sich mit heutigen Erkenntnissen deckt. Denn tatsächlich zeigt die moderne Psychologie: Eine Persönlichkeitsstörung kommt selten allein. Dies wird inzwischen mit dem Wort »Komorbidität« (»Begleiterkrankung«) beschrieben.

Harry Thaws gesamte Lebensgeschichte, vor allem aber seine Persönlichkeit, wirkt merkwürdig und bizarr. Um ihn aus Sicht der modernen Psychologie einzuordnen, schaue ich mir zunächst die Auffälligkeiten an, von denen vor allem seine Gutachter, aber auch andere Zeugen berichteten.

Harry, der Narzisst

Es kann nur einen geben.

(aus dem Film »Highlander«)

Harrys auffällige Persönlichkeit ist zum einen geprägt von der Überzeugung, dass er besser als andere Menschen ist und sich stets Sonderregeln herausnehmen kann. Es bedeutet ihm viel, anderen zu zeigen, wie reich und mächtig er ist. Sein verschwenderischer Lebensstil – das Anzünden von Zigarren mit Einhundert-Dollar-Scheinen – zeugt davon. Sein grenzenloser Hass auf Stanford White lässt sich also teilweise damit erklären, dass Harry auf dessen Ansehen als extrem reicher Stararchitekt neidisch ist, dass er hier einen Kontrahenten »auf Augenhöhe« findet – mindestens.

Harry verfügt zwar über unvorstellbar viel Geld, doch er hat nichts in seinem Leben geleistet, worauf er stolz sein kann. Stanford hingegen ist überall in New York präsent, durch die vielen Prachtbauten, an denen er mitarbeitete oder die er selbst entwarf. Außerdem lebt Stanford seine exzessive sexuelle Gier nach immer neuen, jungen Mädchen relativ offen aus, trotz Ehe, Vaterschaft und Status in der High Society. Harry hingegen wird vor allem von seiner Mutter – wenn auch wenig erfolgreich – stets dazu angehalten, ein bodenständigeres Leben zu beginnen und das Ansehen der Familie nicht immer weiter mit seinen Eskapaden zu gefährden. Sein schlechter Ruf als aufbrausendes, verrücktes Söhnchen aus reichem Haus ist so schlecht, wie der von Stanford gut ist.

Allein aus diesem Grund hat Harry allen Grund, Stanford zu hassen: Stanford besitzt sowohl absolute Freiheit als auch höchstes gesellschaftliches Ansehen – zwei Dinge, die Harry auch gerne hätte. Dies lässt sich mit Harrys narzisstischer Persönlichkeitsstörung erklären. Psychologen und Psychiater beschreiben diese Persönlichkeitsstörung mit neun typischen Merkmalen. Erfüllt eine Person mindestens fünf dieser Merkmale, so lässt sich bei ihr das Vorhandensein einer narzisstischen Persönlichkeitsstörung feststellen. Harry weist alle neun Merkmale auf! Er will besser, wichtiger und erfolgreicher als andere sein. Seine Mitmenschen sollen ihn bewundern und für einzigartig halten. Andere lässt er spüren, wie überlegen er ihnen ist. Das Beste ist gerade gut genug für ihn. Um zu bekommen, was er will, benutzt er Menschen. Dabei ist ihm egal, wie es ihnen ergeht. Nichts kann ihn wütender machen als Personen, die etwas haben oder erreichen, was er will.

Hier hat Harry etwas mit seinem vermeintlichen Erzfeind Stanford White gemeinsam: Auch Stanford ist ein voll ausgeprägter Narzisst. Nur ist Stanford darin tatsächlich deutlich erfolgreicher. Er bekommt viel mehr Anerkennung, hat im Gegensatz zu Harry keine gefühlsmäßigen Schwankungen und lebt seine extremen Bedürfnisse mit Bedacht und Selbstsicherheit aus, ohne dabei seinen Ruf zu verspielen. Stanford White ist der Prototyp eines erfolgreichen Narzissten. Das ist Harry trotz seines Geldes, seiner vielen gekauften Freunde und selbst inszenierten Partys nicht.

Für einen Narzissten gibt es kaum etwas Schlimmeres, als einen stets erfolgreicheren Konkurrenten in der Nähe zu haben. Denn dieser erinnert den Narzissten daran, dass er eben nicht der großartigste, mächtigste, meistbewunderte Mensch der Welt ist. Die Erkenntnis, dass jemand anders besser ist und andere Menschen dies auch so wahrnehmen können, macht aus einem stark ausgeprägten Narzissten ein Nichts. Dieser Eindruck, dieses Gefühl ist für ihn absolut unerträglich und kommt dem Gefühl gleich, vernichtet zu werden. Für den stark ausgeprägten Narzissten gilt dasselbe wie für den Highlander aus dem gleichnamigen Kino-Blockbuster: Es kann nur einen geben. Zwar gehen die meisten Narzissten nicht so weit wie die Kontrahenten im Film und schlagen sich buchstäblich die Köpfe ab. Doch metaphorisch gesprochen kommt das Prinzip dem Kampf zwischen Narzissten, die um dasselbe Revier kämpfen, doch ziemlich nahe: Ihnen ist jedes Mittel recht, um den vermeintlichen Gegner zu besiegen.

In diesem Kampf der Giganten hat Harry gegen Stanford denkbar schlechte Karten. All sein Geld kann Harry nicht das Ansehen verschaffen, das Stanford längst erreicht hat. Der Kampf um hübsche Eroberungen ist dabei nur ein Nebenschauplatz. Harry hat keine Fähigkeiten, um sich besser in Szene zu setzen als Stanford. Also greift er zum einzigen Ausweg: Er versucht Stanfords Ruf zu ruinieren. Sollte es ihm gelingen, die »Missetaten« seines Feindes aufzudecken, dann steht er in den Kreisen der High Society als tugendhafter Held da – so stellt er es sich zumindest vor. Harry investiert alles, was er hat, sein Geld und seine Überzeugungskräfte, um genug Informationen und vor allem Beweise über Stanfords unrühmliche Taten zusammenzutragen. Doch die Zeit vergeht und sein Plan scheint nicht so aufzugehen, wie er es sich vorgestellt hatte. Harrys narzisstische Kränkung wächst mit jedem Tag, wie ein Geschwür, das seine Existenz bedroht. Die Aussicht, den Kampf gegen den Erzrivalen nicht gewinnen zu können, kommt gefühlsmäßig seiner eigenen Vernichtung gleich. Diese wachsende, innere Anspannung ist einer der Faktoren, die zu seiner Tat führen werden.

Harry, der Borderliner

»Sicher hast du den Eindruck, ich hätte zwei Seiten,
wenn du mit mir zusammen bist …«
»Zwei Seiten? Du bist Dr. Jekyll und Mr. Arsch!«

(Dialog aus dem Film »Fight Club«)

Eine Persönlichkeitsstörung kommt eben selten allein. So zeigt Harry neben seinem starken Narzissmus auch deutlich ausgeprägte Merkmale der Borderline-Persönlichkeitsstörung. Von Kindheit an ist er für seine Stimmungsschwankungen bekannt. Phasen von Euphorie wechseln sich mit Phasen ab, in denen er depressiv ist, nachts nicht schlafen kann und bitterlich weint. Dann ist er wieder ängstlich, fühlt sich verfolgt, hat den Eindruck, andere wollten ihm schaden, und wirkt geradezu paranoid. Immer wieder hat er heftige Wutanfälle, die niemand außer ihm selbst nachvollziehen kann und bei denen er regelrecht ausrastet. Offenbar um diesen Gefühlszuständen zu entgehen, trinkt er regelmäßig – selbst noch im Gefängnis – Alkohol, nimmt Kokain, das ihn hochpuscht, und Morphin, das ihn wieder runterbringt. Gerne fährt er schnell Auto, unternimmt spontane Reisen und verprasst Unmengen an Geld. Seine sexuellen Abenteuer sowohl mit jungen Frauen, die sich vom Playboy-Millionär Harry verführen lassen, als auch mit zahllosen jungen Prostituierten, die er zur Lustbefriedigung heftig auspeitscht, dienen ihm ebenfalls zur Emotionsregulation und natürlich auch zur Aufwertung seines Egos.

Harry braucht Abwechslung und exzessive Erlebnisse in seinem Leben, um sich nicht leer und ausgebrannt zu fühlen. Das Jahr als braver Ehemann in der Villa seiner Mutter ist für ihn unerträglich – obwohl er doch die Ehefrau an seiner Seite hat, die er unbedingt erobern wollte. Seine Wahrnehmung von Evelyn schwankt über all die Jahre zwischen Idealisierung und Abwertung. Als Evelyn ihm von ihrem Missbrauch durch Stanford erzählt, erscheint Harry entsetzt davon, was ihr angetan wurde. Es wirkt, als habe er echtes Mitgefühl für die Frau, die er über alles zu lieben scheint.

Doch nur kurz darauf beginnt er damit, sie immer wieder ohne erkennbaren Anlass auszupeitschen. Er tut dies zweifellos auch zur sexuellen Lustbefriedigung, doch dies ist nicht seine einzige Motivation. Gleichzeitig lässt er seine Wut und seinen Hass an Evelyn aus, die ihm nicht mehr das geben kann, was Stanford sich genommen hat: ihre Unschuld. Dies ist eine unbeschreibliche narzisstische Kränkung für Harry. In diesen Situationen und Phasen, als er sie tagelang in einem Zimmer einsperrt und immer wieder aufs Neue auspeitscht, kennt er keine Gnade, keine Fürsorge oder Liebe für sie. Es ist ihm egal, wie sehr er sie foltert und entsetzt. Dann wiederum erscheint er wie ausgewechselt, als er sich reumütig bei ihr entschuldigt und ihr sagt, sie müsse ihn nun wohl hassen. Er verspricht und versucht alles, um Evelyn zurückzugewinnen. Wie aus ihren Aussagen über ihn deutlich wird, wirkt sein Verhalten auf sie, als sei er Dr. Jekyll und Mr. Hyde aus dem gleichnamigen Roman.

Einerseits bindet Harry Evelyn komplett an sich, versucht so viel Zeit wie möglich mit ihr zu verbringen, isoliert sie von ihren sozialen Kontakten, lässt sie sogar von Detektiven beschatten – auch noch Jahre nach ihrer Scheidung. Er ist krankhaft eifersüchtig und tut alles, um sie nicht zu verlieren. Andererseits vermag ihn niemals zufriedenzustellen, dass er Evelyn doch erobert und zu seiner Frau gemacht hat. Anstatt das Leben mit ihr zu genießen, steigert er sich immer weiter in seinen Hass gegenüber Stanford hinein. Alle Orte, die ihn auch nur ansatzweise an den Rivalen erinnern, meidet er, wie Evelyn später berichtet. Bei der geringsten Erwähnung eines Themas, das mit Stanford zu tun hat, reagiert Harry sofort sehr angespannt. Seine Stimmung verdüstert sich unmittelbar. Stanford und alles, was Harry mit diesem verbindet, ist für ihn ein sogenannter »Trigger«, ein Auslösereiz, der eine sofortige, heftige Gefühlsreaktion nach sich zieht.

Diese Gefühlsreaktion basiert zum einen Teil auf der weiterhin unerträglichen Kränkung, die Harry durch Stanford empfindet. Denn dieser lebt sein aus Harrys Sicht ideales Leben in New York, angesehen und verehrt durch die High Society, junge Mädchen verführend und missbrauchend. Währenddessen sitzt Harry mit der Frau, die er unbedingt erobern und Stanford ausspannen wollte, im goldenen Käfig seiner Mutter. Er kann keine Freude aus dem trauten Heim schöpfen. Jeden Tag denkt er daran, was Stanford ihm gestohlen hat: die Unschuld seiner Frau. Aus der Sicht vieler narzisstischer Männer ist das Erobern von Frauen gleichzusetzen mit der Jagd nach Trophäen: Wer erbeutet die meisten und die prächtigsten? Dieser Logik folgend empfindet Harry es so, dass Stanford Evelyn »erbeutete«, sich von ihr nahm, was er als am kostbarsten empfand, und Harry nur noch die »Überreste« abbekam. Natürlich könnte Harry sich sagen, dass er sie nun »seine« Frau nennen darf. Doch heiraten wollte Stanford Evelyn sowieso nie, es ist also nichts, worin Harry ihn »besiegt« hätte. Harry kann lediglich durch die Kontrolle und den Druck, mit denen er jeden Schritt von Evelyn genau überwacht und lenkt, Stanford daran hindern, weiter mit ihr Kontakt zu halten und vielleicht die alte Affäre aufzufrischen. Doch eigentlich, so empfindet es Harry, hat Stanford ihn auch in Bezug auf Evelyn übertrumpft.

Harrys Narzissmus erzeugt in dieser Sache gemischt mit seinen Borderline-Persönlichkeitsanteilen eine gefährliche Mischung. Denn er reagiert noch heftiger und negativer auf jeden Reiz, den er mit Stanford verbindet, als es die meisten Narzissten in Bezug auf ihren Rivalen tun würden. Hinzu kommt, dass Harry eine typisch borderlinige Sicht auf seine Mitmenschen hat, indem er diese in »Gut« und »Böse« spaltet. Stanford muss als sein so empfundener Erzrivale das personifizierte Böse sein, die Jungfrauen verschlingende »Bestie«, wie Harry ihn auch selbst nennt. In dieser Version von Harrys Wirklichkeit ist Evelyn das unschuldige Opfer der Bestie, die liebevolle, perfekte Frau, die er sich erträumte. Doch wie kann Harry mit dieser Sicht der Dinge seine eigenen Handlungen in Einklang bringen? Seine Handlungen den vielen jungen Frauen gegenüber, die er auspeitscht. Die teilweise ebenso jung sind wie jene Mädchen, deren Missbrauch er Stanford so leidenschaftlich ankreidet. Wie kann Harry einerseits wegen des schlimmen Schicksals seiner Frau in Tränen ausbrechen und andererseits ebendiese Frau mit körperlichen Übergriffen immer wieder aufs Schlimmste foltern?

Diese vollkommenen Widersprüche in Harrys Verhalten lassen sich mithilfe einiger typischer Mechanismen der Borderline-Persönlichkeitsstörung erklären. Harry hat zunächst wie alle Menschen das Bedürfnis, sich selbst positiv wahrzunehmen. Doch vieles von dem, was er tut und worauf er Lust hat – Exzesse, sexuelle Ausschweifungen mit jungen Frauen, vollkommen zügellose Befriedigung aller seiner Bedürfnisse –, steht im krassen Widerspruch zu dem, was seine Familie und die Gesellschaft von ihm erwarten. Vor allem seine Mutter, die ihm als ihrem Sorgenkind von jeher besonders viel Aufmerksamkeit schenkte, dabei aber auch starken Druck erzeugte, erwartet von Harry, jemand zu sein, der er nicht sein kann. Sosehr Harry sich einerseits als überheblicher Freigeist inszeniert, dem niemand etwas anhaben kann, so sehr kuscht er doch immer wieder vor seiner Mutter. Auf ihr Geheiß bricht er unverzüglich die Europareise mit Evelyn ab. Ihrem Wunsch gemäß zieht er mit seiner Braut in ihr Haus. All dies tut er nicht nur aus Sorge, sie könnte sein Taschengeld reduzieren. Auf gewisse Weise ist Harry gefühlsmäßig abhängig von seiner dominanten Mutter. Gleichzeitig hat er so viele Eigenschaften, die sie ablehnt.

Dieser unerträgliche, innere Konflikt wird von Harrys instabiler Psyche mit einigen Abwehrmechanismen bekämpft: Da ist einerseits die sogenannte »Projektion«. Eigenschaften, die Harry an sich ablehnt, werden von ihm unbewusst teilweise oder ganz verleugnet. Der »gute« Harry – wie seine Mutter und die Gesellschaft ihn sich wünschen – würde keine jungen Mädchen missbrauchen und misshandeln. Er würde nicht seine geliebte Frau quälen, sie immer wieder so schwer verletzen, dass sie tage- oder wochenlang das Haus nicht verlassen kann. Auch würde er kein exzessives Leben voller Ausschweifungen und Ausraster führen. Denn dem »guten« Harry sind Ehre, Familie und christliche Werte heilig. Nur ist in Harrys wahrem Wesen nicht viel von seinem »idealen Selbst« vorhanden. Sich dies wirklich einzugestehen, das kann Harrys Psyche nicht zulassen. Es wäre so, wie in den Spiegel zu blicken und zu erkennen, dass das eigene Gesicht nicht wunderschön, sondern entstellt ist. Harry würde es nicht verkraften, einen offenen Blick in den Spiegel seiner Seele zu werfen.

So muss er sich davon überzeugen, dass das für ihn unschöne Bild in Wirklichkeit nicht ihn selbst darstellt. Stanford White, der ihm in vielen negativen Eigenschaften ähnelt, dem allerdings all das zu gelingen scheint, was Harry nicht erreichen kann, ist die perfekte Projektionsfläche. Als Projektionsfläche werden häufig Menschen genutzt, bei denen der Projizierende tatsächlich Ansätze von Eigenschaften erkennt, die er selbst hat, aber nicht haben will. Diese Eigenschaften werden in der eigenen Wahrnehmung aufgebauscht und dem anderen dann vorgeworfen. Dieses Prinzip ist auch im Alltag normaler Menschen zu finden, nur deutlich schwächer ausgeprägt. Ein klassischer Fall sind Menschen, die über ihre Nachbarn oder Bekannten lästern, diese seien arrogant und reserviert. Dabei sind sie es selbst, die sich so verhalten und sich dies nicht eingestehen. In Harrys Fall passt es tragischerweise sehr gut zusammen, dass Harry ebenso wie Stanford starkes sexuelles Verlangen nach jungen Mädchen verspürt und dieses auch an ihnen auslebt – körperlich sogar gewalttätiger als Stanford. So wird Stanford in Harrys Kopf zu der Mädchen schändenden Bestie, die er selbst auch ist.

Ein weiterer Abwehrmechanismus, der in Harrys Fall eine Rolle spielt, ist die sogenannte »Reaktionsbildung«. Harrys sexuelle und ausschweifende Bedürfnisse stehen der strengen Moral seiner Mutter und der Gesellschaft entgegen. Daher müsste Harry diese eigentlich bekämpfen. Das kann er aber nicht, weil es für ihn unerträglich wäre, sich diesen Anteilen alleine zu stellen. Daher entwickelt seine Psyche, die diese verhassten Anteile im ersten Schritt auf Stanford White projiziert hat, im zweiten Schritt ein Verhaltensmuster, mit dem Harry sie bekämpfen kann. Er nimmt einen Kampf gegen das in seinen Augen unmoralische Treiben Stanfords auf. Dabei merkt er nicht, dass er nur vor sich selbst die Augen verschließt und innerlich davonrennt. Dies ist ein weiterer Grund dafür, dass jeder Schlüsselreiz, der mit Stanford zu tun hat, in Harry heftige Gefühlsreaktionen auslöst. Ist er mit Stanford konfrontiert, so ist er mit seinem psychisch ausgelagerten Spiegelbild konfrontiert, mit den verhassten eigenen Anteilen.

Die Abwehrmechanismen, welche Harry davor schützen, dies zu erkennen, kosten Energie. Das Prinzip, unerträgliche innere

Zustände mit Abwehrmechanismen zu unterdrücken, ähnelt den Beispielen der Psychopathen, welche ich in meinem Buch »Auf dünnem Eis – Die Psychologie des Bösen« beschrieb. Sowohl wissenschaftliche Untersuchungsergebnisse als auch meine eigenen Interviews mit mittelgradigen, nicht kriminellen Psychopathen weisen darauf hin, dass es sie viel Kraft kostet, mit unangenehmen Themen umzugehen – auch wenn sie nach außen hin völlig unberührt zu bleiben scheinen. Die Herzschlagrate von Psychopathen, die im Experiment einen Elektroschock erwarten, steigt zunächst schneller als die nicht psychopathischer Versuchspersonen. Dann fällt sie aber plötzlich ab. Dies lässt sich so deuten, dass zunächst schnell energieaufwendige Abwehrmechanismen hochgefahren werden müssen, bevor die für Psychopathen typische »Coolness« einsetzt. Entsprechend erwähnten meine nicht kriminellen, mittelgradig psychopathischen Interviewpartner unabhängig voneinander, dass Gespräche, in denen es um für sie unangenehme Themen ging, sie erschöpften, fast wie harte körperliche Arbeit.

Zusammenfassend stellen Stanford und alle an ihn erinnernden Schlüsselreize für Harry extrem unangenehme »Trigger« dar, die er meidet. Denn das grundlegende Prinzip, Reize zu meiden, die unangenehme Empfindungen nach sich ziehen, ist eine wichtige Grundlage für Lerneffekte bei Menschen und Tieren. Einzige Ausnahme sind die Situationen, in denen Harry sich negativ gegenüber anderen über Stanford auslässt und versucht, Menschen zu manipulieren, um Stanford zu schaden. Hier lebt Harry nämlich den Abwehrmechanismus der Reaktionsbildung aus, er kämpft dann gegen jene Anteile, die gleichzeitig seine eigenen negativen Anteile sind. Außerdem versucht Harry auch auf narzisstischer Ebene, einen Sieg über Stanford zu erringen. Er will ihn so weit gesellschaftlich diskreditieren, dass Stanford in der New Yorker High Society keinen höheren sozialen Status mehr hat.

Auch in Harrys weiterem Lebensverlauf zeigen sich Aspekte, die man der Borderline-Persönlichkeitsstörung zurechnen kann. So begeht er später mindestens einen Suizidversuch, indem er versucht, sich die Kehle aufzuschneiden. Eine eher ungewöhnliche

Suizidmethode, die sich auch als panische Selbstverletzung in einer akuten Krise deuten lässt. Schließlich steht Harry zu diesem Zeitpunkt nach seinem langen Kampf für die Freiheit davor, wegen der Entführung und schweren Verletzung eines Minderjährigen erneut verhaftet und eingesperrt zu werden. Ob Harry die für Borderliner typischen Zustände kennt, in denen er ungewöhnliche Körperempfindungen oder Erinnerungslücken hat oder bei denen er sich oder seine Umwelt als unwirklich wahrnimmt, ist nicht bekannt. Da Harry stets dafür kämpfte, als psychisch völlig gesund anerkannt zu werden, ist es unwahrscheinlich, dass er solche Erlebnisse seinen Ärzten oder Gutachtern anvertraut hätte. Zumindest Evelyn und auch einige andere Zeugen im Prozess berichteten davon, dass Harry in Zuständen heftiger gefühlsmäßiger Erregung manchmal auffällig grimassenhafte Gesichtszüge zeigte. Welche inneren Zustände diese Gesichtszüge widerspiegelten, wird wohl nie mit Sicherheit geklärt werden können.

Harry, der Antisoziale

Für uns war auf jede andere Art zu leben verrückt. Für uns waren diese superbraven Menschen, die in beschissenen Jobs für miese Gehaltsschecks arbeiteten und jeden Tag die U-Bahn zur Arbeit nahmen und sich Sorgen um ihre Rechnungen machten, tot. Ich meine, das waren Trottel. Die hatten keine Eier. Wenn wir etwas wollten, dann nahmen wir es uns einfach.

(aus dem Film »Goodfellas«)

Harrys dissoziale, auch antisoziale Persönlichkeitsstörung genannte Persönlichkeitskomponente fällt schon in seiner Kindheit besonders deutlich auf. Wie bei vielen Antisozialen werden die entsprechenden Eigenschaften in seiner Jugend und bis ins Erwachsenenalter sogar immer stärker. In Harrys Fall wird dies noch deutlich verstärkt durch die unbegrenzten finanziellen Mittel, die ihm zur

Verfügung stehen, und durch seine Mutter, die mit Bestechungsgeldern und Familienanwälten das von ihm angerichtete Chaos stets so gut wie möglich beseitigt.

Seine grausamen Streiche gegenüber Lehrern und Bediensteten als Kind, die scheinbar völlige Abwesenheit von Schuldgefühlen oder einem »normalen« Gewissen, seine ständigen Lügen, das Erpressen von Kommilitonen und Professoren an der Universität – diese Verhaltenstendenzen scheinen das einzig Stabile in Harrys Leben zu sein. Er zeigt keine Angst vor unangenehmen Konsequenzen, jeder Schaden für sich oder andere scheint ihm zunächst völlig gleichgültig zu sein. Besonders auffällig ist seine Fähigkeit, stets Erklärungen und Rechtfertigungen für alle seine bizarren, bösartigen und gewissenlosen Verhaltensweisen zu finden.

Dass Harry bis ins Erwachsenenalter mindestens drei Persönlichkeitsstörungen entwickelt, ist aus wissenschaftlicher Sicht nicht allzu überraschend. Denn die Borderline-Persönlichkeitsstörung kommt nur selten ohne andere Persönlichkeitsstörungen vor. Eine Untersuchung aus dem Jahr 2008 zeigt, dass fast die Hälfte der an Borderline leidenden Männer auch eine narzisstische Persönlichkeitsstörung hat. Dieselbe Untersuchung zeigt auch, dass etwa jeder fünfte männliche Borderliner gleichzeitig die Merkmale einer antisozialen Persönlichkeitsstörung aufweist. Drei solcher Persönlichkeitsstörungen bei einem Mann, der zusätzlich eine sexuelle, sadistische Neigung hat und darüber hinaus sein Leben lang die Erfahrung machte, durch sein Vermögen über dem Gesetz zu stehen – das ist eine äußerst gefährliche Kombination. Denn die Mischung all der Eigenschaften, die jede dieser Störungen ausmachen, bildet die Grundlage für verantwortungslose Handlungen. Verhaltensweisen, die aus spontanen Gefühlen und Bedürfnissen heraus geschehen und denen weder Schuldgefühle noch Angst im Wege stehen.

Schicksalhafte Liebe – Partnerwahl der Persönlichkeitsstörungen

Persönlichkeitsstörung erzeugt Leidenschaft,
Die mit Eifer sucht, was Leiden schafft.

(frei nach Franz Grillparzer)

Beim Betrachten der drei Persönlichkeitsstörungen, die Harry offensichtlich aufweist, fällt auf: Es ist die Steigerung der Persönlichkeitsstörungen von Evelyns vorherigen Partnern. Stanford White ist der Prototyp eines erfolgreichen Narzissten. John Barrymore ist ebenfalls stark narzisstisch, bei ihm kommt aber noch – wie bei vielen seiner Nachkommen – die Borderline-Persönlichkeitsstörung hinzu. Harry Thaw weist dieselben Störungen auf, ergänzt um die antisoziale Persönlichkeitsstörung, die ihn zusätzlich gefährlich für seine Mitmenschen macht. Auf den ersten Blick kann man Evelyn Nesbit bedauern: Die junge Frau scheint ein wirklich ausgesprochenes Pech zu haben, was ihre Partner angeht. Damit ist sie kein Einzelfall.

Viele Menschen – auch einige meiner Klienten – glauben von sich selbst, sie hätten einfach immer »Pech« in der Liebe. Irgendwie würden sie immer wieder die »falschen Partner« treffen, geradezu als sei dies ein vom Schicksal so bestimmtes Los. Diese Einstellung ist teilweise auch richtig – wenn man das Prinzip »Schicksal« gegen das Prinzip »Persönlichkeit« austauscht. Denn in welche Menschen wir uns verlieben, hängt stark mit unserer eigenen Persönlichkeit zusammen. Auch wenn viele Menschen denken, Gegensätze würden sich anziehen: In Wirklichkeit suchen sich Menschen meist unbewusst Partner, die ihnen auf unterschiedlichen Ebenen ähnlich sind. Untersuchungen mit Ehepartnern zeigen: Paare werden sich nicht erst über die Jahre immer ähnlicher, wie viele glauben, sondern sie stimmen oft von Anfang an in vielen Dingen überein. Merkmale, die Ehepartner oft gemeinsam haben, sind unter anderem ihre Intelligenz, ihr Bildungsniveau, der Grad ihrer körperlichen Attraktivität, aber auch ihre grundsätzlichen Meinungen und Einstellungen.

In einigen Fällen ist aber auch das genaue Gegenteil zu beobachten: Partner, die, was ihre Persönlichkeit, manchmal aber auch äußere Attraktivität angeht, scheinbar nicht unterschiedlicher sein könnten. So ist eine typische, auffällige Paarkonstellation – die auch nicht psychologisch geschulten Menschen auffällt – die des dominanten, selbstsicher wirkenden Mannes, der sich eine ihn unterstützende, bewundernde, »in seinem Schatten stehende« Partnerin sucht – die bevorzugte Partnerwahl narzisstischer Männer. Narzisstische Männer findet man häufig in Paarkonstellationen, bei denen die feste Partnerin oder Ehefrau eine eher »abhängige Persönlichkeit« aufweist. Solche Frauen sind der Inbegriff der aufopfernden Ehefrau und Mutter. Sie sind eher selbstunsicher, mitfühlend, hilfsbereit und nehmen sich selbst stark zurück, um ihren Partner glücklich zu machen. Wenn sie das Gefühl haben, etwas falsch zu machen, bekommen sie schnell Schuldgefühle und opfern sich möglichst noch mehr auf. Sie trauen sich nur wenig zu und lassen sich von einem dominanten Partner gut lenken, denn ihr schlimmster Albtraum ist es, verlassen zu werden und auf sich alleine gestellt zu sein.

Eine solche Ehefrau ist für einen narzisstischen Mann als dauerhafte Partnerin – mindestens für eine Weile – perfekt. Der schlimmste Albtraum des Narzissten ist es schließlich, abgewertet und gekränkt zu werden. Dies braucht er von einer solchen Frau nicht zu fürchten. Ganz im Gegenteil wird sie, wenn er sie nicht gut behandelt, umso mehr versuchen, ihn zufriedenzustellen. Sie sucht die Schuld dann zunächst bei sich und in ihrer eigenen Unvollkommenheit – was dem Narzissten mehr als recht ist, da in seiner Welt die Schuld grundsätzlich bei den anderen zu suchen ist. Der Narzisst kann sich mit einer solchen Partnerin zurücklehnen, sich anhimmeln und grenzenlos unterstützen lassen. Solche Beziehungen können ein Leben lang funktionieren, sie können aber auch daran zerbrechen, dass die »abhängigen Persönlichkeiten« einen für Narzissten beinahe unerträglichen Nachteil haben: Sie »klammern«. Ein Narzisst reagiert auf zu viel Klammern mit Distanz – er bleibt öfter weg und distanziert sich auch im Verhalten. Dies löst bei einer »abhängigen Persönlichkeit« große Verlassensängste aus, auf die sie mit noch stärkerem Klammern reagiert. Das Ergebnis kann man sich denken: Früher oder später beendet der Narzisst die Beziehung, oder er hält sie formal zwar aufrecht – was oft im Fall einer Ehe mit Kindern passiert –, ist aber nur selten zu Hause und stürzt sich einfach noch mehr als vorher in berufliche Erfolge und Affären. Affären sind bei Menschen mit stark narzisstischer Persönlichkeit weit verbreitet – durch sie bestätigt sich ein Narzisst, dass er großartig und begehrenswert ist.

Ein weiterer Grund für die Neigung narzisstischer Menschen, sich in Affären zu stürzen, ist die beinahe magische Anziehungskraft, welche Frauen mit eher theatralischen Persönlichkeiten auf sie haben. Die Geliebten narzisstischer Männer haben auffällig häufig entweder eine Borderline-Persönlichkeitsstörung oder eine sogenannte histrionische Persönlichkeitsstörung. Eine histrionische Persönlichkeit zeichnet sich aus durch theatralisches Auftreten, dramatisch wirkende, aber in Wirklichkeit eher oberflächliche und schnell wechselnde Gefühle, das Bedürfnis, im Mittelpunkt zu stehen, besonders attraktiv zu wirken und sexuell anziehend zu sein. Auch das Streben nach viel Aufregung und Abwechslung sowie leichte Beeinflussbarkeit durch andere gehören zum typisch histrionischen Persönlichkeitsprofil. Wenn man sich die Partnerin mit »abhängiger Persönlichkeit« als Prototyp einer aufopferungsvollen, eher häuslichen Ehefrau und Mutter vorstellt, so ist die Geliebte mit einer der genannten Persönlichkeitsstörungen häufig der Prototyp des exakten Gegenteils: unterhaltsam und charmant, interessant und facettenreich, sehr aufgeschlossen, vergnügungsfreudig und verführerisch. Die perfekte Mischung für einen Narzissten, um seine sexuellen Fantasien und seine

Lust auf dekadente Vergnügungen auszuleben. Gleichzeitig versichert sich der Narzisst durch Affären mit solchen Frauen, was er für ein toller Hecht ist.

Das Schlüssel-Schloss-Prinzip persönlichkeitsgestörter Beziehungen

Ich muss lieben, was ich zerstöre,
und zerstören, was ich liebe.

(aus dem Song »Moon Over Bourbon Street« von Sting)

So stereotyp all dies klingt, so stereotyp läuft es in der Realität vieler Narzissten auch ab. Interessant daran ist, dass auch dieses psychologische Prinzip offenbar in allen Zeiten und Kulturen zu finden ist. Im Umfeld auffällig vieler historischer Männerfiguren, die durch Erfolge auf irgendeinem Gebiet Eingang in die Geschichtsbücher fanden, findet man mindestens eine, häufig aber mehrere »Geliebte«. Häufig lassen sich deutliche Indizien dafür finden, dass die betreffenden Männer deutlich narzisstische Züge aufwiesen und ihre entsprechenden Geliebten als histrionische und/oder borderlinige Persönlichkeiten einzuordnen sind.

Beispiele für solche Persönlichkeitskonstellationen sind María Eva Duarte de Perón, besser bekannt als Evita, die zweite Ehefrau des argentinischen Präsidenten Juan Perón; Wallis Simpson, deren Beziehung und spätere Ehe mit König Edward VIII. zu dessen Abdankung führte; die russisch-jüdische Psychoanalytikerin Sabina Spielrein, welche durch ihre Affäre mit ihrem behandelnden Arzt C. G. Jung die Entwicklung der Psychoanalyse maßgeblich beeinflusste, oder die Frankfurter Edelprostituierte Rosemarie Nitribitt, die unter anderem eine Affäre mit dem Krupp-Erben Harald von Bohlen und Halbach hatte und durch ihre bis heute ungeklärte Ermordung zu trauriger Berühmtheit gelangte.

All diese genannten historischen Frauenfiguren weisen die

Merkmale der histrionischen Persönlichkeitsstörung auf: Sie treten häufig sexuell unangemessen, verführerisch oder sonst irgendwie provokant auffällig auf, zeigen oberflächlich wirkende, theatralische Gefühlszustände und schaffen es dadurch, im Mittelpunkt der Aufmerksamkeit zu stehen. Sie manipulieren andere gefühlsmäßig, sind aber ihrerseits auch leicht beeinflussbar. Der Begriff »Drama Queen« bringt den Kern dieser Persönlichkeit gut auf den Punkt. Es sind jene Menschen, um die sich bei gesellschaftlichen Anlässen alle scharen, die mit ihrem Witz und Charme schnell für sich einnehmen. Einerseits können sie andere leicht mit ihrem Auftreten beeindrucken und in ihren Bann ziehen, andererseits fällt es ihnen schwer, langfristige, stabile Beziehungen zu führen, denn sie brauchen Abwechslung, um sich wohlzufühlen.

Ursprung der histrionischen ebenso wie der Borderline-Persönlichkeitsstörung sind Bindungstraumata in der frühen Kindheit. Die Betroffenen – häufig, aber bei weitem nicht ausschließlich Frauen – entwickeln einerseits ein übermäßig starkes Bedürfnis nach einer intensiven Bindung zu anderen Menschen, andererseits haben sie in ihrer Kindheit Erfahrungen gemacht, durch die sie sich als nicht liebenswert empfinden. So haben sie gelernt, andere durch gefühlsmäßige Manipulation und vor allem sexuelle Verführung zumindest für eine Weile an sich zu binden. Dies spiegelt sich auch in den Lebensläufen der genannten Frauen wider:

María Eva Duarte de Perón war eines von fünf unehelichen Kindern des Großgrundbesitzers Juan Duarte. Ihre Mutter war seine Dauergeliebte, während er, verheiratet mit einer anderen Frau, eine offizielle Familie hatte. Er starb, als Eva fünf Jahre alt war. Als uneheliches Kind in armen Verhältnissen aufgewachsen, zog Eva mit fünfzehn in die Großstadt Buenos Aires, wo sie als Model, Radiomoderatorin und Schauspielerin arbeitete. Dort begegnete sie bei einer Wohltätigkeitsfeier dem dreiundzwanzig Jahre älteren Juan Perón, den sie dabei unterstützte, Präsident Argentiniens zu werden.

Wallis Simpsons Vater starb, als sie gerade fünf Monate alt war. Von Verwandten unterstützt, wuchs sie in ärmlichen Verhältnissen bei ihrer alleinerziehenden Mutter auf. Ihre erste Ehe mit einem Alkoholiker scheiterte ebenso wie die darauf folgende Affäre mit einem Diplomaten und eine weitere Ehe mit einem Geschäftsmann, der für sie seine Frau verlassen hatte. Während dieser zweiten Ehe lernte Wallis den britischen Thronfolger Edward VIII. kennen. Als auch ihre zweite Ehe offiziell geschieden wurde, nahm dies ihr Geliebter Edward VIII. zum Anlass abzudanken, um Wallis heiraten zu können. Er überließ den britischen Thron seinem jüngeren Bruder König Georg VI., dem Vater der späteren Königin Elisabeth II.

Sabina Spielrein war die Tochter eines wohlhabenden russisch-jüdischen Kaufmanns. Obwohl sie dem Anschein nach in einer vorbildlichen Familie aufwuchs, war die Beziehung zu ihren Eltern von klein auf schwierig. Der Vater erzog seine Kinder streng und darum bemüht, sie auf erfolgreiche Berufslaufbahnen zu schicken. Sie bekamen über die normale Schulbildung hinaus Privatunterricht. Zu Hause wurden an verschiedenen Wochentagen verschiedene Sprachen gesprochen – damit wollte der Vater eine möglichst umfassende Bildung gewährleisten. Sabina war das älteste Kind, dem drei jüngere Brüder und eine Schwester folgten, welche mit sechs Jahren verstarb. Es finden sich einige Indizien dafür, dass der Vater seine Kinder nicht nur – wie damals üblich – körperlich züchtigte, sondern dass er Sabina auch sexuell missbrauchte.

Diese zeigte seit ihrer Kindheit psychische Probleme wie Schlafstörungen und Angstanfälle. In ihrer Jugend verschlimmerten sich diese Zustände, sodass sie schließlich mit neunzehn Jahren von ihrer Familie in die Burghölzli Klinik bei Zürich gebracht wurde. C. G. Jung – damals ein 30-jähriger, angesehener Familienvater – übernahm als Chefarzt ihre Behandlung, testete an ihr die damals neue Methode der Psychoanalyse – und begann eine Affäre mit ihr. Nach einigen dramatischen Verwicklungen, die Jung beinahe seine Ehe und seinen guten Ruf gekostet hätten und während deren Sabina auch mit Suizid drohte, stabilisierte sich ihre Verfassung schließlich doch so weit, dass sie ihr Medizinstudium abschloss und als erste Frau mit einem psychoanalytischen Thema promovierte. Später heiratete sie einen Arzt, mit dem sie zwei Töchter hatte. Bis zu ihrer Ermordung 1942 – bei einer Massenerschießung durch die deutsche Wehrmacht – war sie als Psychoanalytikerin aktiv.

Rosemarie Nitribitt wuchs ebenso wie ihre beiden Halbschwestern als uneheliches Kind in desolaten Familienverhältnissen auf. Ihre Mutter war mehrmals im Gefängnis, Rosemarie verbrachte ihre Kindheit in Heimen und bei Pflegefamilien. Sie zeigte von klein auf Verhaltensauffälligkeiten und galt als schwer erziehbar. Im Alter von elf Jahren wurde sie von einem 18-jährigen Soldaten vergewaltigt, der dafür niemals verurteilt wurde. Nach Bekanntwerden ihrer späteren zweifelhaften Laufbahn wurde er sogar vollständig rehabilitiert, da man unterstellte, die spätere Prostituierte habe ihn schon mit elf Jahren schlicht verführt. Ein typisches Beispiel für die Umkehr von Ursache und Wirkung. Als Jugendliche riss Rosemarie immer wieder aus Erziehungsheimen aus und begann sich zu prostituieren. Sie schlug sich in größeren Städten wie Koblenz und Frankfurt durch, mal als Model, mal als Kellnerin und immer wieder als Prostituierte. Vom Wunsch getrieben, der Unterschicht zu entkommen, erlernte sie Fremdsprachen und eignete sich die Benimmregeln der feinen Gesellschaft an. So gelang es ihr, sich in der Metropole Frankfurt zur Edelprostituierten hochzuarbeiten. Ihr Kundenstamm umfasste zahlreiche wohlhabende, teils prominente Männer, durch die sie sich einen hohen Lebensstandard erlauben konnte. Ende Oktober 1957 wurde sie im Alter von nur vierundzwanzig Jahren von einem bis heute unbekannten Täter zunächst auf den Kopf geschlagen und anschließend erwürgt. Es ist anzunehmen, dass der Täter sich in irgendeiner Form von ihr gekränkt fühlte, gemischt mit Eifersucht auf ihre anderen Sexualpartner. Dieses Motiv hätte so gut wie jeder ihrer Kunden haben können, sodass das Geheimnis um ihren Mörder sehr wahrscheinlich nie geklärt werden wird.

Wie diese Beispiele zeigen, lässt sich die Partnerwahl von persönlichkeitsgestörten Menschen treffend als »Schlüssel-Schloss-Prinzip« beschreiben. Da sie selbst sehr unflexibel in ihrer Persönlichkeit sind, suchen sie sich oft intuitiv Partner, die in ihrer Persönlichkeit ähnlich unflexibel sind. Der Schweizer Psychoanalytiker Jürg Willi beschrieb das Prinzip hinter dieser Art von Beziehungen mit dem Begriff »Kollusion«. Damit ist gemeint, dass die Partner in solchen Beziehungen durch eine gestörte Entwicklung in ihrer Kindheit und Jugend als Erwachsene klischeehafte Verhaltensweisen zeigen, wobei sie sich dieser nicht bewusst sind. Ebenso unbewusst suchen sie sich Partner, die sozusagen das passende »Gegenklischee« zu ihrer Persönlichkeit darstellen.

Das Ergebnis sind Beziehungen wie die zwischen dem narzisstischen Ehemann, der sich eine passende Ehefrau mit abhängiger Persönlichkeit und eine ebenso passende Geliebte mit einer histrionischen und/oder Borderline-Persönlichkeit sucht. Die abhängige Partnerin merkt aufgrund ihrer Persönlichkeit nicht, wie egoistisch und dominant ihr narzisstischer Ehemann sie behandelt; selbst wenn sie es merkt, ist ihre Verlassensangst zu groß, um sich dagegen aufzulehnen. Die histrionische oder borderlinige Geliebte manipuliert den Narzissten währenddessen ebenso, wie er sie manipuliert. Dabei sonnt sie sich im Glanz seiner Dominanz und seiner Selbstsicherheit, während sie ihm das Gefühl gibt, der großartigste Mann der Welt zu sein und ihm alle – auch sexuellen – Wünsche erfüllen zu können. Ist die Geliebte besonders geschickt, so schafft sie es wie Eva Duarte de Perón und Wallis Simpson, von der Geliebten zur Ehefrau »aufzusteigen«. Wie dies machbar ist, illustriert erstaunlich psychologisch schlüssig das – in einigen historischen Details allerdings von der Realität abweichende – Andrew-Lloyd-Webber-Musical »Evita« ebenso wie die gleichnamige Verfilmung (passend besetzt mit Madonna und Antonio Banderas in Hauptrollen).

Wenn Menschen also feststellen, dass sie sich immer wieder Partner suchen, deren Persönlichkeit sie irgendwann unerträglich finden, so hat dies sehr wahrscheinlich etwas mit ihrer eigenen Persönlichkeit zu tun. Diese zieht entsprechende Partner an und empfindet solche auch unwillkürlich ihrerseits als anziehend. Abhilfe kann da nur eine gründliche Einsicht in die eigenen, meist unbewussten inneren Prozesse bieten. Einsicht ist nämlich der erste Schritt zur Kontrolle über die Gestaltung des eigenen Lebens – eine Grundregel, die ich stets all meinen Klienten vermittle. Gerade Menschen mit Persönlichkeitsstörungen werden eine umfassende Einsicht in ihre Persönlichkeit aber kaum alleine finden können. In solchen Fällen ist eine Therapie die beste Möglichkeit, um sich selbst und somit gegebenenfalls die Partnerwahl oder zumindest den Umgang mit entsprechenden Partnern zu verändern.

Das histrionische Showgirl und ihre Narzissten

Ich spreche nicht von einer stürmischen Nacht,
einem hektischen Taumel und einem schüchternen Lebewohl.
Heimkriechen, bevor es zu hell wird,
das ist nicht der Grund, warum ich deine Aufmerksamkeit erregt habe.

(»Ich wäre überraschend gut für dich« – Song aus dem Musical »Evita«)

Der Fall von Evelyn Nesbit und ihren drei persönlichkeitsgestörten Partnern ist ein weiteres Beispiel für das genannte »Schlüssel-Schloss-Prinzip«. Evelyns Vater starb, als sie noch ein Kind war. Von da an war sie einer Mutter ausgesetzt, die völlig damit überfordert war, ihren Kindern gefühlsmäßig oder materiell Sicherheit zu bieten. Schon mit zwölf musste Evelyn ihr hübsches Aussehen und charmantes Auftreten dazu nutzen, um die Mieter ihrer Mutter zur Zahlung zu bewegen. Bald wurde sie praktisch zur Haupternährerin der Familie – indem sie sich durch manipulatives und einnehmendes Verhalten Anstellungen als Model und als Showtänzerin sichern konnte.

Dies gelang ihr ziemlich erfolgreich, da es in diesen Tätigkeitsfeldern nicht nur auf attraktives Aussehen ankommt, sondern eben auch auf das Talent, sich selbst darzustellen und andere erfolgreich zu manipulieren. Fähigkeiten, die Menschen mit einer histrionischen und/oder Borderline-Persönlichkeitsstörung häufig überdurchschnittlich effektiv ausgeprägt haben. Dies ist einer der Gründe dafür, warum Menschen mit entsprechenden Persönlichkeitsstörungen in künstlerischen und »selbstdarstellenden« Berufsfeldern besonders erfolgreich werden können. Bei einem Gespräch mit der Mitarbeiterin einer Fernsehproduktionsfirma über »schwierige, exzentrische Protagonisten« zeigte ich ihr anhand einiger Beispiele auf, mit welchen typischen Persönlichkeitsauffälligkeiten sie es in dieser Branche häufiger zu tun hat. Sie dachte kurz nach und sagte: »Es ist wirklich erstaunlich, wie viele Menschen aus meiner Brache mir einfallen, auf die diese Beschreibungen zutreffen.« »Nicht erstaunlicher, als ein Aquarium zu betrachten und darin jede Menge Fische zu sehen«, erwiderte ich.

Für einen lebenserfahrenen Narzissten mit hebephiler Neigung wie Stanford White wurde Evelyn durch ihre Persönlichkeit und ihre mangelnde Lebenserfahrung zur perfekten Beute. Er nutzte mit Leichtigkeit ihre Bedürfnisse nach Aufmerksamkeit aus, nach einer starken Bindungsperson, einem Vaterersatz, der sich um sie kümmerte. Durch den wiederholten sexuellen Missbrauch – den er durch ihre schnell aufgebaute, starke gefühlsmäßige Bindung an ihn lange weiterführen konnte – verstärkte er ihre histrionisch ausgeprägte Persönlichkeit noch. Er brachte ihr bei, für Zuneigung und Nähe mit sexuellen Handlungen »bezahlen« zu müssen – eine Lektion, die das Leben vieler sexuell missbrauchter Kinder und Jugendlicher noch weit bis ins Erwachsenenalter prägt. Dieser verhängnisvolle Lerneffekt kann bei manchen Betroffenen dazu führen, dass sie verstärkt ein sexuell aufreizendes Verhalten zeigen und überdurchschnittlich häufige Sexualkontakte suchen. Sie kompensieren dann ihr eigentliches Bedürfnis nach menschlicher Nähe – wie es ihnen von den Tätern beigebracht wurde – durch sexuelle Handlungen und sind sich später häufig nicht bewusst über die Ursachen ihres hypersexuellen Verhaltens.

Als Stanford sich wieder nach neuen Eroberungen umsah, muss sich Evelyn verlassen gefühlt haben. (Eine Minderung der geschenkten Aufmerksamkeit kommt für Menschen mit histrionischer Persönlichkeit gefühlsmäßig dem Verlassenwerden nahe.) Daher wendete sie sich wahrscheinlich dem gleichaltrigen John Barrymore zu. Dieser kam wie sie aus belasteten Familienverhältnissen und sehnte sich ebenso wie sie nach schneller, intensiver Verbindung zu einem anderen Menschen. Er brachte dieses Bedürfnis auch in seinen frühen und mehrfachen Heiratsanträgen zum Ausdruck. Sein jugendliches Ungestüm, die schnellen und heftigen Liebesgefühle, die er ihr entgegenbrachte, dürften sie beeindruckt haben. Evelyns Mutter nannte John verächtlich einen »Schnösel«, weil er sich offenbar auf seine Art ebenso selbstsicher und überlegen präsentieren konnte wie der stark narzisstische Stanford – wenn John auch nicht ansatzweise das entsprechende Vermögen und den gesellschaftlichen Stand mitbrachte.

Narzisstische und histrionische Persönlichkeiten haben unter anderem gemeinsam, dass sie außergewöhnlich stark auf positiven Zuspruch durch andere Menschen angewiesen sind, dass sie ihre Mitmenschen – in großen Teilen unbewusst – manipulieren und sich selbst als außergewöhnlich darstellen. Beide haben, gerade weil sie sich als besonders empfinden und entsprechend behandelt werden möchten, das Bedürfnis, auch einen passenden Partner mit ähnlich positiver und beeindruckender Außenwirkung zu finden. Dies erklärt, warum Evelyn bis zu ihrem zwanzigsten Lebensjahr schon drei Beziehungen zu stark narzisstischen Männern eingegangen war.

Doch während Stanford ein emotional kühler und in seiner Zielstrebigkeit eher rationaler Mensch war, stellte John in diesen Dingen das genaue Gegenteil da. Aufgrund seiner Borderline-Persönlichkeit war er ein deutlich emotionaler, von seinen Gefühlen geleiteter Träumer. Evelyn heiraten zu wollen, ohne ein ansatzweise gesichertes Einkommen oder eine konkrete Zukunftsplanung, einfach aus seiner starken Verliebtheit heraus – dies zeugt von seinem offenbar kindlich romantischen Verhalten Evelyn gegenüber. Dieser starke Kontrast zu Stanford muss Evelyn positiv beeindruckt haben. Dieser wird sie mit seiner Art, sie wie eine Puppe zum Spielen aus dem metaphorischen Regal zu nehmen, nur um sie anschließend wieder wegzustellen und sich einem anderen Spielzeug zuzuwenden, immer wieder verletzt haben.

Wahrscheinlich hätte Evelyn irgendwann Johns Heiratswerben nachgegeben, wenn Stanford sie nicht mithilfe ihrer Mutter in die Mädchenschule abgeschoben hätte. Auch diese Beziehung hätte längerfristig sicher ein gewisses »Dramapotenzial« gehabt, doch wäre sie sehr wahrscheinlich nicht ansatzweise so dramatisch ausgegangen wie jene zu Harry. Getrennt von John – in der Mädchenschule und anschließend im Krankenhaus –, fühlte sich Evelyn einsam, sodass Harry mit seinem Werben leichtes Spiel hatte. Er war ebenso narzisstisch wie seine Vorgänger, dabei so leidenschaftlich und gefühlvoll wie John. Harrys antisoziale Anteile blieben Evelyn zunächst verborgen. Er schien der perfekte Mann zu sein, der Traumprinz. Eine bessere Partie konnte Evelyn nicht machen, ihr Bedürfnis nach Aufmerksamkeit und intensiver Zuwendung befriedigte er perfekt. Dass diese Eigenschaften bald in totale Kontrolle und extremes Besitzdenken ausarten würden, konnte die junge Frau nicht ahnen.

Auch als Harry sie in Europa schwer misshandelte, war sie wohl nicht in der Lage, auch nur ansatzweise zu begreifen, was in ihm vorging; dass sie es mit einer schweren Mischform mehrerer Persönlichkeitsstörungen zu tun hatte, gepaart mit sexuellem Sadismus. Vermutlich glaubte sie daher auch anfangs, seine unfassbaren Entgleisungen seien »nur« Ausdruck der unglaublichen Wut auf Stanford. Eine schlechte Erklärung, aber wohl die einzige, die Evelyn finden konnte. Obwohl sie, zurück von dieser Reise, erst wieder Schutz und Unterstützung bei Stanford suchte, muss ihr bald klar geworden sein, dass sie für ihn niemals die einzige oder auch nur die wichtigste Frau in seinem Leben sein würde. Eine Tatsache, die für sie offenbar nicht länger erträglich war.

Harrys extrem emotionale Bekundungen seiner Reue und die intensiven Bemühungen, sie zurückzuerobern, konnten sie schließlich doch überzeugen. Einer der Gründe war sicherlich der, dass sie einen Millionär seines Kalibers nicht so leicht als Ehemann gefunden hätte. Mit ihm konnte sie – das begehrte Model, welches aber nicht ewig jung und schön bleiben würde – den Rest ihres Lebens womöglich auf Partys in illustrer Gesellschaft verbringen. Sicher eine anziehende Vorstellung für die junge, nach Aufmerksamkeit strebende Frau. Doch sicher war ein weiterer wichtiger Grund der, dass Harry ihr wegen seiner Persönlichkeitsausprägung all die extreme Nähe und Zuwendung zu geben bereit war – ja diese sogar von sich aus einforderte –, die Stanford ihr niemals geschenkt hätte. So griff jede ihrer Beziehungserfahrungen logisch in die nächste und mündete in die Ehe, welche die Tragödie erst einleitete.

Stanford White = Narzisstische PS	John Barrymore = Narzisstische PS + Borderline-PS	Harry Thaw = Narzisstische PS + Borderline-PS + Antisoziale PS
Ich bin besser und wichtiger als andere.	Ich habe übertrieben große Angst davor, von Menschen, die mir nahestehen, verlassen zu werden.	Ich empfinde selten Mitgefühl, andere halten mich manchmal für herzlos.
Ich will der Erfolgreichste sein.	Menschen, die mir nahestehen, sehe ich entweder idealisiert, oder ich werte sie ab. Meine Wahrnehmung schwankt zwischen diesen Extremen.	An soziale Regeln und Normen fühle ich mich nicht wirklich gebunden.
Ich bin etwas ganz Besonderes.	Mich quälen oft Stimmungsschwankungen und heftige Gefühle.	Andere Menschen meinen von mir, dass ich unfähig zu echten Bindungen und Beziehungen bin.

Stanford White = Narzisstische PS	John Barrymore = Narzisstische PS + Borderline-PS	Harry Thaw = Narzisstische PS + Borderline-PS + Antisoziale PS
Andere sollen mich bewundern.	Manchmal empfinde ich eine innere Leere, dabei sind meine Empfindungen gedämpft bis völlig ausgeschaltet.	Ich bin impulsiv, leicht frustriert und kann schnell aggressiv werden.
Ich will immer das Beste haben.	Ich nutze mich selbst gefährdende Methoden, um mich besser zu fühlen, habe z. B. Fressanfälle, gebe unkontrolliert Geld aus, fahre zu schnell Auto, habe Gelegenheitssex mit Bekannten und Fremden, trinke exzessiv Alkohol oder nehme Drogen.	Schuldgefühle hab ich kaum oder gar nicht.
Andere Menschen benutze ich, um das zu bekommen, was ich will.	Manchmal habe ich heftige Wutanfälle und kann mich dann nicht mehr beherrschen.	Wenn es darauf ankommt, habe ich für alles eine Erklärung parat. Notfalls beschuldige ich einfach jemand anderen oder stelle mich als Opfer der Umstände dar.
Wenn es anderen schlecht geht, kann mir dies ziemlich egal sein.	Immer wieder verletze ich mich selbst, indem ich mich selbst schlage, beiße, schneide, mir Wunden aufkratze, an meinen Nägeln kaue, Haare ausreiße oder Ähnliches.	Oft fühle ich mich gereizt.
Ich hasse Menschen, die mehr haben oder denen etwas besser gelingt als mir.	Wenn es mir sehr schlecht geht, denke ich über Suizid nach, drohe damit gegenüber anderen, oder ich habe schon versucht, mich selbst zu töten.	Ich habe kein Problem damit, zu lügen, zu betrügen oder sogar falsche Identitäten anzunehmen, wenn es mir nützt.

Stanford White = Narzisstische PS	John Barrymore = Narzisstische PS + Borderline-PS	Harry Thaw = Narzisstische PS + Borderline-PS + Antisoziale PS
Ich verhalte mich so, dass andere spüren, um wie viel besser ich bin als sie.	Manchmal komme ich mir im wachen Zustand wie in einem Traum vor, habe Erinnerungslücken, seltsame Körperempfindungen oder weiß nicht, wer ich wirklich bin.	Ich bin sehr risikofreudig und nehme manchmal sowohl für mich als auch für andere Schaden durch meine Handlungen in Kauf.

Drama Baby! – Psychopathie und die Cluster-B-Persönlichkeitsstörungen

Die Hauptfigur Maria versinkt in einem Nebel von Kitsch, kranken Männerfantasien und Scheinwelten.

(Filmkritik zum Film »Allein« von Thomas Durchschlag aus dem Jahr 2004)

Was ein Psychopath ist, habe ich in meinem Buch »Auf dünnem Eis – Die Psychologie des Bösen« umfangreich und anhand vieler Beispiele erklärt. Das moderne Konzept der Psychopathie, wie sie heutzutage Gegenstand zahlreicher internationaler Untersuchungen ist, stammt von dem kanadischen Psychologen Robert Hare. Dessen nicht nur in Wissenschaftskreisen berühmt gewordene »Psychopathie-Checkliste« fasst in ihrer aktuellsten Version zwanzig Eigenschaften zusammen, die typisch für psychopathische Menschen sind. Wie die Checkliste verwendet wird, habe ich ebenfalls in meinem letzten Buch erläutert. An dieser Stelle gebe ich daher nur einen kurzen Überblick der insgesamt zwanzig Eigenschaften.

Jede dieser Eigenschaften wird bei der Psychopathie-Checkliste mit null, einem oder zwei Punkten bewertet. Null Punkte werden vergeben, wenn die Person das entsprechende Merkmal gar nicht aufweist. Einen Punkt bekommt eine Person, die eine bestimmte Eigenschaft mittelmäßig ausgeprägt hat, und zwei Punkte werden bei starker Ausprägung der Eigenschaft vergeben. Ein Mensch, bei dem alle zwanzig Merkmale stark ausgeprägt sind, bekäme also 40 Punkte und wäre demnach zu hundert Prozent psychopathisch. Jemand mit mittelmäßiger Ausprägung aller Merkmale würde 20 Punkte erreichen und wäre daher zu fünfzig Prozent psychopathisch. Robert Hare hat den Grenzwert für stark psychopathische Menschen bei fünfundsiebzig Prozent angelegt. Im Vergleich dazu erreichen Männer aus der Allgemeinbevölkerung durchschnittlich nicht mehr als zehn Prozent. Doch Vorsicht! Versuchen Sie nicht, sich oder andere Menschen mithilfe der hier dargestellten Tabelle einzuschätzen. Eine genaue und korrekte Einschätzung kann nur ein hierfür ausgebildeter Psychologe oder Psychiater vollziehen.

	Die Psychopathie-Checkliste im Überblick
	Dimension I: Der Psychopath nutzt Menschen aus. Er …
	Zwischenmenschlicher Bereich
1.	… ist trickreich, redet überzeugend, ein Blender mit oberflächlichem Charme.
2.	… denkt, er wäre viel mehr wert und viel besser als andere.
3.	… betrügt und bringt andere dazu, zu machen, was er will.
4.	… lügt ungewöhnlich häufig und sehr überzeugend.
	Gefühlsmäßiger Bereich
5.	… hat keine Gewissensbisse oder Schuldgefühle.
6.	… hat keine wirklichen starken Gefühle, sondern nur sehr oberflächliche.
7.	… ist gefühlskalt, hat kein Mitgefühl.
8.	… kann und will keine Verantwortung für sein eigenes Handeln übernehmen, sondern hat immer Ausreden (»Das muss so sein!« oder »Das ist doch nicht meine Schuld!«).

	Die Psychopathie-Checkliste im Überblick
	Dimension II: Der Psychopath macht, wonach ihm gerade ist. Er …
	Lebensgestaltungs-Bereich
9.	… langweilt sich schnell und will immer neue, aufregende Dinge erleben.
10.	… nutzt andere auffällig stark aus und bestreitet seinen Lebensunterhalt häufig durch die Ausbeutung anderer.
11.	… ist verantwortungslos, tut manchmal Dinge, die für andere oder ihn selbst nachteilig oder gefährlich sind.
12.	… ist impulsiv, reagiert spontan auf Eindrücke und Erlebnisse oder innere Impulse.
13.	… hat oft unrealistische Lebensziele (z. B. hoher Politiker oder Millionär).
	Antisozialer Bereich
14.	… kann nicht gut steuern, was er tut (z. B. wenn er wütend wird).
15.	… war schon als Kind und Jugendlicher anders als die anderen, ist durch Lügen, wenig Mitgefühl und gewissenloses Verhalten aufgefallen.
16.	… zeigte schon als Jugendlicher kriminelles Verhalten.
17.	… verstößt gegen Bewährungsauflagen.
18.	… begeht sehr unterschiedliche Straftaten (z. B. Betrug, Diebstahl, Erpressung, Körperverletzung).
	Weitere Auffälligkeiten: Der Psychopath …
19.	… hat auffällig viele Sexualpartner, bevorzugt abwechslungsreichen Sex.
20	… hat ungewöhnlich viele eher kurze, aber feste Beziehungen, auch mehrere gleichzeitig.

Die Eigenschaften eines Psychopathen lassen sich vereinfacht zusammenfassen als eine Mischung aus mehreren Persönlichkeitsstörungen. Das psychopathische »Basismodell« besteht aus einer Kombination der narzisstischen und der antisozialen Persönlichkeitsstörung, die in manchen Fällen »gewürzt« wird mit einigen Anteilen der histrionischen und/oder der Borderline-Persönlichkeitsstörung. Dabei werden viele Merkmale der Dimension I (»Der Psychopath nutzt Menschen aus«) einer stark ausgeprägten narzisstischen Persönlichkeitsstörung zugeordnet, manchmal zusammen mit histrionischen Persönlichkeitsanteilen. Demgegenüber werden viele Merkmale der Dimension II (»Der Psychopath macht, wonach ihm gerade ist«) der antisozialen Persönlichkeitsstörung zugeordnet, die manchmal gemeinsam mit borderlinigen Persönlichkeitsanteilen auftritt.

Es ist kein Zufall, dass ausgerechnet diese vier Persönlichkeitsstörungen im Zusammenhang mit Psychopathie stehen. Sie sind gewissermaßen artverwandt und werden alle einer Gruppe zugeordnet, den sogenannten Cluster-B-Persönlichkeitsstörungen. Diese werden zusammenfassend als »launisch, dramatisch und emotional« beschrieben. Cluster-B-Persönlichkeitsstörungen werden abgegrenzt von den Cluster-A- und den Cluster-C-Persönlichkeitsstörungen. Die Cluster-A-Persönlichkeitsstörungen wirken eher »sonderbar und exzentrisch«, ihre Vertreter werden von Mitmenschen als typische »Eigenbrödler« und »komische Kauze« wahrgenommen. Unter Cluster-A fallen die paranoide, die schizoide und die schizotypische Persönlichkeitsstörung. Die eher »ängstlichen und vermeidenden« Persönlichkeitsstörungen, zu denen die »ängstliche«, die »abhängige«, die »zwanghafte« und die »passiv-aggressive« Persönlichkeitsstörung zählen, werden im Cluster-C zusammengefasst.

Psychopathie ist also der Oberbegriff für eine Sammlung von eher außergewöhnlichen Merkmalen, die wiederum stets der Ausdruck einer Mischung unterschiedlicher Persönlichkeitsstörungen sind. Dabei muss auch berücksichtigt werden, dass zwei Personen mit derselben Punktzahl auf der »Psychopathie-Checkliste« dennoch unterschiedliche Psychopathie-

Profile haben können. So kann beispielsweise ein mittelgradig oder stark psychopathischer Mensch viele Merkmale der Dimension I aufweisen, aber weniger Merkmale der Dimension II oder umgekehrt. Oder ein Betroffener hat etwa gleich viele Merkmale aus beiden Eigenschaftsdimensionen. Somit ist es wichtig, bei jedem psychopathischen Menschen genau hinzuschauen, welche Auffälligkeiten seine Psyche aufweist.

Je nachdem, welche Mischung aus Merkmalen einen psychopathischen Menschen ausmacht, kann man ihn einer bestimmten »Psychopathie-Untergruppe« zuordnen. Der britische Psychologe Ronald Blackburn ermittelte mit seiner Forschung seit den 70er Jahren unterschiedliche Gruppen psychopathischer Menschen. Er teilte zwei Obergruppen von Psychopathen ein: Die hauptsächlich selbstbewussten und extrovertierten nannte er »primäre Psychopathen«, also Psychopathen ersten Ranges. Im Gegensatz dazu nannte er die eher zurückgezogenen, sozial ängstlichen, launischen »sekundäre Psychopathen«, also Psychopathen zweiten Ranges. Beide Gruppen neigen zu impulsivem Verhalten und sind anderen Menschen gegenüber eher feindselig eingestellt – meist weil sie aufgrund ihrer Kindheitserfahrungen glauben, andere Menschen seien ihnen gegenüber ebenso feindselig gesonnen.

Psychopathen ersten Ranges haben hauptsächlich Eigenschaften aus der ersten Psychopathie-Dimension: »Der Psychopath nutzt Menschen aus«. Sie haben oft schwerpunktmäßig Merkmale der narzisstischen und der histrionischen Persönlichkeitsstörung. Im Unterschied dazu haben Psychopathen zweiten Ranges hauptsächlich Eigenschaften aus der zweiten Psychopathie-Dimension: »Der Psychopath macht, wonach ihm gerade ist«. Sie sind weniger narzisstisch und histrionisch als jene ersten Ranges, haben im Gegensatz zu diesen aber primär Merkmale der antisozialen und der Borderline-Persönlichkeitsstörung.

Wie züchte ich eine Persönlichkeitsstörung?
– Ursachen und Dominoeffekte

Menschen werden nicht mit Persönlichkeitsstörungen geboren, sondern entwickeln sie in ihrer Kindheit und Jugend, während ihre Persönlichkeit heranwächst. Zwar spielen genetische Faktoren eine Rolle dabei, ob ein Mensch bei schwierigen Umweltbedingungen eine psychische Störung entwickelt und wenn ja, welche. Doch sicher ist: Eine Persönlichkeitsstörung entwickelt ein Mensch nur, wenn er früh Umweltbedingungen ausgesetzt ist, die seine normale Entwicklung behindern. Das kann sogar passieren, wenn Eltern zwar wirklich gute Eltern sein wollen, aber ihrerseits auffällige Persönlichkeiten haben, durch die sie, ohne es zu merken, ihre Kinder negativ beeinflussen.

Das ist einer der Gründe dafür, warum sich in manchen Familien psychische Auffälligkeiten durch die Generationen ziehen. Dieser »Dominoeffekt« psychischer Störungen fällt vor allem bei der Arbeit mit psychisch auffälligen Kindern und Jugendlichen auf. Als Kinder werden Persönlichkeitsgestörte manchmal gefühlsmäßig vernachlässigt, manchmal von den Ansprüchen ihrer Eltern überfordert, in manchen Fällen werden sie auch immer wieder geschlagen oder sexuell missbraucht. In jedem Fall werden die normalen Bedürfnisse des Kindes nicht angemessen berücksichtigt. So ist die Persönlichkeitsstörung ein Überlebensmechanismus der Psyche, eine Reaktion des Kindes darauf, dass es von Bindungspersonen zurückgestoßen oder misshandelt wird.

Für den persönlichkeitsgestörten Menschen war es also in seiner Kindheit und Jugend notwendig, die auffälligen Persönlichkeitseigenschaften zu entwickeln, um in seiner ungünstigen Umgebung zu überleben. Doch dadurch wurde seine Persönlichkeit in vielen Merkmalen unflexibler, als es normal und für ein gut funktionierendes Leben mit anderen Menschen notwendig ist. Die »verkrusteten« Persönlichkeitsanteile wirken sich dann wie seelische Narben aus, die den Betroffenen in seinen zwischenmenschlichen Fähigkeiten einschränken. Dieser Effekt bleibt erhalten, auch wenn der Betroffene längst die Umgebung seiner Kindheit verlassen hat. Wenn Menschen Schwierigkeiten damit haben, sich dies vorzustellen, dann erkläre ich es mit der Metapher: Es ist, als würde man eine Pflanze beim Wachsen in ein seltsam geformtes Gerüst stecken und sich anschließend wundern, warum sie die seltsame Form auch dann beibehält, wenn das Gerüst um sie längst abgefallen ist. Durch seine frühen, ungünstigen Lebensbedingungen hat der Persönlichkeitsgestörte auffällige Ecken und Kanten entwickelt, die ihm und Menschen, die mit ihm zu tun haben, in seinem Erwachsenenleben Nachteile bringen. Dabei begreift der Persönlichkeitsgestörte aber typischerweise nicht, dass er selbst mit seinen steifen Persönlichkeitsmerkmalen die Probleme heraufbeschwört, und glaubt stattdessen, die Menschen in seiner Umgebung seien seltsam und nicht umgänglich.

Spannend, unterhaltsam und zu krass, um wahr zu sein? – Cluster-B-Persönlichkeitsstörungen

Von den drei Persönlichkeitsstörungsgruppen sind die Cluster-B-Persönlichkeitsstörungen aus verschiedenen Gründen auch für nicht Betroffene besonders interessant. Entsprechend existiert über sie viel Forschung, viele wissenschaftliche und populärwissenschaftliche Artikel und Bücher. Dies hängt nicht nur damit zusammen, dass das viel beachtete Thema Psychopathie bei genauerer Betrachtung stets eine Mischung mehrerer Cluster-B-Persönlichkeitsstörungen darstellt. Jede der vier Cluster-B-Persönlichkeitsstörungen erregt auch für sich alleine genommen Aufsehen – ob in psychologischer und psychiatrischer Behandlung, im Berufsleben oder im Zusammenhang mit Kriminalfällen. Auffällig viele aufsehenerregende Kriminalfälle, beispielsweise Tötungen von Liebespartnern oder den eigenen Kindern, aber auch unterschiedlich motivierte Serienmorde, hängen bei näherer Betrachtung häufig mit einer oder mehreren Cluster-B-Persönlichkeitsstörungen bei den Tätern zusammen. Dies ist die düsterste Schattenseite dieser Persönlichkeitsstörungen, doch betrifft sie zum Glück nur einen sehr geringen Teil der Menschen, die eine solche Störung haben.

Andererseits bringt die Existenz der Cluster-B-Persönlichkeitsstörungen auch evolutionäre Vorteile für die Gesellschaft: Ob Kunst, Politik, Religion, Philosophie oder unterschiedliche Erfindungen und Entdeckungen – all diese Bereiche hätten sich sicher deutlich langsamer entwickelt, wenn nicht Menschen mit Cluster-B-Persönlichkeitsstörungen die Sturheit, die Unvorsichtigkeit und den Dickkopf gehabt hätten, sich gegen ihre Umwelt und kulturelle Konventionen aufzulehnen und ihren Weg zu gehen. Der individuelle Preis dafür ist allerdings hoch.

Ein anderer, nicht zu unterschätzender Effekt der Cluster-B-Persönlichkeitsstörungen ist die Auswirkung auf Märchen, Mythen, Romane, Theaterstücke und Filme. Viele fiktive oder an realen Personen angelehnte Figuren weisen Charaktermerkmale dieser Störungen auf. Was wäre ein wirklich finsterer Bösewicht, wenn er keine deutliche narzisstische und/oder antisoziale Persönlichkeit hätte? Massenerfolge wie »Vom Winde verweht«, »Sex and the City« oder »Desperate Housewives« – um nur drei von unzähligen Beispielen zu nennen – wären nichts ohne ihre histrionischen und narzisstischen Hauptfiguren. Ebenso wären Filme wie »Eine verhängnisvolle Affäre«, »Fight Club« oder die Bücher und Filme der »Millennium-Trilogie« von Stieg Larsson nicht denkbar ohne ihre offensichtlich an der Borderline-Persönlichkeitsstörung leidenden Protagonistinnen.

Das Geheimnis des »Unterhaltungswertes« solcher Persönlichkeiten liegt auf der Hand: Da sie so dramatisch, emotional und launenhaft sind, erzeugen sie um sich herum beständig Spannung. Was im wahren Leben für alle Beteiligten oft genug ein echter Nachteil und eine unerträgliche Belastung ist, macht in fiktiven Werken gerade die Faszination aus. Extreme Charaktere, die extreme Verhaltensweisen zeigen, sind einfach spannend für den Leser und Zuschauer. Ein Prinzip, von dem inzwischen Reality-Shows aller Art profitieren, die den außergewöhnlichen Unterhaltungswert zumindest persönlichkeitsauffälliger Protagonisten erkannt haben. Hier wird die Brücke von der Fantasie zur Realität geschlagen. So mancher Zuschauer wundert sich gelegentlich, wie »verrückt« einige Menschen im Fernsehen wirken, und fragt sich, ob dies alles auch wirklich so sein kann. Betrachtet er solche Sendungen durch die Brille der Cluster-B-Persönlichkeitsstörungen, so wird er sie aus einem völlig neuen Blickwinkel wahrnehmen können. Denn die Realität übertrifft die Fiktion so manches Mal.

Ein gutes Beispiel hierfür ist der Film »Allein« des deutschen Drehbuchautors und Regisseurs Thomas Durchschlag aus dem Jahr 2004. Der kaum bekannte Film verfolgt über anderthalb Stunden das Leben einer jungen Frau im Ruhrgebiet. Dass die dargestellte Frau psychisch krank ist, wird zwar deutlich, doch an keiner Stelle wird eine Diagnose genannt. Tatsächlich ist der Film eine erstaunlich realitätsnahe Darstellung des Lebens und der Probleme einer Untergruppe von an der Borderline-Persönlichkeitsstörung erkrankten Menschen. Der Film wurde mir von mehreren an dieser Erkrankung leidenden Menschen empfohlen, die sich darin in vielen Aspekten wiedererkannten. Umso erstaunlicher daher eine Kritik des Films, in der es unter anderem heißt: »Das Wort klischeehaft ist noch beschönigend bei all dem, was den Zuschauer hier erwartet. (…) Die Hauptfigur Maria versinkt in einem Nebel von Kitsch, kranken Männerfantasien und Scheinwelten (…) Dass es in diesem Film wirklich um Einsamkeit gehen soll, geht vollkommen in plakativer Oberflächlichkeit unter.« Auf ironische Weise aufschlussreich, dass der Film beim Kritiker ebenjene Wirkung auslöst, die Cluster-B-Persönlichkeitsgestörte öfter auf Menschen haben, die ihnen nahestehen. Ihr Verhalten wirkt immer wieder »wenig stimmig« und manchmal geradezu »klischeehaft«. Sie leben genau genommen in »Scheinwelten«, und die Einsamkeit, unter der sie alle als Kinder litten, geht in ihrem Erwachsenenleben »in plakativer Oberflächlichkeit unter«.

Mitten unter uns
– Cluster-B im alltäglichen Leben

In der Behandlung sind Cluster-B-Persönlichkeitsgestörte eine besondere Herausforderung, weil sie besonders stark dazu neigen, andere – auch ihre Therapeuten – zu manipulieren, vor allem gefühlsmäßig. Dies passiert teilweise bewusst, in großen Teilen aber auch unbewusst, weil es ein Teil des »normalen« Verhaltens dieser Menschen ist – sie kennen es praktisch gar nicht mehr anders.

Im Berufsleben fallen Cluster-B-Persönlichkeitsgestörte oft einfach durch ihre ungewöhnliche Art und ihre erstaunliche Wirkung auf Menschen und Menschengruppen auf. Sie ziehen durch ihr Aussehen, Verhalten oder beides die Aufmerksamkeit auf sich. Narzissten fallen durch ihre unendliche Gier auf, sich mit allen Mitteln an die Spitze zu kämpfen, andere zu besiegen und jene, die sie für unterlegen halten – das sind die Menschen in Positionen unter ihnen –, herablassend zu behandeln. Histrioniker (es gibt mehr weibliche als männliche, wobei sich die Verteilung allmählich anzunähern scheint) fallen durch ihr aufreizendes, flirtendes, oberflächlich gefühlsbetontes Verhalten auf, meist gepaart mit einer besonders auf Attraktivität bedachten Erscheinung. Sie werden als »erfolgreiche« Histrioniker bezeichnet, weil sie sich auf diese Art zumindest eine Weile lang die Aufmerksamkeit und Zuwendung verschaffen können, die sie so verzweifelt suchen.

»Erfolglose« Histrioniker – also solche, die sich nicht für besonders attraktiv und begehrenswert halten – suchen dagegen häufig Aufmerksamkeit über körperliche Beschwerden und Zuwendung über das dramatische Beklagen ihres Leids. Sie berichten häufig lang und ausgiebig von ihren vielen Arztbesuchen, den vielen »inkompetenten Ärzten«, die ihnen nicht helfen konnten, weil sie ein »besonders komplizierter medizinischer Fall« sind. Dabei sind die körperlichen Beschwerden häufig nicht erfunden, sondern werden vom Histrioniker tatsächlich als dramatisch wahrgenommen. Das liegt unter anderem daran, dass Histrioniker sich auch selbst unbewusst beeinflussen, indem sie sich in Körperwahrnehmungen oder -beschwerden hineinsteigern. Natürlich gibt es aber auch Menschen, die tatsächlich an komplizierten körperlichen Erkrankungen leiden, diese können leicht mit »erfolglosen« Histrionikern verwechselt werden.

Die Borderline-Persönlichkeitsstörung gibt es ebenso wie die Psychopathie in unterschiedlichen »Untergruppen«, daher lässt sich hier kaum verallgemeinern, in welcher Form Borderliner ihrer beruflichen Umwelt auffallen. Sie neigen dazu, ihre Freundeskreise häufiger zu wechseln oder mehrere Freundeskreise zu haben. Ebenso wechseln sie ihre Wohnungen, Arbeitsstellen und natürlich ihre Beziehungspartner. Allerdings müssen diese Auffälligkeiten nicht zwangsläufig gegeben sein. Es gibt einerseits sogenannte »High Functioning Borderliner«, die also relativ gut im Alltagsleben funktionieren, sogar sehr erfolgreich im Beruf sein können und durch ihre Störung fast ausschließlich in ihrem engeren Privatleben auffallen. Andererseits gibt es die sogenannten »Low Functioning Borderliner«, die häufig kaum einer geregelten Arbeit nachgehen können, weil sie durch ihre starken emotionalen Schwankungen immer wieder tiefe Krisen mit zahlreichen Psychiatrieaufenthalten erleben. Diesen Menschen fällt es häufig schon schwer, eine ansatzweise geregelte Tagesstruktur umzusetzen. Aber auch hier gibt es alle vorstellbaren Ausprägungen zwischen den beiden Extremen.

Die Antisozialen schließlich haben oft typische »Kriminellen-Laufbahnen« hinter sich. Ihr Lebenskonzept ist denkbar einfach und kurzsichtig: Sie finanzieren sich ihren – durch den

Konsum von Alkohol, Drogen und/oder Luxusgütern – eher kostspieligen Lebensunterhalt mit Betrügereien, Erpressungen, Zuhälterei, Drogenhandel, bis hin zu Einbrüchen, Raubüberfällen oder Entführungen. Die Wahrscheinlichkeit, mit einer solchen Persönlichkeitsstörung im Gefängnis zu landen, ist extrem hoch. Die meisten stark psychopathischen Menschen haben auch antisoziale Persönlichkeitsmerkmale, doch es gibt andererseits sehr viele Antisoziale, die keine Psychopathen sind. Ihnen fehlen praktisch die zusätzlichen Persönlichkeitsstörungen, die das Gesamtbild des Psychopathen ausmachen.

Das Schlimmste aus drei Welten – Harry, der Psychopath

Harry Thaw vereint also deutlich ausgeprägte Anteile der narzisstischen, der antisozialen und der Borderline-Persönlichkeitsstörung. Angesichts dieser sehr ungünstigen Cluster-B-Persönlichkeitsstörungs-Mischung überrascht es nicht, dass er beinahe die volle Punktzahl auf der Psychopathie-Checkliste erreicht. Lediglich von einem Merkmal der Checkliste ist nicht bekannt, ob Harry es erfüllt: »Der Psychopath hat ungewöhnlich viele eher kurze, aber feste Beziehungen, teilweise auch gleichzeitig«. Schaut man sich den Verlauf seines gesamten Lebens an, so treffen alle anderen neunzehn Psychopathie-Merkmale auf ihn zu. Harry ist geradezu ein Paradebeispiel dafür, wie stark die Mischung der genannten Persönlichkeitsstörungen mit den typischen Psychopathie-Merkmalen zusammenhängt. Diese stark psychopathische Persönlichkeitsstruktur steht im Zusammenhang sowohl mit seinen sexuell-sadistischen Handlungen als auch mit der Tötung von Stanford White.

Was die Tötung angeht, so sind sowohl seine grundlegende Verfassung in den Monaten, sogar Jahren vor der Tat als auch seine aktuelle Situation wichtige Grundbedingungen. Der über Jahre gewachsene Hass gegen Stanford White ist der Nährboden der Tragödie. Dass Stanford im Vergleich zu ihm als der erfolgreichere Narzisst erscheint und Harry dem hilflos gegenübersteht, ist der erste wichtige Faktor. Verstärkt wird er dadurch, dass die Heirat mit Evelyn Harrys narzisstische Kränkung nicht gemildert hat und das ruhige Familienleben in Pennsylvania ihm nicht wie erhofft Frieden, sondern Langeweile und innere Leere einbrachte. Dass er seit Monaten versucht, Stanfords Ruf zu schaden, und ihm dies einfach nicht gelingen will, belastet Harrys Verfassung zusätzlich. Diese nicht enden wollende narzisstische Kränkung, verbunden mit dem wachsenden Gefühl, keine Kontrolle zu haben, gärt in ihm wie ein Geschwür.

Es gibt für einen ausgeprägten Narzissten kaum einen unerträglicheren Zustand als den, sich gekränkt zu fühlen und dem hilflos ausgesetzt zu sein. Ist die empfundene narzisstische Kränkung groß genug und sieht er gleichzeitig keinen Ausweg – fühlt er sich also wie ein verwundetes Tier in die Ecke gedrängt –, so kann er gefährlich für sich und andere Menschen werden. Beispiele hierfür können erweiterte Suizide sein, bei denen Menschen nicht nur sich, sondern auch ihre Angehörigen töten, oder Beziehungstaten, bei denen der Partner oder Expartner getötet oder schwer verletzt wird. Nicht alle diese Taten werden von stark ausgeprägten, gekränkten Narzissten begangen, doch diese stellen eine der typischen Tätergruppen in solchen Fällen dar. Zum Glück kommen nur wenige Narzissten jemals in eine Situation, die sie als so ausweglos und gleichzeitig unerträglich empfinden, dass sie zu Gewalttaten als scheinbar letztem Ausweg greifen.

Die narzisstische Provokation

Am Abend der Tat kommen schließlich einige situative Faktoren zusammen, welche die Tat in Harrys Kopf anbahnen. Der erste dieser Faktoren ist Stanfords erst einen Monat zuvor an Harry herangetragene Ankündigung, Evelyn zurückzuerobern. Obwohl Stanford inzwischen offensichtlich an jüngeren, unverbrauchteren Mädchen interessiert ist, will er – einfach um sich seine narzisstische Überlegenheit zu beweisen – Harry demonstrieren, dass Evelyn weiterhin »sein Spielzeug« ist. Wenn männliche Narzissten sich um dieselbe Frau bemühen, erinnert die psychologische Motivation dahinter tatsächlich stark an zwei Kindergartenkinder, die sich um dasselbe Spielzeug streiten. Es geht dabei weniger darum, dieses »Etwas« selbst zu besitzen, als darum, dass es der andere *nicht* besitzt. Stanfords Drohung dürfte Harrys ohnehin angespannten, gereizten Gemütszustand also erneut verstärkt haben.

Der Besuch des Madison Square Garden

Ein weiterer entscheidender Faktor ist Harrys Entscheidung, die Musicalpremiere von »Mam'zelle Champagne« im Madison Square Garden zu besuchen. Möglicherweise hat er nach der langen Zeit in Pittsburgh genug davon, Orten, die in seinem Kopf mit Stanford assoziiert sind, aus dem Weg zu gehen. Er fühlt sich durch Stanfords letzte Drohung aktuell provoziert, was in ihm den Willen erweckt, eine irgendwie geartete Konfrontation zu suchen. Ob er hofft, Stanford bei der Prämiere anzutreffen und die Situation eskalieren zu lassen, oder ob er einfach will, dass Stanford davon erfährt, wer da mit Evelyn (alias »Harrys Eigentum«) im Madison Square Garden gewesen ist – dies wird nicht mehr zu klären sein. Sicher ist jedenfalls, dass die Entscheidung für ebendieses Theater darauf hinweist, wie motiviert Harry zu diesem Zeitpunkt ist, sich einer für ihn »triggernden« – also in ihm negative Gefühle und Gedanken erzeugenden – Umgebung auszusetzen.

Der Schicksalsgenosse Truxton Beale

Es ist dem puren Zufall zu verdanken, dass das Ehepaar Thaw am Abend des 25. Juni Truxton Beale begegnet – dem Mann, der bereits an einem versuchten Mord aufgrund des »ungeschriebenen Gesetzes« beteiligt gewesen ist. Truxton löst in Harry die Vorstellung aus, dass es nicht nur gerechtfertigt, sondern geradezu heldenhaft erscheinen könnte, eine solche Tat zu begehen. Dass diese Gedanken Harry beschäftigen, zeigt sich unter anderem in seinem

Gespräch mit Stanfords Schwager James am Tatabend. Dort spricht er Truxtons Tat sogar kurz an. Dass Harrys Gedanken, angeregt durch Truxtons Anwesenheit, in Richtung eines »Ehrenmordes« gelenkt werden, ist auf ein Prinzip zurückzuführen, das auch bei psychisch völlig unauffälligen Menschen grundsätzlich aktiv ist: den Bahnungseffekt bestimmter Informationen, auch »Priming« genannt.

Priming: Warum Schwangere überall Kinder sehen

Unser Gehirn beinhaltet, vereinfacht gesagt, eine Ansammlung von Informationen, die miteinander verknüpft sind. Diese Informationsnetzwerke funktionieren ähnlich wie eine Straßenkarte. Informationen, die wir nur selten brauchen, werden nur selten aktiviert. Die Fahrbahn zu ihnen ist nur schlecht ausgebaut, wie ein Feldweg. Informationen, die wir häufig gebrauchen, haben gut ausgebaute Fahrbahnen und können so schneller aktiviert werden. Doch nicht nur, wie häufig wir welche Informationen abrufen, beeinflusst, welche leichter und welche schwieriger verfügbar sind. Möchte man von einer Information zur anderen, so sind thematisch nahe gelegene Informationen schneller abrufbar als thematisch entferntere. Beispielsweise liegt die Information »Gabel« näher an der Information »Messer« als an der Information »Besen«.

Das in der Psychologie gut erforschte Prinzip des »Priming«, also der »Bahnung«, beeinflusst das Denken aller Menschen stark, ohne dass wir uns dessen bewusst sind. Priming bedeutet, dass die Art, wie wir Dinge wahrnehmen, davon beeinflusst werden kann, welche Dinge wir kurz zuvor getan oder wahrgenommen haben oder welche Themen in unserem Leben gerade wichtig sind. Wenn wir beispielsweise erst das Foto eines Gartens betrachten und kurz darauf in unserer Nähe eine Blume ist, so werden wir diese Blume schneller wahrnehmen, als wenn wir vorher das Foto einer Autowerkstatt betrachtet hätten. Das Gartenbild ist gemeinsam mit allen Dingen, die wir mit dem Thema Garten verbinden, noch recht aktiv in unserem Gehirn. Daher werden Reize, die für uns mit dem Thema Garten zusammenhängen, für eine Weile, nachdem wir das Foto betrachtet haben, schneller abrufbar – und somit auch in unserer Umgebung wahrnehmbar – als Reize, die mit schon länger nicht mehr aktivierten Themen zusammenhängen.

Dies ist die Grundlage des Phänomens, das als »selektive Wahrnehmung« bekannt ist. Es erklärt eine Menge Wahrnehmungen, die Menschen in ihrem Alltag als »schicksalhaft« oder sogar »übersinnlich« interpretieren. So nehmen Menschen, die gerade schwanger sind – oder Männer, die eine schwangere Partnerin haben –, plötzlich viel häufiger Spielzeug, Kinderwagen, Reportagen über Kinder im Fernsehen und Ähnliches wahr. Menschen, die gerade eine unglückliche Trennung hinter sich haben und gedanklich noch mit dem Verlust des Partners beschäftigt sind, ärgern sich manchmal über den scheinbar unerklärlichen Zufall, plötzlich überall glückliche Pärchen zu sehen. Besonders nachteilig ist dieser Effekt, wenn Menschen Diät halten. Da sie dann die ganze Zeit gedanklich mit Essen – nämlich mit dem, was sie alles nicht essen dürfen – beschäftigt sind, nehmen sie verführerisch kalorienreiche Nahrungsmittel noch stärker als sonst wahr.

Wenn ein Reiz die Wahrnehmung eines mit ihm thematisch verknüpften Reizes beschleunigt – wie Garten/Blume oder Messer/Gabel –, wird dies »positives Priming« genannt. Im umgekehrten Fall kann ein Reiz die Wahrnehmung eines anderen Reizes verlangsamen. Im Falle eines solchen Störreizes spricht man von »negativem Priming«. Das bekannteste Beispiel dafür ist der »Stroop-Effekt«.

In der ersten Stufe dieses Tests sind laut, fehlerfrei, aber möglichst zügig folgende Wörter laut vorzulesen (die auch in den entsprechenden Farben gedruckt sind):

ORANGE ROT BLAU GRÜN LILA SCHWARZ

In der nächsten Stufe gestaltet sich das Lesen schon schwieriger, denn die Wörter sind nicht mehr in den richtigen Farben gedruckt – »Grün« erscheint in Lila und so weiter.

Auch in Stufe Drei erscheinen die Wörter nicht in den richtigen Farben; jetzt sollen allerdings nur noch die gedruckten Farben vorgelesen werden – möglichst zügig und richtig. Hier verhaspeln sich die Teilpersonen mit großer Wahrscheinlichkeit, sie müssen kurz innehalten, und es hat deutlich länger gedauert als die erste Zeile mit Farbworten vorzulesen. Dieser so einfache wie beeindruckende Effekt wurde in dieser Form das erste Mal schon 1935 durch den US-amerikanischen Psychologen John Ridley Stroop beschrieben und nach ihm benannt. Dieser hatte den Test im Rahmen seiner Dissertation entwickelt. Grundlage dafür waren Forschungsarbeiten aus den 80er Jahren des 19. Jahrhunderts. Stroop selbst forschte nicht weiter an dem Thema und zeigte sich überrascht, als dreißig Jahre nach seiner Veröffentlichung der Test in der Wissenschaftswelt aufgegriffen, weiterentwickelt und dadurch bekannt wurde. In hohem Alter äußerte er sich zum überraschenden Erfolg seines Tests mit den Worten: »Es freut mich zu hören, dass andere den Test nützlich finden.« Der Stroop-Test wurde während des Kalten Krieges auch dankbar von den US-Geheimdiensten aufgenommen. Diese entwickelten eigens für Personen, die verdächtigt wurden, russische Geheimagenten zu sein, eine spezielle Version. In dieser waren Worte für Farben in unterschiedlichsten Sprachen abgedruckt. Für jeden US-Amerikaner ohne Kenntnisse in den entsprechenden Fremdsprachen war die Aufgabe, die unterschiedlichen Druckfarben zu nennen und dabei die Worte zu ignorieren, denkbar einfach. Doch befanden sich getarnte Russen unter den Testpersonen, die abstritten, irgendetwas mit Russland zu tun zu haben, dann hatten diese das eben demonstrierte Problem. Unbewusste und automatische Prozesse lassen sich eben nur sehr schwer austricksen.

Die Anwesenheit von Truxton an jenem Abend mag also im Sinne eines positiven Priming-Effektes dazu beitragen, dass Harrys Gedanken in Richtung eines möglichen »Ehrenmordes« im Sinne des »ungeschriebenen Gesetzes« driften.

Der »Biest-Zettel« im Café Martin

Harry sieht Stanford zwar nicht persönlich im Café Martin, doch den Zettel seiner Frau zu lesen – »Das B. war hier« –, ist ein zusätzlicher psychologischer Trigger, also ein emotionaler Auslösereiz für weitere innere Anspannung. Harry bleibt äußerlich zwar ruhig, denn in Anwesenheit seiner Freunde will er sich nichts anmerken lassen. Doch er wird sich wahrscheinlich Gedanken darüber machen, ob es ein Zufall ist, dass Stanford ausgerechnet an diesem Abend in diesem Lokal erscheint. Da Harry selbst diverse Menschen durch seine Privatdetektive beschatten lässt und aufgrund seiner Borderline-Persönlichkeitsstruktur dazu neigt, eigene Anteile auf andere zu projizieren, dürfte für ihn der Gedanke naheliegen, dass es sich nicht um einen Zufall handelt. Dies bestärkt ihn in dem Gefühl, durch Stanfords Existenz bedroht zu werden.

Das Dachtheater im getriggerten Zustand

Harrys Anspannung ist beim Betreten des Madison Square Garden bereits ziemlich groß. Um das Dachtheater zu erreichen, muss er nun auch noch mit demselben Fahrstuhl fahren, den Evelyn jedes Mal benutzte, wenn sie Stanford in seinem Apartment mit der roten Samtschaukel besuchte. Dieser Gedanke wird sehr wahrscheinlich durch seinen Kopf schießen, während er im Fahrstuhl steht. Als er das überfüllte Dachtheater betritt, schweift sein Blick automatisch über die Menge. Da Stanford ebenfalls im nahe gelegenen Café Martin gespeist hat, kann es gut sein, dass er ebenfalls die Musicalpremiere besucht. Harrys Gedanken kreisen ohnehin seit Beginn des Abends um das Thema Stanford. So schenkt er dem Musical keine besondere Aufmerksamkeit, sondern pirscht durch die Zuschauermenge, nach seinem vermeintlichen Widersacher Ausschau haltend. Er kann zumindest bald in Erfahrung bringen, dass Stanford das Musical nicht in Begleitung seines Schwagers James besucht.

Das Gespräch mit James ist inhaltlich merkwürdig sprunghaft, der Psychologe würde es als »assoziativ gelockert« bezeichnen. Die dahinterstehende vorübergehende Auffälligkeit in Harrys Denken ist ein Ausdruck seines »getriggerten«, also durch die Hinweisreize zum Thema Stanford emotional stark angespannten Zustandes. Das Gefühlszentrum, die Amygdala genannt, ist im Gehirn von Borderlinern in getriggertem Zustand übermäßig aktiv und verändert dadurch das Fühlen und Denken in negativer Weise. Wie eine Alarmanlage, die immer wieder zu schnell und zu heftig anspringt, sendet die Borderliner-Amygdala aufgrund eigentlich harmloser Hinweisreize heftige Alarmgefühle. Diese Gefühle bewirken, dass der Betroffene unwillkürlich in einen gedanklichen Tunnelblick verfällt.

Trigger – Fehlprogrammierte Auslöser eines evolutionären Überlebensprogramms

Der Mechanismus von »Triggern« ist ähnlich auch bei psychisch normalen Menschen vorzufinden, allerdings nur dann, wenn sie eine tatsächliche Gefahr in ihrer Umgebung wahrnehmen. Menschen, die schon in lebensbedrohlichen Situationen waren, berichten häufig, dass sie ab einem gewissen Punkt anders denken und fühlen als im Normalzustand. Erst bekommen sie Angst, die schaltet aber oft plötzlich ab. Von diesem Moment an sind ihre Wahrnehmung und ihr Denken nur noch auf die Quelle der Gefahr ausgerichtet und auf das, was sie tun müssen, um zu überleben. Da die gesamte Aufmerksamkeit auf die Gefahrenquelle gerichtet ist und ablenkende Angstgefühle vorübergehend ausgeschaltet sind, kommt es Menschen in solchen Situationen oft vor, als würde alles in Zeitlupe ablaufen.

Ein grundsätzlich ähnlicher Mechanismus kann bei Borderlinern ausgelöst werden, wenn sie von einem persönlichen Hinweisreiz getriggert sind. Dieser Hinweisreiz kann beispielsweise ein Wort, ein Ton, ein Geruch, irgendein Anblick oder sogar ein Körpergefühl sein. Im betroffenen Gehirn lösen individuelle Hinweisreize ein altes »Programm« aus, das vor langer Zeit in einer traumatischen Situation ausgelöst worden ist. Dabei spult das Gehirn die alte »Überlebens-Reaktion« ab, obwohl das in der aktuellen Situation nicht angemessen ist. Das gesamte Denken und Fühlen des Betroffenen ist dann nur noch auf das aktuelle Thema ausgerichtet, welches in seinem Gehirn – oft fälschlicherweise – mit Bedrohung, Schmerz und Angst verknüpft ist. Manche Betroffene verfallen in eine Art innere Erstarrung, Dissoziation genannt. Diese kann so weit gehen, dass sie nicht mehr ansprechbar sind.

Andere geraten in den »Fight or Flight« – also den »Kampf oder Flucht«-Modus. Entweder fliehen sie dann vor der Quelle der Gefühle in dieser Situation, oder sie nehmen – im ungünstigeren Fall – den aggressiven Kampf gegen die vermeintliche Gefahrenquelle auf. Letztere Variante ist der Grund dafür, warum viele vor allem männliche Borderliner durch plötzliche, überaus aggressive Reaktionen auffallen. Sie schreien herum, zerstören Gegenstände und greifen sogar Menschen an. Da für andere oft nicht nachvollziehbar ist, was ihre heftige Reaktion auslöste, wirken solche Ausbrüche besonders »verrückt«. Dieser Eindruck wird verstärkt dadurch, dass derselbe Mensch in anderen Situationen völlig ruhig und vernünftig denken und handeln kann. Beobachter kommen daher oft zu dem Schluss, dass der Betroffene sich »wie Dr. Jekyll und Mr. Hyde« aufführe. Weibliche Borderliner können zwar auch sehr wütend werden, lassen dies aber eher durch verbale Aggression aus und richten einen größeren Teil ihrer negativen Gefühle durch selbstschädigendes Verhalten gegen sich.

Der Anblick von Stanford White

Harry schleicht also in zunehmend getriggertem Zustand durch die Menschenmenge und sieht schließlich Stanford, alleine an einem Tischchen vor der Bühne sitzend. Spätestens dieser Anblick versetzt ihn endgültig in den »Kampfmodus«. Zeugen berichten später, dass Harry Stanford von weitem anstarrt. In seinem Gehirn werden viele widersprüchliche Gedanken und Gefühle auf einmal aktiviert. Hilflosigkeit und Wut, gemischt mit unangenehmen Erinnerungen und Vorstellungen, werden von Resten vernünftigen Denkens noch im Zaum gehalten. Harrys Amygdala sendet Impulse, zum Kampfverhalten überzugehen, während sein präfrontaler Cortex noch eine Bremse vor diese Handlungsimpulse setzt. Dieser Bereich des Gehirns, unmittelbar hinter der Stirn gelegen, ist unter anderem dafür zuständig, aus Gefühlen abgeleitete Handlungsimpulse zu überprüfen, bevor sie ausgeführt werden. Eine ganze Weile wird Harrys Impuls, zum Kampf überzugehen, noch unterdrückt.

Der Turm

Harry schafft es zunächst noch, zu seiner Frau und seinen Freunden an den Tisch zurückzukehren, ohne Stanford auf irgendeine Art zu konfrontieren. Die kleine Gruppe will sich eigentlich lange vor dem Ende des alle langweilenden Musicals auf den Heimweg machen. Evelyn geht mit Tommy vor, Harry folgt mit Truxton. Auf dem Weg zum Ausgang fällt sein Blick auf den Turm des Madison Square Garden, jenen Turm, in dem Stanford sein prächtiges »Spiel-Apartment« hat. Harry beschreibt, wie seine Wahrnehmung des Turms sich seltsam verändert: »Ich schaute ihn an, und seine Größe wuchs in der Dunkelheit zunehmend. Hoch oben sah ich diese kleinen Fenster, hinter denen sie gelitten hatte.« Seine Wahrnehmung fixiert sich auf den Turm und die Vorstellungen in seinem Kopf, was darin abgelaufen ist. Sein ganzer Hass, seine unbeschreibliche Kränkung brechen auf. Das Gehirn trifft die Entscheidung, seiner Wut nun endlich Ausdruck zu verleihen und sie gegen den Menschen zu richten, den Harry – fälschlicherweise –

als Ursache seiner nicht enden wollenden inneren Qualen wahrnimmt.

Das Lied »I could love a million girls«

Zeugen sagen nach der Tat aus, Harry habe auf seinem Weg zu Stanford einen Augenblick innegehalten und erst dann seine Waffe gezogen. Es scheint, als habe ihn in seinem Kopf noch etwas gebremst. Doch genau in dem Augenblick, als Harry dazu seine Waffe auf Stanford richtet, wird das Lied »I could love a million girls« gesungen. Ein Song, dessen Text auf tragische Weise kaum passender zu der Gesamtgeschichte passen könnte.

Es handelt von einem nach Mädchen unersättlichen Mann, der auf ironische Art von seinen Eroberungen berichtet. Im Text heißt es unter anderem: »Nun, mein Herz ist aus weicherem Material gemacht, es schmilzt bei jedem warmen Blick.« (vgl. Kapitel 1) Spätestens dieser Liedtext als »finaler Trigger« bringt das Fass zum Überlaufen. Harry in seinem äußerst angespannten Zustand muss es vorkommen, als würde ihn das Schicksal mit diesem Lied verhöhnen. Jetzt fallen auch die letzten Hemmungen.

Relative Realität

Harry steuert zielstrebig auf Stanford zu. Sein Gehirn produziert augenblicklich eine »Rechtfertigungsstrategie« für die soeben getroffene Entscheidung, Stanford zu töten. Er macht sich – wahrscheinlich unbewusst – vor, was er da tut, stünde in der altehrwürdigen Tradition des Duellierens. Das Duell war bis zum Ende des 19. Jahrhunderts eine in höheren Gesellschaftsschichten anerkannte Vorgehensweise, um Genugtuung wegen einer persönlichen Kränkung zu erlangen, die männliche Ehre wiederherzustellen. Die konservative Sicht auf männliche Ehre war noch bis in Harrys Zeit verknüpft mit der Ehre aller zu diesem Mann »gehörenden« Frauen, sei es seine Ehefrau, Verlobte, Tochter oder sogar seine Schwester. In früheren Zeiten war das Duell für einen »Ehrenmann« keine Option, sondern vielmehr eine Pflicht. Auf eine Kränkung nicht mit einem Duell zu reagieren, konnte sogar zur sozialen Ächtung führen. Zwar waren Duelle 1906 in den USA längst nicht mehr legal und auch bei weitem gesellschaftlich nicht mehr so anerkannt wie früher. Doch konnte Harry sich – gepaart mit der von seinem Freund Truxton aktiv vertretenen Zustimmung zum »ungeschriebenen Gesetz« – zumindest einreden, dass er nichts anderes als ein ehrenvolles Duell beabsichtigte.

Natürlich hätte Harry dies nie ernsthaft erwogen. Bei einem Duell hätte er schließlich selbst verlieren können, und auch wenn er es sich nicht eingestanden hätte: Dafür wäre er zu feige gewesen. Doch wie perfekt in Harrys Kopf »Rationalisierungen« – also gedankliche Verzerrungen zu seinen Gunsten – funktionieren, kann man an seinen eigenen Beschreibungen erkennen: »Ich sah das ›B‹ und (…) einen Weg von der Bühne zu seinem Tisch. Wäre ich geradeaus gegangen, so hätte er mich nicht gesehen. Ich ging zur Bühne und drehte mich in seine Richtung, sodass er mich kommen sehen musste«. (Harry nennt Stanford auch Jahrzehnte nach der Tat in seiner Biografie noch »das B«. Das allein zeigt, wie tief sein Hass gegen Stanford auch schon zum Tatzeitpunkt ist.) Dass er erst zur Bühne geht – wo Stanford ihn sehen muss –, sich dort umdreht und auf ihn zugeht, erinnert im Bewegungsablauf sehr an das klassische Duell. Hier wird auch klar, wie sehr Harry seiner gedanklichen Verzerrung Jahrzehnte später noch unterliegt: Er begreift nicht, dass Stanford seine Gedanken und Absichten nicht erkennen und entsprechend reagieren kann. Dies verdeutlicht ein weiteres Problem vor allem von Menschen mit einer Borderline-Persönlichkeitsstörung: Sie haben manchmal – besonders in emotional angespannten Situationen – Schwierigkeiten damit, sich gedanklich angemessen in andere hineinzuversetzen. Es fällt ihnen in solchen Zuständen schwer, die sogenannte »Ich-Grenze« zwischen ihnen selbst und ihren Mitmenschen zu erkennen und zu empfinden. Das bedeutet, sie können dann ihre eigenen Gedanken und Gefühle nicht richtig von denen der anderen abgrenzen. Dies demonstriert Harry, als er beschreibt, wie Stanford reagiert: »Er erkannte mich und war dabei, sich zu erheben, und bewegte seine rechte Hand, wie ich meinte, in Richtung seiner Pistole.«

Harry ist so sehr in seinem eigenen Film, seinem Tunnelblick gefangen, dass er nicht erkennt, was zahlreiche Zeugen später aussagen werden: Stanford machte in Wirklichkeit keinerlei Anstalten, seine Waffe zu ziehen. Er war nicht darauf vorbereitet, dass Harry im Begriff war, ihn zu erschießen. Doch Harrys Wahrnehmung hatte den »Vorstellungsfilm« dessen, was noch passieren sollte, längst abgespult, und so blieb er für den Rest seines Lebens in der Überzeugung, Stanford mehr oder minder unter fairen Umständen getötet zu haben. Auch dafür, dass Stanford nicht dazu kam, seine Waffe zu ziehen, hatte Harry vor sich selbst eine Erklärung: Hätte er gewartet, bis Stanford wirklich seine Waffe gezogen hätte, so wäre ihm womöglich jemand zu Hilfe gekommen. Das konnte er aber nicht zulassen, denn dann hätte Stanford – wie Harry es selbst später beschreiben wird – vielleicht die Möglichkeit gehabt, »zu fliehen und noch mehr amerikanische Mädchen zu vergewaltigen, wie er es bisher getan hatte«. Hier lässt sich aus psychologischer Sicht unterstellen, dass Harry den sprichwörtlichen Dämonen in sich selbst ins Auge schaute, also seinen eigenen negativsten Persönlichkeitsanteilen. Hierzu passt, was offenbar nur Harry und niemand anders an Stanford wahrnahm: »Halb erhoben starrte er mich bösartig an.«

Harrys Realitätswahrnehmung rechtfertigt seine Handlungen komplett vor sich selbst. Er lügt nicht, wenn er den Sachverhalt und seine Motive genau so und nicht anders schildert. In seiner eigenen subjektiven Wahrnehmung und Realität ist dies die Wahrheit. Doch warum muss ein Mensch, der scheinbar kein Gewissen hat, der neben der narzisstischen und der Borderline-Persönlichkeitsstörung auch die antisoziale Persönlichkeitsstörung deutlich ausgeprägt hat, Rechtfertigungen für sein Handeln finden? Die Antwort ist so einfach wie erschreckend: Kein Mensch, auch nicht der antisozialste Verbrecher, möchte vor sich selbst als »schlechter Mensch« dastehen. Es gehört zum evolutionär eingebauten Überlebensprogramm aller Menschen, sich grundsätzlich als positiv wahrzunehmen. Menschen, die das über längere Zeit nicht können, sind gefährdet, suizidal zu werden.

Fifty Shades of Personality Disorder –
Eine düstere Liebesgeschichte aus dem wahren Leben

Du wirst einfach dort stehen
und mich weinen hören,
doch das ist in Ordnung,
denn ich liebe die Art, wie du lügst,
ich liebe die Art, wie du lügst.

(aus dem Song »Love the Way You Lie«,
von Eminem feat. Rihanna)

Der Fall von Harry Thaw beeindruckt durch das Ausmaß an Dramatik, Wahnsinn und der »bunten« Mischung grausamer Taten, die dabei eine Rolle spielen – angefangen beim Missbrauch Minderjähriger durch Stanford wie auch durch Harry, über Harrys großenteils nicht einvernehmlich durchgeführte, schwere Körperverletzung von Frauen zu seinem sexuellen Vergnügen bis hin zur Tötung des verhassten Konkurrenten. Diese Geschichte hätte sich ein Hollywood-Drehbuchautor kaum beeindruckender ausdenken können. Doch ich habe im Rahmen meiner Arbeit immer wieder mit Persönlichkeiten und Geschichten zu tun, die der von Harry Thaw in einigen Elementen ähneln. Faszinierend daran ist, dass Aspekte der psychischen Auffälligkeiten, welche in seinem Fall eine Rolle spielten, auch in vergleichsweise harmloseren Fällen zu finden sind. Dahinter steckt eines der wichtigsten psychologischen Prinzipien: Psychische Auffälligkeiten sind eigentlich nie einmalig, und versteht man ihre Grundmechanismen, so lässt sich eine Logik meist auch in scheinbar nicht nachvollziehbaren Handlungen und Geschichten erkennen.

Im Fall eines Pärchens, das ich beratend betreute, fielen mir einige psychische Besonderheiten auf, die Parallelen zum Fall von Harry Thaw aufweisen. Elisabeth und Richard suchten Beratung bei mir, weil sie einvernehmlich sadomasochistische Praktiken auslebten und nach einer Paarberatung suchten, die dem neutral gegenüberstand. Außerdem hatten beide Partner Traumatisierungen in ihrer Kindheit erlebt. Von Anfang an war jedoch für Richard klar, dass seine Partnerin alleine »das Problem« sei und er sie nur dabei unterstützen wolle, ihre Schwierigkeiten zu lösen, damit sie ihm eine bessere Partnerin sein könne. Diese Grundhaltung passte sehr gut zu Richards insgesamt stark narzisstischer Persönlichkeitsstruktur. Ich rekonstruierte über einen längeren Zeitraum die psychologisch sehr interessante und aufschlussreiche Geschichte dieses Paares. Anfangs durch Paar- und später durch Einzelgespräche, ergänzt durch mir zur Verfügung gestellte Foto- und Videoaufnahmen sowie Tagebuch-, E-Mail- und SMS-Auszüge, konnte ich mit der Zeit ein psychologisches Gesamtbild erkennen, das so beispielhaft wie tragisch für entsprechende Paarkonstellationen ist.

Der erfolgreiche Journalist und die junge Praktikantin

Es ist so verrückt,
denn wenn es gut läuft,
läuft es großartig.
Ich bin Superman,
mit dem Wind im Rücken,
sie ist Lois Lane.

(aus dem Song »Love the Way You Lie«)

Zu Beginn der Geschichte ist Richard als Journalist und Dozent tätig. Er hält gut besuchte, internationale Seminare ab. Elisabeth lernt ihn bei einem dieser Seminare kennen, das sie als Auslandspraktikantin in seinem Heimatland Großbritannien besucht. Dies ist zum Zeitpunkt meines ersten Gesprächs mit dem Paar neun Jahre her. Elisabeth ist bei der ersten Begegnung neunzehn Jahre alt und lebt in Hamburg. Richard ist vierunddreißig und lebt mit seiner Frau und seiner 13-jährigen Tochter in London. Die beiden bleiben nach dem Seminar in Kontakt, doch ist Elisabeth zu diesem Zeitpunkt noch in einer festen Beziehung und weiß, dass Richard Ehemann und Familienvater ist. Über drei Jahre baut sich ein zunehmend engeres, freundschaftliches Verhältnis auf, mit regelmäßigen E-Mails und gelegentlichen Treffen, wenn Richard beruflich in Deutschland ist.

Unabhängig von diesem Kontakt scheitert die Ehe von Richard und später auch die Beziehung von Elisabeth. Einer der Gründe für das Scheitern ist, dass in beiden Fällen die Beziehungspartner keinerlei Interesse an sadomasochistischen Praktiken hatten. Zwar waren sich Richard und Elisabeth – unabhängig voneinander – ihrer diesbezüglichen Neigungen schon früh bewusst, doch hatten sie diese als nicht übermäßig wichtig für ihr Beziehungsleben eingeschätzt. Wie sich später herausstellt, ein gravierender Fehler. Viele Menschen mit entsprechenden Neigungen merken früher oder später in ihrer Beziehung, dass ihnen etwas fehlt, wenn sie keine Möglichkeit haben, diesen Teil ihrer Sexualität und Persönlichkeit auszuleben. Häufig endet dies mit heimlichen Affären und/oder dem Beziehungs-Aus. Dies war auch bei Richard und Elisabeth der Fall, die ihre Neigung außerhalb ihrer Hauptbeziehungen auslebten. Auch sonst hatten Richard und Elisabeth nur recht wenige Interessen mit ihren bisherigen Beziehungspartnern gemeinsam. Umso mehr Gemeinsamkeiten entdecken sie bei sich. So beginnen die beiden etwa dreieinhalb Jahre nach ihrer ersten Begegnung eine Affäre. Zunächst trifft man sich in verschiedenen deutschen Städten oder bei selteneren Besuchen von Elisabeth in Großbritannien. Darüber hinaus assistiert Elisabeth gelegentlich bei beruflichen Aufträgen, wegen derer Richard immer wieder in Deutschland ist.

Durch ihn kommt sie in Kontakt mit anderen seiner »Gespielinnen«, wie Richard seine Sexualpartnerinnen nennt. Elisabeth erfährt von ihm, dass er und seine Frau seit Jahren die Vereinbarung gehabt hätten, eine offene Ehe zu leben. Dies habe er aufgrund seiner vielen beruflichen Reisen problemlos ausleben können. Ob seine Frau dies auch getan habe, wisse er nicht, und es interessiere ihn auch nicht. Später findet Elisabeth allerdings heraus, dass Richard und seine damalige Frau solch eine Vereinbarung niemals getroffen hatten. Vielmehr setzte er einfach voraus, dass seine Frau sich sein Vorgehen »denken könne« und sich ihrerseits »bei Bedarf« entsprechende »Freiheiten« erlauben würde. Anfangs noch überaus beeindruckt von Richards offener Art, einen »alternativen Lebensstil« zu pflegen und darüber auch gerne zu philosophieren, taucht die gerade 23-jährige Elisabeth in seine Welt ein: die Welt des so lebenserfahrenen, selbstsicheren und charmanten Journalisten.

Der lädt sie ein, bei ihm in London ihre Abschlussarbeit zu schreiben, und nimmt eine immer größere Rolle in der Lebensgestaltung von Elisabeth ein. Sie ist hingerissen von den vielen neuen Eindrücken, die sie dank seiner erlebt. Gemeinsam besuchen sie Partys, schicke Restaurants und Bars. Sie haben viele gemeinsame Interessen, über die ihnen der Gesprächsstoff nie auszugehen scheint. Richard, der sich selbst als dominant und sadistisch in seiner sexuellen Ausrichtung bezeichnet, macht Elisabeth auch mit zunehmend härteren sadomasochistischen Praktiken vertraut. Zu seinen bevorzugten Praktiken in diesem Bereich gehören nicht nur Fesselungen und Schläge, sondern auch das Würgen bis zur Bewusstlosigkeit, das Durchstechen der Haut mit medizinischen Kanülen und das Schneiden von Mustern in die Haut – sogenanntes »Cutting«. Dies sind Praktiken, die auch in der BDSM-Szene als eher extrem angesehen werden.

Elisabeth vertraut Richard, der vorgibt, über auf jahrelangen Erfahrungen basierende medizinische Kenntnisse zu verfügen und stets »alles im Griff« zu haben. Die ersten für sie einschneidenden Erlebnisse dieser Art finden statt, nachdem Richard sie den Abend über mit jeweils etwa einer Dreiviertelflasche Wodka abfüllt. Wie Elisabeth später auffällt, hat er Wodka stets vorrätig und auch auf Reisen meist dabei. Sie, die vor ihrer Bekanntschaft mit Richard kaum Alkohol trank, kann sich an diese ersten Nächte mit intensiven sadomasochistischen Erlebnissen anschließend nur vage erinnern. Richard ist allerdings so freundlich, ihr die Foto- und Filmaufnahmen in Kopie auszuhändigen, die er häufig bei solchen Gelegenheiten anfertigt. Diese Aufnahmen werden mit Elisabeths Einverständnis aufgenommen, da Richard versichert, dafür Sorge zu tragen, dass niemand sonst sie jemals zu sehen bekommen wird. Elisabeth ist zu diesem Zeitpunkt noch nicht klar, dass Richard – wie viele psychisch auffällige Sadisten – eine umfangreiche »Trophäensammlung« in Form von Foto- und Filmmaterial besitzt, mit dem er seine Eroberungen und seine sexuellen Erlebnisse dokumentiert.

Liebe ist für alle da

> *Marge Sherwood: »Die Sache mit Dickie …*
> *Es ist, als würde die Sonne auf dich scheinen, und es ist herrlich.*
> *Und dann vergisst er dich, und es wird sehr, sehr kalt.«*
> *Tom Ripley: »Das merke ich.«*
> *Marge Sherwood: »Wenn du seine Aufmerksamkeit bekommst,*
> *hast du das Gefühl, du wärest die einzige Person auf der Welt.*
> *Das ist der Grund, warum jeder ihn so sehr liebt.«*
>
> *(aus dem Film »Der talentierte Mr. Ripley«)*

Bald wird Elisabeth auch anderen »Gespielinnen« von Richard vorgestellt, mit denen sie sich gut versteht. Es sind zu diesem Zeitpunkt fast ausschließlich Praktikantinnen in ihrem Alter und aus Richards Arbeitsumfeld, allerdings, was ihren Wohnort angeht, geschickt über seine Hauptwirkungsstätten verteilt. Die jungen Frauen werden von Richard entweder nach London eingeladen oder in Hotels in der Nähe ihrer Wohnorte. Egal wo, Elisabeth ist immer häufiger anwesend. Da sie sich als »sehr gut kompatibel« mit den anderen »Gespielinnen« erweist, erhält sie zunehmend eine Sonderstellung in Richards Leben. Dieser wertet sie zu diesem Zeitpunkt enorm auf, sagt ihr immer wieder, wie »intelligent«, »cool« und »besonders« er sie finde. Elisabeth, die – wie viele seiner »Gespielinnen« – ein eher schwaches Selbstwertgefühl und im Vergleich zu ihm wenig Lebenserfahrung hat, kann diese starke, positive Zuwendung kaum fassen. Bald wird sie zunehmend emotional abhängig von Richard, mit dem sie nun täglich über E-Mails, SMS und Telefon kommuniziert und den sie immer häufiger trifft. Die gemeinsamen Treffen mit anderen »Gespielinnen« machen ihr nichts aus, im Gegenteil, sie empfindet diese jungen Frauen zumeist als sehr angenehme Menschen, mit denen sie gerne Zeit verbringt. Die freundschaftlichen Kontakte werden auch abseits der Treffen mit Richard aufrechterhalten. Elisabeth definierte sich schon lange vor der Affäre mit ihm als bisexuell, weshalb sie auch sexuellen Aktivitäten mit den anderen Frauen nicht abgeneigt ist.

Die Treffen mit Richard und den anderen »Gespielinnen« verlaufen stets nach ähnlichem Muster: Man trifft sich nachmittags und verbringt die Zeit beispielsweise in der Stadt, bei einer Ausstellung oder bei einem von Richards beruflichen Aufträgen. Er nimmt sowohl Elisabeth als auch einige der anderen Frauen gerne als »Assistentinnen« bei seinen Arbeitsprojekten mit. Öfter macht Richard den Frauen auch Geschenke wie Kleidung oder andere Dinge, die gemessen an seinem Einkommen nicht besonders teuer sind, auf die jungen Frauen aber großzügig wirken. Abends speist man auswärts oder in Richards Küche in London und nimmt alkoholische Getränke zu sich. Entweder in seiner Lieblingsbar oder auf dem für alle gebuchten Zimmer, gerne in luxuriösen Hotels. Findet der Abend dort statt, so holt Richard in aller Regel eine seiner liebsten Wodka-Sorten aus dem Koffer und beginnt, mit den Frauen zusammen zu trinken. Währenddessen spielt er Musik von seinem Laptop. Dabei achtet er darauf, dass die jungen und mit harten Alkoholika häufig nicht besonders erfahrenen Frauen möglichst rasch möglichst viel von dem Wodka trinken. Er animiert sie dazu mit neckischen Sprüchen wie: »Trinkt, das ist gut für euch.« Den gesamten Tagesverlauf – also nicht nur die sexuellen Aktivitäten – dokumentiert Richard wenn möglich – und möglichst beiläufig – mit seiner Fotokamera.

Elisabeth fällt erst Jahre später auf, dass Richard stets dieselben, fast ritualisiert wirkenden Abläufe vollzieht. Als besonders beängstigend empfindet sie, dass sie Fotos von Richard mit neuen »Gespielinnen« sieht. Es scheinen Kopien der Bilder zu sein, die er mit ihr und den »Vorläuferinnen« machte: teilweise exakt dieselben Orte und sogar exakt dieselben Posen mit denselben unterschwelligen »Witzen« in den Bildern. Stark ritualisierte Abläufe und die typischen Trophäen sind für auf Kontrolle fixierte Menschen mit entsprechend auffälligen Persönlichkeiten nicht ungewöhnlich. Ein erschreckender Vergleichsfall für diese Auffälligkeit ist der Serienmörder und Fotograf Rodney Alcala, den ich in meinem Buch »Auf dünnem Eis – Die Psychologie des Bösen« umfassend beschrieben habe. Auch er sammelte geradezu zwanghaft Fotos, hauptsächlich von Frauen und Mädchen. Und auch in seinen umfangreichen Fotoserien sind teilweise immer wieder dieselben Schauplätze und Situationen festgehalten. Neben dem Phänomen der ritualisierten Fotografien fallen Elisabeth Jahre später noch mehr »Rituale« im Verhalten von Richard auf.

An Abenden, die für sexuelle Ausschweifungen vorgesehen sind, animiert Richard, wie beschrieben, seine oft jungen Gespielinnen dazu, schnell einen deutlich erhöhten Alkoholpegel aufzubauen. Ab einem gewissen Punkt geht er dann sehr gezielt und zunehmend direkt dazu über, die Frauen auszuziehen und mit ihnen sexuelle Handlungen zu vollziehen oder sie dazu aufzufordern, entsprechende Handlungen aneinander vorzunehmen. Spätestens am zweiten Abend dieser Art beginnt Richard damit, Foto- und Filmaufnahmen der sexuellen Handlungen zu erstellen, wenn dem keine deutliche Weigerung entgegengebracht wird. In den meisten Fällen kann er seinen Wunsch durchsetzen. Er lässt dies so selbstverständlich in den Abendverlauf einfließen, dass es nur den wenigsten jungen Frauen seltsam vorkommt. Diese sind dann meist bereits stark genug vom Alkohol enthemmt, um alles mitzumachen, was er anregt. Außerdem macht er mit seinem höheren Alter und seinem beruflichen Status stets sehr deutlich, dass alles, was er will, selbstverständlich gut und in Ordnung ist – er ist schließlich hochintelligent und dazu extrem lebenserfahren. Diesen Eindruck vermittelt er den jungen Frauen sehr gezielt.

Jene, die nachts mit ihm in einem Hotelzimmer oder bei ihm zu Hause landen – wo der Abend sich prinzipiell identisch entwickelt –, fühlen sich geehrt, dass der begehrte und sehr angesehene Journalist ihnen diese Ehre zuteilwerden lässt. Dass sie nur austauschbare »Puppen« für ihn sind und dass er mit zahllosen, meist jungen Frauen vor und nach ihnen haargenau dieselben Abläufe vollzieht, wissen sie nicht. Richard besitzt die beeindruckende Fähigkeit, jeder einzelnen Frau das Gefühl zu vermitteln, etwas »ganz Besonderes« zu sein. Keiner von ihnen kommt der ernsthafte Gedanke, dies könnte eine »Masche« sein. Denn allein aufgrund der geografischen Distanz und Richards zahlreicher Reisen hat kaum eine von ihnen so viel direkten Kontakt zu ihm, dass sie das Ausmaß seiner Liebschaften und den rituellen Charakter seiner Handlungsabläufe erkennen könnte. Hier nimmt Elisabeth mit der Zeit eine Sonderrolle ein, da Richard ihr zunehmend größeres Vertrauen schenkt und sie vor allem dank ihrer »Kompatibilität« mit den anderen Frauen immer häufiger mit einlädt – während die anderen Frauen sich zumeist nicht oder nur selten kennenlernen.

Dein Wille geschehe

Nicht im Genuss besteht das Glück,
sondern im Zerbrechen der Schranken,
die man gegen das Verlangen errichtet hat.

(Marquis de Sade)

Elisabeth fällt auf, dass Richard in dieser Lebensphase hauptsächlich mit Frauen sexuell verkehrt, die zumindest ein gewisses Interesse für sadomasochistische Praktiken zeigen. Er lenkt diese Neigung allerdings wenn möglich in Richtung seiner eigenen Interessenschwerpunkte. Seine Taktik ist es, den jungen Frauen das Gefühl zu vermitteln, dass er ihnen einmalige, intensive Erlebnisse »schenkt«, dass er ihnen hilft, neue Erfahrungen zu machen und über die eigenen Grenzen zu gehen. Sein Charme und seine stark ausgeprägte Überzeugungskraft führen meist dazu, dass er schließlich genau die Praktiken durchführen kann, die zu seinen Zielfantasien gehören. Dabei ist es für ihn von besonderem Interesse, die Frauen so weit über ihre eigenen Grenzen zu treiben, wie er nur kann. Am Ende der sexuellen Aktivitäten, bei denen seine »Gespielinnen« nicht selten körperlich sehr mitgenommen aussehen, denkt er oft daran, wenn möglich ein Foto oder kurzes Video anzufertigen, auf dem er mit ihnen herumalbert. Erst viel später kommt Elisabeth auf den Gedanken, dass dies möglicherweise auch deshalb ein Teil seines typischen »Rituals« ist, weil er damit einen »objektiven« Beweis hat, dass die Frauen auch am Ende noch lächeln und unversehrt sind. Wie betrunken und völlig neben der Spur sie wirklich sind, ist so kaum zu beweisen. So könnte Richard im Zweifelsfall immer einen Beweis vorlegen, dass nichts gegen den Willen der Frauen geschehen ist.

Dieser Gedanke kommt Elisabeth, als sie bemerkt, dass Richard nicht immer die Grenzen seiner Sexualpartnerinnen wahrt. Bei einer Party, die sie besucht, kurz nachdem sie die Affäre mit ihm begonnen hat, gestattet Richard gegen Ende einer anderen Frau, die vorher mit ihr getanzt und sie auch geküsst hat, an Elisabeth etwas »auszuprobieren«. Er gibt der Frau, die sowohl ihm als auch Elisabeth bis dato unbekannt war, eine Kanüle und fordert sie auf, Elisabeth mit der scharfen Spitze einen leichten Schnitt zu versetzen. Als dieser Schnitt ihm nicht tief genug erscheint, fordert er die Frau auf, tiefer zu schneiden – was diese auch tut. Elisabeth macht zu diesem Zeitpunkt – alkoholisiert und völlig euphorisch von der langen Party – noch begeistert mit. Wie gewünscht tritt nun Blut aus dem Schnitt, und die andere Frau trinkt davon – eine nicht weit verbreitete, aber von einigen Menschen als besonders angenehm und/oder sexuell erregend empfundene Praxis, an die auch Elisabeth zu diesem Zeitpunkt durch Richard herangeführt worden ist. Sie sagte allerdings im Vorfeld zu Richard, dass sie von solchen Aktionen keine sichtbaren Narben an nicht leicht zu verdeckenden Stellen ihres Körpers davontragen wolle. Eine Bitte, die in dieser Nacht offenbar keine große Rolle mehr spielt. Denn die andere Frau hat – wie sie selbst sagt – keine Erfahrung mit solchen Handlungen und schneidet daher viel zu tief. Dies fällt Elisabeth allerdings erst am folgenden Tag auf, als sie – nicht mehr alkoholisiert – neben Richard aufwacht und die große, leicht entzündete Schnittwunde an ihrem Unterarm entdeckt.

Richard überspielt das Problem, wie üblich. Er sagt Elisabeth, sie solle »sich nicht so anstellen«, desinfiziert den Schnitt und meint, der wäre doch gar nicht schlimm. Es sei »cool« von ihr, mitgemacht zu haben. Geschickt instrumentalisiert er Elisabeths Angst, am Ende als »hysterische Spielverderberin« dazustehen. So verzichtet sie auch darauf, ihren ersten Gedanken an diesem Morgen auszuführen und einen Arzt aufzusuchen. Für das »Nähen« der Wunde sei es ohnehin nach mehreren Stunden schon zu spät, merkt Richard gelassen an. Einige Wochen später bezahlt er ihr einen kleinen chirurgischen Eingriff, bei dem die sichtbare Narbe verkleinert wird. Allerdings streitet er von Anfang an ab, Mitverursacher des Vorfalls zu sein. In *seiner* Version der Geschichte war er nicht einmal in der Nähe, als Elisabeth der Schnitt zugefügt wurde. Ähnlich bizarr ist seine subjektive Realität bei zwei anderen »Unfällen«. An einem der vielen langen, sexuell ausschweifenden Abende mit einer anderen »Gespielin« verbindet er Elisabeth – wie so häufig – die Augen. Er setzt an ihrem gesamten Körper Metallklammern an und führt einige Kanülen durch ihre Haut. Irgendwann merkt Elisabeth – trotz stark alkoholisieren Zustandes –, dass eine der Metallklammern immer heftiger zu schmerzen beginnt. Sie wimmert mehr und mehr, doch Richard reagiert wie so oft bei derlei Reaktionen: »Komm schon, stell dich nicht so an.« Als Elisabeth einige Zeit später, nachdem die Klammern und Kanülen von Richard wieder entsorgt worden sind, losgebunden wird, entdeckt sie eine kleine Brandblase an ihrem Arm, exakt an der vorhin besonders schmerzenden Stelle. Elisabeth fährt

Richard an, dies sei nicht o.k. Sie habe doch schon bei dem Vorfall mit den Schnittnarben am Arm gesagt, dass sie dauerhafte Narben an solchen Stellen ablehne. Von Brandnarben sei außerdem niemals die Rede gewesen. Hierauf erwidert Richard, sie solle sich nicht so anstellen, es würde überhaupt keine Narbe geben. Einige Monate später, als Elisabeth ihm die offensichtlich leicht wulstige, kleine Brandnarbe an ihrem Arm zeigt, behauptet er schlicht: »Das ist keine Brandnarbe, das ist nur irgendeine Stelle, die du zu tief aufgekratzt hast.« Wie so oft inzwischen ist Elisabeth fassungslos.

Doch das ist nicht der letzte Vorfall dieser Art. Nach einigen anderen kleineren »Zwischenfällen« ereignet sich Jahre später wieder ein »Unfall« mit längerfristig sichtbarer Folge. Eines Abends möchte Richard mit Elisabeth ein intensives, sexuelles Erlebnis inszenieren, als Versöhnung nach einem Streit. Er weist sie vorher per SMS an, was sie zu tun habe. Sie solle schweigend in die Wohnung kommen, sich im Flur nackt ausziehen und auf seine Anweisungen warten. Dies tut Elisabeth, bis Richard sie in sein Wohnzimmer bittet. Es riecht – wie beide es mögen – nach Räucherkerzen. Richard verbindet seiner Partnerin die Augen, fesselt sie kniend in einer Position auf dem Boden, in der sie sich nicht mehr bewegen kann, und knebelt sie. Dann beginnt er, sie mit unterschiedlichen Werkzeugen zu schlagen und medizinische Kanülen durch ihre Brüste zu stechen. Währenddessen spielt er relativ laute Musik ab, damit die Nachbarn ihre trotz des Knebels deutlich vernehmbaren Schmerzenslaute nicht hören. Bis zu diesem Punkt empfindet Elisabeth das Ganze noch als ein positives, verbindendes Erlebnis. Doch dann spürt sie einen ungewohnten stechenden Schmerz auf ihrer Schulter. Sie wimmert heftiger und zuckt unwillkürlich, doch Bewegungen sind durch die Fesselung kaum möglich. Ihr ist nicht klar, was los ist. Wieder hört sie das so oft gehörte »Komm schon, stell dich nicht so an«. Doch als sie sich nicht beruhigt, merkt sie, wie er etwas von ihrer Schulter streicht. Kurz darauf beginnt auch ihre andere Schulter auf dieselbe Weise zu schmerzen. Diesmal schreit und zuckt sie sofort so sehr, sodass

Richard fast unverzüglich interveniert. Die Handlungen zwischen beiden gehen daraufhin weiter, als sei nichts Ungewöhnliches geschehen.

Etwa eine Stunde später, als Elisabeth nach dem Duschen alleine im Badezimmer steht, sieht sie eine kleine Brandblase auf ihrer Schulter. Eigentlich ist ihr klar, dass es sinnlos ist, das Thema anzusprechen. Sie tut es trotzdem und fragt Richard, was er auf ihrer Schulter entzündet habe. Er grinst und sagt: »Das wirst du später auf den Fotos sehen.« In der Tat sieht Elisabeth auf den von diesem Abend angefertigten Fotos, dass Räucherstäbchen auf ihren Schultern abgebrannt wurden. Da der gesamte Raum wie so oft schon vorher stark nach diesen roch, hatte sie es nicht direkt bemerkt. Zu dieser Zeit hat sie schon so weit resigniert, dass sie darüber keinen Streit anfängt. Sie bittet lediglich vorsichtig darum, ihr keine weiteren Brandverletzungen zuzufügen, egal wo. Auch in diesem Fall kommentiert Richard einige Wochen später, die entstandene Narbe sei »keine Brandnarbe«, sondern komme nur durch Elisabeths Herumkratzen an kleinen Wunden. Diese Aussage ist ebenso wie beim ersten geschilderten Vorfall vor allem deshalb absurd, weil Richard sich für einen besonders guten Fachmann in sadomasochistischen Sicherheitsregeln und medizinischen Dingen hält. In der Tat müsste er sich mit unterschiedlichen Arten von Verletzungen und Narben allein durch sein theoretisches Wissen gut genug auskennen, um eine Brandnarbe als eine solche erkennen zu können. Auch hier greift offenbar in seinem Denken der übliche Mechanismus: »Weil nicht sein kann, was nicht sein darf.«

Elisabeth verzichtet schon relativ früh darauf, solche Vorfälle mit ihm zu diskutieren. Es endet der Erfahrung nach ja ohnehin nur in heftigen Beziehungsstreitereien und konsequentem Leugnen und Wutanfällen seitens Richards. Mit der Zeit werden ihr ähnliche Geschichten aber auch von anderen »Gespielinnen« berichtet. Dass Richard eine gewisse Tendenz dazu hat, vorher klar ausgemachte Grenzen seiner Sexualpartnerinnen im entscheidenden Moment nicht ganz zu berücksichtigen, haben mehrere von ihnen erlebt. Da sich die meisten dieser Frauen untereinander nicht kennen, folgert Elisabeth, dass diese Vorfälle also nicht – wie es Richard stets behauptet – Produkte ihrer Fantasie sind. Doch all diese Frauen sehen es als Ehre an, sich im Bekanntenkreis des wohlhabenden und angesehenen Richard zu bewegen, und sind daher nicht dazu bereit, von diesen Grenzüberschreitungen zu berichten. »Er ist eben so«, ist die übliche Entschuldigung. Keine von ihnen will ihn verärgern und seine Gunst verlieren.

Absolute Nähe und absolute Hingabe

Ich will alles für dich sein, Scott.
Ich will dein Vater, Bruder, Liebhaber und bester Freund sein.

(aus dem Film »Liberace – Zu viel des Guten ist wundervoll«)

Nach etwa einem Jahr dieser an Intensität zunehmenden Affäre äußert Richard verstärkt den Wunsch, dass Elisabeth keine anderen männlichen Sexualpartner neben ihm hat. Dies empfindet sie als unfair, da er sein eigenes Sexualverhalten uneingeschränkt beibehalten möchte. Richard empfindet es aber als für sich untragbar, dass Elisabeth ihre sexuellen Freiheiten weiter auslebt. Während einer langen Reise bietet er ihr daher schließlich an, sexuelle Aktivitäten mit anderen Frauen nur noch mit ihr zusammen durchzuführen – sofern sie zustimmt, mit keinem anderen Mann außer ihm intim zu werden. Dies hält Elisabeth für machbar und in Ordnung. Doch von Beginn an merkt Elisabeth, dass die so vollmundigen Absichtserklärungen von Richard nicht immer mit seinen tatsächlichen Handlungen übereinstimmen. So behauptet er, mit einer gemeinsamen engen Freundin noch eine »Abschlussreise« unternehmen und im Rahmen dieser den sexuellen Kontakt mit ihr in der bisherigen Form beenden zu wollen. Während dieser Reise telefoniert Elisabeth mehrmals mit beiden Beteiligten. Richard verkündet stolz, er habe das klärende Gespräch geführt, und es sei alles friedlich und gut verlaufen. Überraschenderweise berichtet die gemeinsame Freundin das genaue Gegenteil. Richard habe – das kennen beide von ihm – um den heißen Brei herumgeredet und eigentlich gesagt, dass er alles gerne wie bisher beibehalten wolle, er sich nur von Elisabeth unter Druck gesetzt fühle. Dass er seinerseits damit anfing, Elisabeth unter Druck zu setzen, fällt ihm dabei nicht auf.

Elisabeth ist zunächst kaum überrascht über diesen Verlauf, hat Richard doch bereits bei diversen Gelegenheiten bewiesen, dass er Konflikten mit mehreren beteiligten Frauen, solange es geht, aus dem Weg geht und anschließend die Sachverhalte oft zu seinen Gunsten verdreht oder so tut, als habe er mit alldem nichts zu tun. Während eines gemeinsamen Telefonats mit beiden auf der gleichen Reise konfrontiert Elisabeth Richard mit seinen widersprüchlichen Aussagen. Er tut das, was für ihn in derlei Situationen typisch ist: Er wirft Elisabeth vor, er habe sie nicht angelogen und sie sei ja verrückt, ihm dies zu unterstellen. Dies sei typisch für sie. Als die gemeinsame Freundin, die neben ihm sitzt, sagt, er habe aber keinesfalls eindeutig mit ihr »Schluss gemacht«, sagt Richard deutlich emotional angespannt, dies sei ihm alles zu blöd und er werde sich mit diesem Theater nicht länger beschäftigen. Daraufhin beendet er das Telefonat. Die Tendenz, ein gewisses Fluchtverhalten an den Tag zu legen, wenn es für ihn unangenehm wird oder er sich genervt fühlt, zeigt Richard häufiger: Fühlt er sich in die Ecke gedrängt, so externalisiert er das Problem und schiebt es auf die schlechten Charaktereigenschaften anderer. Der starke Hang zur Externalisierung ist ein für persönlichkeitsgestörte Menschen typisches Muster. Auch in einigen Beratungsgesprächen, die das Paar viel später aufsucht, verlässt Richard schließlich fluchtartig den Raum. Anschließend schiebt er die Schuld dem angeblich unangemessenen Verhalten der anderen Beteiligten zu.

Kurz nach besagter Reise beendet Richard schließlich doch die Affäre mit der gemeinsamen Freundin. Dies allerdings nur, weil Elisabeth mit der Konsequenz droht, ihrerseits auch wieder sexuelle Aktivitäten mit anderen Männern aufzunehmen. Eine Vorstellung, die Richard als so unerträglich empfindet, dass sie in ihm Suizidgedanken aufkommen lässt, wie er sagt. Denn Elisabeth sei schließlich für den Rest ihres Lebens sein persönliches Eigentum, die großartigste Frau, die er je kennengelernt habe, seine Seelenverwandte und die erste Frau, für die er jemals echte, tiefe Liebe empfunden habe. All dies sind Aussagen, die Richard zu Beginn der festen Beziehung tätigt. Einerseits idealisiert er Elisabeth über die Maßen, andererseits will er sie ganz besitzen und erträgt den Gedanken nicht, andere Männer könnten an ihr interessiert sein. Dies geht so weit, dass er ihr das Versprechen abnimmt, sich zu erhängen, sollte er vor ihr sterben, damit kein anderer Mann sie jemals »besitzen« könne. Er sagt, er wolle am liebsten jeden Tag und jede Nacht mit Elisabeth verbringen, und setzt dies auch zügig um. Elisabeth, die immer noch in Richard verliebt ist und sich an ihn klammert wie er an sie, teilt seinen Wunsch nach intensiver Nähe.

Richard bietet ihr an, immer mehr Stunden für ihn zu arbeiten, und schlägt schließlich vor, mit ihm zusammen eine Wohnung in London zu beziehen. Elisabeth hat zu diesem Zeitpunkt gerade ihren Abschluss gemacht und bereits Routine darin entwickelt, mit Richard zusammenzuarbeiten und ihn bei seinen Projekten zu unterstützen. Obwohl ihr gesamtes soziales Umfeld in Hamburg ist, wagt sie den Neuanfang im Ausland. So bezahlt sie schließlich von ihren Ersparnissen den Umzug nach London, da sie Richards Angebot als sehr großzügig empfindet. Immerhin möchte sie in London noch einen internationalen Studienabschluss machen, und Richard bietet ihr an, während dieser finanziell für sie schwierigen Zeit den Hauptteil der gemeinsamen Mietkosten zu übernehmen. Elisabeth findet das fair. Er überzeugt sie weiter, dass er während ihres Studiums in London ihren Lebensunterhalt sichern wird, indem sie für ihn arbeiten werde. So könne sie immer in seiner Nähe sein. Er schätze ihren Intellekt und ihre hervorragende Arbeitsleistung sehr, so sei dies auch für ihn ein faires Angebot. Nach Abschluss ihres internationalen Studiums werde Elisabeth ja voraussichtlich ein gutes und gesichertes Einkommen haben und dann in gleichem Maße wie er zum gemeinsamen Lebensunterhalt beitragen können.

Da Richard ein Jahreseinkommen im sechsstelligen Bereich hat (obwohl er dies vor anderen stets abstreitet und später sogar Elisabeth gegenüber – vollkommen absurd – behauptet, er verdiene »nicht mehr als eintausend Euro netto« im Monat), kann er sich ein solches Angebot problemlos leisten. Die Strategie, einen Beziehungspartner zunehmend emotional, sozial und finanziell von sich abhängig zu machen, ähnelt sehr dem Vorgehen, das auch der prominente homosexuelle US-amerikanische Pianist Władziu Valentino Liberace an den Tag legte. Ähnlich wie Richard war dieser einem abwechslungsreichen Lebensstil mit zahlreichen sexuellen Abenteuern und immer wieder neuen, jungen Partnern verfallen. Der über ihn gedrehte biografische Film »Liberace – Zu viel des Guten ist wundervoll« zeigt in einigen Punkten und vor allem in seiner Gesamtdynamik einige Parallelen zur Geschichte von Richard und Elisabeth auf.

Gaslighting oder die Kunst, andere in den Wahnsinn zu treiben

Es ist nicht schlimm, wenn man missverstanden wird,
schlimmer ist es, wenn man verstanden wird.

(Marquis de Sade)

Nach dem Zusammenziehen nehmen die Streitereien zu. Zu diesem Zeitpunkt weiß Elisabeth seit längerem, dass Richard gelegentlich Aussagen tätigt, die nicht der Wahrheit entsprechen. Dies tut er aber immer wieder auf eine Weise, dass Elisabeth schließlich nicht sicher ist, ob er nicht doch im Recht ist. Wenn er Dinge zusagt, die er eigentlich nicht tun will, neigt er dazu, diese zu »vergessen« oder aber hinterher gänzlich abzustreiten, dass er sie versprochen hat. Dabei tritt er in jedem Fall so überzeugend und vehement auf, dass Elisabeth schließlich immer wieder an ihrer Wahrnehmung und ihren Erinnerungen zweifelt. In dieser »Beziehungsdynamik« gewinnt Elisabeth zunehmend den Eindruck, sehr vieles falsch zu machen, falsch zu verstehen und überhaupt minderwertig zu sein. Ihr schon vor der Bekanntschaft mit Richard niedriges Selbstwertgefühl verschlechtert sich kontinuierlich. Einerseits lobt er sie über die Maßen, wenn er ihr gegenüber positiv gestimmt ist. Andererseits wird er immer wieder schnell wütend, wenn Elisabeth Aufgaben nicht genau so ausführt, wie er es wünscht, oder wenn sie ihn mit Widersprüchen in seinen Aussagen oder seinem Verhalten konfrontiert.

Ein zentrales Thema der Beziehungskonflikte wird Richards Tendenz, sich jungen Frauen gegenüber immer wieder besonders charmant und flirtend zu verhalten. Elisabeth gewinnt immer stärker den Eindruck, er habe große Schwierigkeiten damit – vor allem bei den vielen jungen Frauen, die ihm wegen seines aufregenden Berufes und seines Status Bewunderung entgegenbringen –, sein sexuell verführerisches Verhalten im Zaum zu halten. Am meisten stört sie daran jedoch, dass Richard ihre Wahrnehmung auch in diesem Punkt stets als hysterische Einbildung darstellt. Da Elisabeth an ihrer Wahrnehmung in der Tat zunehmend zweifelt, gleicht sie diese mit der Wahrnehmung ab, die Bekannte von Richard haben. Viele bestätigen ihr, bei Richard ebenfalls eine Tendenz zu auffällig starkem verführerischen Verhalten gegenüber vor allem jungen Frauen festzustellen. Konfrontiert sie Richard damit, so gibt er stets vorwurfsvoll zurück, Elisabeth könne eben ihre Mitmenschen brillant manipulieren und deren Wahrnehmung so verändern, dass sie ihre Meinung teilen. So absurd diese Aussage klingt, so ernst meint Richard sie. Sein Glaube an die beinahe übersinnlichen Manipulationsfähigkeiten von Elisabeth nimmt im Verlauf der gemeinsamen Jahre sogar kontinuierlich zu. Schließlich ist er überzeugt, Elisabeth könne alle Menschen – inklusive psychologischer Fachleute und Juristen – einer »Gehirnwäsche« unterziehen, damit sie gegen ihn seien. Eine wahnhaft anmutende

Wahrnehmung, die an Harry Thaws zuweilen paranoid anmutende Gedankengänge erinnert.

Elisabeth wird währenddessen über die Jahre immer depressiver, selbstunsicherer und emotional instabiler. Trotzdem versucht sie, den von Richard gestellten zahlreichen Aufgaben möglichst gut gerecht zu werden. Doch die Streitereien mit ihrem Lebensgefährten nehmen zu, egal was sie tut. Sie wird immer dünnhäutiger und gereizter, was wiederum von Richard gegen sie gewendet wird. Ein exemplarisches Beispiel für den Ablauf solcher Beziehungskonflikte zwischen ihnen ist der folgende Streit. Er beginnt damit, dass Elisabeth nach objektiven Beweisen für die immer wieder beobachteten Widersprüche zwischen seinen Aussagen und seinem tatsächlichen Verhalten sucht. Sie kennt inzwischen Richards Angewohnheit, seine sexuellen Eroberungen in »Trophäenform« aufzubewahren. So hofft sie, Bilder früherer Sexualpartnerinnen von ihm zu finden, mit denen er weiterhin Kontakt hat, obwohl er abstreitet, dass er mit ihnen jemals eine sexuelle Beziehung hatte.

Tatsächlich findet sie alte, sexuell eindeutige Fotos, auf denen eine junge Frau zu sehen ist. Elisabeth erkennt sie: Es handelt sich um eine ehemalige Praktikantin von Richard. Die Frau ist auf den Bildern noch sehr jung – wie sich später herausstellt, knapp achtzehn Jahre alt –, Richard über dreißig. Elisabeth ist sehr wütend, weil er zu diesem Thema stets gesagt hatte, sie sei doch verrückt, wenn sie ihm unterstelle, ausgerechnet mit dieser Praktikantin eine Affäre gehabt haben zu können. Überhaupt habe er keine sexuelle Neigung zu so jungen Frauen, und es stimme auch nicht, dass viele seiner – zahlreichen – weiblichen Bekannten auch seine Sexualpartnerinnen gewesen seien.

Als Richard mit diesen Fotos konfrontiert wird, rastet er seinerseits aus und wirft Elisabeth vor, sie habe sein Vertrauen missbraucht, indem sie in seinen Sachen herumgestöbert habe. Daher zwinge sie ihn dazu, sie anzulügen. Eine Äußerung, die sowohl für narzisstische als auch für antisoziale und psychopathische Menschen nicht untypisch ist, wie ich in meinem Buch »Auf dünnem Eis – Die Psychologie des Bösen« dargestellt habe: Schuld komplett auf das Gegenüber zu projizieren, ist ein typisches Verhalten von Menschen mit deutlich ausgeprägten Cluster-B-Persönlichkeitsstörungen. Weiter fährt Richard seine Partnerin an, sie sei überhaupt an der ganzen Situation schuld und belaste ihn mal wieder mit ihren psychischen Problemen. Er opfere sich wie ein Heiliger auf, solche Eskapaden von ihr auszuhalten, und sie solle sich schämen, dass sie ihm das alles antue. Eine Grundhaltung, die Richard durch die gesamte noch mehrere Jahre andauernde Beziehung hindurch beibehalten wird. Der Streit endet wie viele andere auch: Elisabeth ist erst wütend, fühlt sich aber bald nur noch schuldig und zweifelt an ihrer Wahrnehmung.

Ihre Depressionen werden immer schlimmer, und sie entwickelt sogar Suizidgedanken, denn Richard wirft ihr zunehmend vor, was sie alles zu langsam oder falsch mache, welche Belastung sie für ihn sei und wie sehr sie Sachverhalte immer wieder falsch wahrnehme. Sie sei unerträglich psychisch krank, und er halte sie aus reiner Gutherzigkeit aus. Statt ihm dies aber zu danken, mache sie ihm das Leben zur Hölle. Elisabeth übernimmt diese Sichtweise zunehmend, da sie ebenso wie er in ihrer Kindheit schwere Traumata erlebte, derentwegen sie frühzeitig eine Psychotherapie gemacht hat. Ihre Traumastörung ist dadurch zwar gemildert, aber zweifellos weiter latent vorhanden. Richard gibt ihr gegenüber zwar auch früh zu, in seiner Kindheit diverse Traumata erlebt zu haben, doch war er deswegen nie in Therapie und ist auch davon überzeugt, dass er keine ernsthaften psychischen Folgen davongetragen habe.

Zum Zeitpunkt seiner Vorwürfe und Klagen gegenüber Elisabeth ist er in der »Abwertungsphase« seiner Partnerin angelangt. Diese steht im krassen Kontrast zu der früheren – und auch zwischendurch immer wieder aufkeimenden – »Idealisierung« seiner Lebensgefährtin. Elisabeth ist derweil emotional, sozial und finanziell völlig von ihm abhängig. Richard fährt sie immer wieder auch in Gegenwart anderer gereizt an oder macht abwertende Kommentare, die er anschließend als »kleine Neckereien« hinstellt. Wenn sie ihn darauf aufmerksam macht, antwortet er wie immer, sie sei verrückt und würde sich dies einbilden. Außerdem sei sie grundsätzlich überempfindlich. Wenn Elisabeth anführt, dass andere Menschen ihre Wahrnehmungen bestätigen, wirft Richard ihr vor, wieder ihre Manipulationsfähigkeiten gegen ihn gewendet zu haben. Eine interessante Form von »Projektion«, wenn man bedenkt, dass es Richard gelingt, nicht nur seine Lebensgefährtin, sondern auch sein gesamtes Umfeld davon zu überzeugen, dass er – trotz seiner starken beruflichen Belastung – der liebevollste und aufopferungsvollste Partner der Welt sei und es an ein Wunder grenze, wie er seine völlig verrückte Partnerin Tag für Tag ertrage.

Dass Elisabeth sehr viele zeitaufwendige Arbeiten für ihn übernimmt, für die er sie – gemessen daran, was er am Ergebnis verdient – nur mäßig bezahlt, und dass er ihre Arbeiten und Recherchen teils als seine eigenen ausgibt, merkt niemand. Einerseits erwartet er von ihr, rund um die Uhr mit ihm zusammenzuarbeiten – was sie auch gerne tut, da sie ihn sehr liebt und ebenso wie er an dieser intensiven Nähe interessiert ist. Andererseits wirft er ihr immer wieder vor, sie würde kein eigenes Geld verdienen; dies, obwohl sie neben ihrer zeitaufwendigen Arbeit für ihn noch – wie von Anfang an verabredet – ihr Studium bewältigt und von ihren eigenen Ersparnissen bezahlt. Besonders tragisch an diesem Fall: Richard ist tatsächlich selbst von dieser Sichtweise überzeugt. Er hat nicht die Absicht, seine Partnerin in den Wahnsinn zu treiben, er fällt nur seiner eigenen schwer gestörten Persönlichkeit, die Folge seiner Kindheitstraumata ist, zum Opfer. Er projiziert große Teile seiner eigenen negativen Eigenschaften und Empfindungen auf Elisabeth – die ihm tatsächlich nicht nur in ihren Interessen, sondern auch in vielen Einstellungen und Vorlieben ähnelt. Dass er in ihr vieles von sich selbst wiedererkennt, ist zwar einerseits der Grund dafür, warum er sie als seine große Liebe und seine Seelenverwandte ansieht. Doch andererseits ist es leider auch ein Auslöser dafür, dass er seinen verdrängten Selbsthass unbewusst auf sie projiziert.

Zwischen diesen – passiv und aktiv – aggressiven Episoden ist er tatsächlich sehr liebevoll, freundlich und verständnisvoll. In diesen Phasen hat Elisabeth mit dem Menschen zu tun, den sie eigentlich so sehr liebt. Die sehr schönen gemeinsamen Erlebnisse und das Gefühl starker Verbundenheit sind es, die sowohl Elisabeth als auch Richard lange davon abhalten, die Beziehung wirklich zu beenden. Allerdings droht Richard ab einem gewissen Punkt immer wieder damit, sie zu verlassen und ohne eigenes Einkommen aus der gemeinsamen Wohnung in London zu werfen. Dabei stellt er manchmal irrwitzig erscheinende Ultimaten. So fordert er beispielsweise Elisabeth während eines nächtlichen Streits in einem Hotel auf, sich unverzüglich in eine Notaufnahme zu begeben und sich »sofort Hormone spritzen zu lassen«, durch die sie »wieder normal« werden solle. Elisabeth ist klar, wie absurd diese Forderung ist, doch sie tut alles, um Richard zu beschwichtigen. So fährt sie – emotional völlig aufgelöst und übermüdet – mitten in der Nacht in einer fremden Stadt in die Notaufnahme und schildert dem verwunderten Personal die Situation. Erst als das Krankenhauspersonal Richard telefonisch bestätigt, dass Elisabeth seine »Anordnung« erfüllt habe, man aber kein »Hormon« spritzen könne, wie von ihm gefordert, gestattet Richard ihr, erst einmal ins Hotel zurückzukehren.

Dies ist nur eine von vielen grotesken Situationen und Forderungen, die Richard während seiner Wutanfälle und gereizten Phasen heraufbeschwört. Elisabeth gibt – auch wenn sie über sein Verhalten gelegentlich selber wütend wird – am Ende immer wieder nach und versucht, egal wie erniedrigend oder grauenvoll es für sie ist, seinen Willen umzusetzen, um das drohende Beziehungsende abzuwenden. Selbst wenn er ihr frei erfundene Sachverhalte vorwirft, versucht sie nicht mehr, sich dagegen zu verteidigen, sondern ignoriert diese Aussagen nur noch, in der Hoffnung, dass er sich bald wieder abregt. Ein harmloses Beispiel hierfür ist ein Vorfall während einer Party. Richard und Elisabeth plaudern mit gemeinsamen Freunden. Da es zu wenig Sitzgelegenheiten gibt, setzt sich Elisabeth im Schneidersitz auf den Boden und unterhält sich mit einem alten Bekannten, der ihr gegenüber ebenfalls auf dem Boden sitzt. Richard, auf einem Stuhl neben ihr, zischt sie irgendwann gereizt an, sie solle aufhören, »sich so breitbeinig zu präsentieren«. Ihr alter Bekannter schaue die ganze Zeit direkt unter ihren Rock, weil sie sich ihm durch ihre Sitzhaltung sexuell verführerisch anbiete. Elisabeth ist schockiert, denn sie hat einen knielangen Rock an, der so aufgefaltet ist, dass es absolut unmöglich ist, darunter zu schauen. Ganz abgesehen davon, dass ihr alter Bekannter auch im Sitzen deutlich größer ist als sie.

Aber auch hier gibt Elisabeth nach, entschuldigt sich für ihr »unverfrorenes« Benehmen und setzt sich möglichst vorsichtig anders hin, um das Missfallen ihres Partners nicht weiter zu erregen. Sie glaubt zu dieser Zeit insgesamt, dass er Recht hat, dass seine psychischen »Aussetzer« allein ihre Schuld sind, dass sie alles falsch wahrnimmt, unerträglich für ihn ist und daher verpflichtet, jede seiner Forderungen zu erfüllen. Da sie sich selbst nicht mehr traut und kein Selbstwertgefühl mehr hat, ist sie völlig abhängig von Richard. Es dauert Jahre, bis sie zu begreifen beginnt, dass ihr Partner nicht mit allem Recht hat und dass er, ohne es auch nur ansatzweise selbst mitzubekommen, kontinuierlich dazu beiträgt, dass sich ihre psychische Verfassung rapide weiter verschlechtert.

Das psychologische Prinzip des »Gaslighting«

Wenn ich nicht verrückt wäre, hätte ich dir helfen können.
Was auch immer du getan hättest,
ich hätte dich bedauern und beschützen können.

Doch weil ich verrückt bin, hasse ich dich.
Weil ich verrückt bin, habe ich dich betrogen.
Und weil ich verrückt bin,
freue ich mich in meinem Herzen.

Ohne ein Stückchen Mitleid,
ohne ein Stückchen Bedauern,
schaue ich zu, wie du gehst,
mit Lobpreis in meinem Herzen!

(Ansprache der Ehefrau gegenüber ihrem überführten
Ehemann am Ende des Films »Gaslight«)

Der Begriff »Gaslighting« beschreibt aus psychologischer Sicht eine Manipulationsstrategie, im Rahmen derer dem Betroffenen von einem anderen Menschen eingeredet wird, seine Wahrnehmungen, Erinnerungen, Gedanken und Gefühle seien falsch und unangemessen. Der Begriff leitet sich von dem Theaterstück »Gas Light« aus dem Jahr 1938 ab, das gleich zweimal verfilmt wurde, 1940 in Großbritannien und 1944 von George Cukor in den USA (deutscher Titel: »Das Haus der Lady Alquist«), mit Ingrid Bergman in der Hauptrolle. Das Stück handelt von einer Frau, deren Ehemann versucht, sie in den Wahnsinn zu treiben. So inszeniert er immer wieder merkwürdige Situationen, in denen sie den Eindruck bekommt, Gegenstände seien von ihr selbst unwissentlich versteckt worden. Diese tauchen dann an für sie nicht nachvollziehbaren Orten wieder auf. Die Frau nimmt auch wahr, dass die Gaslampen zeitweise im ganzen Haus flackern. Dies erklärt ihr Mann für eine Halluzination. Im Laufe der Geschichte wird klar, dass er vor Jahren im oberen Stockwerk ebendieses Hauses eine wohlhabende Frau ermordete, um an ihre Juwelen zu gelangen. Doch er musste damals fliehen, bevor er sie fand.

Nun ist er mit seiner Frau, die er zur Tarnung geheiratet hat, in das Haus gezogen, wo er abends ohne ihr Wissen das obere, seit dem Mord leerstehende Stockwerk nach den Juwelen absucht. Dabei schaltet er dort das Gaslicht ein, weshalb das Licht im Rest des Hauses flackert und ein wenig dunkler wird. Seine Suchaktionen sind auch die Ursache für seltsame Geräusche, die seine Frau immer wieder wahrnimmt und die er ihr als Teil ihrer psychischen Erkrankung »verkauft«. Auch seine Taktik, Gegenstände verschwinden und wieder auftauchen zu lassen, um dies seiner Frau als Beweis ihrer psychischen Störung zu verkaufen, gehört zu seinem Plan, sie von ihrem eigenen Wahnsinn zu überzeugen. Erst als ein Ermittler von der Polizei aufmerksam wird und beginnt, die Wahrnehmungen der Frau zu bestätigen, verbessert sich ihr psychischer Zustand schlagartig. Am Ende wird ihr Ehemann verhaftet, und sie vertraut endlich wieder ihrer eigenen Wahrnehmung. Auch im wirklichen Leben gibt es Strategien, mit denen Menschen die Gedanken anderer in eine negative Richtung beeinflussen und sie an ihrem Verstand zweifeln lassen können. Dies kann bewusst oder – wie im Fall Richards – großenteils unbewusst geschehen. Der US-amerikanische Psychologe Dr. George K. Simon beschäftigt sich seit Jahrzehnten mit psychologischen Strategien besonders manipulativer Menschen. Er hat eine Liste von Verhaltensweisen zusammengefasst, die solche Menschen immer wieder über einen längeren Zeitraum nutzen, um andere an ihrer Wahrnehmung und im Extremfall auch ihrer psychischen Gesundheit zweifeln zu lassen.

Strategien, um andere erfolgreich zu manipulieren – nach Dr. George K. Simon

- **Lügen,** was vor allem Psychopathen, aber auch die vier Cluster-B-Persönlichkeitsstörungen häufiger, gezielter und erfolgreicher tun als andere Menschen.
- **Weglassen relevanter Informationen,** um das Gesamtbild eines Sachverhalts in eine gewünschte Richtung zu verändern.
- **Leugnen,** irgendetwas falsch gemacht zu haben.
- **Rationalisieren,** also stets eine gut klingende Erklärung zu haben, um von der eigenen Verantwortung und Schuld abzulenken.
- **Verniedlichung,** also das Ausmaß der negativen Folgen des eigenen Verhaltens harmloser darstellen, als es in Wirklichkeit der Fall ist, oder behaupten, man habe eine negative Aussage nicht ernst gemeint, sondern nur im Scherz gemacht.
- **Selektive Wahrnehmung:** das Wahrnehmen nur solcher Informationen, die für die eigene Sichtweise nützlich sind. Dies kann durch Aussagen wie »davon will ich nichts hören« ausgedrückt werden.
- **Ablenkung von einem Thema,** wenn konkrete Fragen auf-

kommen, die der manipulierenden Person unangenehm sind.

- **Versteckte Einschüchterung**, also Aussagen, aus denen das Gegenüber ableiten kann, dass es unangenehme Folgen zu erwarten hat, sollte es nicht tun, was der Manipulator will.
- **Beschämung** im Sinne abschätziger, sarkastischer oder vorwürflicher Bemerkungen, die das Gegenüber betreffen und vor allem selbstunsichere Menschen noch zusätzlich verunsichern.
- **Die Opferrolle einnehmen**, also andere für das verantwortlich machen, was man selbst erlebt oder getan hat. Hierzu gehört auch, Unterstützung besonders gutherziger Menschen zu erlangen und Mitgefühl zu eigenen Gunsten zu erzeugen.
- **Das Opfer verunglimpfen**, d.h. in eine Position bringen, in der es sich anderen gegenüber verteidigen muss, während der Manipulator seine feindseligen Absichten völlig verdeckt.
- **Verführung anderer**, also das Erzeugen einer emotionalen Zuwendung oder Abhängigkeit durch scheinbare Freundlichkeit, Charme, Aufwertung, Schmeicheleien und Ähnliches.
- **Projektion der Schuld** auf andere. Dies kann sich durch Aussagen wie »Schau, was du mich zu tun gezwungen hast« ausdrücken.
- **Unschuld vortäuschen**, also entweder behaupten, etwas sei nicht mit Absicht oder überhaupt nicht geschehen.
- **Verwirrung vortäuschen**, also so tun, als würde man sich an etwas nicht erinnern oder etwas nicht wissen.
- **Den eigenen Ärger nutzen**, um andere einzuschüchtern und zu bekommen, was man will.

Menschen, die diese Gesamtstrategie konsequent und oft auch intuitiv nutzen, suchen sich hierfür gerne – und meist ebenso intuitiv – »Opfer«, die von Anfang an weniger selbstbewusst sind als sie selbst. Solche Menschen binden sie im privaten Rahmen durch eine Freundschaft oder Liebesbeziehung (im beruflichen Rahmen durch eine untergebene Position) an sich, wodurch das »Opfer« noch viel weniger erkennen kann, was mit ihm geschieht. Schließlich rechnet kein Mensch mit diesem Ausmaß an Verschleierungstaktiken und Manipulationen, vor allem nicht durch jemanden, der ihm nahesteht und der sich selbst stets als aufrechter, freundlicher Mensch präsentiert. Die Mischung aus Selbstunsicherheit und emotionaler Bindung (oder beruflicher Abhängigkeit) macht es stark manipulierenden Menschen erst möglich, andere über einen langen Zeitraum und in immer extremerer Form zu beeinflussen.

Die US-amerikanische Psychoanalytikerin Dr. Robin Stern beschäftigt sich in ihrer Arbeit und ihren Publikationen ebenfalls schwerpunktmäßig mit manipulativen Menschen. Sie hat eine Liste von fünfzehn Punkten zusammengestellt, mithilfe derer Betroffene Anhaltspunkte dafür bekommen, wie sie dem »Gaslighting« zum Opfer fallen können.

Erkennungsmerkmale von Opfern des »Gaslighting« – nach Dr. Robin Stern
Das Opfer von »Gaslighting« …
- macht sich im Nachhinein ständig Vorwürfe.
- fragt sich, ob es einfach überempfindlich ist.
- fragt sich oft, ob es als Liebespartner, Freund, Kind oder Angestellter »gut genug« ist.
- hat zunehmend Schwierigkeiten damit, sogar einfache Entscheidungen selbstständig zu treffen.
- denkt oft unwillkürlich darüber nach, ob es ein scheinbar harmloses Thema ansprechen kann oder ob dies wieder negative Konsequenzen durch das Gegenüber zur Folge haben wird.
- entschuldigt oft das Verhalten des anderen vor Freunden und der eigenen Familie.
- denkt, bevor der andere nach Hause kommt, automatisch

darüber nach, ob es heute irgendetwas getan oder vergessen haben könnte, was den anderen verärgern wird.

- kauft Kleidung, Einrichtungsgegenstände oder andere Dinge häufig zuerst im Gedanken daran, ob diese den anderen erfreuen oder etwa verärgern werden.
- beginnt ab einem gewissen Punkt, die ständige Kritik als etwas Positives wahrzunehmen, nach dem Motto: Was mich nicht umbringt, macht mich stärker.
- beginnt, dem anderen Mitteilungen, die diesen verärgern könnten, über andere Menschen oder zumindest nicht im persönlichen Kontakt mitzuteilen, aus Furcht vor dem nächsten Wutanfall.
- belügt die andere Person zunehmend, um weiteren Vorwürfen und Verdrehungen der Tatsachen zu entgehen.
- fühlt sich, als könne es nichts richtig machen.
- wird zunehmend von nahen Angehörigen oder guten Freunden vor dem anderen in Schutz genommen, weil diese die Herabwürdigung des Opfers nicht mehr ertragen können.
- fühlt sich zunehmend hoffnungs- und freudlos.

Albtraumhafte Traumafolgen

Die alte Redensart, dass man immer dem weh tut, den man liebt …
Na ja, die gilt auch umgekehrt.

(aus dem Film »Fight Club«)

Manchmal nimmt Elisabeth Richards abfällige Bemerkungen, die Widersprüche zwischen seinen Aussagen und seinem Verhalten einfach resigniert hin, bei anderen Gelegenheiten aber wird sie wütend und macht ihm ihrerseits Vorwürfe – ein weiterer Sachverhalt, den er dann gegen sie richtet, um ihre »Unerträglichkeit« zu untermauern. Dass sie immer häufiger auch von sich aus abfällige

Bemerkungen über ihn macht, verschärft die Lage natürlich. Die Streitereien werden immer heftiger. Richard beschimpft Elisabeth unter anderem als »billige Hure«, sie bezeichnet ihn wegen seiner Neigung zu deutlich jüngeren Frauen als »Kinderficker«. Manchmal rennt Richard dann aus der gemeinsamen Wohnung und taucht erst Stunden später oder sogar am nächsten Tag wieder auf.

Mitunter verändert sich während dieser Streitereien urplötzlich seine Stimmlage und seine Art zu sprechen, er gibt Äußerungen von sich wie: »Der Mann, den du liebst, ist tot, du hast ihn getötet.« In diesen Zuständen wird er manchmal auch körperlich aggressiv. Dann wirft er Gegenstände zu Boden, die ihm selbst etwas bedeuten, und beschuldigt Elisabeth anschließend, ihn dazu gebracht zu haben. Mehrmals kommt es bei solchen Streitereien vor, dass er Elisabeth – die ihm körperlich deutlich unterlegen ist – gegen eine Wand oder einen Türrahmen drückt, sie bei der Kehle packt und würgt. Manchmal spuckt er ihr auch ins Gesicht. Besonders beängstigend erscheint Elisabeth es dabei, wenn er, während er sie festhält oder gegen eine Wand stößt, zu ihr sagt, sie solle aufhören, ihn festzuhalten oder zu schlagen. Nicht nur die »seltsame Stimme«, in der er dann redet, verängstigt Elisabeth. Sie hat den Eindruck, dass er in diesen Situationen tatsächlich nicht wirklich wahrnimmt, was er tut und was sie tut. Dieses Phänomen habe ich im Fall von Harry Thaw bereits als »Projektion« und »Verschwimmen der Ich-Grenze« bei Traumastörungen erklärt.

Während anderer Streitereien schwingt Richards Verhalten plötzlich dazu um, sich, die Hände um die Knie geschlungen, in eine Ecke des Raums zu hocken und so teilweise stundenlang stumm vor sich hin starrend zu verharren. In diesen Zustand gerät er meistens, wenn die Streitereien bereits nach dem Zubettgehen begannen und er nur noch mit seiner Unterhose bekleidet ist. Wenn Elisabeth dann irgendwann versucht, sich ihm langsam zu nähern und besänftigend auf ihn einzureden, springt er auf und läuft in eine andere Ecke oder nach nebenan. Häufig schließt er sich auch in der Toilette ein. Bei anderen, ebenfalls vor allem nachts stattfindenden Streitereien kauert er sich in Embryonalstellung auf den Boden und bleibt so stundenlang liegen. Eine leichtere Version dieser Auffälligkeiten sind Zustände, während deren Richard zwar noch ansprechbar ist, allerdings steif auf dem Bett liegt und am ganzen Körper zittert, als würde er auf einem vibrierenden Untergrund liegen. Richard kann in diesen Situationen noch formulieren, dass er nun in einem Ausnahmezustand ist, Ruhe braucht und nicht angefasst werden will.

Elisabeth beobachtet diese leichtere Form seiner ungewöhnlichen Zustände mehrmals im Jahr und nicht nur nach Streitereien, sondern auch, wenn Richard starke Verlustängste hat. Wenn sie ihn dann fragt, was er gerade fühlt, antwortet er, es sei ein angenehmes Nichts. Das sei in Ordnung, der Zustand werde wieder vorübergehen. Das erste Mal erlebt Elisabeth dies, als ihre Beziehung noch den Status einer Affäre hat, in der Nacht vor einer gemeinsamen Reise. Während dieser Reise, so hatte Richard angekündigt, wolle er mit ihr etwas Wichtiges besprechen. Wie sich später herausstellt, hatte Richard beschlossen, ihr während dieses Gesprächs zu sagen, dass er sie liebe und mit ihr eine feste Beziehung wolle. Er hatte in der Nacht zuvor jedoch heftige Angst gehabt, sie könnte ihn ablehnen. Elisabeth hatte in den frühen Morgenstunden bemerkt, dass er nicht mehr im Bett neben ihr lag. Sie war ins Wohnzimmer seiner Wohnung gegangen, wo sie ihn auf der Couch liegend vorfand. Da sie selbst ebenfalls eine traumatische Kindheit hatte und solche Zustände durch ihre eigene Therapie richtig einordnen konnte, verstand sie damals ansatzweise, was mit Richard gerade geschah.

All diese äußerst merkwürdig anmutenden Symptome sind heftige Formen von sogenannten »dissoziativen Zuständen« (siehe Kapitel 1) und eine typische Folge starker Traumatisierungen in der Kindheit. Während solcher Zustände ist die Wahrnehmung des Betroffenen und manchmal auch die Kontrolle über seine Körperfunktionen »zersplittert«. Er nimmt nicht mehr alles so wahr, wie es der Realität entspricht, das Erleben wirkt unwirklich, wie in einem Traum. In Extremfällen kann dabei auch ein Teil der Persönlichkeit vorübergehend »ausgeschaltet«, also nicht mehr bewusst anwesend sein. Dann erscheint es, als habe der Betroffene mehrere Persönlichkeiten. Treten solche extremen dissoziativen Zustände – an die sich die Betroffenen anschließend nur lückenhaft erinnern und während deren sie so sprechen, als seien sie jemand anders – häufiger auf, so spricht man von einer »dissoziativen Identitätsstörung«. Diese wurde früher »multiple Persönlichkeitsstörung« genannt und ist durch Filme wie »Fight Club« oder Alfred Hitchcocks »Psycho« zu zweifelhafter Berühmtheit gelangt.

Elisabeth flüchtet bei den Eskalationen, während deren Richard nicht nur verbal, sondern auch körperlich aggressiv wird, oft irgendwann ins Bad, einen anderen Raum oder aus der Wohnung. Dann wartet sie bis zum nächsten Morgen, wenn er sich meistens etwas beruhigt hat. Einige solcher Vorfälle ereignen sich in Hotels. Wegen der Lautstärke der Streitereien wird dabei mehrmals die Polizei gerufen. Sobald diese an die Tür klopft, ist Richard von einer Sekunde auf die nächste still, legt sich ins Bett und zischt seiner Partnerin zu, sie solle sich gefälligst darum kümmern, sie habe sich schließlich mal wieder danebenbenommen. Elisabeth muss dann die Beamten beschwichtigen. Mindestens einmal erlebt Elisabeth eine Situation, die sie trotz allem, was sie bis dahin erlebte, kaum glauben kann. Da macht Richard ihr zunächst wie immer wütend Vorhaltungen, während sie wie so oft weinend vor ihm steht – was ihn in aller Regel noch wütender macht. Dann verlässt er kurz den Raum, kommt wenige Augenblicke später lächelnd wieder herein und fragt sie mit freundlicher Stimme, warum sie weine. Elisabeth glaubt nun endgültig den Verstand zu verlieren, so unglaublich erscheint ihr die Szene. Richard regt sich doch sonst nie so schnell ab. Sie fragt ihn, ob er sich nicht an den Streit und seine Wut erinnere. Er erwidert, dass sie wohl »mal wieder etwas psychisch labil« sei, aber sie solle sich jetzt beruhigen, es sei doch alles in Ordnung. Völlig verwirrt geht Elisabeth in die Küche und trifft dort Richards Sekretärin, die soeben spontan zurückgekehrt ist, weil sie noch etwas Dringendes erledigen will. Jetzt dämmert Elisabeth, dass Richard das Aufschließen der Tür gehört haben muss und sofort wieder in seinen alltäglichen Arbeitsmodus umgeschwenkt ist. Ein Mechanismus, der bei stark dissoziierenden Menschen einsetzen kann, wenn sie Teile ihrer Empfindungen und Erinnerungen spontan abspalten, um nach außen hin – wenn es notwendig ist – funktionieren zu können.

Richard streitet fast alle seine dissoziativen Zustände ab und behauptet, sie würden nur in Elisabeths gestörter Fantasie stattfinden. Eine ganze Weile glaubt sie denn auch trotz aller gegenteiligen Erlebnisse, dass Richard möglicherweise Recht hat und in Wirklichkeit ihre Traumastörung das immer schlimmer werdende Hauptproblem ist. Tiefgreifende Zweifel daran kommen in ihr erst nach Jahren auf, als es ihr zweimal gelingt, mit ihrem Handy heimlich Videoaufnahmen von Richards Ausrastern zu machen. Richard entdeckt die Aufnahmen zwar und droht damit, sie auf der Stelle auf die Straße zu setzen, wenn sie die Aufnahmen nicht unverzüglich vernichtet. Aber Elisabeth kann sich die Bilder noch ansehen und weiß jetzt zumindest, dass sie sich seine Ausraster nicht einbildet. Bei alldem zieht Richard niemals ernsthaft in Betracht, dass nur ein Teil der Probleme bei ihm liegen könnte. Immer wieder wirft er stattdessen Elisabeth vor, sie sehe doch, wozu sie ihn treibe. Er würde doch niemals so ausrasten, niemals aggressiv werden, sagt er, sondern sie sei es, die ihn mit ihren manipulativen Fähigkeiten dazu zwinge. Außerdem bilde sie sich seine Gewalttätigkeit nur ein – ein weiterer Beweis dafür, wie krank sie sei. Selbst Flecken am Körper, die sie ihm wenige Male als »Beweis« für seine gewalttätigen Übergriffe am nächsten Tag zeigt, kommentiert er läppisch damit, sie habe sich diese selbst zugefügt und wolle ihm dies nun anhängen. Es dauert lange, bis Elisabeth wirklich begreift, dass Richard häufig nicht bewusst lügt, sondern tatsächlich große Teile seiner eigenen Persönlichkeit und seiner Handlungen von seiner bewussten Wahrnehmung abspaltet.

Ende mit Schrecken

Erst nachdem wir alles verloren haben, sind wir frei, alles zu tun.

(aus dem Film »Fight Club«)

Die Geschichte der beiden nimmt über mehrere Jahre noch eine ganze Reihe dramatischer Wendungen, die darzustellen allerdings den Rahmen sprengen würde. Die vielen Versuche des Paares, Beratungsgespräche zur Unterstützung zu suchen, bleiben erfolglos. Dort bleibt Richard stets bei seiner Haltung, der jeweilige Berater müsse seiner Lebensgefährtin nur ihre Verfehlungen und psychischen Probleme deutlich genug aufzeigen, damit sie sich im von ihm gewünschten Sinne verändern könne. Jeden noch so vorsichtigen Hinweis darauf, auch er müsse sich seinen Schwierigkeiten und Kindheitstraumata stellen, um die Beziehung dauerhaft zu stabilisieren, lehnt er vehement ab. Er sei zu alt und beruflich viel zu beschäftigt, um ein Coaching oder eine Therapie in Anspruch zu nehmen. Abgesehen davon sei er offensichtlich psychisch stabil und gesund, während seine Lebensgefährtin für jeden Partner – also nicht nur für ihn – unzumutbar krank wäre.

Diese unerschütterliche Grundhaltung wird durch Richards starken Narzissmus bedingt. Narzissten gehen niemals mit dem Wunsch in eine Therapie, sich zu verändern – empfinden sie sich in ihren erfolgreichen Phasen doch als perfekt. Wenn sie überhaupt jemals von sich aus eine Therapie aufsuchen, dann müssen sie schon einen starken Leidensdruck mitbringen, also bereits einige schwerwiegende, narzisstische Kränkungen hinter sich haben. Kommen sie dann zu einem Therapeuten, so geht es ihnen aber ausschließlich darum, über ihre unfähigen und unerträglichen Mitmenschen zu sprechen und vom Therapeuten am besten ein Patentrezept zu bekommen, wie sie damit umgehen können. Ebendiese Grundhaltung eines typischen Narzissten zeigt Richard bei den wenigen Konsultationen von Fachleuten.

Nach über zehn Jahren endet die Beziehung zwischen Richard

und Elisabeth schließlich endgültig. Einige Monate vor dem Ende erlebt Elisabeth nochmals eine Situation, mit der sie bis zu diesem Zeitpunkt trotz allem nicht gerechnet hätte. Dabei muss eine Besonderheit zwischen Richard und Elisabeth berücksichtigt werden: Beide hatten, seit sie sich kannten, und trotz aller schwierigen Phasen stets und häufig Sex miteinander. Meist beinhaltete dieser sadomasochistische Elemente im Sinne von Dominanz, Fesselung, Erniedrigung und Schmerzzufügung durch Richard. Dieser gab seit jeher an, dass Elisabeth auch sexuell seine absolute Traumpartnerin sei.

Seine Partnerin bewusstlos zu würgen, ist eine von Richards liebsten Sexualpraktiken, was auch Elisabeths Neigung entspricht. Während solcher gemeinsamer sexueller Erlebnisse webt Richard von Anfang an eine spezielle Fantasie ein, die er Elisabeth manchmal während der sexuellen Handlungen erzählt: Wenn er alt sei und wisse, dass er bald sterben muss, werde er seine fünfzehn Jahre jüngere Partnerin beim Sex erwürgen. Diese Fantasie empfindet auch Elisabeth im insgesamt romantischen Kontext der gemeinsamen sexuellen Handlungen mit ihrem Lebensgefährten als erregend. Da es sich dabei um eine Fantasie handelt, die zudem in ferner Zukunft angesiedelt ist, macht sie sich keine Sorgen.

Diese Einstellung ändert sich jedoch einige Monate vor der endgültigen Trennung. Die Krisen wechseln seit einigen Wochen immer schneller mit positiven Phasen. Elisabeth wird immer klarer, dass dies nicht allein an ihr liegen kann. Denn während sie sich in der Zwischenzeit immer mehr therapeutische Techniken zur eigenen Emotionsregulation aneignete, bei Beziehungskonflikten immer ruhiger blieb und Richards Reaktionen häufig nur noch beobachtete, nahmen seine aggressiven und gereizten Phasen nicht ab. Richard wirft ihr daher zunehmend vor, dass sie ihn nun auch noch verspotte und erniedrige.

An einem Abend, wieder nach einigen konfliktreichen Tagen, kochen die beiden zusammen und nehmen in romantischer Atmosphäre ihr Essen ein. Anschließend setzen sie sich gemeinsam auf die Couch, beginnen sich zu küssen und Zärtlichkeiten auszutauschen. Richard beginnt, wie er es häufig in solchen Situationen tut, Elisabeth auszuziehen, zu beißen, mit ihr Geschlechtsverkehr durchzuführen und sie dabei zu würgen. Sie sagt ihm, wie sehr sie ihn liebt und dass sie sich sehr wünscht, die Partnerschaftsprobleme endlich dauerhaft bewältigen zu können. Richard wird nachdenklich, und sein Gesichtsausdruck verändert sich. Er sagt in der veränderten Stimmlage, die er sonst hauptsächlich in Konfliktsituationen und nur manchmal auch bei vor allem sadistischen sexuellen Handlungen verwendet: »Ich wünsche mir auch, dass wir es schaffen, aber ich glaube nicht mehr daran. Du wirst mich zerstören, wenn ich es nicht verhindere. Das kann ich nicht zulassen. Aber ich kann dich auch nicht gehen lassen. Du zwingst mich dazu, dich zu töten. Ich hätte es längst getan, aber ich habe keine Lust, wegen dir ins Gefängnis zu gehen. Doch es muss wohl leider so enden. Ich werde dich so töten, wie ich es dir versprochen habe: Während ich dich ficke. Ich lasse dich noch einige Male aufwachen, und dann, wenn ich dich endgültig töte, werde ich in dir kommen. Jetzt bekommst du eine kleine Kostprobe davon, wie es sein wird.« Während er dies sagt, hat er weiter Sex mit Elisabeth. Nach dem Ende seiner Worte würgt er sie mehrere Male bewusstlos, bis er zum Orgasmus kommt.

Da Elisabeth ihn nun schon seit Jahren kennt, ist ihr klar, dass dies ein selbst für Richard ungewöhnlicher Vorfall war. Sie hat das Gefühl, dass ein Teil von ihm all dies ernst meint. Kurz darauf teilt sie das Erlebnis zwei guten Freunden mit, da sie ernsthaft darüber nachdenkt, ob Richard seine Fantasie nun doch in die Realität umsetzen könnte. Sie glaubt zwar eigentlich nicht, dass er etwas tun würde, was ihn ins Gefängnis brächte. Andererseits hat sie in den vielen Jahren schon so viele seltsame und extreme Erlebnisse mit ihm gehabt, dass sie es nicht wirklich ausschließen kann. Dennoch kann sie sich nicht von ihm trennen. Schließlich trennt *er* sich – ein weiteres Mal – von ihr. Im Gegensatz zu früher nutzt Elisabeth die Zeit, um über die Entwicklungen all der Jahre nachzudenken. Mithilfe einiger Freunde, die seit Jahren die schier unglaubliche Geschichte dieser Beziehung mitverfolgen, schafft sie es, sich dauerhaft gefühlsmäßig zu lösen. Ihre Einsicht, dass diese Beziehung, egal was sie tut, niemals eine Chance haben wird, solange Richard konsequent vor sich und seinen Dämonen davonrennt, hilft dabei.

Inzwischen lebt Elisabeth seit mehreren Jahren mit einem anderen Partner zusammen. Alle Konflikte und Krisen, die sie aus ihrer Beziehung mit Richard kennt, sind Vergangenheit. Dieser Partner ist ebenfalls ein sexueller Sadist, allerdings einer, der persönliche Grenzen und Sicherheitsregeln seiner Sexualpartner sehr ernst nimmt. Ihr Selbstwertgefühl ist inzwischen deutlich stabilisiert, die Depressionen haben kontinuierlich abgenommen, und ihre Wahrnehmung in dieser Beziehung ist, der Auskunft ihres neuen Partners nach, völlig in Übereinstimmung mit der Wirklichkeit. Sie habe nur noch immer die Neigung, sich zu häufig zu entschuldigen und zu rechtfertigen, merkt er an – offenbar ein Überbleibsel der vielen Jahre mit Richard. Letztens sei sie mit ihrem neuen Partner einer alten Bekannten aus Richards Freundeskreis begegnet, berichtet Elisabeth. Man habe gemeinsam etwas geplaudert, und die alte Bekannte habe angemerkt, dass Elisabeth sehr viel positiver und glücklicher wirke als zu der Zeit, als man sich das letzte Mal in Anwesenheit von Richard sah. Auf die Frage, was aus ihrer »Krankheit« geworden sei, antwortete Elisabeth fröhlich: »Aus unerklärlichen Gründen ist seit der endgültigen Trennung bei mir offenbar eine Spontanheilung eingetreten.«

Schädliche Sadisten hinter erfolgreichen Masken – Harry und Richard im Vergleich

Richard nutzt während der sehr langen und intensiven Beziehung zu Elisabeth die ganze Palette der von Dr. George K. Simon beschriebenen Manipulationsstrategien. Dies ist ihm aber offenbar meist nicht bewusst. Er neigt ohnehin dazu, einen Großteil seiner innerpsychischen Prozesse von seinem Bewusstsein abzuspalten. Viele der Manipulationsstrategien lassen sich auch im Fall von Harry Thaw erkennen. Dies ist kein Zufall, denn auch wenn die Fälle in vielen Details unterschiedlich gelagert sind, so liegen ihnen beiden ähnliche Persönlichkeitsstörungen und ähnliche Beziehungsdynamiken zugrunde. Während Harry Thaw eine Mischung aus der narzisstischen, der antisozialen und der Borderline-Persönlichkeitsstörung aufweist, zeigt Richard mindestens deutliche Symptome sowohl der narzisstischen als auch der Borderline-Persönlichkeitsstörung.

In beiden Fällen sind die narzisstischen Persönlichkeitsanteile offenbar dafür verantwortlich, dass alle Probleme mit anderen Menschen und vor allem mit der jeweiligen Partnerin externalisiert, abgespalten und großenteils auf andere Beteiligte projiziert werden. Die Borderline-Persönlichkeitsstörung verursacht in beiden Fällen die Beziehungsdynamik zwischen Auf- und Abwertung, zwischen extrem romantischen und extrem feindselig-aggressiven Momenten. In beiden Fällen kommt es zu einer entsprechenden Dynamik mit Partnerinnen, die ihrerseits auch Bindungstraumata und Persönlichkeitsauffälligkeiten aufweisen. Auch sind beide Partnerinnen deutlich jünger und werden schnell fast vollständig vom Leben des männlichen Partners »aufgesogen«, wodurch sie nicht nur emotional, sondern auch wirtschaftlich und sozial in eine Abhängigkeit geraten.

Sowohl bei Harry Thaw als auch bei Richard stehen vor allem die Mischung aus Schwarz-Weiß-Denken, Selbstidealisierung und der fast grotesken Projektion eigener Anteile auf andere Menschen im Vordergrund. Auch haben beide Männer einen starken Drang nach narzisstischer Aufwertung durch soziale Bewunderung und viele sexuelle Abenteuer, ebenso wie den Drang, der inneren Leere durch einen sehr abwechslungsreichen, abenteuerlichen Lebensstil zu entgehen. Beide erlauben sich selbst viele sexuelle Freiheiten, sind aber gleichzeitig extrem eifersüchtig und können den Gedanken, die ihnen »gehörende« Frau könne mit einem anderen Mann intim werden, nicht ertragen. Beide haben auch, trotz ihrer zahlreichen Liebschaften, nur jeweils einmal eine so lange, auf allen Ebenen intensive, dramatische und tragische Beziehung geführt. In beiden Fällen scheinen die Männer also in dieser »einen, besonderen Frau« etwas wahrgenommen zu haben, das sie mit sich selbst verbanden. Offenbar waren beide Frauen dadurch näher als alle anderen an den Persönlichkeiten der jeweiligen Männer; sie bekamen aber wohl auch deshalb deren ganzen Hass ab.

Eine weitere Parallele: Sowohl Harry Thaw als auch Richard haben sexuell sadistische Neigungen und berücksichtigen beim Ausleben dieser nicht immer die Grenzen ihrer Sexualpartner. Hierbei ist bei Harry Thaw – aufgrund seiner deutlich antisozialen Persönlichkeitsausprägung – das Ausmaß der nicht einvernehmlichen Handlungen deutlich größer als bei Richard. Dieser nutzt mehr geschickte Manipulationsstrategien, um von seinen Sexualpartnerinnen die Befriedigung zu bekommen, welche er sucht, ohne sich eindeutig strafbar zu machen. Was das angeht, bewegt er sich zwar manchmal an der Grenze, er achtet aber darauf, dass ihm im Zweifelsfall nichts nachzuweisen ist und die Betroffenen auch nicht interessiert daran sind, ihn durch Vorwürfe zu verärgern. Bei beiden Männern spielt die Suche nach Macht und Kontrolle eine wichtige Rolle. Sowohl in ihrer Lebensgestaltung, in ihrer Interaktion mit anderen Menschen als auch in ihrer Sexualität kommen diese Bedürfnisse deutlich zum Ausdruck. Ein Anzeichen dafür, wie macht- und hilflos sich beide durch Traumatisierungen in ihrer Kindheit fühlen mussten. In beiden Fällen sind traumatische Lebensumstände in der Kindheit bekannt. So bedrohlich diese waren, so bedrohlich wäre es jedoch für ihre erwachsenen Persönlichkeiten, sich den schwerwiegenden Folgen zu stellen. Ihre Psychen haben Überlebensmechanismen entwickelt, um alles möglicherweise Bedrohliche abzuspalten. Wie im Film Matrix leben sie in einer durch ihre Hirnaktivität vorgespiegelten Scheinwirklichkeit, in der sie selbst die »Guten«, die »Mächtigen«, die »Starken« sind. Dabei kämpfen beide gegen Monster und versuchen ihr Leben lang, diesen zu entkommen. Es sind Monster, die in der Kindheit von ihnen Besitz ergriffen und zu einem Teil ihrer eigenen Persönlichkeit wurden. Sie rennen beide ihr Leben lang davon und haben doch keine Chance, das ersehnte Ziel zu erreichen: in Sicherheit vor den Monstern zu sein, den Monstern, die ein Teil ihrer selbst sind.

KAPITEL 3

IM KOPF EINVERNEHMLICHER SADISTEN

Ich fühle mehr, als ich jemals gefühlt habe. Und ich habe jemanden gefunden, mit dem ich all das teilen kann. Mit dem ich spielen kann und den ich lieben kann, und das auf eine Art, die ich als richtig empfinde.

(Aus dem Film »Secretary«)

Sie haben inzwischen einen Einblick in die Köpfe zweier, in ihrer Persönlichkeit stark gestörter sexueller Sadisten bekommen. Doch sind alle Sadisten derartig psychisch auffällig? Sind sie allesamt Egomanen, ohne Zugang zu ihren eigenen psychischen Vorgängen und unfähig zu stabilen, funktionierenden Beziehungen? Dies lässt sich ganz eindeutig mit Nein beantworten. Als Gegenbeweis zu den ersten beiden Sadisten in diesem Buch stelle ich Ihnen nun einen Mann und eine Frau vor, die beide im wissenschaftlichen Sinne sexuelle Sadisten sind, die sich aber in ihren Persönlichkeiten und dem Zugang zu sich selbst deutlich von Harry Thaw und Richard unterscheiden.

Ich bin Sadist

In der erotischen Sprache gibt es auch Metaphern.
Der Analphabet nennt sie Perversitäten.
Er verabscheut den Dichter.

(Karl Kraus)

Matthias Grimme ist einer der bekanntesten deutschen Sadomasochisten. Der 61-jährige Hamburger blickt auf ein abwechslungsreiches Leben zurück. Er ist examinierter Krankenpfleger, studierter Sozialwissenschaftler, Autor, Verleger, Fotograf, bekannt aber auch als Fesselkünstler und Lehrer im Bereich des japanisch inspirierten Bondage. Er war außerdem als Mitorganisator von Männergruppen und der ersten öffentlichen sadomasochistischen Partyreihe in Deutschland sowie als Mitbetreiber eines Piercing- und Brandingstudios aktiv. Darüber hinaus ist er Mitbesitzer des Charon-Verlages, des größten deutschen Verlages für sadomasochistische Literatur. Er ist seit fünfzehn Jahren in einer offenen Ehe verheiratet. Ich kenne Matthias, da ich seit 2010 eine psychologische Kolumne für die (vom Charon-Verlag herausgegebene) bedeutendste deutschsprachige BDSM-Zeitschrift »Schlagzeilen« schreibe.

Wie sieht ein moderner, intelligenter männlicher Sadist sich selbst? Wo sieht er die Unterschiede zwischen sich und gefährlichen, kriminellen Sadisten? Was bedeutet es für ihn, sich als Sadist zu definieren? Diese Fragen beantwortet Matthias Grimme im folgenden Text mit seinen eigenen Worten:

»Neulich sagte jemand von mir, ich sei ein NBRS (Natural Born Rope Sadist – also ein so geborener Fessel-Sadist). Ich erinnere mich noch recht genau an das erste Gespräch mit einer Frau über verbotene sexuelle Fantasien und wie sehr es mich erschrocken hat, als diese Frau sagte, dass ich ein Sadist sei. Mit dem Begriff des Sadisten habe ich immer das Gefühllose, das Erschreckende und Kranke assoziiert, niemals mich selbst. Aber ich entsann mich eines Gesprächs, das ich vor vielen Jahren mit einem Kollegen führte, den seine sexuellen Gewaltfantasien in die Beratung mit dem damaligen Leiter der Sexualforschung im Universitätskrankenhaus Eppendorf geführt hatten. Der Professor habe nur gemeint, sexuelle Gewaltfantasien hätten die meisten Menschen, das sei völlig normal. Daher hatte ich mir auch nie allzu viele Sorgen über meine Vorstellungen gemacht. Es gab ja immer eine klare Grenze zwischen den Bildern, die ich zum Wichsen in meinem Kopf produzierte, und dem, wie ich Sexualität mit meinen Partnerinnen lebte.

Doch mit dem Coming-out als Sadomasochist wurde diese Grenze durchlässig, manches bisher nur Gedachte schien plötzlich erlebbar zu sein. Gleichzeitig erschrak ich vor den Möglichkeiten, befürchtete, dass in mir irgendwo das düstere Böse lauert, das ich – wenn ich nur einen Teil davon zulasse – nicht mehr im Zaum halten könnte. Und dann traf ich die Frau, die mir sagte, dass ein bisschen Fesseln nicht reichen würde, ich müsste sie schon auch hauen. Ich war irritiert, schockiert und gleichzeitig fasziniert. Und dann begann ich langsam die Büchse der Pandora zu öffnen, bis ich mich durch fast das ganze Repertoire gespielt hatte: Schlagen, Fesseln, mit Nadeln und Skalpellen traktieren, Gewichte und Klammern anbringen.

Glücklicherweise bin ich so gestrickt, dass mich das Ganze nur erregt, wenn es innerhalb einer sexuellen Rückkopplung passiert. Mich hat es nie gereizt, jemanden zu quälen, der das, was ich mache, nicht genießen kann. Meine Sexualität funktioniert so, dass ich jemanden brauche, der deutlich sein Einverständnis und darüber hinaus seine Lust auf das, was ich mache, signalisiert. Weil der eigentliche Kick für mich in der gemeinsamen Geilheit und Erregung erst möglich wird. Diese Grundstruktur meiner Persönlichkeit führt dazu, dass ich jemanden, der auf starkes Quälen abfährt, derber behandle als jemanden, den schon leichte Klapse aufgeregt atmen lassen. Gleichzeitig bringt mich das auch in Bereiche, die ich eigentlich viele Jahre als Tabu (im Realen) und als heiße Fantasie säuberlich voneinander abgegrenzt gehalten habe. Und gleichzeitig passierte mir – quasi im Umkehrschluss – dann das: Eine Frau, die nicht wusste, ob sie mit SM-Spielen etwas anfangen kann, probierte mit mir rum. Ich stellte sehr schnell fest, dass das wohl eher nichts ist, was sie kickt, und wir verbrachten dann einen mehr oder weniger ›normalen‹ Abend im Bett miteinander. Fazit für sie: ›Du bist zwar ein Sadist, aber ich habe noch nie einen so zärtlichen Mann im Bett gehabt.‹

Ich war einmal in einer Situation, in der ich etwas gemacht habe, das ich im Nachhinein nicht gut fand, weil es nach meinem Gefühl bei der anderen Person über die Grenze gegangen ist. Ich kannte sie von unseren Partys, und sie wollte sich mal auf einen Kaffee mit mir treffen. Während unseres Gesprächs in einer Hotelbar erzählte sie, dass sie fände, sie sähe hässlich aus. Wir redeten hin und her, und dann sagte ich, das würde ich überprüfen wollen. Sie solle in die Herrentoilette gehen und sich dort ausziehen. In fünf Minuten würde ich dann gucken kommen. Das machte ich auch, und sie stand nackt da und sah so verletzlich und anrührend aus. Ich kam mir im Nachhinein wie ein Arschloch vor und rief sie ein paar Tage später an, um mich zu entschuldigen. Doch sie meinte dazu, es wäre der aufregendste Abend ihres Lebens gewesen und es gäbe nichts, wofür ich mich entschuldigen müsste. Wenn ich ein krimineller Sadist wäre, hätte mich diese Episode nicht in ein so trauriges Gefühl gestürzt, sondern ich hätte die Macht genossen, und die Folgen wären mir egal gewesen.

Manchmal denke ich, wie nahe an der Kriminalität Leute sind, die sadistische Spiele betreiben und dabei zwar in gegenseitigem Einvernehmen zu handeln scheinen, doch das, worum es bei dieser Art Sadisten geht, ist nicht die gemeinsame Lust, das ›schöner, stärker, glücklicher‹ aller Beteiligten, sondern eher die Befriedigung des Hasses auf das andere Geschlecht oder die Bändigung der Angst vor diesem. Und wenn dieser Hass und diese Angst neue Nahrung bekommen, wird die Grenze zur echten Grenzverletzung und zum Verlust der Einvernehmlichkeit immer dünner, bis sie bricht. Dass ich meine Grobheiten, Gemeinheiten, Brutalitäten und Fiesigkeiten immer mit einem Gefühl der Zärtlichkeit und der Nähe auslebe, dass mir die Angst vor der Weiblichkeit und der Hass auf Frauen fehlen, lässt mich diese Grenze nie überschreiten, denn im Gegensatz zu einem kriminellen Sadisten weiß ich, wo sie ist, und achte darauf, sie nicht zu durchbrechen.«

12 Jahre als professionelle Domina

Unsere Integrität hat einen so geringen Preis,
aber eigentlich ist sie alles, was wir haben.
Das allerletzte bisschen von uns.
Aber innerhalb dieses bisschens sind wir frei.

(aus dem Film »V wie Vendetta«)

Ich kenne Lady Amanda seit vielen Jahren privat. Sie ist Ende dreißig und lebt mit ihrem langjährigen Ehemann zusammen. Zu ihren auffälligsten Eigenschaften gehört, dass sie stets eine würdevolle Ruhe, Besonnenheit und Güte ausstrahlt.

Warum entscheidet sich eine junge, kluge und gebildete Frau dafür, jahrelang hauptberuflich als Domina zu arbeiten? Welche

Auswirkungen hat diese Arbeit auf ihr Leben? Wie empfindet sie den Umgang der Gesellschaft mit ihrer Tätigkeit? Dies erklärt Lady Amanda mit folgenden Worten:

»Wenn ich beschreiben möchte, wie ich dazu gekommen bin, als professionelle Domina zu arbeiten, muss ich in meiner Kindheit beginnen. Denn ich bin durch eine private Neigung auf die Idee gekommen, diesen Beruf auszuüben. Schon früh habe ich mich besonders für Märchen interessiert, in denen eine weibliche Heldin sich selbst oder jemanden befreit, den sie sehr liebt. Rübezahl und die Eiskönigin standen ganz oben auf meiner Liste. Mittlerweile weiß ich, dass meine Neigung sich auch durch sich regelmäßig wiederholende Missbrauchserlebnisse über mehrere Jahre entwickelt hat. Was daraufhin folgte, war ein sehr langer und mühevoller Weg, wieder zu der weichen Seite meiner Weiblichkeit zu finden.

Als ich meinen ersten ernsthaften Freund hatte, war ich immer erstaunt, dass meine Gefühle so lange frei fließen konnten, wie ich noch bekleidet war. Jedes Mal, wenn ich nach dem Vorspiel nackt in seinen Armen lag, war mein Körper wie tot, keine Empfindung drang mehr zu mir durch. Es war frustrierend, weil die Sehnsucht nach seiner Nähe keine richtige Erfüllung fand. Da ich mich damit nicht zufriedengeben wollte, suchte ich nach Wegen, Gefühl beim Sex in meinem Körper zu finden. Relativ schnell stellte ich fest, dass ich, indem ich die Kontrolle übernahm, eine Brücke zwischen meinem Körper und meiner Empfindungsfähigkeit bauen konnte. Das war schon gut, aber trotzdem fehlte mir was. Nach sieben Jahren ging die Beziehung in die Brüche, und ich traf einen anderen Mann, den ich später auch heiratete.

Als er mir erzählte, dass er auf dominante Frauen steht, war mir klar, dass ich ihn unbedingt näher kennenlernen wollte. Eine intensive Affäre entwickelte sich zwischen uns. Mein altes Problem mit der Hingabe bestand aber immer noch. Einmal sagte ich nach dem Sex: ›Ich will mich endlich hingeben können.‹ Er meinte nur: ›Wenn du das so sagst, musst du das Gefühl der Hingabe schon kennen. Sonst würde es dir nicht fehlen.‹ Da er schon länger mit der SM-Szene zu tun hatte, war er offen dafür, vieles mit mir auszuprobieren. Eines Abends traute ich mich endlich, ihn zu fesseln und mit ihm zu spielen. Dabei bemerkte ich zwei Dinge. Erstens, dass ich da einem Druck nachgab, der sich schon seit Jahren in mir aufgebaut hatte, und zweitens, dass damit Gefühle in mir aufstiegen, die ich mir davor niemals zugestanden hätte. Als wir danach Sex hatten, hatte ich, während ich unter einem Mann lag, zum ersten Mal im Leben ein Gefühl in meinem Körper. Es war eine unglaubliche Bereicherung.

Bis ich so zu einem Orgasmus kommen konnte, sollte es aber trotzdem noch einige Jahre dauern. Auslöser war die Geburt meines ersten Kindes. Ich erlebte im achten Monat meiner Schwangerschaft eine Totgeburt, die durch eine spontane vollständige Plazenta-Ablösung ausgelöst wurde. Da dabei mit jedem Pulsschlag arterielles Blut aus unserem gemeinsamen Blutkreislauf in meiner Fruchtblase verloren ging, war auch sehr schnell mein eigenes Leben in Gefahr. Als ich von den Sanitätern weggetragen wurde, wusste ich: ›Jetzt kannst du dich nur noch hingeben, alles andere bringt nichts mehr.‹ Ich fiel immer wieder in Ohnmacht, hörte auf dem OP-Tisch liegend noch, wie der Arzt sagte, dass das Kind schon kaum mehr Herzschläge hätte. Ich wusste, dass ich meine Tochter loslassen musste. Ich fiel in meinem Bewusstsein wie von den Stufen einer Treppe, tiefer und tiefer. Dann bekam ich den Kaiserschnitt mit. Da sich die Ärzte beeilen mussten, hatten sie keine Zeit zu warten, bis die Narkose richtig wirkte. Der Schmerz war so heftig, dass ich dachte: ›Wenn du jetzt nicht mehr die Kraft zum Schreien hast, dann stirbst du auch.‹ Ich sammelte die letzten Überreste meiner Lebenskraft wie auf dem Grund eines tiefen Brunnens zusammen und schrie. Ich hörte noch eine Schwester sagen: ›Sie müssen nicht schreien.‹ Und dann war ich weg.

Als ich aufwachte, kam ein Arzt, um mir zu sagen, dass meine Tochter gestorben sei und ob ich sie noch in den Armen halten wolle. Ich bejahte, und eine Schwester brachte sie zu mir. Sie war wie ein Engel in meinen Armen, warm, weich und süß duftend. Nach diesem Ereignis war ich schon sehr traurig, dass ich sie ver loren hatte. Aber ich war auch sehr dankbar, dass sie überhaupt bei mir gewesen war. Sie hat mir ein Geschenk gebracht. Denn davor hatte ich den Glauben daran verloren, dass ein Mensch rein sein kann. Diesen Glauben hat sie mir wiedergegeben.

Ein paar Wochen später hatte ich meinen ersten rein vaginalen Orgasmus. Scheinbar hatte sich etwas in mir gelöst. Trotzdem ging das Ganze noch nicht ohne Angst. Mein Mann war zu der Zeit von der Initiative her noch ein sehr zurückhaltender Mann. Das heißt, die Kontrolle darüber, was wann wie geschah, überließ er mir. Das war für mich auch sehr wichtig, denn ein initiativ aktiver Mann hätte das Maß an erträglicher Angst überschritten und damit meine erotischen Empfindungen erstickt. Aber auch das war mir irgendwann nicht mehr genug. Ich wollte mich auch seelisch hingeben und jede Sekunde auf dem Weg zum Orgasmus genießen können.

Durch die OP war ich erst mal nicht mehr fähig, in meinem alten Job zu arbeiten, weswegen ich zur Überbrückung etwas anderes brauchte. So kam ich über eine Anzeige in einer Zeitung dazu, mich in einem Dominastudio vorzustellen. Es war der Beginn einer jahrelangen Tätigkeit als klassische Domina. Klassisch heißt, dass weder Oralverkehr noch Geschlechtsverkehr zu meinem Angebot gehörten. Die sexuelle Befriedigung meiner Kunden geschah zum Ende einer SM-Session immer manuell. Ich empfand diesen Part auch als wichtig, weil man damit die im Spiel heraufbeschworenen Gefühle und Energien transformiert. Wenn man ein SM-Ritual zur Befreiung der Psyche einsetzen will, ist das einfach die beste Möglichkeit. Ohne Orgasmus bleiben die Gefühle hängen.

Was eine Domina im Allgemeinen anbietet und macht, ist jedoch eine sehr persönliche Angelegenheit. Deswegen kann ich hier nur von mir selber sprechen. Ich war hauptsächlich im schwarzen Bereich tätig, der Fußerotik und alltagsangelehnten Rollenspielen. Den sogenannten Klinikbereich habe ich sehr schnell ausgeschlossen, weil ich die kalte Atmosphäre und das Hantieren mit den klinischen Gegenständen nicht mochte.

Als richtige Sadistin würde ich mich nicht bezeichnen, da ich

Schmerz auslösende Aktionen nur so lange genieße, wie mein Gegenüber das erotisieren kann. Solange dem so ist und es keine permanenten körperlichen Spuren hinterlässt, habe ich keine Skrupel, jemandem intensive Schmerzen zuzufügen. Die Verbindung, die in so einem Moment zwischen dem Sadisten und dem Masochisten entsteht, ist mental sehr intim und kann hocherotisch sein. Es ist jedoch von meiner Seite her nie ein emotionales Schmelzen gewesen, auch wenn ich manchmal durch solche Aktionen ohne jeglichen körperlichen Kontakt zu leichten Orgasmen gekommen bin.

Was auch zu meinen absoluten Lieblingsspielen gehörte, waren Extremfesselungen. Ich konnte Stunden damit verbringen, jemanden komplett bewegungsunfähig zu machen und dann mit ihm zu spielen. In diesen Spielen baute ich eine tiefe meditative Verbindung zu den ›Opfern‹ auf. Es hat mich sehr berührt, dass sie mir so viel Vertrauen entgegenbrachten und mich in ihre Gefühlswelten tauchen ließen.

Die Erotik sehr schüchterner Fußfetischisten war für mich meist wie eine zarte Pflanze. Ich habe oft intuitiv gefühlt, dass sie ein großes Maß an realer Demütigung und Schmerz in ihrer Jugend erfahren hatten und sehr dankbar dafür waren, dass sie sich in diesen Momenten nicht verstellen mussten. Ihnen ein großes erotisches Geschenk machen zu können, ohne meine Integrität aufgeben zu müssen, war sehr schön.

Ich war den authentisch devoten Männern, die zu ihrer Neigung stehen konnten, sehr dankbar. Denn durch das jahrelange Beobachten und Mitfühlen habe ich von ihnen echte Hingabe gelernt. Lange dachte ich, dass ich durch meine Kontrollfähigkeit in der besseren Position wäre. Bis ich eines Tages bei einem Spiel, als der gefesselte Delinquent so richtig unter meinen Händen aufging und dahinschmolz, dachte: ›Bin ich eigentlich die Blöde? Ich streng mich hier an und lass mir tausend Spiele einfallen, um andere zu befriedigen. Und was ist mit mir?‹

Kurz darauf begann ich eine Affäre mit einer anderen Domina. Mein Mann wusste davon und war auch manchmal bei den Spielereien dabei. Diese Frau hat bei mir sehr intensive Gefühle ausgelöst. Schon ein Kuss von ihr hat meine Knie weich werden lassen. Es war toll, aber es machte mich auch traurig. Denn zum ersten Mal im Leben hatte ich komplett angstfreien Sex. Erst da wurde mir bewusst, dass ich die ganzen Jahre zuvor immer Angst beim Sex gehabt hatte. Es war mir nur nicht bewusst, weil sie immer da gewesen war.

Diese Affäre ist jetzt schon fast zehn Jahre her, und ich kann sagen, dass ich danach noch etwa acht Jahre gebraucht habe, um den Sex mit meinem Mann völlig befreit genießen zu können. Mein Mann hat mich den ganzen Weg begleitet und sich immer auf meine neuen Bedürfnisse eingestellt. Vielleicht ging das nur, weil er wirklich devot gestrickt ist, vielleicht auch, weil die Liebe groß genug war und ist. Es war nicht immer einfach für ihn. Nach einer besonders herausfordernden Phase erzählte er mir, wie er mit meinen großen Veränderungen umzugehen gelernt hatte. Er las damals ein Buch, in dem eine Frau ihr Gedächtnis verloren hatte. Ihr Mann versuchte sie zurückzugewinnen, obwohl sie sich nicht an ihn erinnern konnte. Diese Aufgabe wurde als Rätsel formuliert: ›How to catch a beautiful bird without killing its spirit?‹ (›Wie einen schönen Vogel fangen, ohne seine Seele zu töten?‹). Nach vielen Jahren fand er die Lösung: ›By becoming the sky‹ (›Indem man zum Himmel wird‹).

Je näher ich dem Ziel der kompletten Hingabefähigkeit kam, desto schwieriger wurde der Job für mich. Nicht aus moralischen Gründen, sondern weil die emotionalen Mauern, die ich abgebaut hatte, auch nicht mehr zu meinem Schutz da waren. Privat spiele ich bei Gelegenheit immer noch gerne, aber professionell geht das nicht mehr. Die Gäste kommen mit sehr großen emotionalen Defiziten und Erwartungshaltungen zu einer Domina. Deshalb muss man sich als Frau in diesem Beruf sehr gut abgrenzen können.

Die Stigmatisierung durch die Ausübung dieses Berufs empfand ich als gigantisch. Die Leute, die das von außen betrachten, schreiben den dominanten Frauen viele Eigenschaften zu, die deren Emotionalität eher widersprechen. Eigenschaften wie mangelndes Einfühlungsvermögen, Brutalität oder Skrupellosigkeit. Ohne Einfühlungsvermögen kann man in diesem Beruf nicht lange Geld verdienen. Denn wenn man die Grenzen der Gäste nicht genau erfühlt und respektiert, kommen sie auch nicht zurück. Eine Domina ist eher eine mütterliche Frau, die sich viel Gedanken um das Wohlergehen ihrer Mitmenschen macht. Es bedeutet viel Aufwand, sich um die Bedürfnisse von passiv gestrickten Menschen zu kümmern. Das ist nichts für Egozentriker.

In den Jahren meiner Tätigkeit als Domina haben sich unglaubliche Gerüchte in der Stadt über mich etabliert, die sehr weit entfernt sind von dem, was ich jemals tun würde oder was ich bin. Es war erschreckend festzustellen, dass die Kollegen aus meinem alten Beruf mich selbst nach zehn oder fünfzehn Jahren Kontaktpause immer noch besser kannten als die meisten Leute, die mich in den Jahren als Domina kennengelernt hatten.«

Die menschlicheren Sadisten

Das Mitleid ist die wahre Quelle
aller echten Gerechtigkeit und Menschenliebe.

(Arthur Schopenhauer)

Matthias und Amanda kennen einander nicht. Doch sie berichten in ähnlicher Weise von ihren Empfindungen beim Ausleben ihrer sadistischen Handlungen. Beide sind empathische Menschen, die sich nicht nur gedanklich, sondern auch gefühlsmäßig unwillkürlich und stark in die Menschen, mit denen sie sadomasochistische Handlungen durchführen, hineinversetzen. Sie haben einen sehr klaren Zugang zu ihren inneren Vorgängen, ihren Gefühlen und Motiven. Außerdem besitzen beide eine anderen Menschen gegenüber grundsätzlich positive Haltung und ein ausgeprägtes Verantwortungsgefühl. All dies sind Eigenschaften, die Menschen – ob sie

Sadisten sind oder nicht – davon abhalten, sich unsozial zu verhalten und anderen Menschen ernsthaft zu schaden. Es sind diese Eigenschaften, die Menschen erst »menschlich« machen. Offensichtlich sind diese positiven menschlichen Eigenschaften ein deutliches Unterscheidungsmerkmal zwischen einvernehmlichen und gefährlichen Sadisten.

KAPITEL 4

JENSEITS VON SHADES OF GREY: DAS GANZ NORMALE LEBEN DER SADOMASOCHISTEN

Freiheit bedeutet, dass man nicht unbedingt alles so machen muss wie andere Menschen.

(Astrid Lindgren)

Was fällt Ihnen spontan ein, wenn Sie das Wort »Sadomasochismus« hören? Viele Menschen heutzutage denken an den Romanbestseller »Shades of Grey« oder an pseudodokumentarische Fernsehsendungen im Nachtprogramm. Beides erzeugt Vorstellungen von BDSM, die mit der Wirklichkeit großenteils nur wenig zu tun haben.

Von Sadomasochismus zur BDSM-Subkultur

Perversität entsteht zum größten Teil im Auge des Betrachters.

(Jan Wöllert)

Das Wort Sadomasochismus wurde inzwischen vom modernen Begriff »BDSM« abgelöst. Als »BDSMler« bezeichneten sich ursprünglich Menschen, die eine entsprechende sexuelle Neigung als Teil ihrer Persönlichkeit erkannten und sich mit anderen Menschen derselben Neigung auszutauschen begannen. Die daraus erwachsene »BDSM-Szene« ist eine Subkultur, in der sich Menschen mit dieser Neigung informieren, austauschen und Partner, die zu ihnen passen, finden können.

Obwohl es Menschen mit entsprechenden sexuellen Fantasien und Bedürfnissen wahrscheinlich in allen Zeiten und Kulturen gab, entstand die BDSM-Subkultur, wie wir sie heute kennen, erst ab den 50er Jahren. Zunächst in den USA, später auch in Deutschland, ging sie aus der schwulen Subkultur hervor. Erst ab den 80er Jahren bildete sich eine heterosexuelle BDSM-Szene. Gründe, den Anschluss an die Szene zu suchen, gibt es viele: Der Wunsch, einen Partner zu finden, mit dem eine erfüllte Sexualität möglich ist, ist dabei einer, aber sicher nicht der wichtigste Grund. Viele Menschen mit einer BDSM-Neigung fühlen sich erleichtert, mit anderen offen über ihre Bedürfnisse und Fragen sprechen zu können, ohne Ablehnung und Unverständnis fürchten zu müssen: »Coming-out« ja oder nein? Wenn ja, wem gegenüber und wie? Welche Normen und

Werte vertritt die Szene? Woran erkennt man im Alltag Gleichgesinnte? Wie lassen sich Fantasien sicher für die eigene Gesundheit und die des Partners umsetzen? Welche Möglichkeiten gibt es, als sexuelle Minderheit längerfristig gesellschaftliche Anerkennung zu erlangen und sich nicht mehr verstecken zu müssen?

Das Miteinander in der Szene

Die Subkultur organisiert Informationsveranstaltungen, Stammtische, Gesprächskreise und Workshops, auf denen Sicherheitsregeln, Normen und Werte der Szene vermittelt werden. Es werden auch gemeinsame Aktivitäten wie Grillen, Kinobesuche oder andere Ausflüge organisiert. Für viele bildet sich innerhalb der Subkultur ein Freundes- und Bekanntenkreis. Auch Partys, auf denen die Neigung in geschütztem Rahmen ausgelebt werden kann, finden statt. Auf solchen Partys können unterschiedliche BDSM-Möbel, die nicht jeder zu Hause hat, genutzt werden. Es wird öffentlich »gespielt«, das heißt BDSM-Handlungen werden durchgeführt. Auf vielen Partys gibt es »Spielräume«, »Separees« für jene, die ungestört sein möchten, und Aufenthaltsbereiche, wo, wie auf anderen Partys auch, zusammengesessen und geredet wird. Und es gibt klare Regeln: Ein höflicher und respektvoller Umgang miteinander sowie das Beachten hygienischer und gesundheitlicher Sicherheitsregeln sind Grundvoraussetzungen, ebenso wie ein Foto- und Filmverbot. Im Hintergrund läuft Musik, bei manchen Veranstaltungen gibt es auch eine Tanzfläche, oft ein mehr oder weniger großes Buffet. Neben Sitzgelegenheiten wie Couchecken findet sich meistens auch eine Bar. Die Beleuchtung entspricht meist der in normalen Diskotheken.

Die meisten BDSMler nutzen solche Partys, um Freunde zu treffen und einen entspannten Abend miteinander zu verbringen. Oft wird mehr geredet als wirklich »gespielt«. BDSMler schätzen an solchen Treffen, dass sie »sie selbst« sein können, ihre Neigung also nicht wie sonst vor ihrer Umwelt verstecken müssen. Denn auch wenn viele Menschen sagen: »Mir ist doch egal, was andere in ihrem Schlafzimmer treiben, solange sie mich damit nicht belästigen« – so einfach ist es mit einer BDSM-Neigung meist nicht. Viele BDSMler, die mit entsprechend geneigten Partnern zusammenleben, wollen in dieser Beziehung auch BDSM leben. Sei es, dass sie aus Liebe zum Partner ein Halsband tragen, das ihn als dominanten Part symbolisiert, oder dass sie einen Abend lang beim Ausgehen mit Freunden ausschließlich Wasser anstatt wie sonst Cola trinken, weil es gerade Teil des dominant-submissiven Rollenspiels ist: Die BDSM-Neigung vor allem in Liebesbeziehungen kann an unterschiedlichen Stellen mit dem Alltag anecken.

Der Stellenwert von Symbolik

Für all jene, die bei den genannten Beispielen denken, »so was würde ich nie für meinen Partner tun«: Würden Sie einen Ehering tragen? Er ist ein kulturelles Symbol für Liebe und Verbundenheit in einer besonders festen Liebesbeziehung und in aller Regel auch ein Signal für die Umwelt, dass man »vergeben« ist. Nun würden Sie sich weder weniger lieben noch müssten Sie zwangsläufig Ihren Partner betrügen, wenn Sie keinen solchen Ring tragen würden. Im Kern ist ein Ehering nichts als ein Stück Metall. Allein Ihre Gefühle und romantischen Vorstellungen, die an diesen Ring geknüpft sind, machen ihn zu etwas ganz Besonderem – für Sie, für Ihren Ehepartner und für Ihre Mitmenschen, die um seine Symbolik wissen. Ebenso verhält es sich mit Halsbändern oder bestimmten Verhaltensgesten zwischen BDSMlern. Sie sind ein Teil der zwischenmenschlichen Beziehungsgestaltung, die von allen Beteiligten so gewünscht und als sehr angenehm empfunden wird.

Eine der Verhaltensweisen, die BDSMler auf Partys besonders schätzen, weil sie im Alltag oft verborgen bleiben muss, ist das Knien der submissiven Partner neben ihren dominanten Partnern. Was auf Außenstehende spontan unangenehm, da scheinbar degradierend wirken kann, ist in der BDSM-Beziehung ein freiwillig geschenktes Zeichen der speziellen Verbundenheit. Obwohl submissive und dominante BDSMler auf solchen Partys an unterschiedlichen Äußerlichkeiten und Verhaltensweisen klar voneinander unterscheidbar sind, ist der Umgang zwischen den Besuchern so gut wie nie unhöflich oder respektlos. Solche Verhaltensweisen werden innerhalb der Szene grundsätzlich nicht toleriert. Außerdem empfinden BDSMler sich untereinander grundsätzlich als gleich wertvolle Menschen, unabhängig davon, ob sie submissiv oder dominant, masochistisch oder sadistisch sind. Ein dominanter Part wird nicht mit mehr oder weniger Respekt wahrgenommen als ein submissiver.

Um dies nachzuvollziehen, ist ein Beispiel aus dem Alltag hilfreich: Stellen Sie sich die Hierarchie innerhalb einer Firma vor. Es gibt Vorgesetzte, leitende Angestellte und normale Angestellte. In ihren beruflichen Rollen erhalten die Angestellten Anweisungen von ihren Vorgesetzten – und innerhalb einer Hierarchie gibt es Verhaltensregeln. Doch sicher würde niemand ernsthaft behaupten, der Vorgesetzte sei ein wertvollerer Mensch als sein Angestellter. Ein vernünftiger Vorgesetzter würde auch nicht auf die Idee kommen, einen Angestellten in seiner Freizeit anzurufen und ihn zu beauftragen, ihm eine Pizza vorbeizubringen. Die Rollenverteilung Vorgesetzter/Angestellter ist eben klar auf den festen Rahmen und die definierten Inhalte des Arbeitsverhältnisses beschränkt.

Ähnlich ist es auch mit dem Verhältnis zwischen BDSMlern. Ein dominanter BDSMler würde beispielsweise nie auf die Idee kommen, einen submissiven BDSMler während einer Party einfach »anzugrabschen«, wenn dies von der submissiven Person nicht gewünscht wird. Submissiv hin oder her, auf der menschlichen Ebene gilt die Selbstbestimmung grundsätzlich sowohl für den submissiven als auch für den dominanten BDSMler. Zwar möchten manche BDSMler, dass die Elemente der Dominanz und Unterwerfung Eingang in ihre alltägliche Beziehungsführung finden; wie weit dies im Einzelfall geschieht, unterscheidet sich allerdings deutlich. Während manche BDSMler nur innerhalb eines fest eingegrenzten, eher überschaubaren Zeitrahmens das Gefälle von Dominanz und Submission miteinander erleben, führen andere sogenannte 24/7-Beziehungen, die ein Machtgefälle »rund um die Uhr« beinhalten. Wie stark und auch auf welche Lebensbereiche sich dies auswirkt, ist sehr unterschiedlich. In jedem Fall basiert eine solche Beziehungsführung darauf, dass beide Partner sich freiwillig dafür entscheiden und dass auch beide jederzeit die Beziehung beenden können.

BDSM als Selbstbezeichnung

Da der Begriff »Sadomasochismus« gesellschaftlich eher negativ besetzt ist und in der historischen Wissenschaftsliteratur mit einer psychischen Störung gleichgesetzt wurde – was sich zum Glück inzwischen geändert hat –, wählten Menschen dieser Neigung eine sachlichere und weniger stigmatisierende Selbstbezeichnung.

In dem Kürzel BDSM werden mehrere Praktiken und Erlebnisdimensionen zusammengefasst, die von Menschen mit entsprechender Neigung als sexuell erregend empfunden werden können:

- »BD« steht für »Bondage & Discipline«, also Fesselung und Disziplin.
- »DS« steht für »Dominance & Submission«, also Dominanz und Unterwerfung.
- »SM« steht für »Sadism & Masochism«, also das Zufügen sowie Erleiden von Schmerzen.

Diese Bereiche überschneiden sich in der Realität und sind

individuell unterschiedlich stark ausgeprägt. Es gibt also beispielsweise Menschen, die das sexuelle Rollenspiel von Dominanz und Unterwerfung sehr erregend finden, aber kein Interesse an Schmerzzufügung oder -erleidung haben. Ebenso gibt es Menschen, die sich vom sexuellen Spiel mit körperlichem Schmerz erregt fühlen, sich aber nicht sonderlich für das Ausüben von Dominanz und Unterwerfung interessieren. Viele Menschen mit entsprechender Neigung finden all diese Bereiche erregend, aber je nach Person sind einige stärker und andere weniger stark ausgeprägt.

Der Hype um die Romanreihe »Shades of Grey« wird von den meisten echten BDSMlern mit einer Mischung aus Abneigung und Sarkasmus aufgenommen. Denn eine wirkliche sexuelle Neigung ist eben keine Mode-Erscheinung, und echte Beziehungen zwischen BDSMlern entsprechen nicht denen in schwülstigen Groschenromanen. Nicht jeder dominante Mann erscheine zu einem Date per Hubschrauber, und auch in vielen anderen Punkten steht die Romanreihe im absurden Kontrast zur BDSM-Wirklichkeit. Abgesehen davon, dass viele BDSMler sich durch den Bestseller geradezu lächerlich gemacht fühlen, hat der Bucherfolg für ein weiteres Problem gesorgt: Menschen, die eigentlich gar keine entsprechende Neigung haben, sind von der Liebesgeschichte, dem Märchen vom »dunklen Prinzen« und der »jungfräulichen, holden Maid«, derart angetan, dass sie schlussfolgern, BDSM sei ein guter Weg, um ihren Traumprinzen oder ihre Traumpartnerin zu finden oder zumindest ihr langweiliges Liebesleben aufzupeppen. So »schnuppern« einige von ihnen neugierig in die BDSM-Szene, in der Erwartung, dort würden alle genau die Art von BDSM leben, wie sie in den Büchern von E. L. James beschrieben ist.

Wenn Fantasie und Realität aufeinanderprallen

Fantasie ist die einzige Waffe im Krieg gegen die Wirklichkeit.

(Denis Gaultier, französischer Musiker und Komponist)

So kommen merkwürdige Situationen zustande, wie einige meiner Bekannten berichten, die BDSM-Stammtische leiten. Unbedarfte Frauen erscheinen und erzählen, sie würden ihren »Mr. Grey« suchen. Hierunter stellen sie sich einen äußerst attraktiven, dominanten, charmanten – vielleicht sogar möglichst wohlhabenden – Traumpartner vor, der ihnen, ohne sie näher zu kennen, einen umfassenden »Sklavenvertrag« zum Unterschreiben hinlegt und sie von diesem Moment an in eine BDSM-Beziehung führt, die ihr gesamtes Leben bestimmt. Seltener tauchen Männer auf, die Entsprechendes mit einer devoten Partnerin tun wollen. Solche Vorstellungen äußern teilweise Menschen, deren Erfahrungen im Bereich BDSM sich im besten Fall auf Plüschhandschellen und extra weiche Mini-Peitschchen beschränken und die glauben, nur aufgrund der Buchreihe nun alles über BDSM zu wissen.

Dieses »Phänomen« scheint überall Blüten zu treiben, wo die Romanreihe erfolgreich war. So berichteten mir Teilnehmer eines BDSM-Gesprächskreises, an dem ich 2012 in New York teilnahm, dass dort seit einiger Zeit auf BDSM-Partys Pärchen auftauchen, die niemand kennt und die offenbar keinen sonstigen Bezug zu BDSM haben. In einem Zustand irgendwo zwischen Faszination und Entsetzen beobachten diese Pärchen dann, was auf den Partys passiert. Aber BDSM-Praktiken mit eigenen Augen zu sehen, ist doch etwas anderes, als sich romantische Vorstellungen zu einem schwülstigen Roman zu machen – vor allem, wenn der Beobachter einfach keine entsprechende sexuelle Neigung aufweist. Meist erscheinen solche Pärchen denn auch nur ein bis zwei Mal bei solchen Anlässen und suchen kaum bis gar keine Kommunikation mit anderen Partygästen. Sie werden in der dortigen BDSM-Szene daher inzwischen »Shades-of-Grey-Touristen« genannt.

Die Organisatoren von BDSM-Stammtischen versuchen seit einiger Zeit immer wieder, solchen »übermütigen« Interessenten zu vermitteln, dass die Romanreihe kein »Handbuch« für BDSM-Beziehungen ist und einiges, was darin beschrieben wird, in der Szene kontrovers diskutiert wird. Immer wieder kommen solche Gespräche an den Punkt, an dem die »Shades of Grey«-Anhänger sich enttäuscht darüber zeigen, dass sie in der Wirklichkeit keine Kopie ihrer Buchträume vorfinden. Manchmal äußern sie dann sogar, dass die Stammtisch-Leiter und -Teilnehmer bei aller »Vorsicht«, die sie im Umgang mit Novizen nahelegen, ja gar keine »echten BDSMler« sein könnten. Denn »Mr. Grey« lässt seine Angebetete ja auch nicht erst Sicherheitsregeln erlernen und Informationen im Austausch mit anderen sammeln, bevor er mit ihr seine Fantasien umsetzt. Spätestens an diesem Punkt haben die Stammtisch-Organisatoren alle Mühe, zwischen den Buchanhängern und den von solchen Äußerungen genervten Teilnehmern zu vermitteln. Gleichzeitig versuchen sie, den Buchanhängern die Unterschiede zwischen den Romanen und der Wirklichkeit deutlich zu machen. Dazu gehört, dass sie ihnen einen Einblick in die ethischen und vernunftorientierten Grundsätze der BDSM-Szene vermitteln und vor allem darauf hinweisen, dass Erfahrungen erst langsam gesammelt werden sollten, anstatt von null auf hundert eine extreme Form von BDSM-Beziehung zu erwarten.

Manchmal ist bei den interessierten Buchlesern noch nicht einmal klar, ob sie wirklich eine entsprechende sexuelle Neigung haben und – wenn ja – wie genau diese ausgeprägt ist. Auf ein gewisses Maß von Dominanz und Unterwerfung beim Sex zu stehen, ist nicht zwangsläufig dasselbe, wie harte, schmerzvolle BDSM-Handlungen erregend zu finden. Vielen »Shades of Grey«-Lesern ist nicht klar, dass es etwas anderes ist, sich solche Handlungen nur vorzustellen oder sie wirklich zu erleben. Auch wenn die meisten von ihnen keinerlei Erfahrung mit solchen Formen von Schmerz haben, glauben einige von ihnen – angestachelt durch die Bücher –, dass das, was in ihrer Vorstellung erregend ist, auch in der Wirklichkeit »ihr Ding« sein muss. Ein erfahrener sadistischer Freund von mir merkte hierzu an, er würde einer solchen Person – wenn sie Interesse an ihm bekunden würde – nach einigem Vorgeplänkel vorschlagen, ihr sehr fest in die Innenseite ihres Oberschenkels zu greifen. Dies kann schmerzhafter sein, als sich viele unerfahrene Menschen vorstellen. Anschließend würde er sie fragen, ob sie dies wirklich angenehm und erregend fand oder ob sie es nur ausgehalten habe, um ihm etwas zu beweisen. Würde sie Letzteres einräumen, so würde er ihr nahelegen zu überdenken, ob sie wirklich auf Schmerzen, wie sie in »Shades of Grey« beschrieben werden, steht. Auch wenn dies sicher keine Methode ist, die jemand bei Stammtischen mit fremden Menschen anwenden sollte, so könnte diese Überlegung doch zumindest die eine oder andere unbedarfte »Shades of Grey«-Leserin dazu bewegen, ihre wirkliche sexuelle Neigung nochmals intensiver zu hinterfragen.*

---

* Weitere Einblicke in die Gefühls- und Gedankenwelt von BDSMlern auf www.benecke-psychology.com unter »Extras zum Buch: Sadisten – Tödliche Liebe«, Passwort: prudentia_potentia_est.

KAPITEL 5

KRANK, KRASS ODER KREATIV?
SADISMUS, MASOCHISMUS UND
DIE WISSENSCHAFT

*Die weltweit mehreren Millionen Sadomasochisten,
die über Nacht von gefährlichen Geisteskranken
zu braven, gesunden Mitmenschen wurden,
bewältigen diese Umstellung gut.*

*(Arne Hoffmanns augenzwinkernde Bemerkung zur Veränderung
der Diagnosekriterien von Sadismus und Masochismus
vom DSM-III zum DSM-IV in seinem SM-Lexikon, 2003)*

Um die Frage zu beantworten, ob eine BDSM-Neigung krankhaft ist oder nicht, muss man sich zunächst die Geschichte der wissenschaftlichen Beschreibung dieser Neigung anschauen. Getreu dem Motto »Sex Sells« ist die Liste wissenschaftlicher Schriften, die BDSM beinhalten, lang und reicht historisch weit zurück. Doch das Ende der wissenschaftlichen Forschung auf diesem Gebiet ist noch lange nicht erreicht.

Die Geschichte der Lust am Schmerz

Johann Meibom, 1639
– Vom Nutzen des Auspeitschens

Die erste bekannte wissenschaftliche Schrift, in der sexuell erregendes Auspeitschen beschrieben wurde, verfasste 1639 der deutsche Arzt Johann Heinrich Meibom unter dem Titel »Tractatus de usu flagrorum in re medica et venerea« (»Eine Abhandlung des Gebrauchs von Peitschen in der Medizin und der Sexualität«). Hierin ging es inhaltlich nur um durch Peitschenhiebe erregte Männer. Meibom versuchte das ihm zunächst seltsam erscheinende Verhalten damit zu erklären, dass Auspeitschen in den Nieren befindliches Sperma erwärmen und so die sexuelle Erregung auslösen würde. Diese Theorie basierte also auf der medizinischen Fehlannahme, Sperma würde sich in den Nieren befinden. Trotz dieses gravierenden Missverständnisses wurde Meiboms Theorie in der europäischen Wissenschaftswelt bekannt.

Noch 1912 berief sich der deutsche Arzt und Sexualforscher Iwan Bloch darauf in seinem Werk »Englische Sittengeschichte«. England galt lange Zeit als die Heimat sadomasochistischer Praktiken. Spätestens seit Beginn der Industrialisierung waren dort sogenannte »Flagellationsbordelle« verbreitet – nichts anderes als heutige professionelle Domina-Studios. Nicht nur bei Prostituierten, sondern auch in ihrer privaten Sexualität lebten Menschen in

England sadomasochistische Praktiken aus. Dies war dort so bekannt, dass Bloch über das Sexleben der Engländer fast verwundert schrieb: »Flagellationsmanie (der Wunsch, zu schlagen und geschlagen zu werden) und die Vorliebe für den Einsatz der Rute kann als typisch englischer Missbrauch beschrieben werden; sie war unter allen Altersgruppen und Klassen so weit verbreitet, dass es eines der interessantesten Merkmale ihres sexuellen Lebens darstellt.«

Auch das erste historisch bekannte BDSM-Möbelstück stammt aus England. Den Memoiren von Theresa Berkley zufolge, der prominentesten Edel-Domina ihrer Zeit, erfand sie 1828 das »Berkley Pferd«. Dies ist eine eigens zum Auspeitschen und gleichzeitigen sexuellen Stimulieren gedachte Vorrichtung. Der Kunde wurde von Theresa Berkley an dem holzbrettartigen Gestell befestigt. Für sein Gesicht und seine Sexualorgane waren Öffnungen angebracht. Dadurch konnte der Kunde beispielsweise von einer vor ihm sitzenden Assistentin sexuell befriedigt werden, während die Domina ihn von hinten auspeitschte. Die Edeldomina mit Verbindungen in höchste Kreise scheint auch ein Vorbild für die Macher der BBC-Serie »Sherlock« gewesen zu sein. In der ersten Folge der zweiten Staffel, mit dem Titel »Ein Skandal in Belgravia«, verwandeln sie die Holmes-Figur Irene Adler in eine Edeldomina, die durch ihre Kunden an heikle Geheiminformationen kommt und damit die Regierung erpresst.

Bénédict Morel, 1857
– Lust, Sünde und Degeneration

So hätte die sexuelle Neigung zur Lust an Schmerz und Erniedrigung eine harmlose, gesellschaftlich tolerierte Vorliebe bleiben können, hätte nicht 1857 der französische Psychiater Bénédict Augustin Morel seine »Degenerationstheorie« aufgestellt. Nun war Morel nur an zweiter Stelle seiner persönlichen Prioritäten Mediziner und in erster Linie ein strenggläubiger Katholik. Als solcher waren für ihn jegliche sexuellen Freuden, die nicht für die unmittelbare Zeugung notwendig sind, eine Sünde. Logisch, dass allerlei sexuelle Spielarten, die ausschließlich der Lustbefriedigung der Beteiligten dienen, von ihm als nicht gottgewollt angesehen wurden. Morel machte den schweren Fehler, seine religiösen Überzeugungen auf seine wissenschaftliche Arbeit zu übertragen. So erschuf er die Theorie, dass sündiges Verhalten über mehrere Generationen im Sinne der biblischen Erbsünde zu immer schwereren psychischen und körperlichen Defekten führt, bis sich die sündige Erblinie schließlich vollständig selbst ausrottet.

Morels Theorie war so einfach wie für jeden gottesfürchtigen Zeitgenossen plausibel. Sie diente als Allround-Erklärung für alle gesellschaftlichen Probleme, von Armut über Alkoholismus, Prostitution und Verbrechen aller Art bis hin zu Irrenanstalten – all dies waren Morel zufolge die logischen und medizinisch feststellbaren Auswirkungen der Erbsünde. Somit erklärte Morel »inkorrektes sexuelles Verhalten« mit einer durch Sünde bedingten »körperlichen und geistigen Degeneration«. Dies war die Geburtsstunde der wissenschaftlichen und gleichzeitig auch gesellschaftlichen Pathologisierung und Stigmatisierung aller ungewöhnlichen sexuellen Neigungen. Aus heutiger Sicht erscheint Morels Degenerationstheorie zwar völlig vorsintflutlich und unwissenschaftlich. Doch die Auswirkungen dieser Theorie reichen bis in noch heutzutage verwendete Krankheitenkataloge.

Richard von Krafft-Ebing, 1886 – Pervers ist, was nicht der Zeugung dient

Knapp dreißig Jahre, nachdem Morel seine Degenerationstheorie veröffentlicht hatte, erschien 1886 der Sexualwissenschafts-Klassiker »Psychopathia Sexualis. Eine klinisch-forensische Studie« des deutschen Psychiaters Richard von Krafft-Ebing. In diesem Werk schildert Krafft-Ebing 45 Fallbeispiele, die er thematisch unterschiedlichen sexuellen Auffälligkeiten zuordnet. Er fasst alle von ihm beobachteten sexuellen Auffälligkeiten unter dem Begriff »Perversionen« zusammen. Die Definition dieser »Perversionen« ist klar angelehnt an die tief katholisch geprägten Vorstellungen seines Vorgängers Morel: »Als pervers muss jede Äußerung des Geschlechtstriebs erklärt werden, die nicht den Zwecken der Natur, i. e. der Fortpflanzung entspricht.« Besonders nachteilig für das gesellschaftliche Bild von Menschen, die sich sexuell durch Schmerz, Fesselung und Erniedrigung erregt fühlen, wirkt sich bis heute aus, dass sie in diesem Standardwerk in direkten Zusammenhang mit Lustmördern gebracht werden. 1890 veröffentlichte Krafft-Ebbing sein Buch »Neue Forschungen auf dem Gebiet der Psychopathia Sexualis«, in dem er die Begriffe »Sadismus« und »Masochismus« einführte.

Den Begriff »Masochismus« leitete er vom österreichischen Schriftsteller Leopold Ritter von Sacher-Masoch (1836–1895) ab. Dieser stellte in seiner Novelle »Venus im Pelz« die Beziehung des sexuell devoten, jungen Mannes Severin zur äußerst attraktiven, dominanten Wanda dar. Wanda unterwirft Severin, demütigt ihn und quält ihn mit Schmerzzufügung, was er über weite Teile der Novelle als sehr anregend empfindet. Obwohl Leopold Ritter von Sacher-Masoch ganz und gar nicht erfreut war, für diese neu entdeckte »Perversion« als Namensvetter herzuhalten, konnten weder er noch (nach seinem Tod) seine treuen Leser verhindern, dass sein Name bis heute mit der sexuellen Vorliebe des Masochismus verbunden ist.

Um den Gegenpart des Masochisten zu beschreiben, griff Krafft-Ebing auf die Werke des französischen Schriftstellers Donatien Alphonse François, Marquis de Sade (1740–1814), zurück. Der beschrieb in seinen pornografischen, philosophischen, gesellschaftskritischen Schriften sehr detailliert sexuelle Handlungen mit Erniedrigung und dem Zufügen von Schmerz. So war auch der Begriff »Sadismus« für die Wissenschaftswelt geboren. Zum Leidwesen aller Menschen mit einer als »Sadismus« bezeichneten sexuellen Neigung ließ de Sade kaum eine Möglichkeit aus, um seine Leser zu schockieren. So beschrieb er viele frei erfundene Ereignisse und Praktiken, die nicht einvernehmlich oder gesundheitlich bedenklich waren. Daher kann man sie nicht mit dem gleichsetzen, was einvernehmliche Sadisten tun.

Der Überraschungsbestseller »Psychopathia Sexualis« hat – durch seine zahlreichen Auflagen, Übersetzungen und seine in alle Bildungsschichten reichende Bekanntheit – erheblich zur weitreichenden gesellschaftlichen Ansicht beigetragen, ungewöhnliche sexuelle Vorlieben seien grundsätzlich krankhaft. Dies kann man beispielsweise an Leserbriefen erkennen, die in späteren Auflagen des Werks enthalten sind. Darin schreiben Menschen, ihnen sei erst durch die Lektüre dieses Buches klar geworden, dass ihr Verhalten krankhaft und behandlungsbedürftig sei.

Havelock Ellis, 1897
– Einfühlsames Verstehen in die Natur der Perversionen

Beinahe hätte es jedoch gelingen können, die rigorose Pathologisierung aller ungewöhnlichen sexuellen Spielarten aufzuhalten. Der britische Arzt und Essayist Havelock Ellis veröffentlichte zwischen 1897 und 1928 in sieben Bänden die »Studies in the Psychology of Sex« (»Sexualpsychologische Studien«). Er nennt das, was Krafft-Ebing als »Sadismus« und »Masochismus« bezeichnet, zusammengefasst »Algolagnie« (»Lust am Schmerz«). Seiner Meinung nach sind die beiden Pole der »Lust am Schmerz« zwei extreme Ausprägungen desselben Phänomens. Außerdem formuliert er einige Gedanken, die seiner Zeit weit voraus sind: Er unterscheidet allgemeine Grausamkeit richtigerweise von der im BDSM-Kontext praktizierten Schmerzzufügung und -erleidung. Diese beschränkt sich dort schließlich nur auf den sexuellen Rahmen. Außerdem betont er die emotionale Komponente zwischen den Interaktionspartnern, die einen lange vernachlässigten, aber entscheidenden Unterschied zwischen einvernehmlichen und gefährlichen Sadisten ausmacht. Zu Ellis' Bereitschaft, die von Morel und Krafft-Ebing als sündhaft und ebenso krankhaft gebrandmarkten »Perversionen« neutraler zu betrachten, trug wohl auch seine persönliche sexuelle Abweichung bei: die Urolagnie, also die sexuelle Erregung durch Urin. Darüber schrieb Ellis in seiner bewusst erst spät veröffentlichten Biografie:»Sie erwies sich als immenser Nutzen für mich, denn sie war der Keim einer Perversion und befähigte mich dazu, die Natur der Perversionen einfühlsam zu verstehen.«

Psychoanalytische Sexualtheorien ab 1900 – Ödipus und die Plombe

Das Glücksgefühl bei Befriedigung einer wilden, vom Ich ungebändigten Triebregung ist unvergleichlich intensiver als das bei Sättigung eines gezähmten Triebes. Die Unwiderstehlichkeit perverser Impulse, vielleicht des Verbotenen überhaupt, findet hierin eine ökonomische Erklärung.

(Sigmund Freud)

Doch Ellis' Ansatz, sexuelle Spielarten nicht grundsätzlich zu verteufeln, setzte sich nicht gegen die Ansichten von Krafft-Ebing und Morel durch. Die Wissenschaftswelt blieb dabei: Alles, was nicht der Zeugung dient, ist krank. Diese Grundhaltung wurde 1905 durch Sigmund Freud, den »Vater der Psychoanalyse«, in seinen »Drei Abhandlungen zur Sexualtheorie« zementiert. Die umfangreiche psychoanalytische Deutung von Sadismus und Masochismus bewirkte, dass diese Neigungen für fast einhundert Jahre zu prinzipiell behandlungsbedürftigen Störungen erklärt wurden, von denen viele glaubten, sie müssten »wegtherapierbar« sein. Allerdings ist heutzutage klar, dass eine echte sexuelle Neigung bei einem erwachsenen Menschen nicht wirklich veränderbar ist.

Außerdem erlagen Generationen von Psychoanalytikern auch der Fehlannahme, Homosexualität sei ähnlich wie der von ihnen thematisierte »Sadomasochismus« eine »therapierbare« psychische Störung.

Sigmund Freund, 1905
– Steckenbleiben in einer kindlichen Entwicklungsphase

Freud veränderte seine Theorie zu Sadismus und Masochismus im Laufe seines Lebens immer wieder. Zusammenfassend ging er davon aus, die sexuelle Entwicklung des Menschen beginne ab dem Zeitpunkt seiner Geburt. Bei einer »gesunden« Sexualentwicklung stünde am Ende eine »reife, erwachsene, genitale« Sexualität. Während der Entwicklung hin zu dieser »erwachsenen Sexualität« könnten allerdings viele Dinge schiefgehen, sodass der Betroffene in einer seiner kindlichen, sexuellen Entwicklungsphasen praktisch »stecken bleibt«. Dieses Steckenbleiben ist Freuds Ansicht nach die Ursache für unterschiedlichste sexuelle Abweichungen im Erwachsenenalter. Freud unterscheidet »Sadismus« und »Masochismus« (als »Lust aufgrund von Erniedrigung und Unterwerfung«) von »Algolagnie«, welche er als »Lust an Schmerzen und Grausamkeit« definiert. Wie sein Vorgänger Krafft-Ebing sieht er als theoretische Grundlage für »Algolagnie« die klassische und auch von ihm als natürlich angesehene, aggressive männliche Geschlechtsrolle an. Viele von Freuds Nachfolgern erweiterten und/oder modifizierten seine Theorien in Bezug auf Sadismus und Masochismus.

Fritz Morgenthaler, 1974
– Die perverse Plombe

In seinem 1974 herausgegebenen Artikel »Die Stellung der Perversionen in Metapsychologie und Technik« geht der Schweizer Psychoanalytiker Fritz Morgenthaler davon aus, dass die Perversion wie eine Plombe die Lücke in der Selbstentwicklung schließen soll. Diese Lücke ist ihm zufolge – offenbar angelehnt an Freuds Konzept – durch Störungen in der »narzisstischen Entwicklung« verursacht worden. Daher sei die »perverse Plombe« für den Betroffenen wichtig und notwendig, um durch sie ein psychisches Gleichgewicht zu erreichen und in seinem Leben zurechtzukommen. Daraus leitet Morgenthaler den erstaunlich fortschrittlichen Ansatz ab, die Plombe solle nicht von Psychoanalytikern in einer Therapie bearbeitet werden, sondern der Analytiker habe ihre Funktion für den Betroffenen zu achten. Der Wegfall der Plombe könne schließlich eine Neurose und somit eine ernste Störung auslösen. Somit sei ein Behandlungsziel nicht das »Wegtherapieren« der Perversion, sondern es gehe darum, dem Betroffenen im Rahmen seiner Perversion das Leben einer sexuell erfüllten und konfliktfreien Liebesbeziehung zu ermöglichen.

Eberhard Schorsch und Nikolaus Becker, 1977
– Das sadomasochistische Kleinkind und
sein unaufgelöster Ödipuskonflikt

Der deutsche Psychiater Eberhard Schorsch und der deutsche Psychoanalytiker Nikolaus Becker orientierten sich in ihrem 1977 veröffentlichten Buch »Angst, Lust, Zerstörung: Sadismus als soziales und kriminelles Handeln. Zur Psychodynamik sexueller Tötung« an der klassischen, psychoanalytischen Sichtweise zu den Ursprüngen des Sadomasochismus: Er sei die Folge einer gestörten Persönlichkeitsentwicklung. Sie gehen in ihrer Theorie davon aus, dass einige Menschen, deren Persönlichkeit sich durch widrige Umstände nicht ideal entwickelt hat, eine instabile eigene Identität aufweisen. Menschen mit einer solchen instabilen Identität würden während der Entwicklung ihrer Selbstständigkeit und Unabhängigkeit Angst und Unsicherheit spüren.

Diese negativen Emotionen würden mit sexuellen Gefühlen besetzt werden, um eine gefühlsmäßige Entlastung zu erzielen. Die logische Folge seien sexuelle Fantasien mit aggressiven, sadistischen Inhalten. Wie stark diese Fantasien seien, werde unter anderem durch den äußeren Druck im Leben des Betroffenen beeinflusst: Je mehr Druck und unangenehme Empfindungen, desto heftiger und häufiger würden die Fantasien auftreten. Der Ablauf der von Schorsch und Becker beschriebenen Entwicklung aus psychoanalytischer Sicht lässt sich besser nachvollziehen, wenn man versteht, wie die damalige Psychoanalyse die Entwicklung der Persönlichkeit in den entscheidenden ersten Lebensjahren erklärte.

Ablauf der frühen Persönlichkeitsentwicklung aus psychoanalytischer Sicht

1. Während der oralen Phase des ersten Lebensjahres werden quasi alle Bedürfnisse des Kindes von der Mutter befriedigt. Dies nennt der Psychoanalytiker »primären Narzissmus«.
2. Wenn Bedürfnisse nicht möglichst schnell befriedigt werden, entstehen beim Kind Unlust und Spannung.
3. Irgendwann kommt für jedes Kind die Phase der Ablösung von der Mutter. In dieser Phase erlebt es verstärkt Ängste. Diese versucht es mit »Übergangsobjekten« wie Stofftieren und Kuscheldecken zu kompensieren. Wie wichtig das Lieblingskuscheltier in einer gewissen Phase der Kindheit war, daran erinnern sich sicher die meisten Erwachsenen.
4. Das Kind projiziert ab einem gewissen Punkt seine eigenen negativen Gefühle, die es nun zunehmend aushalten muss, in die Mutter. In dieser Phase beginnt es – meist vorübergehend –, die Mutter als »schlecht« zu bewerten. Es erkennt

also nicht klar die Grenze zwischen ihr und dem eigenen Selbst.

5. Um die während des weiteren Entwicklungsprozesses erlebten negativen Gefühle zu ertragen, nutzt das Kind automatisch seine Vorstellungskraft. Es fantasiert zunächst über Unabhängigkeit und grenzenlose Macht. Dabei stößt es jedoch bald, durch Erfahrungen mit der Realität, an die Grenzen dieser Vorstellung.

6. Wenn die Entwicklung gut verläuft, bewirken diese korrigierenden Erfahrungen, dass sich die übersteigerten Größenfantasien zurückbilden und schließlich zum »Ich-Ideal« werden. Im »Ich-Ideal« sind dann alle Normen, Werte, Maßstäbe und Ziele zusammengefasst.

7. Das Ergebnis des weiteren Entwicklungsprozesses ist schließlich eine Trennung des kindlichen Selbstkonzeptes (der »Selbstrepräsentanzen«) vom Konzept seiner bedeutsamen Bezugspersonen (der »Objektrepräsentanzen«). Es kann also im Idealfall irgendwann klar seine eigene Persönlichkeit und seine eigenen inneren Prozesse von der Persönlichkeit der Mutter und ihren inneren Prozessen unterscheiden und abgrenzen. In die eigene Persönlichkeit sind Identifikationen mit Normen und Werten der Bezugspersonen eingeflossen.

8. Am Ende einer solchen Entwicklung soll – wenn alles gut gegangen ist – eine im Erwachsenenalter stabile Identität und eine klare Abgrenzung zwischen »Selbst« und »Objekt« stehen.

Schorsch und Becker zufolge führen unaufgelöste Konflikte am Ende der »oralen Entwicklungsphase« – also etwa am Ende des zweiten Lebensjahres – zum Sadomasochismus. In dieser Phase geht es der psychoanalytischen Theorie zufolge um den Umgang mit den Extremen Abhängigkeit und Unabhängigkeit, Verschmelzung und Trennung, Bemächtigung und Befreiung – also Themen, die durchaus auch in Motiven des Sadomasochismus eine Rolle spielen. Die in dieser Phase unaufgelöst gebliebenen Konflikte wirken sich demnach auch auf die ödipale Phase – zwischen dem dritten und fünften Lebensjahr – aus. Der klassischen, psychoanalytischen Annahme vom »Ödipuskonflikt« zufolge will ein Junge in dieser Zeit einerseits seine Mutter besitzen, kann sich aber andererseits nicht gegen den übermächtigen Vater als Rivalen durchsetzen. Der »Ödipuskonflikt« wird bei einer gesunden Entwicklung durch die Identifizierung des Jungen mit dem Vater aufgelöst. Dies soll zur Übernahme der Werte und Ideale des Vaters durch den Sohn führen. Laut Schorsch und Becker ist die ödipale Phase für ein bereits in der oralen Phase sadomasochistisch fehlentwickeltes Kind von besonders starken Ängsten geprägt, die das Kind zunehmend überfordern.

Dies führt dazu, dass das Kind den »Ödipuskonflikt« nicht bewältigen kann, was laut dieser Theorie schwerwiegende Folgen hat:
- ein problematisches männliches Sexualverhalten;
- eine brüchige männliche Identität;
- ein angst- und konfliktbeladenes Verhältnis zu Frauen.

Aus psychoanalytischer Sicht ist es nicht abwegig, dass Schorsch und Becker diese Schlüsse ziehen. Denn genau diese drei Problembereiche weisen vor allem sadistische Sexualverbrecher tatsächlich immer auf. Ob allerdings die Ursachen für diese Probleme wirklich in den psychoanalytischen Annahmen über die orale und die ödipale Phase liegen, lässt sich weder beweisen noch widerlegen. Schorsch und Becker jedenfalls gehen davon aus, dass ein derart fehlentwickelter Mann sich durch sadistische Handlungen beweisen will, dass er keine Angst davor haben muss, unterworfen zu werden. Da die männliche Identität eines solchen Mannes brüchig ist, nutzt er der Theorie zufolge zwei Kompensationsmechanismen (offenbar ist der Gedanke hier an Morgenthalers »perverse Plombe« angelehnt):
- Er zeigt ein übersteigert männliches, aggressives Verhalten.
- Er umgibt sich mit Gegenständen, die den Charakter von Phal-

lussymbolen haben sollen, z. B. Stöcken, Peitschen, Messern, sonstigen Waffen usw.

Das erklärt aber noch nicht, warum es männliche Masochisten gibt. Dies versuchen Schorsch und Becker als eine Abwehr der Kastrationsangst plausibel zu machen. Masochistisches Verhalten wird demnach als kastrationsähnliche Handlung eingestuft, die eine tatsächliche Kastration verhindern soll. Abgesehen davon, dass diese Theorie zwar in sich schlüssig ist, aber leider in keinster Weise objektiv überprüfbar, hat sie noch einen weiteren großen Haken: Sie bietet keine Erklärung für weibliche Sadisten und Masochisten. Das könnte daran liegen, dass durch die Sexualwissenschaftsliteratur jahrzehntelang die Fehlannahme geisterte, es gäbe gar keine weiblichen Sadisten oder Masochisten. Jenen, die diese Praktiken im Rahmen von Prostitution ausübten, wurde schlicht unterstellt, dies ausschließlich aus finanziellen Gründen zu tun. Diese grundsätzliche Fehlannahme ist erst in jüngerer Zeit durch Untersuchungen an der BDSM-Subkultur nachhaltig widerlegt worden.

Robert Stoller, 1975 und 1991 – Kompensation unangenehmer Erlebnisse durch Sexualisierung

Der US-amerikanische Psychiater und Psychoanalytiker Robert Stoller orientiert sich in seinem 1975 herausgegebenen Buch »Perversion. Die erotische Form von Hass« ebenfalls grundlegend an Freuds Ansätzen. Er geht davon aus, dass »Perversionen« ein Versuch der Psyche sind, frühkindliche Frustrationserfahrungen zu kompensieren. Das Kind würde negative Erlebnisse und Situationen mit sexuellen Gefühlen besetzen, weil diese angenehm sind und somit helfen, die unangenehmen Erfahrungen und Erinnerungen zu ertragen. Dahinter steckt das Prinzip, aus der Not eine Tugend zu machen. Sadomasochistische Praktiken seien also eine Reinszenierung früherer negativer Erlebnisse, die in diesem neuen

Kontext allerdings ein positives Ende für den Betroffenen hätten – als würde man einen Film, der in der Ursprungsversion ein trauriges Ende hat, neu inszenieren und dabei am Ende ein Happy End einbauen.

Auf die Frage, warum nur wenige Menschen aufgrund bestimmter negativer Erfahrungen sadomasochistische Bedürfnisse entwickeln, hat Stoller eine Antwort: Das sei von der Art der negativen Erlebnisse, der Familienstruktur, in der die Person aufwächst, und dem in der Familie herrschenden Druck abhängig, ebenso wie von biologischen Faktoren. In der Kritik steht, vor allem von Seiten der BDSM-Subkultur, Stollers früh getätigte Aussage, Sadomasochismus sei »sexualisierter Hass«. Was BDSMler miteinander verbindet, sind jedoch positive zwischenmenschliche Empfindungen. BDSM mit einem Menschen auszuleben, den man unsympathisch findet, wäre nicht angenehm – wie bei anderen Formen der Sexualität auch.

Trotz dieser eher stigmatisierenden Grundannahme recherchierte Stoller für sein 1991 veröffentlichtes Buch »Pain & Passion: A Psychoanalyst Explores the World of S & M« (»Schmerz und Lust: Ein Psychoanalytiker erkundet die Welt des S & M«) in der amerikanischen SM-Szene der 80er Jahre. Der Einblick in die Leben und Praktiken der einvernehmlichen BDSMler veränderte offenbar Stollers Grundhaltung. Hier distanziert er sich von seiner Aussage zum »sexualisierten Hass«, entfernt sich etwas von Freuds Theorien und geht immerhin auf den Unterschied zwischen einvernehmlichen sadomasochistischen Praktiken und tatsächlicher Grausamkeit ein. Er bewertet sadomasochistische Praktiken eher positiv und – offenbar angelehnt an die »perverse Plombe« seines Kollegen Morgenthaler – als erfolgreiche Strategie einiger Menschen, um mit negativen Gefühlen wie Schuld oder Feindseligkeit umzugehen. In dem Schlusskapitel von »Pain & Passion« wirbt er sogar für Verständnis und eine alternative Betrachtungsweise des Sadomasochismus.

Kritik an den psychoanalytischen Ansätzen

Sich für völlig normal zu halten,
ist die mildeste Form des Verrücktseins.

(Ernst Ferstl, österreichischer Lehrer und Schriftsteller)

Ein wesentlicher Kritikpunkt an den psychoanalytischen Erklärungsmodellen zum Sadomasochismus hebt darauf ab, dass sie nicht mit modernen wissenschaftlichen Methoden zu überprüfen sind. Außerdem stellt sich die Frage, ob es für die Betroffenen sinnvoll ist, sich allein aufgrund der unüberprüfbaren psychoanalytischen Annahmen erklären zu lassen, dass sie ihre sexuellen Vorlieben in jedem Fall als krankhafte Störung ansehen müssen. Selbst die Versicherung eines Klienten – der eigentlich wegen ganz anderer Probleme bei einem Psychoanalytiker vorstellig wird –, dass er seine sadomasochistische Tendenz mit großer Zufriedenheit auslebt, könnte vom Psychoanalytiker als besonders gut kompensierte Störungsform interpretiert werden. Somit könnten Menschen, die ihre sadomasochistische Neigung gut, vernünftig und zur eigenen Zufriedenheit in ihrem Selbstbild integriert haben, durch eine Psychoanalyse mit diesem Anteil ihrer Persönlichkeit unerwartete Probleme entwickeln, die sie sonst nie gehabt hätten. Dies kann wohl kaum das wünschenswerte Ergebnis einer psychotherapeutischen Maßnahme sein.

Pawlow, Liebeslandkarten und Stressbewältigung – Erklärungsansätze der letzten Jahrzehnte

Durch die Leidenschaften lebt der Mensch,
durch die Vernunft existiert er bloß.

(Nicolas Chamfort, französischer Schriftsteller und Dramatiker)

Das Lerntheoretische Erklärungsmodell
– Wenn »Reiz-Reaktions-Training«
sexuelle Vorlieben erschafft

Neben der Psychoanalyse ist auch der »Behaviorismus« eine historisch wichtige Strömung der Psychologie. Er untersucht das Verhalten von Mensch und Tier, wobei die Prozesse im Gehirn als »Black Box« angesehen werden. Was genau im Gehirn passiert, spielt also im »Behaviorismus« keine Rolle. Einzig das beobachtbare Verhalten wird untersucht. Nach dem Prinzip »wenn dies, dann das« interessiert Behavioristen nur, welcher »Reiz« mit welcher Häufigkeit und Stärke und nach welcher Logik welche »Reaktion« auslöst. Urvater des Behaviorismus war der russische Mediziner und Physiologe Iwan Petrowitsch Pawlow. Er entdeckte eher zufällig schon Ende des neunzehnten Jahrhunderts ein Prinzip, das für die Zukunft der Psychologie und Pädagogik sehr wichtig werden sollte: die »Konditionierung«.

Eigentlich forschte Pawlow am Zusammenhang zwischen Speichelfluss und Verdauung. Seine Versuche führte er an Hunden durch. Dabei fiel ihm etwas Seltsames auf: Hunde, die er schon länger in seinem Labor hielt, begannen zu speicheln, noch bevor sie das gebrachte Futter sehen oder riechen konnten, nämlich sobald sie die Schritte des Menschen hörten, der sie immer fütterte. Neu angekommene Hunde speichelten aber erst beim Anblick des Futters. Pawlow wurde klar, dass Hirn und Körper der Hunde lernten, die Reaktion »Speichelfluss« auszulösen, sobald der Reiz »Schritte des Herrchens« ihr Ohr erreichte. Das revolutionäre und später mit einem Nobelpreis gekrönte Prinzip der »Konditionierung« war geboren.

Grundprinzipien der klassischen und der operanten Konditionierung

Das Grundprinzip der »klassischen Konditionierung« lässt sich anhand von Pawlows Hunden leicht erklären:

1. Der »neutrale Reiz«:
   Ursprünglich speichelten die Hunde nicht, wenn sie Schritte ihres Herrchens hörten. Was den Speichelfluss angeht, war das Geräusch der Schritte zunächst ein »neutraler Reiz«.
2. Der »unbedingte Reiz« und seine »unbedingte Reaktion«:
   Von Anfang an reagierten die Hunde auf Anblick und Geruch des Futters mit Speichelfluss. Da der Reiz »Futter« also automatisch mit der Reaktion »Speichelfluss« verknüpft war, wird er als »unbedingter Reiz« bezeichnet. Die Reaktion nach einem »unbedingten Reiz« wird »unbedingte Reaktion« genannt. Speichelfluss nach Futterdarbietung ist also eine »unbedingte Reaktion«.
3. Der »bedingte Reiz« und die »bedingte Reaktion«:
   Wurde der ursprünglich »neutrale Reiz« der »Schritte des Herrchens« mit dem von Anfang an »unbedingten Reiz« des Futters häufig genug zusammen dargeboten, veränderte sich etwas: Die »Schritte des Herrchens« erzeugten nun die »bedingte Reaktion«, dass die Hunde speichelten. So wurde durch die Assoziation zwischen »Schritten des Herrchens« und »Futter« aus dem zunächst »neutralen Reiz« der Schritte später der »bedingte Reiz«.

Aus dem Grundprinzip der »klassischen Konditionierung« wurde das Prinzip der »operanten« oder auch »instrumentellen Konditionierung« abgeleitet. Dieses Prinzip ist am Beispiel des kleinen Kindes, das auf die heiße Herdplatte fasst, erklärbar.

1. »Spontanes Verhalten«:
   Wenn das Kind zum ersten Mal auf die heiße Herdplatte fasst, zeigt es dieses Verhalten spontan.
2. »Negative Konsequenz« = »Bestrafung«:
   Die Konsequenz dieses »spontanen Verhaltens« spürt das Kind schnell und heftig: Es tut sehr weh. Dies ist ein unangenehmes Gefühl, also eine »negative Konsequenz«.
3. »Veränderung der Auftretenswahrscheinlichkeit«:
   Da der heftige Schmerz wie eine Bestrafung auf das »spontane Verhalten« des kleinen Kindes wirkt, verändert sich

die Wahrscheinlichkeit, mit der das Kind erneut diese Verhaltensweise zeigen wird. Es wird, um der drohenden »negativen Konsequenz« zu entgehen, die Herdplatte möglichst nicht mehr anfassen. Die Auftretenswahrscheinlichkeit dieses Verhaltens hat sich also durch die Kopplung an die »negative Konsequenz« verringert.

So wie negative Konsequenzen die Auftretenswahrscheinlichkeit von Verhalten verringern, können positive Konsequenzen die Auftretenswahrscheinlichkeit erhöhen. Viele Menschen stehen beispielsweise regelmäßig morgens früh auf und gehen zur Arbeit, weil sie am Monatsende mit der positiven Konsequenz rechnen, ihr Gehalt auf ihrem Konto vorzufinden. Die instrumentelle Konditionierung ist auch Grundlage für jede Form von Sucht. Befriedigt ein Süchtiger seine Sucht, so fühlt er dadurch kurzfristig eine positive Konsequenz in Form von Wohlbefinden. Demgegenüber empfindet er vermehrtes Unwohlsein (die Entzugserscheinung), wenn er seiner Sucht nicht nachgeht. Das Unwohlsein ist eine negative Konsequenz. Eine negative Konsequenz (hier die Entzugserscheinung) beenden zu können und zusätzlich eine positive Konsequenz (hier Hochgefühl beim Ausleben der Sucht) zu erhalten, wirkt doppelt verstärkend auf ein Verhalten. Die Auftretenswahrscheinlichkeit, dass die Sucht befriedigt wird, erhöht sich also durch das Zusammenwirken dieser kurzfristigen Konsequenzen deutlich.

Die langfristig negativen Konsequenzen einer Sucht wirken sich auf den Lerneffekt des Gehirns leider nicht so nachdrücklich aus. Denn das Gehirn verknüpft mit dem gezeigten Verhalten gefühlsmäßig eben eher die kurzfristigen als die langfristigen Konsequenzen. Wie ich im Buch »Auf dünnem Eis – Die Psychologie des Bösen« erklärt habe, treffen wir Entscheidungen in Wirklichkeit sehr gefühlsgeleitet und finden erst anschließend Rationalisierungen als Erklärungen dafür. Das Problem kennt jeder, der schon mal eine Diät gemacht hat. Diese konsequent durchzuhalten, ist unheimlich schwer, weil die langfristige Hoffnung (also Konsequenz), ein paar Kilo zu verlieren, stets in weiter Ferne ist. Doch das leckere Stück Kuchen oder der Cheeseburger sind meist allzu nah. Die kurzfristige Verlockung wirkt beim Anblick der leckeren Speise gefühlsmäßig viel stärker als die langfristige Befriedigung, wieder in die alten Hosen zu passen.

Das lerntheoretische Erklärungskonzept des Sadomasochismus geht davon aus, dass Reize, die üblicherweise nicht sexuell erregend wirken, durch klassische und operante Konditionierung zu sexuell erregenden Reizen werden können. Dies kann sowohl durch bestimmte Bilder und Vorstellungen in Masturbationsfantasien als auch bei realen sexuellen Kontakten geschehen. Die Sexualwissenschaftler W. L. Marshall, D. R. Laws und H. E. Barbaree stellten in ihrem 1990 erschienenen »Handbook of Sexual Assault« (»Handbuch der sexuellen Gewalt«) die Theorie auf, dass durch die klassische Konditionierung aus einem ursprünglich nicht sexuell erregenden Reiz ein sexuell erregender wird. Anschließend sorge der Mechanismus der operanten Konditionierung – mit dem Erleben des Orgasmus als positivem Verstärker – direkt nach der ursprünglich nicht sexuellen Handlung dafür, dass diese Handlung immer vorgenommen wird und sich so aufs Neue verstärkt.

Zusätzlich verfestigt werde dies durch das Prinzip der »intermittierenden Verstärkung«. Dieses Prinzip besagt, dass eine Belohnung, die in unregelmäßigen Abständen auf ein Verhalten folgt, das Verhalten noch häufiger auslöst als eine Belohnung, die jedes Mal erfolgt. Dies ist die Grundursache für die Spielsucht an Automaten. Geld in einen Spielautomaten zu werfen, bedarf keines Könnens oder Talentes. Ob ein Gewinn ausgeschüttet wird, basiert allein auf dem Zufallsprinzip. Der Spieler weiß nicht, wie viele Münzen er einwerfen muss, um einen Gewinn ausgeschüttet zu bekommen. Er weiß aber, dass der Automat irgendwann einen ausschütten wird. Also wiederholt er das Verhalten »Münze einwerfen« extrem oft, weil er der erhofften Belohnung entgegenfiebert, die irgendwann eintreten müsste. Ebenso verhält es sich Marshall, Laws und Barbaree zufolge mit der Verstärkung von ursprünglich nicht sexuellen Verhaltensweisen zur Orgasmuserzeugung: Weil nicht jedes Mal nach dieser Handlung ein Orgasmus erzielt wird, erfolgt eine »intermittierende Verstärkung«, welche das sexuell ungewöhnliche Verhalten weiter verfestigt. Dieser Theorie zufolge »programmiert« der Betroffene also unbewusst ein ursprünglich nicht sexuell erregendes zu einem erregenden Verhalten »um«.

Kritik am Lerntheoretischen Modell

Auch an diesem Erklärungsmodell wird in erster Linie kritisiert, dass es biografisch weit zurückreicht und nicht wirklich mit wissenschaftlichen Methoden überprüfbar ist. Außerdem können viele Sadomasochisten – ebenso wie Menschen mit anderen sexuellen Abweichungen – in ihrem Leben keine Erlebnisse ausmachen, die ihre Neigung lerntheoretisch erklären würden. Umgekehrt gibt es Menschen, die Situationen erlebten, bei denen sie aufgrund von Konditionierungsprozessen eine sexuelle Abweichung hätten entwickeln können, bei denen dies jedoch nicht geschehen ist. Ein weiterer wichtiger Kritikpunkt ist die Frage nach Ursache und Wirkung von Masturbationsfantasien. Wenn jemand durch einen ungewöhnlichen Reiz nicht zu erregen ist, so wird er ihn vermutlich nicht für seine Masturbationsfantasien verwenden, und es kann somit gar nicht zur operanten Konditionierung kommen.

Landkarten der Leidenschaft
– Eine erotische Erkundungsreise

Der US-amerikanische Psychologe John Money stellte 1986 in seinem gleichnamigen Buch die Idee von »Lovemaps« (»Liebeslandkarten«) vor. Money geht davon aus, dass die menschliche Sexualität durch unterschiedliche, sich gegenseitig beeinflussende Faktoren geprägt wird. Diese Faktoren führen zur Bildung innerpsychischer Schemata, die er als Lovemaps bezeichnet. Lovemaps enthalten Vorstellungen davon, wie ein Liebespartner sein sollte und welche Bedingungen für eine Person idealerweise zu ihrer sexuellen Befriedigung notwendig sind. Zusammengefasst enthalten die Lovemaps also alle Vorlieben und Abneigungen im sexuellen Bereich, die Partnerwahl und Sexualverhalten maßgeblich bestimmen.

Die individuelle »Liebeslandkarte« eines Menschen wird laut Money durch Wechselwirkungen zwischen
- biologischen Faktoren,
- psychischen Faktoren und
- der Einwirkung der Faktoren in kritische Zeitperioden
bedingt.

Dieses Erklärungsmodell bietet einige Vorteile gegenüber seinen Vorgängermodellen aus den unterschiedlichen Psychologierichtungen: Es kann plausibel machen, warum nicht alle Menschen mit ähnlichen Erlebnissen dieselben ungewöhnlichen sexuellen Fantasien entwickeln. So werden beispielsweise nicht alle Jungen, die das erste Mal auf eine Abbildung einer Frau mit High Heels masturbieren, zu Schuhfetischisten. Außerdem bietet es auch eine Erklärung dafür, dass eine feste sexuelle Neigung bei einem Erwachsenen (bislang zumindest) mit keinem Mittel der Welt auslöschbar ist. Entsprechende Versuche wurden von Behavioristen durchgeführt. Ob Homosexualität, Fetischismus oder Sadomasochismus, man glaubte diese Neigungen durch hinreichend häufige Kopplung mit Bestrafungsreizen wie beispielsweise Stromschlägen oder anderen unangenehmen Konsequenzen »löschen« zu können. Doch egal was die Wissenschaftler versuchten, die entsprechenden sexuellen Neigungen blieben.

Money geht davon aus, dass die Zeitperiode um das achte Lebensjahr herum besonders relevant für die Ausprägung der Lovemaps ist. In dieser Zeit würden Kinder damit beginnen, sexuelle Dinge als tatsächlich sexuell zu erkennen. Einige Faktoren würden sich in dieser Zeitperiode besonders stark auf die spätere sexuelle Neigung auswirken. Wenn die Menschen dann in die Pubertät kommen und beginnen, ihre Sexualität bewusst zu entdecken, so merken sie, dass gewisse Bilder und Fantasien sie sexuell erregen und andere nicht. Dann beginnen sie Money zufolge, die Landkarte bewusst zu erkunden, die schon in ihrer Kindheit erschaffen wurde. Im Einzelfall ist es aber extrem schwer, wenn nicht gar unmöglich, zu rekonstruieren, welche Faktoren in welchem Zusammenspiel genau die individuelle Lovemap hervorgebracht haben.

Schmerz gegen Stress
– BDSM als Kompensation der Alltagsbelastung

Der amerikanische Psychologe Roy Baumeister stellte in seinem 1988 veröffentlichten Artikel »Masochism as Escape from Self« (»Masochismus als Ausflucht vor dem Selbst«) die These auf, dass Masochisten mit ihrer Sexualität vor ihrer Selbstaufmerksamkeit zu fliehen versuchen. Mit Selbstaufmerksamkeit ist in der Psychologie gemeint, dass ein Mensch genauer wahrnimmt, was er fühlt, tut und welche persönlichen Einstellungen er hat. Die Selbstaufmerksamkeit eines Menschen erhöht sich beispielsweise, wenn er in den Spiegel schaut oder sich in einem Monitor sieht. In einem Stadium höherer Selbstaufmerksamkeit ist er stärker als sonst darum bemüht, sich in Einklang mit seinen persönlichen Normen und Werten zu verhalten. Dies ist ihm allerdings nicht bewusst. In Experimenten stellte sich beispielsweise heraus, dass Kinder, die glaubten, in einem Raum allein zu sein, viel seltener eine Süßigkeit aus einer für sie verbotenen Schale stahlen, wenn die Schale direkt vor einem großen Spiegel stand – die Kinder sich also selbst beim Stehlen hätten sehen können.

In der modernen Leistungsgesellschaft, so Baumeisters These, liegt die Selbstaufmerksamkeit vieler Menschen auf einem hohen Niveau, und zwar permanent. Sie wollen vor anderen gut dastehen, mit ihren Leistungen glänzen und sich nicht blamieren. Durch den sozialen Druck wird die hohe Selbstaufmerksamkeit aber irgendwann nur noch unangenehm. Das muss den Menschen aber nicht bewusst sein; sie fühlen sich einfach gestresst und wollen »abschalten«. Baumeister glaubt, es sei kein Zufall, dass sadomasochistische Praktiker seit der Industrialisierung in England und auch anderen Teilen Westeuropas weit verbreitet waren. Er geht davon aus, die Industrialisierung – als Anfangspunkt der heutigen Leistungsgesellschaft – habe die Selbstaufmerksamkeit vieler Menschen so schnell und drastisch erhöht, dass – zumindest für einige – zum Ausgleich heftige Erlebnisse notwendig wurden. Um der unangenehmen Selbstaufmerksamkeit wenigstens kurzfristig zu entgehen, sei Masochismus jedoch ebenso gut geeignet wie beispielsweise Alkohol- oder Drogengenuss, sportliche Betätigung oder auch nur Entspannungsübungen.

Baumeisters These bietet eine mögliche Erklärung für die Beliebtheit von Wellness-, Fitness- und Entspannungsprogrammen in den Industrieländern, aber auch für die vergleichsweise große Verbreitung von Domina-Studios und sadomasochistischen Subkulturen. Während andere Menschen normalerweise nach Selbstkontrolle und Schmerzvermeidung streben, möchten Masochisten – jedenfalls vorübergehend – das Gegenteil erleben. Sie wollen im Rahmen einer sadomasochistischen Session Kontrolle und Verantwortung abgeben und eine andere Rolle als im Alltag einnehmen. Dies könne ein effektiver Weg sein, den belastenden Alltagsanforderungen kurzzeitig zu entkommen, meint Baumeister. Somit interpretiert er Masochismus – im Gegensatz zu Freud – nicht als selbstschädigend. Er sieht ihn vielmehr als absolut positiv zu bewertende Strategie, die bei Masochisten das Wohlbefinden steigert, die entspannend und entlastend wirkt.

Die BDSM-Subkultur nimmt diesen Ansatz insgesamt positiv auf. Dafür gibt es mehrere Gründe: Was Baumeister beschreibt, entspricht dem persönlichen Erleben der BDSMler. Sein Erklärungsansatz wirkt, historisch betrachtet, erfrischend neu und an der Alltagsrealität orientiert. Außerdem sieht dieser Ansatz Masochismus nicht als krankhaft an, sondern als eine positive Stressbewältigungsstrategie. Dennoch gibt es natürlich auch hier Einwände. Eine direkte Erklärung für Sadismus liefert diese Theorie nicht. Allerdings lässt sich hier zugunsten der Theorie auslegen, dass auch für den sadistischen Part BDSM-Sessions sehr intensive und lustvolle Erfahrungen sind. Der einvernehmliche Sadist ist während einer Session intensiv auf sein Gegenüber und dessen Reaktionen konzentriert. Er hat zwar die Kontrolle und Verantwortung über das, was geschieht. Doch muss er in dieser Rolle nicht irgendeinem »Leistungsdruck« nachkommen, sondern kann seiner Lust an den Reaktionen des anderen und der Umsetzung seiner Fantasien – in vernünftigen Grenzen – freien Lauf lassen. Somit ließe sich die These leicht modifiziert auch auf Sadisten anwenden. Der wichtigste Kritikpunkt an der These ist aber die Tatsache, dass die wenigsten Menschen, die sich beruflich längerfristig gestresst fühlen, BDSM leben. Viele nutzen stattdessen Wellness, Sport oder Entspannungsübungen. So stellt sich die Frage, warum die einen BDSM zum Stressabbau nutzen, die anderen Bungee-Jumping und noch andere Yoga.

Sie haben eine Grippe und Sadomasochismus

Verrückt zu sein,
ist im Widerspruch zur Mehrheit zu sein.

(Ambrose Gwinnett Bierce)

Dass eigentlich harmlose sexuelle Neigungen offiziell als psychische Störungen eingestuft wurden – und teilweise immer noch werden –, hängt offensichtlich eng mit ihrer gesellschaftlichen Bewertung zusammen. So geht der deutsche Psychologe Peter Fiedler in seinem Standardwerk »Sexuelle Orientierung und sexuelle Abweichung« (2004) davon aus, dass die negative gesellschaftliche Bewertung sexueller Vorlieben erhebliche Auswirkungen darauf hat, ob die dahinterstehende Neigung als krank angesehen wird oder nicht. Fiedlers Argument sollte jedem vernünftigen Menschen einleuchten: Sieht die Gesellschaft bestimmte sexuelle Vorlieben als abartig an, beeinflusst dies auch Wissenschaftler dahingehend, dass sie diese Vorlieben eher als krankheitswertig einschätzen. Umgekehrt verstärkt die offizielle Einstufung einer sexuellen Neigung als krankhafte Störung die negative gesellschaftliche Bewertung dieser Neigung. Es entsteht also ein sich selbst stabilisierender Kreislauf. Wie schwierig der Ausbruch aus diesem Teufelskreis ist, beschreibt Fiedler am Beispiel der Homosexualität. Diese wurde nach langen und intensiven Kämpfen der Homosexuellenbewegung erst vor relativ kurzer Zeit – nämlich 1992 – komplett aus den international verwendeten Diagnosesystemen gestrichen.

Seit Krafft-Ebing – also seit bald 130 Jahren – wird »Sadomasochismus« in der Gesellschaft und auch noch in vielen wissenschaftlichen Schriften als krankhaft eingeordnet. Selbst im Jahr 2014 (und wohl auch noch in naher Zukunft) könnten Therapeuten, die sich nicht gut mit Sexualwissenschaften auskennen, die BDSM-Neigung in Deutschland (und weltweit) unter bestimmten Bedingungen offiziell als psychische Störung einstufen. Genauer gesagt, könnten sie die Neigung als »Störung der Sexualpräferenz« betrachten. Die Einstufung, was eine medizinische Störung ist und was nicht, erfolgt in Deutschland seit dem Jahr 2000 mithilfe des bereits genannten ICD-10-Krankheitenkatalogs, der von der Weltgesundheitsorganisation herausgegeben wird. Selbst in der neuesten für Deutschland herausgegebenen Version, der ICD-10-GM 2015, wird im Abschnitt »Persönlichkeits- und Verhaltensstörungen« (F60–F69), zu dem der Unterabschnitt »Störungen der Sexualpräferenz« (F65.-) gehört, unter dem Kürzel F65.5 voraussichtlich noch immer der Begriff »Sadomasochismus« aufgeführt sein. Die Definition von »Sadomasochismus« dort lautet: »Es werden sexuelle Aktivitäten mit Zufügung von Schmerzen, Erniedrigung oder Fesseln bevorzugt. Wenn die betroffene Person diese Art der Stimulation erleidet, handelt es sich um Masochismus; wenn sie sie jemand anderem zufügt, um Sadismus. Oft empfindet die betroffene Person sowohl bei masochistischen als auch sadistischen Aktivitäten sexuelle Erregung.«

Als krankhaft wird diese Neigung, dem ICD-10 folgend, aber nur angesehen, wenn eine betroffene Person mehrere bestimmte Bedingungen erfüllt. Diese Bedingungen lauten:

Entsprechende sexuelle Impulse und Fantasien …
– müssen wiederholt auftretend und intensiv sein.
– müssen über einen Zeitraum von mindestens sechs Monaten vorhanden sein.

Der oder die Betroffene …
– lebt diese Bedürfnisse in seinem tatsächlichen Sexualleben aus
– ODER fühlt sich durch die Fantasien und Impulse deutlich beeinträchtigt.

Die sadomasochistische Aktivität ist …
– die wichtigste Quelle sexueller Erregung
– ODER notwendig für sexuelle Befriedigung.

Wie absurd diese Kriterien sein können, wird deutlich, wenn man sie nur einmal probeweise auf Homosexualität anwendet. Ein Homosexueller hat sein ganzes Leben lang wiederholt auftretende, intensive sexuelle Impulse und Fantasien homosexuellen Inhalts. Die meisten Homosexuellen in westlichen Kulturen leben ihre Neigung heutzutage irgendwann in ihrem tatsächlichen Sexualleben aus. Und natürlich ist die homosexuelle Aktivität für einen Homosexuellen die wichtigste Quelle sexueller Erregung. Wenn BDSM ebenso wie Homosexualität ein fester Bestandteil einer erwachsenen Persönlichkeit ist, so werden diese Kriterien beinahe zwangsläufig erfüllt. Ein Problem, vor dem BDSMler vor allem dann stehen, wenn sie aus anderen Gründen eine Psychotherapie erwägen oder wenn sie sich – was seltener vorkommt – bei einem Sexunfall verletzen und medizinisch behandelt werden müssen. Dann fürchten sie nicht zu Unrecht, in ihrer Krankenkassenakte könnte das Kürzel »F65.5« für »Sadomasochismus« auftauchen. Um sich das Gefühl der Betroffenen besser vorzustellen: Wie würde es Ihnen gehen, wenn Ihre Krankenkasse ein Kürzel über Ihre liebsten Stellungen beim Sex in der Akte vermerken würde? Ganz abgesehen von der Befürchtung, dieser Vermerk könnte in die Hände Ihres Arbeitgebers gelangen, der Menschen, die nicht ausschließlich die Missionarsstellung praktizieren, möglicherweise als krank und abartig einstuft.

Manche BDSMler machen aufgrund ihrer Neigung schlechte Erfahrungen mit Psychotherapeuten. Begeben sie sich, wie andere Menschen auch, wegen Depressionen, Ängsten, Zwängen, wegen Schlaf- oder Essstörungen oder anderer Probleme in psychotherapeutische Behandlung, dann stellt der Therapeut oft auch Fragen über sexuelle Probleme oder Besonderheiten. Dies gehört zu den ganz normalen Eingangsfragen am Beginn einer Therapie. Kommen dabei sadomasochistische Vorlieben zur Sprache, kann die Reaktion des Behandlers sehr unterschiedlich ausfallen. Denn jeder Psychologe oder Psychiater hat zwar während seiner Ausbildung »Störungen der Sexualpräferenz« auf dem Stundenplan gehabt. Er sollte also wissen, was laut den aktuellen, in Deutsch herausgegebenen Handbüchern für psychische Störungen (ICD-10 und bis 2014 in Deutschland noch DSM-IV-TR) »krankheitswertig« ist und was nicht. Leider werden sexuelle Störungen und Besonderheiten in Studium und Ausbildung aber insgesamt nur oberflächlich behandelt. Kein Wunder: Die meisten Patienten haben keine stark ausgeprägten, besonderen sexuellen Vorlieben oder wollen, wenn sie welche haben, nicht darüber reden. Viele Psychologen und Psychiater haben daher kaum Erfahrung mit diesen Themen. Sie sind (abgesehen von Abrechnungsfragen) eventuell auch nicht auf dem aktuellen Stand der Forschung. Manchmal kommen noch persönliche Vorurteile des Behandlers hinzu. Dann kann der Hilfesuchende in eine Therapie geraten, in der seine sexuellen Vorlieben plötzlich zum Problem werden, obwohl er seine sexuelle Neigung bis dahin zufrieden ausgelebt hat.

In Deutschland krank, aber in den USA gesund? – Verwirrende Diagnosen

Deutsche Psychologen und Psychiater verwenden im Zweifelsfall gerne die deutsche Version des amerikanischen Handbuchs DSM zur Diagnosestellung. Wie ich bereits erwähnt habe, ist dieses Handbuch in aller Regel auf dem aktuelleren wissenschaftlichen Stand. Um eine Rechnung oder einen Antrag an die Krankenkasse stellen zu können, muss der deutsche Behandler die festgestellte Erkrankung aber gleichwohl mit der internationalen ICD-Kennziffer beschreiben. In beiden Krankheitenkatalogen werden sadomasochistische sexuelle Vorlieben aufgeführt, allerdings mit kleinen Unterschieden:

– Im ICD-10 findet sich im Abschnitt »F65 = Störungen der Sexualpräferenz« die Diagnose: »F65.5 = Sexueller Sadomasochismus«.

– Im DSM-IV-TR – eine deutsche Ausgabe des 2013 in den USA erschienenen DSM-5 gibt es erst seit Dezember 2014 – stehen im Abschnitt »302 = Paraphilien« die beiden Diagnosen: (1) »302.83 = Sexueller Masochismus« und (2) »302.84 = Sexueller Sadismus«.

Es gibt zwischen dem internationalen und dem US-amerikanischen Handbuch seit 1994 aber vor allem einen entscheidenden Unterschied: Seinerzeit wurde eine wichtige Veränderung in der damals neu erschienenen Version, dem DSM-IV, vorgenommen. Im DSM-III, das mit einer Revision 1987 insgesamt von 1980 bis 1994 Gültigkeit hatte, lautete die Diagnose auf »Sexueller Sadismus«, wenn der oder die Betroffene …

- wiederholt und absichtlich
- Leid durch psychische oder physische Mittel verursacht,
- um sich sexuell zu erregen.

Diese Diagnose wurde laut dem DSM-III auch vergeben, wenn dies mit einem einwilligenden Partner stattfand. Ein einvernehmlicher Sadist wurde damit als ebenso »krank« eingestuft wie ein sadistischer Vergewaltiger oder Serienmörder. Diese Diagnosestellung wurde 1994 von der Amerikanischen Psychiatervereinigung rigoros geändert.

Im amerikanischen Handbuch DSM-IV wurde – im Gegensatz zur früheren Version DSM-III und auch anders als im ICD-10 – klar und deutlich festgelegt, dass eine ungewöhnliche sexuelle Neigung, die eine Person mehr als sechs Monate lang empfindet, nur dann als psychische Störung eingestuft werden darf, wenn mindestens eine der folgenden Bedingungen erfüllt ist:

- Die sexuelle Neigung wird mit einem anderen Menschen ausgelebt, der nicht freiwillig dabei mitmacht (z.B. bei einer Vergewaltigung) oder nicht in der Lage ist, in eine solche Handlung einzuwilligen (z.B. ein Kind).
- Die betroffene Person leidet deutlich unter ihrer ungewöhnlichen sexuellen Neigung.
- Die sexuelle Neigung hat eine Beeinträchtigung im Zusammenleben mit anderen Menschen, bei der Berufsausübung oder in einem anderen wichtigen Lebensbereich zur Folge.

Ein BDSMler, der seine sexuellen Vorlieben mit einem erwachsenen, einwilligungsfähigen Partner in einvernehmlichem, kontrolliertem Rahmen auslebt, mit seiner Sexualität zufrieden ist, nicht darunter leidet und sich in seinem Leben nicht dadurch beeinträchtigt fühlt, hat dem DSM-IV zufolge keine sexuelle Präferenzstörung! Eine kleine Änderung im Text – mit riesiger Auswirkung für die Betroffenen. Wie es Arne Hoffmann in seinem SM-Lexikon sarkastisch ausdrückte: Gemessen an den Diagnosekriterien des DSM-IV wurden schätzungsweise mehrere Millionen Menschen weltweit, die eine entsprechende Neigung aufweisen, über Nacht von psychisch Kranken zu psychisch Gesunden erklärt.

Diese seit zwanzig Jahren von der Amerikanischen Psychiatervereinigung festgelegte Einschätzung steht inzwischen auch in deutschen Lehrbüchern. Die meisten Psychologen und Psychiater, die ich auf Fachtagungen in aller Welt getroffen habe, teilen diese Meinung. Spätestens seit Mai 2013 ist diese Wissenschaftsentwicklung durch das DSM-5 (die Zahl wird nun nicht mehr in römischen Ziffern geschrieben) nochmals bekräftigt worden. Darin wird nämlich klar unterschieden zwischen:

einerseits einer ungewöhnlichen sexuellen Neigung …

– die nicht krankhaft ist und
– »Paraphilie« genannt wird;

andererseits einer ungewöhnlichen sexuellen Neigung …

– die krankhaft ist und
– »Paraphile Störung« genannt wird.

Die DSM-5-Kriterien der Unterscheidung zwischen »krankhaft« oder »nicht krankhaft« sind folgende:

»Paraphilie«

= Intensives und überdauerndes sexuelles Interesse außer …

– an genitaler Stimulation oder Vorspiel,
– mit phänotypisch normalen, einwilligenden Erwachsenen.

Hier ist entscheidend:
Inhalt der Fantasien, Bedürfnisse und Verhaltensweisen.

»Paraphile Störung«

= Eine Paraphilie, die zu …

– Leidensdruck oder sozialer Beeinträchtigung des Individuums
– oder Schaden bei anderen führt.

Hier ist entscheidend:
Negative Konsequenzen für den Betroffenen oder andere Menschen.

Eine »Paraphilie« ist also nicht mehr grundsätzlich als krankheitswertige Störung anzusehen. Fast anderthalb Jahrhunderte nach Richard von Krafft-Ebings »Psychopathie Sexualis« dürfen sich Menschen mit harmlosen, wenn auch ungewöhnlichen sexuellen Vorlieben endlich wieder als psychisch gesund betrachten.

KAPITEL 6

VON UNGEFÄHRLICHEN UND GEFÄHRLICHEN SADISTEN

*Wenn jeder wüsste, wie viel Spaß es gemacht hat,
eine Sexsklavin zu halten, wäre die Hälfte
aller Frauen angekettet in jemandes Keller.*

*(David Parker Ray
– der »Toy Box Killer«)*

Inzwischen haben Sie eine Vorstellung von der Gedanken- und Gefühlswelt sowie der Lebensrealität einvernehmlicher BDSMler. Um sexuelle Sadisten zu verstehen, muss man die beiden Gruppen kennen, in die sie aufgeteilt sind. Auf der einen Seite stehen sexuell sadistische Menschen, die diese Neigung stets nur mit einvernehmlichen Partnern leben. Sie finden die sadistischen Handlungen nur dann antörnend, wenn ihr Partner dies ebenso als lustvoll empfindet. Andererseits gibt es sexuell sadistische Vergewaltiger und Mörder, die es erregt, ihre Opfer gegen deren Willen zu quälen. Für sie sind einvernehmliche sexuelle Gegenüber uninteressant und bestenfalls als »Testobjekte« zu gebrauchen, bevor sie genug »Vorerfahrung« gesammelt haben, um Verbrechen zu begehen. Die Frage, was beide »Sadismustypen« unterscheidet, ist extrem wichtig, und doch wird sie erst seit relativ kurzer Zeit in der Wissenschaftswelt untersucht.

Der deutsche Psychologe Peter Fiedler führte in seinem Buch »Sexuelle Orientierung und sexuelle Abweichung« die wissenschaftlichen Begriffe »periculärer sexueller Sadismus« und »inklinierender sexueller Sadismus« ein. »Inklinierend« bedeutet »einvernehmlich«, »periculär« so viel wie »gefährlich«. Fiedler stellte folgende Merkmale von »inklinierendem sexuellen Sadismus« fest:
- Die sadistischen Praktiken werden nur im Konsens und Einvernehmen mit dem Partner ausgeübt.
- Die sadistischen Praktiken führen weder zu subjektivem Leiden noch zu sozialer Beeinträchtigung.
- Üblicherweise werden bei den sadistischen Praktiken keine schwerwiegenden Körperverletzungen zugefügt.

Bei dieser einvernehmlichen Form von Sadismus handele es sich Fiedler zufolge daher nicht um eine Störung der Sexualpräferenz, sondern um eine »harmlose sexuell sadistische Vorliebe«. Hiervon unterscheidet sich deutlich der gefährliche sexuelle Sadismus.

Der »periculäre sexuelle Sadismus« weist laut Fiedler folgende Merkmale auf:
- Die Handlungen werden von inneren Zwängen angetrieben, wobei die Betroffenen zunehmend die Selbstkontrolle verlieren.

- Die Betroffenen verstoßen gegen die sexuelle Selbstbestimmung ihrer Sexualpartner.
- Dadurch erfüllen sie den Straftatbestand der sexuellen Nötigung oder Vergewaltigung. In Extremfällen kommt es auch zu Tötungsdelikten.

Diesen gefährlichen Sadismus sieht Fiedler als krankheitswertig, also als »Störung der Sexualpräferenz« an. Mit seiner Unterscheidung griff er inhaltlich fast zehn Jahre dem vorweg, was die Amerikanische Psychiatervereinigung 2013 durch die Unterscheidung zwischen »paraphiler Störung« und nicht krankhafter »Paraphilie« im DSM-5 ebenfalls einführte. Doch *warum* finden die einen Sadisten anscheinend genau das anregend, was die anderen abtörnend finden, und umgekehrt? Darauf hat die Wissenschaft bisher noch keine gesicherte Antwort gefunden. Genau dies ist aber die Frage, der ich seit Jahren nachgehe und für die ich in diesem Kapitel ein selbst entwickeltes Erklärungsmodell darstelle.

Von sexuell sadistischen Serienvergewaltigern und auch Serienmördern ist bekannt, dass sie oft eine deutlich psychopathische Persönlichkeit aufweisen. Einige Untersuchungen ergaben, dass stärker psychopathische Sexualstraftäter auch stärker sexuell sadistisch waren als andere Sexualstraftäter. Ebenso beinhalteten die Taten der stärker psychopathischen Täter auch mehr grausame Elemente als die der schwächer psychopathischen. Hierbei sollte man wissen: Die meisten Sexualstraftaten, selbst solche, die auf den ersten Blick »sadistisch« aussehen, werden nicht von sexuellen Sadisten begangen. Die Medienberichterstattung erliegt häufig dem Fehler, eine grausame sexuelle Tat reflexartig als »sadistisch« zu bezeichnen. In vielen Fällen ist diese Wortwahl aus psychologischer Sicht falsch. So gibt es beispielsweise neben Sadisten noch drei weitere Gruppen von Sexualmördern, deren Taten nicht minder grausam sind, die aber nicht durch das Quälen ihrer Opfer sexuell erregt werden.

Vier unterschiedliche Typen von Sexualmördern

Ich denke, niemand bezweifelt, dass ich einige böse Dinge getan habe. Die Frage ist natürlich, was und wie und – vielleicht am allerwichtigsten – warum?

(Ted Bundy)

Der US-amerikanische Kriminalpsychologe Richard Walter und der Kriminologe Robert Keppel stellten fest, dass Sexualmörder ihre Taten begehen, weil sie ihre Macht durchsetzen oder bestätigen wollen, weil sie ihre Wut herauslassen oder weil sie vom Schmerz und Leid der Opfer sexuell besonders erregt werden. Daher beschrieben sie vier typische Kategorien von Sexualmördern. Viele Sexualmorde sind einer dieser Kategorien zuzuordnen, manchmal kann ein Täter auch ein »Mischtyp« aus zwei oder mehr dieser Kategorien sein.

Angeber, die Macht durchsetzen wollen

Diese Täter sind oft junge Männer Anfang zwanzig. Ein typischer Täter dieser Gruppe will besonders männlich wirken. Er entspricht dem Klischee des Proleten, der ein sportliches, getuntes Auto fährt und sich durch Kampfsport oder Bodybuilding ganz besonders als »harter Kerl« profilieren will. Als typischer Angeber braucht er besonders viel Zuspruch von anderen. Der Täter vergewaltigt sein Opfer spontan, aus einer Situation oder Laune heraus, in der er plötzlich Sex haben will. Weil er kaum Einfühlungsvermögen besitzt und Frauen in seinem Weltbild seine sexuellen Wünsche zu erfüllen haben, vergewaltigt er das Opfer manchmal auch mehrmals. Damit meint er besondere Männlichkeit zu beweisen. Er will das Opfer beherrschen und die volle Kontrolle haben, um sich besonders mächtig und männlich zu fühlen. Dabei kann er sich derart in seine Aggression hineinsteigern, dass er das Opfer zum ultimativen Beweis seiner Macht tötet.

Einzelgänger, die Bestätigung suchen

Ein Täter aus dieser Motivgruppe träumt auch von Macht, plant aber nicht, sein Opfer umzubringen. Seine Tat ist die Folge einer aus seiner Sicht missglückten Vergewaltigung. Er ist ein Einzelgänger, lebt von anderen Menschen eher zurückgezogen. Seine Vorstellungen von Männlichkeit und Sexualität sind unrealistisch, außerdem fühlt er sich minderwertig. Weil er keinen Partner für eine Liebesbeziehung findet, versucht er seine sexuellen Bedürfnisse mit Fantasien von Vergewaltigungen und durch Selbstbefriedigung vor Pornofilmen oder -zeitschriften auszuleben. Er fängt eventuell auch an, nachts durch die Gegend zu streifen und in Fenster zu schauen, um Frauen zu beobachten. Irgendwann reicht ihm das Beobachten nicht mehr aus, und er stiehlt von Wäscheleinen oder aus Wohnungen, in die er einbricht, Gegenstände von Frauen wie Unterwäsche oder Schuhe. Von seiner Fantasie verblendet stellt er sich unrealistischerweise vor, sein Opfer würde sich bei der Tat quasi verführen lassen und ihm die Bestätigung geben, »ein richtiger, mächtiger Mann« zu sein. Weil er unsicher und von Selbstzweifeln zerfressen ist, sucht er sich ein Opfer, das möglichst um einige Jahre jünger als er selbst ist. Er späht es aus und greift es bei Nacht an. So fühlt er sich besonders sicher. Wenn das Opfer dann ganz anders als in seiner verblendeten Fantasie reagiert, nämlich beispielsweise mit Angst, Zurückhaltung oder Gegenwehr, dann fühlt sich der Täter noch minderwertiger als vorher, was eine ungeheure Wut in ihm auslöst. Diese Wut lässt er an dem Opfer mit extremster Gewalt aus. Oft benutzt er viel mehr Gewalt, als zur Tötung nötig wäre, und verstümmelt die Leiche des Opfers auch noch. Dadurch bestätigt er sich selbst, wie »mächtig« er doch ist, und kann so seine Minderwertigkeitsgefühle zumindest für einige Zeit ausblenden.

Wütende Mörder aus Rache

Täter dieser Gruppe sind oft Mitte bis Ende zwanzig. Ein solcher Täter ist in seinem privaten Umfeld bekannt für seine Gefühlsausbrüche und dafür, seine Interessen über die anderer zu setzen. Wahrscheinlich ist er Frauen gegenüber schon früher gewalttätig geworden. Wenn dann ein Streit mit einer ihm nahestehenden Frau – wie seiner Beziehungspartnerin oder seiner Mutter – eskaliert, so weiß er nicht wohin mit der dabei empfundenen Wut. Er geht nach dem Streit weiter seiner alltäglichen Beschäftigung nach und begegnet dabei zufällig einer Frau, die ihn an seine Partnerin oder Mutter erinnert. Dabei steigt die Wut in ihm wieder hoch, und er lässt an dieser Frau alle Aggressionen aus, die er im ursprünglichen Konflikt empfunden hat. Deshalb wendet auch er ein extremes Ausmaß an Gewalt an, das zur Tötung seines Opfers eigentlich nicht nötig wäre. Weil die Tat auch in seiner Wahrnehmung sehr spontan passiert, hinterlässt er den Tatort ungeordnet.

Sadisten – Menschenquäler zur sexuellen Befriedigung

Diese Tätergruppe entspricht weitestgehend dem, was sich Menschen als »klassischen« Serienmörder vorstellen. Sie sind auch diejenigen, die in den Medien am meisten Beachtung finden und als Vorlagen für Romane und Filme dienen. Ein solcher Täter wird sexuell stark von der Angst und dem Leid seiner Opfer erregt. Er hat meist schon seit der Pubertät sexuell gewalttätige Fantasien, die er manchmal in Bildern oder Geschichten umsetzt. Dabei entwickelt er über die Jahre immer detailliertere Vorstellungen davon, was er mit seinen Opfern tun will, um dabei eine besonders starke sexuelle Erregung zu empfinden. Aus diesen Fantasien werden irgendwann genaue Pläne zur Umsetzung in der Realität. Hierfür überlegt sich der Täter, an welchem Ort er sein Opfer quälen und töten will und welche Dinge er sich beschaffen oder bauen muss, damit er seine Fantasien möglichst genau umsetzen kann. Dabei entwickelt er einen erschreckenden Einfallsreichtum, erfindet mitunter Folterwerkzeuge oder baut in Extremfällen ganze Räume zu Folterkammern um.

Schon lange interessiert mich die Frage, welche Persönlichkeitseigenschaften und psychischen Vorgänge den gefährlichen Sadisten einerseits und den ungefährlichen Sadisten andererseits ausmachen. Jedes menschliche Verhalten basiert nämlich stets auf Vorgängen innerhalb der Psyche: Gefühlen, Gedanken, Einstellungen, Normen und Werten. Diese inneren Vorgänge werden durch die Persönlichkeitseigenschaften eines Menschen stark bestimmt. Versteht man die Persönlichkeit eines Menschen und die daraus logisch hervorgehenden, psychischen Vorgänge, so lässt sich sein Verhalten in vielen Situationen mit einer guten Wahrscheinlichkeit vorhersagen.

Das vereinfachte Schema lautet:

→ Persönlichkeitseigenschaften beeinflussen

→ Gefühle, Gedanken, Einstellungen, Normen, Werte beeinflussen

→ Reaktionen auf bestimmte Umweltreize und Erlebnisse beeinflussen

→ die Wahrscheinlichkeit von Verhalten X in Situation Y

Anders ausgedrückt: Theoretisch haben wir alle einen freien Willen, praktisch werden unsere Entscheidungen aber von sehr vielen unbewussten Vorgängen in uns, in Wechselwirkung mit der Umwelt um uns herum bestimmt. So frei, wie es viele glauben, ist unser Wille also nicht. Dies ist keine neue Erkenntnis. Viele Institutionen und öffentliche Entscheidungsträger, aber auch Privatpersonen machen sich dies längst – mehr oder weniger bewusst – zunutze: Politiker, Fernsehmacher und andere Journalisten, Werbeleute, besonders erfolgreiche Verkäufer, Anwälte (vor allem in den USA, wo es darum geht, eine Jury zu beeinflussen), Religionsführer und Menschen, die besonders gut darin sind, andere zu manipulieren. Bei ihnen handelt es sich, wie Sie inzwischen schon wissen, um Cluster-B-Persönlichkeitsgestörte, im Extremfall auch Psychopathen. So überrascht es nicht, dass in den genannten Berufsfeldern Psychopathen besonders gute Chancen haben, erfolgreich zu sein. Ihr intuitives Talent zur Manipulation, gepaart mit Gewissen- und Furchtlosigkeit sowie narzisstischem Ehrgeiz, kann in diesen Berufsfeldern ein ganz persönliches »Erfolgsrezept« darstellen. Dieses Rezept wirkt leider auch häufig in Fällen gefährlicher Psychopathen: Sie würden wohl kaum immer wieder Opfer finden und mit ihrem Verhalten davonkommen, wenn sie andere nicht sehr gut manipulieren könnten. Beispiele hierfür sind die Serienmörder Jeffrey Dahmer und Jack Unterweger. Dahmer gelang es, ein entflohenes, unter Drogen gesetztes Opfer wieder »einzufangen« und den bereits aufmerksam gewordenen Polizeibeamten glaubhaft zu vermitteln, dass der junge Mann nur zu viel getrunken habe und bei ihm in guter Obhut sei. Unterweger war so dreist, in Österreich und in den USA als freier Journalist über seine eigenen Mordserien zu berichten und dabei sogar – angeblich aus Recherchegründen – Polizeibeamte auf ihrer Streife zu begleiten. Dreistigkeit und absolute Kaltblütigkeit in solchem Ausmaß könnten »normale« Menschen nicht aufbringen, daher kommen entsprechend psychisch auffällige Menschen lange mit schier unglaublichen Aktionen davon.

Cold Reading und überempfindliche Mimik-Erkennung – Fast so gut wie Gedankenlesen

Menschen lächeln auch, wenn es ihnen schlecht geht.

(Paul Ekman, US-amerikanischer Anthropologe und Psychologe)

Die intuitive Variante des Prinzips, Reaktionen des Gegenübers mithilfe von Wahrscheinlichkeiten einzuschätzen und sich dies zunutze zu machen, wird seit Jahrtausenden auch von Wahrsagern genutzt. Sie können die Persönlichkeit und die inneren Vorgänge zumindest einiger ihrer Mitmenschen gut intuitiv erfassen. Dahinter steckt keine übernatürliche Begabung, sondern eine Kombination psychologischer Fähigkeiten, die zusammen das sogenannte »Cold Reading«, also die »kalte Deutung«, ausmachen. Ein großer Teil des »Cold Reading« besteht aus geschickt verwendeten Aussagen und Formulierungen, mit denen sich die meisten Menschen identifizieren können, wie beispielsweise: »Äußerlich sind Sie zwar diszipliniert und kontrolliert, doch innerlich fühlen Sie sich ängstlich und unsicher.«

Eine weitere Fähigkeit, die »Cold Reading« noch effektiver macht und daher Wahrsagern sehr nützlich sein kann, ist das schnelle und genaue Wahrnehmen und Einordnen nonverbaler Signale. Kleinste Änderungen in der Mimik von Menschen – sogenannte »Mikrobewegungen« –, die diesen nicht bewusst sind, können Informationen über spontane Gefühle beinhalten, die ein geschickter Wahrsager nutzt. Der US-amerikanische Psychologe Paul Ekman forscht seit den 70er Jahren über nonverbale Kommunikation und Lügenerkennung. Er hat die erfolgreiche US-Serie »Lie to me« mitentwickelt, in der ein Psychologe allein anhand von Körpersprache Verbrecher überführt. Im wirklichen Leben ist dies unmöglich, denn erstens reagieren die wenigsten Menschen auf die gleichen Sachverhalte mit identischen Körperreaktionen, und zweitens kann *eine* beobachtete Körperreaktion *viele* unterschiedliche Ursachen haben. Ob jemand eine angespannte Körperbewegung macht, weil er lügt oder einfach nur nervös ist, lässt sich nicht ohne weiteres klären. Daher ist zwar die Idee vom perfekten »Körperlesen« reine Fiktion, doch es gibt ein interessantes anderes Phänomen, das inhaltlich in diese Richtung geht.

Forschungsergebnisse der letzten Jahre haben gezeigt, dass einige Menschen schon kleinste Hinweise auf negative Emotionen in der Körpersprache und vor allem Mimik ihrer Mitmenschen überdurchschnittlich häufig und schnell wahrnehmen. Negative Emotionen sind Wut, Verachtung, Ekel, Furcht oder Traurigkeit. Bisher konnte dies mehrfach bei Menschen mit einer Borderline-Persönlichkeitsstörung nachgewiesen werden, indem man beispielsweise ihre Hirnaktivität in einem Kernspintomographen beobachtete. Wenn sie Fotos von Gesichtern zu sehen bekamen, bei denen auch nur leichte Anzeichen für negative Emotionen zu sehen waren, ging bei ihnen im wahrsten Sinne des Wortes die »Alarmanlage« an – was auf Hirnebene der Amygdala, also dem Gefühlszentrum, entspricht. Bei einer Kontrollgruppe von Menschen ohne entsprechende Störung reagierte das Gehirn nicht so schnell und häufig auf entsprechende Bilder. Diese ungewöhnliche Fähigkeit, unwillkürlich zumindest einige Dinge in Gesichtern zu lesen, die andere nicht wahrnehmen, ist also keine göttliche Gabe. Es kann schlicht die Auswirkung eines durch Traumata bedingt hyperaktiven Alarmsystems im Gehirn sein, das seine Umgebung jederzeit nach möglichen Alarmsignalen – auch in den Gesichtern anderer – absucht.

Um gefährliche Sadisten zu verstehen, muss man das genannte Schema anwenden und es dem Schema, das ungefährliche Sadisten ausmacht, gegenüberstellen. Die Fragen lauten also:
Welche Persönlichkeitseigenschaften
→ beeinflussen welche Gefühle, Gedanken, Einstellungen, Normen und Werte
→ beeinflussen welche Reaktionen auf bestimmte Umweltreize und Erlebnisse
→ beeinflussen welche Wahrscheinlichkeit von Verhalten X in Situation Y?
Wie Sie an den Selbstbeschreibungen von Matthias Grimme und Lady Amanda im Kapitel »Im Kopf einvernehmlicher Sadisten« feststellen konnten, haben einvernehmliche Sadisten wie diese beiden Eigenschaften, die sie zu sozial handelnden Menschen machen – ob beim Ausleben ihrer Neigung oder im Alltag. Diese Eigenschaften sind:
– Empathie: die unwillkürliche Fähigkeit, sich nicht nur gedanklich (kognitive Empathie), sondern auch gefühlsmäßig (emotionale Empathie) deutlich in andere Menschen hineinzuversetzen.
– Introspektionsfähigkeit: der bewusste Zugang zu den eigenen

inneren Vorgängen, den eigenen Gefühlen, Gedanken und Motiven. Die eigenen inneren Vorgänge werden nicht nur wahrgenommen, sondern mitunter auch selbstkritisch reflektiert, wodurch kontinuierlich Selbsterkenntnis entsteht.

– Grundsätzlich positive Haltung gegenüber Mitmenschen: Die meisten anderen Menschen werden nicht als feindselig und potenziell bedrohlich empfunden.

– Verantwortungsgefühl: die bewusste Übernahme von Verantwortung gegenüber sich selbst und anderen.

Gespräche mit mittelgradig psychopathischen, sexuellen Sadisten

Andere beherrschen erfordert Kraft.
Sich selbst beherrschen fordert Stärke.

(Laotse)

Müssen Sadisten diese Eigenschaften stark ausgeprägt haben, um nicht gefährlich für andere zu sein? Um dieser Frage nachzugehen, befragte ich drei mittelgradig psychopathische Menschen, die alle eine sexuell sadistische Neigung aufweisen, jedoch eindeutig zur Gruppe der einvernehmlichen Sadisten gehören. Zwei dieser drei Personen habe ich bereits ausführlich in meinem Buch »Auf dünnem Eis – Die Psychologie des Bösen« dargestellt: Christian und Alexander, beide nicht vorbestraft und beide mit – im Vergleich zur Durchschnittsbevölkerung – auffällig erhöhten Werten auf der »Psychopathie-Checkliste« des kanadischen Kriminalpsychologen Robert Hare. Dieser legte den Wert für stark ausgeprägte Psychopathen bei 75 % an, was dreißig von vierzig möglichen Punkten auf seiner Checkliste entspricht. Vergleichsuntersuchungen weisen darauf hin, dass ein durchschnittlicher Mann in Nordamerika nicht mehr als 10 % psychopathischer Merkmale aufweist.

Für die weite Spanne zwischen den höchstens 10 % psychopathischer Merkmale eines nordamerikanischen Durchschnittsmannes und den mindestens 75 % eines stark ausgeprägten Psychopathen entwickelte der US-amerikanische Kriminalpsychologe J. Reid Meloy ein abgestuftes Psychopathie-Bewertungs-System. Er bezeichnet Menschen mit Psychopathie-Werten zwischen 25 % und 47,5 % (entspricht zehn bis neunzehn Punkten auf der Psychopathie-Checkliste) als »leicht psychopathisch« und Menschen mit Psychopathie-Werten zwischen 50 % und 72,5 % (entspricht zwanzig bis neunundzwanzig Punkten) als »mittelgradig psychopathisch«.

Christian und Alexander kannten sich ebenso wie mein dritter Interviewpartner für dieses Buch, Patrick, bis zum Abschluss der Interviews nicht. Alle drei erreichen Werte im Bereich einer »mittelgradigen Psychopathie«. Sie zeigen vor allem im Faktor I der Psychopathie-Checkliste, der Auffälligkeiten in den Bereichen »Fühlen« und »zwischenmenschliches Verhalten« beschreibt, sehr hohe Werte (über 90 %). Im Faktor II der Psychopathie-Checkliste, welcher den auffälligen Lebensstil und kriminelle Verhaltensweisen erfasst, haben alle drei – unter anderem der Tatsache geschuldet, dass sie nicht vorbestraft sind und sich seit ihrer Volljährigkeit eher gesetzestreu verhalten – leicht erhöhte Werte (zwischen 30 % und 45 %).

Umfassendere Informationen zu Christian und Alexander hatte ich im vorangegangenen Buch thematisiert, daher beschränke ich mich hier darauf, meine Gespräche mit ihnen zum Thema einvernehmlicher und uneinvernehmlicher sadistischer Handlungen wiederzugeben. Die beiden sind nicht meine Klienten, sondern ich habe sie zunächst als Privatpersonen kennengelernt. Sie führten die in beiden Büchern wiedergegebenen Gespräche mit mir aus persönlichem Interesse daran, sich selbst besser verstehen zu lernen. Daher fanden die Gespräche in der hier dargestellten Form unter Verwendung des »Duzens« statt.

Mir ist bewusst, dass diese Art der Informationsgewinnung eine in der modernen Wissenschaftswelt umstrittene Vorgehensweise ist, doch habe ich über die Jahre auch in anderen Fällen den Eindruck gewonnen, so teils sehr gute Einblicke in die wirklichen innerpsychischen Prozesse einiger Menschen mit besonderen Persönlichkeitseigenschaften gewinnen zu können. Diese Art der Einzelfallstudien können meiner Meinung nach, eingebettet in wissenschaftliche Forschungsergebnisse und bisherige psychologische Erkenntnisse, zu einem besseren Verständnis einiger psychologischer Phänomene beitragen. Dies zeigte sich auch in den folgenden Äußerungen meiner Interviewpartner zum Thema ihrer sexuell sadistischen Neigung.

Christian
– Psychopathischer, sexuell sadistischer Lebenskünstler

Sieh das Tier in seinem Käfig, den du gebaut hast. Bist du sicher, auf welcher Seite du dich befindest?

(aus dem Song »Right where it belongs« von Nine Inch Nails)

Das Problem dabei, Leute kaputt zu machen

In einem unserer Interviews frage ich Christian: »Du sagtest mal, du machst nur BDSM mit Menschen, die du magst. Warum eigentlich?« Er antwortet: »Weil es halt leichter ist, sich da einzufühlen und auf die Person einzugehen, wohingegen wenn ich BDSM mit Leuten machen würde, die ich nicht unbedingt mag, würde ich wahrscheinlich meinen eigenen Spaß mehr in den Vordergrund stellen als die Fürsorge für die Person.« Ich möchte wissen, warum dies aus seiner Sicht ein Problem wäre. Lachend antwortet er: »Ich denke, das wäre für die Person ein Problem.« »Würde dich das tangieren?«, möchte ich wissen. Christian überlegt eine Weile, dann erwidert er: »Mich würde das tangieren.« Er gähnt und überlegt weiter. (Christian gähnte häufig in unseren Gesprächen und war am Ende öfter erschöpft, wenn wir zu für ihn eher unangenehmen Themen kamen. Dies habe ich auch bei anderen meiner mittelgradig psychopathischen Gesprächspartner festgestellt. Eine mögliche Ursache hierfür ist – wie ich auch im letzten Buch ausführlich anhand einer Untersuchung erklärte –, dass die für Psychopathen typischen schwachen Gefühle vermutlich durch automatisierte Unterdrückungsprozesse verursacht werden, die für den Körper sehr energieaufwendig sind.)

Schließlich fährt Christian fort: »Es würde mich tangieren, weil ich eigentlich vom Grundprinzip nicht möchte, dass es Leuten nicht gut geht.« Ich möchte wissen, warum nicht. »Ich weiß nicht«, meint er und fügt schließlich hinzu: »BDSM mit Leuten zu machen, die das nicht mögen … Also der Reiz ist dabei für mich das ›Miteinander-Spielen‹. Hingegen mit jemandem, den man nicht mag, ist das kein gemeinsames Spiel. Das ist dann irgendwas anderes. Das ist dann auch, glaube ich, in so einem Fall nicht wirklich BDSM. Wenn man mit jemandem BDSM macht, den man nicht besonders mag, dann macht man halt mit dem irgendwas, und schön, wenn er es dann auch schön findet. Aber ich kann mir gut vorstellen, dass, wenn man dann Interesse hat, irgendwas zu machen, was dieser Mensch eigentlich nicht so toll findet, dass man sich dann selbst besser einreden kann: ›Ach, die Person wird das ja doch eigentlich nicht so schlimm finden.‹« »Meinst du damit, du würdest einem Menschen in so einem Fall eventuell schaden?«, frage ich. Grinsend antwortet er: »Könnte vorkommen. Also mindestens auf emotionaler Ebene.«

Nun möchte ich wissen, warum er damit ein Problem hätte. Seine spontane Antwort ist sehr typisch für ihn: »Ich mache nicht so gerne Sachen kaputt.« Christian spricht von Menschen – wenn er nicht bewusst darauf achtet – öfter wie von Gegenständen. So sind – wie ich auch schon im letzten Buch ausführte – Partnerinnen in seiner Wahrnehmung grundsätzlich sein »Besitz«, sein »Spielzeug«. Ich möchte wissen, warum er »Dinge nicht gerne kaputt macht«. »Na ja, technische Dinge mache ich schon manchmal kaputt. Aber Personen kaputt zu machen, das ist irgendwie ...« Er denkt lange nach. Schließlich frage ich: »Was ist das Problem dabei?« Wieder gähnt er und wiederholt nachdenklich: »Das Problem dabei, Leute kaputt zu machen?« »Ja«, meine ich. Einem langen »Hm ...« seinerseits folgt erneut ein langer, nachdenklicher Blick. Schließlich sagt er: »Ich denke einfach, dass es nicht gut wäre.« Da ich merke, dass er hier nicht weiterkommt, biete ich, basierend auf meinem Wissensstand über ihn bis dahin, eine Hypothese an: »Ist das eine Regel, die dir mal beigebracht wurde und die du einfach verinnerlicht hast?« »Das kann gut sein«, meint er und ergänzt sofort: »Besser, ich schmeiße sie nicht über Bord.«

Ich möchte wissen, ob es irgendetwas Gefühlsmäßiges gibt, was ihn daran hindert, uneinvernehmlich einen anderen Menschen zu quälen. Was würde er fühlen, wenn er das tun würde? Christian sagt: »Ich denke, es wird auch ein emotionales Gefühl dabei aufkommen, wenn man jemanden ... also wenn man zum Beispiel mit jemandem kämpft und ihn kaputt macht, dann ist da ein aktives Wutgefühl bei. Wenn man jemanden kaputt machen würde in einem BDSM-Kontext, könnte da sehr viel Neugierde dabei sein.« Dieser Gedanke lässt ihn grinsen. »Was für Neugierde?«, möchte ich wissen. »Wie es funktioniert«, meint er gedankenversunken und grinst weiter vor sich hin, »was funktioniert.« »Du könntest dir also vorstellen, dass dir das sogar ein positives Gefühl geben, es dir Spaß machen könnte – also in einer nur vorgestellten Welt?«, möchte ich wissen. »Ich könnte mir vorstellen, dass es die Neugierde weckt, das wäre schon eine gewisse Form von Spaß, klar.« »Was hindert dich dann theoretisch daran?«, bohre ich weiter. »Ich denke, dass man das nicht tun sollte«, wiederholt er. Als ich erneut nach dem Grund frage, überlegt er wieder lange, bevor er sagt: »Warum sollte man das nicht tun ... Also jemandem etwas zu tun, der dazu Lust hat, ist eine Sache, aber jemandem etwas zu tun, der dazu keine Lust hat, ist eine andere Sache.«

Ich merke, wie schwer es ihm fällt, eine Erklärung für seine Einstellung in diesem Bereich zu finden. Daher formuliere ich die

Frage um, abgeleitet aus seiner Formulierung, man »sollte« das nicht tun: »Warum ist das verwerflich für dich?« Erneut überlegt er sehr lange und sagt zwischendurch gedankenversunken, wie zu sich selbst: »Warum ist das verwerflich?« Schließlich antwortet er: »Vielleicht ist es eine Selbstreflexion. Weil ich das umgekehrt auch nicht möchte.« Ich habe den Eindruck, dass er nun eine beinahe allzu einfach klingende Antwort für sich gefunden hat. Was er hier beschreibt, ist der wohl bekannteste Grundsatz der praktischen Ethik, der wahrscheinlich in allen Zeiten und Kulturen als Idee bekannt war und bis heute ist. Von Christen wurde dieser Grundsatz »die goldene Regel« genannt. Im deutschen Sprachraum ist er auch als Sprichwort bekannt: »Was du nicht willst, das man dir tu', das füg' auch keinem anderen zu.« Dass Christian sich gerade auf dieses Prinzip bei der offensichtlich schwierigen Begründungsfindung zu beziehen versucht, deutet für mich darauf hin, dass er hier die im Zweifelsfall oberflächlichste und nicht widerlegbare Erklärung gefunden hat. Im Vergleich zu seinem sonstigen Verhalten zweifle ich allerdings daran, dass dies der Haupterklärungsaspekt für seinen einvernehmlichen Sadismus ist.

Denn einerseits versucht Christian tatsächlich – wie alle Menschen – unbewusst, ein grundsätzlich positives Bild von sich selbst aufrechtzuerhalten und sich nicht als besonders egoistischen Mensch wahrzunehmen. In der Tat zeigt er immer wieder soziale Verhaltensweisen, auch wenn diese bei genauerer Betrachtung im Kosten-Nutzen-Verhältnis deutlich meist auch mehr Nutzen als Kosten für ihn erbringen. Nun ist jedes menschliche Verhalten grundsätzlich von Kosten-Nutzen-Prinzipien gesteuert. Bei psychopathischen Menschen fehlen dabei allerdings weitgehend die »Kosten« des schlechten Gewissens oder Mitgefühls, sodass sie tendenziell egoistischer handeln können als andere. So hat Christian beispielsweise trotz seines positiven Selbstbildes kein Problem damit, auch Menschen, die er mag, für seine Zwecke gefühlsmäßig zu manipulieren und zu instrumentalisieren. Dies kann er über lange Zeit ziemlich gewissenlos und in vollem Bewusstsein betreiben; er nimmt also das Leid dieser Menschen mindestens billigend in

Kauf. Ein häufiges Thema unserer Gespräche über mehr als anderthalb Jahre war sein schachspielartiges Verhalten gegenüber einigen Menschen in seinem Umfeld und der immer wieder vorhersehbare Schaden, den sie durch ihn erlitten. Ein Schaden, den Christian zwar nicht gezielt herbeiführte, den er aber immer wieder sehenden Auges hinnahm, indem er die leicht vorhersehbaren negativen Konsequenzen seines Handelns für andere aktiv ignorierte, bis sie schließlich eintraten.

Die stärkste Form von Macht – stärkste Quelle der Erregung

Du lässt mich dich verletzen, du lässt mich dich schänden, du lässt mich dich penetrieren, du lässt mich dich verwirren. Hilf mir, ich zerbrach mein Inneres, hilf mir, ich habe keine Seele zu verkaufen.

(aus dem Song »Closer« von Nine Inch Nails)

Da ich davon ausgehe, dass Christians Verweis auf die »goldene Regel« nicht die wesentliche Erklärung dafür ist, wie er sexuellen Sadismus lebt, spreche ich ihn einige Monate später erneut auf das Thema an: »Du weißt ja, dass ich mich auch mit kriminellen Sadisten beschäftige. Mich interessiert, warum du deine sexuell sadistische Neigung ausschließlich einvernehmlich lebst. Nur mal als Gedankenexperiment: Würde es dich da reizen, wenn du nicht dafür bestraft werden könntest, eine Frau gegen ihren Willen zu foltern? Eine, die du vielleicht noch nie gesehen hast und über die du nichts weißt?« Christian überlegt eine ganze Weile. Er kennt inzwischen sadistische Fälle, mit denen ich mich auch beruflich beschäftige, wie den des »Toy Box Killers« David Parker Ray. Daher hat er eine gewisse Vergleichsmöglichkeit zwischen seinem eigenen Erleben und dem, was ich ihm von den Tätern in solchen Fällen erzählt habe. Schließlich antwortet er: »Nein, das würde mich auch im Gedankenexperiment, wenn ich mir eine solche Situation konkret vorstellen soll, nicht wirklich reizen. Neugierde, was man alles mit einer Person machen kann, um sie kaputt zu machen, hin oder her. Diese Neugierde ist für mich nicht hauptsächlich sexueller Natur, aber in dem Gedankenexperiment ginge es ja darum, ob ich auf diese Art meine sexuellen Bedürfnisse ausleben würde. Das würde ich nicht.« Nun möchte ich wissen, was seiner Meinung nach der Unterschied ist zwischen dem sexuellen Kick, den er sucht und auslebt, und dem sexuellen Kick der kriminellen Sadisten. Er antwortet diesmal, ohne zu zögern: »Ich denke, gefährliche Sadisten, die daraus ihren sexuellen Kick ziehen, andere gegen ihren Willen zu foltern, wollen sich damit Macht beweisen. Sie wollen jemandem, der das nur grauenhaft findet und es nicht will, etwas sehr Unangenehmes antun, um damit zu zeigen: ›Ich habe die Macht, dich derartig gegen deinen Willen leiden zu lassen.‹ Auch ich will Macht und finde es extrem sexuell anregend, diese über eine Frau zu haben, die ich attraktiv finde. Allerdings empfinde ich es nicht als die stärkste Form von Macht, jemanden zu überwältigen und ihn auf diese Art gegen seinen Willen leiden zu lassen. Ich empfinde es als sehr viel mächtiger, Frauen davon zu überzeugen, sich freiwillig auf Erlebnisse mit mir einzulassen, die krass sind und die über ihre bisherigen Grenzen gehen. Wenn sie, während ich das mit ihnen tue, es teilweise wirklich unangenehm finden, es aber danach als gutes, krasses und befriedigendes Erlebnis erinnern, dann habe ich wirklich extreme Macht ausgeübt. Jemanden mit Gewalt zu etwas Unangenehmem zu zwingen, ist für mich wesentlich weniger machtvoll, als jemanden dazu zu bringen, sich freiwillig auf krasse Dinge einzulassen, sich mir wirklich hinzugeben, weil ich es will. Für mich ist *diese* Art von Macht erregend, während die Gewalt, die ein gefährlicher Sadist ausübt, für mich uninteressant und nicht erregend ist.«

Diese Aussage stimmt mit dem überein, was ich inzwischen über Christians sexuelle Vorlieben erfahren habe. Er empfindet es als besonders erregend, psychische Macht über seine Sexualpartnerinnen zu haben, ihnen beispielsweise in ihrem Alltag Aufgaben zu geben oder sie dazu zu bringen, Dinge zu tun, die ihnen eigentlich peinlich oder wirklich unangenehm sind. Die Art, wie er sexuell sadistische Handlungen inszeniert, stimmt mit seiner eben wiedergegebenen Selbsteinschätzung überein. Manchmal verlangt er beispielsweise von seinen Sexualpartnerinnen, dass sie ihn bitten sollen, sie zu schlagen. Er mag es zu sehen, wie sie vor Schmerzen aufschreien oder sogar weinen, denn dann sieht er, wie er sagt, was sie »für ihn aushalten«. Dabei achtet er jedoch durchaus darauf, nicht zu weit zu gehen. Seine Sexualpartnerinnen sollen es anschließend als insgesamt positives Erlebnis wahrnehmen.

Im Gegensatz zu Sadisten wie dem in Kapitel zwei geschilderten Richard möchte Christian nicht, dass seine Sexualpartnerinnen alkoholisiert sind. Er bevorzugt es, wenn sie bei vollem Bewusstsein und ohne Betäubung erleben, was er mit ihnen tut, und in diesem Zustand selbst entscheiden, ihn über ihre Grenzen gehen zu lassen. Dies erreicht er unter anderem dadurch, dass er auch während heftiger BDSM-Sessions stets in ruhigem, bestimmtem, aber sanftem Ton und mit freundlichem Gesichtsausdruck zu ihnen spricht; also auch wenn er sie fragt, ob sie möchten, dass er noch etwas weiter geht.

In Christians idealer sexueller Fantasie sollen seine Sexualpartnerinnen sich schließlich selbst nichts sehnlicher wünschen, als seine perfekten »Spielzeuge« und »Sklavinnen« zu sein. Nicht weil er sie körperlich gefangen hielte, sondern weil er sie gefühlsmäßig und psychisch so sehr von sich abhängig haben will, dass sie nicht mehr von ihm wegkönnen und auch nicht mehr -wollen. Diese Fantasie entwickelte Christian schon während seiner frühen Pubertät. Lange bevor er Zugang zu Pornografie hatte, stellte er sich vor, ein »Dienstmädchen« zu »besitzen«, das nur ihm gehört und ihm aus freiem Willen in jeder Hinsicht dient. Wenn man seine sexuelle Grundfantasie mit der eines gefährlichen, kriminellen Sadisten vergleicht, so lässt sich folgendes Bild anwenden: Der gefährliche Sadist versucht, durch körperliche Gewaltausübung oder Entführung Kontrolle über »sein Spielzeug« zu haben und sich dadurch seine Macht zu beweisen. Er muss das Spielzeug physisch in der Hand haben, um damit das »Spiel« genießen zu können. Ein einvernehmlicher, aber mittelgradig psychopathischer Sadist wie Christian bevorzugt es stattdessen, sein Spielzeug über eine psychische »Fernbedienung« zu steuern, in Form von psychologischer Machtausübung. Dies empfindet er als höchste und daher ultimativ erregende Macht.

Die zerstörte Spielzeugsammlung des gefährlichen Sadisten – Der Fall John Wayne Gacy

Ich frage mich, ob es irgendwo einen Menschen gibt, der verstehen kann, wie sehr es geschmerzt hat, John Wayne Gacy zu sein.

(John Wayne Gacy)

Um beim Bild der »Spielzeuge« zu bleiben: Sexuell sadistisch motivierte Serienmörder haben nicht das Selbstwertgefühl, um zu glauben, dass sie ein Spielzeug als »Geschenk« bekommen. Sie »stehlen« ihre Spielzeuge metaphorisch, indem sie mit Gewalt Kontrolle über sie gewinnen, und »zerstören« sie bei ihrem »Spiel«. Dahinter steckt folgende Logik, und zwar meiner Meinung nach – bewusst oder unbewusst – bei allen sexuell sadistischen Serienmördern: »Kein Mensch kann mich wirklich lieben und würde immer bei mir bleiben. Also nehme ich mir, was mir niemand freiwillig schenkt. Es ist ungerecht, dass niemand sich mir dauerhaft, so wie ich es will, freiwillig schenken würde. Deshalb zerstöre ich das Spielzeug nach meinem Spiel. So kann kein anderer jemals wieder damit spielen, und es gehört auf diese Weise für immer mir.«

Die Kindheit von John Wayne Gacy war wie die vieler Serienmörder unglücklich. Er wuchs als einziger Sohn mit zwei Schwestern und einer überforderten Mutter auf. Sein Vater war ein strenger und gewalttätiger Alkoholiker, der seinen einzigen Sohn immer wieder schwer körperlich misshandelte. Er warf dem kleinen John vor, ein Weichling und kein richtiger Mann zu sein, dumm und zu nichts zu gebrauchen. John mochte keinen Sport und keine »typischen« Jungenaktivitäten, was seinen Vater schwer enttäuschte. Auch unter seinen Mitschülern blieb er ein Außenseiter. Mit elf Jahren wurde er von einer Schaukel am Kopf getroffen, woraufhin er immer wieder Gedächtnisausfälle hatte. Erst als er sechzehn Jahre alt war, entdeckten Ärzte, dass er ein (vermutlich durch die Schaukel ausgelöstes) Blutgerinnsel im Gehirn hatte. Dieses wurde dann mit Medikamenten behandelt. Als Erwachsener jobbte Gacy als Schuhverkäufer, er heiratete eine Frau, deren Eltern ein Restaurant betrieben, und arbeitete dort bald erfolgreich als Geschäftsführer. Mit seinem wirtschaftlichen Erfolg schaffte er sich ein gewisses gesellschaftliches Ansehen. Mit sechsundzwanzig wurde er zum ersten Mal angeklagt, da einer seiner männlichen Angestellten aussagte, Gacy habe ihn monatelang zum Sex gezwungen. Hierauf ließ Gacy den Jungen, der ihn angezeigt hatte, zusammenschlagen, was seine Lage vor Gericht aber nur verschlechterte. Er räumte daher schließlich den Analverkehr ein und wurde zu zehn Jahren Haft verurteilt, von denen er aber nur anderthalb im Gefängnis verbrachte. Die außergewöhnlich frühzeitige Entlassung verdankte er seinem vorbildlichen Verhalten als Gefangener.

Währenddessen hatte sich seine Frau von ihm scheiden lassen. Gacy startete ein neues Leben, heiratete wieder – diesmal eine Frau mit zwei Kindern – und wurde ein erfolgreicher Bauunternehmer. Für ihn waren Ansehen und Anerkennung extrem wichtig, deshalb engagierte er sich politisch bei den Demokraten, veranstaltete Partys und inszenierte sich selbst als »Pogo der Clown« bei Wohltätigkeitsveranstaltungen und Kinderfesten. Während Gacy also sein öffentliches Ansehen als netter, wohltätiger und erfolgreicher Geschäftsmann ausbaute, trieb ihn weiter sein Drang zu Sex mit jungen Männern an. Als er neunundzwanzig Jahre alt war, zeigte ihn ein junger Homosexueller an, der aussagte, Gacy habe ihn vergewaltigen wollen.

Da der Junge seine Aussage nicht vor Gericht wiederholte, wurde die Anklage fallen gelassen.

1972, im Alter von dreißig Jahren, begann Gacy seine Mordserie. In den folgenden sechs Jahren fesselte, vergewaltigte und tötete er mindestens 33 junge Männer. Einige waren Bekannte, die er über seine Baufirma kennenlernte. Viele waren aber auch fremde junge Männer, denen er entweder vorgaukelte, Polizist zu sein, oder die er zum Billardspielen zu sich nach Hause einlud. Dort behauptete er, ihnen einen »Zauberfesseltrick« vorführen zu wollen, und sobald sie sich hatten fesseln lassen, ging er auf sie los, schlug und vergewaltigte sie. Schließlich erwürgte er seine Opfer und verscharrte die Leichen entweder unter seinem Haus oder warf sie in einen nahe gelegenen Fluss.

Nach seiner Verhaftung behauptete er bald, er habe eine »gespaltene Persönlichkeit« und eine andere seiner Persönlichkeiten habe die Morde begangen. Das kauften ihm die Gerichtspsychiater aber nicht ab, sodass er dazu überging zu erzählen, er sei das Opfer einer Verschwörung. Eine unbekannte Gruppe habe ihm lauter Leichen unter sein Haus gelegt. Auch mit dieser Ausrede kam er nicht durch. 1994 wurde er schließlich durch die Giftspritze hingerichtet.

Gacys Persönlichkeitsprofil

Gacys Taten sind das logische Ergebnis des Zusammentreffens von starker Psychopathie und gefährlichem sexuellen Sadismus in einer Person. Seine Psychopathie setzt sich zusammen aus einer geradezu »ausgewogenen« Mischung der vier Cluster-B-Persönlichkeitsstörungen: Sowohl deutlich narzisstische als auch antisoziale, aber ebenso histrionische und borderline Persönlichkeitszüge sind bei ihm erkennbar. Die lieblose und gewalttätige Behandlung, welche sein Vater ihm seine ganze Kindheit über zuteilwerden ließ, hatte, abgerundet durch seine – wahrscheinlich dadurch hervorgerufene – Unfähigkeit, bei Gleichaltrigen Anschluss zu finden, verheerende Folgen: Gacy entwickelte sowohl Selbsthass als auch einen ausgeprägten Mangel an Mitgefühl für andere Menschen, verbunden mit einer feindseligen Einstellung. Dies erklärt auch, warum er in seinen Gerichtsverhandlungen keine Schuldgefühle erkennen ließ.

Der Gerichtspsychiater Dr. Richard G. Rappaport stellte fest, dass Gacy Symptome der Borderline-Persönlichkeitsstörung zeigte. Dazu zählte er die heftige Wut, die Gefühlsschwankungen mit depressiven und feindseligen Phasen, impulsives Verhalten, regelmäßigen Alkohol- und Drogengebrauch, der ihn vor allem bei seinen Taten enthemmte, chaotische zwischenmenschliche Beziehungen, typische Abwehrmechanismen wie die Spaltung der Menschen in »schwarz« und »weiß« sowie Verdrängung. Außerdem wusste Gacy – für Borderliner typisch – nicht wirklich, wer er ist, was ihn ausmacht, ja sogar welche sexuelle Identität er eigentlich hat. Vor allem unter starkem Stress entwickelte Gacy auch geradezu paranoid anmutende Überzeugungen (ähnlich wie es auch Harry Thaw tat). Dies kann als Symptom eines extremen Stresslevels bei Borderline verstanden werden. Darüber hinaus sah der Psychiater bei Gacy unter anderem ein »kontinuierliches und chronisches antisoziales Verhalten«.

Hinzu kam, dass Gacy die von seinem Vater eingetrichterten Aussagen, er sei wertlos und dumm, mit der Entwicklung einer narzisstischen Persönlichkeitsstörung verarbeitete. Er war also getrieben von dem Wunsch, sich zu beweisen, dass er ganz im Gegenteil ein besonders erfolgreicher und angesehener Mann werden konnte, dass er sogar besser als andere war. Deshalb hielt er sich als Erwachsener, da ihm endlich beruflicher Erfolg und Bewunderung zuteilwurde, für etwas Besseres und strebte nach immer mehr Erfolg und Bewunderung. Leider ist das Selbstwertgefühl eines Narzissten ein Fass ohne Boden. Er versucht seine Angst, doch wertlos zu sein, mit immer mehr Erfolg und Anerkennung zu bekämpfen. Doch egal was er tut und erreicht, diese Angst verschwindet nie ganz. So bekommt er nie genug von allem, wonach er sich sehnt.

Gacys zusätzlich auch histrionische Persönlichkeitsanteile bewirkten, dass er sich erfolgreich als beliebter Gastgeber von Partys ebenso wie als gerne gesehener Entertainer im Clownskostüm – oft für wohltätige Zwecke – in Szene setzen konnte. Obwohl äußerlich nicht besonders attraktiv, so war er doch oberflächlich charmant, einnehmend, unterhaltsam – allesamt typisch histrionische Anteile eines Psychopathen. So gelang es ihm sogar im Rahmen seiner Tätigkeit für die Demokraten, ein Foto mit der damaligen Gattin des Präsidenten, Rosalynn Carter, zu machen. Er war ständig damit beschäftigt, einerseits beruflichen Erfolg einzuheimsen und andererseits mit seinem scheinbar wohltätigen Engagement immer größeres soziales Ansehen zu gewinnen. Passend dazu versuchte er sich während eines seiner Prozesse damit herauszureden: »Wenn die Leute wüssten, wie voll mein Terminkalender war, dann wäre ihnen klar, dass ich die Taten nicht begangen haben kann.«

Zu dieser psychopathischen Kombination der Cluster-B-Persönlichkeitsstörungen kamen bei Gacy sexuelle Fantasien, in denen er Männer folterte und strangulierte. Das lässt sich daraus ableiten, dass er tatsächlich immer wieder junge, sportliche, dunkelhäutige Männer (also solche, die für ihn sexuell attraktiv waren) nach stets demselben Muster fesselte, folterte und dann strangulierte. Offenbar war dieses Verhaltensmuster sein »inneres Drehbuch« für den ultimativen sexuellen Kick. Deswegen wiederholte er diesen Kick auch immer und immer wieder, ohne sich bremsen zu können. Jedes seiner Opfer war für dieses eine »Spiel« sein Besitz, und niemand anderes würde jemals wieder damit spielen können. John Wayne Gacy war wie ein kleiner Junge, der nie Spielzeugautos geschenkt bekommen hat und daher die der anderen Kinder stiehlt, mit ihnen einmal so wild spielt, wie er nur kann, und die kaputten Autos dann in einem Schuhkarton in seinem geheimen Versteck aufbewahrt.

Interessant ist an Gacy wie bei vielen psychopathischen Serienmördern die Tatsache, dass er einerseits ein freundlicher, charmanter, beliebter Mensch war. Für die Menschen, die ihn kannten, waren seine unbeschreiblich grausamen Taten unvereinbar mit diesen positiven Eigenschaften. Es ist bei diesen Tätern aber eben keineswegs wie bei »Dr. Jekyll und Mr Hyde«. Sie haben keine »gespaltene Persönlichkeit«, sondern ihre Taten sind logisch aus ihren Eigenschaften ableitbar.

Gacys narzisstische Persönlichkeitsausprägung sorgte dafür, dass er sich Erfolg und Beliebtheit erarbeitete. Das konnte er nur, indem er sich besonders freundlich, charmant und kontaktfreudig verhielt und so schnell das Vertrauen der Menschen um ihn herum gewann. Seine antisoziale Persönlichkeitsausprägung bewirkte zugleich, dass er nicht – wie psychisch gesunde Menschen – durch Mitgefühl und Schuldgefühl davon abgehalten wurde, anderen zu schaden, und dass er seine Taten anscheinend furcht- und skrupellos begehen konnte. Nicht einmal die Tatsache, dass er in einem Haus lebte, unter dem ein Haufen Leichen verweste, konnte ihn schrecken.

Stellen Sie sich vor, Sie hätten, soweit Sie sich zurückerinnern können, nie eines der folgenden, typisch menschlichen Gefühle empfunden: Mitgefühl, Schuldgefühl, Angst. Vielleicht können Sie dann zumindest ansatzweise nachvollziehen, warum es einem Menschen wie Gacy so leichtfallen kann, seine Interessen auf Kosten anderer auszuleben. Im Kern ist es also nicht die Vernunft, die uns dazu bringt, anderen möglichst nicht zu schaden, sondern es sind unsere Gefühle, durch die wir uns schlecht fühlen, wenn wir das tun. Diese gefühlsmäßige »Bremse« war bei Gacy – wie bei allen Psychopathen – aber nicht eingebaut. Deswegen konnte er seine sadistischen Morde zur sexuellen Lustbefriedigung so genießen.

Alexander
– Psychopathischer, sexuell sadistischer Psychologe

Die Menschen täuschen im Umgang miteinander Vieles nur vor, doch ich
fühle mich, als würde ich alles vortäuschen, und ich bin sehr gut darin.

(aus der Serie »Dexter«)

Auch Alexander habe ich im Buch »Auf dünnem Eis – Die Psychologie des Bösen« ausführlicher dargestellt. Er arbeitet als Psychologe, und wir lernten uns über unser gemeinsames Interesse für schwere Persönlichkeitsstörungen wie Psychopathie kennen. Ebenso wie Christian ist er mittelgradig psychopathisch und ein einvernehmlicher sexueller Sadist.

Der Kick, die absolute Kontrolle zu haben

Im Rahmen eines der mit ihm geführten Interviews befragte ich ihn zu seiner Meinung in Bezug auf Sadismus: »Siehst du einen Zusammenhang zwischen deiner Emotionsverminderung und deiner sexuellen Vorliebe für Sadismus?« Aufgrund seines Interesses für die psychischen Vorgänge von Menschen hatte sich Alexander bereits mit seinen Persönlichkeitseigenschaften und sexuellen Vorlieben auseinandergesetzt. Daher antwortet er jetzt, ohne zu zögern: »Wahrscheinlich muss man schon auf irgendeiner Ebene speziell ticken, um sadistische Handlungen erregend zu finden. Ich denke, um Sadist zu sein, muss man zumindest ein wenig emotionsgemindert sein.«

Als ich nach dem Grund frage, antwortet er: »Der Kick, den man auf diese Weise bekommt, ist so extrem. Ich glaube nicht, dass ›normale‹ Menschen das anziehend finden können, wenn jemand beispielsweise so gefesselt ist, dass er sich wirklich nicht zur Wehr setzen kann.« »Warum gehst du davon aus, dass ›normale‹ Menschen das nicht anziehend finden können?«, möchte ich wissen. »Ich glaube, das Bedürfnis nach Kontrolle ist bei ihnen weniger stark ausgeprägt«, meint er. Ich frage, wo er den Zusammenhang zwischen Kontrollbedürfnis und Emotionsverminderung sieht. »Wenn man in den Gesichtern von Menschen lesen kann, was gerade in ihnen vorgeht, ohne darüber nachdenken zu müssen, hat man ganz andere Grundvoraussetzungen, beispielsweise bei Gesprächen. Der Kontrolldrang ist dann weniger wichtig, weil man automatisch weiß, was die Umwelt von einem möchte. Wenn ich einen hilflosen Menschen vor mir habe, kann ich meine Kontrollmechanismen kurz fallen lassen, weil ich in dieser Situation auf jeden Fall die absolute Kontrolle habe. In dieser Situation bin ich nicht darauf angewiesen herauszufinden, was andere Menschen von mir wollen. Ich kann dann in diesem Rahmen tun, was ich will, und brutal gesagt vernachlässigen, was der andere gerade will.«

»Du siehst es also als Kompensation deines Problems, dass du sonst immer stark darauf achten musst, was in anderen gerade vorgeht?«, frage ich. »Ja, das denke ich«, erwidert Alexander. »Du bestimmst in dieser Situation also, dass mit dem anderen genau das passiert, was du willst. Deshalb hast du die Kontrolle über die Situation«, fasse ich zusammen. »Wo, denkst du, liegt der Unterschied zwischen den Sadisten, die Straftaten begehen, und jenen, die dies nicht tun?« »Ich glaube, es ist ein Selbstwertding«, antwortet er. »Wenn jemand eine Frau vergewaltigen muss – und ich sage hier bewusst ›muss‹ –, hat er starke Angst vor einer Zurückweisung. Er hat in seinem Leben sicher viele Dinge erlebt, die sein Selbstwertgefühl kleingemacht haben. Deshalb geht er stark davon aus, zurückgewiesen zu werden, und greift zu dem extremen Mittel, eine Frau zu vergewaltigen oder Schlimmeres. Wenn man wie ich darauf nicht angewiesen ist, jemanden dazu zu zwingen, wozu man Lust hat, kann man sich diesen ›bösen‹ Sadismus sparen.«

Ein selbstbewusster Sadist hat es nicht nötig zu vergewaltigen

Ich liebe Halloween ... Die eine Zeit im Jahr, an der jeder eine Maske trägt, nicht nur ich. Die Leute denken, es wäre witzig vorzutäuschen, man wäre ein Monster. Ich dagegen versuche bereits mein Leben lang vorzugeben, ich wäre keins.

(aus der Serie »Dexter«)

Ich fasse zusammen: »Dein Selbstwertgefühl ist also so groß, dass du weißt, du kannst Sexualpartnerinnen finden, die freiwillig mit dir das tun, worauf du Lust hast?« »Ja«, erwidert Alexander. »Außerdem ist es aus der Sicht der Regeln, an die ich mich halte, etwas Gesellschaftsschädliches, andere zu vergewaltigen. Also würde ich es auch aus diesem Grund nicht tun. Ich habe mich auch gewundert, dass Dexter in der Serie kein Sadist ist.«

Man muss wissen, dass Alexander von der Serie »Dexter«, in der es um einen psychopathischen Serienmörder geht, der selbst für die Polizei arbeitet, begeistert ist. Erstens weil Dexters Gedankengänge oft große Ähnlichkeit mit Alexanders Art zu denken aufweisen. Zweitens weil Dexter sich an einen »Ehrenkodex« hält, den sein Stiefvater, ein Polizist, ihm beibrachte und demzufolge er nur Menschen töten darf, die dies durch ihre eigenen Taten »verdient« haben. So lebt Dexter sein Bedürfnis zu töten trotz seiner psychischen Auffälligkeiten aus eigener Sicht zum Nutzen der Gesellschaft aus. Hier sieht Alexander eine gewisse Parallele zu sich selbst: In seiner Schulzeit fiel er durch äußerst aggressives und gewalttätiges Verhalten gegenüber Mitschülern auf. Seiner Meinung nach wehrte er sich aber nur dagegen, dass sie ihn ausgrenzten und hänselten. Doch natürlich werden Kinder, die irgendwie »anders« sind, eher als andere in der Schule gehänselt. Dadurch wächst ihre Feindseligkeit gegenüber den hänselnden Mitschülern, was häufig in einen Teufelskreis mündet.

Als Alexander einen seiner Mitschüler besonders schwer verletzte, wurde ihm klar, dass er, wenn er so weitermachte, eines Tages wahrscheinlich im Gefängnis enden würde. So baute er sich ein Gerüst aus ihm vernünftig erscheinenden Regeln auf. Er erschuf gewissermaßen seine eigenen »Ethik-Richtlinien«, an die er sich seitdem hält. Als Alexander die Serie »Dexter« zum ersten Mal sah, war er erstaunt, dass die Serienfigur es mit ihrem »Ehrenkodex« vom Grundgedanken her ähnlich handhabt wie er.

In der Tat ist es aus psychologischer Sicht fast erstaunlich, dass Dexter nicht als sexueller Sadist dargestellt wird. Es würde in das sonstige Gesamtbild seiner Persönlichkeit sehr gut passen. Meine persönliche Erklärung dafür lege ich Alexander so dar: »Ich könnte mir vorstellen, das liegt unter anderem daran, dass die meisten Menschen Sadisten nicht besonders sympathisch finden. Außerdem wäre es dann für Dexter weniger interessant, männliche Mörder zu töten. Denn Sadisten, die andere aus sexuellen Motiven töten, töten immer die Menschen, die sie sexuell attraktiv finden.«

Etwas später möchte ich wissen: »Wann ist dir klar geworden, dass du sexuell sadistisch bist, und erinnerst du dich daran, wie dir das klar geworden ist?« »Das kam am Anfang der Pubertät, als ich dreizehn war«, erwidert er sofort. »Am Kiosk in unserer Nachbarschaft gab es sehr viele Pornohefte. Nur eines dieser Hefte zeigte sadomasochistische Pornografie. Die Zielstrebigkeit, mit der ich ohne zu zögern nach dem sadomasochistischen Pornoheft gegriffen habe, lässt rückblickend den Schluss zu, dass mich das sofort mehr angesprochen hat als ›normale‹ Pornos.« »Was für Sachen waren denn in dem Heft dargestellt, die dich sofort angesprochen haben?«, frage ich weiter. »Da waren unter anderem gefesselte Frauen. Das war so der Punkt, wo mir ganz klar war, dass mich das besonders anspricht.«

Da ich wissen möchte, wie genau seine Neigung ausgeprägt ist, frage ich: »Bist du mehr sadistisch, fühlst dich also stärker erregt durch Schmerzzufügung, oder stärker dominant, was mehr auf Fesseln und Erniedrigung ausgerichtet ist?« Alexanders Antwort kommt wieder schnell: »Es ist schon die Mischung aus beidem, aber ich würde sagen, ein bisschen mehr dominant als sadistisch. Dominant bin ich auf jeden Fall stark ausgeprägt, sadistisch bin ich beispielsweise, weil ich meine Partnerin beim Spiel schmerzhaft bestrafe«, wenn ich meine, dass sie jetzt bestraft werden muss. Bei mir ist Sadismus sozusagen als ›Dominanz-Zweck‹ ausgeprägt. Was ich mit meiner Sexualpartnerin tue, ist also nichts anderes als ›Konditionierung‹.« »Erregt es dich denn auch besonders, wenn du deiner Partnerin Schmerzen zufügst?«, hake ich nach, was er bestätigt. »Und sie gefesselt vor dir zu haben, erregt dich auch besonders?« »Ja, auch das«, bestätigt er. Da Alexander sich – wie viele Menschen mit BDSM-Neigung – schon früh darüber bewusst war, was ihn erregt, möchte ich wissen, ob er seine Sexualität von Anfang an mit entsprechenden BDSM-Handlungen ausgelebt hat, was er ebenfalls bejaht. Er traf schon bei seiner ersten Sexualpartnerin auf eine Person, die dem eher aufgeschlossen gegenüberstand.

Nun möchte ich herausfinden, ob er eine ähnliche oder andere Antwort auf die Frage gibt, welche ich auch schon Christian stellte: »Würde es dich abtörnen, wenn deine Sexualpartnerin, was du tust, wirklich nicht wollen würde? Also wenn du Grenzen deutlich überschreiten würdest, die sie hat?« Auch hier antwortet Alexander, ohne zu zögern: »Wenn ich das merken würde, würde es mich abtörnen.« »Hättest du die Befürchtung, es nicht mitzubekommen?«, hake ich nach. »Ja, eigentlich schon.« Ich möchte wissen, warum. »Also wenn meine Sexpartnerin deutlich macht, dass sie etwas nicht will, bekomme ich das natürlich mit. Ich habe aber immer die Sorge, Andeutungen dazu zu verpassen. Also wenn meine Partnerin deutlich sagt: ›Stopp!‹, dann ist das manchmal der Punkt, wo ich mir denke ›Oh, warte, das war jetzt nicht so gut‹.« Ich fasse zusammen: »Du bekommst also auch dabei nicht immer richtig mit, was in dem anderen vorgeht?« »Genau«, erwidert Alexander, »deshalb benutzen wir ein Safeword, das anzeigt, dass der Submissive aufhören will.«

»Du bist mit deiner Partnerin, mit der du auch BDSM machst, schon einige Jahre zusammen. Fällt es dir dadurch inzwischen leichter, ihre Reaktionen richtig einzuschätzen?«, möchte ich wissen. »Das ist immer noch schwierig«, antwortet er und fügt hinzu:

»Sie ist eine Borderlinerin, und die sind unglaublich gute Schauspieler. Ich weiß, dass es ihr Ziel ist, mich sexuell besonders gut zu befriedigen. Das macht es für mich noch schwieriger.« Wie ich auch schon im Buch »Auf dünnem Eis – Die Psychologie des Bösen« anmerkte, scheinen – zumindest mittelgradige – Psychopathen sich häufiger von Partnerinnen mit einer Borderline-Persönlichkeitsstörung angezogen zu fühlen – wenig überraschend, wenn man bedenkt, dass diese Störungen auf eine gewisse Weise »artverwandt« sind, wie ich bereits in den Ausführungen zu Persönlichkeitsstörungen erklärt habe. Borderliner und Psychopathen scheinen in Partnerschaften nach dem beschriebenen »Schlüssel-Schloss-Prinzip« zu funktionieren, ihre psychologischen Defizite greifen gewissermaßen logisch ineinander.

»Auch wenn du es an ihrer Reaktion nicht immer gut erkennen kannst«, fahre ich fort, »so müsstest du doch über die Jahre genauer erkannt haben, was ihre Grenzen sind, oder?« Alexander bejaht, fügt aber hinzu: »Trotzdem ist es schwierig für mich zu unterschieden, wo ihre eigentliche Grenze ist und bis wohin sie mitmacht, um mich zu befriedigen.« Mich interessiert nun, welche Methode er über die Jahre entwickelt hat, um damit richtig umzugehen. »Ich verlasse mich darauf, dass sie im Zweifelsfall das Safeword benutzt«, antwortet er sachlich. »Du musst aber ja auch, wie du sagtest, damit rechnen, dass sie das Safeword vielleicht viel später sagt, als es eigentlich für ihr Wohlbefinden nötig wäre«, merke ich an. »Ja, das nehme ich in Kauf«, erwidert er und fügt hinzu: »Sie muss wissen, wo ihre Grenzen sind. Ich habe Spaß daran, und solange sie sich nicht beschwert, ist das nicht mein Problem. Solange sie der Meinung ist, dass sie mit dem, was ich tue, mitgehen kann, ist es o.k.«

Ich möchte sein konkretes Vorgehen mit dieser Partnerin auf meine vorhin gestellte Frage anwenden, daher hake ich nach: »Wenn sie aber irgendwann deutlich das Safeword sagt, würde es dich dann abtörnen, wenn du noch weiter gehen würdest, auch wenn du das könntest?« Wie immer klingt seine Antwort äußerst vernunftorientiert: »Wir haben ja eine langjährige Beziehung.

Wenn ich ihre ausgesprochenen Grenzen missachten würde, hätte das sehr negative Konsequenzen für mich und unsere Beziehung. Das würde für mich deutlich schwerer wiegen, als vielleicht in dem Moment doch etwas zu erzwingen, was mir kurz Spaß machen könnte.« Da ich weiß, dass Alexander stets so rational argumentiert, weil er wenig fühlt, gehe ich auf diesen Aspekt genauer ein: »Aber das Vorhersehen negativer Konsequenzen, für sie, dich und eure Beziehung, das ist ja ein rationaler und kein gefühlsmäßiger Grund, ihre Grenzen zu beachten. Wenn du in einer Situation wärest, in der du keine negativen Konsequenzen fürchten müsstest, egal wie weit du gehst, würdest du dann über die Grenzen hinausgehen?« Seine Antwort klingt sehr authentisch und fast etwas bedauernd: »Frag mich das nicht. Ich glaube, der Unterschied zwischen den ›guten‹ und den ›bösen‹ Sadisten ist gar nicht so groß, wie wir es gerne hätten.« Ich möchte wissen, warum es unangenehm für ihn ist, darüber nachzudenken, wie weit er in so einer Situation vielleicht gehen würde. Er überlegt kurz und sagt dann: »Für mich ist es ein Eingeständnis von Schwäche, eine Frau zu vergewaltigen.« »Das zu tun, wäre also für dein Selbstwertgefühl schlecht?«, frage ich. Er zögert kurz und sagt dann: »Ja, also wenn für mich der Aspekt mit dem Selbstwertgefühl nicht wichtig wäre und ich in der Situation wirklich nur meine sadistischen Bedürfnisse ausleben wollte, dann würde wahrscheinlich nichts dagegen sprechen. So hart das klingt.« Ich fasse zusammen: »Du denkst also, der Hauptunterschied zwischen dir und einem kriminellen Sadisten ist das Selbstwertgefühl? Dass es deren Selbstwertgefühl nicht beschädigt, das zu tun?« »Natürlich!«, antwortet er.

Ich möchte die einzelnen psychologischen Bausteine seines Sadismus weiter auseinandernehmen, deshalb frage ich: »Was ist deine sadistische Grundmotivation, wenn wir mal dein Selbstwertgefühl und deine Einstellung, der Gesellschaft nicht schaden zu wollen, ausklammern?« Nach kurzer Überlegung antwortet er: »Ein Beispiel: Während des Nationalsozialismus waren ja die Nazis die absoluten Herrscher in den Konzentrationslagern. Sie konnten sich da komplett austoben, denn die Juden dort sollten ja ohnehin sterben. In so einem Lager konnten sich Sadisten vollkommen hemmungslos austoben. Ich denke, wenn man mal nur den reinen Sadismus betrachtet, dann ist eine Vergewaltigung der größere Kick.« Ich möchte wissen, warum. »Weil da die maximale Schmerzzufügung möglich ist. Also aus der rein sadistischen Motivation heraus. Ich glaube, für den Dominanzaspekt ist das wiederum eher negativ, jemanden zu zwingen.« Ich schlussfolgere: »Weil die Macht größer ist, wenn jemand einem solche Macht über sich freiwillig gibt?« »Genau, auf jeden Fall«, bestätigt Alexander.

Ich kann nachvollziehen, dass die sexuell dominante Seite von Alexander – ebenso wie bei Christian – die psychische Macht als ultimativen Kick empfindet. Dieser wird darüber ausgelebt, dass die Sexualpartnerin ihm freiwillig die Bereitschaft schenkt, für ihn an ihre persönlichen Grenzen zu gehen – also auch an ihre Schmerzgrenzen. Auf diese Art Schmerzen zuzufügen, ist für die dominante Seite der ultimative Machtkick. Würde das rein sexuell sadistische Empfinden bei Alexander oder Christian im Vordergrund stehen, so ließe sich die sexuelle Befriedigung durch Zufügen von Schmerz stärker ausleben, wenn die Handlungen in einen Bereich gingen, den die Sexualpartnerinnen nicht erleben wollen würde. Doch sowohl Alexander als auch Christian erleben diesen Bereich als »abtörnend«, die psychische Macht steht also im Vordergrund ihres Erlebens und gestaltet die Art ihres Sadismus aus.

Alexander fügt hinzu: »Ein weiterer Reiz daran könnte auch sein, dass man sich dann überhaupt nicht mehr selbst beherrschen müsste. Man könnte seine Kontrolle dann ganz aufgeben.« Sowohl Alexander als auch Christian und Patrick, den ich später noch vorstellen werde, haben in vielen Lebensbereichen ein übermäßig stark ausgeprägtes Bedürfnis, die volle Kontrolle über sich und wenn möglich auch über andere zu behalten. Beide betrinken sich nur ungern, da sie den Zustand des Betrunkenseins als unangenehmen Kontrollverlust erleben. Christian musste schon als Kind von Pflegepersonen fixiert werden, nur um eine einfache Blutabnahme vorzunehmen. Diese Prozedur hasst er bis heute, weil er das Gefühl hat, dabei die Kontrolle über seinen Körper abzugeben.

Auch Christian betont, dass er während der sadistischen Handlungen mit Sexualpartnerinnen stets sehr selbstbeherrscht ist und genau weiß, was er tut und was er beim anderen bewirkt.

Alexanders Überlegungen bezüglich des vordergründig sadistischen Motivs und des Kontrollverlusts bei nicht einvernehmlichen sadistischen Handlungen lassen mich schlussfolgern: »Dann würde die hauptsächlich sadistische Motivation gewissermaßen im Widerspruch zur hauptsächlich dominanten Motivation stehen?« »Genau«, erwidert er. »Denkst du, dass kriminelle Sadisten also deutlich stärker sadistisch als dominant sind?«, möchte ich wissen. »Vielleicht sehen sie es außerdem so, dass aufgezwungene Macht größer ist als nicht aufgezwungene Macht«, erwidert er und fügt hinzu: »Wenn man als Sadist mit Masochisten BDSM lebt, dann geben sie ihre Macht über sich ja nicht ganz auf, sondern nur in den für sie angenehmen Grenzen. Somit bekommt man als Sadist in dem Rahmen nur eingeschränkte Macht. Da kommt es dann drauf an, was der Sadist mehr will: die freiwillig geschenkte, aber eingeschränkte Macht über den Masochisten oder die erzwungene, unbegrenzte Macht über ein Opfer. Für den ›guten‹ Sadisten ist offenbar die freiwillig geschenkte Macht ein größerer Kick als die erzwungene Macht.«

Warum sollte man sein Spielzeug verschandeln oder kaputt machen?

Ich denke, eine »gute« Person zu sein, ist abhängig von den Entscheidungen, die wir treffen, nicht von den Gefühlen, die uns zu diesen Entscheidungen führten.

(von der Internetseite www.sociopathworld.com)

Ich möchte von Alexander wissen: »Was wäre mit dem vorstellbaren Extremfall, wo jemand einem Sadisten die wirklich totale

Macht freiwillig gibt, bis hin zur Einwilligung, sich töten zu lassen?« Er überlegt und meint dann: »Ich glaube, das könnte der ultimative Kick sein. Denn es wäre sowohl freiwillig geschenkte als auch wirklich völlig uneingeschränkte Macht.« »Du meinst also, so ein Angebot auszuschlagen wäre auch für einen ›guten‹ Sadisten nicht ganz so leicht?«, frage ich. »Das hängt von den Konsequenzen ab, die zu befürchten wären«, meint Alexander und fügt hinzu: »Es macht auch einen Unterschied, ob man sich nur vorstellt, was man mit dieser ultimativen Macht alles machen könnte, oder man das dann wirklich bis ins Extrem umsetzen würde.«

Mich interessiert, ob ihn der theoretische Gedanke reizen würde, eine Frau, die dies freiwillig will, töten zu können. Ohne zu zögern, antwortet er: »Nein, denn wenn sie tot ist, verliere ich ja alle Kontrolle über sie. Kontrolle kann man nur über lebende Menschen ausüben.« Ich frage: »Was wäre denn die extremste sadistische Handlung, die du dir mit jemandem vorstellen könntest, der dir freiwillig uneingeschränkte Macht über sich geben würde?« Nach kurzer Überlegung antwortet Alexander: »Ich denke, im theoretischen Extremfall würde es bei mir ab schwerer Körperverletzung aufhören. Ich glaube tatsächlich, ich würde auf jeden Fall aufhören, wenn bleibende Schäden beim Gegenüber zu befürchten wären. Für mich fangen bleibende Schäden schon da an, wo ich Narben hinterlassen würde, die die Frau ein Leben lang verunstalten würden. Wenn jemand mir freiwillig so extreme Macht über sich geben würde, möchte ich ihn nicht kaputt machen.«

Erneut möchte ich wissen: »Warum?« Alexander antwortet mit einer Gegenfrage: »Warum sollte man sein Spielzeug verschandeln? Bei allen meinen Sachen passe ich doch darauf auf, dass sie möglichst lange halten und möglichst lange gut aussehen, wenn ansehnlich zu sein auch ihre Funktion ist.« Diese Äußerung von Alexander deckt sich in faszinierender Weise mit einer Aussage von Christian, die ich einige Zeit vorher aufgezeichnet hatte. (Zu den Zeitpunkten, als ich die jeweiligen Interviews aufnahm, kannten sich die beiden nicht und wussten nichts voneinander.) Christian hatte damals über seine Sexualpartnerinnen, die er als »sein Eigentum, sein Spielzeug« bezeichnet, gesagt: »Es ist ja nicht so, als seien sie mir egal. Manche Menschen sagen, sie lieben ihr Auto oder ihr Haustier. Die investieren dann auch Zeit, Geld und Arbeit in das Auto oder Haustier, weil es ihnen was bedeutet. Ebenso versuche auch ich, mein Eigentum möglichst gut zu erhalten und es nicht ›kaputt‹ zu machen. Das ist doch vollkommen logisch. Es ist wie mit dem teuren Werkzeug, das ich mir angeschafft habe, weil ich es besitzen und natürlich auch benutzen will. Mein Werkzeug benutze ich zu meinem Vergnügen, aber ich gehe auch möglichst sorgsam damit um, weil es mir gehört und ich will, dass es mir möglichst lange in gutem Zustand erhalten bleibt.« Jemanden zu lieben, ist in der Welt von Psychopathen – wie ich auch im Buch »Auf dünnem Eis – Die Psychologie des Bösen« ausführte – gleichbedeutend damit, der Besitzer eines wertvollen Objektes zu sein. Psychopathen nehmen ihre Mitmenschen tendenziell wie Objekte wahr und vergleichen daher nicht zu Unrecht ihre »Liebe« zu bestimmten Menschen mit der »Liebe« des Autobesitzers zu seinem Auto.

Immer wieder fielen mir während der Gespräche mit meinen mittelgradig psychopathischen Interviewpartnern solche offensichtlichen Übereinstimmungen in ihren Aussagen auf. Besonders was mein Verständnis der psychischen Vorgänge solcher Menschen angeht, haben mich diese Übereinstimmungen deutlich weitergebracht. Auch Patrick, mein dritter Interviewpartner, den ich im Folgenden vorstellen werde, sprach wörtlich von dem Prinzip, »sein Spielzeug nicht kaputt machen« zu wollen.

Im Gespräch mit Alexander fasse ich zusammen: »Du würdest also den Sadismus selbst mit Einwilligung nicht bis zum Äußersten treiben, weil du dein Spielzeug nicht kaputt machen willst?« Er erwidert: »Ich denke, ›gute‹ Sadisten würden unter solchen Umständen genau da aufhören, wo sie etwas nicht mehr schön finden. Ich finde Narben nicht schön, deshalb würde ich meiner Partnerin keine zufügen. Wenn ich Narben schön finden würde, würde ich ihr, mit ihrem Einverständnis, aber welche zufügen. Wenn ich Verbrennungen schön finden würde und sie wäre damit einverstanden, würde ich ihr diese zufügen. Ich denke, ich würde es in einem solchen Fall so weit treiben, wie ich es meiner eigenen Ästhetik zumuten würde. Eine Ausnahme von dieser Regel würde ich dann machen, wenn ich wüsste, dass ich nicht alleiniger Eigentümer einer ›Sklavin‹ bin. Dann würde ich mit dem Besitz heftiger umgehen, um dem oder den anderen zu zeigen, was ich alles für Spuren hinterlassen kann.«

»Das wäre dann also für dich eine ›Markierung‹«, stelle ich fest. »Genau«, erwidert Alexander, »außerdem würde ich, wenn die Sklavin mir nicht gehören würde, damit ihrem Besitzer zeigen, dass ich mich über ihn stellen kann, wenn ich sie dauerhaft markiere. Es könnte dann aber im Gedankenexperiment krass ausgehen, wenn sich zwei Sadisten, die mit derselben Sklavin spielen, so gegenseitig in ihren Handlungen ›hochschaukeln‹.« »Dabei ginge es also um die Frage, wer die größere Macht über sie hat«, merke ich an. »Ja, das stelle ich mir übel vor«, meint Alexander. Ich möchte wissen: »Wenn du in dieser Situation wärst, was stellst du dir vor, wie weit du gehen würdest?« Nach kurzem Überlegen antwortet er: »Ich würde auf so ein Spielchen gar nicht erst einsteigen. Das würde meine dominante Ader krass verletzen, wenn ich nicht der alleinige Besitzer meiner Sklavin wäre.«

»Für dich ist es also wichtig, die absolute, alleinige Macht zu haben?«, frage ich. »Auf jeden Fall. Deshalb würde ich das nicht tun. Ich kann, wie gesagt, ›hartem‹ – also bleibende körperliche Spuren erzeugendem – Sadismus ohnehin nichts abgewinnen. Er ist meiner Meinung nach unrealistisch. Denn die Befriedigung wäre zwar kurzzeitig sehr stark, wenn die Sklavin dadurch aber mit der Zeit unästhetischer aussieht, dann wird das Spiel mit ihr weniger befriedigend als vorher. Damit würde ich mir ja in die eigene Suppe spucken.« »Diese Erklärung finde ich nachvollziehbar«, merke ich an. Er entgegnet: »Das Schlimme an den meisten meiner Gedankengänge ist: Sie sind vorhersehbar, weil sie immer rein logisch und frei von Gefühlseinflüssen sind.« Ich erwidere: »Die meisten ›normalen‹ Menschen denken aber nicht nur rein logisch, sondern lassen sich unwillkürlich von Gefühlen beeinflussen. Dadurch müssten sie es doch schwerer haben vorherzusehen, wie du denkst – da du anders denkst als sie.« »Ja, das ist schon so, bei denen, die nicht nachvollziehen können, nach welchen Regeln meine Gedankengänge ablaufen«, meint Alexander.

Patrick
– Psychopathischer, sexuell sadistischer Finanzexperte

Ich versuche nicht jeden wie eine Schachfigur zu behandeln, doch ich sehe die meisten von ihnen auf diese Weise.

(von der Internetseite www.sociopathworld.com)

Patrick führt wie auch Alexander und Christian ein nach außen hin gesellschaftlich angepasstes Leben. Wie die beiden hat er einen Beruf, mit dem er gerne renommiert: Er ist Investmentbanker und als solcher ziemlich erfolgreich. Auch andere Parallelen fielen mir auf. Patrick legt ebenfalls sehr großen Wert auf Selbstkontrolle. Er hat seine ganz persönlichen »Ethik-Richtlinien«, an die er sich hält, weil sie ihm rational vernünftig erscheinen und ihn im Zweifelsfall davor bewahren, ins Gefängnis zu kommen. Auch ist sein ultimativer sexueller Kick die Macht, welche eine Frau ihm freiwillig schenkt. Außerdem will er wie Christian und Alexander »sein Spielzeug« nicht kaputt machen, sondern »gut erhalten«. Auch von ihm hörte ich die Aussage, er wolle die Frauen, welche zumindest vorübergehend »sein Eigentum« seien, durch die von ihm ausgehende Kontrolle sogar »verbessern«. Dies wolle er sowohl zu seinem eigenen Vergnügen als auch zu ihrem Vorteil.

Dieses Prinzip, das alle drei beschreiben, entspricht dem eines Liebhabers von wertvollen Sammelobjekten. Er investiert Zeit und Engagement, um die Objekte zu finden, zu erwerben, und achtet, falls er sie benutzt, darauf, dass sie nicht dauerhaft beschädigt oder zerstört werden. Wenn seine Leidenschaft für die Objekte groß genug ist, investiert er Zeit und Geld, um sie zu verschönern und zu verbessern. Je nach Lebenslage verkauft er das eine oder andere seiner Stücke. Dabei kann der Stolz darauf, aus diesem Sammlerobjekt durch die eigenen Fähigkeiten »etwas Besseres« gemacht zu haben, im Vordergrund stehen. Christian beschrieb es so: »Natürlich wertet es mich auf, wenn der nächste dominante Partner dieser Frau über mich denkt, dass ich sie sehr gut ›erzogen‹ habe. Außerdem sehe ich mich auch als ihr Lehrer. Es freut mich, wenn sie den Rest ihres Lebens die positive Erinnerung daran hat, durch mich etwas auch für sich Nützliches gelernt zu haben.«

Nachdem ich einige ausführliche Gespräche mit Patrick geführt hatte – infolge derer er, wie Christian, teilweise von Erschöpfung und Müdigkeit sowie »weniger Entschiedenheit und Energie danach« berichtete –, bat ich ihn, sich in eigenen Worten zu beschreiben und einige meiner Fragen schriftlich zu beantworten. Im Anschluss an die Selbstbeschreibung sollte er ausführen, wie ihm klar geworden war, dass er ein sexueller Sadist ist, und welche Dinge ihn besonders erregen. Schließlich bat ich ihn, seine Meinung dazu darzustellen, was gefährliche von nicht gefährlichen sexuellen Sadisten unterscheidet.

Menschen sind anstrengend, und doch brauche ich sie

Ich stelle mir gern vor, ich wäre allein. Völlig allein. Vielleicht nach der Apokalypse. Oder nach einer Seuche. Egal. Hauptsache, es ist niemand mehr da, vor dem ich mich normal benehmen muss. Oder vor dem ich mein wahres Ich verbergen muss. Das muss dann Freiheit sein.

(aus der Serie »Dexter«)

Ich bin ein ziemlicher Workaholic, BDSMler und wohl ein bisschen narzisstisch. Ich folge meinen Interessen. Ich habe so meine Schwierigkeiten mit Regeln. Besonders mit denen, die freie Menschen einschränken, statt sie zu schützen. Menschen sind für mich anstrengend, und doch brauche ich sie. Ich will ihre dunkelsten Triebe wissen. Wissen, was sie antreibt. Ihre Bedürfnisse, ihre Ängste. Ich will, dass Menschen stark sind. Ich will, dass sie sie selbst sind. Individuell, unabhängig, nonkonform. Ich weiß, dass ich mit meinen Ansichten oft außerhalb dessen stehe, was als Konsens gilt.

Mit dreizehn Jahren sah ich die Fernsehsendung »Liebe Sünde« – eine der ersten Sendungen im deutschen Fernsehen, die regelmäßig Beiträge über sexuelle Themen zeigte. In dem Beitrag ging es um homosexuellen BDSM. Die Typen fand ich nicht anziehend – aber was die da machten, das war interessant. So wurde mir meine Neigung ziemlich schnell bewusst. Ich liebe Kontrolle. »Ageplay« – also sexuelle Rollenspiele, bei denen ich einen Erwachsenen und meine Sexualpartnerin ein Kind spielt – ist mit mein Haupt-Kick. Ich mag das Machtgefälle. Außerdem mag ich es, wenn meine Partnerin beim BDSM ständig an ihren Status erinnert wird, mir unterlegen und unter meiner Kontrolle zu sein. Dieses Machtgefälle kann ich durch unterschiedliche, ritualisierte Handlungen im Rahmen von Rollenspielen betonen. Ich statte beispielsweise ihren Körper mit »Accessoires« unter ihrer Kleidung aus, die sie jederzeit an meine Macht erinnern.

Meine sexuell sadistische Neigung wurde über die Jahre weiter und tiefer. Von einfachen Fessel- und Wachs-Spielen immer weiter in Richtung von Macht in Beziehungsverhältnissen. Gerade Machtgefälle wie im »Ageplay« finde ich toll. Es ist weniger formell als Master-Slave(Herrscher-und-Sklave)-Beziehungen und erlaubt doch sehr weitgehende Bevormundung. In meiner idealen Vorstellung habe ich so weit Kontrolle über eine Frau, dass sie sich selbst entgegen ihrer eigenen Vorlieben für mich erniedrigen würde. Dauerhafte Kontrolle über eine Frau als »Little Girl« (»mein kleines Mädchen«) oder meine persönliche Sklavin, das ist meine ultimative Fantasie.

Zu der Frage, was mich davon abhält, sexuelle Straftaten zu begehen: Ich habe kein rein körperliches Verlangen. Eine schöne Frau ist zwar körperlich anziehend, aber lange nicht reizend genug, um sie zu begehren. Unter denen, von denen ich Fantasien kenne, gibt es wiederum viele, mit denen ich sexuell kompatibel bin. Ich weiß, dass »normale« Menschen (im statistischen Sinne) durch Übergriffe traumatisiert werden. Ich will ihnen das nicht antun. Ich denke, sadistische Straftäter sind impulsiver als ich. Wenn ich von aufgeklärten Fällen höre oder lese, finde ich sie teilweise einfach schlampig. Undurchdacht. Es scheint, als wären die Täter primitive Gemüter, die weder Schaden noch weitere Folgen ihres Handelns absehen können.

Faktor X aufgelöst
– Das Persönlichkeitsprofil des gefährlichen Sadisten

Ein Blick in die Welt beweist,
dass Horror nichts anderes ist als Realität.

(Alfred Hitchcock)

Dank der Kombination unterschiedlicher psychologischer Ansätze ist es nun gelungen, ein umfangreiches Modell der unterschiedlichen Persönlichkeitsprofile gefährlicher und einvernehmlicher Sadisten zu entwickeln. Auf den ersten Blick wird dabei klar: Eine einfache Erklärung für das, was der Serienmörder Dennis Rader »Faktor X« nannte, gibt es nicht. Es ist nicht ein böser Geist oder Dämon, der die Eigenschaften eines solchen Täters beherrscht, es sind komplex miteinander verbundene und in Wechselwirkung zueinander stehende Merkmale, Eigenschaften und gedankliche Schemata, die den Antrieb des gefährlichen Sadisten bewirken. Hier stößt die persönliche Einsichtsfähigkeit des Menschen in seine psychischen Vorgänge an ihre Grenzen, und nur wissenschaftliche Untersuchungsergebnisse können wirklichen Aufschluss bringen.

Frühe Bindungserfahrungen in Kombination mit den Erbanlagen eines Menschen bilden die Grundlage für die Entwicklung seiner Persönlichkeit mit all ihren Eigenschaften. Sowohl die einvernehmlichen als auch die gefährlichen Sadisten hatten meinem

Modell zufolge ungünstige Erfahrungen mit Bindungspersonen und anderen Mitmenschen während ihrer Kindheit und Jugend. Doch die gefährlichen Sadisten hatten am Ausgangspunkt ihres Lebens gewissermaßen mehr Pech. Ihre primäre/n Bezugsperson/en, also ein oder zwei Elternteile oder andere Erwachsene, bei denen sie aufwuchsen, zeichneten sich durch ihrerseits deutliche psychische Probleme aus. Emotional schwankend, unzuverlässig und stark ambivalente Gefühle auslösend, prägten sie ein stark negatives Selbst- und Fremdbild ihrer Kinder. Die genetisch vererbte Vulnerabilität – also Schwachstelle –, die es begünstigt, bestimmte psychische Auffälligkeiten wie emotionale Instabilität und Impulsivität zu entwickeln, wirkte in dieser ungünstigen Umwelt zusätzlich ungünstig auf die späteren gefährlichen Sadisten. Sie besaßen keine eventuell schützenden Erbanlagen, die eine negative psychische Entwicklung unter diesen Bedingungen hätten abmildern oder gar aufhalten können. Auch gab es in ihrem Umfeld keine hinreichend unterstützenden Menschen wie Betreuer, Lehrer oder andere positive Bezugspersonen, welche die durch die hauptsächlichen Bezugspersonen angerichteten Schäden hätten abmildern können. Erbanlagen, ebenso wie soziale Umweltbedingungen in Form zusätzlicher unterstützender Bezugspersonen oder anderer positiver Vorbilder werden wissenschaftlich protektive – also schützende – Faktoren genannt. Offenbar wirken in den häufig auch nicht unbelasteten Entwicklungsgeschichten der einvernehmlichen Sadisten solche schützenden Faktoren und mildern die ohnehin meist leichteren ungünstigen Lebensbedingungen ab.

Abhängig von der Schwere und Dauer der ungünstigen Bindungserfahrungen entwickeln sowohl gefährliche als auch einvernehmliche Sadisten eine narzisstische Persönlichkeit. Diese Entwicklung kompensiert das ursprünglich negative Selbstkonzept, welches das Kind durch die negativen Bindungserfahrungen aufgebaut hat. Das ursprüngliche negative Selbstkonzept wird von einem übermäßig positiven Selbstkonzept verdeckt. Der narzisstische Mensch muss, um in diesem übermäßig positiven Selbstkonzept zu bleiben, immer wieder Erfolgserlebnisse haben und sich vor

Kritik und Misserfolg schützen. Den gefährlichen Sadisten gelingt es allerdings nicht, dauerhaft in ihrem positiven Selbstkonzept zu bleiben. Sie haben mehr emotional instabile Persönlichkeitsanteile als die einvernehmlichen Sadisten, sind impulsiver, reizbarer, feindseliger und weniger gewissenhaft. Diese Komponenten ihrer Persönlichkeit bewirken, dass sie ihr Leben lang immer wieder wegen ihrer Art Schwierigkeiten mit Mitmenschen haben, Jobs wechseln oder sich bei Arbeitskollegen oder Kunden unbeliebt machen oder schlicht nach einiger Zeit dringend einen Tapetenwechsel brauchen und ihre Zelte abbrechen. Weil sie kein stabiles Konzept ihrer selbst haben und immer wieder für sie kränkende Erfahrungen machen, stabilisiert sich ihre erfolglos narzisstische Persönlichkeitsstörung.

Erfolglose Narzissten neigen dazu, sich in Fantasiewelten zu flüchten, in denen sie erfolgreich und allmächtig sind. Kommt zum erfolglosen Narzissmus eine sexuell sadistische Neigung hinzu, so gleiten die Allmachtsfantasien zunehmend in diesen sexuellen Bereich ab. Ein Opfer zu foltern und vielleicht sogar zu töten ist für den erfolglos narzisstischen Sadisten der ultimative Kick, denn dieses Opfer ist nicht in der Lage, ihn zu kränken. Die Möglichkeit dazu besteht durch die von ihm ausgeübte Gewalt gar nicht. Die Fantasie wird für den erfolglos narzisstischen Sadisten zur wichtigsten Fluchtmöglichkeit aus dem für ihn häufig frustrierenden Alltag. Seine Realitätseinschätzung verschwimmt. Die sexuellen, sadistischen Fantasien werden zunehmend stärker, die Grenze zwischen Fantasien und Realität verschwimmt zunehmend. Hinzu kommt die durch die instabilen und impulsiven Eigenschaften des gefährlichen Sadisten mangelhafte Verhaltenskontrolle. Der gefährliche Sadist hat sich nicht im Griff, seine innere Bremse ist schwach, doch das Gaspedal seiner sexuellen Fantasien drückt immer stärker durch.

Da der gefährliche Sadist sowohl seine Mitmenschen als auch in seinen schlechten Phasen sich selbst eher negativ einschätzt, werden emotionale Nähe und Bindung an andere Menschen von ihm als potenziell gefährlich empfunden. Intensive Gefühle zu empfinden ist ihm unangenehm und wirkt bedrohlich, wirkliche

Verbundenheit und Intimität scheut er daher. Wenn er sich nicht verstellt, ist er kühl, reserviert und auffällig wenig herzlich. Er lässt nur Menschen auch nur ansatzweise an sich heran, die seine Beziehungs- und Vetrauenstests bestehen (ohne dass diesen Menschen das bewusst sein muss). Selbst diese Menschen sind für ihn im Zweifelsfall aber austauschbar. Gleichzeitig ist auch im gefährlichen Sadisten ein für ihn selbst nicht wirklich nachvollziehbares Bedürfnis nach Nähe und Verbundenheit zu einem anderen Menschen vorhanden.

Diese Ambivalenz zwischen einem sehr rudimentären Bindungsbedürfnis einerseits und der starken Furcht vor Bindung und echter Intimität andererseits ist der Kern seines ängstlich-vermeidenden Bindungsstils. Genau diese Ambivalenz bewirkt, dass der gefährliche Sadist auf die ihm ganz eigene Art Nähe und Sexualität ausgestaltet. Brutale Macht und Kontrolle durch Gewalt sind die einzigen Krücken, die er hat, um sich einem anderen Menschen zu nähern und dabei sowohl emotional als auch sexuell tiefe Erfüllung zu erleben. Der gefährliche Sadist kann sich nur dann innerlich wirklich fallen lassen, entspannen und genießen, wenn er dafür sorgt, dass der Mensch, den er begehrt, ihm vollkommen hilflos ausgeliefert ist.

Die Tragödie des gefährlichen Sadisten wird sehr treffend in folgendem Zitat aus dem Lied »Unstillbare Gier« des Musicals »Tanz der Vampire« zusammengefasst, wo der psychopathische Vampirgraf von Krolock singt:

Wie immer, wenn ich nach dem Leben griff,
blieb nichts in meiner Hand.
Ich möchte Flamme sein und Asche werden
und hab noch nie gebrannt.
Ich will hoch und höher steigen
und sinke immer tiefer ins Nichts.
Ich will ein Engel oder ein Teufel sein
und bin doch nichts als eine Kreatur,
die immer das will, was sie nicht kriegt.

KAPITEL 7

EINFACHER SEXVERBRECHER ODER DOCH SADISTISCHER TÄTER?

Alleine das Leiden ist schön,
und jemandem Schmerz oder Leiden zuzufügen,
ist ein künstlerischer Akt.
Nicht jeder ist dazu fähig.

(Karol Kot,
der »Vampir von Krakau«)

Sie haben inzwischen einige Einblicke in die Gedanken- und Seelenwelt einvernehmlicher BDSMler gewonnen. Daher können Sie sich ansatzweise vorstellen, welche Bedürfnisse diese ausleben, welche Einstellungen sie haben, welchen Normen und Werten sie sich – sowohl als Individuen als auch als Vertreter einer Subkultur – verbunden fühlen. BDSM und vor allem den einvernehmlichen Sadismus habe ich so ausführlich und anschaulich wie möglich geschildert, damit Sie den großen Unterschied zu krankhaftem, gefährlichem Sadismus ermessen können. Jede Form von Sadismus erscheint Menschen, die keine sexuelle BDSM-Neigung haben, nicht wirklich nachvollziehbar, ebenso wenig wie Masochismus. Diese Neigungen haben schließlich mit Erlebnisdimensionen zu tun, die den meisten Menschen sehr unangenehm sind: mit Schmerzen, Angst, Hilflosigkeit, Erniedrigung. Wenn ein Mensch etwas unwillkürlich als unangenehm wahrnimmt, kann er kaum begreifen, wie dies für einen anderen Menschen angenehm sein kann – weder in der ausführenden noch in der erlebenden Rolle. Bleibt man an dieser Stelle der eigenen Wahrnehmung stehen, so verschließt sich aber auch der Zugang zum tieferen Verständnis des kriminellen Sadismus.

Stellen Sie sich vor, sie wären ein Außerirdischer und ihre Spezies würde sich auf eine vollkommen andere Art fortpflanzen als die unsere. Nun würden Sie ein Pärchen sehen, das einvernehmlichen, wenn auch eher wilden Sex hat. Sie dürfen dabei nicht vergessen: Der Vorgang an sich ist Ihnen vollkommen fremd. Daher erscheint Ihnen dieses seltsame Gebaren nicht wirklich nachvollziehbar. Kurz darauf beobachten Sie einen Mann, der eine körperlich deutlich schwächere Frau vergewaltigt. Auch dies anzuschauen würde Ihnen seltsam vorkommen. Sie würden aber erkennen, dass diese Vorgänge rein äußerlich einige Ähnlichkeiten aufweisen. Wie sollen Sie aber ein Verständnis dafür entwickeln, was eine Vergewaltigung ist, wenn Ihnen jedes Verständnis dafür fehlt, was einvernehmlichen Sex ausmacht?

Sex und Gewalt machen noch keinen Sadisten aus

Ich tat es nicht als eine sexuelle Handlung ... sondern aus Hass ihr gegen-
über. Ich meine nicht Hass auf sie speziell, eigentlich meine ich aus Hass
gegenüber einer Frau.

(Albert DeSalvo, US-amerikanischer Serienmörder)

»Sadistische Sexbestie gefangen« wäre eine typische Schlagzeile, die Boulevardmedien als Aufhänger für reißerische Artikel über Sexualverbrechen benutzen. Die Worte »Sadist«, »Sadismus« und »sadistisch« werden hier aber falsch oder verwirrend genutzt. Das geschieht nicht nur in Zeitungen, Internet und Fernsehen. Auch unter Psychiatern und Psychologen herrscht noch heute oft Unklarheit darüber, welche Merkmale bei einem Straftäter darüber entscheiden, ob er ein sexueller Sadist ist. Spätestens ab der Gerichtsverhandlung jedoch spielt die Frage, ob jemand als sexueller Sadist eingestuft wird, eine wichtige Rolle. Einerseits kann es sich darauf auswirken, ob der Täter überhaupt als »schuldfähig« eingestuft wird: Ein Gutachter entscheidet, ob der Täter sich während seiner Tat wirklich im Griff hatte und somit voll verantwortlich für sein Verhalten ist oder nicht.

Davon wiederum hängt ab, wie lange und wo er nach seiner Verurteilung untergebracht wird. Er kann beispielsweise in den Maßregelvollzug geschickt werden. Das ist eine »Gefängnispsychiatrie«, in der Menschen behandelt werden, die Straftaten aufgrund von psychischen Störungen begangen haben. Ebenso kann ein als Sadist festgestellter Täter aber auch in eine sozialtherapeutische Einrichtung überstellt werden. Dort ist er in Gefangenschaft, kann aber eine spezielle, lang dauernde und umfassende psychologische Behandlung bekommen, obwohl er als voll schuldfähig eingestuft worden ist. Unter anderem in einer solchen Einrichtung arbeite ich seit Jahren.

Auf jeden Fall bedeutet die Diagnose »sexueller Sadismus« vor Gericht und im Gefängnis, dass der Betroffene nicht so leicht Lockerungen während des Vollzugs bekommt und es auch schwerer hat, vorzeitig entlassen zu werden. Außerdem kann im Urteil eine Sicherungsverwahrung angeordnet werden. Das bedeutet, dass der Verurteilte, auch nachdem er seine Strafe abgesessen hat, weiter eingesperrt bleibt – dabei aber mehr Freiheiten hat als ein normal Inhaftierter –, weil er »für die Allgemeinheit« weiter als gefährlich eingestuft wird. Das ist bei Tätern, die als sexuelle Sadisten angesehen werden, wahrscheinlicher. Es gibt also viele Gründe dafür, warum Verurteilte kein Interesse daran haben, dass ein Psychologe oder Psychiater sie als Sadisten einstuft.

Für Juristen und Therapeuten kann es bei Straftaten wie beschrieben sehr wichtig sein, Sadismus festzustellen oder auszuschließen. Trotzdem gibt es noch keine einheitliche Regelung dazu, wie Sadismus bei einem Straftäter festgestellt wird. Die Herangehensweisen sind ganz unterschiedlich. Selbst wissenschaftliche Einschätzungen, wie viele sadistische Sexualstraftäter es gibt, schwanken zwischen 5 % und 80 % – eine auf den ersten Blick unbegreiflich große Spannbreite. Sie lässt sich aber unter anderem damit erklären, dass manchmal schon von Merkmalen eines Tatortes – beispielsweise bei der Tat benutzten Gegenständen und Verletzungen des Opfers – darauf geschlossen wird, ob der Täter ein sexueller Sadist ist oder nicht. In sehr auffälligen Fällen funktioniert das auch gut. Ein Beispiel dafür wäre ein Täter, der sich eine regelrechte »Sex-Folterkammer« baut. Der älteste gut aufgezeichnete Fall eines solchen Serienmörders war Herman Webster Mudgett, der seinen Namen später in Dr. Henry Howard Holmes änderte. Ende des 19. Jahrhunderts baute er in Chicago ein ganzes Folterhaus auf und tötete Schätzungen zufolge zwischen dreißig und zweihundert Menschen – ein umfassendes Geständnis gab er nie ab. Wer den sehr interessanten Fall nachlesen will: Ich habe ihn in dem Buch »Aus der Dunkelkammer des Bösen« ausführlich beschrieben und psychologisch kommentiert.

Es muss aber nicht gleich eine Folterkammer sein, die einen Täter eindeutig als sexuellen Sadisten überführt. Manche Täter bringen auffällige Dinge zum Tatort mit, aus denen man ihre sexuelle Fantasie sehr gut ableiten kann. Vibratoren, zusammen mit Handschellen, Schlagwerkzeugen und Nadeln, lassen zum Beispiel darauf schließen, dass sich ein Täter auf die für ihn sexuell erregende Folterung des Opfers vorbereitet hat. Es gibt aber auch weniger eindeutige Fälle, in denen ein Täter drastische Gewalt anwendet, ohne dass man daraus seine Beweggründe direkt ableiten kann. So werden beispielsweise manche Vergewaltiger und sogar Sexualmörder von großer Wut und Hass angetrieben. Sie können ihre Opfer grauenvoll zurichten, sie sehr schwer körperlich verletzen und erniedrigen, ohne dass es sie sexuell besonders erregt. Genau diese Täter werden aber vor Gericht oder in Haft manchmal als sexuell sadistisch eingestuft, obwohl für sie die Erniedrigung und das Leiden ihrer Opfer kein sexueller Kick ist.

Was unterscheidet sexuell sadistische Straftäter also von brutalen Sexualstraftätern, die keine Sadisten sind? Wie die Formulierung »sexueller Sadismus« schon sagt, erregt es sexuelle Sadisten, wenn andere Menschen Schmerzen empfinden und/oder erniedrigt werden. Für Psychologen oder Psychiater ist es manchmal schwierig zu ermitteln, ob ein Straftäter tatsächlich ein sexueller Sadist ist. Das liegt daran, dass ein Täter über seine Gefühle und Bedürfnisse bei der Tat sehr offen sprechen müsste, wozu aber nur die wenigsten bereit sind. Ganz sicher ist sexueller Sadismus im Spiel, wenn ein Täter selbst davon berichtet, durch die Gewalt und Erniedrigung während seiner Tat einen besonderen sexuellen Kick empfunden zu haben. Das bedeutet, dass er eben nicht »nur« Hass, Wut, Frust oder Ähnliches bei der Tat ausgelebt hat. Es gibt Täter, die diese sexuelle Erregung durch Gewalt einräumen – beispielsweise weil sie früher oder später einsehen, dass sie dieses Bedürfnis in den Griff bekommen müssen, wenn sie jemals wieder ein Leben in Freiheit führen wollen. Dann haben sie einen Grund, offen mit einem Psychologen oder Psychiater zu reden, damit sie eine Therapie bekommen können, die ihnen hilft. Es gibt auch Täter wie den als »Rhein-Ruhr-Ripper« bekannt gewordenen Frank Gust, dessen Serienmorde so extrem und offensichtlich sexuell motiviert sind, dass Abstreiten ohnehin keinen Sinn machen würde. Auch sie sind oft bereit, mehr oder weniger offen über ihre sexuellen Fantasien zu sprechen.

Genau hier liegt also das Problem der im forensischen Bereich arbeitenden Gutachter und Behandler: Sie müssen oft mit Tätern arbeiten, die nur teilweise oder gar nicht erklären, inwiefern ihre Taten von sexuellen Fantasien bestimmt waren. Deshalb richten sich viele Psychologen und Psychiater, die in diesem Bereich arbeiten, nach Listen von Merkmalen, mithilfe derer festgelegt wird, ob ein Straftäter ein sexueller Sadist ist. In den letzten Jahrzehnten wurden einige unterschiedliche, teilweise aneinander angelehnte Merkmalslisten zu diesem Zweck entwickelt. Damit Sie sich vorstellen können, mithilfe welcher – teilweise sehr verschiedener – Kriterien forensische Gutachter und Straftätertherapeuten die Frage »Ist der Straftäter ein Sadist oder nicht?« zu beantworten versuchen, stelle ich nun einige der wichtigsten Instrumente unserer Arbeit in diesem Bereich vor.

Sadist oder nicht Sadist – das ist hier die Frage!

Du denkst wahrscheinlich, dass du vergewaltigt werden wirst, und du hast verdammt Recht damit. Du wirst gründlich und wiederholt vergewaltigt werden, in jedes Loch, das du hast. Denn du wurdest hauptsächlich entführt und hierhergebracht, um von uns als Sexsklavin ausgebildet und benutzt zu werden.

(aus einem Tonband des Serienvergewaltigers und Serienmörders David Parker Ray)

Wahrscheinlich erscheint Ihnen dieser kurze Ausschnitt der Fantasie, die ein Serienmörder Realität werden ließ, gruselig und wahnsinnig. Die Tonbänder von David Parker Ray, mit denen er seine

Opfer direkt nach ihrer Entführung seelisch folterte, sind sehr aufschlussreich, um die Fantasien und Bedürfnisse solcher Täter verstehen zu lernen. Leider findet man bei vielen sexuell motivierten Verbrechen keine so eindeutigen und umfangreichen Zeugnisse des Seelenlebens der Täter. Dann beginnt die Frage nach dem »Warum« der Tat. Wie Sie inzwischen wissen, müssen auch grausame Sexualverbrechen nicht sadistisch motiviert sein. Um solche durchaus auch gewalttätigen, aber eben nicht sexuell sadistisch motivierten Taten von den wirklich sadistischen Taten und Tätern zu unterscheiden, werden verschiedene wissenschaftliche »Schablonen« angelegt.

Der Klassiker: Die Merkmalsliste von Knight und Prentky

Ich hatte ein unaussprechliches Vergnügen daran, Frauen zu strangulieren. Dabei habe ich Erektionen und echte, sexuelle Lust erlebt. Das Gefühl der Lust, während ich sie strangulierte, war viel größer als das, welches ich erlebte, während ich masturbierte. Es war nicht nötig, dass ich die Genitalien angefasst oder angeschaut hätte. Es befriedigte mich, die Frauen am Nacken zu packen und ihr Blut zu saugen.

(Vincenzo Verzeni, italienischer Serienmörder)

Die Merkmalsliste zum »forensisch diagnostizierten Sadismus« der US-amerikanischen Psychologen Raymond Knight und Robert Prentky aus dem Jahr 1990 kann bis heute als der Klassiker in diesem Bereich betrachtet werden:

Forensisch diagnostizierter Sadismus (Knight & Prentky, 1990)	
Kriterien A (eines der folgenden Merkmale reicht für die Diagnose aus)	Kriterien B (zwei der folgenden Merkmale müssen für die Diagnose gegeben sein)
Auffällig starke Vorstellungen und Fantasien, die sowohl sexuell als auch aggressiv gefärbt sind. *Beispiele: »Innere Drehbücher«, deren wichtige Bestandteile Schmerzzufügung oder Verängstigung des Opfers sind.* Vorsicht: Hat der Täter Vergewaltigungsfantasien, bei denen nichts auf die direkte Absicht, dem Opfer gezielte Schmerzen zuzufügen, schließen lässt, so liegt dieses Kriterium nicht vor!	Der Täter übt Gewalt gegen die erogenen Zonen des Opfers aus.
Angst oder Schmerzen des Opfers erleichtern oder steigern die sexuelle Erregung des Täters.	Dem Opfer werden Verbrennungen durch den Täter zugefügt.
Der Täter zeigt in seinen normalen Beziehungen und/oder während der Straftat/en »symbolische sadistische Handlungen«. *Beispiel: Ausführung oder auch nur Androhungen von sadistischer Schmerzzufügung oder Tötung.*	Nachdem das Opfer bewusstlos gemacht worden ist, führt der Täter sexuellen Verkehr mit ihm durch.
Während der Straftat/en wird »ritualisierte Gewalt« ausgeübt, die eine Umsetzung der »inneren Drehbücher« des Täters zu sein scheint. *Beispiel: (Fast) alle Opfer sind Prostituierte, die mit ihrer eigenen Unterwäsche und sogar unter Nutzung des immer gleichen Knotens stranguliert werden. Dies war der Modus Operandi des österreichischen Serienmörders Jack Unterweger.*	Der Täter hat Gegenstände in Vagina oder Anus des Opfers eingeführt, um ihm hierdurch Schmerzen zuzufügen.

Forensisch diagnostizierter Sadismus (Knight & Prentky, 1990)	
Nach der Tötung führt der Täter noch sexuellen Verkehr mit dem Opfer durch.	Um das Opfer zu erniedrigen, benutzt der Täter Urin oder Fäkalien.
Die erogenen Zonen des getöteten Opfers werden vom Täter verstümmelt.	

Ein Straftäter wird demzufolge als Sadist eingestuft, wenn er beispielsweise von Fantasien berichtet, die gleichzeitig aggressiv und sexuell sind. Dies ist die denkbar einfachste Möglichkeit, um herauszufinden, ob er ein sexueller Sadist ist. Wahrheitsgemäße Selbstauskünfte in diesem Bereich sind natürlich wünschenswert, werden aber in vielen Fällen nicht gegeben. Ein sexuell sadistischer Täter könnte sich beispielsweise an der Vorstellung erregen, ein Opfer zu entführen, zu fesseln und unter Schlägen zu vergewaltigen. Auch wenn ein Täter einräumt, dass er stärker sexuell erregt ist, wenn sein Opfer sich fürchtet, erniedrigt fühlt oder Schmerzen hat, stuft der Psychologe oder Psychiater ihn als sexuellen Sadisten ein. Wenn man die vorrangig sexuelle Motivation eines solchen sadistischen Täters versteht, wird nachvollziehbar, dass ihn die Folterung und/oder Verstümmelung von mit Sexualität verknüpften Körperbereichen, zum Beispiel der Brüste oder der Vagina, bei seiner Tat besonders reizen kann.

Da das Hauptziel eines solches Täters die Erfüllung seines persönlichen sexuellen Traums ist, wird auch nachvollziehbar, dass seine Taten bei genauer Betrachtung einem persönlichen Drehbuch zu folgen scheinen. Ein Beispiel für einen Serienmörder, der von seinem »inneren Drehbuch« getrieben war, ist der als BTK-Killer bekannt gewordene US-Amerikaner Dennis Rader. Das Kürzel »BTK« gab er sich in Briefen, die er an die Polizei und Medien schickte, selbst; es stand für »Bind, Torture, Kill« (»Fesseln, Foltern, Töten«). Dies war eine treffende Beschreibung für sein ritualisiertes – also immer gleiches und für ihn eindeutig sexuell erregendes – Vorgehen. Soweit sind die Merkmale, anhand derer ein sexueller Sadismus bei Straftätern festgestellt wird, sehr nachvollziehbar.

Sex mit Leichen – nicht zwangsläufig sadistisch

Weißt du, was Ed Gein über Frauen sagte? ›Wenn ich ein hübsches Mädchen die Straße entlanggehen sehe, denke ich an zwei Dinge. Ein Teil von mir möchte sie ausführen, mit ihr reden, wirklich nett und lieb zu ihr sein und sie anständig behandeln.‹ ›Was denkt der andere Teil von ihm?‹, fragt Hamlin zaghaft. ›Wie ihr Kopf auf einem Spieß aussehen würde.‹

(aus dem Film »American Psycho«, nach dem Roman von Bret Easton Ellis; Ed Gein war ein US-amerikanischer Mörder, Grab- und Leichenschänder)

Einige Merkmale in der Auflistung von Knight und Prentky weisen meiner Meinung nach nicht zwangsläufig auf einen sexuellen Sadismus hin. Zum Beispiel wird der Täter als Sadist eingestuft, wenn er sexuellen Verkehr mit dem getöteten Opfer hat. Für solche Verhaltensweisen kann es aber auch andere Erklärungen geben.

So gibt es laut einer 2009 entwickelten Einteilung des indischen Rechtsmedizinprofessors Anil Aggrawal Nekrophile – also Menschen, die Sex mit Leichen besonders erregend finden –, die Menschen, vergleichbar mit Drogensüchtigen, als »Beschaffungskriminalität« töten, also nicht, weil sie die Tötung an sich sexuell erregt, sondern einfach, weil sie an einem »frischen«, toten Menschenkörper unbedingt sexuelle Handlungen durchführen wollen. Von einem solchen Nekrophilen handelt der deutschen Spielfilm »Lieben« von Rouven Blankenfeld aus dem Jahr 2006. Darin tötet der einsame Boris immer wieder junge Frauen, nur um sich anschließend an ihren Leichen zu vergehen.

Klassifikation der Nekrophilie (Anil Aggrawal, 2009)	
Klasse & Benennungsversuch	Hauptmerkmale
I Rollenspieler	Werden erregt durch Sex mit lebenden Menschen, die so tun, als seien sie tot.
II Romantische Nekrophile	Sind Hinterbliebene, die einen Körperteil einer geliebten, verstorbenen Person aufbewahren, um sich hierdurch psychosexuell zu stimulieren. Sie sind nicht an Körpern oder Körperteilen anderer Verstorbener interessiert.
III Nekrophile Fantasierer	Haben Fantasien, in denen sie sexuelle Handlungen mit Verstorbenen durchführen. Manche von ihnen besuchen Beerdigungen oder Bestattungsinstitute. Manche führen Selbstbefriedigung in Gegenwart von Leichen durch.
IV Taktile Nekrophile	Sehnen sich danach, Leichen zu berühren, ihre erogenen Körperteile zu streicheln, bis sie bei der gleichzeitig durchgeführten Selbstbefriedigung zum Orgasmus kommen.
V Fetischistische Nekrophile	Schneiden Teile des Körpers eines Verstorbenen ab, machen diese haltbar, um sie zu behalten und für die Befriedigung ihrer nekrophilen Fantasien zu nutzen. Im Gegensatz zur Klasse II bestand vorher keinerlei Beziehung zwischen ihnen und den Verstorbenen.
VI Nekro-verstümmelungs-wahnsinnige	Befriedigen ihre sexuelle Erregung durch die Verstümmelung von Leichen.

Klassifikation der Nekrophilie (Anil Aggrawal, 2009)	
VII Opportunistische Nekrophile	Erst ab dieser Klasse manifestieren sich unmittelbar sexuelle Handlungen mit Leichen. Diesen Nekrophilen würde Sexualität mit Lebenden eigentlich zur sexuellen Befriedigung ausreichen, doch sie nutzen eine günstige Gelegenheit, um mit einer Leiche Geschlechtsverkehr durchzuführen.
VIII Gewöhnliche Nekrophile	Die »Klassiker« unter den Nekrophilen. Sie bevorzugen Sex mit Leichen, können jedoch auch Sex mit Lebenden haben.
IX Mörderische Nekrophile	Diese sehr gefährliche Sorte Nekrophiler tötet, um sich frische Leichen für die Befriedigung ihrer sexuellen Zielfantasien zu beschaffen. Obwohl sie zu Sex mit Lebenden fähig sind, ist ihr Drang nach Sex mit Toten sehr stark. Das Töten dient hier nicht der Lustbefriedigung, sondern ist nur Mittel zum Zweck. Geschlechtsverkehr mit möglichst frischen Leichen ist der starke, sexuelle Kick dieser Menschen.
X Exklusive Nekrophile	Diese Nekrophilen können nur mit Leichen Geschlechtsverkehr durchführen und dadurch sexuelle Befriedigung erleben.

Welche Gründe die Nekrophile, die nicht sadistisch sind, zu ihren Handlungen antreiben, fanden die US-amerikanischen Psychiater Dr. Jonathan Rosman und Dr. Phillip Resnick zumindest teilweise heraus. Sie befragten 1989 nekrophile Menschen und entdeckten dabei, dass viele von ihnen ein schlechtes Selbstwertgefühl haben. Deshalb haben sie Angst davor, ein lebender Partner könnte sie zurückweisen. Einige von ihnen haben das auch schon erlebt. Daraus entwickeln sie den Wunsch, einen Sexualpartner zu haben, der sie nicht ablehnen und ihnen nicht weh tun kann. Dafür »eignet« sich eine Leiche sehr gut. Manche von ihnen wollen sich auch einfach nicht mehr einsam fühlen, oder sie bilden sich ein, dass sie wenigstens in einem Bereich ihres Lebens Macht ausleben können, wenn auch nur »über eine Leiche«.

Ein Nekrophiler, der aus dem Wunsch heraus tötet, an einer »frischen« Leiche sexuelle Handlungen vorzunehmen, ohne die Tötung selbst erregend zu finden, ist in seinem Beweggrund für die Tat also kein sexueller Sadist. Trotzdem würde er aber laut der Merkmalsliste von Knight und Prentky als solcher eingestuft werden. Es gibt zweifellos aber auch Menschen, für die sowohl die Verletzung und Tötung des Opfers an sich als auch die Leiche anschließend erregend ist. Diese Menschen sind gefährliche nekrophile Sadisten. Ein solcher Täter, der sowohl durch die Schmerzzufügung und Tötung als auch durch den toten Körper seines Opfers anscheinend besonders sexuell erregt wurde, ist Ted Bundy. Er tötete eine unbekannte Anzahl junger Frauen grausam und vordergründig motiviert durch seine Sucht nach der ultimativen sexuellen Lustbefriedigung. Offenbar erregte ihn sowohl, seine Opfer in Todesangst zu versetzen und sie zu erniedrigen, als auch ihnen Schmerzen zuzufügen und sich noch nach dem Tod an ihren Leichen zu vergehen.

Noch schwieriger wird es, wenn man mit einigen der B-Kriterien von Knight und Prentky arbeiten will, von denen mindestens zwei bei einem Täter vorliegen müssen. Wenn ein Täter das Opfer mit Urin und/oder Kot beschmutzt hat, ist das ein gut nachvollziehbares Merkmal für möglichen sexuellen Sadismus. Dies dient offenbar der Erniedrigung, vor allem, wenn zusätzlich ein zweites auf Sadismus deutendes Merkmal vorliegt. Als Zeichen für möglichen sexuellen Sadismus lässt sich ebenso werten, wenn der Täter gewalttätig gegen sexuelle Körperbereiche des Opfers wie Brust und Vagina war oder ihm Verbrennungen zugefügt hat. Dies sind Formen der Gewalt, in denen die Folter als solche einen Selbstzweck zu erfüllen scheint. Für den krankhaften, sexuellen Sadisten koppelt sie seine sexuellen Gefühle mit den Schmerzreaktionen des Opfers.

Schwieriger einzuschätzen ist da schon das Merkmal, wenn der Täter Gegenstände schmerzhaft in die Vagina oder den Anus eingeführt hat. Manche Täter benutzen nämlich beispielsweise Bleistifte, Vibratoren oder ähnliche Gegenstände, die sie dem Opfer als »Ersatz« für ihr eigenes Glied einführen. Ein Grund könnte die Unsicherheit des Täters sein – wenn er beispielsweise sexuell noch völlig unerfahren ist. Beim sexuellen Kindesmissbrauch nutzen Täter manchmal Gegenstände, weil sie sich nicht trauen, ihren Penis in das Opfer einzuführen. In solchen Fällen, wo der Täter keinen sexuellen Kick aus dem Schmerz des Opfers zieht, sondern sich eher ungeschickt anstellt, wäre eines von zwei Merkmalen erfüllt, die für die Feststellung von Sadismus notwendig sind. Möglicherweise verfolgt das Einführen von Gegenständen – ob nun beim lebenden oder toten Opfer – auch einen bestimmten, aber eben nicht sexuell sadistischen Zweck. Folgendes reale Beispiel habe ich mit Kollegen diskutiert: Ein Täter, der einen schweren emotionalen Konflikt mit seiner Mutter hatte, wählte als Opfer eine alte Frau, die er zunächst tötete, ehe er Eier in die Vagina einführte und diese dann in ihrem Leib zertrat. Nach Knight und Prentky wäre er hierdurch als sexueller Sadist einzuordnen. Doch die Betrachtung des konkreten Falles führte zu der Einschätzung, der Täter habe seinen Hass auf sich selbst und die Mutter an diesem Opfer stellvertretend und auf symbolische Art ausgelassen, ohne hiervon sexuell sadistisch erregt worden zu sein.

Ebenso uneindeutig ist das Merkmal, der Täter hätte mit einem bewusstlosen Opfer sexuellen Verkehr gehabt. Auch hier kann es sein, dass der Täter – ähnlich wie viele Nekrophile – sehr unsicher und ängstlich ist und seine sexuellen Bedürfnisse daher ausschließlich oder zumindest leichter an einem bewusstlosen Opfer befriedigen kann. Dies könnte beispielsweise bei einer missglückten Vergewaltigung der Fall sein, wenn das Opfer sich mehr wehrt, als der Täter erwartet hatte, und er es daher bewusstlos würgt. Solche Vergewaltigungen können auch in einem Sexualmord enden, ohne dass der Täter einen besonderen sexuellen Kick durch die Erniedrigung oder das Quälen seines Opfers empfindet. Auch solch ein Täter wäre also kein sexueller Sadist, würde nach Knight und Prentky aber zumindest schon in dessen Nähe rücken.

Neuere Ansätze: Skalen zum sexuellen Sadismus

Es war ein Drang, ein starker Drang, und je mehr ich ihm nachgab, umso stärker wurde er.

(Edmund Kemper, US-amerikanischer Serienmörder)

Die US-amerikanischen Psychologen William L. Marshall und Stephen J. Hucker entwickelten 2006 eine Skala, mithilfe derer im forensischen Kontext sadistische Sexualstraftäter erkannt werden sollen. Sie nannten diese Liste, in der relevante Merkmale der Tat und des Täters zusammengefasst werden, die »Skala Sexueller Sadismus« (»Sexual Sadism Scale«). Da Täter häufig keine wahrheitsgetreuen Auskünfte bezüglich ihrer sexuellen Fantasien und Bedürfnisse geben, orientiert sich diese Liste am Verhalten des Täters und dem genauen Ablauf der Tat. Die Skala besteht aus siebzehn Merkmalen, von denen die ersten fünf als besonders aussagekräftig in Bezug auf die Frage: »Sexueller Sadismus – ja oder nein?« bewertet werden. Dieser Logik folgend, sehen Marshall und Hucker Merkmale sechs bis zehn als aussagekräftiger an als Merkmale elf bis fünfzehn. Die letzten beiden Merkmale gelten als am wenigstens aussagekräftig. Das bedeutet: Je mehr Merkmale dieser Skala insgesamt – und der relevantesten Merkmale insbesondere – bei einem konkreten Straftäter durch einen Experten als »zutreffend« eingestuft werden, desto sicherer kann man in diesem Fall von sexuellem Sadismus im forensischen Sinne ausgehen.

Der deutsche Psychiater Joachim Nitschke nahm diese Skala als Grundlage für weitere Forschung. Er führte zusammen mit Kollegen eine Studie durch, mithilfe derer die ursprüngliche Skala bewertet und gegebenenfalls angepasst werden sollte. Resultat war die erstmals 2009 veröffentlichte »Skala Schwerer Sexueller Sadismus« (im Original »Severe Sexual Sadism Scale«), kurz »SSSS«. Diese besteht aus – anstatt der ursprünglich siebzehn – elf Merkmalen, die sich durch die Forschung der Gruppe um Nitschke als besonders relevant erwiesen hatten. Eines dieser Merkmale – das vierte – kam in der ursprünglichen Skala wiederum nicht vor.

Parallel hierzu – allerdings unabhängig von der Entwicklung der SSSS – entwickelte die Forschergruppe um den österreichischen Psychologen Frank Schilling das »Aktenbasierte Screening-Instrument Sadismus assoziierter Merkmale«, kurz »ASISAM«, welches 2010 veröffentlicht wurde. Sie kürzte nicht nur Merkmale aus dem ursprünglichen SSS heraus, sondern fasste auch einige der alten in neu formulierten Merkmalen zusammen. Außerdem ist diese Merkmalsliste im Gegensatz zu den beiden anderen nicht darauf ausgelegt, nur mit »ja« oder »nein« beantwortet zu werden. Stattdessen soll jedes Merkmal mithilfe einer dreistufigen Skala beurteilt werden. Null Punkte bedeutet demzufolge: Das Merkmal ist nicht vorhanden. Ein Punkt wird vergeben, wenn es Hinweise auf das Vorliegen des Merkmals gibt. Ist es eindeutig vorhanden, so werden zwei Punkte vergeben. Schilling legt Wert darauf, mit Sadismus in Verbindung stehende Merkmale von der klinischen Diagnose des Sadismus zu trennen. Die klinische Diagnose setzt schließlich voraus, dass der Betroffene entsprechende sexuelle Fantasien und Bedürfnisse hat, was festzustellen im Idealfall eine ehrliche Selbstauskunft des Betroffenen erfordert.

Ob Sexuelle Sadismus Skala, SSSS oder ASISAM – solche aktuellen Forschungsergebnisse zeigen, dass das Thema »Sadismus« besonders im forensischen Kontext noch hochaktuell und lange nicht abschließend erforscht und verstanden ist. Da die drei erwähnten Skalen zu den aktuellsten Entwicklungen in diesem Bereich gehören, möchte ich sie kurz darstellen.

Sexuelle Sadismus Skala Marshall & Hucker, 2006	SSSS Nitschke et al., 2009	ASISAM Schilling et al., 2010
Der Täter ...	Der Täter ...	Der Untersuchte ...
1. wird durch sadistische Handlungen erregt	1. behält Trophäen vom Opfer (= SSS 11)	1. gibt in Niederschriften, Vernehmungsprotokollen oder im Zuge von Vorgutachten an, dass er durch Akte des Quälens, Demütigens oder durch das Wahrnehmen von Angst oder Schmerzen eines Menschen sexuell erregt wird (= SSS 1; hierzu werden auch SSS 6 & SSS 15 gezählt, die sich auf Handlungen mit einvernehmlichen Partnern beziehen)
2. übt Macht und/oder Kontrolle und/oder Dominanz über das Opfer aus	2. verstümmelt das Opfer, aber nicht an den Genitalien (= SSS 14)	2. plant das Delikt detailliert (= SSS 13; hierzu wird ggf. auch SSS 12 gezählt)
3. demütigt oder erniedrigt das Opfer	**3. verstümmelt die Genitalien des Opfers** (= SSS 5)	3. entführt ein Tatopfer und/oder sperrt es ein (= SSS 16)
4. quält das Opfer oder übt Grausamkeiten aus	4. *führt Objekte in Körperöffnungen des Opfers ein (neues Merkmal)*	4. übt einem Tatopfer gegenüber Macht/Kontrolle/Dominanz aus (= SSS 2; hierzu wird SSS 10 gezählt, wenn diese Handlung/en eine Form der Macht- und Kontrollausübung darstell/en)

Sexuelle Sadismus Skala Marshall & Hucker, 2006	SSSS Nitschke et al., 2009	ASISAM Schilling et al., 2010
5. verstümmelt sexuelle Körperteile des Opfers	5. entführt das Opfer und/oder sperrt es ein (= SSS 16)	5. versucht ein Tatopfer zu demütigen (= SSS 3)
6. hat beim einvernehmlichen Sex den Partner gewürgt	6. hinterlässt Hinweise darauf, dass die Tat für ihn einen rituellen Charakter hatte (= SSS 17)	6. setzt ritualisierte Handlungen während des Delikts (SSS = 17; hierzu werden auch SSS 5 & SSS 14 gezählt, wenn dies beim toten Opfer erfolgt; außerdem werden hierzu ggf. auch SSS 11 und SSS 12 gezählt)
7. hat unnötige Gewalt ausgeübt	**7. quält das Opfer** (= SSS 4)	7. verletzt ein Tatopfer erheblich (= Zusammenfassung SSS 7 & SSS 9)
8. war früher grausam zu Menschen und/oder Tieren	**8. wird durch den sadistischen Akt erregt** (= SSS 1 mit kleiner Abwandlung: hier konkret auf die Tat/en bezogen)	8. foltert und/oder quält ein Tatopfer (= Zusammenfassung SSS 5 & SSS 14, wenn dies beim lebenden Opfer erfolgt; außerdem wird hierzu auch SSS 10 gerechnet, wenn diese Handlung/en den Zweck haben, das Opfer zu quälen oder zu foltern)
9. hat das Opfer unnötig verwundet	**9. erniedrigt das Opfer** (= SSS 3)	9. zeigte bereits in der Vergangenheit grausame Handlungen und/oder Folterungen gegenüber Menschen und/oder Tieren (= SSS 8)

Sexuelle Sadismus Skala Marshall & Hucker, 2006	SSSS Nitschke et al., 2009	ASISAM Schilling et al., 2010
10. versucht und/oder schafft es, das Opfer zu strangulieren, zu würgen oder ihm auf andere Art die Luftzufuhr zu drosseln	**10. übt Macht und/oder Kontrolle und/oder Dominanz über das Opfer aus** (= SSS 2)	
11. behält Trophäen vom Opfer (z. B. Haare, Unterwäsche, Personalausweis)	11. hat unnötige Gewalt ausgeübt (= SSS 7)	
12. fertigt Aufzeichnungen über seine Tat/en an		
13. bereitet die Tat/en sorgfältig vor		
14. verstümmelt das Opfer an nicht sexuellen Körperteilen		
15. hat beim einvernehmlichen Sex Fesselspiele gemacht		
16. entführt das Opfer und/oder sperrt es ein		
17. hinterlässt Hinweise darauf, dass die Tat für ihn einen rituellen Charakter hatte		

(Zur Erklärung: Die fünf fett gedruckten Merkmale in der zweiten Skala sind jene Merkmale, die von den Machern der Ursprungsskala als besonders aussagekräftig angesehen wurden.)

Die Forschergruppe um Schilling fand drei übergeordnete Hauptkomponenten, denen sich die einzelnen Merkmale des ASISAM zuordnen lassen. So wie sich die Begriffe Hammer, Rose,

Zange, Schraubenzieher, Tulpe und Nelke den übergeordneten Kategorien »Werkzeuge« und »Blumen« zuordnen lassen, so gehören die einzelnen Merkmale des ASISAM einem der folgenden übergeordneten Bereiche an:

1. Physisches Verletzen und Foltern

2. Ritualisierungen und Demütigungen

3. Planen und Ausüben von Macht

Das erste Merkmal des ASISAM, das ganz konkret die typische sexuell sadistische Erregung »durch Akte des Quälens, Demütigens oder durch das Wahrnehmen von Angst oder Schmerzen eines Menschen« aus der Aktenlage abfragt, konnte sowohl dem Bereich 1 (»Physisches Verletzen und Foltern«) als auch dem Bereich 2 (»Ritualisierungen und Demütigungen«) zugeordnet werden. Alle anderen Merkmale lassen sich eindeutig einem der drei Bereiche zuordnen.

Zum Bereich »Physisches Verletzen und Foltern« gehören die Merkmale:

- Der Untersuchte verletzte ein Tatopfer erheblich. (ASISAM 7)
- Der Untersuchte folterte und/oder quälte ein Tatopfer. (ASISAM 8)
- Der Untersuchte zeigte bereits in der Vergangenheit grausame Handlungen und/oder Folterungen gegenüber Menschen und/oder Tieren. (ASISAM 9)

Zum Bereich »Ritualisierungen und Demütigungen« gehören die Merkmale:

- Der Untersuchte setzte ritualisierte Handlungen während des Delikts. (ASISAM 6)
- Der Untersuchte versuchte das Tatopfer zu demütigen. (ASISAM 5)

Zum dritten Bereich »Planen und Ausüben von Macht« gehören die Merkmale:

– Der Untersuchte plante das Delikt detailliert. (ASISAM 2)
– Der Untersuchte entführte das Tatopfer und/oder sperrte es ein. (ASISAM 3)
– Der Untersuchte übte einem Tatopfer gegenüber Macht/Kontrolle/Dominanz aus. (ASISAM 4)

Interessanterweise konnte die Forschergruppe um Schilling statistische Zusammenhänge zwischen den drei übergeordneten Bereichen des ASISAM und einigen der Cluster-B-Persönlichkeitsstörungen nachweisen. Wie ich bereits an anderer Stelle in diesem Buch thematisierte, weisen einige Forschungsergebnisse der letzten Jahrzehnte auf Zusammenhänge zwischen den Cluster-B-Persönlichkeitsstörungen und sexuellem Sadismus hin – vor allem jenem, der uneinvernehmliche sadistische Handlungen beinhaltet. Schilling und seine Kollegen konnten folgende Zusammenhänge nachweisen:

1. ASISAM-Faktor »Physisches Verletzen und Foltern«
Zusammenhang mit Cluster-B-Persönlichkeitsstörungen
+++ Sehr starker Zusammenhang mit der »Antisozialen Persönlichkeitsstörung«
+ Schwacher Zusammenhang mit der »Borderline-Persönlichkeitsstörung«
– Kein Zusammenhang mit der »Narzisstischen Persönlichkeitsstörung«
– Kein Zusammenhang mit der »Histrionischen Persönlichkeitsstörung«
Zusammenhang mit Psychopathie-Checkliste (PCL–R nach Hare)
+++ Sehr starker Zusammenhang mit dem Psychopathie-Gesamtwert
+++ Sehr starker Zusammenhang mit dem »Antisozialen Bereich« der Dimension II
+++ Sehr starker Zusammenhang mit dem »Lebensgestaltungsbereich« der Dimension II

++ Starker Zusammenhang
mit dem »Gefühlsmäßigen Bereich« der Dimension I
+ Schwacher Zusammenhang
mit dem »Zwischenmenschlichen Bereich« der Dimension I

Der ASISAM-Faktor »Ritualisierungen und Demütigungen« zeigte mit keiner der Cluster-B-Persönlichkeitsstörungen und auch mit keinem der Psychopathie-Bereiche statistisch nachweisbare Zusammenhänge. Auch beim ASISAM-Faktor »Planen und Machtausüben« gab es keine nachweisbaren Zusammenhänge mit den Cluster-B-Persönlichkeitsstörungen. Dieser Faktor zeigte aber einen starken statistischen Zusammenhang mit dem »Gefühlsmäßigen Bereich« der Dimension I.

Die vielfältigen Zusammenhänge mit dem Oberbereich »Physisches Verletzen und Foltern«, welche ich in der letzten Tabelle dargestellt habe, lassen inhaltlich folgende Schlussfolgerungen zu:

Jene Täter, die ihr/e Tatopfer erheblich verletzten, folterten, quälten und auch schon früher wegen Grausamkeiten gegenüber Menschen und/oder Tieren aufgefallen sind, haben häufig eine antisoziale Persönlichkeitsstörung und einen auffällig erhöhten Psychopathie-Gesamtwert. Sie weisen etwas häufiger als andere Straftäter, die weniger gewalttätig vorgehen, auch eine Borderline-Persönlichkeitsstörung auf. Sie sind allerdings weder häufiger narzisstisch noch histrionisch als weniger folternde Täter. Das bedeutet, vor allem antisoziale – seltener auch borderlinige – Persönlichkeitsanteile scheinen ein besonders grausames Täterverhalten zu begünstigen. Nicht verwunderlich, wenn man bedenkt, dass vor allem stark antisoziale Menschen durch einen enormen Mangel an Mitgefühl und Schuldgefühl einerseits, aber auch durch Reizbarkeit und Aggressivität auffallen. Täter mit einer Borderline-Persönlichkeitsstruktur können außerdem dann besonders grausam werden, wenn sie ihren Selbsthass und ihre große Wut gegen ein Opfer richten.

Schaut man sich das genaue Psychopathieprofil der typischen Folterer unter den Straftätern an, so haben sie häufig stark ausgeprägt psychopathische Persönlichkeitszüge im »Antisozialen Bereich« und im »Lebensgestaltungsbereich« der Psychopathie-Checkliste nach Robert Hare (vgl. Kapitel 2). Hierbei handelt es sich also um genau die beiden Psychopathie-Bereiche, welche vor allem auf einer Mischung aus der antisozialen und der Borderline-Persönlichkeitsstörung basieren. Genau diese beiden Psychopathie-Bereiche bilden den Kern der bereits erwähnten »sekundären Psychopathen«, also »Psychopathen zweiten Ranges«. Ein etwas weniger starker, jedoch immer noch deutlicher Zusammenhang lässt sich zwischen dem Oberbereich »Physisches Verletzen und Foltern« des ASISAM und dem »gefühlsmäßigen Bereich« der Psychopathie-Checkliste feststellen. Auch dies macht inhaltlich Sinn, da ein Mangel an Gefühlen das Fehlen von Mitgefühl, Schuldgefühl und Angst bedingt, aber auch das Bedürfnis mitverursachen kann, durch ein Erlebnis wie die Folterung eines Menschen überhaupt etwas Intensives zu erleben. Nur ein schwacher Zusammenhang fand sich zwischen dem Ausüben starker Grausamkeiten bei der Tat und dem »zwischenmenschlichen Bereich« der Psychopathie-Checkliste. Dies macht Sinn, da gerade dieser Bereich stark mit der narzisstischen und der histrionischen Persönlichkeitsstörung zusammenhängt. Diese beiden Persönlichkeitsstörungen scheinen für sich allein stehend nicht zu begünstigen, dass ein Täter sich seinem Opfer gegenüber besonders grausam verhält, bis hin zur Folter.

Interessanterweise erweist sich das typische Psychopathie-Profil eines folternden, sadistischen Straftäters als das Spiegelbild des Profils meiner mittelgradig psychopathischen, nicht kriminellen Interviewpartner. Deren Psychopathiewerte sind vor allem im »antisozialen Bereich«, jedoch auch im »Lebensgestaltungsbereich« der Psychopathie-Checkliste, vergleichsweise niedrig. Vor allem die Verhaltenskontrolle, ein wichtiges Merkmal des »antisozialen Bereichs«, ist bei meinen nicht kriminellen Interviewpartnern tendenziell eher überdurchschnittlich stark ausgeprägt. Meine mittelgradig psychopathischen, nicht kriminellen Interviewpartner zeigen besonders hohe Werte im »gefühlsmäßigen« sowie im

»zwischenmenschlichen Bereich« der Psychopathie-Checkliste. Dies sind eben die beiden Bereiche, die primäre Psychopathen ausmachen und offenbar nicht mit besonders grausamen, sadistischen Handlungen im Rahmen von Straftaten zusammenhängen. Interessanterweise besteht zwischen diesen für Psychopathen ersten Ranges ausschlaggebenden Bereichen und dem ASISAM-Faktor »Planen und Ausüben von Macht« ebenfalls ein deutlicher Zusammenhang. Auch dieses Ergebnis erscheint schlüssig, da die Abwesenheit starker Gefühle, gepaart mit gezielt manipulativem Verhalten, ein besonders planvolles Vorgehen – in welchem Lebensbereich auch immer – begünstigt.

Sadismus – Ja, aber wie stark?

Ich machte mein Fantasieleben mächtiger als mein wirkliches Leben.

(Jeffrey Dahmer, US-amerikanischer Serienmörder)

Im forensischen Bereich muss man nicht nur einschätzen können, ob ein Straftäter sexuell sadistisch ist, sondern auch, wie stark dieser Sadismus ausgeprägt ist. Auch diese Frage lässt sich nicht einfach intuitiv beantworten. Stellen Sie sich vor, jemand würde Sie fragen, wie heterosexuell Sie sind – mithilfe welcher Kriterien würden Sie das beantworten? Eine bis heute verwendete Liste mit Kriterien zur Feststellung der »Schwere einer sexuellen Präferenzstörung« wurde 1972 durch den deutschen Psychiater und Sexualforscher Eberhard Schorsch ausgearbeitet. Diese Liste gibt Aufschluss darüber, welche Rolle die sexuellen Bedürfnisse des Betroffenen in seinem alltäglichen Fühlen, Denken und Handeln spielen. Wie bei allen psychologischen Eigenschaften ist der Übergang von einer vorhandenen, aber harmlosen sexuellen Neigung zu einem unkontrollierten, zwanghaften sexuellen Drang fließend. Eberhard Schorsch fasste sieben Merkmale zusammen, anhand derer er einschätzte, wie stark eine ungewöhnliche sexuelle Neigung zu einem bestimmten Zeitpunkt bei einem Menschen ausgeprägt ist:

Progredienz (»Fortschreiten«) nach Eberhard Schorsch
1. Der Betroffene empfindet in bestimmten Abständen ein auffallend »dranghaft gesteigertes sexuelles Verlangen mit innerer Unruhe«.
2. Der Betroffene hat stark ausgeprägte sexuelle Fantasien.
3. Die entsprechenden sexuellen Bedürfnisse und Fantasien werden mit der Zeit immer stärker.
4. Die Abstände, in denen der Betroffene seine sexuellen Bedürfnisse und Fantasien wahrnimmt, werden immer kürzer.
5. Den sexuellen Handlungen gehen »signalhafte Auslöser« voraus, z.B. sieht der Betroffene einen Menschen, den er sexuell attraktiv findet, und geht dann, sobald es geht nach Hause, um diesen Menschen in seine sexuelle Fantasie einzubauen und zu masturbieren.
6. Sexualität lebt der Betroffene zu großen Teilen mit sich selbst, durch Masturbation, aus.
7. Der Betroffene wünscht sich, behandelt zu werden, weil er seine Sexualität als belastend empfindet.

Die Beschreibung macht deutlich, dass Menschen, die viele dieser Merkmale erfüllen, eine geradezu zwanghafte Sexualität aufweisen. Sexualität ist in ihrem Alltag nichts Spielerisches, das sich in passenden Momenten gut anfühlt. Stattdessen drängen sich die Bedürfnisse im Alltag auf und bestimmen das Verhalten des Betroffenen, ähnlich wie bei Drogensüchtigen, die ständig den nächsten Konsum im Kopf haben.

KAPITEL 8

DIE SADISMUS-FORMEL:
AUF DER SUCHE NACH DEM »FAKTOR X«

*Beim Morden geht es nicht um Begierde und es geht nicht um Gewalt.
Es geht um Besitz. Wenn du den letzten Lebenshauch aus dieser Frau
herauskommen fühlst, in ihre Augen siehst.
An diesem Punkt bist du Gott.*

(Ted Bundy)

Bereits in meiner 2009 fertiggestellten Diplomarbeit habe ich ein kurzes Modell entwickelt und in tabellarischer Form dargestellt, anhand dessen der von Peter Fiedler erstmals eingeführte »periculäre«, also gefährliche Sadismus anhand erweiterter Merkmale vom »inklinierenden«, also einvernehmlichen Sadismus unterschieden werden kann. Ich war immer der Meinung, dass ein tiefes Verständnis des periculären Sadismus nicht ohne ein ebenso tiefes Verständnis des inklinierenden Sadismus möglich ist. Wie die von mir genannten Beispiele zeigen, fällt es Psychologen und Psychiatern, die mit möglicherweise sadistischen Straftätern arbeiten, manchmal nicht leicht zu entscheiden, ob der Täter sein Verbrechen wirklich aus einer sexuell sadistischen Motivation heraus begangen hat oder nicht.

Dementsprechend ist es auch für die Behandelnden mitunter nicht leicht, für Täter eine wirklich angemessene Therapie auszuarbeiten. Wenn ein Täter fälschlich als sexueller Sadist eingestuft wird und die Therapie dementsprechend ausgerichtet wird, kann er eine falsche Behandlung erhalten – das könnte aber auch passieren, wenn sein sexueller Sadismus übersehen wird. Vor Gericht wird es oft schwierig, wenn Täter bei Sexualdelikten aussagen, die Tat sei nur eine »schiefgelaufene BDSM-Session« gewesen. In beiden Fällen kann es hilfreich sein, nicht gefährliche Sadisten, wie sie in der Regel in der BDSM-Szene zu finden sind, von kriminellen, gefährlichen sexuellen Sadisten genau abgrenzen zu können. Tatsächlich unterscheiden sich diese beiden Sadisten-Gruppen in vielen entscheidenden Persönlichkeitsmerkmalen komplett voneinander.

Leider ist die eben vorgestellte, von den US-amerikanischen Psychologen Knight und Prentky entwickelte Merkmalsliste, anhand derer bis heute viele forensische Psychologen und Psychiater Sadismus bei Straftätern feststellen, nicht immer gut anwendbar und eindeutig. Außerdem wird in dieser Merkmalsliste kein klarer Unterschied gemacht, ob ein krimineller Sadist in grausamen Straftaten seine Fantasien umsetzt oder ob ein Sadist in einvernehmlichem Rahmen BDSM betreibt. Letzterer begeht keine sexuellen

Straftaten und berücksichtigt die Interessen seines Partners. Dass kriminelle und einvernehmlich handelnde Sadisten fälschlicherweise teilweise bis heute in eine Schublade gesteckt werden, können Menschen, die BDSM einvernehmlich praktizieren, nicht nachvollziehen. Denn jemand, der sich mit BDSM auskennt, kann auf den ersten Blick entscheidende Unterschiede zwischen diesen »Sadismustypen« erkennen:

Der kriminelle Sadist quält vollkommen rücksichtslos und mit dem Ziel, dauerhaften schweren Schaden an Körper und Seele zuzufügen. Der einvernehmlich handelnde Sadist lebt im Gegensatz dazu seine Bedürfnisse innerhalb des Rahmens aus, der vorher mit seinem freiwilligen Gegenpart besprochen wurde. Vor allem will er dabei keinen ernsthaften Schaden an Körper oder Seele seines BDSM-Partners anrichten. Das stimmt auch mit der Beobachtung überein, dass sexuell sadistisch motivierte Straftäter bis auf sehr seltene Ausnahmefälle nie auch nur versucht haben, eine Anbindung an die BDSM-Szene zu finden. Es gibt allerdings – zum Glück eher selten – Fälle wie den des im nächsten Kapitel thematisierten Serienvergewaltigers und Mörders David Parker Ray, in denen Täter aussagen, sie hätten sich eigentlich einvernehmlich sadomasochistisch verhalten und die Opfer würden lügen, wenn sie das Gegenteil behaupten. Einige behaupten auch, eine einvernehmliche BDSM-Session sei mit tödlichen Folgen »aus dem Ruder gelaufen«. Ab und an erscheinen Meldungen solcher Vorfälle in den Medien – die allerdings sehr selten sind, wenn man die hohe Anzahl der Menschen berücksichtigt, die BDSM als festen Bestandteil ihrer Sexualität praktizieren.

Unfall oder Absicht?
– Erotisches Spiel mit tödlichem Ausgang

… und Hochmut ist's, wodurch die Engel fielen,
woran der Höllengeist den Menschen fasst.

(»Die Jungfrau von Orléans«, Prolog – Friedrich Schiller)

2011 erregte der tödliche Ausgang eines BDSM-Spiels mediale Aufmerksamkeit, in dem »Shibari« praktiziert wurde. Dies ist eine japanische Fesselungstechnik, die dem im Rahmen von BDSM praktizierten »Bondage«, also der erotischen Fesselung, zugerechnet wird. Der tödliche Sexunfall ereignete sich in Rom. Ein eigentlich mit BDSM erfahrener und szeneangebundener, 42-jähriger Ingenieur ging eines Abends mit seiner 24-jährigen Partnerin und ihrer ein Jahr jüngeren Freundin feiern. Der Alkoholpegel stieg während der Tour durch die Bars der italienischen Hauptstadt, und die Gruppe rauchte auch Marihuana. Schließlich hatten alle drei Lust, gemeinsam ein erotisches Spiel auszuprobieren. In einer geschlossenen Tiefgarage fesselte der Mann die beiden Frauen in der Art des japanischen »Shibari« aneinander. Seine Partnerin war mit Bondage und BDSM erfahren, ihre Freundin allerdings nicht.

Dass der Ingenieur eine sich äußerst riskant entwickelnde BDSM-Session alkoholisiert und bekifft durchführte und die beiden Frauen im selben Zustand ein solches »Spiel« eingehen ließ, ist etwas, das unter vielen BDSMlern als absolutes No-Go gilt. Die sichere Durchführung von BDSM ist selbst in »nur« stark alkoholisiertem Zustand nicht gewährleistet, vom Drogeneinfluss ganz zu schweigen. Der dominante Part hat die volle Verantwortung und Kontrolle in solchen »Spielen«, die er naturgemäß nicht ausüben kann, wenn er durch Substanzen enthemmt und beeinflusst ist. Außerdem können stark alkoholisierte Personen in der passiven Rolle, vor allem wenn sie noch eher unerfahren sind, ihre eigenen Grenzen nicht mehr richtig wahrnehmen und sich mit Safewords schützen. Dies kann von

Partnern wie dem in Kapitel 2 vorgestellten Richard ausgenutzt werden, um die eigenen Fantasien möglichst ohne Gegenwehr ausleben zu können. Bei dem tödlich endenden BDSM-Spiel in Rom handelte der dominante Mann, welcher die erotische Fesselung der beiden Frauen durchführte, jedenfalls äußerst fahrlässig. Er konnte weder den körperlichen Zustand seiner Partnerinnen noch seinen eigenen richtig einschätzen.

Er fesselte die Frauen – mit deren Einwilligung und aktiver Unterstützung – so aneinander, dass beide aufrecht stehen mussten, damit sie genug Luft bekamen. Jede von ihnen hatte nur einen Fuß am Boden, sodass die Balance und die Luftzufuhr beider davon abhing, sich möglichst nicht zu bewegen – eine offensichtlich gefährliche und selbst im Kontext von BDSM außergewöhnliche Fesselung. Dann begann er, beide leicht zu schlagen und mit ihnen abwechselnd Geschlechtsverkehr durchzuführen. Bald geschah, was geschehen musste: Die unerfahrenere der beiden Frauen bekam ein Kreislaufproblem und sank zusammen, wodurch die Partnerin des Mannes erstickt wurde. Tragischerweise hatte dieser nicht einmal ein Messer zur Hand, sodass es ihm nicht gelang, die Seile rechtzeitig zu lösen. Obwohl er selbst den Notarzt rief, kam für seine Partnerin jede Hilfe zu spät.

Da die überlebende, aber schwer verletzte Frau noch im Krankenhaus befragt wurde und die Aussagen des Ingenieurs mit ihrer eigenen Aussage voll stützte, wurde dieser wegen fahrlässiger Tötung und nicht wegen Mordes angeklagt und schließlich auch verurteilt. Wären beide Frauen bei diesem äußerst fragwürdigen »Unfall« ums Leben gekommen, so hätte sich der Sachverhalt gegebenenfalls noch fragwürdiger darstellen können. Schließlich wäre es ebenso denkbar gewesen, dass der betreffende Ingenieur eine lang gehegte sexuelle Tötungsfantasie umsetzen wollte. Davon ist in diesem Fall bei der Betrachtung aller Fakten und Beteiligten nicht auszugehen. Dennoch ist für forensische Gutachter wie Juristen in solchen Fällen ein tieferes Wissen über BDSM notwendig, um eine möglichst realistische Beurteilung des Sachverhalts vornehmen zu können.

Damit ein Gutachter im Einzelfall eindeutiger erkennen kann, ob ein gefährlicher Sadist bewusst einen Menschen tötete, um seine Lust zu steigern – und dies als »BDSM-Unfall« zu tarnen versucht –, sollte er sich zunächst den Unterschied zwischen gefährlichen und ungefährlichen Sadisten klarmachen. Peter Fiedler von der Universität Heidelberg war der erste Forscher, der die Meinung vertrat, dass es zwei unterschiedliche »Sadismustypen« gibt. Diese Unterscheidung erklärt er ausführlich in seinem Buch »Sexuelle Orientierung und sexuelle Abweichung« (2004). Er sieht den »einvernehmlichen sexuellen Sadismus« nicht als psychische Störung an, sondern nur den »gefährlichen Sadismus«. Damit grenzte er als Erster unmissverständlich die einvernehmlichen Sadisten der BDSM-Szene von den kriminellen Sadisten ab, die sexuelle Straftaten begehen. Um diese Abgrenzung klarer zu machen, beschreibt Fiedler einvernehmliche Sadisten ganz anders als die gefährlichen:

Der ungefährliche Sadist lebt seine sexuellen Bedürfnisse ausschließlich mit Partnern aus, die dies wollen. Er leidet nicht unter seiner sexuellen Neigung und fühlt sich durch sie auch nicht beeinträchtigt. Bei BDSM-Sessions achtet er darauf, die körperliche Gesundheit seines Partners nicht zu gefährden. Fiedler beschreibt also genau das, was BDSMler als »safe, sane, consensual«, also »sicher, vernunftorientiert und einvernehmlich« kennen. Das bedeutet nichts anderes, als ohne ernste Gesundheitsrisiken, mit gesundem Menschenverstand und in gegenseitigem Einvernehmen BDSM zu leben. Den auf diese Art gelebten Sadismus nennt Fiedler eine »harmlose sexuell-sadistische Vorliebe«.

Völlig anders beschreibt Fiedler kriminelle Sadisten, die er als deutlich psychisch gestört ansieht. Ihm zufolge können gefährliche Sadisten ihr Bedürfnis, ein Opfer zu erniedrigen und zu quälen, nur schwer unterdrücken. Dieses Bedürfnis treibt sie immer mehr an. Schließlich verlieren sie jede Vernunft, jede Rücksicht gegenüber anderen und Kontrolle über sich selbst, wenn sie ihre sexuelle Fantasie ausleben. Deshalb ist ihnen das Wohl ihres Opfers vollkommen gleichgültig. Das Opfer ist für sie nur ein Mittel zur ultimativen Lustbefriedigung.

Sadismus-Modell Teil 1

Wann dieses Monster in mein Gehirn eindrang, werde ich niemals wissen, doch es wird bleiben. Wie kann jemand sich selbst heilen? Ich kann es nicht aufhalten, das Monster macht weiter und verletzt mich ebenso wie die Gesellschaft.

(Dennis Rader, der »BTK – Bind, Torture, Kill«-Serienmörder)

Als ich 2009 für meine Diplomarbeit über Sadomasochismus viele Gespräche mit BDSMlern unter anderem über die »Sadismustypen« von Fiedler führte und die Literatur über kriminelle Sadisten wälzte, entdeckte ich noch mehr klare Unterschiede. Deshalb habe ich in meiner Diplomarbeit Fiedlers Merkmale erweitert, um die Abgrenzung zwischen den Sadismustypen noch eindeutiger zu gestalten.

Meinem Modell zufolge unterscheiden sich kriminelle von nicht kriminellen Sadisten im Bezug darauf,

… ob und wenn ja, wie sie ihr Verhalten steuern können.

… ob sie eindeutig zwischen Fantasie und deren wirklicher Umsetzung unterscheiden können.

… welche Bedürfnisse sie beim Ausleben ihres Sadismus antreiben.

… wie sie mit gefühlsmäßiger Nähe zu anderen Menschen umgehen.

Während der einvernehmliche Sadist sein Verhalten während einer Session vernünftig steuern kann und will, handelt der gefährliche Sadist zunehmend zwanghaft. Das bedeutet, er kann immer weniger vernünftig über seine sexuellen Bedürfnisse nachdenken und sie nicht angemessen steuern oder unterdrücken.

Für den gefährlichen Sadisten verschwimmt die Grenze zwischen sexueller Fantasie und Wirklichkeit immer mehr, dem einvernehmlichen Sadisten ist diese Grenze dagegen vollkommen bewusst. Ihm ist klar, dass sein Verhalten für ihn und seinen Sexualpartner Folgen hat. Der einvernehmliche Sadist ist sich der Tragweite dieser Folgen bewusst und kann sich daher vernünftig verhalten, ohne bleibenden unerwünschten Schaden bei seinem Gegenüber anzurichten. Hier besteht nur eine Gefahr, wenn der dominante Part – wie bei dem erwähnten tödlichen Bondage-Unfall in Rom – seine Erfahrung und seine Fähigkeit überschätzt, die Situation sicher im Griff zu haben. Eine solche Selbstüberschätzung hat aber nichts mit sexuellem Sadismus zu tun, sie kann auch bei bestimmten Sportarten gefährliche bis tödliche Folgen haben.

Besonders auffällig ist auch, dass gefährliche Sadisten, anders als einvernehmliche Sadisten, oft rohe Gewalt sexuell besonders erregend finden. Um sich sexuell zu erregen und zu befriedigen, benutzen sie gewalttätige Filme, Bilder oder Texte aller Art. Das können beispielsweise Kriegsfilme oder Foltervideos von Menschen oder Tieren sein, in denen nichts erkennbar Sexuelles zu sehen ist. Ted Bundy sagte über den damals noch nicht überführten »Green River Killer«: »So wie jeder andere auch mit einer Obsession, sei es Fischen, Bowlen oder Skifahren, hat er Möglichkeiten, diese indirekt auszuleben. Vielleicht geht er in Peepshows und liest Krimis. Ich denke, eine Methode, die er anwendet, um davonzukommen, ist wahrscheinlich die, in sogenannte Slasher-Filme zu gehen.«

Einvernehmliche Sadisten hingegen finden solches Gewaltmaterial meistens überhaupt nicht sexuell erregend. Sie erregt es, Macht über einen Partner zu spüren, der sich während einer BDSM-Session freiwillig hingibt. Zwar finden es einige einvernehmliche Sadisten auch erregend, den Session-Partner an seine persönlichen Grenzen zu bringen, doch in Wirklichkeit wollen sie ihrem Gegenüber keinen dauerhaften schwer körperlichen oder gefühlsmäßigen Schaden zufügen. Weil ihnen der Unterschied zwischen Fantasie und Wirklichkeit stets bewusst ist, würde es ihnen den Spaß an einer Session nehmen, wenn ihr Partner dauerhaft unter den Folgen leiden würde.

Mein Interviewpartner Christian beschrieb es so: »Ich lese die Mimik und Körpersprache meiner BDSM-Partnerinnen. Da ist ein ganz anderer Ausdruck, wenn sie zwar schreien, es aber dennoch eigentlich genießen, oder wenn es ihnen wirklich zu viel wird. Stelle ich an ihren Reaktionen fest, dass ich diese Grenze überschritten habe, reagiere ich darauf und mildere meine Handlungen ab. Denn es erregt mich nicht, wenn meine Partnerin so reagiert, dass ich sehe: Es geht ihr nicht gut damit. Das ist auch so bei Videos oder Bildern, die ich mir beispielsweise im Internet anschaue. Darstellungen, auf denen realistisch dargestellt wird, dass eine Frau bei einer Vergewaltigung leidet, erregen mich nicht. Mich erregen nur Darstellungen und Handlungen, bei denen die Frauen trotz Schmerz und Erniedrigung durch ihre Körpersprache oder die Gesamtszene erkennbar eigentlich dadurch erregt werden, was mit ihnen passiert.«

Meistens können und wollen einvernehmliche Sadisten es genießen, wenn sie während einer Session Nähe und Verbundenheit mit ihrem Gegenüber spüren. Schließlich ist eine grundlegende Vertrauensbasis und Sympathie zwischen den »Spielpartnern« für die allermeisten BDSMler die Voraussetzung für gemeinsame Sessions. Auch hier ist der gefährliche Sadist vollkommen anders als der einvernehmliche. Er ersetzt jede zwischenmenschliche Nähe, Verbundenheit und Sympathie dadurch, dass er seine Macht- und Zerstörungsfantasien rücksichtslos und gegen den Willen seines Opfers durchsetzt. Gefährliche Sadisten spüren meist keine echte Verbundenheit oder Nähe zu anderen Menschen und sehen diese nur als Spielzeug, das sie zum Spaß zerstören können und wollen. Der FBI-Profiler Robert Ressler beschrieb das Ziel gefährlicher Sadisten treffend mit den Worten: »They want to do something *to* somebody, not *with* somebody.« (»Sie wollen jemandem etwas *antun*, anstatt es *mit* ihm zu tun.«)

Kurz gesagt liegt die größte Befriedigung des gefährlichen Sadisten darin, dass er ein Opfer völlig gegen dessen Willen unterwerfen, quälen und manchmal sogar töten kann. Dagegen würde es den einvernehmlichen Sadisten abtörnen, wenn er bei seinem Gegenüber in der Wirklichkeit echten Schaden anrichten würde.

Gefährlicher Sadist oder einvernehmlicher BDSMler? Das tödliche Spiel mit der Bratpfanne

Wenn ich sie tötete, konnten sie mich nicht als Mann ablehnen. Es ging mehr oder weniger darum, eine Puppe aus einem menschlichen Wesen zu erschaffen … und meine Fantasien mit einer Puppe auszuleben, einer lebenden menschlichen Puppe.

(Edmund Emil Kemper – US-amerikanischer Serienmörder)

Im Juli 2008 tötete der 39-jährige promovierte Naturwissenschaftler Michael F. die 20-jährige Speditionskauffrau Anja P. Beide hatten sich zwei Monate zuvor in einem Internetforum kennengelernt, wo Michael Fotomodelle für Bilder in Ruinen und auf Friedhöfen anwarb. Seine Vorliebe für düstere Fotomotive wurde von Journalisten, die über den Fall berichteten, teils reißerisch ausgeschlachtet. So wurde der Fall beispielsweise bei »Spiegel Online« als »Mord in der Gothic-Szene« und »Mord bei Sado-Maso-Sex« betitelt, obwohl die Tat und die psychischen Auffälligkeiten des Täters in keinem Zusammenhang mit der Gothic- oder BDSM-Szene standen. Dieser Fall war ein typisches Beispiel dafür, wie durch die Presseberichterstattung Zusammenhänge hergestellt werden, die bei näherem Hinsehen völlig unsinnig sind. Hätten der Täter und das Opfer sich beispielsweise in einem Forum für Kochrezepte kennengelernt, so wäre die Tat – bei der eine Bratpfanne eine wichtige Rolle spielte – sicherlich nicht als »Mord in der Küchen-Szene« durch die Presse gegangen. Ursache für eine solche Berichterstattung sind Vorurteile und Fehlinformationen, die durch derartige Presseberichte nur weiter verstärkt werden und den Ruf der Gothic- wie auch der BDSM-Szene schädigen.

Wenn man sich den genannten Fall genauer ansieht, so erfüllt der Täter eine ganze Reihe der Merkmale, die meiner Meinung nach gefährliche Sadisten von einvernehmlichen Sadisten unterscheiden.

Michael F. war kein Mitglied der BDSM-Szene. Seine Verhaltensweisen vor und während der Tat lassen darauf schließen, dass er nicht mit den ethischen oder praktischen Regeln von Vernunft und Sicherheit in der BDSM-Szene vertraut war. Andererseits behauptete er, mit Anja P. sei eine einvernehmliche BDSM-Session vereinbart gewesen, in deren Verlauf sie durch einen »Unfall« ums Leben gekommen sei. Vor der Tat hatten beide übers Internet ihre sexuellen Fantasien ausgetauscht. Ihn erregte die Vorstellung, die junge Frau solle sich ihm unterwerfen, sie fand die Fantasie ansprechend, seine »Sub«, also im BDSM-Kontext seine Untergebene, zu sein. Beide verbanden auch sexuelle Fantasien von Vergewaltigungsspielen und Tötungsszenarien.

Anja P. fand es erregend, »Vergewaltigungsrollenspiele« zu spielen, beim Sex gefesselt und gewürgt zu werden. Allerdings sagten ihre früheren Sexualpartner aus, sie habe Schmerzen nicht erregend gefunden. Dies bedeutet, dass sie keine Masochistin war, sondern eine submissive Person, die ein deutliches Machtgefälle innerhalb eines erotischen Rollenspiels als luststeigernd empfindet. Ebenso führten ihre früheren Sexualpartner an, Anja habe es zur Luststeigerung schon ausgereicht, nur andeutungsweise gewürgt zu werden. Ihr Kick war in erster Linie wohl die Fantasie des Rollenspiels, nicht die möglichst drastische, realitätsnahe Umsetzung. Auch Michael F. hatte ausgeprägte sexuelle Fantasien. Im Zuge der Ermittlungen kam zutage, dass er offenbar große Mengen an Pornografie zur häufigen Masturbation genutzt hatte. Darunter waren auffällig viele gestellte Darstellungen von Frauen, die beim Sex getötet werden und mit deren Leiche der Täter anschließend Sex hat.

Wie ich in Kapitel 10 noch ausführlicher darstellen werde, sind solche Fantasien nicht grundsätzlich gefährlich. Das können sie jedoch werden, wenn der Betroffene einen zunehmend zwanghaften, unkontrollierten Sadismus entwickelt, wie ihn die Merkmalsliste von Eberhard Schorsch beschreibt. Genau diese gefährliche Entwicklung scheint sich im Fall von Michael F. abgespielt zu haben. Er hatte seine sadistischen Fantasien nie in vernünftigem Rahmen auszuleben gelernt und sich stattdessen immer weiter in die Welt seiner extremen sexuellen Masturbationsfantasien hineingesteigert. Die sehr attraktive, junge und im Bereich BDSM ebenfalls eher unerfahrene Anja schien die perfekte Projektionsfläche für ihn zu sein. Offenbar verschwamm für ihn zunehmend die Grenze zwischen Fantasie und Wirklichkeit.

Sie kannten sich noch keine zwei Monate, da schenkte Michael Anja einen Ring, der ihre Stellung als seine »Sub«, also seine »Sklavin«, symbolisch darstellen sollte. Dieser Ring ist in seiner Idee an den berühmten sadomasochistischen Roman »Die Geschichte der O« angelehnt und dient eigentlich als Erkennungsmerkmal zwischen BDSMlern. Michael kaufte einen solchen Ring für Anja und versteckte ihn für sie. Durch Anweisungen von ihm instruiert, fand sie die Überraschung und trug den Ring für ihn vor der Webcam. Offenbar war Michael bereits von diesem Anblick überwältigt, denn Anja kommentierte im laufenden Chatgespräch dieses Abends: »Guck nicht so psycho«, worauf er erwiderte, er *sei* »psycho«. Die Chatgespräche drehten sich häufig um düstere Fantasien, die beide gemeinsam entwickelten. Dabei war für Anja offenbar stets klar, dass es sich eben um Fantasien handelte, während Michael dies zunehmend nicht richtig einschätzen konnte. Anja spielte in der Kommunikation mit der Vorstellung, Michael könnte sie »wirklich« töten. Er nahm diese Gedankenspiele offenbar zu ernst, denn wie Anjas Exfreunde aussagten, stand für sie das Rollenspiel, die symbolische Andeutung der Inszenierung, im Vordergrund.

Drei Wochen nach der Ring-Überraschung trafen sich die beiden zum ersten Mal im »wirklichen« Leben. Sie waren zu einem düsteren Fotoshooting verabredet, an dem auch andere Fotografen und Models teilnahmen. Beide begannen überraschend schnell damit zu schmusen und sehr vertraut miteinander umzugehen. Anja zeigte auch eine zwischen dominantem und submissivem Part übliche Verhaltensweise: Sie kniete sich vor Michael und schmiegte sich an ihn. Nach dem Fotoshooting gingen die beiden wie verabredet in eine nahe gelegene Ferienwohnung. Dort begannen sie damit, sich zum ersten Mal real sexuell zu betätigen. Sie zogen sich aus und stimulierten sich, wollten das geplante sexuelle Vergewaltigungsrollenspiel jedoch erst am nächsten Morgen durchführen. In der Pfanne, die in diesem Fall noch wichtig werden sollte, bereitete Michael das gemeinsame Abendessen zu. Er hatte seine Fantasie für das bevorstehende Rollenspiel offenbar genau ausgearbeitet, denn Anja trug in dieser Nacht ein von ihm eigens für den Anlass gekauftes Nachthemd.

Der nächste Morgen sollte mit dem vereinbarten Vergewaltigungsrollenspiel beginnen. Wie Michael auf die Idee kam, die am Abend noch benutzte Pfanne zu nehmen und der schlafenden Anja damit zwei Mal heftig auf den Kopf zu schlagen, wird wohl für immer ungeklärt bleiben. Im Prozess gab er an, beim Abendessen hätten beide gescherzt, eine gemeinsame Bekannte hätte einige Schläge auf den Hinterkopf mit der Bratpfanne verdient. In diesem Kontext hätte Anja gefragt, ob sie die Rolle dieser Bekannten spielen sollte. Es ist möglich, dass eine solche scherzhafte Konversation stattgefunden hat und Michael diese in seinen Gedanken so verzerrte, dass sie ihm anschließend als Rechtfertigung für seine unverantwortliche Handlung diente. Einen solchen Mechanismus zur eigenen Entlastung zeigen sehr unterschiedliche Straftäter, der Psychologe spricht von einer »Rationalisierung«. Sicher ist jedenfalls, dass bereits diese Entscheidung Michaels auf das Entgleisen seiner Fantasien hinweist. Denn dumm war der Naturwissenschaftler nicht, ihm muss daher eigentlich bewusst gewesen sein, dass er Anja hier schwer und unkontrolliert verletzte. Offenbar steuerte seine Vernunft jedoch zu diesem Zeitpunkt nicht mehr sein Handeln.

Durch meine langjährige Erforschung sexueller Tötungsfantasien kenne ich die einschlägige Pornografie der Art, wie sie Michael häufig konsumierte. Daher habe ich eine ganz persönliche Theorie dazu, wodurch der psychische »Schalter« in Michaels Kopf hin zur Umsetzung der sexuellen Tötungsfantasie umgelegt worden sein könnte: In einigen »Tötungsfantasie-Pornofilmen«, die allerdings meist deutlich als »Fantasieproduktionen« ausgewiesen sind und in denen häufig dieselben Schauspieler vorkommen, beginnt die Handlung mit einer schlafenden Frau. Diese wird vom Täter (ebenfalls einem Schauspieler) überwältigt und getötet. Als die für Michael extrem attraktive Anja schlafend, im von ihm eigens ausgesuchten Nachthemd dalag, sah er die Szene vor sich, welche er sich vermutlich über all die Wochen immer häufiger und detaillierter vorgestellt hatte. Diese Szene muss sehr lebhaft in seinem Kopf gewesen sei und wird mit einigen der von ihm gesehenen Videos übereingestimmt haben. Seine über lange Zeit aufgestauten, drehbuchartig ausgebauten Fantasien wurden durch diesen Anblick sprichwörtlich real. Leider zu real, wie der weitere Verlauf zeigt.

Offenbar wurde Anja durch die beiden heftigen Schläge auf ihren Kopf bewusstlos oder war zumindest benommen. Diese Szene wirkt auf jeden Menschen, der mit einvernehmlichem BDSM vertraut ist, äußerst grotesk. So etwas als einvernehmlichen Teil einer BDSM-Session darzustellen, ist vollkommen abwegig. Schließlich ist für jeden vernünftig denkenden Menschen unübersehbar, dass ein solches Verhalten selbstverständlich schwere bleibende Verletzungen verursachen kann. Einen Menschen mit einer Bratpfanne gezielt und bis zur Bewusstlosigkeit auf den Kopf zu schlagen, ist eindeutig ein Ausdruck von roher Gewalt und auf keinen Fall eine irgendwie nachvollziehbare Form von einvernehmlichem BDSM. Ein vernünftig denkender, auf Einvernehmen bedachter Sadist würde niemals eine solche schwere und gefährliche Körperverletzung seines BDSM-Partners in Kauf nehmen. So offensichtlich dies für mit BDSM vertraute Menschen ist, so schwer scheint es für die meisten anderen zu beurteilen.

Allein in dieser Vorgehensweise ist auch ein deutlicher Unterschied zu dem BDSM-Unfall in Rom zu sehen: Dort übte ein Mann, der diesbezüglich langjährige Erfahrung hatte, mit zwei Frauen, von denen eine mit seinen Praktiken sehr gut vertraut war, auf eine ihm bekannte Art Bondage aus. Die entscheidenden Fehler, die er machte, waren seine Selbstüberschätzung, seine Akzeptanz von Alkohol und Drogen während der Session, das Einbeziehen einer unerfahrenen Frau und sein Versäumnis, kein Sicherheitsmesser in Griffweite zu haben. Diese auf tragische Weise zusammenspielenden Fehler führten zum tödlichen Ausgang des Abends. Ganz im Gegensatz dazu war Michael F. eher unerfahren in BDSM, und die Praktik, die er ausübte – das heftige Schlagen mit einer Bratpfanne auf den Kopf –, stellt im Gegensatz zu »Shibari-Bondage« im Fall aus Rom nicht im Entferntesten eine irgendwie nachvollziehbare BDSM-Praktik dar.

Hinzu kommt, dass im Fall von Michael F. der tödliche Ausgang durch eine weitere so nicht nachvollziehbare Handlung erzeugt wurde: Er würgte Anja, nachdem er sie bewusstlos geschlagen hatte, bis sie starb. Seiner Aussage nach habe er ihren Todeskampf nicht bemerkt und sie nicht länger als dreißig Sekunden lang gewürgt. Weil er dachte, Anja stelle sich plötzlich nur tot, vollzog er den Geschlechtsverkehr mit ihr – nachdem der Tod in Wirklichkeit bereits eingetreten war. »Plötzlich« und für ihn unerklärlich habe er nach seinem eigenen Orgasmus bemerkt, dass sie nicht mehr atmete. Er habe dann noch versucht, Anja wiederzubeleben, doch es sei zu spät gewesen. Somit handelte es sich Michaels Aussage nach um einen tragischen, für ihn unvorhersehbaren Unfall. Diese Behauptung ist ebenso wie seine Argumentation, das heftige Schlagen mit einer Pfanne gehöre zu einer einvernehmlichen BDSM-Session, vollkommen abwegig. In Wirklichkeit dauert es nämlich durchschnittlich zwei Minuten, bis ein gesunder junger Erwachsener durch Erwürgen zu Tode kommt.

Ich habe im Rahmen meiner Mitarbeit bei einer internationalen Forschungsgruppe zum menschlichen Erstickungstod, welche die kanadische Gerichtsmedizinerin Anny Sauvageau ins Leben gerufen hatte, zahlreiche Videoaufnahmen von Menschen gesehen und ausgewertet, die beim Erhängen oder durch Ersticken starben. Bei einem solchen Sterbevorgang bleiben die Opfer keineswegs bewegungslos, sondern der Körper bewegt sich unwillkürlich in einer bestimmten Abfolge, während das Gehirn in einer ebenso bestimmten Reihenfolge immer mehr Regionen »abschaltet«. Der dadurch typische Ablauf von Bewegungen und Körperreaktionen beim menschlichen Erstickungstod ist in folgender Tabelle dargestellt:

Vergleich der Abfolge des Sterbevorgangs bei einer durch Propan bedingten Erstickung mit 14 Erhängungsfällen		
Anny Sauvageau im Rahmen der »Working Group on Human Asphyxia«, 2010		
	Erstickung durch Propan	Durchschnittliche Erhängungszeit (14 Fälle)
Bewusstseinsverlust	32 Sek.	10 Sek. ± 3 Sek.
Krämpfe	36 Sek.	14 Sek. ± 3 Sek.
Enthirnungsstarre		19 Sek. ± 5 Sek.
Stadium der tiefen, rhythmischen Bauchatmungs-Bewegung	33 Sek.	19 Sek. ± 5 Sek.
Enthirnungsstarre	58 Sek.	38 Sek. ± 15 Sek.
Verlust des Muskeltonus		1 Min. 1 Sek. ± 25 Sek.

Vergleich der Abfolge des Sterbevorgangs bei einer durch Propan bedingten Erstickung mit 14 Erhängungsfällen		
Ende der tiefen, rhythmischen Bauch-atmungs-Bewegung	1 Min. 33 Sek.	1 Min. 51 Sek. ± 30 Sek.
letzte Muskelbe-wegungen	4 Min. 46 Sek.	4 Min. 12 Sek. ± 2 Min. 29 Sek.

Wie man an dieser Tabelle sehen kann, ist die Abfolge der Körperreaktionen beim Tod durch Atemreduktion stets gleich. Auch die Zeiträume der einzelnen Stadien beim mechanischen Zusammendrücken des Halses in Form von Erhängung stimmen weitgehend überein – dabei waren die Verstorbenen in dieser Untersuchung sehr unterschiedlichen Alters, vom jungen Mann bis zum Greis. In der dargestellten Tabelle werden vierzehn Todesfälle von Menschen, die sich beim Erhängen (bei autoerotischen Unfällen oder beim Suizid) filmten, mit Aufnahmen einer anderen Todesart durch Atemreduktion verglichen, einem Unfall mit einer selbst gebastelten Propangas-Vorrichtung, die ein Mann zur Luststeigerung bei der Selbstbefriedigung benutzte. Tragischerweise wurde er mit der Gasmaske auf seinem Gesicht ohnmächtig und starb so. Allerdings war die Kamera in diesem Fall für unsere Untersuchungszwecke nicht optimal angebracht, und der unglückliche Verunfallte starb im Gegensatz zu den Menschen auf den anderen Videos liegend, sodass wir nicht alle Bewegungen in aller Deutlichkeit in ihren Übergängen eingrenzen konnten. Dieser Problematik sind die fehlenden Zahlen in der Tabelle bei den Punkten »Enthirnungsstarre« geschuldet.

Da die Luftzufuhr beim Erwürgen wenn überhaupt, dann weniger fest abgeschnürt wird als beim Erhängen – was den Sterbevorgang eher verlangsamen würde –, muss Michael Anja also mindestens zwei Minuten lang pausenlos gewürgt haben. Erst nach etwa anderthalb bis zweieinhalb Minuten wird die in der Tabelle beschriebene »tiefe, rhythmische Bauchatmung«

des Opfers ausgesetzt haben. Diese Bezeichnung ist etwas irreführend, da die Person trotzdem erstickt, während der Körper mit diesem »Programm« während der Bewusstlosigkeit automatisch versucht, nach Luft zu ringen – ein unverwechselbares, durchdringendes Geräusch, das ein Täter meiner Meinung nach kaum überhören kann. Ebenso sind die krampfartigen Bewegungen des Körpers in den unterschiedlichen Stadien meiner Meinung nach nicht zu übersehen. Täter können höchstens der Annahme erliegen, ihr Opfer würde noch bewusst um sein Leben kämpfen, obwohl es längst bewusstlos ist.

Ein solches Missverständnis lag auch im Fall eines von Anny und mir ausgewerteten Videos vor, bei dem ein Polizeibeamter zu uns sagte: »Man sieht noch, wie er, während er da hängt, versucht, sich an den Hals zu fassen, um die Schlinge zu lockern.« Dies ist allerdings eine Fehlinterpretation des Polizeibeamten gewesen, da es sich bei der Bewegung des Sterbenden um die sich krampfartig zusammenziehenden Arme und Hände handelte, die bereits während der Bewusstlosigkeit nach oben fuhren. Von außen ist nur schwer erkennbar, dass die Bewusstlosigkeit bereits nach sieben bis dreizehn Sekunden eintritt. Der Todeskampf des Körpers findet also zum größten Teil ohne Bewusstsein des Sterbenden statt. (Dies ist ein für mich übrigens tröstlicher Gedanke, da ein guter Freund von mir sich im Jahr 2007 durch Erhängung suizidierte.)

Zwei Minuten, während derer Michael F., den Todeskampf von Anja ignorierend, immer weiter ihren Hals zudrückte. Dies mag vielleicht für den einen oder anderen nach einem verhältnismäßig kurzen Zeitraum klingen. Viele können sich nicht vorstellen, wie lang es sich »anfühlt«, einem Menschen zwei Minuten lang beim Sterben zuzusehen. Mir ist das auch erst so richtig bewusst, seit ich es bei der Auswertung der vielen Videos selbst getan habe. Mit dieser zeitlichen Fehleinschätzung hatte ich auch während einer Therapiesitzung im Gefängnis zu tun. Ein Mann, der seine Frau im Rahmen eines Streits stranguliert hatte, erinnerte sich nicht daran, wie er dies getan hatte. Zu diesem Zeitpunkt – er war längst verurteilt – wäre es für ihn kein Vorteil gewesen, die Erinnerung an die Tat abzustreiten. Mit ähnlichen Fällen habe ich gelegentlich zu tun: Manche Täter begehen schwere Straftaten in solch emotional aufgewühlten Zuständen, dass sie ihre Erinnerung an diese tatsächlich verdrängen oder verzerren.

Der Mann berichtete, erst in der Haft erfahren zu haben, dass er seine Frau stranguliert hatte. Er konnte sich einfach nicht daran erinnern und sich auch nicht vorstellen, wie lange dies gedauert haben sollte. In seiner Erinnerung hatte er seine Frau gegen eine Wand gestoßen, und sie war »einfach zusammengesackt«. Was er nicht mehr erinnerte, war, dass er sie zwei Minuten lang mit einem Kleidungsstück gedrosselt haben musste. Daher forderte ich ihn auf, stumm sitzen zu bleiben, bis ich »stopp« sagte. Ich schaute dabei auf die Uhr, bis zwei Minuten vergangen waren. Erst dadurch wurde ihm bewusst, wie »lang« dieser Zeitraum während seiner Tat in Wirklichkeit gewesen sein musste. Wenn man im Fall von Michael F. also die verhältnismäßig lange Zeit betrachtet, die ein Täter braucht, um ein Opfer zu Tode zu würgen, und dabei zusätzlich berücksichtigt, dass das Opfer sich dabei – wenn auch bereits bewusstlos – noch merklich bewegt und alarmierende Erstickungsgeräusche von sich gibt, dann wird die Aussage des Täters in diesem Fall eher fragwürdig.

Nachdem er die junge Frau erwürgt hatte, verging sich dieser Täter schließlich noch an ihrer Leiche. Auch das ist mit seiner Behauptung, es sei alles ein unbeabsichtigter »Unfall« gewesen, unvereinbar. Nicht zu bemerken, dass man Sex mit einer Leiche hat, die nicht mehr atmet, keinen Puls mehr hat und deren Muskeln völlig erschlafft sind – das ist eine äußerst unwahrscheinliche Ausrede. Denn selbst die Gesichtsmuskulatur von Toten sieht anders, nämlich deutlich schlaffer aus, als es bei Lebenden der Fall ist. Michael scheint keine Sekunde lang innegehalten und sich um Anjas Zustand Sorgen gemacht zu haben, als er begann, mit ihr den Geschlechtsverkehr durchzuführen.

Wenn ein Partner durch einen BDSM-Unfall schwer oder lebensgefährlich verletzt würde, so wäre der daran versehentlich schuldige dominante Partner sicherlich zutiefst schockiert und würde an alles andere denken als daran, noch sexuelle Handlungen an diesem Partner vorzunehmen.

Alle Bekundungen von Michael F., es sei ein »BDSM-Unfall« gewesen, lassen sich also leicht als Unsinn enttarnen. All dies passt mit der erwähnten, von ihm umfangreich konsumierten »Tötungs-Pornografie« zusammen. Solche Pornografie lässt sich im Internet nicht allzu schwer finden. Die meisten Menschen, die sie als sexuell erregend empfinden, begehen aber keine entsprechenden Straftaten, da ihnen der Unterschied zwischen Fantasie und Wirklichkeit bewusst ist. Dies wurde mir unter anderem von einem FBI-Mitarbeiter auf der Tagung der »American Academy of Forensic Sciences« in den USA bestätigt.

Im hier dargestellten Fall weist alles darauf hin, dass der Täter schon lange und intensiv sexuelle Fantasien hatte, in denen er eine Frau töten und mit ihrer Leiche Sex haben wollte. Offensichtlich hat er sich immer mehr in seine sexuellen Fantasien hineingesteigert und dabei jede Vernunft und Rücksicht verloren. Michael F. gab später an, Anja geliebt zu haben. Dass ein Mann seines Alters bei einer Frau, die er seit erst zwei Monaten aus dem Internet kannte und mit der er knapp einen Tag seines Lebens verbrachte, von »Liebe« spricht, zeigt, wie realitätsverzerrt er in Bezug auf seine persönlichen Fantasien von Sex und Liebe auch noch während des Prozesses war. Die Grenze zwischen seinen erregenden sexuellen Fantasien und der Wirklichkeit ist bei der Tat völlig weggebrochen. Der Gebrauch der Bratpfanne wirkt keinesfalls vernünftig, sondern eher so, als sei er unkontrolliert auf die junge Frau losgegangen – ein inneres Drehbuch nachspielend, mithilfe dessen er unzählige Male im Vorfeld onaniert hatte. Spätestens ab diesem Moment gab es für sein Verlangen, seine Fantasie Wirklichkeit werden zu lassen, kein Zurück mehr. Die immense körperliche

Gewalt, erst mit der Bratpfanne und dann beim Erwürgen, zeigt, dass ihm Einvernehmlichkeit oder das Wohl der jungen Frau in diesem Moment vollkommen egal waren. Er nahm sie nicht als ein Gegenüber wahr, das eigene Rechte, Bedürfnisse und Grenzen hat, sondern ab einem gewissen Moment ausschließlich als Objekt zur Befriedigung seiner Lust.

Michael F. bleibt bei der Behauptung, Anja P. geliebt zu haben. Ich glaube ihm, dass er es auch so empfunden hat. Nur war er offenbar nicht in der Lage, Nähe oder Verbundenheit mit ihr in einer vernünftigen Form aufzubauen. Mit seinem heftigen Fantasiedurchbruch nahm er Anja praktisch durch Gewalt und Zerstörung in seinen Besitz, ein Verhalten, das bei krankhaften Sadisten öfter vorkommt. Auch diese Unfähigkeit des Täters, der Frau, zu der er sich hingezogen fühlte, emotional und sexuell anders als durch rohe Gewalt und Tötung wirklich nahezukommen, passt zu meiner Unterscheidung gefährlicher von ungefährlichen Sadisten. Dieser Fall zeigt deutlich, dass kranke, gefährliche Sadisten bei genauerer Betrachtung nichts mit jenen zu tun haben, die sich in der BDSM-Szene einfinden und die BDSM-Regeln von Vernunft, Sicherheit und Einvernehmlichkeit beachten.

Die eben am Beispiel Michael F. erläuterten wichtigen Merkmale zur Einschätzung sadistischer Täter sind in der folgenden Tabelle zusammengefasst. Es handelt sich dabei um mein Modell zur Unterscheidung der beiden Sadismus-Typen, das ich 2009 im Rahmen meiner Diplomarbeit vorstellte:

Sadismus-Modell Teil 1, Lydia Benecke 2009		
	Gefährlicher Sadismus	**Einvernehmlicher Sadismus**
Verhaltenskontrolle	**Kontrolle entgleitet** dem Betroffenen → **Zwanghaftes Verhalten**, ohne Bezug zu Vernunft	**Kontrollierte und an Vernunft orientierte Handlungen (Regel: SSC = safe, sane, consensual)**
Realitätseinschätzung	**Fließende Grenze zwischen Fantasietätigkeit und Handlungsausführung**	Beteiligte sind sich des **Unterschieds zwischen Fantasie und Realität** völlig bewusst
Leitmotivation	**Gewalttätigkeit selbst** → ist in der Fantasie **sexuell erregend** Häufig wird **Gewaltmaterial aller Art** und nicht streng pornografisches Material **als Stimulanz bevorzugt**	**Dominanz und Unterwerfung** → **Es geht nicht um rohe Gewalt**, sondern um **das psychische Erleben von Hingabe** (geben oder annehmen und lenken)
Umgang mit Intimität	Intimität wird durch Macht und Kontrolle ersetzt Betroffene vermeiden Intimität, welche in ihnen Ängste und ein Gefühl von Bedrohung auslöst	**Zwischenmenschliche Intimität steht im Vordergrund!** Hohes Maß an Vertrauen ist Voraussetzung

In diesem Modell erweiterte und ergänzte ich die Merkmale, die erstmals von Peter Fiedler zur Unterscheidung der beiden Sadismus-Typen ausgearbeitet worden sind. Während der fünf Jahre seit meiner Diplomarbeit habe ich mich weiter intensiv mit dem Thema Sadismus beschäftigt, die aktuelle Studienlage gesichtet und zahlreiche Interviews mit Sadisten geführt. Dadurch habe ich ein weiteres Modell entwickelt, das psychologisch tiefer geht. Darin versuche ich, die psychologischen Ursachen und zugrunde liegenden psychischen Prozesse für die Unterschiede zu erläutern, die in der Tabelle aus dem Jahr 2009 zusammengefasst sind.

Sadismus-Modell Teil 2 (2014)

Ich wurde geboren mit dem Teufel in mir. Ich konnte mich nicht gegen die Tatsache wehren, dass ich ein Mörder bin, nicht mehr, als der Poet sich der Inspiration erwehren kann, zu singen. Ich wurde geboren mit dem Bösen als meinem Taufpaten, der neben dem Bett stand, wo ich in die Welt hineingeführt worden bin. Und er war von da an bei mir.

(H. H. Holmes)

Der von mir im Buch »Aus der Dunkelkammer des Bösen« beschriebene Serienmörder H. H. Holmes beging seine Taten Ende des 19. Jahrhunderts. Er erschlich sich durch Betrug und Mord ein großes Gebäude in Chicago, das er zu einem Folterhaus umbaute, in dem er seine vielfältigen, drehbuchartigen, sexuell sadistischen Tötungsfantasien in vollem Umfang ausleben konnte. Nachdem seine Taten aufgedeckt worden waren, versuchte er erfolglos der Todesstrafe zu entgehen, indem er behauptete, vom Teufel besessen zu sein. Zur damaligen Zeit stand ihm auch keine andere plausible Erklärung für die düsteren Triebe zur Verfügung, die er bereits sein Leben lang in sich spürte. Holmes ist nicht der einzige sexuell sadistische Serienmörder, der wahrscheinlich nicht nur für seine Mitmenschen, sondern auch für sich selbst die Erklärung fand, vom Teufel oder einem Dämon besessen zu sein. Ein Beispiel aus unserer Zeit ist Dennis Rader, der sexuell sadistische »BTK-Killer«. Die höchste sexuelle Befriedigung konnte Rader nur erleben, indem er seine Opfer fesselte, mit Worten folterte und schließlich durch Strangulation tötete.

Dennis Rader nannte das ihm selbst unerklärliche »Etwas«, das seine todbringenden inneren Vorgänge, seine Fantasien, Bedürfnisse und Antriebe symbolisierte, den »Faktor X«: »Faktor X ist vermutlich etwas, das ich niemals verstehen werde. Ich denke wirklich, es könnte die Besessenheit durch Dämonen sein. (…) Ich kann es nicht aufhalten, es kontrolliert mich. Wenn ich doch nur sagen könnte: ›Nein, ich will das nicht tun, verkriech dich in ein Loch.‹ Aber es steuert mich.« Dieser Gedanke ist nicht völlig abwegig, wenn man bedenkt, dass die Menschheit bis vor relativ kurzer Zeit für die Existenz solch ungewöhnlicher und grausamer Fantasien und inneren Antriebe keine andere Erklärung hatte als übersinnliche, zutiefst böse Wesen. Erst die modernen Methoden der Wissenschaft ermöglichen es, zunehmend bessere, überprüfbare und rationale Erklärungsmodelle für die Existenz derlei psychischer Auffälligkeiten zu finden.

Die erste Komponente des Faktors X – Erfolgloser Narzissmus bei psychopathischer Persönlichkeit

Wir alle haben die Macht in unsere Hände bekommen, zu töten, doch die meisten Menschen haben Angst davor, sie zu gebrauchen. Diejenigen, die davor keine Angst haben, haben Kontrolle über das Leben selbst.

(Richard Ramirez, US-amerikanischer Serienmörder)

Sexuell sadistische Serienmörder wie H. H. Holmes, Dennis Rader und viele andere gab es in allen Zeiten und Kulturen. Dies bedeutet aus psychologischer Sicht, dass die psychischen Auffälligkeiten, die sie verbinden, sich unabhängig von unterschiedlichsten kulturellen Einflussfaktoren entwickeln konnten. Dies verwundert nicht, wenn man das menschliche Gehirn metaphorisch als »Hardware« ansieht, auf die durch die Sozialisation eines Menschen und andere

Umwelteinflüsse verschiedene Arten von »Software« aufgespielt werden. Die Mischung unserer genetischen Anlagen erzeugt in Wechselwirkung mit der Umwelt, in der wir aufwachsen, das, was wir als unsere erwachsene Persönlichkeit wahrnehmen.

Leider sind jene Eigenschaften, die uns als Erwachsene ausmachen, nicht mehr einfach veränderbar. Manche Menschen, aus denen im Extremfall schließlich sexuell sadistische Serienmörder werden, entwickeln in ihrer Kindheit und Jugend das, was beim Erwachsenen als Persönlichkeitsstörung in Erscheinung tritt. Wie ich bereits erklärt habe, ist die Psychopathie eine schwere Mischform mehrerer Cluster-B-Persönlichkeitsstörungen. Vor allem, wenn eine stark ausgeprägte Psychopathie mit einer sexuell sadistischen Neigung zusammen auftritt, ist die Wahrscheinlichkeit groß, dass der Betroffene für andere Menschen zur Gefahr wird.

Viele Gespräche, die ich in den letzten zehn Jahren mit einvernehmlichen Sadisten führte, brachten mich zu der Einsicht, dass sie alle mehr oder weniger stark ausgeprägte narzisstische Persönlichkeitsmerkmale zu haben scheinen. Dies passt zu einer Beobachtung, die unter anderem auch Peter Fiedler bereits 2004 formulierte: Viele einvernehmliche BDSMler sind beruflich auffällig engagierte Menschen mit einem eher über dem Bevölkerungsdurchschnitt liegenden Bildungsniveau. Meiner Meinung nach sind sehr viele – nicht nur sadistische – BDSMler tendenziell erfolgreich narzisstische Menschen, wobei der Narzissmus wie alle Persönlichkeitseigenschaften unterschiedlich stark ausgeprägt sein kann. Der Übergang von einem sogenannten »Persönlichkeitsstil« zu einer Persönlichkeitsstörung ist fließend. In jedem Fall scheinen die vielen sexuell sadistischen Menschen, welche ich in all den Jahren kennenlernte, im Vergleich zu anderen eindeutig stärker leistungs-, erfolgs- und anerkennungsorientiert zu sein.

Erfolgreich narzisstisch bedeutet aus psychologischer Sicht, dass ein solcher Mensch sich nicht nur wünscht, im Leben Erfolge zu erzielen und dafür Anerkennung von seinen Mitmenschen zu bekommen, sondern dass ihm dies auch immer wieder gelingt. Im Gegensatz dazu gibt es auch das durch den Psychologen Rainer

Sachse ausführlich dargestellte Konzept des »erfolglosen Narzissmus«. Sachse definiert einen erfolglosen Narzissten als jemanden, »der sich für großartig hält und so seine Selbstzweifel kompensiert, obwohl er bisher nichts getan oder geleistet hat, um dieses Image auch nur ansatzweise rechtfertigen zu können«. Hier ist ein Zusammenhang zu vielen der Vorlieben zu sehen, die von zahlreichen Serienmördern bekannt sind: Häufig träumen sie davon, in einem prestigeträchtigen und mit Macht verbundenen Berufsfeld, beispielsweise bei der Armee, der Polizei oder in der Politik, Karriere zu machen. Ihre Träume sind in der Regel jedoch weit von der Realität entfernt. Macht ist ein typisches Kernbedürfnis von Narzissten aller Art. Während die erfolgreichen Narzissten dieses Bedürfnis im Berufs- und oft auch Privatleben befriedigen können – wenn auch zuweilen zum Nachteil ihrer Mitmenschen –, so finden viele erfolglose Narzissten in ihrem Leben keine angemessenen Möglichkeiten dazu.

Erfolglose Narzissten ohne hohe Punktwerte auf der Psychopathie-Checkliste leben ihre Macht- und Erfolgsfantasien häufig aus, indem sie sich in Tagträume und/oder »Parallelwelten« wie Computerspiele flüchten. Außerdem klagen sie auch darüber, unglückliche Umstände und andere Menschen seien schuld daran, dass sie ihr angeblich enormes Erfolgspotenzial (noch) nicht umsetzen konnten. Gefährlich wird es, wenn ein psychopathischer Mensch, der in aller Regel unter anderem narzisstisch ist, einen eher erfolglosen Narzissmus entwickelt. Dann kann er mit der typisch psychopathischen Gewissen- und Furchtlosigkeit beginnen, anderen Menschen zu schaden, um sich dadurch narzisstisch aufzuwerten. Besonders gefährlich ist ein erfolglos narzisstischer Psychopath, der gleichzeitig sexuell sadistische Fantasien und Bedürfnisse hat. Naheliegend, dass er mit ihrer Umsetzung seine sonstige Macht- und Erfolglosigkeit kompensieren will.

Entsprechend empfinden meine drei mittelgradig psychopathischen, einvernehmlich sadistischen Interviewpartner die Machtausübung der kriminellen Sadisten als »schwach« und »minderwertig«. Für sie ist es eine niedere Form von Macht, andere Menschen durch brutale Gewalt zu überwältigen und gegen ihren Willen zu foltern. Alexander, Christian und Patrick haben in ihrem Leben Möglichkeiten gefunden, erfolgreichen Narzissmus auszuleben. Sie ernten von ihren Mitmenschen Anerkennung, sind von sich selbst sehr überzeugt und können auf reale Fähigkeiten und Aktivitäten in ihren Lebensläufen verweisen, die sie mit Stolz erfüllen. Ihr narzisstisches »Selbstkonzept« verdeckt wie bei allen Narzissten die eigentlich dahinterliegende Angst, minderwertig und wertlos zu sein. Als erfolgreiche Narzissten schaffen sie es konstant, diese Ursprünge ihres Narzissmus zu ignorieren. Die meiste Zeit können sie in dem Zustand verharren, den Rainer Sachse das »positive Selbstkonzept« nennt. In diesem Zustand nehmen sich Narzissten praktisch ausschließlich als großartig und den meisten Menschen überlegen wahr.

Sachse zufolge haben narzisstische Menschen grundsätzlich ein »doppeltes Selbstkonzept«. Vor dem narzisstischen Höhenflug ihres Egos, also bevor sie ihr »positives Selbstkonzept« errichteten, machten sie in ihrem Leben immer die Erfahrung, sich stark abgewertet zu fühlen. Hierdurch baute sich zunächst das »negative Selbstkonzept« auf, das Sachse zufolge gefüllt ist mit dem Gefühl, ein Versager und nicht liebenswert zu sein. Narzissten können nicht beide »Selbstkonzepte« gleichzeitig erleben, sie sind gefühlsmäßig stets in dem einen oder in dem anderen befangen. Daher tun sie alles dafür, um sich durch Erfolge und Anerkennung im »positiven Selbstkonzept« zu halten. Dies fällt den erfolgreichen Narzissten offenkundig leichter als den erfolglosen.

Das positive Selbstbild von Alexander, Christian und Patrick ist also stabil, ganz im Gegensatz zu dem erfolgloser Narzissten. Daher trauen sie sich problemlos zu, ihre sexuellen, sadistischen Machtfantasien durch psychologische Macht und Manipulation umsetzen und befriedigend erleben zu können. Einen solchen Glauben an die eigenen Fähigkeiten haben sexuell sadistische Straftäter nicht. Körperliche oder zumindest psychische und emotionale Gewalt sind die Mittel, welche sie zur Erfüllung ihrer sexuell sadistischen Bedürfnisse einsetzen. Ihr negatives Selbstkonzept ist für sie häufiger spürbar als für erfolgreiche Narzissten. Würde eine Frau sie einfach ablehnen, so wäre dies eine unerträgliche narzisstische Kränkung. Eine solche kränkende Ablehnung haben viele sexuell sadistische Täter in ihrer frühen Biografie häufig genug erlebt. Daher entwickeln sie die Strategie, diese Ablehnung durch die gewalttätige Ausübung von Macht zu verhindern.

Der von mir eingangs zitierte Serienmörder Richard Ramirez irrte, als er sagte, zu töten sei gleichbedeutend damit, das Leben zu kontrollieren. Das Gegenteil ist der Fall. Wie es meine eher erfolgreich narzisstischen, mittelgradig psychopathischen Interviewpartner allesamt ausdrückten: Das Gegenüber zu töten, bedeutet in Wirklichkeit, die psychische Kontrolle über diesen Menschen endgültig zu verlieren. Da sich die eher erfolglos narzisstischen Serienmörder nicht zutrauen, eine solche Kontrolle über andere Menschen ausüben zu können, zerstören sie einfach deren Leben. Dies bedeutet aber nicht Kontrolle. Es bewirkt nur, dass auch kein anderer mehr Kontrolle über diesen Menschen und sein Leben haben kann – am wenigsten natürlich das Opfer selbst. Nur wenn das Opfer nicht mehr imstande ist, etwas zu sagen oder zu tun, was den Täter kränken könnte, fühlt sich dieser sicher und mächtig.

Die zweite Komponente des Faktors X – Der ängstlich-vermeidende Bindungsstil beim sexuellen Sadisten

Ich hasste mein ganzes Leben lang. Ich hasste jeden. Das Erste, woran ich mich erinnern kann, ist, dass ich von meiner Mutter als Mädchen angezogen wurde. Das blieb so zwei oder drei Jahre lang. Danach wurde ich behandelt wie der Hund der Familie. Ich wurde geschlagen. Ich wurde dazu gebracht, Dinge zu tun, die kein menschliches Wesen tun wollen würde.

(Henry Lee Lucas – US-amerikanischer Serienmörder)

Aus der Tatsache, dass sexuelle Sadisten stets – mehr oder weniger stark – narzisstisch sind, ergibt sich noch ein weiteres Unterscheidungsmerkmal: ihr Bindungsstil. Dazu gehören die Fähigkeiten und Strategien eines Menschen, mit zwischenmenschlichen Bindungen umzugehen. Wie jede Persönlichkeitsstörung ist der Narzissmus eine Bindungsstörung. Das bedeutet, der Narzisst machte während seiner Kindheit Erfahrungen, aus denen sich ein negatives Bild über zwischenmenschliche Bindung und Partnerschaft entwickelt. Rainer Sachse beschreibt im Zusammenhang mit Narzissmus eine ganze Reihe sogenannter »charakteristischer Beziehungsschemata«.

Demzufolge nehmen Narzissten grundsätzlich an, dass …

- es normal ist, in Beziehungen abgewertet zu werden.
- sie sich nur auf sich selbst wirklich verlassen können.
- sie sich nicht erlauben können, irgendwelche Schwächen zu zeigen.
- sie anderen Menschen nur vertrauen können, wenn diese ihre Vertrauenswürdigkeit wirklich unter Beweis gestellt haben. (Hierzu führen Narzissten – wie auch andere Persönlichkeitsgestörte – sogenannte »Beziehungstests« durch.)
- es sehr wichtig für sie ist, von anderen Menschen stets so unabhängig wie möglich zu sein.
- sie jede Form von Kritik und Abwertung mit allen Mitteln vermeiden müssen.
- niemand das, was sie tun, kontrollieren kann und darf.

Wenn ein Mensch solche Annahmen über zwischenmenschliche Beziehungen hat, ist es naheliegend, dass er sein Verhalten in Partnerschaften dementsprechend gestaltet. Dies ist die Brücke vom Narzissmus zum psychologischen Gebiet der Bindungsstile.

Bindungsstile bei Kindern und Erwachsenen

Alle schlechten Eigenschaften entwickeln sich in der Familie.
Das fängt mit Mord an und geht über Betrug und Trunksucht bis zum
Rauchen.

(Alfred Hitchcock)

Der britische Kinderpsychiater John Bowlby und die kanadische Psychologin Mary Ainsworth entwickelten in den 70er Jahren eine Bindungstheorie. Dieser Theorie zufolge haben Menschen ein natürliches Bedürfnis danach, eine enge und von intensiven Gefühlen geprägte Beziehung zu anderen Menschen aufzubauen. Die erste derartige Bindung ist die frühe Mutter-Kind-Beziehung. Laut ihrer Annahme beeinflussen die Erfahrungen, die Menschen von Anfang an in zwischenmenschlichen Beziehungen sammeln, maßgeblich, wie sie später mit Beziehungsaufbau und Beziehungsgestaltung umgehen. Ainsworth und Bowlby stellten gemeinsam das Konzept unterschiedlicher Bindungsstile von Kindern auf – zunächst ausgehend von deren Beziehung zu ihren Müttern.

Sie ordneten Kleinkindern aufgrund von Verhaltensbeobachtungen unter experimentellen Bedingungen folgende Bindungsstile zu:
- sicherer Bindungsstil
- vermeidender Bindungsstil
- ängstlich-unsicherer Bindungsstil (später ängstlich-ambivalent genannt)

Dieses Konzept wurde später in Hinblick auf die Bindungsstile Erwachsener in Liebesbeziehungen weiterentwickelt. Die US-amerikanischen Psychologen Phillip Shaver und Cindy Hazan wiesen in den späten 80er und frühen 90er Jahren das Vorhandensein der drei Bindungsstile auch bei Erwachsenen nach. Darüber hinaus stellten sie fest, dass sich bei Erwachsenen fast dieselbe Häufigkeitsverteilung der drei Gruppen zeigt wie bei Kindern. Ihrer Forschung zufolge wiesen 56 % der Erwachsenen einen sicheren Bindungsstil, 25 % einen vermeidenden Bindungsstil und 19 % einen ängstlich-ambivalenten Bindungsstil auf.

Die US-amerikanischen Psychologen Kim Barthelemew und Leonard Horowitz erweiterten in ihrem 1991 veröffentlichten Modell die Bindungsstile Erwachsener noch um den gleichgültig-vermeidenden Bindungsstil. Darüber hinaus beschrieben sie die Bindungsstile in Abhängigkeit vom Selbstkonzept des Betroffenen einerseits und vom Bild, das er von anderen Menschen hat, andererseits. Diese Gedanken entwickelten die deutschen Psychologen Hans-Werner Bierhoff und Elke Rohmann weiter. Ihrem 2005 erschienenen Buch »Was die Liebe stark macht. Die neue Psychologie der Paarbeziehung« zufolge lassen sich die vier Bindungsstile Erwachsener folgendermaßen beschreiben:

Sicherer Bindungsstil

Die Betroffenen weisen sowohl ein positives Selbstkonzept als auch ein positives Konzept vom anderen auf. Sie fühlen sich in einem Gleichgewicht zwischen intimer Nähe einerseits und Unabhängigkeit andererseits in Liebesbeziehungen wohl. Es ist relativ leicht für sie, anderen Menschen emotional nahezukommen, und es geht ihnen gut damit, wenn sie andere brauchen und selbst ebenso gebraucht werden. Sorgen darüber, allein zu sein oder in einer engen Beziehung nicht akzeptiert zu werden, machen sie sich nicht.

Ängstlich-ambivalenter Bindungsstil

Menschen mit diesem Bindungsstil weisen ein negatives Selbstkonzept und ein positives Konzept vom anderen auf. Sie denken viel über ihre Beziehung nach und haben Angst davor, verlassen zu werden. Obwohl sie sich sehr große emotionale Nähe zu anderen wünschen, machen sie oft die Erfahrung, dass andere nicht so große Nähe wollen wie sie selbst. Zwar fühlen sie sich ohne enge Beziehungen unwohl, doch sie befürchten ebenso, dass andere sie nicht so sehr schätzen wie umgekehrt.

Ängstlich-vermeidender Bindungsstil

Von diesem Bindungsstil betroffene Menschen weisen sowohl ein negatives Selbstkonzept als auch ein negatives Konzept vom anderen auf. Sie vermeiden tiefer gehende zwischenmenschliche Beziehungen und haben Angst vor Intimität. Wenn andere ihnen sehr nahekommen, fühlen sie sich unwohl. Zwar wünschen sie sich enge Beziehungen, doch sie finden es schwierig, anderen wirklich zu vertrauen oder von diesen abhängig zu sein. Sie befürchten verletzt zu werden, wenn sie zu große Nähe zulassen.

Gleichgültig-vermeidender Bindungsstil

Die Betroffenen weisen ein positives Selbstkonzept und ein negatives Konzept vom anderen auf. Sie fühlen sich auch ohne gefühlsmäßig enge Beziehungen wohl. Es ist ihnen wichtig, sich unabhängig zu fühlen und sich selbst zu genügen. Daher ziehen sie es vor, niemanden zu brauchen und von niemandem gebraucht zu werden. Dennoch kann man davon ausgehen, dass sie wie alle Menschen ein grundlegendes Bedürfnis nach Bindung haben – das sie allerdings verdrängen.

Einen Überblick über die wichtigsten Eigenschaften der vier Bindungsstile bietet folgende Tabelle:

Bindungsstile von Erwachsenen, K. Bartholomew & L. M. Horowitz, 1991 (Übersetzung nach Doll et al., 1995)	
Bindungsstil **Selbstkonzept & Fremdkonzept**	**Selbstbeschreibung**
sicher = **sicherer Bindungsstil** nach Bierhoff & Rohmann	Ich finde, dass es ziemlich leicht für mich ist, anderen gefühlsmäßig nahe zu sein. Es geht mir gut, wenn ich mich auf andere verlassen kann und wenn andere sich auf mich verlassen. Ich mache mir keine Gedanken darüber, dass ich allein sein könnte oder dass andere mich nicht akzeptieren könnten.
Selbstkonzept: positiv; Konzept von Mitmenschen: positiv	
besitzergreifend = **ängstlich-ambivalenter** **Bindungsstil** nach Bierhoff & Rohmann	Ich möchte anderen gefühlsmäßig sehr nahe sein, aber ich merke oft, dass andere Widerstände dagegen errichten, mir so nahe zu sein, wie ich ihnen nahe sein möchte. Es geht mir nicht gut, wenn ich ohne enge Beziehung bin, aber ich denke manchmal, dass andere mich nicht so sehr schätzen wie ich sie.
Selbstkonzept: negativ; Konzept von Mitmenschen: positiv	
ängstlich = **ängstlich-vermeidender** **Bindungsstil** nach Bierhoff & Rohmann	Ich empfinde es manchmal als ziemlich unangenehm, anderen nahe zu sein. Ich möchte Beziehungen, in denen ich anderen nahe bin, aber ich finde es schwierig, ihnen vollständig zu vertrauen oder von ihnen abhängig zu sein. Ich fürchte manchmal, dass ich verletzt werde, wenn ich mir erlaube, anderen zu nahe zu kommen.

Bindungsstile von Erwachsenen, K. Bartholomew & L. M. Horowitz, 1991 (Übersetzung nach Doll et al., 1995)	
Selbstkonzept: negativ; Konzept von Mitmenschen: negativ	
abweisend = **gleichgültig-vermeidender Bindungsstil** nach Bierhoff & Rohmann	Es geht mir auch ohne enge gefühlsmäßige Bindung gut. Es ist sehr wichtig für mich, mich unabhängig und selbstständig zu fühlen, und ich ziehe es vor, wenn ich nicht von anderen und andere nicht von mir abhängig sind.
Selbstkonzept: positiv; Konzept von Mitmenschen: negativ	

In den letzten Jahren analysierte ich zahlreiche Fälle sowohl von sexuell sadistischen Straftätern als auch von einvernehmlichen sexuellen Sadisten. Die Analyse der sexuell sadistischen Straftäter zeigt, dass sie aufgrund sehr ungünstiger, früher Bindungserfahrungen ein auffällig negatives Bild von sich selbst und von ihren Mitmenschen entwickelten. So zeigen beispielsweise (im Rahmen ihrer Dissertationen veröffentlichte Fallanalysen) der US-amerikanischen Psychologin Christine Ann Lawson aus dem Jahr 1992 und der deutschen Erziehungswissenschaftlerin Valeska Vitt-Mugg aus dem Jahr 2003: Sexuell sadistische Serienmörder weisen extrem auffällige Bindungserfahrungen in ihrer Kindheit auf. Sie werden als Kinder körperlich und/oder emotional schwer misshandelt. Dadurch ist auch ihr Bindungsverhalten als Erwachsene auffällig. Sie können keine stabilen und wirklich tief gehenden zwischenmenschlichen Bindungen eingehen. Zusätzlich haben sie eine feindselige Einstellung gegenüber anderen Menschen, welche sie nur als Objekte wahrnehmen, die ihnen nutzen oder schaden können oder gleichgültig sind.

Die Mütter solcher Serienmörder sind stets ihrerseits sehr auffällige Persönlichkeiten: Emotional instabil und unberechenbar, schwanken sie meist zwischen besitzergreifendem Klammern und heftigen Wutausbrüchen gegenüber ihren Söhnen. Häufig ist auch in der Persönlichkeit dieser Mütter eine sehr negative Haltung gegenüber Sexualität zu erkennen: Viele von ihnen vertreten in ihren Äußerungen und durch ihre Erziehung, dass Sexualität etwas Verabscheuungswürdiges sei. Andererseits leben einige von ihnen Sexualität in auffälliger Weise aus: sei es durch viele wechselnde Liebhaber oder kurzzeitige Lebenspartner, manchmal auch – wie im Fall des jugendlichen Serienmörders Jürgen Bartsch – durch sexuell übergriffige Handlungen gegenüber ihren Söhnen. Bartsch wurde, bis er im Alter von neunzehn Jahren inhaftiert wurde, von seiner Stiefmutter in der Badewanne gewaschen – offenkundig eine sexuelle Grenzverletzung.

Die genannten charakteristischen Merkmale der Mütter von sexuell sadistischen Serienmördern lassen stark an die Borderline-Persönlichkeitsstörung denken. Der Zusammenhang von Müttern mit Borderline und der möglichen kriminellen Entwicklung ihrer Kinder wird unter anderem auch von der bereits erwähnten Christine Ann Lawson in ihrem 2011 erschienenen Buch »Borderline-Mütter und ihre Kinder« aufgegriffen. Aufgrund der genannten Fallanalysen ist es meiner Meinung nach denkbar, dass die meisten, wenn nicht alle Mütter sexuell sadistischer Mörder eine solche Persönlichkeitsstörung aufweisen. Dies mittels Studien nachzuweisen, dürfte zwar schwierig werden, da nicht davon auszugehen ist, dass eine solche Diagnose immer gestellt wird, wo sie angemessen wäre. Doch ich hoffe, dass Untersuchungen in diese Richtung in den nächsten Jahren und Jahrzehnten erfolgen werden.

In jedem Fall ist eine solche Kindheit der Nährboden für eine ungesunde psychische Entwicklung. Schwer sexuell sadistische Straftäter entwickeln häufig sowohl ein negatives Selbstkonzept als auch ein negatives Fremdkonzept. Das bedeutet, sie nehmen ihre Mitmenschen als potenziell feindselig, gefährlich und kränkend wahr. Gleichzeitig verinnerlichen sie die negativen Annahmen über sich selbst, welche sie als Kind aufgebaut haben, weil sie von

Bezugspersonen schlecht behandelt wurden. Dieser extrem unangenehme, erfolglose Teil ihres Selbstkonzepts wird für sie ständig durch kleine und große Misserfolgserlebnisse spürbar. Sie erlernen nie Kompetenzen, um Misserfolge angemessen auszuhalten und ausreichend befriedigende Erfolgserlebnisse durch legale Handlungen zu erreichen. Da es ihnen nicht wie erfolgreichen Narzissten gelingt, sich durch Erfolgserlebnisse und Anerkennung von ihren Mitmenschen aufzuwerten, bleibt ihnen nur der Versuch, jeder möglichen Kränkung so gut es geht aus dem Weg zu gehen. Hierzu gehört, andere Menschen nie wirklich gefühlsmäßig an sich heranzulassen und sie möglichst abzuwerten.

Schaut man sich die vielen, gut dokumentierten Fallbeispiele genau an, so wird klar: Sexuell-sadistische Serienmörder weisen entsprechend ihres negativen Konzeptes von sich und anderen Menschen einen ängstlich-vermeidenden Bindungsstil auf. Das bedeutet, wirkliche emotionale Nähe zu anderen, echte Intimität, erzeugt in ihnen starke Angst und somit Abwehr. Dementsprechend entwickeln diese Menschen niemals eine echte Bindung. Da ihre Mitmenschen in ihrer Wahrnehmung stets potenziell kränkend und gefährlich für sie werden können, ist es vorteilhaft für sie, diese ihrerseits zu wertlosen Objekten zu degradieren. Objekte, die gewalttätig kontrolliert und anschließend zerstört werden müssen – weil den Tätern eine andere Art der Interaktion mit ihnen nicht möglich ist. In diesen Kontext passt sehr gut die bereits genannte Metapher von dem Kind, das die Spielzeugautos anderer kaputt macht und versteckt, weil es selbst keins hat – und auch keine Möglichkeit sieht, eins geschenkt zu bekommen.

Im Gegensatz dazu wiesen die im Rahmen meiner Diplomarbeit untersuchten Sadisten aus der BDSM-Szene überzufällig seltener als die Vergleichsgruppen Masochisten, Switcher oder Nicht-BDSMler einen ängstlich-unsicheren Bindungsstil auf. Dies legt nahe, dass genau der für kriminelle Sadisten typische Bindungsstil bei den einvernehmlichen Sadisten nur selten vorkommt. Einvernehmliche Sadisten zeigten stattdessen ebenso häufig wie Nicht-BDSMler einen sicheren Bindungsstil. Außerdem zeigten diese

Sadisten auch auffällig häufiger als Nicht-BDSMler einen gleich-gültig-vermeidenden Bindungsstil. Diese Ergebnisse passen zu meiner Annahme bezüglich des erfolgreichen und erfolglosen Narzissmus bei den unterschiedlichen Sadistengruppen. Denn die bei einvernehmlichen Sadisten häufig vorkommenden Bindungsstile »sicherer und gleichgültig-vermeidender Bindungsstil« setzen beide ein stabil positives Selbstkonzept voraus, wie es erfolgreiche Narzissten aufweisen. Das Fremdkonzept der einvernehmlichen Sadisten, also die grundsätzliche Einschätzung und Bewertung ihrer Mitmenschen, erwies sich ihrem Bindungsstil entsprechend entweder als eher positiv oder als leicht negativ. Schließlich basiert der gleichgültig-vermeidende Bindungsstil auf einem positiven Selbstkonzept und einem negativen Fremdkonzept, während der sichere Bindungsstil eine positive Einschätzung beider Seiten beinhaltet. Interessanterweise zeigten besonders meine mittelgradig psychopathischen, sadistischen Interviewpartner häufig einen gleichgültig-vermeidenden Bindungsstil. Dies passt zu den Ursprüngen ihrer mittelgradigen Psychopathie: Da sie in ihrer Kindheit sehr negative Erfahrungen mit ihren Mitmenschen machten, entwickelte sich daraus ihre eher vorsichtig negative Grundhaltung diesen gegenüber – zumindest was deren Verlässlichkeit als Bezugspersonen angeht.

Die dritte Komponente des Faktors X – Die typisch kriminell-psychopathische Ausprägung der »Big Five«

Ich schätze, ich stand da und schaute.
Bewunderte mein Werk und bewunderte ihre Schönheit.
Ich würde sagen, ich erfreute mich an meinem Fang wie ein Fischer.

(der US-amerikanische Serienmörder Ed Kamper über den Moment, als er in seinen Kofferraum schaute und die Leiche eines 15-jährigen Mädchens betrachtete, das er erstickt hatte)

Das aus meiner Sicht dritte relevante Merkmal, in dem sich gefährliche und einvernehmliche Sadisten unterscheiden, ist ihr typisches Profil im »Fünf-Faktoren-Modell« der Persönlichkeit. Dieses inzwischen wissenschaftlich als gesichert geltende Modell geht davon aus, dass bei jedem Menschen die Grunddimensionen der Persönlichkeit individuell verschieden ausgeprägt sind. Das bedeutet, jeder Mensch hat ein mit diesen Dimensionen beschreibbares Persönlichkeitsprofil, gewissermaßen einen psychologischen »Fingerabdruck«, der ein Gesamtbild der Persönlichkeitsstruktur eines Menschen darstellt. Jedem Psychologen ist dieses Modell ein Begriff, denn es wird seit über zwanzig Jahren in der internationalen Persönlichkeitsforschung verwendet. Auch für die forensische Wissenschaft ist es relevant. So wird damit untersucht, ob Straftäter sich in ihren grundlegenden Persönlichkeitsdimensionen voneinander und von nicht straffälligen Menschen unterscheiden.

Das »Fünf-Faktoren-Modell« der Persönlichkeit

Die Urväter des eigentlich »Big Five« genannten Persönlichkeitsmodells sind die amerikanischen Psychologen Gordon Allport und Henry Odbert. 1936 begannen sie – inspiriert von einer Idee des vielseitigen Wissenschaftlers Francis Galton aus dem Jahr 1884 – damit, Wörterbücher nach Begriffen zu durchsuchen, die Unterschiede zwischen Menschen beschreiben. Sie nahmen an, dass grundsätzliche Persönlichkeitseigenschaften sich auch in der menschlichen Sprache widerspiegeln. Somit müsse man diese Eigenschaften ermitteln können, indem man die mit ihnen zusammenhängenden Worte analysiert und zusammenfassend beschreibt. Dieser Idee folgend werteten Allport und Odbert über achtzehntausend Begriffe aus, von denen schließlich 4504 Adjektive übrig blieben. Vier Jahre später kürzte der US-amerikanische Psychologe Raymond Cattell diese Zahl auf 171 zusammen. Aus diesen leitete er – mittels komplizierter, statistischer Berechnungen – sechzehn Persönlichkeitsfaktoren ab, zu denen er anschließend einen Fragebogen entwickelte.

In den folgenden Jahrzehnten forschten weitere Wissenschaftler an diesem Ansatz. Schließlich versuchte der deutschstämmige britische Psychologe Hans Eysenck, das ganze Konzept weiter zu verdichten. Er leitete in den 8oer Jahren die folgenden drei Grunddimensionen der Persönlichkeit ab, von denen er annahm, dass sie auf genetischen und biologischen Ursachen basieren:

– Extraversion beschreibt, ob eine Person eher nach innen (auf sich selbst) oder eher nach außen (auf ihre Umgebung) orientiert ist.
– Neurotizismus beschreibt, ob eine Person emotional eher stabil oder eher labil ist.
– Psychotizismus beschreibt, ob eine Person eher freundlich und rücksichtsvoll oder eher aggressiv und antisozial ist.

Eysencks Drei-Dimensionen-Modell wurde verändert und erweitert, sodass der heute gängige Ansatz von fünf grundlegenden Dimensionen der Persönlichkeit ausgeht, die als »Big Five« bekannt wurden. Diese Dimensionen lassen sich in den unterschiedlichsten Kultur- und Sprachräumen nachweisen – sie scheinen also für alle Menschen gültig zu sein. Schließlich entwickelten die US-amerikanischen Psychologen Paul Costa und Robert McCrae, auf den »Big Five« basierend, einen der international gebräuchlichsten Persönlichkeitstests für Jugendliche und Erwachsene: das 1992 veröffentlichte »NEO-Fünf-Faktoren-Inventar«, kurz »NEO-FFI«. Die nun seit über zwanzig Jahren wissenschaftlich genutzten fünf Persönlichkeitsdimensionen sind:

Persönlichkeits-dimension	Beschreibung	Unterskalen (= Facetten)
Extraversion	Personen mit hoher Ausprägung sind eher gesprächig, energiegeladen und bestimmt. Personen mit niedriger Ausprägung sind eher ruhig, reserviert und schüchtern.	Herzlichkeit – Geselligkeit – Durchsetzungsfähigkeit – Aktivität – Erlebnishunger – Frohsinn
Offenheit für Erfahrungen	Personen mit hoher Ausprägung sind eher kreativ, intellektuell und offen. Personen mit niedriger Ausprägung sind eher einfach, oberflächlich und unintelligent.	Offenheit für Erfahrungen mit: Fantasie – Ästhetik – Gefühle – Handlungen – Ideen – dem Normen- und Wertesystem
Neurotizismus	Personen mit hoher Ausprägung sind eher emotional instabil, launenhaft und besorgt. Personen mit niedriger Ausprägung sind eher emotional stabil, zufrieden und gelassen.	Ängstlichkeit – Reizbarkeit – Depression – Soziale Befangenheit – Impulsivität – Verletzlichkeit
Soziale Verträglichkeit	Personen mit hoher Ausprägung sind eher freundlich, mitfühlend und verlässlich. Personen mit niedriger Ausprägung sind eher kalt, streitsüchtig und unbarmherzig.	Vertrauen – Freimütigkeit – Altruismus – Entgegenkommen – Bescheidenheit – Gutherzigkeit
Gewissenhaftigkeit	Personen mit hoher Ausprägung sind eher gut organisiert, verantwortungsbewusst und vorsichtig. Personen mit niedriger Ausprägung sind eher verantwortungslos, sorglos und leichtfertig.	Kompetenz – Ordentlichkeit – Pflichtbewusstsein – Leistungsstreben – Selbstdisziplin – Besonnenheit

Mich interessierte schon während meines Studiums, ob – und wenn ja inwieweit – sich BDSMler in ihren Persönlichkeitseigenschaften von anderen Menschen unterscheiden. Daher untersuchte ich im Rahmen meiner Diplomarbeit (unter anderem mithilfe der »Big Five«) die Unterschiede zwischen Nicht-BDSMlern und drei Obergruppen von BDSMlern, nämlich: dominante Sadisten, submissive Masochisten und Switcher. Letztere sind Menschen, die sowohl die dominant-sadistische als auch die submissiv-masochistische Rolle als sexuell erregend erleben können. Meine Diplomarbeit basierte auf einem von mir entwickelten Online-Fragebogen. Dieser wurde einerseits in verschiedenen sozialen Netzwerken und andererseits über Internetforen und Newsletter innerhalb der BDSM-Szene beworben. 1627 Personen füllten den gesamten Fragebogen aus, der aus mehreren Unter-Fragebögen bestand. Unter den Versuchspersonen waren 271 Sadisten, also Menschen, die angaben, über einen Zeitraum von mehr als sechs Monaten durch das Erniedrigen und/oder Schmerzzufügen anderer Menschen sexuell erregt worden zu sein. Da ich alle BDSM-Versuchspersonen über szeneninterne Netzwerke zur Teilnahme an meiner Umfrage gewinnen konnte, ist davon auszugehen, dass es sich bei den befragten Sadisten um einvernehmliche Sadisten handelt. Denn wie bereits erwähnt, haben gefährliche Sadisten in aller Regel weder ein Interesse an der BDSM-Szene noch würden sie darin geduldet werden.

Die typischen »Big-Five-Profile« der 271 Sadisten aus der BDSM-Szene, welche an meiner Diplomarbeit teilgenommen hatten, wollte ich mit den entsprechenden typischen Profilen gefährlicher Sadisten vergleichen. Dies war mir möglich, da das Fünf-Faktoren-Modell der Persönlichkeit das grundlegendste psychologische Modell in der Persönlichkeitsforschung ist. Daher gibt es einiges Datenmaterial zu Auffälligkeiten von Straftätern in den fünf grundlegenden Persönlichkeitsdimensionen. Weil sexuell sadistische Straftäter in aller Regel auffällig erhöhte Psychopathie-Werte aufweisen – also kriminelle sadistische Psychopathen sind –, schaute ich mir die aktuelle Forschungslage zu Psychopathen im

Zusammenhang mit den »Big Five« an. Dabei stellte ich fest, dass kriminelle Psychopathen tatsächlich ein typisches Profil im »Fünf-Faktoren-Modell« zu haben scheinen. Eine Forschergruppe der SRH Hochschule Heidelberg stellte 2011 im Rahmen der Untersuchung eines neuen Psychopathie-Messverfahrens (CAPP – »Comprehensive Assessment of Psychopathic Personality«) fest: Starke Psychopathie zeichnet sich offenbar durch unterdurchschnittliche soziale Verträglichkeit, unterdurchschnittliche Gewissenhaftigkeit und eine Mischung aus einerseits unter- und andererseits überdurchschnittlich ausgeprägten Facetten der Bereiche »Neurotizismus«, »Extraversion« und »Offenheit für Erfahrungen« aus. Dieses typisch psychopathische Profil im »Fünf-Faktoren-Modell« der Persönlichkeit verglich ich mit dem typischen Profil einvernehmlicher Sadisten, welches auf einigen der Ergebnisse meiner Diplomarbeit basiert.

Das Resultat dieses Vergleichs ist in der folgenden Tabelle dargestellt. Ein Minus-Zeichen in der Tabelle bedeutet, dass diese Eigenschaft bei dieser Gruppe signifikant – also überzufällig – niedriger ausgeprägt ist als bei statistisch durchschnittlichen Menschen. Ein Plus-Zeichen bedeutet, die Eigenschaft ist überzufällig stärker ausgeprägt, und ein Gleich-Zeichen bedeutet, es gibt keinen überzufälligen Unterschied zum Durchschnittsbürger:

Sadismus-Modell der Unterschiede in den Big-Five-Profilen Lydia Benecke, 2014	
Gefährliche Sadisten = **stark psychopathisch** (Psychopathieprofil nach E. Stoll, H. Heinzen, D. Köhler & C. Huchzermeier, 2011)	**Einvernehmliche Sadisten** = **nicht bis mittelgradig psychopathisch** (Profil inklinierender Sadisten nach Lydia Benecke, 2009)
Soziale Verträglichkeit: (–)	Soziale Verträglichkeit: (–)
Gewissenhaftigkeit: (–)	**Gewissenhaftigkeit: (=)** **leichte Tendenz zu: (+)**
Neurotizismus: (uneinheitlich)	**Neurotizismus: (–)**

Sadismus-Modell der Unterschiede in den Big-Five-Profilen Lydia Benecke, 2014	
– Ängstlichkeit: (–) – soziale Befangenheit: (–) – Verletzlichkeit (gegenüber Stress): (–)	– Ängstlichkeit: (–) – soziale Befangenheit: (–) – Verletzlichkeit (gegenüber Stress): (–)
– **Reizbarkeit** **(auch Feindseligkeit): (+)** – **Impulsivität: (+)**	– **Aggressivität: (=)** **leichte Tendenz zu: (+)** – **Impulsivität: (=)** **leichte Tendenz zu: (–)**
Extraversion: (uneinheitlich)	**Extraversion: (=)** **Tendenz zu: (+)**
– Durchsetzungsfähigkeit: (+) – Erlebnishunger: (+)	– Dominanzstreben: (+) – Erlebnishunger: (+)
– Herzlichkeit: (–)	
Offenheit für Erfahrungen: (uneinheitlich)	Offenheit für Erfahrungen: (=) Tendenz zu: (+)
– Offenheit für Handlungen: (+)	
– Offenheit für Gefühle: (–)	

Die in dieser Tabelle hervorgehobenen Persönlichkeitsdimensionen und Facetten machen die Unterschiede zwischen den typischen »Big Five«-Profilen der gefährlichen und der einvernehmlichen Sadisten deutlich. Doch auch die Gemeinsamkeiten der beiden Gruppen passen in mein bisher dargestelltes Modell.

Interessante Gemeinsamkeiten

Narzissmus: Dominanz und mangelnde soziale Verträglichkeit
Erste Gemeinsamkeit der beiden Sadistengruppen

Beide Sadistengruppen weisen im Vergleich zum Durchschnittsbürger eine unterdurchschnittliche »soziale Verträglichkeit« auf. Dies passt gut zu meiner Annahme, dass es sich bei Sadisten stets um – mehr oder weniger stark – narzisstische Menschen handelt. Denn die sechs Facetten dieser Persönlichkeitsdimension sind inhaltlich Eigenschaften, die dem typischen Narzissmus eher zuwiderlaufen: Vertrauen, Freimütigkeit, Altruismus (also eher selbstlose Hilfsbereitschaft), Entgegenkommen, Bescheidenheit und Gutherzigkeit. Zum Narzissmus passt ebenfalls die Gemeinsamkeit, dass die zum Obermerkmal »Extraversion« gehörenden Werte für Durchsetzungsfähigkeit bzw. Dominanzstreben bei beiden Gruppen überdurchschnittlich stark ausgeprägt sind.

Erlebnishunger, wenig Ängstlichkeit und wenig Stressanfälligkeit
Zweite Gemeinsamkeit der beiden Sadistengruppen

Ebenso ist die Gemeinsamkeit beider Sadistengruppen in Bezug auf das Merkmal »Neurotizismus« interessant: Sadisten – egal ob gefährliche oder einvernehmliche – scheinen wenig zu sozialer Befangenheit, Stressanfälligkeit oder Ängstlichkeit allgemein zu neigen. Dies lässt sich als Auswirkung des Narzissmus einerseits, aber auch als Auswirkung des starken Erlebnishungers andererseits deuten. Die Eigenschaft »Erlebnishunger« wird in der Psychologie auch »Sensation Seeking« genannt, was so viel wie »Reizsuchverhalten« bedeutet. Menschen mit großem Erlebnishunger brauchen immer wieder neue Erlebnisse und starke, abwechslungsreiche Reize in ihrem Leben, um sich wohl zu fühlen. Dieses Merkmal scheint – ebenso wie Intelligenz – stark genetisch bedingt zu sein. Mit ihm hängt wahrscheinlich auch die bei beiden Gruppen vorhandene Tendenz zur »Offenheit für Erfahrungen« zusammen. Dabei deuten vor allem die Ergebnisse bei den kriminellen Psychopathen darauf hin, dass sie zwar offen für Erfahrungen mit Handlungen unterschiedlicher Art, aber nicht für Erfahrungen mit Gefühlen sind; kein Wunder, wenn man bedenkt, dass Psychopathen allgemein zu vermindertem Gefühlserleben neigen.

Sensation Seeking
– Suche nach intensiven Erlebnissen

Das einzig Konstante im Leben eines starken Sensation Seekers ist Veränderung.

(*Marvin Zuckerman*)

Der US-amerikanische Psychologe Marvin Zuckerman entwickelte ab den 8oer Jahren das Konzept des »Sensation Seeking« als Persönlichkeitsmerkmal. Seiner Theorie zufolge weisen Menschen unterschiedliche optimale Erregungs- und Stimulationsebenen auf, bei denen sie sich wohl fühlen. Der eine sucht in seinem Leben eher nach Ruhe und Entspannung, der andere eher nach Abenteuern und Kicks. Zuckerman ging schon früh davon aus, dass die Ursache für diese Unterschiede zwischen Menschen in den jeweiligen Ausprägungen ihres Hirnstoffwechsels zu finden sind. Diese werden wiederum unter anderem von den Erbanlagen bestimmt, was die mögliche Vererbbarkeit dieser Persönlichkeitseigenschaft erklären würde. Will eine Person ein für sie optimales, angenehmes Anregungsniveau erreichen, muss sie bei der Suche nach Sinneseindrücken ein entsprechendes Verhalten zeigen. Sie reguliert das Ausmaß ihres Erregungsniveaus hierbei, indem sie stimulierende Reize sucht oder vermeidet. Zuckerman bezeichnet Personen mit einem hohen optimalen Erregungs- und Stimulationsniveau als starke »Sensation Seeker«. Das Persönlichkeitsmerkmal »Sensation Seeking« beschreibt er demzufolge als Verhaltenstendenz, nach neuen, abwechslungsreichen Eindrücken zu suchen und dabei die Bereitschaft zu zeigen, dafür physische und soziale Risiken einzugehen.

Zuckerman teilt das Merkmal »Sensation Seeking« in vier Untergruppen ein:
- Experience Seeking (»Suche nach neuen Erfahrungen«)
- Disinhibition (»Freizügigkeit«)
- Thrill and Adventure Seeking (»Suche nach Abenteuern«)
- Boredom Susceptibility (»Vermeidung von Langeweile«)

Entscheidende Unterschiede

Gewissenhaftigkeit
Erstes Unterscheidungsmerkmal der beiden Sadistengruppen

In der Persönlichkeitsdimension »Gewissenhaftigkeit« unterscheiden sich meinem Modell zufolge gefährliche – also stark psychopathische – von einvernehmlichen Sadisten. Bei stark ausgeprägten Psychopathen ist »Gewissenhaftigkeit« signifikant – also überzufällig – schwächer ausgeprägt als bei statistisch durchschnittlichen Menschen. Dies ist bei einvernehmlichen Sadisten nicht der Fall. Sie weisen im Gegenteil sogar eine leichte Tendenz in Richtung stärker ausgeprägter »Gewissenhaftigkeit« auf als ihre Mitmenschen. Dies passt zu meiner bereits erläuterten Annahme, dass einvernehmliche Sadisten eher erfolgreiche und gefährliche Sadisten eher erfolglose Narzissten sind. Erfolglose Narzissten sind sehr wahrscheinlich unter anderem deshalb erfolglos, weil es ihnen an einigen Komponenten der Persönlichkeitsdimension »Gewissenhaftigkeit« fehlt. So ist der Mangel an Kompetenz, Ordentlichkeit, Pflichtbewusstsein, Selbstdisziplin und Besonnenheit offensichtlich nicht hilfreich für einen Narzissten, der gerne erfolgreich durchs Leben gehen würde. Genau über diese Facetten der »Gewissenhaftigkeit« scheinen einvernehmliche Sadisten aber in befriedigendem bis überdurchschnittlichem Ausmaß zu verfügen.

Reizbarkeit und Impulsivität
Zweites Unterscheidungsmerkmal der beiden Sadistengruppen

Ein weiterer wichtiger Unterschied zwischen diesen beiden Gruppen besteht in Bezug auf zwei Facetten der Persönlichkeitsdimension »Neurotizismus«. Sind diese beiden Facetten in einem Menschen eher stark ausgeprägt, dann wirkt sich dies auf verschiedene Verhaltensweisen ungünstig aus. So sind starke Psychopathen überzufällig häufig stark reizbar bis feindselig sowie impulsiv. Ein Muster, das sich auch bei sexuell sadistischen Serientätern erkennen lässt, die stets deutlich erhöhte Psychopathiewerte aufweisen. Diese Täter haben aufgrund früher traumatischer Erlebnisse ein negatives Bild von sich wie auch von ihren Mitmenschen entwickelt. Daher sind sie anderen Menschen gegenüber eher misstrauisch und feindselig. Entsprechend ist bei starken Psychopathen die Extraversions-Facette »Herzlichkeit« deutlich schwächer ausgeprägt als bei statistisch durchschnittlichen Menschen. Im Gegensatz dazu sind einvernehmliche Sadisten nicht aggressiver als andere Menschen, wenn sie auch eine leichte Tendenz in diese Richtung aufweisen. Insgesamt haben diese Sadisten sogar deutlich niedrigere Neurotizismus-Werte als alle anderen in meiner Diplomarbeit untersuchten Personengruppen, sie sind also insgesamt emotional stabiler als andere Menschen. Hinzu kommt, dass einvernehmliche Sadisten sich im Merkmal Impulsivität nicht deutlich von anderen Menschen unterscheiden – ein wichtiger Unterschied zu stark psychopathischen Menschen wie sexuell gefährlichen Sadisten. Interessanterweise zeigen die einvernehmlichen Sadisten sogar eine leichte Tendenz dazu, weniger impulsiv zu sein als ihre Mitmenschen: Sie geben weniger schnell ihren spontanen Bedürfnissen nach, sondern steuern sich und ihr Verhalten sehr gezielt. Dies ist eine der wichtigsten Grundlagen für einvernehmlichen BDSM.

Schaut man sich diese entscheidenden Unterschiede in den »Big Five«-Profilen der beiden Sadistengruppen an, so wird deutlich: Meine drei mittelgradig psychopathischen Interviewpartner hatten mit der Gesamteinschätzung dazu, was sie von gefährlichen Sadisten unterscheidet, auch aus wissenschaftlicher Sicht insgesamt Recht.*

---

* Weitere Infos unter www.benecke-psychology.com unter »Extras zum Buch: Sadisten – Tödliche Liebe«, Passwort: prudentia_potentia_est.

KAPITEL 9

DAVID PARKER RAY –
DER SPIELZEUGKISTEN-MÖRDER

Jedes Puzzle hat seine Stücke.

(Untertitel des Horrorfilms »SAW«)

Stellen Sie sich vor, Sie wachen in völliger Dunkelheit auf. Sie merken, dass Ihr Körper nackt und vollständig gefesselt ist, sodass Sie sich keinen Millimeter bewegen können. Ihre gespreizten Beine sind auf einer Vorrichtung fixiert, die Sie an einen gynäkologischen Stuhl erinnert. Plötzlich wird die Stille um sie herum von der Stimme eines Mannes unterbrochen:

»Hallo Schlampe, sitzt du gerade bequem? Ich bezweifle es. Hand- und Fußgelenke gefesselt. Geknebelt. Wahrscheinlich mit verbundenen Augen. Du bist desorientiert und auch verängstigt, könnte ich mir vorstellen. Vollkommen verständlich, unter diesen Bedingungen. Für eine kleine Weile mindestens wirst du dich zusammenreißen und diesem Band zuhören müssen. Es ist sehr relevant für deine Situation. Ich werde dir im Detail sagen, warum du entführt wurdest, was mit dir passieren wird und wie lange du hier sein wirst.«

Was würden Sie denken, wenn Sie diese Worte hören würden? Wenn das Letzte, woran Sie sich erinnern könnten, ein ausgelassener Abend mit Bekannten in einer Bar wäre. Sie würden überlegen, wie Sie in diese Lage gekommen sind. Wo Sie überhaupt sind und wer Sie festhält. Vor allem würden Sie sich wohl fragen, was mit Ihnen geschehen wird und zu welchem Zweck genau Sie entführt wurden. Vielleicht kommt Ihnen der Gedanke, dies könnte geradezu eine Szene aus einem Horrorfilm sein. Doch das ist es nicht. Die Stimme, die Sie gehört haben, kommt von dem sehr realen Tonbandgerät eines sehr realen Täters. Stellen Sie sich vor, sie liegen dort, vollkommen hilflos, und müssen weiter den Worten vom Band lauschen. Die Stimme scheint genau zu wissen, was gerade in Ihnen vorgeht und wie Sie die fürchterliche Situation erleben:

»Du bist sehr verängstigt oder sehr wütend. Ich bin sicher, dass du bereits versucht hast, deine Hand- und Fußgelenke loszumachen, und weißt, dass du es nicht kannst. Nun wartest du einfach, um zu sehen, was als Nächstes passieren wird.« Dann erklärt die Stimme, dass Sie zu einer Sexsklavin gemacht werden. Was Sie genau erwartet, wird Ihnen ausführlich geschildert: »Alles läuft darauf hinaus, dass du nackt gehalten und wie ein Tier angekettet werden wirst, um benutzt und missbraucht zu werden, jederzeit wenn wir es wollen, und auf jede Art, die wir wollen. Und du solltest anfangen, dich daran zu gewöhnen. Denn du wirst hier festgehalten und benutzt werden, bis zu dem Zeitpunkt, an dem wir es müde sein werden, mit dir herumzuvögeln. Und das werden wir, vielleicht in einem Monat oder zwei, möglicherweise auch drei. Es ist keine große Sache. Meine Herzensdame und ich halten seit Jahren Sexsklaven. Wir haben perverse Vorlieben, Vergewaltigung, Kerkerspiele und so weiter. Wir haben herausgefunden, dass es extrem praktisch ist, ein oder zwei weibliche Gefangene ständig verfügbar zu halten, um unsere besonderen Bedürfnisse zu befriedigen.«

Eine einsame Kindheit

Hier kann alles passieren, und das tut es oft. Wir leben gerne in den Wäldern, denn dort es ist ruhig, abgelegen, und jeder kümmert sich um seine eigenen Belange.

(aus den Tonband-Aufnahmen von David Parker Ray)

David Parker Ray, der Mann, der diese Worte an seine Opfer richtet, kommt am 6. November 1939 in der Kleinstadt Belen im Bundesstaat New Mexico zur Welt. Seine Großeltern väterlicherseits haben etwa zwanzig Jahre zuvor im Umland der Stadt Mountainaire in Arizona etwas Land erworben. Mithilfe ihrer beiden Söhne und durch harte Arbeit bauten sie sich in der abgelegenen Gegend eine Farm auf. Das Leben dort war trostlos und hart. Beide Söhne verließen diesen Ort, sobald sie alt genug waren, um eigenes Geld zu verdienen. Einer von ihnen, Cecil Ray, lernte während der Arbeitssuche eine junge Frau namens Nettie Parker kennen. Die beiden verliebten sich, heirateten und bekamen zwei Kinder: David und, ein Jahr später, Peggy. David wurde nach seinem verstorbenen Onkel, dem Bruder seiner Mutter, benannt. Dieser war von seinem eigenen Bruder während eines Streits erschossen worden. Das schlechte Omen dieser Namensgebung bildet nur den Anfang einer langen, düster-tragischen Lebensgeschichte.

Die junge Familie lebt auf der Farm von Netties Eltern in der Kleinstadt Belen. Das Familienleben gestaltet sich alles andere als idyllisch: Cecil Ray ist bekannt für seinen Alkoholismus und sein aufbrausendes Temperament. Die ohnehin belastete Ehe beendet er schließlich, indem er seine Frau und die beiden Kinder verlässt und die Scheidung einreicht. Zu diesem Zeitpunkt ist David zehn Jahre alt. Er leidet sehr unter dem plötzlichen Verlust seines Vaters, der sich von da an nicht mehr für seine Kinder interessiert. Als sei dies nicht schlimm genug, schickt die Mutter David und Peggy zu ihren Großeltern väterlicherseits ins siebzig Autokilometer entfernte Mountainaire. Von heute auf morgen werden David und Peggy aus ihrer gewohnten Umgebung gerissen und verlieren dadurch nicht nur ihren Vater, sondern auch die Mutter und die Großeltern, mit denen sie bis dahin ihr Leben verbrachten.

War das Familienleben in Belen schon nicht besonders idyllisch, so erwarten die Kinder auf der abgelegenen Farm ihrer Großeltern in Mountainaire noch unerfreulichere Lebensumstände. Großvater Ray ist ein strenger, kühler Mann, der hohe Anforderungen an seine Enkelkinder stellt. Zucht, Ordnung und fundamentalistisch religiöse Ansichten sind die Erziehungsgrundsätze, welche die Großeltern David und Peggy vermitteln. Die Kinder werden stets sauber und akkurat für die Schule angekleidet und sollen sich vorbildlich benehmen. Vor und nach dem Schulbesuch haben sie auf der Farm zu arbeiten. Regelverstöße und Fehler werden mit Schlägen bestraft.

Auch in der Schule ist es vor allem für David nicht einfach, er ist schüchtern und wird von seinen Mitschülern gehänselt. Lange Zeit lässt er dies über sich ergehen oder verteidigt sich nur verbal. Gelegentlich schlägt er auch körperlich zurück. Er baut ein freundschaftliches Verhältnis zu einer Klassenkameradin auf, die auf der benachbarten Ranch wohnt. Sie erlebt David als in sich gekehrten

Jungen, der unter den schwierigen familiären Umständen und den selbst für die damalige Zeit sehr strengen Erziehungsmethoden seiner Großeltern leidet. Seine Probleme versucht er sich nicht anmerken zu lassen, er verbringt viel Zeit alleine in der Natur. Davids Mutter besucht ihn und Peggy nur selten und bleibt dabei eher reserviert. Der Vater kommt in all den Jahren nur zwei Mal zu Besuch, wobei ihm die Kinder offenkundig gleichgültig sind.

Als Teenager entdeckt David seine Liebe zu mechanischen Dingen. Von seinen Großeltern bekommt er einen Motorroller, auf der abgelegenen Farm ein sinnvolles Geschenk. David nutzt ihn nicht nur für Fahrten, sondern ist auch fasziniert von der Funktionsweise der Maschine. Ihm wird klar, dass er ein natürliches Verständnis für logische Zusammenhänge und Maschinen besitzt. Diese Stärke bringt ihm auch eine neue soziale Stellung unter seinen Schulkameraden ein, deren Fahrräder und Motorroller er fortan repariert. Vom zurückgezogenen Außenseiter entwickelt sich David zum zunehmend selbstsicheren jungen Mann. Parallel zu dieser Entwicklung entdeckt er seine sexuelle Vorliebe für Macht und Schmerzzufügung. Mit dreizehn merkt er, dass es ihn sexuell erregt, sich gefesselte Frauen vorzustellen und auch zu zeichnen. Bald stellt er sich vor, sie nicht nur zu fesseln, sondern auch zu foltern. Später behauptet er, seinen ersten Sexualmord schon als Teenager tief in den Wäldern begangen zu haben. Ob dies der Wahrheit entspricht oder nur Teil seiner damals aufkeimenden Fantasien ist, kann nie geklärt werden.

Immer wieder große Leidenschaft, große Liebe

Ich zog Vergnügen daraus, Frauen Vergnügen zu bereiten.
Ich tat das, wovon sie wollten, dass ich es mit ihnen tue.

(David Parker Ray nach seiner Verhaftung)

David ist achtzehn, als seine Großmutter unerwartet stirbt und er zu seiner Mutter nach Albuquerque zieht. Seine Schwester bleibt in Mountainaire. Zu diesem Zeitpunkt scheint ihm der erneute Verlust aller alten sozialen Kontakte nichts auszumachen. Er versucht nicht einmal, mit seiner einzigen Kindheitsfreundin Kontakt zu halten. Gleich nach seinem Schulabschluss in Albuquerque macht er sein Hobby zum Beruf und wird Mechaniker. Er zieht in eine eigene Wohnung und verliebt sich in eine ein Jahr jüngere Frau namens Lela. Die beiden heiraten keine zwei Jahre später. Die Ehe währt nur kurz, denn David lässt seine bald schwangere Frau zurück, um für die US-Armee auf Auslandseinsätzen Maschinen zu reparieren.

Lela ist nicht damit einverstanden, längerfristig eine Fernbeziehung zu führen, bei der sie ihren Mann nur alle paar Monate zu Gesicht bekommt. David seinerseits scheint seine Freiheit und eine gewisse Distanz zu brauchen. Da kein vernünftiger Kompromiss gefunden werden kann, reicht er, gerade 21-jährig, nach weniger als zwei Jahren Ehe die Scheidung ein. Lela überlässt ihm das Sorgerecht für das gemeinsame, neun Monate alte Kind David Junior. Da sich David angesichts seiner Arbeit nicht um seinen kleinen Sohn kümmern kann, überzeugt er ironischerweise seine Mutter, für den Jungen zu sorgen. So zieht die Frau, welche ihre beiden Kinder nach gescheiterter Ehe ihren Schwiegereltern überließ, den nun gleichsam elternlos gewordenen Jungen auf.

David Parker Rays düstere sexuelle Fantasien entwickeln sich unabhängig von seinem nach außen hin normal erscheinenden Leben weiter, unbemerkt von den Menschen in seiner Umgebung. Für diese ist er der stets freundliche und, was Maschinen angeht, überaus kompetente Nachbar und Arbeitskollege. Niemand ahnt, dass die Tagträume in seinem Kopf zur grausigen Realität für seine Opfer werden sollen.

»Wie ich zuvor schon sagte«, wird er später auf seinem Band sagen, »du wirst wie ein Tier gehalten. Ich schätze, ich mache das schon zu lange. Ich vergewaltige Schlampen schon, seit ich alt genug war, um zu wichsen und die Hände kleiner Mädchen auf ihrem Rücken zu fesseln. Soweit es mich betrifft, bist du ein schönes Stück Fleisch, um benutzt und ausgebeutet zu werden. Ich scheiß drauf, was du denkst oder wie du dich in dieser Situation fühlst. Du magst verheiratet sein, ein oder zwei Kinder haben, einen festen Freund oder eine feste Freundin, eine Arbeit, ein Auto, Rechnungen. Scheiß drauf. All das ist mir verfickt egal, und ich will nichts davon hören. Darum wirst du dich kümmern müssen, nachdem du freigelassen worden bist.

Hier bist du nicht mehr wert als ein Hund oder eines der Tiere draußen in der Scheune. Dein einziger Wert für uns ist der, dass du einen attraktiven, brauchbaren Körper hast. Wie der Rest unserer Tiere wirst du gefüttert und mit Wasser versorgt werden, in gutem körperlichem Zustand und in vernünftigem Maße sauber gehalten werden, und wenn es notwendig ist, wirst du die Toilette benutzen dürfen. Im Gegenzug wirst du benutzt werden, besonders während deiner ersten Tage, wenn du noch neu und frisch bist.« In der Folge malt Ray genüsslich diverse sadistische Sexualpraktiken aus, zu denen er abschließend aber sagt: »Und das ist noch der einfache Teil. Unsere Fetische und Vorlieben beinhalten feste Fesselungen, Kerkerspiele, ein wenig Sadismus, nichts Gravierendes, aber es wird unangenehm und manchmal schmerzhaft sein. Nur ein paar kleine Vorlieben, die wir gerne nutzen, wenn wir uns an einer Schlampe austoben. Falls du ein kleines Teenie-Mädchen bist und nichts über Fetische und ungewöhnliche Vorlieben weißt, wirst du einen aufschlussreichen Crashkurs in Sachen Sex bekommen. Wer weiß, vielleicht wirst du einiges davon sogar mögen. Das passiert manchmal. Wenn wir uns die Zeit nehmen und die Mühe machen, können die meisten Schlampen selbst unter diesen Bedingungen zum Orgasmus gebracht werden.«

Die Fantasien, welche Ray später in grausam ausgeklügelter Perfektion umsetzt, kann er in seinen jungen Erwachsenenjahren zumindest noch nicht in dem von ihm erträumten Umfang ausleben. Wie die später gefundenen Tonbänder zeigen, sind seine Fantasien ein Paradebeispiel für die Eigenschaften, welche uneinvernehmliche Sadisten ausmachen: Seine Opfer sind, wie er selbst sagt, nicht mehr als brauchbares Fleisch für ihn. Seine ultimative sexuelle Stimulation sind ihre Reaktionen, die ihm zeigen, dass er die Macht hat, sie dieses Grauen erleben zu lassen. Selbst seine Anmerkung, er könne sie zur Not auch zu einem Orgasmus bringen, ist ein Ausdruck seiner ultimativen Machtfantasie. Einen Menschen, der dies nicht will, in einer Situation, die für ihn ein Albtraum ist, zu einem Orgasmus zu zwingen, dies ist eine ultimative Grenzüberschreitung. Und gewalttätig möglichst alle körperlichen und psychischen Grenzen seiner Opfer zu überschreiten, das ist Rays Ziel – seine persönliche sexuelle und narzisstische Erfüllung.

Doch zunächst versucht Ray noch, sich ein ansatzweise normales Leben aufzubauen. Als er einige Monate nach der Scheidung von Lela eine junge Frau namens Mary kennenlernt, die er begehrenswert findet, ahnt diese nichts von seinen düsteren Abgründen. Der gutaussehende und charismatische Mann zieht sie schnell in seinen Bann. Überglücklich willigt Mary schon in kürzester Zeit ein, seine Frau zu werden. Doch nach nur drei Monaten Ehe reicht der inzwischen 23-Jährige seine zweite Scheidung ein.

Offensichtlich ist er einer Frau so schnell überdrüssig, wie er zu Beginn von ihr begeistert ist. Einerseits deuten die überhasteten Eheschließungen auf seinen großen Wunsch nach Nähe in einer Beziehung hin, andererseits hält er diese Nähe in einer normalen Ehe offensichtlich nicht aus. Dieses Schwanken zwischen Nähe und Distanz ist ein Muster, das alle in diesem Buch bisher dargestellten gefährlichen Sadisten gemeinsam haben und das auf ihre borderlinigen Persönlichkeitsanteile zurückzuführen ist.

Wenige Monate später verliert Ray seine Anstellung als Mechaniker bei der Armee. Zunächst zieht der 24-Jährige wieder zu seiner Mutter, die mit ihrem neuen Ehemann zusammenlebt. Dank diesem gelingt es ihm schnell, eine neue Stelle als Lastwagenfahrer zu finden. Etwa zwei Jahre lebt Ray mit dem Paar und seinem kleinen Sohn zusammen. Wie er in dieser Zeit seine sexuellen Bedürfnisse befriedigt, ist nicht bekannt.

Mit sechsundzwanzig verliebt sich Ray erneut stürmisch, diesmal in die 18-jährige Glenda. Diese ist bereits alleinerziehende Mutter eines kleinen Jungen. Da auch er einen inzwischen sechsjährigen Sohn hat, stört ihn dies nicht. Er überzeugt Glenda, ihn zu heiraten und mit ihrem Sohn in das Haus seiner Mutter zu ziehen. Im Mai 1967 wird die gemeinsame Tochter Glenda Jean geboren, die von ihm Jesse gerufen wird. Zu diesem Zeitpunkt ist er seit etwa anderthalb Jahren mit Glenda zusammen. Sein Interesse an der jungen Frau lässt deutlich nach. Er fühlt sich eingeschränkt von der beengenden Familienstruktur im Haus seiner Mutter. Das Zusammenleben mit drei kleinen Kindern bietet nur wenig Raum für das Ausleben jedweder sexueller Bedürfnisse. Nach nur wenigen Monaten hält Ray es nicht länger aus, und er macht sich aus dem Staub – genau wie es einst sein Vater getan hat.

Vom Familienvater zum Hippie und zurück

Oh wenn ich nun zurückschaue,
dieser Sommer schien für immer zu bleiben.
Und wenn ich die Wahl hätte,
yeah, ich würde immer dort sein wollen.
Dies waren die besten Tage meines Lebens.

(aus dem Song »Summer of 69« von Bryan Adams)

Ende 1967 geht Ray als langhaariger Hippie auf Wanderschaft. Er genießt die euphorische Stimmung des gesellschaftlichen Umbruchs und der schier grenzenlosen Freiheit, welche die Hippie-Bewegung zu dieser Zeit mit sich bringt. Sie muss ein unglaublicher Kontrast zur Atmosphäre seiner Kindheit bei den streng religiösen Großeltern sein. Ray ist jetzt achtundzwanzig, selbstsicher, attraktiv und hat ein unglaubliches Talent dafür, Menschen für sich zu gewinnen. Es ist ein Leichtes für ihn, jugendliche Hippie-Mädchen zu verführen und sie zu seinen »Reise-Abschnitts-Gefährtinnen« zu machen. Von der biederen Familie, die er zurückgelassen hat, erzählt er niemandem. Durch seine Ausstrahlung und seine Kompetenz, was die Reparatur unterschiedlichster Maschinen angeht, gelingt es ihm, immer wieder kurzfristige Arbeitsmöglichkeiten zu finden. Wo auch immer er sich für Tage, Wochen oder sogar Monate niederlässt, schätzen ihn die Leute als klugen, freundlichen, hilfsbereiten und sogar sanften Menschen. Nach mehr als einem Jahr voller Drogen, Sex und Rock'n'Roll wird Ray aber auch dieses Lebens überdrüssig. Im Herbst 1968 kehrt er zu seiner Frau Glenda und den Kindern zurück, die immer noch mit seiner Mutter und deren Mann zusammenleben.

Zurück im Kreis der Familie ist er wie ausgewechselt. Er besorgt sich eine Festanstellung als Automechaniker und macht nebenbei eine Zusatzausbildung zum Flugzeugmechaniker. Nach außen hin ist er der verantwortungsvolle Vater dreier Kinder, immer für seine Familie da. Vielen Menschen mag diese krasse Wandlungsfähigkeit erstaunlich erscheinen. Doch wie ich auch in meinem Buch »Auf dünnem Eis – Die Psychologie des Bösen« beschrieben habe, verfügen psychopathische Menschen praktisch immer über einen Koffer voll mit psychologischen Masken, die sie je nach Bedarf aufsetzen und ablegen können. Wer oder was in ihrem Leben gerade die Nummer eins auf ihrer Prioritätenliste ist, hängt stark von der jeweiligen Situation und Stimmung ab. Ein mir bekannter psychopathischer Mann formulierte es einst in Bezug auf seine gerade aktuelle Haupt-Sexualpartnerin mit den Worten: »Sie ist meine Nummer eins, solange sie im Raum ist.« Dies veranschaulicht die Wankelmütigkeit im Fühlen und Denken psychopathischer Menschen sehr gut.

Etwa ein halbes Jahr nach seiner Heimkehr schließt Ray die Zusatzausbildung ab und findet eine neue, gut bezahlte Anstellung im Bundesstaat Oklahoma. Dorthin zieht er mit Glenda und den Kindern. Die neue Stelle ist wie geschaffen, um ihm narzisstische Aufwertung zu verschaffen: Er wird Ausbilder am angesehenen »Spartan College of Aeronautics and Technology« in Tulsa. Offenbar versucht Ray in dieser Zeit ernsthaft, ein normales Leben zu führen. Den drei Kindern scheint er ein freundlicher Vater zu sein, der sie nie schlägt oder anschreit. Er zieht sich für eine Weile völlig in seine erfolgreichen Rolle als Ausbilder einerseits und Vater und Ehemann andererseits zurück. Doch seine sexuellen Fantasien werden nicht weniger, er kann ihnen nicht entkommen, sosehr er es auf Verhaltensebene auch versucht. Später wird er aussagen, dass ihm selbst nicht klar ist, warum die sexuellen Bedürfnisse und Fantasien, Frauen zu quälen, in dieser Zeit zunehmend in seinen Alltag drängen. Es scheint, als würden sie umso heftiger, je mehr er sich bemüht, ein normales Leben zu führen. Das normale Leben, welches seine Familie von ihm erwartet.

Auch viele meiner kriminellen Klienten mit abweichenden sexuellen Bedürfnissen berichten davon, dass sich deren Intensität und Häufigkeit immer wieder verändert. In vielen Fällen werden die sexuellen Fantasien stärker, häufiger und auch in ihrem Inhalt drastischer, sogar brutaler, wenn der Betroffene unter zunehmendem Stress oder sonstiger emotionaler Belastung steht. Entsprechende Aussagen kenne ich sowohl von pädophilen als auch von sadistischen Klienten. Ray versucht während seiner Zeit in Oklahoma, ein Leben zu führen, welches nicht zu seiner Persönlichkeit passt. Er braucht wie alle psychopathischen Menschen Abwechslung, Freiheit, Kicks. Nichts davon bietet der monotone Alltag und das Familienleben, bei dem auch seine sexuellen Bedürfnisse erneut hinten anstehen. Solche Alltagsanforderungen zu bewältigen, ist für die meisten statistisch normalen Menschen kein großes Problem. Doch für eine Persönlichkeit wie die von Ray ist ein solcher Lebensstil wie ein zu enges Korsett, in dem er immer weniger Luft bekommt.

Erschwerend kommt in dieser Situation hinzu, dass David einer jener Psychopathen ist, die sexuelle Aktivität zur Regulierung ihrer Emotionen nutzen. Doch auch dies ist ihm zwischen Arbeit und Familienleben mit drei Kindern nicht in dem Maße möglich, wie es seinem Bedürfnis entsprechen würde. Das bedeutet, in dieser Lebenssituation steigt seine innere Anspannung, ausgelöst durch fehlende Abwechslung, fehlende Kicks, die Enge des monotonen Alltags. Gleichzeitig ist sein stärkstes Ventil zum Abbau unangenehmer Empfindungen, seine Sexualität, blockiert. Sein Inneres wird dadurch zunehmend zu einem Kochtopf, in dem das Wasser brodelt und überzukochen droht. Dieses brodelnde Wasser sind die immer drängenderen, immer brutaleren sexuellen Fantasien. Ray berichtet später, dass er in dieser Zeit teilweise keinen Orgasmus mehr erleben kann, ohne sich vorzustellen, eine Frau nicht nur zu vergewaltigen, sondern auch zu töten. Diese sexuellen Fantasien braucht er in der damaligen Lebenssituation, um dem Druck in ihm irgendein Ventil zu geben.

Immerhin einige Jahre hält Ray das Leben als scheinbarer Vorzeigefamilienvater durch. Dass er seiner Frau zuweilen mit Prostituierten oder Frauen, die er anderweitig kennenlernt, untreu ist, scheint diese stillschweigend hinzunehmen. Zwar kann Ray mit diesen Frauen zuweilen auch etwas härtere BDSM-Praktiken ausleben, doch dies ist, im Verhältnis zum in ihm wachsenden Druck und zu seinen eigentlichen Bedürfnissen und Fantasien, nur eine schwache Ersatzbefriedigung. Immerhin ist sein sexueller Drang aber so stark, dass er seine Sexualpartnerinnen vor seiner Frau und sogar den Kindern nicht versteckt. Diese bekommen seine sexuellen Vorlieben also früh mit, nicht nur wegen der immer wieder mitgebrachten Frauen, sondern auch weil er eindeutige Sexspielzeuge in der Wohnung aufbewahrt und diese, auch während die Kinder zu Hause sind, benutzt.

Trotz dieser im Vergleich zum Otto Normalverbraucher sicher außergewöhnlichen Freiheiten braucht Ray nach sechs Jahren einen Tapetenwechsel. Er zieht mit der Familie nach Texas um, wird Tankstellenbetreiber und nebenbei freiwilliger Feuerwehrmann. Aus der Perspektive seiner Persönlichkeit eine nachvollziehbare Entscheidung. Denn so narzisstisch aufwertend die Lehrtätigkeit an dem angesehenen Ausbildungsinstitut auch war, so sehr musste David sich dabei auch den Regeln des Betriebs und Vorgesetzten beugen. Ein Umstand, auf den psychopathische Menschen auf lange Sicht in aller Regel allergisch reagieren. Als selbstständiger Tankstellenbetreiber ist er sein eigener Boss, außerdem bringt die Nebenbeschäftigung bei der freiwilligen Feuerwehr mehr Abwechslung und Kicks in sein Leben.

Doch auch dies ist nur ein weiterer Lebensabschnitt, den Ray nach etwa zwei Jahren hinter sich lässt. Er verlagert den Wohnsitz seiner Familie zurück nach Albuquerque, wo er eine Anstellung bei einer großen Eisenbahngesellschaft erhält. Hier zeigt sich erneut sein vielseitiges handwerkliches Geschick. In der Vergangenheit arbeitete er an Fahrrädern, Motorrollern, Autos und Flugzeugen, in seinem neuen Job ist er für das Reparieren von Bahnschienen zuständig. Der Grund dafür ist »aus psychopathischer Sicht« naheliegend. Versuchen Sie, sich in seine Lage zu versetzen: Wenn Sie nach acht Jahren als Familienvater und in zwei festen Berufen die ständige Nähe, Monotonie, Verantwortung für die Kinder und sexuelle Frustration nicht aushalten könnten, welche Art von Beruf würden Sie sich dann suchen? Wahrscheinlich einen, in dem Sie viel auf Dienstreisen sind. Insofern ist die Anstellung in dieser Position bei der Eisenbahngesellschaft genau das Richtige für Ray.

Seine Frau Glenda, die Rays vorübergehendes Verschwinden am Anfang ihrer Ehe ebenso erduldet hatte wie seine Seitensprünge und seine alle Jahre wieder auftretenden Anwandlungen, mit einem anderen Job an einem anderen Ort sein Leben neu zu erfinden, hat jetzt langsam genug. Stets hatte sie Verständnis für seinen schwierigen Charakter und seine ungewöhnlichen Bedürfnisse gezeigt. Sie hatte sogar versucht, ihm seine sadistischen sexuellen Bedürfnisse zu erfüllen. Doch nun erneut praktisch alleine mit den Kindern dazustehen und David nur noch in unregelmäßigen Abständen wiederzusehen, das ist selbst für sie zu viel. 1981, nach vier Jahren dieser Fernbeziehung, wird auch Rays dritte Ehe geschieden. Zu den Kindern hält er von da an nur losen Kontakt.

Sadistische Träume werden wahr

Schuldbewusstsein. Das ist dieser Mechanismus, den wir nutzen, um Menschen zu kontrollieren. Es ist eine Illusion. Es ist eine Art gesellschaftlicher Kontrollmechanismus, und der ist sehr ungesund.

(Ted Bundy)

Noch ein weiteres Jahr arbeitet David als ständig Reisender. Dann erfindet er sich ein weiteres Mal neu, diesmal ohne den Druck und die Verantwortung, für eine Familie da sein zu müssen. Bis zu diesem Zeitpunkt war sein offizieller Name David Ray, doch wie viele Psychopathen beschließt er, passend zu seinem neuen Lebensabschnitt auch seinen Namen zu ändern. Anfang 1983 nimmt er nicht nur eine neue Stelle in einem neuen Bundesstaat an, sondern auch einen neuen Nachnamen, nämlich den Mädchennamen seiner Mutter. So wird aus David Ray, dem Gleisarbeiter, wohnhaft in New Mexico, David Parker, der leitende Mechaniker und Service-Manager eines Kfz-Handels in Arizona. Passend zum neuen Berufsleben legt er sich auch eine neue Ehefrau namens Joni-Lee zu. Gemeinsam erwerben sie Grundstücke in Stone Lake und Elephant Butte, zwei Städten in New Mexico. Ray (oder Parker, wie er jetzt heißt) reist wie eh und je viel umher. Seine neuen Grundstücke verschaffen ihm die Möglichkeit, ungestört seine sexuellen Fantasien auszuleben, mit Prostituierten oder Frauen, die er in Bars kennenlernt.

Wahrscheinlich führt Parker anfangs einvernehmlich, bald aber zunehmend uneinvernehmlich, BDSM-Handlungen mit verschiedenen Frauen durch. Was er eigentlich will, ist die echte, erzwungene Qual seines Gegenübers. Die einvernehmlichen Handlungen sind für ihn nur ein Ausprobieren, eine Ersatzbefriedigung. Ein Ausprobieren, weil er herausfinden will, welche Praktiken er mehr oder weniger erregend findet und wie diese in der Wirklichkeit funktionieren. Eine Ersatzbefriedigung, weil er noch keinen eigenen Raum hat, in dem er Frauen einsperren kann.

Früh wird Parker klar, dass er ohnehin nicht ansatzweise genug Sexualpartnerinnen finden kann, die seine sehr schmerzhaften und extremen Fantasien einvernehmlich mit ihm erleben möchten. Auf dem Tonband, welches er seinen Opfern später vorspielen wird, sagt er über frühere Entführungsopfer: »Bei zahlreichen Gelegenheiten haben mir Schlampen gesagt, dass sie alles tun würden, was ich will, wenn ich nur ihre Ketten lösen würde. Mir wurde Lösegeld angeboten, und ich hatte sogar Mädchen, die mir sagten, sie würden es (Anm.: Damit sind die harten, sexuell sadistischen Praktiken gemeint, die er an seinen Entführungsopfern auslebte) mögen. Doch ich mag es, die Ketten zu benutzen. Geld ist nicht so wichtig, und Masochisten sind verdammt rar.«

Das Herumreisen zwischen den drei Orten, an denen er Wohnmöglichkeiten besitzt, macht es Parker zum ersten Mal möglich, seine sexuellen Fantasien zunehmend in die Wirklichkeit umzusetzen. In Elephant Butte, von wo aus die mexikanische Grenze gut erreichbar ist, richtet er sich auf dem von ihm gepachteten Grundstück einen großen, weißen Anhänger der Marke Cargo ein. Dank seines handwerklichen Geschicks ist es ihm ein Leichtes, diesen so auszustatten, dass er sich nahezu perfekt zur Umsetzung seiner Fantasien eignet. Er baut den Anhänger so um, dass er schallisoliert ist, und füllt das Innere sowohl mit einem umgebauten gynäkologischen Stuhl als auch unzähligen Sexspielzeugen. Viele dieser Spielzeuge nutzt, erfindet und konstruiert David selbst. Er vertreibt sie sogar nebenbei über einen Versandhandel.

Seine Tochter Jesse bemüht sich sehr, den Kontakt zum Vater zu halten. Obwohl er während ihrer Kindheit immer wieder fort war und sich nie bemühte, sein Sexualleben vor ihr zu verbergen, hängt Jesse sehr an ihm. So besucht sie ihn immer wieder an seinen neuen Wohnorten. Sie entwickelt sich wie ihr Vater nicht entsprechend der vorherrschenden gesellschaftlichen Konventionen. So beginnt sie früh damit, regelmäßig Marihuana zu rauchen und sich sexuell für Frauen zu interessieren. In dieser Zeit gleicht sie sich äußerlich auch stärker einem Jungen an und besteht darauf, nicht Jean – also mit ihrem zweiten Vornamen –, sondern Jesse genannt zu werden. Parker, der immer schon betont hat, ein Freigeist zu sein, akzeptiert sie problemlos, wie sie ist. Zusammen machen sie Ausflüge in die Wildnis von Elephant Butte, gehen jagen und reparieren Maschinen. Jesse hat offensichtlich viele Gemeinsamkeiten mit ihrem Vater, und dieser scheint dies sehr positiv zu finden. Ihre Vorlieben für Waffen, Maschinen und Frauen sind das Ebenbild der seinen. Es wirkt, als bewundere sie ihn so sehr, dass sie genau wie er sein will.

Offenbar fühlt sich Parker irgendwann allzu sicher seiner Tochter gegenüber. So macht es ihm nichts aus, wenn sie mitbekommt, dass er in seinem umgebauten Anhänger Frauen offenbar auch gegen deren Willen festhält und foltert. Als Jesse dies klar wird, gerät sie in einen inneren Konflikt: Einerseits liebt sie ihren Vater abgöttisch und will ihm so nahe wie nur möglich sein. Andererseits geht das, was sie beobachtet, selbst nach allem, was sie seit ihrer Kindheit von ihm gewohnt ist, zu weit. Sie beschließt, die Straftaten ihres Vaters dem FBI zu melden. Er entführe und foltere Frauen, die er anschließend nach Mexiko als Sexsklaven verkaufe, berichtet die 19-Jährige den verdutzten Beamten. Die Geschichte erscheint ihnen sehr abstrus, doch laden sie Parker mehrmals zur Vernehmung vor.

Wortgewandt und charmant wie er ist, fällt es ihm jedoch leicht, die Beamten zu beschwichtigen. Vollkommen offen und scheinbar ohne jede Nervosität gibt er zu, dass seine sexuellen Vorlieben eindeutig im Bereich BDSM liegen. Freimütig erzählt der 47-Jährige, dass er seit frühester Jugend entsprechende Fantasien hat und seit Jahrzehnten auch auslebt. Selbstbewusst, entspannt und freimütig erklärt er den Beamten, dass er seine Neigung zufrieden und einvernehmlich mit entsprechend geneigten Partnerinnen auslebt. Die FBI-Ermittler glauben ihm. Merkwürdig kommt ihnen das, was sie da zu hören bekommen, schon vor. Doch sie haben keine Ahnung von derlei Dingen und können nicht im Entferntesten beurteilen, ob Parker ein harmloser oder doch ein gefährlicher Spinner ist.

Die Beurteilung von BDSM bei Ermittlungen

Das Wesen der Dinge hat die Angewohnheit, sich zu verbergen.

(Heraklit)

Damals, Ende der 80er Jahre, haben die FBI-Ermittler nicht den Hauch einer Vorstellung von dem Unterschied zwischen gefährlichen und ungefährlichen Sadisten und von ihren Praktiken. Dies zeigt sich auch noch dreizehn Jahre später, als Parkers Taten schließlich doch ans Licht kommen. Was die Ermittler finden, entsetzt sie. Sie wissen nicht, dass viele der Dinge, die David zum Foltern seiner Gefangenen nutzt, auch bei einvernehmlichem BDSM verwendet werden. Zwischen New York und Berlin gibt es sehr viel mehr geheime, private BDSM-Spielzimmer, als sich der aufrechte FBI-Ermittler der damaligen Zeit vorstellen kann. Viele sind sehr ähnlich eingerichtet wie das von David, doch hier kommt es auf die Details an.

Fragen, die sich Ermittler in diesem Zusammenhang stellen könnten, sind:
- Gibt es Gegenstände, die eindeutig darauf ausgelegt sind, eine Person dauerhaft und gefährlich zu verletzen?
- Welche Bilder oder Figuren befinden sich im Raum, und was ist darauf genau dargestellt?
- Ist der Raum auf eine Art verschließbar, die darauf ausgelegt ist, Menschen gegen ihren Willen darin festzuhalten?
- Gibt es Geschichten oder Listen mit Anweisungen, wie mit »Sklaven« verfahren wird?

All dies muss im Gesamtbild betrachtet und im Kontext der gegen den Nutzer des Raums vorgebrachten Anschuldigungen eingeordnet werden. Für viele Menschen, die sich mit der Materie nicht gut auskennen, ist es sehr schwierig zu erkennen, was zu »normalem« BDSM gehört und was eher den Verdacht von krankhaftem Sadismus aufkommen lässt. Daher ist es meiner Meinung nach besonders in Fällen wie dem von David Parker Ray notwendig, einen Experten in diesem Bereich hinzuzuziehen.

In einem Fall, mit dem ich kürzlich beruflich zu tun hatte, war zu klären, ob ein vielfältig krimineller Mann mehrere seiner Freundinnen vergewaltigt und dabei sadistisch gequält hatte. Der Mann gab – ähnlich wie David Parker Ray – an, er habe in allen Fällen einvernehmlich BDSM ausgelebt. Es gab Fotos, auf denen die Partnerinnen gefesselt waren, Spuren von Verletzungen am Körper hatten und teilweise ein schmerzverzerrtes Gesicht zeigten. Als ich den Fall beurteilen sollte, wurde ich gefragt, ob solche Fotos, auf denen die Frauen derartig gequält aussehen, theoretisch einvernehmlichen BDSM darstellen könnten. Hierauf musste ich sagen, dass diese Fotos alleine für sich in der Tat auch in einem einvernehmlichen Rahmen hätten aufgenommen werden können. Doch alle anderen Aussagen von Zeugen in dem Fall, dazu Tagebucheinträge sowie Briefe des Mannes gaben Aufschluss darüber, dass er im Gesamtbild als ein gefährlicher Sadist eingestuft werden konnte.

Indizien, die gegen ihn sprachen, waren unter anderem die Tatsache, dass er die Frauen von anderen Menschen isolierte und über die vermeintliche BDSM-Beziehung zu Straftaten zu seinen Gunsten bewegen konnte. Außerdem suchte er sich sehr selbstunsichere, leicht manipulierbare Partnerinnen, die eigentlich keine Neigung in eine solche Richtung hatten, sondern sich, um ihn nicht zu verlieren, seinen Bedürfnissen beugten. In das Gesamtbild der Persönlichkeit dieses Mannes passte auch, dass er niemals eine Anbindung an die BDSM-Szene gehabt hatte und an Kontakten in diese Richtung auch nicht interessiert war.

Wie Parker auf Jesses Anzeige beim FBI reagiert, ist nicht bekannt. Sicher ist nur, dass er ihr recht bald zu verzeihen scheint und dass wiederum ihr Leben nach diesem fehlgeschlagenen Versuch, etwas für die versklavten Frauen zu tun, eine verhängnisvolle Wendung nimmt. Ihr wird klar, dass sie gegen ihren Vater nichts ausrichten kann. Versetzen Sie sich in ihre Lage: Sie erlebt, wie dieser Mann FBI-Agenten spielerisch um den Finger wickelt. Wenn Sie seine Tochter wären, was würden Sie in dieser Situation tun? Die Stadt oder das Land verlassen? Jesse hatte gehofft, dass nicht nur den gequälten Frauen, sondern vielleicht auch ihrem Vater selbst geholfen werden könnte, vielleicht in Form einer Behandlung. Denn dass etwas mit ihm nicht stimmt, ist ihr völlig klar. Trotz alldem liebt sie ihn weiterhin. Da sie auf diesem Weg nichts für ihn tun und an den Dingen, wie sie nun mal sind, nichts ändern kann, fügt sie sich also seiner Weltsicht und seinen Regeln. Schließlich wird sie sogar seine Komplizin werden.

Mord mit vielfältigem Nutzen

Das Böse ist Ansichtssache ... Gott tötet – und das sollten wir auch – unwillkürlich ... Schließlich ist keine Kreatur unter Gott so, wie wir sind, keine ihm so ähnlich wie wir selbst.

(aus dem Roman »Interview mit einem Vampir« von Anne Rice)

Da Parker wie alle Psychopathen zu narzisstischen Größenfantasien neigt, beflügelt der Zwischenfall mit dem FBI sein Ego zusätzlich. Er merkt, dass diese Behörde keineswegs so allwissend ist, wie es ihr Mythos glauben macht, und dass FBI-Agenten auch nur Menschen sind, fehlbar und zuweilen ihren gutbürgerlichen Vorstellungen allzu sehr verhaftet. Zwei Jahre nach Jesses erstem und einzigem Versuch, sich ihrem Vater zu widersetzen, nimmt Parkers Risikobereitschaft erneut zu. Er überwirft sich mit einem seiner Vorgesetzten in der Autofirma, für die er tätig ist. Wahrscheinlich droht Parker oder einer der anderen Firmeninhaber ihm, denn der Mann äußert – auch schriftlich – seine Befürchtung, getötet zu werden. Kurz darauf verschwindet er spurlos. Was genau passiert, wird nie geklärt werden. Doch sicher ist: Parker tötet den Mann mit einem Schuss in den Hinterkopf, beseitigt alle Spuren, verpackt die Leiche in blaue Abdeckplanen und steckt sie in seinen Kofferraum. Er will die Leiche für immer vom Erdboden verschwinden lassen.

Obwohl der Ermordete vor seinem Tod deutliche Hinweise darauf gab, sich von Personen aus seiner Firma bedroht zu fühlen, führen die Ermittlungen in diesem Fall nicht weit. Kein einziger Sachbeweis für einen Mord kann gefunden werden. Keine Leiche, keine Spuren, nichts, was gegen den oder die Verdächtigen verwendet werden kann. Es ist vermutlich der erste Mord, den Parker aus nicht sexuellen Motiven begeht. Dies ist allerdings für einen Psychopathen keineswegs untypisch. Wenn das Töten von Menschen zu einer alltäglichen Handlung geworden ist, liegt der Gedanke nahe, es auch als »Problemlösung« bei Konflikten in Erwägung zu ziehen. Wie größenwahnsinnig und gewissenlos dies einem normalen Menschen vorkommt, kann ein Psychopath einfach nicht begreifen. Ähnlich wie Parker nutzte auch der sexuell sadistische Serienmörder H. H. Holmes (ursprünglich Herman Webster Mudgett) das Morden nicht nur zur Befriedigung seiner sexuellen Lüste, sondern auch als »Problemlösungsmittel«, um Menschen, die ihn störten, aus dem Weg zu räumen oder sich Geld zu beschaffen. Den Fall dieses historischen Serienmörders, der einige psychologische Parallelen zu dem von David Parker Ray aufweist, habe ich im Buch »Aus der Dunkelkammer des Bösen« ausführlich beschrieben.

Die Leiche von Parkers vermisstem Arbeitgeber taucht ein Jahr später wieder auf, und zwar im wahrsten Sinne des Wortes: im Elephant Butte Reservoir, also dem Stausee des Ortes, wo Parker eine seiner Wohnungen hat. Ein Angler entdeckt die Leiche jedoch, noch von der Abdeckplane bedeckt und mit zwei Ankern beschwert. Durch die Gasbildung im Inneren war sie schließlich trotz der befestigten Gewichte wie ein Luftballon hochgetrieben worden. Zunächst kann die Leiche allerdings nicht identifiziert werden, da ihr Zustand sehr schlecht ist und Parkers Vorgesetzter im fast 700 Kilometer entfernten Phoenix vermisst gemeldet wurde. Phoenix liegt zudem in einem anderen Bundesstaat als Elephant Butte, sodass die Behörden zu diesem Zeitpunkt keine Kenntnisse vom jeweils anderen Vorfall haben. Parker erfährt vom Auftauchen der Leiche aus den lokalen Medien, macht sich jedoch keine großen Sorgen. Er beschließt allerdings, wie seine spätere Komplizin aussagen wird, eine bessere Methode anzuwenden, um Leichen im See zu versenken: Er wird sie künftig vorher aufschneiden, sodass sie einerseits nicht aufblähen und andererseits ein besserer Köder für größere Fische sind.

Parallel zu diesem »Ausnahmemord« geht Parker weiter seiner großen Leidenschaft nach: dem Entführen und Foltern von Frauen, die er immer wieder zu seinen Sexsklavinnen auf Zeit macht. Viele von ihnen tötet er nicht, sondern vollzieht an ihnen eine Gehirnwäsche, nach der sie sich nicht mehr an das, was er ihnen antat, erinnern sollen. Da die Frauen häufig Drogensüchtige und/oder Prostituierte sind, wird ihnen ohnehin niemand glauben, selbst wenn sie sich bruchstückhaft erinnern. Davon geht Parker zumindest aus, und er behält auch sehr lange Recht damit. Auf seinem Tonband erklärt er seinen Opfern genau, warum er diese Methode erdacht hat:

»Wenn ich jede Schlampe getötet hätte, die wir entführt haben, wäre eine Kette von Leichen über das ganze Land verteilt. Und übrigens, ich mag es nicht, ein Mädchen zu töten, außer es ist wirklich notwendig. Also habe ich eine sichere, alternative Methode der Beseitigung entwickelt. Ich hatte sehr viele Schlampen, an denen ich in all den Jahren üben konnte, sodass ich es jetzt im Griff habe. Und ich genieße es, es zu tun. Ich gehe ab bei Psychospielchen. Nachdem wir mit dir komplett durch sind, wirst du stark unter Drogen gesetzt (…) Du wirst dich nicht an diesen Ort erinnern, nicht an uns oder daran, was mit dir passiert ist. Es wird keine DNA-Spuren geben, denn du wirst gebadet sein, und beide Löcher zwischen deinen Beinen werden gründlich ausgespült sein. Du wirst angekleidet, betäubt und auf irgendeiner Landstraße freigelassen werden, lädiert am ganzen Körper (Anm.: Hier kichert Parker kurz), doch da wird nichts sein, was nicht in einer Woche oder zwei abgeheilt sein wird. Der Gedanke, gehirngewaschen zu werden, mag für dich nicht sonderlich reizvoll sein, doch wir tun das schon seit langer Zeit, und es funktioniert. Und es ist das kleinere von zwei Übeln. Ich bin sicher, dir ist das lieber, als stranguliert zu werden oder die Kehle aufgeschlitzt zu bekommen.«

Auch dieser Textteil seines »Einführungsbandes für Gefangene« ist nicht einfach heruntergesprochen, sondern von Parker gründlich durchdacht. Einerseits macht er seinen Opfern furchtbare Angst, sagt deutlich, dass er vor Mord nicht zurückschreckt und auch schon Menschen getötet hat. Andererseits gibt er ihnen eine gewisse Hoffnung, dass sie lebend aus dieser Situation herauskommen können, wenn sie sich kooperativ verhalten und ihm möglichst wenig Ärger machen. Parker sagt sogar explizit, dass er nicht gerne Mädchen tötet. Dies mag teilweise sogar stimmen, denn seine sexuellen Bedürfnisse und Stimmungen schwanken immer wieder. Dies zeigt sich unter anderem an den auffällig voneinander losgelösten »Lebensabschnitten«, während deren er sein Leben immer wieder neu zu erfinden scheint. Dazu passt außerdem auch eine Aussage, die er den FBI-Beamten gegenüber während einer seiner frühen Vernehmungen äußert. Er habe Phasen, in denen er tatsächlich ein relativ »normales« Leben führen könne. Doch dann ändere sich dies schlagartig, und er brauche immer stärkere sexuelle Erlebnisse, um sich wohl zu fühlen. In einem der Protokolle räumt er sogar ein, dass er in manchen dieser Phasen nur zum Orgasmus kommen könne, wenn er sich vorstelle, eine Frau zu töten. Doch da Parker sich ansonsten sehr vernünftig und besonnen gibt, glauben die Beamten ihm, dass er diesen Teil seiner sexuellen Fantasien nicht in die Realität umsetzen will.

In Wirklichkeit aber hat Parker immer wieder Phasen, in denen es ihm sexuelle Lust bereitet, Frauen nicht nur zu foltern, sondern auch zu töten. Er wird seiner späteren Komplizin erzählen, dass er die Frauen, welche er tötet, irgendwo in den riesigen Wildnis um Elephant Butte herum »entsorgt«. Einige versenkt er im Stausee, wobei er sie im Gegensatz zu dem von ihm ermordeten Vorgesetzten vorher »zerkleinert«. Andere bringt er in abgelegene Wüstengebiete, oder er wirft sie Abhänge hinunter. Parkers extrem gute Ortskenntnisse von Elephant Butte und Umgebung sowie seine zwanghafte Ader, alles gut zu planen und sorgfältig bei jeder Arbeit zu sein, sind die perfekte Grundlage für eine wirklich effektive und dauerhafte Leichenentsorgung. Dies macht ihn in dieser Hinsicht zu einem der wohl »saubersten« Serienmörder aller Zeiten.

Puppen in der Spielzeugkiste

Denk daran, dass wir uns im Kerkerspiel befinden. Es ist das einzige Spiel, das dir zur Verfügung steht.

(aus den Tonband-Aufnahmen von David Parker Ray)

Den Ort seiner düsteren Leidenschaften, seinen weißen Cargo-Trailer, nennt Parker »Toy Box«, also »Spielzeugkiste«. Dies verdeutlicht sehr anschaulich, wie er seine Opfer wahrnimmt: Sie sind für ihn nichts anderes als Sexspielzeuge, so wie alle anderen Utensilien, die er besitzt. Er baut über die Jahre sowohl die Innenausstattung seiner »Spielzeugkiste« als auch seine Foltermethoden immer weiter aus. Der Wert der »Spielzeugkiste« mit allem, was darin ist, übersteigt nach zehn Jahren einhunderttausend Dollar. Dieses kleine Vermögen ist ihm die Erfüllung seiner düstersten Träume wert.

Der Kern seine Fantasie ist die nackte, panische Frau, welche auf seinem umgebauten gynäkologischen Stuhl festgeschnallt ist. Er liebt es, Frauen zu betrachten, die vollkommen wehrlos gefesselt sind. Die Angst in ihren Augen, während sie nicht einmal ein Wort sagen können, weil sie geknebelt sind. Die vollkommene Hilflosigkeit dieser Frauen bildet die tiefste Grundlage seiner sexuell sadistischen Lust. Um diesen Kern herum baut er zunehmend feinere Spielarten der Schmerzzufügung und Demütigung aus. Er kauft immer wieder neue Sexspielzeuge und genießt es, seine Kreativität zum Erfinden immer neuer Instrumente für seine Folterspiele zu nutzen. Auch was diesen extrem sadistischen Erfindungsreichtum angeht, hat er etwas mit dem Serienmörder H. H. Holmes gemeinsam. Doch diese Kreativität ist kein Alleinstellungsmerkmal gefährlicher Sadisten. Auch einige einvernehmliche Sadisten – wie beispielsweise mein Interviewpartner Christian – lassen ihrer Fantasie beim Erfinden entsprechender Gerätschaften freien Lauf.

Was die Frauen in Parkers »Spielzeugkiste« erwartet, schildert er ihnen auf dem Einführungsband in aller Ausführlichkeit. Dieses Band ist der erste Teil seiner Folter. Psychische Folter, also das, was er selbst »Psychospielchen« nennt, erregt ihn sehr. Deshalb gibt er sich eine solche Mühe mit dem langen Text, den er für seine Opfer ausgearbeitet hat. Darüber hinaus manipuliert er die Gefangenen mittels dieses Textes dazu, mit ihm trotz ihrer grauenerregenden Lage zu kooperieren. Auch was die psychische Manipulation seiner Opfer angeht, überlässt er nichts dem Zufall. Er eignet sich im Vorfeld Fachwissen aus Literatur über Folter, Manipulation und Gehirnwäsche an.

Jede der entführten Frauen erfährt, dass sie ein Mindestmaß an Nahrung und Wasser erhalten wird. Genug, um zu überleben, aber möglichst wenig, um sie schlank und schwach zu halten. Sie wird ein Stahlhalsband tragen, durch das sie mittels einer schweren Metallkette an eine in die Wand eingelassene Befestigung gekettet sein wird. Darüber hinaus werden ihre Hände gefesselt sein, wenn sie alleine im Raum ist. Eine Videokamera wird aufzeichnen, was sich in der »Spielzeugkiste« abspielt. Dies geschieht, während sie gefoltert wird, aber auch, wenn sie alleine ist. Sie muss davon ausgehen, dass sie über diese Kamera jederzeit beobachtet wird. Außerdem hat Parker einen Monitor in der »Spielzeugkiste« angebracht, auf dem die Frauen sich selbst beobachten können, während sie gefoltert werden – eine besonders perfide Methode der psychischen Qual. Parker macht seinen Gefangenen immer wieder während seines langen Tonbandmonologes deutlich, dass jeder Widerstand vollkommen zwecklos ist.

In seinen ausgeklügelten Formulierungen demonstriert Parker, dass er sich abstrakt in die Gedanken- und Gefühlswelt seiner Opfer hineinversetzen kann, ihn diese aber emotional vollkommen kaltlässt. Die Wahrnehmung der inneren Vorgänge seiner Opfer erzeugt in ihm nicht – wie es bei normalen Menschen der Fall wäre – Mitgefühl und Schuldgefühl, sondern pure sexuelle Erregung durch das Erleben von Allmacht und das Ausleben aggressiver Gefühle. Aufgrund seiner stark psychopathischen Persönlichkeit kann er Schuldgefühl und Mitgefühl einfach nicht erleben. Er hat auch nie ein Selbstbild entwickelt, in dem er sich und seinen Fantasien persönliche Grenzen gesetzt hat, wie es bei meinen mittelgradig psychopathischen Interviewpartnern der Fall ist. Daher fallen all die Hemmmechanismen, welche einvernehmliche Sadisten besitzen, in seinem Fall weg. Hinzu kommt, dass seine sadistische Neigung ihn Signale von Qual und Angst bei seinen Opfern positiv empfinden lässt. Diese Signale wahrzunehmen, erzeugt in ihm unwillkürlich sexuelle Erregung.

Sadistische Gehirne ticken anders

Der Schmerz ist etwas anderes als die Lust –
ich will sagen, er ist nicht deren Gegenteil.

(Friedrich Nietzsche)

Parkers typisch sadistisches Erlebnismuster, das in seinen Äußerungen und Handlungen auf vielfältige Weise zum Ausdruck kommt, wird unter anderem durch eine aktuelle Untersuchung gestützt. Im Jahr 2012 gelang es einer US-amerikanischen Forschergruppe – bestehend aus Carla Harenski, David Thornton, Keith Harenski, Jean Decety und Kent Kiehl – nachzuweisen, dass Sadisten einige typische Auffälligkeiten bei der Verarbeitung von Eindrücken auf Hirnebene zeigen. Die Forschergruppe schaute sich mittels eines Magnetresonanztomographen an, was in den Gehirnen von acht sexuell sadistischen

Sexualstraftätern im Vergleich zu sieben nicht sexuell sadistischen Sexualstraftätern beim Anblick von Schmerzen vorging. Eingeteilt in die beiden Gruppen wurden die Versuchspersonen mittels der »Severe Sexual Sadism Scale«, die ich in Kapitel 7 ausführlicher dargestellt habe.

Allen Versuchspersonen wurden, während sie im Magnetresonanztomographen lagen, insgesamt fünfzig Bilder gezeigt. Auf der Hälfte der Bilder waren Menschen zu sehen, die gerade Schmerzen erlitten, beispielsweise eine Person, der eine andere mit einer Schere in die Hand schneidet. Auf den übrigen fünfundzwanzig Bildern waren Szenen zu sehen, die nicht mit Schmerzen in Zusammenhang standen – zum Beispiel eine Schere nur in der Nähe einer Hand. Nach jedem gezeigten Bild sollten die Versuchspersonen angeben, wie stark sie den Schmerz einschätzten, der darauf gegebenenfalls zu sehen war. Die Schmerzbewertung erfolgte über eine vierstufige Skala, bei der die Null für »keine Schmerzen« und die Vier für »starke Schmerzen« stand. Sexuell sadistische Straftäter bewerteten den dargestellten Schmerz im Vergleich zu ihren nicht sadistischen Artgenossen als stärker.

Sie zeigten beim Betrachten der Schmerzbilder auch eine stärkere Aktivität in der linken Seite ihrer Amygdala, die das Emotionszentrum des Gehirns ist. Das bedeutet, das Gehirn der sadistischen Sexualstraftäter reagiert unwillkürlich mit ungewöhnlich starken Empfindungen, wenn es Schmerzen anderer wahrnimmt. Darüber hinaus wiesen die sexuell sadistischen Straftäter noch einen weiteren Unterschied zu den nicht sadistischen Straftätern auf: Nur in ihren Gehirnen zeigte sich eine Aktivität im vorderen, linken Teil der sogenannten »Insula« – auch Inselrinde genannt –, und zwar um so größer, je stärker sie den dargestellten Schmerz auf den Bildern einstuften. Besonders die vordere Inselrinde ist beteiligt an der gefühlsmäßigen Bewertung von Schmerzen, an der Fähigkeit, sich in andere einzufühlen, und sogar an sexuellen Lust- sowie Liebesgefühlen.

Diese Ergebnisse weisen darauf hin, dass die Gehirne sexueller Sadisten tatsächlich Schmerzreize anderer Menschen stärker wahrnehmen und intensiver empfinden, als es bei Gehirnen nicht sadistischer Menschen der Fall ist. Vor allem erzeugt ihr Gehirn aber eine deutlich positive Bewertung bei der Wahrnehmung von Schmerzen anderer, die auch an das Empfinden sexueller Lust gekoppelt ist.

Die starken Psychopathie-Merkmale, die Parkers Persönlichkeit prägen, strahlen überdeutlich aus seinen eigenen Formulierungen heraus:

»Nun weißt du schon, dass du von uns entführt und hierhergebracht wurdest, um als Sexsklavin ausgebildet und gehalten zu werden. Mir ist bewusst, dass entführt und in sexuelle Sklaverei gezwungen zu werden, schwer zu schlucken ist. Einige Mädchen haben wirklich eine Menge Schwierigkeiten damit, und ich bin sicher, die wirst du auch zu einem gewissen Grad haben. Doch finde dich damit ab, du kannst nicht entkommen, du kannst nicht nein sagen. (…) Nichts, was du sagst oder tust, wird etwas daran ändern, dass es passieren wird.«

An vielen Stellen des Tonbandes spricht Parker davon, dass er die Frauen nicht alleine quälen wird. Auch hierfür gibt es zwei gute Gründe: Erstens gelingt es ihm, sowohl seine Tochter als auch eine von ihm emotional abhängige Lebensgefährtin zu Komplizinnen zu machen. Er macht seine Opfer also mit dem Gedanken vertraut, nicht nur von ihm selbst gequält zu werden. Zweitens vermittelt er den entführten Frauen den Eindruck, er gehöre einer großen, satanistischen Sekte an. Diese Behauptung wird später im Zuge der Ermittlungen eindeutig widerlegt werden. Auf die Idee, seinen Gefangenen so etwas vorzumachen, bringt ihn der Fall des US-amerikanischen Sexualverbrechers Cameron Hooker. Das 1985 erschienene Buch über diesen Fall (mit dem Titel »Das perfekte Opfer«) scheint Parker als Inspiration für die genaue Durchführung seiner eigenen Verbrechen zu dienen.

Verbrechen sind nie einzigartig:
Der »Ehefrauenzüchter« Cameron Hooker

Ich wusste dauernd, während der ganzen 24 Jahre,
dass das, was ich tat, nicht richtig war,
dass ich verrückt sein muss, weil ich so etwas tue.

(Josef Fritzl, ein österreichischer Sexualstraftäter, der seine Tochter
in einer unterirdischen Wohnung gefangen hielt)

Colleen Stan ist zwanzig Jahre alt, als sie sich im Jahr 1977 in einer kalifornischen Kleinstadt auf den Weg zu einer Geburtstagsfeier macht. Wie schon oft beschließt sie, auch an diesem Tag per Anhalter zu fahren. Eine Entscheidung, die sie für den Rest ihres Lebens bereuen wird. Eigentlich ist sie sehr vorsichtig dabei, in welche Wagen sie einsteigt. An diesem Tag entscheidet sie sich bei zwei Fahrern dagegen, bevor sie das dritte Auto als sichere Mitfahrgelegenheit wählt. In dem Wagen sitzt ein junges Ehepaar mit seinem Baby. Sie fahren eine Weile, bis der Fahrer sagt, sie wollten einen kurzen Abstecher zu einer interessanten Höhle in der Nähe machen. Colleen glaubt nicht, dass ein Mann in Gegenwart seiner Familie etwas Böses tun könnte, also hat sie nichts dagegen. Die Fahrt führt in eine abgelegene Gegend, wo der Mann anhält und die Frau mit dem Baby aussteigt. Plötzlich beugt er sich zu Colleen herüber und hält ihr ein Messer an die Kehle. Die Frau mit dem Baby bleibt regungslos neben dem Auto stehen. Cameron Hooker, zu diesem Zeitpunkt dreiundzwanzig Jahre alt, verbindet Colleen die Augen, knebelt und fesselt sie und steckt schließlich ihren Kopf in eine eigens dafür konstruierte Holzkiste. Sie kann nichts sehen, hören oder sagen und spürt nur, wie der Mann sie mit ihrem Schlafsack bedeckt. Dies ist der Beginn einer sieben Jahre andauernden Gefangenschaft.

Vom ersten Tag an wird Colleen sexuell missbraucht und gefoltert. Hooker bringt seine Gefangene in den Keller, nimmt die Holzkiste von ihrem Kopf und entfernt ihre Kleidung. Sie trägt weiterhin eine Augenbinde, als er sie an ihren Handgelenken hochzieht und an die Decke des Kellers hängt. In dieser Position beginnt er sie brutal auszupeitschen. Sie kann nicht begreifen, was mit ihr geschieht. Irgendwann hört sie, dass auch seine Ehefrau Janice den Keller betritt. Während Colleen ohne Boden unter den Füßen da hängt, beginnt das Ehepaar unter ihr, Sex zu haben. All dies ist für die junge Frau unbegreiflich. Als Hooker für diesen Abend mit ihr fertig ist, sperrt er Colleen, wieder mit der Holzkiste auf dem Kopf, in eine weitere, sargartige Kiste. Darin verbringt sie die erste von unzähligen Nächten.

In der Anfangszeit vergewaltigt Cameron Colleen nicht, da er dies seiner Frau versprochen hat. Die gesamte bizarre Entführung basiert auf einer grausamen Abmachung zwischen den Eheleuten. Janice ist viereinhalb Jahre jünger als ihr Mann und seit ihrem fünfzehnten Lebensjahr mit ihm zusammen. Beide sind im Alltag schüchterne, eher zurückgezogen lebende Einzelgänger. Janice ist Epileptikerin und war in ihrer Jugend kein sonderlich begehrtes Mädchen. Der selbstunsichere Hooker findet in ihr zunächst die ideale Partnerin, ist sie doch noch unsicherer und lebensunerfahrener als er. Doch obwohl Janice ihren Mann an sich binden möchte, gelingt es ihr nicht, seine sexuellen Bedürfnisse zu befriedigen. Hooker ist sexueller Sadist und hat einen starken Drang danach, seine Fantasien auszuleben. Janice aber weigert sich, mit ihm entsprechende Praktiken auszuleben. Zwar lässt sie sich von ihm durchaus beim Sex fesseln, doch alles, was ihr zu sehr Schmerzen bereitet, lehnt sie ab. Janice hat weder eine masochistische noch eine submissive sexuelle Neigung und kann die extremen Bedürfnisse, die Hooker in dieser Hinsicht empfindet, daher nicht befriedigen.

Wahrscheinlich ist dies Hooker sogar ganz recht, denn mit einer einvernehmlichen Partnerin in diesem Bereich wären ihm trotz allem Grenzen gesetzt. Grenzen, welche die Grundregeln des einvernehmlichen BDSM sind, die er aber in seiner Fantasie längst überschritten hat. Er will Macht, Demütigung und Schmerzzufügung, die echtes Leiden beinhalten. Das sexuelle Gegenüber soll also die ihm zugefügte Behandlung weder kurz- noch langfristig als angenehm empfinden. Dieses Grundmotiv macht meiner Erfahrung nach Fälle aus, bei denen Täter am Werk sind, die ich »Pseudo-Konsensuelle-Sadisten« nenne. Einige solcher Täter – mit denen ich auch beruflich zu tun habe – behaupten, sie hätten sich prinzipiell einvernehmliche BDSM-Praktiken vorstellen können, es habe sich nur aus diversen Gründen »nicht ergeben« oder sie hätten sich »nicht getraut«, nach solchen Partnern zu suchen. Bei genauerer Betrachtung ihrer Handlungen und Fantasien wird aber klar, dass sie die von mir herausgearbeiteten Merkmale uneinvernehmlicher Sadisten erfüllen: Ihre sexuellen Gegenüber sind in ihrer Wahrnehmung stets Objekte, deren Wohl und Wille für sie vollkommen irrelevant sind. Fehlende emotionale Empathie, gemischt mit fehlendem Verantwortungsgefühl, ist der Kern des gefährlichen Sadisten. Dies wird auch im Fall von Cameron Hooker sehr deutlich.

Da Janice sehr früh einsehen muss, dass sie ihn in sexueller Hinsicht nicht befriedigen kann, macht Hooker ihr ein Angebot, das die von ihm gefühlsmäßig abhängige Frau nicht ausschlagen kann. Sie soll sich damit einverstanden erklären und ihn sogar dabei unterstützen, dass er eine Sexsklavin zum Ausleben seiner Fantasien entführt und im gemeinsamen Haus gefangen hält. Im Gegenzug wird er bei ihr bleiben und ihr schenken, was sie sich neben der Ehe mit ihm am meisten wünscht: ein Kind. Für normal fühlende Menschen unvorstellbar willigt Janice in diesen teuflischen Pakt ein. Sie will sich auf diese Art ihren persönlichen Traum von der »heilen Familie« erkaufen und ist sogar froh darüber, dass nicht *sie* es sein wird, an der Hooker seine sadistischen Fantasien auslebt. Als einzige »Einschränkung« verlangt sie von ihrem Mann, dass er keinen Sex mit seiner Gefangenen haben soll. Dafür sei nur sie selbst zuständig. Dies ist Janice' ziemlich ungewöhnliche Vorstellung von einer »monogamen Eheführung«.

Colleen wird von dem Ehepaar wie ein Gegenstand oder bestenfalls wie ein Haustier behandelt. Monatelang bleibt sie gefesselt im Keller. Hooker zwingt sie, vor ihm in eine Bettpfanne zu urinieren. Sie darf sich nicht waschen und bekommt nur einmal am Tag rationierte Nahrung und Wasser. Es erregt Hooker, die volle Kontrolle über Colleens Körpervorgänge zu haben und ihr dadurch auch die letzte Intimität zu rauben. Die vollkommen verängstigte junge Frau kann nicht fassen, was ihr angetan wird. Tag um Tag verbringt sie nackt und die meiste Zeit über bewegungslos gefesselt in seinem Keller. Immer wieder wird sie nur von Hooker besucht, wenn er ihr das rationierte Essen vorsetzt und sie, an der Decke hochgezogen, auspeitscht. Sie nimmt rapide ab und hat irgendwann keine Menstruation mehr.

Mit der Zeit überlegt Hooker sich neben dem Auspeitschen immer neue Methoden, mit denen er Colleen foltern kann. Er experimentiert mit Wasserfolter, Strom und Atemreduktion. Irgendwann gibt er ihr kleine Aufgaben wie das Schälen von Nahrung oder Handarbeiten, die sie in einer eigens dafür von ihm eingerichteten winzigen Kammer ausführen darf. Bald beginnt er, Colleen oral zu vergewaltigen. Er redet sich und seiner Frau ein, dies widerspreche ihrer Vereinbarung nicht. Da er, dieser Vereinbarung folgend, Colleen nicht vaginal oder anal mit seinem Penis vergewaltigen darf, tut er dies mit diversen Sexspielzeugen. Schwer vorstellbar, wie Colleen zwischen dem Horror der Vergewaltigungen, der Schmerzzufügungen und des Eingesperrtseins in der Holzkiste Tag für Tag zu überstehen versucht.

Acht Monate nach ihrer Entführung legt Hooker Colleen einen »Sklavenvertrag« vor, mit dem sie »freiwillig« und für den Rest ihres Lebens seine Sklavin werden soll. Die Idee ist inspiriert durch einen Artikel, der sich wiederum auf den sadomasochistischen Romanklassiker »Die Geschichte der O.« bezieht. Ein Roman, den kein einvernehmlicher BDSMler einfach in die Realität übertragen würde und der auch niemals als Vorlage für die Realität gedacht war. Der Artikel, den Hooker liest, handelt von einem Sklavenvertrag, den zwei einvernehmliche BDSMler in einem Rollenspiel nutzen können, das beiden Vergnügen bereitet. Doch offenbar »missversteht« er die Idee bewusst und nutzt sie zur Umsetzung dessen, was er längst geplant hat. Er genießt die echten Qualen, Demütigungen und Todesängste, die er Colleen erleiden lässt, und hierfür kommt ihm die Idee des Sklavenvertrages gerade recht. Hooker legt ihr seine Version vor, in der er sich selbst »Michael Powers« und Colleen »Kay Powers« nennt. Kay ist in den USA sowohl die Aussprache des Buchstabens »K« als auch ein weiblicher Vorname. Auch diese Idee entlehnt Hooker dem genannten Roman, dessen Hauptdarstellerin als Sklavin nur noch »O« genannt wird. Ebenso dem Roman folgend, pierct er Colleen als Symbol dafür, dass sie nun sein Besitz ist, die Schamlippen und lässt sie ein Halsband tragen. Sie hat ihn fortan mit »Meister« anzusprechen und sich all seinen Regeln und Anordnungen unverzüglich zu unterwerfen.

Damit sie den Vertrag auch ernst nimmt, erfindet Hooker eine Gruppe, die er »Die Sklavenfirma« nennt. Angeblich sei dies eine mächtige Organisation, die bei ihr registrierte Sklaven ein Leben lang überwacht. Der »Sklavenfirma« habe er eintausendfünfhundert Dollar gezahlt, um »K« als seine rechtmäßige Sklavin auf Lebenszeit zu registrieren. Sollte sie versuchen zu fliehen, werde »die Firma« ihre Angehörigen töten und sie selbst mit den Händen an ein Brett nageln, wo sie tagelang Buße tun müsse. Wenn sie keine »gute, folgsame« Sklavin sei, so werde die Firma sie wie kaputte Ware »zurücknehmen« und zur Züchtigung an einen wesentlich schlimmeren »Meister« weiterverkaufen. Die Firma habe das ganze Haus verwanzt und stehe mit Kameras und Spionen vor der Tür. Alles, was Colleen tun oder sage, sei der Firma bekannt. Sie sei keinen Augenblick lang unüberwacht. Janice, seine Frau, sei ebenfalls eine bei der »Sklavenfirma« registrierte Sklavin, sodass sie Colleen niemals helfen würde. Andernfalls würden beide wie angekündigt bestraft. Nach all dem unvorstellbaren Horror, den Colleen bereits acht Monate lang ertragen hat, erscheint diese Geschichte auch nicht mehr abwegig. Daher glaubt Colleen alles, was Hooker sagt. Sie kann es nicht darauf ankommen lassen, es auszutesten. Schließlich steht nicht nur ihr Leben, sondern, wie sie glaubt, auch das ihrer Familie auf dem Spiel. Colleen hat panische Angst vor Hooker und weiß, dass er sie noch grausamer foltern wird, bis sie den Vertrag schließlich unterschreibt. Daher willigt sie notgedrungen ein, sein »Spiel« – wie sie es nennt – mitzuspielen.

Hooker fühlt sich zunehmend sicher, dass Colleen ihm die Geschichte mit der Firma glaubt und keine Versuche unternehmen wird zu fliehen. Daher probiert er aus, wie sie sich im Alltag als seine Sklavin einsetzen lässt. Sie »darf« unter seiner Aufsicht Hausarbeiten machen. Da er sehr zufrieden damit ist, wie sie sich in ihre Rolle eingefunden hat, möchte er sie gewissermaßen »befördern«. Er überredet Janice zu einem »Dreier« im Ehebett. Diese versucht sich zu fügen, erträgt es aber während der sexuellen Handlungen irgendwann nicht und lässt ihren Mann mit seiner »Sklavin« zurück, wissend, dass er zum ersten Mal Geschlechtsverkehr mit ihr durchführt. Nun, wo auch diese »Hürde« für Hooker aus dem Weg geräumt ist, kann er so oft Sex mit Colleen in jeder erdenklichen Art und Weise haben, wie es ihm gefällt.

Bald darauf zieht die Familie mit ihrer Gefangenen um. Im Zuge dessen verändert sich auch der Ort, an dem Colleen die meiste Zeit festgehalten wird: Bis zu dreiundzwanzig Stunden am Tag verbringt sie nun in einer hölzernen Kiste unter dem Wasserbett, auf dem das Ehepaar schläft. Die Kiste ist sogar belüftet und von Hooker genau so gebaut worden, dass sie perfekt unter das Bett passt. Colleen muss tagsüber in der winzigen Zelle erneut die Bettpfanne benutzen, welche sie einmal am Tag leeren darf. Sie bekommt trotz der Belüftung auch in dieser Kiste nur schlecht Luft, es ist weiterhin beklemmend eng, und sie weiß, dass sich direkt über ihrem hölzernen Sarg die Wassermassen des Ehebettes befinden. Ihre einzige Rettung in diesem Wirklichkeit gewordenen Albtraum ist ihre Vorstellungskraft. Da sie glaubt, wahrscheinlich den Rest ihres Lebens so verbringen zu müssen, entflieht sie diesem Ort auf andere Art. Sie versucht sich aus ihrem Gefängnis herauszuträumen. Ein Überlebensmechanismus, von dem viele Opfer schwerer Traumata berichten. So stellt sie sich vor, Zeit mit ihrer Familie zu verbringen. Außerdem träumt sie von Engeln und ihrem verstorbenen Großvater, die ihr versprechen, auf sie aufzupassen und sie irgendwann zu befreien. Nur so kann sie die täglichen unfassbaren Qualen überstehen.

Als wäre das alles nicht unvorstellbar und grauenvoll genug für sie, muss sie in ihrem sargartigen Gefängnis liegend miterleben, wie Janice im Bett über ihr schließlich das zweite Kind zur Welt bringt. Seit so vielen Monaten abgeschnitten von der normalen Welt, passt sich Colleen notgedrungen zunehmend den sadistischen Regeln von Hooker an. Sie lernt durch die drastischen Bestrafungen und die seltenen Belohnungen, sich möglichst so zu verhalten, wie er es will. Je mehr Hooker den Eindruck gewinnt, dass Colleen sich tatsächlich mit ihrem Leben als seine Sklavin abgefunden hat, desto mehr Freiheiten gewährt er ihr. So darf sie eines Tages im Garten arbeiten, irgendwann auch unbeaufsichtigt die beiden kleinen Kinder des Ehepaares hüten und sogar draußen joggen. All dies erlaubt er ihr nach und nach, weil er weiß, dass Colleen inzwischen keinen Zweifel mehr an der »Firma« und ihrer Macht hat. Die Beziehung zwischen Colleen und Janice wird zunehmend schwieriger. Je mehr Colleen fast wie eine normale Lebensgefährtin im Haus und auch außerhalb auftreten darf, desto mehr Eifersucht empfindet Janice. Hooker ermutigt seine Frau, eine Affäre anzufangen, in der Hoffnung, so ihre Eifersucht zu mildern. Doch obwohl Janice seiner Idee folgt, ist es eigentlich nicht das, was sie wirklich will. Schließlich bereitet Janice Hooker offenbar so viel Stress, dass er Colleen wieder an ihrem alten Platz unter dem Ehebett einsperrt.

Trotz dieser die Ehe befriedenden Maßnahme versucht er weiter, Colleen psychisch noch effektiver an sich zu binden. Er erzählt ihr, sie sei ihm dreißigtausend Dollar wert gewesen, um eine perfekte, lebenslange Überwachung sicherzustellen. Mit höchstem technischem Aufwand würden sie und ihre Familienangehörigen für den Rest ihres Lebens bis in den letzten Winkel beobachtet und abgehört werden. Ob sie ihm wirklich vollkommen glaubt, überprüft er mit einem bösartigen Test: Er fordert sie auf, sich eine Pistole tief in den Mund zu schieben und abzudrücken. Sie tut es und stirbt fast vor Angst, doch die Pistole ist nicht geladen. Damit ist für Hooker bewiesen, dass Colleen ihm alles glaubt und er sie absolut im Griff hat. Fast vier Jahre nach ihrer Entführung ist er seiner Sache so sicher, dass er gemeinsam mit ihr sogar ihre Familie besucht. Dort stellt er sich als Colleens fester Freund vor, mit dem sie inzwischen glücklich zusammen sei. Colleens Familie ist außer sich vor Freude, die verlorene Tochter wiederzusehen. Andererseits machen sich ihre Angehörigen aber auch Sorgen, sie könne in einer Sekte gelandet sein. Denn ihr seltsames Verschwinden ist für die Familie nicht nachvollziehbar. Doch sie haben Angst, Colleen ein weiteres Mal zu verlieren, deshalb akzeptieren sie ihr Auftreten relativ fraglos. Während dieses Besuches entsteht ein Foto, auf dem Colleen glücklich lächelnd mit Hooker zu sehen ist, als seien sie ein verliebtes Pärchen. Dies ist auf den ersten Blick kaum nachvollziehbar. Doch im Vergleich mit dem Albtraum, in dem Colleen gefangen ist, erlebt sie bei ihrer Familie den ersten glücklichen Tag seit fast vier Jahren.

Sie ist schließlich inzwischen sicher, dass »die Firma« sie überwacht und dafür sorgen wird, dass sie den Rest ihres Lebens als Hookers Sklavin verbringen muss. Daher ist dieser Tag für sie das größte Glück, auf das sie hoffen darf. Sie ist Hooker dankbar dafür, ihr dies zu erlauben. Ein lange gefangen gehaltenes Entführungsopfer lernt, dem Entführer für jede »Hafterleichterung« und jede noch so kleine »Belohnung« dankbar zu sein. Der Entführer wird für sein Opfer in solch extremen Fällen zu dem, was er auch sein will: zu Gott, zum Herrscher über Leben und Tod. Das Opfer wird zu dem, was es für ihn sein muss: sein Geschöpf, das ihm für jeden Atemzug und die kleinsten Freuden dankbar ist. Diese Allmacht lässt der Entführer sein Opfer jede Sekunde lang spüren. Irgendwann hat es keine andere Chance, als sich zu unterwerfen. Nicht nur auf Verhaltensebene, sondern auch psychisch. So paradox dies klingt, so logisch ist es doch aus der Erlebniswelt eines über Jahre gefangenen Entführungsopfers. Dieser Überlebensmechanismus der Psyche in einer solchen traumatischen Extremsituation ist unter dem Namen »Stockholm-Syndrom« geläufig – ein Phänomen, das auch durch andere Fälle wie die von Natascha Kampusch oder Jaycee Lee Dugard bekannt wurde.

Daher ist Colleen einfach nur unendlich dankbar für den Besuch, den Hooker ihr bei ihrer Familie gewährt. Sie darf sogar eine Nacht in ihrem Elternhaus ohne ihn schlafen, bevor er sie am nächsten Tag wieder abholt. Er schätzt sie richtig ein, sie unternimmt keinen Versuch, ihm endgültig zu entfliehen. Schließlich ist sie sicher, dass »die Firma« sie und ihre Familie bei einem solchen Versuch sofort töten wird. Hooker könnte nach diesem »Ausflug« seiner Gefangenen eigentlich sicherer werden, was seine Kontrolle über sie angeht. Doch das Gegenteil ist der Fall. Wahrscheinlich fürchtet er, dass Colleen sich nun häufigere Kontakte zu ihrer Familie wünschen wird. Vielleicht bekommt sie noch mehr Heimweh und sehnt sich ihr altes Leben so sehr zurück, dass sie das Risiko eingeht, der »Firma« zu trotzen. All dies beunruhigt ihn genug, um Colleen für die nächsten drei Jahre erneut dreiundzwanzig Stunden am Tag in ihren hölzernen Sarg zu sperren. Nur um sie zu füttern, zu foltern und zu vergewaltigen, holt er sie Nacht für Nacht für eine Stunde in seine Wohnung. Deutlicher könnte er die Tatsache, dass sie für ihn seine persönliche Puppe ist, kaum ausleben. Es ist schwer vorstellbar, dass ein Mensch noch mehr als Objekt behandelt werden kann. Seinen Kindern, die es bis dahin gewohnt waren, mit Colleen alias »Kay« zusammenzuleben, erklärt Hooker, sie sei nach Hause zurückgekehrt.

Was sich während der nächsten drei Jahre in der Ehe von Cameron und Janice Hooker abspielt, ist nicht genau bekannt. Sehr wahrscheinlich verliert Janice für ihren Mann nach zwei Schwangerschaften und durch den gemeinsamen normalen Alltag zunehmend an Reiz. Colleen alias »K« hingegen ist für ihn wie ein Wirklichkeit gewordener Traum, den er Nacht für Nacht weiterträumen kann. Im Sklave-Meister-Verhältnis zwischen ihnen ist klar, dass »seine K.« nie widerspricht und alle seine Wünsche umsetzt, um ihm genau die »Beziehung« vorzuspielen, die er begehrt. Im Kontrast zu dieser für Hooker »perfekten Beziehung« ist die Lebenswirklichkeit mit Janice langweilig und unbefriedigend. Teilweise spielt Colleen ihm zwar etwas vor, doch teilweise empfindet sie, wenn er sich freundlich ihr gegenüber verhält, tatsächlich – bedingt durch das Stockholm-Syndrom – Dankbarkeit.

Aus psychologischer Sicht ist hier besonders spannend, dass nicht nur Colleen in ihren Gefühlen für Hooker ambivalent ist – also zwischen negativen und positiven Empfindungen schwankt –, sondern dass auch seine Gefühle durch die Interaktion mit Colleen beeinflusst werden. Er beginnt, emotional an ihr zu hängen und sie, im Rahmen der Gefühlsdimensionen, die Psychopathen möglich sind, auf seine Weise tatsächlich zu lieben. Es ist nur eine egoistische Liebe, vergleichbar mit der eines sehr jungen Kindes, das sein Kuscheltier lieb hat, ohne diesem eigene Bedürfnisse und Rechte zuzuschreiben. Sehr wahrscheinlich ist Hooker allerdings nicht bewusst, dass er durch die surreale »Beziehung« zu »seiner Sklavin« genauso stark beeinflusst wird wie sie.

Diese zunehmende emotionale Bindung mag der Grund dafür sein, dass er schließlich glaubt, Colleen genug unter Kontrolle zu haben, um sie wieder an seinem Familienleben teilhaben zu lassen. Nicht nur das, sie entpuppt sich in seinen Augen als die bessere Lebensgefährtin. Hooker ist so sehr davon überzeugt, eine echte Liebesbeziehung mit Colleen zu führen, dass er ihr erlaubt, als Zimmermädchen in einem Hotel zu arbeiten. Er behauptet ihr gegenüber sogar, sie werde ein eigenes kleines Haus auf dem Grundstück der Hookers bekommen. Wie er es erwartet, macht sie keinen Versuch zu fliehen. Hooker glaubt wahrscheinlich inzwischen, sie handele so aus Liebe zu ihm, doch in Wirklichkeit wähnt sich Colleen weiter unter dauerhafter Beschattung durch »die Firma«.

Wie in so vielen anderen Fällen auch wird Hooker der typisch psychopathische Größenwahn zum Verhängnis. Nicht nur dass er Pläne schmiedet, noch mehr Sklavinnen zu entführen, worüber er Janice und Colleen informiert, die ihn auch dabei unterstützen sollen. Er begeht vor allem den schweren Fehler, seiner Frau das Gefühl zu vermitteln, Colleen wachse zunehmend in die Rolle einer ihr gleichwertigen Ehefrau hinein. Aus psychologischer Sicht eine grobe Unvorsichtigkeit, die Colleen schließlich den Weg in die Freiheit bahnt. Janice hatte über all die Jahre das unvorstellbare Leben mit der »Sklavin ihres Mannes« geduldet, ja sogar irgendwann schweigend hingenommen, dass er entgegen ihrer ursprünglichen Absprache Geschlechtsverkehr mit Colleen hatte. Doch die emotionale Kränkung, Colleen als zweite Ehefrau neben sich zu haben, kann sie nicht ertragen. Aus evolutionspsychologischer Sicht ist dies nicht überraschend.

Offenbar unterliegen Janice' Emotionen und somit auch ihre Entscheidungen in dieser Angelegenheit einem Prinzip, das in allen Zeiten und Kulturen zu finden ist: Eifersucht funktioniert geschlechtsspezifisch unterschiedlich. Fragt man einen Mann, was ihn mehr verletzen würde – wenn seine feste Partnerin mit einem anderen Mann Sex ohne tiefere Emotionen hat oder wenn sie in einen anderen Mann verliebt ist, ohne mit ihm intim zu werden –, so antworten viele Männer, dass die sexuelle Handlung sie mehr verletzen würde. Tauscht man die Geschlechter in der Frage aus, so antworten Frauen häufiger, es würde sie mehr verletzen, wenn ihr Mann eine andere Frau lieben würde, als wenn er mit einer anderen emotionslosen Sex hätte.

Dies macht evolutionär absolut Sinn, da Männer, bevor es Gentests gab – und die hat die Evolution nicht »eingeplant« –, nie mit letzter Gewissheit sicher sein konnten, ob sie die biologischen Väter ihrer Kinder sind. Daher entwickelte sich in Männern der Mechanismus zur vor allem sexuellen Eifersucht. Kein anderer Mann soll die Gattin begatten, damit der soziale Vater seine Ressourcen nicht jahrelang in die Gene eines Kontrahenten investiert. Für Frauen hingegen besteht das Problem, nicht zu wissen, ob ein Kind ihr eigenes ist, prinzipiell nicht. Im Unterschied zu Männern mussten sie im Laufe der Evolutionsgeschichte das Überleben ihres Genmaterials – also ihrer Kinder – auf eine andere Art sichern: indem sie dafür sorgten, dass sie einen Mann emotional so stark an sich banden, dass er seine materiellen Ressourcen in das Überleben ihrer Kinder investierte. Dies ist aus feministischer Sicht sicher eine sehr unschmeichelhafte Erklärung für Geschlechtsunterschiede der Eifersucht, doch die Evolution ist eben nicht immer politisch korrekt.

Janice wird die Aussicht, über kurz oder lang möglicherweise selbst zur »Zweitfrau« degradiert zu werden, zu viel. Höchstwahrscheinlich gesteht sie sich selbst aber nicht ganz ein, dass ihre Eifersucht der Grund dafür ist, dass sie dem Treiben ihres Mannes zunehmend ein Ende bereiten will. Seit einiger Zeit hat Janice Kontakt zu einer christlichen Gemeinde, und diese dient ihr bald als Rationalisierung dafür, dass sie die Lebensumstände, wie sie sind, nicht mehr hinnehmen will. In der Gemeinde beginnt sie davon zu reden, dass ihr Mann eine »Dreierbeziehung« führt. Sie fragt andere Gemeindemitglieder und den Pastor, ob dies aus biblischer Sicht wirklich richtig sein könne. Das behaupte zumindest ihr Mann und berufe sich dabei auf das Alte Testament, wo derlei nicht unüblich gewesen sei. Der Pastor erklärt ihr, dass Gott Dreiecksbeziehungen nicht dulde, Altes Testament hin oder her. Dass es sich eher um eine

Dauerentführung mit regelmäßiger Folter und Vergewaltigung handelt, erwähnt Janice natürlich nicht. Schließlich will sie ja eigentlich nur ihren Mann wieder für sich haben und nicht, dass er umgehend von der Polizei abgeholt wird.

Janice hat nun aber eine gerade »biblische« Ausrede, mit der sie vor sich selbst, ihrem Mann und Colleen rechtfertigen kann, dass sie mit den Zuständen, wie sie sind, nicht mehr leben will. Jedem normal fühlenden Menschen leuchtet ein, dass ihre jahrelange Duldung der fürchterlichen Umstände, unter denen Colleen gefangen gehalten wurde, nicht normal ist. Sie versucht vor sich und später auch vor Gericht zu behaupten, nur ein hilfloses Opfer ihres Mannes gewesen zu sein. Doch ihre schnelle Reaktion auf die »Beförderung« der »Sklavin« zeigt deutlich, dass sie nicht – wie sie später behaupten wird – aus Todesangst so viele Jahre Teilhabe an Hookers Verbrechen hatte. Im August 1984, mehr als sieben Jahre nach der Entführung, erklärt Janice Colleen in einem Gespräch unter vier Augen, dass Hooker die Firma und den Sklavenvertrag nur erfunden hat. Es gebe niemanden außer ihm, der Colleen überwache und festhalte. Sich selbst als Opfer inszenierend, behauptet Janice, all die Jahre Angst um sich und ihre beiden Kinder gehabt zu haben. Doch nun, da sie zu Gott gefunden habe und wisse, dass all dies nicht Gottes Wille sei, könne sie nicht anders, als das Richtige zu tun.

Colleen braucht Zeit, um all dies zu begreifen. Sie fühlt sich Janice gegenüber dankbar. All die Todesängste fallen von ihr ab und verwandeln sich in Wut gegenüber Hooker. Um bei ihrer Flucht ausreichend Vorsprung zu haben, verbringt Colleen noch eine Nacht bei den Hookers. Erst als Hooker am nächsten Tag auf der Arbeit ist, geht sie zur Haltestelle eines Fernbusses und kauft ein Ticket. Kurz vor der Abfahrt ruft sie Hooker an. Sie teilt ihm mit, dass sein Lügengebäude zusammengefallen ist, dass sie nun zu ihrer Familie zurückkehrt und ihn nie wiedersehen will. Hooker bricht in Tränen aus und fleht sie an. Sein schlimmster Albtraum wird wahr: Die Frau, welche er entführte, damit sie ihn niemals verlässt, tut genau dies. Der emotionale Schock für ihn ist vergleichbar mit dem eines Fünfjährigen, dem der Lieblingsteddybär weggenommen wird. Diese Analogie ist durchaus realistisch, denn das egozentrische Gefühlsleben von Psychopathen ist dem kleiner Kinder tatsächlich ähnlich. In diesem Telefonat wird das stark negative Selbstbild in Hookers narzisstischen Persönlichkeitsanteilen aktiviert. Colleens Flucht ist eine unfassbare narzisstische Kränkung für ihn, gepaart mit totalem Kontrollverlust. Diese Mischung ist die wohl schlimmste Empfindung, die ein Psychopath erleben kann.

Während Hooker vollkommen aufgelöst nach Hause fährt und sich von seiner verbleibenden Frau Janice anhören muss, dass alles, was er getan hat, aus biblischer Sicht eine schwere Sünde war, kehrt Colleen endlich wieder zu ihren Eltern zurück. Zum ersten Mal seit sieben Jahren fühlt sie sich völlig frei. In all den Jahren haben ihre Tagträume von Engeln und ihrem verstorbenen Großvater ebenso wie die Lektüre der Bibel, die Hooker ihr irgendwann erlaubt hatte, Colleen beim Überleben geholfen. Nun möchte sie einfach nur noch zu Hause sein, in Sicherheit. Sie spürt, dass Hooker nichts mehr gegen sie tun können wird. Deshalb – und weil Janice, die sich bis zum Ende als ihre Freundin und Leidensgenossin ausgibt, sie darum bittet – geht Colleen nicht zur Polizei und erzählt auch ihrer Familie zunächst nicht, was passiert ist. Colleen will keine Rache, sie möchte diesen Albtraum nur noch hinter sich und ein freies Leben vor sich haben.

Währenddessen eskaliert die Ehe von Janice und Cameron Hooker. Er ist furchtbar wütend auf seine Frau, dass sie ihm aus seiner Sicht sein liebstes Spielzeug weggenommen hat. Sie wiederum wirft ihm vor, die ganze Familie in eine unmögliche Situation gebracht zu haben. Die beiden trennen sich, kommen nach einer Weile aber wieder zusammen. Zugleich baut Colleen ihr Leben mithilfe ihrer Familie wieder auf. Sie hält sogar telefonisch Kontakt zu Janice und spricht dabei manchmal auch mit Hooker. Der fleht sie jedes Mal an, zu ihm zurückzukehren, doch Colleen stellt klar, dass er keine Macht mehr über sie hat. Für Janice muss es ihrerseits eine unfassbare narzisstische Kränkung sein, dass ihr Mann seine ehemalige Sklavin immer wieder wie ein verliebter Schuljunge anwinselt, ihn nicht alleine zu lassen. Ganz offensichtlich hat er aus dem Fehler, ihre Eifersucht angestachelt zu haben, nicht wirklich gelernt. Wahrscheinlich traut er ihr einfach nicht zu, dass sie ihn mit den beiden Kindern wirklich verlassen und anzeigen könnte. Doch genau dieser Gedanke verstärkt sich in Janice in dem Maße, wie ihr klar wird, dass Hooker auf seine psychopathische Art Colleen mehr liebt als sie.

So gesteht Janice die wahren Vorfälle schließlich unter Tränen dem Pastor ihrer Gemeinde – wobei sie sich selbst aber als völlig unschuldiges Opfer darstellt – und sagt noch am selben Tag bei der Polizei aus. Dabei kommt noch ein weiteres düsteres Geheimnis der Hookers ans Licht: Colleen war nicht ihr erstes Opfer. Bereits ein Jahr zuvor hatten sie die damals 19-jährige Marie Elizabeth Spannhake entführt. Janice war seinerzeit schwanger und Hooker sexuell noch weniger befriedigt als zuvor. Da er seinen Teil der ehelichen Abmachung, Janice ein Kind zu schenken, zu diesem Zeitpunkt formal erfüllt hatte, forderte er ihre Unterstützung bei der Beschaffung einer Sklavin ein. Doch die Entführung der jungen Frau verlief anders als geplant, Hooker hatte nicht den Eindruck, sie unter Kontrolle bekommen zu können. Deshalb schoss er ihr nach drei Tagen Gefangenschaft mit einem Luftgewehr in den Bauch. Als er sah, dass sie keine tödliche Verletzung davongetragen hatte, erwürgte er sie und entledigte sich ihrer in der Wildnis. Die Leiche von Marie Elizabeth Spannhake konnte allerdings nie gefunden werden.

Im Zuge der Ermittlungen kontaktieren die Behörden auch Colleen, die, zu ihren Erlebnissen mit Cameron Hooker befragt, alles aussagt, was ihr widerfahren ist. Ihre Aussagen decken sich mit denen von Janice, und bald werden auch Sachbeweise gefunden. Obwohl Hooker teilweise noch mithilfe seiner Frau nach Colleens Flucht versucht hatte, alle Beweismittel zu vernichten, werden in seinem Besitz unter anderem noch einige verräterische Fotografien aufgefunden. Vor allem sadistische Psychopathen sind oft zwanghafte Trophäensammler und können sich von diesen nur sehr schwer trennen, selbst wenn es für ihre eigene Sicherheit besser wäre. Während des medienträchtigen Prozesses behauptet Hooker, er habe eine einvernehmliche Liebesbeziehung mit Colleen gehabt. Eine Ansicht, an die er am liebsten auch selbst glauben möchte. Als Beweis legt er Briefe vor, in denen sie ihm ihre Liebe versichert. Doch versetzt man sich in Colleens Lage, so wird klar, dass sie alles tat, um Hooker gnädig zu stimmen und sich gewissermaßen »Hafterleichterungen« zu verschaffen. Hooker scheint dies überhaupt nicht nachvollziehen zu können. Offenbar glaubt er, die Jury und der Richter könnten die Umstände, unter denen die Briefe entstanden, unberücksichtigt lassen. Dies zeugt von seiner Unfähigkeit, die inneren Vorgänge seiner Mitmenschen wirklich verstehen und nachfühlen zu können. Daher hatte er auch unterschätzt, wie sehr sein Verhalten Janice zunehmend kränkte und eifersüchtig machte.

Am Ende des spektakulären Prozesses wird Cameron Hooker wegen Entführung, Vergewaltigung und anderer Sexualdelikte zu einer Gesamtfreiheitsstrafe von 104 Jahren verurteilt. Der Mord an Marie Elizabeth Spannhake bleibt ungesühnt, da ihre Leiche nie gefunden wird. Janice macht einen Deal mit der Staatsanwaltschaft und geht als Kronzeugin gegen ihren Mann straffrei aus. Sie zieht mit ihren beiden Töchtern um und lebt bis heute unerkannt und unter falschem Namen. Auch Colleen ändert ihren Nachnamen, heiratet und wird Mutter einer Tochter. Doch offenbar sind die langen Jahre in Gefangenschaft an ihrer Persönlichkeit nicht spurlos vorübergegangen. Mehrere Ehen scheitern, sie wird zur alleinerziehenden Mutter, die sich ehrenamtlich für die Rechte misshandelter Frauen einsetzt. Ihren Glauben an Gott und die christliche Religion verliert sie nie. Wahrscheinlich weil dieser Glaube und die Tagträume von Engeln und ihrem verstorbenen Großvater ihr über all die Jahre das Überleben in der Hölle auf Erden möglich machten.

Als Parker das Buch über den Fall Cameron Hooker liest, entdeckt er in diesem sofort einen Seelenverwandten. Psychologisch ausgedrückt sind die beiden tatsächlich artverwandt gestört: Beide sind gefährliche, psychopathische Sadisten. Parker übernimmt einige der psychischen und körperlichen Foltermethoden, welche Hooker an Colleen erprobte, und imitiert vor allem dessen Grundidee, seine Gefangenen durch die Bedrohung mit einer mächtigen Organisation einzuschüchtern. Da die Idee einer »Sklavenfirma« durch den medienträchtigen Hooker-Fall in den USA bereits als geschicktes Lügenmärchen bekannt geworden ist, erfindet er stattdessen eine Satanssekte, um seine Opfer zu verängstigen. Wahrscheinlich wird er durch zu dieser Zeit in den USA populäre Geschichten inspiriert, die von mächtigen Satanssekten handeln, welchen allerlei schwere Verbrechen angedichtet werden.

Satanisch-ritueller Missbrauch
– Eine tragische Hexenjagd

Auch der Aberglaube profitiert
vom jeweiligen Stand der Wissenschaft.

(Johann Wolfgang von Goethe)

Die moderne, von den Medien aufgebauschte »Satanshysterie« begann mit dem 1980 veröffentlichten Buch »Michelle Remembers« (»Michelle erinnert sich«). Es basiert auf den angeblichen Kindheitserinnerungen einer Frau, die zweifelsohne schwer traumatisiert wurde, jedoch sicher nicht von einer Satanssekte. Während ihrer Therapiesitzungen mit dem konservativ-christlichen Psychiater Lawrence Pazder, der für sie bald seine Frau und seine Kinder verließ, gab Michelle Smith umfangreiche Horrorgeschichten über Satanssekten von sich, die sie als Kind angeblich missbraucht hatten. All ihre diesbezüglichen Behauptungen konnten konkreten Überprüfungen nicht standhalten und sogar in großen Teilen eindeutig widerlegt werden. Dies hielt die sensationslüsterne Medienberichterstattung allerdings nicht davon ab, Michelle Smiths Geschichte und immer neue Geschichten weiterer angeblicher Satanistenopfer als wahr darzustellen.

Der Wunsch, die Aufmerksamkeit und emotionale Bindung ihres offenkundig schwer narzisstischen und dabei stark christlich geprägten Therapeuten dauerhaft zu erlangen, wird die eigentliche Ursache für die fantastischen Erzählungen jener Frau gewesen sein. Hinzu kommt, dass traumatisierte Menschen häufiger als andere stark suggestibel sind, sich also leichter von Meinungen und Wünschen ihrer Menschen beeinflussen lassen. Der narzisstische Wunsch des christlichen Therapeuten, seiner Patientin eine sensationelle Geschichte zu entlocken, hatte auf Michelle Smith so großen Einfluss, dass sie die Erinnerungen »erschuf«, welche sich ihr Therapeut wünschte. Möglicherweise sogar ohne sich bewusst zu sein, dass es sich dabei um falsche Erinnerungen handelte. Eine solche Dynamik zwischen Therapeut und Patient kann auch deshalb entstehen, weil einige Traumaopfer stark histrionische Persönlichkeitszüge entwickeln, also lernen, sich durch theatralisches Auftreten Aufmerksamkeit und Zuwendung anderer Menschen zu verschaffen.

Für ähnlich wie Michelle Smith persönlichkeitsgestörte Menschen war die mediale und gesellschaftliche Aufmerksamkeit, die sie nach Veröffentlichung von »Michelle Remembers« leicht erhalten konnten, wenn sie als Satanisten-Opfer mit ihren »Erinnerungen« an die Öffentlichkeit gingen, ein starker Anreiz. Einige von ihnen sind in ihrer Persönlichkeit auch instabil genug, um sich diesen satanischen Missbrauch selbst vorzumachen. Prüft man solche Fälle genau, so tauchen stets immer mehr Ungereimtheiten auf, die im Gesamtbild deutlich machen, dass es sich bei den Behauptungen entweder um falsche Erinnerungen oder schlicht um Lügen handelt.

Tragischerweise sind diese Menschen oft tatsächlich Traumaopfer, die das eigentliche, meist von nahen Bezugspersonen ausgelöste Trauma aber in seiner eigentlichen Form verdrängen oder in ihrer Erinnerung »umwandeln«. Das Grauen des Missbrauchs von Bindungspersonen im Alltag kann tief sitzende seelische Verletzungen auslösen. Die langfristig oft schrecklichen Empfindungen, ebenso wie der Selbst- und Fremdhass, den viele Opfer entwickeln, lassen sich für manche leichter verkraften, wenn sie sich als Ursache eine Satanssekte vorstellen. Satan als das personifizierte Böse gibt den oft durch traumatische Verdrängung in Teile zerrissenen Erinnerungen und Empfindungen eine konkrete Gestalt. Konkrete Angst und konkreter Hass sind auf eine gewisse Art erträglicher als entsprechende abstrakte, nicht greifbare Empfindungen, die durch Verdrängungsprozesse entstehen können. Dies – und die Zuwendung und Aufmerksamkeit, welche einige Traumaopfer verzweifelt suchen, ist die Grundlage aller Geschichten, in denen von großen und mächtigen Satansorganisationen berichtet wird.

Zusätzlich befeuert werden Verschwörungstheorien von großen Satansorganisationen, die Kinder missbrauchen und Menschen töten, durch kriminelle Einzelfälle, die dann etwa als »Satansmord von Witten« und »Satansmord von Sondershausen« durch die Presse geistern. Solche alle Jahre wieder in den Medien auftauchenden Ausnahmefälle, in denen psychisch gestörte Einzeltäter oder kleine Cliquen ihre Straftaten mit Satanismus zu erklären versuchen, werden gerne als Belege herangezogen, um von einer »großen Satanistenverschwörung« sprechen zu können. Bei genauer Betrachtung wird allerdings klar, dass diese Täter ihre offenkundigen psychischen Störungen in ein selbst zusammengebasteltes Weltbild einhüllten. Mit angeblichen Satanssekten haben sie allerdings nachweislich nichts zu tun. Sie sind vergleichbar mit vereinzelten Fällen psychisch kranker Menschen, die religiöse Systeme – auch das christliche – in ihre psychische Erkrankung einbeziehen und ihre Taten dann auch entsprechend begründen.

Nach Erscheinen des ersten großen »Satanisten-Opfer-Buches«, das Michelle Smith mit ihrem Therapeuten und späteren Ehemann zusammen herausgab, meldete sich eine Unzahl angeblicher Zeugen und Opfer satanischer Sekten bei Medienleuten und Therapeuten, wobei keine Behauptung jemals belegt werden konnte. Zum nächsten Bestseller in der Reihe der »Satanismus-Thriller« wurde die angeblich wahre Lebensgeschichte von Laurel Rose Wilson – eine Frau, die bald darauf als Betrügerin entlarvt wurde und sich später nochmals Aufmerksamkeit zu verschaffen suchte, indem sie sich als KZ-Überlebende ausgab. Dass sich die Behauptungen von großen, kriminellen Satansorganisationen bei genauer Überprüfung stets als unhaltbar erweisen, ist allerdings weder Medienschaffenden noch den betreffenden Therapeuten klar, weshalb solche Geschichten immer wieder auftauchen.

David Parker Ray lässt seine Gefangenen glauben, dass er einer mächtigen Satanssekte angehört und seine wenigen Nachbarn ebenfalls Anhänger dieser Gemeinschaft sind. All dies stellt sich als dreiste Lüge heraus, soll aber jeden Gedanken an Fluchtversuche in den Opfern im Keim ersticken. Auf seinem Einführungsband erklärt Parker seinen Opfern, dass er jene »engen Freunde« manchmal zu Partys in seinem Haus einlädt und seine Sklavinnen dann vorführt. Genüsslich schildert er, was dem Opfer auf diesen Partys geschehen wird – so zum Beispiel die Vergewaltigung durch seinen Schäferhund. Es ist wahrscheinlich, dass Parker diese Folter tatsächlich einigen seiner Opfer antat. Doch waren keine Satanisten im Spiel, sondern nur drei Komplizen: seine Tochter Glenda Jesse Ray, seine spätere Lebensgefährtin Cindy Hendy und ein ihm ergebener Handlanger namens Dennis Roy Yancy. Alle drei waren psychisch labil, emotional im Mitgefühl gegenüber anderen Menschen abgestumpft – und sie waren Parkers charismatischer Ausstrahlung verfallen.

Wenn du sie nicht besiegen kannst, schließ dich ihnen an

Weißt du, mein Daddy hat immer gesagt:
Jeder Mensch hat den Teufel in sich
und kann nicht ruhen,
solange er ihn nicht gefunden hat.

(aus dem Film »The Crow – Die Krähe«)

Nachdem Jesse mit neunzehn vergeblich versucht hatte, ihren Vater beim FBI anzuzeigen, unterwirft sie sich ihm und seiner Lebensphilosophie. Sie hält ihr enges Verhältnis zu ihm aufrecht und besucht ihn häufig in seinem Freizeithaus am Elephant Butte Reservoir. Aufgrund der turbulenten und teils verstörenden Kindheit mit ihrem Vater und möglicherweise auch infolge sexueller Übergriffe entwickelt Jesse eine Borderline-Persönlichkeitsstörung. Ihr Selbstbild und ihre Emotionen sind instabil, was sich unter anderem darin zeigt, dass sie häufig neue Vornamen für sich erfindet, keine Arbeitsstelle dauerhaft halten kann, zu unkontrollierten Wutausbrüchen neigt und nicht zu einer stabilen Liebesbeziehung in der Lage ist. Sie zieht mit einer Frau zusammen, die sie als ihre Ehefrau ausgibt, lässt sich von einem Bekannten schwängern und bringt 1990 eine Tochter zur Welt. Jesse stellt sich eine heile Familie mit ihrer Lebensgefährtin und der als gemeinsames Kind aufgezogenen Tochter vor. Doch ihre psychische Erkrankung steht ihr dabei im Weg. Mehrmals ruft die Lebensgefährtin wegen Jesses Wut- und Gewaltausbrüchen die Polizei, doch die beiden versöhnen sich anschließend immer wieder.

Wie früher auch ihr Vater hält Jesse es nicht im trauten Heim mit Partnerin und Kind aus. An den Wochenenden besucht sie Parker und versinkt im wilden Nachtleben der nahe gelegenen Stadt Truth or Consequences (übersetzt »Wahrheit oder Folgen«). Ihren ungewöhnlichen Namen verdankt die Kleinstadt einer in den 50er Jahren beliebten Radiosendung. Der Moderator hatte damals versprochen, die Sendung künftig in der Stadt zu produzieren, welche sich als erste nach seiner Sendung umbenennen würde. Die Bewohner des damaligen, nach seinen Thermalquellen benannten »Hot Springs« gewannen den Wettbewerb. Der Ort liegt zwar mitten in einer wunderschönen, riesigen Naturlandschaft, ist aber sozial von Armut, Drogensucht und Prostitution geprägt. Menschen kommen und gehen, ohne dass es jemandem besonders auffallen würde. Eine Gegend wie geschaffen für Seriensexualverbrecher.

David Parker Ray hat, wie beschrieben, etwa zwei Jahre nach dem Mord an einem seiner ehemaligen Arbeitgeber seine Stelle als Mechaniker und Service-Manager des Kfz-Handels in Arizona gekündigt. Er beschließt, sich nun hauptsächlich seiner großen »Leidenschaft« zu widmen: dem Entführen und Foltern von Frauen. In Elephant Butte und Truth or Consequences erwirbt er sich einen Ruf als eher stiller, aber immer freundlicher und extrem begabter Mechaniker. Bald kann er von seiner eigenen Autowerkstatt – inklusive Pannenhilfe und Abschleppdienst – leben. Nebenbei ist er als Jäger und Angler unterwegs. All seine offiziellen Aktivitäten sind eine sehr gute Erklärung dafür, dass er Tag und Nacht mit großen Autos und Werkzeug unterwegs ist. Die idealen Bedingungen, um Frauen zu entführen und unauffällig auf sein Gelände zu bringen. Seine vierte Ehe hält über zehn Jahre, was sicher nicht zuletzt daran liegt, dass er mehrere Wohnorte hat und dabei alle Freiheiten genießt, die er braucht. Doch auch diese Beziehung scheitert schließlich. Parallel dazu gibt David seine Selbstständigkeit auf.

Er arbeitet bei mehreren Unternehmen als Mechaniker, bevor er schließlich einen Traumjob ergattern kann: offizieller Fahrzeugmechaniker am Elephant Butte Reservoir. Diese Anstellung verschafft ihm einen geländetauglichen Dienstwagen und eine Dienstuniform. Da vor allem kriminelle Psychopathen einen Hang zu Uniformen haben, überrascht es nicht, dass Parker diese voller Begeisterung so oft wie möglich zur Schau trägt. Seine Ausrüstung dient ihm auch als zusätzliche Hilfe bei den Entführungen: Er kann sich so leicht als Polizist ausgeben und Prostituierten vormachen, dass er sie festnehmen will. Eine besonders einfache Methode, um sie ohne Gegenwehr mit Handschellen gefesselt in sein Auto zu bekommen. Nicht nur das neue Dienstoutfit verschafft Parker eine narzisstische Aufwertung. Er entwickelt eine kostengünstige mobile Lichtmaschine für seinen Arbeitgeber und wird zum Angestellten des Monats gewählt. Niemand ahnt, dass Parker sein Talent für mechanische Dinge nur nebenbei in seinem Job nutzt. Den Hauptteil dieser Kreativität lebt er in seinem persönlichen Reich aus: der mit immer mehr Folterwerkzeugen ausgestatteten »Spielzeugkiste«.

Jesse merkt bei ihren häufigen Besuchen, dass sie ihrem Vater nicht nur, was ihre Vorlieben für Jagd, Waffen und Fahrzeuge angeht, ähnelt. Sie lässt sich auch zunehmend darauf ein, mit ihm gemeinsam Frauen zu foltern und zu vergewaltigen. Offenbar führt sie spätestens zu diesem Zeitpunkt auch sexuelle Handlungen mit ihm durch. Entsprechende Bild- und Videoaufnahmen, in denen Jesse, ihr Vater und deren Freunde gemeinsam BDSM-Sex haben, werden später von den Ermittlern gefunden. Von Tag zu Tag scheint Jesse mehr zu einem Persönlichkeits-Ebenbild ihres Vaters zu werden. Aus psychologischer Sicht ist dies nachvollziehbar: Bereits in ihrer Kindheit durch die kranke Familiensituation traumatisiert, macht Jesse später die Erfahrung, dass ihr abgöttisch geliebter Vater selbst dem FBI überlegen zu sein scheint. Ihre einzige Möglichkeit, weiter ein enges Verhältnis zu ihm zu haben, besteht darin, in möglichst vielen Eigenschaften wie er zu werden. Eine Entwicklung, die durch die fehlgeschlagene Anzeige nicht ausgelöst, allerdings deutlich verstärkt wurde. Die dahinterstehenden Prozesse laufen unbewusst über längere Zeiträume ab und werden in der Psychologie mit dem Begriff »Täterintrojekt« zusammengefasst.

Täterintrojekt
– Monster in der Opferseele

Ich bin befreundet mit dem Monster,
das unter meinem Bett ist.
Komme klar mit den Stimmen,
die in meinem Kopf sind.

Du versuchst mich zu retten,
erwarte nicht zu viel.
Und du denkst, ich sei verrückt.
Yeah, du denkst, ich sei verrückt.

(aus dem Song »The Monster« von Eminem ft. Rihanna)

Täterintrojekte sind psychologische Anteile des Täters, die er in der Seele seines Opfers hinterlässt. Vor allem bei Kindheitstraumata übernimmt das Opfer unbewusst einige der Gedanken, Einstellungen, Empfindungen und Charaktereigenschaften des Täters in seine eigene Persönlichkeit. Eine Mischung unterschiedlicher Mechanismen bewirkt diese Entwicklung, vor allem dann, wenn der Täter eine Bindungsperson des Opfers ist:

1. Von Ambivalenz zu Seelensplittern

Das Opfer empfindet der Bindungsperson gegenüber grundsätzlich positive Gefühle und ein natürliches Bedürfnis nach ihrer Nähe. Gleichzeitig lässt die Bindungsperson das Opfer durch körperlichen, emotionalen und/oder sexuellen Missbrauch enormes Grauen erleben. Der emotional nahestehende Täter löst also in seinem Opfer zum einen den Wunsch nach Nähe, Geborgenheit und Sicherheit einerseits aus. Andererseits bewirken seine Handlungen aber auch Empfindungen von Schmerz, Ekel und Panik, die im Opfer wiederum Impulse des evolutionären Überlebensmechanismus – Flucht, Kampf und Erstarrung – aktivieren. Diese extremen, völlig widersprüchlichen und eigentlich nicht miteinander zu vereinbarenden Empfindungen erzeugen eine unerträgliche, tief sitzende Ambivalenz; eine schwere seelische Verletzung, die bewirkt, dass das Opfer seinen widersprüchlichen Gefühlen, Gedanken und Impulsen nicht vertrauen kann. Daraus resultiert eine Persönlichkeit, die aus den Scherben einer zerbrochenen Seele besteht. Die Betroffenen empfinden Nähe oft nur mit dem gleichzeitigen Wunsch zu fliehen. Sie wissen nie wirklich dauerhaft, wer sie sind, was sie wollen und welche Eigenschaften sie ausmachen. Ihre Persönlichkeit wechselt stark abhängig von der Situation, in der sie sich gerade befinden; dann kommen unterschiedliche, teils widersprüchliche Eigenschaften zum Vorschein. *Eine* Scherbe dieser zerbrochenen Seele ist eine Art Spiegelbild-Klon des Täters und seiner Eigenschaften.

2. Von Hilflosigkeit zu Macht und Kontrolle

In der oder den ursprünglich traumatischen Situationen wird der Täter als sehr mächtig erlebt. Er hat die Kontrolle. Daher ist ein unwillkürlicher Überlebensmechanismus des Opfers der, wie der Täter sein zu wollen. Wie er zu sein bedeutet, mächtig zu sein und die Kontrolle zurückzugewinnen. Seine Gedanken und Empfindungen nicht nur nachzuvollziehen, sondern sie zu übernehmen, kehrt die Unerträglichkeit der Situation zumindest kurzfristig um. Das Opfer reduziert seine Empfindungen, indem es die Situation wie durch die Augen des Täters erlebt und alle unerträglichen Opfergefühle und Gedanken aus dem Bewusstsein aussperrt. Eine Folge dieses Mechanismus kann beispielsweise Hypersexualität bei Opfern sexuellen Missbrauchs sein. Der Täter empfand es als angenehm, sein Opfer sexuell zu benutzen. Dabei riss er alle emotionalen und physischen Grenzen des Opfers ein. Dieser Grenzen beraubt, nutzt das Opfer Sexualität als Mittel der eigenen Emotionsregulation und der Manipulation anderer; so gewinnt es scheinbar die Kontrolle über sich selbst zurück. Erwachsene, hypersexuelle Opfer sexuellen Missbauchs haben also gelernt, nach den Spielregeln des ursprünglichen Täters zu spielen und Sexualität so zu leben, wie er es ihnen »beibrachte«. Eine weitere Folge derartigen Missbrauchs kann sein, dass das Opfer seinerseits andere Menschen körperlich misshandelt oder sexuell missbraucht. Es kann auch zum Handlanger eines Täters werden. Beides ermöglicht dem Opfer, endgültig auf der mächtigen Täterseite zu stehen – die einzige Seite, die es als »sicher« zu empfinden gelernt hat.

Täterintrojekte erzeugen nicht nur starke Konflikte in der Psyche der Opfers, sie können auch begünstigen, dass Opfer später ihrerseits zu Tätern oder Mittätern werden. Harry Thaw projizierte beispielsweise seine eigenen Täteranteile, die ihn sadistische Sexualverbrechen begehen ließen, auf den als Erzfeind auserkorenen Stanford White. Richard projizierte Anteile der Menschen, die ihm gegenüber als Kind zu Tätern wurden, auf seine Partnerin und lebte diese Täteranteile gleichzeitig selbst während seiner aggressiven, dissoziativen Zustände aus. David Parker Ray war als Kind Opfer liebloser und misshandelnder Bezugspersonen, die ihn wie ein Spielzeug herumreichten und seine Bedürfnisse ignorierten. Seine Täterintrojekte ließen ihn das Leid, welches er selbst erlebt hatte, gesteigert an seine Opfer weitergeben. So wie seine Bedürfnisse als Kind völlig missachtet wurden, so missachtet er als Täter gezielt die Bedürfnisse seiner Opfer und erregt sich daran, die Macht und Kontrolle über sie zu haben – das genaue Gegenteil der Hilflosigkeit, die er als Kind empfand.

Auch Parkers Tochter Jesse ist das Opfer einer ambivalenten Bindung an den seit ihrer Kindheit hypersexuell auftretenden Vater. Die chaotischen Bindungs- und Lebensverhältnisse in ihrem Elternhaus bewirken, dass sie als Erwachsene ebenso chaotische Beziehungsmuster zeigt. Ihr Vater führt Jesse spätestens als Erwachsene aktiv an sadomasochistische Praktiken heran und beginnt mit ihr zusammen BDSM-Handlungen an Frauen vorzunehmen. Da Jesse bisexuell ist, mit einem stärkeren Hang zu Frauen, kann er ihr dies als »gemeinsames Hobby« nahebringen, so wie die Jagdausflüge oder Basteleien an Autos und Motorrädern. Zunächst geschehen die BDSM-Handlungen zusammen mit Jesse noch mit Frauen, die dem einvernehmlich zustimmen. Doch bald nimmt auch Jesse an den Entführungen und echten Folterungen teil, die Parker wesentlich mehr Erregung und Vergnügen bereiten als einvernehmliche Handlungen. Kontinuierlich stärkt er die Täterintrojekte in ihr. Auf sie wirkt er allmächtig, und diese Allmacht selbst erlangen zu können, ist äußerst verführerisch.

Jesse ist bald ebenso wie ihr Vater stadtbekannt. Sie fährt in schwarzer Lederkluft Motorrad, hängt nächtelang in Bars ab, Bier trinkend, Zigaretten rauchend und Billard spielend. Gilt ihr Vater allgemein als ruhiger Typ, so ist sie das genaue Gegenteil: Sehr kontaktfreudig und offen, hat sie bald viele Freunde und Bekannte unter der nachtaktiven Bevölkerung von Truth or Consequences. Als die vierte Ehe ihres Vaters 1994 scheitert, ist Jesse für ihn da. Er nutzt diesen Einschnitt, um sich ein weiteres Mal neu zu erfinden. So ändert er seinen Namen zurück in »David P. Ray« und bringt auch ein entsprechendes Schild an seinem Grundstück an, was zunächst für leichte Verwirrung sorgt. Aber Symbolik ist für ihn in vielen Dingen wichtig, und so ist sein Hang zum wiederholten Wechsel des Namens, des Berufes und der jeweiligen »Rolle« ein Teil seines Persönlichkeitskonzeptes. Eine andere »Rolle« wie ein Kleidungsstück »anzuziehen«, ist für ihn so einfach wie für einen Computerspieler, den Avatar seiner Spielfigur zu wechseln. Auch diese Eigenschaft teilt Jesse mit ihrem Vater. Ihre engeren Freunde wissen, dass sie sich je nach Situation mit wechselnden Vornamen vorstellt.

Nach dem Ende seiner vierten Ehe besteht für Parker (oder Ray, wie er sich jetzt wieder nennt) in einiger Hinsicht Änderungsbedarf. Er hält es nicht gut aus, ohne eine Frau an seiner Seite zu leben. So überredet er seine 27-jährige Tochter, ihn noch häufiger als sonst zu besuchen. Er schiebt gesundheitliche Probleme als Grund vor, doch in Wirklichkeit braucht er Jesse als Ersatz für seine bisherigen Gefährtinnen. Jesses lesbische Lebenspartnerin, die Jesses Tochter mit aufzieht, reagiert zunehmend kritisch auf Rays fordernde Art. Doch Jesse lässt sich nicht aus dem Kraftfeld ihres Vaters lösen. Sie beendet 1995 ihre Beziehung und zieht endgültig zu ihm. Die beiden leben in vielerlei Hinsicht eher wie ein Ehepaar denn wie Vater und Tochter zusammen. Ray nutzt auch geschickt Jesses extrovertierte Art, um Kontakt zu Frauen zu gewinnen und diese in sein Haus einzuladen. Jesse beginnt damit, zahlreiche Freundschaften mit vor allem jungen Frauen und Teenagern aus der Umgebung zu knüpfen. Viele von ihnen verbringen zunehmend Zeit im Haus ihres Vaters oder auf gemeinsamen Bootstouren. Ray möchte sogar, dass einige von ihnen »Dad« zu ihm sagen. Er nimmt sie mit auf Angelausflüge und genießt einfach ihre Anwesenheit, die auf ihn sexuell sehr erregend wirkt. Während er sogar den Teenagern Bier ausgibt, obwohl sie eigentlich noch keins trinken dürften, beobachtet er sie. Hier kann er sie leicht bekleidet betrachten, so lange er will. Er macht ihnen Geschenke und ist sehr freundlich zu ihnen. Manchmal schenkt er den Mädchen auch sehr knappe Kleidung, die sie auf den Ausflügen sofort anziehen sollen. Da er ihnen gegenüber ansonsten stets korrekt und väterlich-freundlich auftritt, denkt sich keine etwas Böses dabei.

Obwohl er wilden Partys in seinem Haus und auf seinem Segelboot nicht abgeneigt ist, trinkt Ray kaum Bier und nimmt auch sonst keine Drogen zu sich. Dies könnte mit dem Kontrollverlust zusammenhängen, den der Konsum solcher Substanzen mit sich bringt und den vor allem psychopathische Menschen ersten Ranges häufig als aversiv empfinden. Allerdings raucht er sehr viele Zigaretten und beginnt irgendwann damit, Viagra zu nehmen, um beim Ausleben seines Sexualtriebes möglichst potent zu sein. Während Ray für viele Mädchen und junge Frauen der Gegend einfach der Parkranger und nette Vater ihrer Freundin Jesse ist, lebt er mit ihrer Hilfe zugleich immer wieder seine dunkle Seite aus. Niemand weiß, wie viele Prostituierte, Drogensüchtige und Ausreißerinnen er in den riesigen Gebieten New Mexicos und anderer Bundesstaaten jagt, vergewaltigt und tötet. Die Leichen entsorgt er am liebsten im Stausee von Elephant Butte. Er füllt den aufgeschnittenen Brustkorb mit Steinen und bindet ihn mit Maschendraht fest zu. Auf diese Weise ist kaum Luftraum da, in dem sich Gase sammeln und die Leiche wieder nach oben treiben können. Durch das massive Gewicht wird die Leiche so tief gezogen, dass sie nie wieder als Ganzes an der Seeoberfläche auftaucht und in den Tiefen allmählich vollständig zersetzt wird.

Jesse lernt spätestens während des Zusammenlebens mit ihrem Vater, ihm nicht nur bei den Folterungen, sondern auch dem Töten und Entsorgen von Opfern zu helfen. Mindestens einmal macht sie sich das bei ihrem Vater Gelernte wohl auch selber zunutze. 1996, ein Jahr nach ihrem Einzug bei Ray, verbringt Jesse den Abend Bier trinkend in Begleitung einer jungen Frau, die sie nur flüchtig kennt. Die beiden beginnen sich zu streiten, was von einigen Zeugen beobachtet wird. Was aus der Frau wird, kann nie geklärt werden. Sie gilt bis heute als vermisst.

Ein unglaublicher Albtraum

Wer die Wahrheit hören will,
den sollte man vorher fragen,
ob er sie ertragen kann.

(Ernst R. Hauschka, deutscher Aphoristiker und Lyriker)

Kelly Garrett ist zweiundzwanzig, als sie 1996 mit ihrem Lebensgefährten nach Truth or Consequences kommt. Die beiden trennen sich bald, doch die hübsche und kontaktfreudige Kelly lernt kurz darauf einen neuen Partner kennen. Die neue Beziehung ist stürmisch, aber intensiv, sodass das junge Paar nach nur wenigen Monaten heiratet und Kelly im Elternhaus ihres Bräutigams einzieht. Doch gleich nach der Eheschließung stellen sich Probleme ein: Kelly hat körperliche Beschwerden, durch die sie Schmerzen beim Geschlechtsverkehr hat. Deshalb bittet sie ihren Mann in den Tagen nach der Hochzeit, vorerst keinen Sex mit ihr zu haben. Doch der junge Mann kann seine Bedürfnisse dahingehend offenbar nicht im Zaun halten. Über dieses Thema entwickelt sich ein tagelanger heftiger Streit, im Zuge dessen Kelly schließlich wutentbrannt aus dem Haus stürmt. Um ihren Frust abzulassen, sucht sie mit Freunden einige Bars in der Umgebung auf.

Obwohl sie feiern geht, trinkt Kelly nach dem Streit insgesamt nur ein Bier, da sie sich bereit erklärt hat, an diesem Abend die Fahrerin für die feiernden Freunde zu spielen. In den Bars trifft die Clique weitere Freunde und Bekannte, unter ihnen auch Jesse Ray. Kelly erscheint sie, wie allen anderen auch, als gut gelaunte, nette Person. Nachdem die Truppe durch einige Bars gezogen ist und sich dabei ein wenig aufgelöst hat, braucht Kelly schließlich doch eine Mitfahrgelegenheit zum Haus ihrer Schwiegereltern. Jesse, die wie sie bis dahin kaum Alkohol getrunken hat, bietet freundlich an, sie mit ihrem Mottorad später dorthin zu bringen. Vorher könne man ja noch zusammen etwas weiter das Nachtleben genießen. Im Laufe des Abends geht Jesse einer ihrer Lieblingsbeschäftigungen, dem Billardspielen, nach und trinkt dabei scheinbar gedankenlos doch noch ein paar Bier. Irgendwann sagt sie zu Kelly, dass es ja doch später als erwartet geworden ist und sie sich nun zu betrunken fühlt, um den langen Weg bis zu Kellys Schwiegereltern zu fahren. Sie schlägt vor, man könne gemeinsam erst einmal ins verhältnismäßig nahe gelegene Haus ihres Vaters fahren, sich dort etwas ausruhen und dann später zu Kellys neuer Familie fahren. Kelly kann zu diesem Zeitpunkt kaum mehr einen klaren Gedanken fassen, da es ihr plötzlich immer schlechter geht. Sie fühlt sich völlig benommen, und dabei hat sie kaum Alkohol zu sich genommen. Sie überlegt noch, ob ihr jemand etwas ins Glas getan haben könnte, denkt aber in dieser Situation nicht daran, dass es Jesse gewesen sein könnte. Offenbar nimmt sie Jesses Angebot an, obwohl sie sich später nur noch bruchstückhaft an den weiteren Verlauf erinnern kann.

Kellys nächste Erinnerung setzt im Haus von Ray ein, wo sie auf einer Couch liegt und von Jesse festgehalten wird. Als sie die Augen öffnet, sieht sie, dass Ray ihr ein Messer an den Hals hält. Obwohl noch sehr benommen, realisiert sie, dass dies kein Albtraum und auch kein schlechter Scherz ist. Ihre Augen werden verbunden, und ihr Mund wird geknebelt. Sie spürt das kalte Metall eines massiven Halsbandes, das um ihren Hals gelegt wird. Dann spielt Ray das »Einführungstonband« ab und betont nochmals, dass er einer mächtigen, satanischen Sekte angehöre, welche Kelly gezielt als rituelle Sexsklavin auserwählt habe. Ihr wird klargemacht, dass jeder Fluchtversuch tödlich enden werde. Über drei Nächte und zwei Tage quält Ray sie gemeinsam mit Jesse. Er fertigt Foto- und Videoaufnahmen von den Vergewaltigungen und Folterungen an, auf denen Kellys Gesicht allerdings verdeckt ist. Zwischendurch bekommt sie immer wieder einen Drogencocktail. Als Ray und Jesse genug davon haben, mit Kelly zu »spielen«, wie sie es nennen, verabreicht Ray ihr einen vorbereiteten, sehr hoch dosierten Drogenmix und suggeriert ihr währenddessen, alles sei ein Albtraum gewesen.

Nachdem Kelly von den Drogen bewusstlos geworden ist, kleiden Ray und Jesse sie wieder an. Ihren Schmuck behält Ray allerdings als Trophäe. Anschließend zieht er seine Parkranger-Uniform an und trägt Kelly in seinen dienstlichen Geländewagen. Er fährt mit ihr am frühen Morgen ans Ufer des großen Sees und rollt ihren bewusstlosen Körper durch den feuchten Sand. Völlig verschmutzt trägt er sie wieder in sein Auto und fährt zu einem Imbiss, um sich einen Kaffee zu besorgen. Diesen trinkt er in aller Seelenruhe, bis Kelly langsam zu sich kommt. Sie erinnert sich an den Streit mit ihrem Mann, den Abend mit Freunden in der Bar – und ab da an nichts mehr. Völlig desorientiert schaut sie Ray an, der sie freundlich anlächelt und ihr erklärt, er habe sie bei seiner Arbeit am Ufer liegend gefunden. Er habe den Eindruck, sie habe etwas zu wild gefeiert und einen ziemlich üblen Absturz gehabt. Kelly kennt Ray flüchtig als Jesses Vater. Sie weiß, dass er als Parkranger arbeitet und in der Gegend einen guten Ruf als hilfsbereiter, stiller Mechaniker hat. Er wirkt so gelassen, überzeugend und geradezu väterlich, dass sie keinen Zweifel an seinen Worten hat.

Ray fährt die weiterhin benommene junge Frau zum Haus ihrer Schwiegereltern. Diese sind ebenso entsetzt über Kellys Anblick wie ihr Mann: Sie ist schmutzig, barfuß, und ihre Kleidung riecht nach abgestandenem Alkohol. Außerdem wirkt sie völlig verwirrt. Ihr Zustand ist besonders überraschend, da alle wissen, dass Kelly eigentlich großen Wert auf ihre Körperpflege legt und geradezu einen Waschtick hat. Weiter den besorgten Ranger spielend, bringt Ray Kelly ins Haus und erklärt der Familie, wie er sie vorgefunden hat. Souverän schildert er, ihm sei die junge Frau im Sand liegend aufgefallen, als er arbeitshalber am See entlanggefahren sei. Er habe sie als Freundin seiner Tochter erkannt und sei besorgt wegen ihres Zustandes gewesen. So habe er ihr etwas zu trinken gegeben und sie heimgefahren. Er versucht sogar scheinbar, für Kelly Partei zu ergreifen, indem er sagt, sie sei ein gutes Mädchen und habe ihren Mann und die Schwiegereltern sicher nicht absichtlich verärgern und in Sorge versetzen wollen. Die ganze Familie dankt ihm dafür, die junge Frau so verantwortungsbewusst heimgebracht zu haben.

Kellys Mann, der mittlerweile davon überzeugt ist, sie habe ihn tagelang trinkend und Drogen nehmend betrogen, ist außer sich. Er fährt Kelly wütend an, sie solle ihm sagen, was sie getan habe. Aber sosehr sie auch versucht, sich zu erinnern, sie weiß – seit jenem Abend mit ihren Freunden in der Bar – nichts mehr. Dies kann ihr Mann einfach nicht glauben, zu groß scheint doch der Zufall, dass sie ausgerechnet nach einer eskalierenden Ehekrise tagelang verschwunden ist. Daher wirft er sie, noch während Ray danebensteht, offiziell aus dem Haus seiner Eltern, kündigt an, die noch keine zwei Wochen bestehende Ehe unverzüglich annullieren zu lassen, und erklärt ihr, sie könne ihre Sachen an einem anderen Tag abholen. Kelly ist so verwirrt, benommen und traumatisiert, dass sie nur noch weinend dasteht und sich dann auch noch vom fürsorglichen Ray zu einem Freund fahren lässt, bei dem sie kurzzeitig unterkommen kann.

Auch in den kommenden Jahren findet sie keine Erklärung für das, was ihr passiert ist. Sie zieht so bald wie möglich weit weg und baut sich ein neues Leben auf. In all den Jahren erlebt sie immer wieder unerklärliche Panikattacken und fürchterliche Alpträume, in denen sie gefesselt, geschlagen und vergewaltigt wird. Sie ahnt, dass irgendetwas Grauenvolles mit ihr passiert ist, doch erst mehr als drei Jahre später wird sie erfahren, dass sie das – zum Glück überlebende – Opfer eines sadistischen Serienmörders geworden ist.

Mit ein bisschen Hilfe von meinen Freunden

Es ist wichtig, Freunde zu haben.

(Joe Carroll, Serienmörder in der Fernsehserie »The Following«)

Jesse lernt bei ihren wilden Partynächten in Truth or Consequences einen attraktiven, schwarzhaarigen jungen Mann namens Dennis Roy Yancy kennen. Er ist bekannt als Frauenheld und offen für wilde Partys und ebenso wilden Sex, weshalb ihn alle nur »Toy Boy Roy« (»Lustknabe Roy«) nennen. Roys Biografie ist, wie die vieler anderer Einwohner der sozial eher schwachen Gegend, geprägt von schwierigen Lebensverhältnissen. Als einziges Kind seiner Eltern zeigt er schon früh Verhaltensauffälligkeiten, Konzentrationsprobleme und eine auffällige Hyperaktivität. Tatsächlich wird er im Laufe seiner Schulzeit mit ADHS diagnostiziert und medikamentös behandelt. Zu diesen Problemen kommt hinzu, dass sich seine Eltern früh scheiden lassen und der Vater gänzlich den Kontakt zur Familie abbricht. Die Mutter geht eine neue Beziehung ein, aus der zwei Töchter stammen, mit denen Roy aufwächst. Von seinem Vater verstoßen, einsam und unverstanden, schließt Roy sich in seiner Schulzeit einer Clique von Außenseitern an, die mit Drogen, Alkohol und esoterischen Praktiken herumexperimentiert. Die Jugendlichen verwüsten nachts Friedhöfe, töten herumstreunende Haustiere und brechen sogar in das Haus eines verhassten Lehrers ein. Dabei stehlen sie nicht nur Wertgegenstände, sondern Roy hinterlässt auch einen abgetrennten Hundepenis in der Wohnung. Damit will er nicht nur seinen Lehrer beleidigen und schockieren, sondern auch seine Macht demonstrieren. Die stadtbekannte Clique wird bald überführt und zu einem Aufenthalt in einer Jugendbesserungsanstalt verurteilt.

Diese pädagogische Maßnahme scheint zunächst einen gewissen Erfolg zu haben: Abgeschreckt von der Haft und angeleitet von einer Lehrerin, die trotz der Vorfälle sehr unterstützend und wertschätzend mit ihnen umgeht, scheinen die Jungen sich positiv zu entwickeln. Roy beginnt Sportmannschaften für Kinder zu trainieren, worin er gut ist und was ihm viel Zuspruch einbringt. Nach seinem erfolgreichen Schulabschluss meldet er sich freiwillig bei der Armee, wo er zwischen dem zwanzigsten und vierundzwanzigsten Lebensjahr für die Navy arbeitet. Das sehr strukturierte und gleichzeitig abwechslungsreiche Leben in der Armee tut ihm gut, er nimmt keine Drogen mehr und hat immer wieder Erfolgserlebnisse. Doch nach vier Jahren läuft sein Dienst aus, er kehrt in seine Heimatstadt Truth or Consequences zurück. Mit dem Tag, an dem er wieder in das Haus seiner Mutter zieht, gerät sein Leben in eine rapide Abwärtsspirale.

Roy verliert zu Hause die in der Armee aufgebaute Tagesstruktur, hängt bis spät in der Nacht mit alten und neuen Freunden in den örtlichen Bars rum und beginnt auch wieder Drogen zu nehmen. Bald hat er die ganze Bandbreite an verfügbaren Drogen durchprobiert, ob Marihuana, Pilze, LSD oder Heroin. Ein teures »Hobby«, das er mit Gelegenheitsarbeiten finanziert. Seine reichliche Freizeit füllt er mit zahlreichen Affären, die er auch parallel zueinander betreibt. Eine der Frauen wird schwanger, er heiratet sie pro forma, kümmert sich aber kaum um sie oder den gemeinsamen Sohn. Beinahe zwangsläufig lernt Roy bald Jesse kennen, die wie er dafür bekannt ist, ihre Zeit mit Partys, Alkohol, Drogen, attraktiven Frauen und Sex zu verbringen. Die beiden werden bald Freunde und Liebhaber.

Wein, Weib und Gesang
– Von Abenteuerlust und sexueller Freizügigkeit

Sex, Drogen und Rock 'n' Roll sind alles,
was mein Hirn und Körper brauchen.

(aus dem Song »Sex and Drugs and Rock 'n' Roll von Ian Dury)

Manche Menschen sind von Natur aus abenteuerlustiger als andere und neigen zu einer allgemein eher offenen Lebenseinstellung mit den verschiedensten Formen der Kicksuche. Dieser spezielle »Way of Life« spiegelt sich in mythologischen Geschichten, Liedern und Gedichten unterschiedlicher Zeiten und Kulturen wider; ob nun in dem wohl fälschlich Martin Luther zugeschriebenen Spruch »Wer nicht liebt Wein, Weib und Gesang, der bleibt ein Narr sein Leben lang«, in dem zu einem geflügelten Wort gewordene Liedtitel »Sex and Drugs and Rock 'n' Roll« oder in dem klassischen Tattoo-Motiv »Man's Ruin« (»der Ruin des Mannes«), auf dem eine verführerisch-erotische Frau mit Symbolen für Alkohol, Drogen und Glücksspiel abgebildet ist. All diese kulturellen Ausdrücke für eine spezielle Form des abenteuerlustigen Lebensstils haben ihren psychologischen Ursprung in dem bereits erwähnten Persönlichkeitsmerkmal des »Sensation Seeking« – also »Erlebnissuche« – und dessen Unterkategorie »Experience Seeking« – also »Erfahrungssuche«.

»Experience Seeking« basiert, wie die meisten psychologischen Eigenschaften, auf einer Mischung aus frühen Umwelteinflüssen und genetischen Anlagen – Letzteres sogar verstärkt, was bedeutet, dass starkes »Experience Seeking« unter genetisch miteinander verwandten Menschen häufiger auftritt, unabhängig davon, ob sie zusammen aufgewachsen sind. Ein stark ausgeprägtes »Experience Seeking« hat Auswirkungen auf viele Lebensbereiche: Entsprechende Menschen brauchen in ihrem Alltag und Beruf möglichst viel Abwechslung, sie empfinden schneller als andere Langeweile – ein für sie ganz besonders unangenehmer Zustand – und versuchen daher, dieser mit möglichst vielen intensiven Erlebnissen vorzubeugen. Da sie weniger Angst haben als andere, sind sie in vielen Lebensbereichen besonders abenteuerlustig und experimentierfreudig.

Menschen mit dieser Eigenschaft reisen mehr als andere, probieren gerne unterschiedliche Speisen und Getränke aus, lernen sehr gerne andere, vor allem ungewöhnliche Menschen kennen. Sie neigen stärker als andere dazu, Drogen auszuprobieren, sich tätowieren oder piercen zu lassen und auch im sexuellen Bereich viel mehr auszutesten als andere. Das bedeutet aber nicht, dass jeder starke »Experience Seeker« auch jeden dieser Erfahrungsbereiche irgendwann in seinem Leben ausprobiert haben muss. Nicht jeder Mensch, der viel reist, lässt sich also auch gerne tätowieren, und nicht jeder Mensch, der Drogen nimmt, probiert auch gerne exotische Speisen aus.

In meiner 2009 fertiggestellten Diplomarbeit gelang es mir nachzuweisen, dass Menschen mit starkem »Experience Seeking« statistisch auffällig mehr Sexualpartner haben und mehr unterschiedliche sexuelle Praktiken ausprobieren als Menschen, die diese Eigenschaft nur niedrig ausgeprägt haben. Ebenso zeigen meine Ergebnisse, dass bei einvernehmlichen BDSMlern die Eigenschaft »Experience Seeking« überzufällig stärker ausgeprägt ist als bei Menschen ohne eine BDSM-Neigung. Dies deckt sich mit meiner seit über einem Jahrzehnt gemachten Beobachtung, dass BDSMler mit Anschluss an die BDSM-Szene häufig offene Beziehungsmodelle leben, in denen sexuelle Monogamie also keine Voraussetzung für eine Liebesbeziehung ist. Ebenso kommunizieren BDSMler mit Szenenanbindung meiner Erfahrung und einigen Untersuchungsergebnissen nach offener über ihre sexuellen und emotionalen Bedürfnisse. Viele finden es in Ordnung und normal, Freundschaften mit sexuellen Aktivitäten zu verbinden – auch neben einer oder mehreren bestehenden Partnerschaft/en.

Viele stark ausgeprägte »Experience Seeker« leben zwar alternative, jedoch für sich und andere harmlose Lebensstile. Sie sind also nicht antisozial oder gar gefährlich. Dennoch kann eine entsprechende Eigenschaft dann gefährlich werden, wenn sie sich mit einer oder mehreren Cluster-B-Persönlichkeitsstörungen mischt. Von Menschen mit antisozialen oder sogar psychopathischen Persönlichkeiten ist beispielsweise bekannt, dass sie häufiger als andere stark ausgeprägte Komponenten des »Sensation Seeking« und seiner Untergruppen aufweisen. Dies wird dann gefährlich, wenn das Bedürfnis nach intensiven und abwechslungsreichen Erlebnissen mit dem Fehlen von Mitgefühl, Schuldgefühl und Angst einhergeht. Wie verhängnisvoll eine solche Mischung für andere Menschen werden kann, zeigt der Fall von David Parker Ray. Menschen verbringen gerne Zeit mit Menschen, die ihnen auf irgendeiner Ebene ähnlich sind. So ist es nicht verwunderlich, dass Ray die genannte gefährliche Mischung von Persönlichkeitseigenschaften mit seiner Tochter Jesse, deren Freund Roy und seiner späteren Lebensgefährtin Cindy gemeinsam hat. Ray hat nur deutlich mehr psychopathische Gesamteigenschaften als Jesse, Roy und Cindy, weshalb es ihm mit der Zeit gelingt, der Anführer ihrer kleinen, »familiären« Clique zu werden.

Jesse stellt ihren Vater Roy vor, der von dessen selbstsicherer und gleichzeitig ruhiger Ausstrahlung beeindruckt ist. Bald machen sie zu dritt Ausflüge in die Wildnis oder fahren mit Rays Segelboot auf den See hinaus. Ray und Jesse führen Roy auch in ihre Welt von privaten Sexpartys und BDSM ein. Zunächst hat Roy den Eindruck, alles laufe einvernehmlich ab. Er ist so begeistert von den neu entdeckten Spielen mit Fesseln und Schmerzen, dass er sogar einige seiner Freunde mit zu den Privatpartys bringt. Diese sind zwar abgeschreckt von den BDSM-Sessions, die Ray mit Jesse und Roy zusammen an anderen Frauen durchführt, doch die Frauen sind ja nicht nur Freundinnen von Jesse, sie scheinen, wenn auch stark unter Alkohol und Drogen gesetzt, einverstanden mit dem zu sein, was mit ihnen geschieht. Dass es unter einvernehmlichen

BDSMlern verpönt ist, stark alkoholisiert oder unter Drogen BDSM-Handlungen durchzuführen, wissen Roy und seine Freunde nicht. Derlei Handlungen widersprechen der ethischen Grundregel des BDSM, nur Sessions miteinander zu erleben, die für alle sicher, vernunftorientiert und wirklich bewusst einvernehmlich sind.

Roy wird praktisch zu einem Teil der Familie, seine Persönlichkeit harmoniert perfekt mit der von Ray und Jesse. Wahrscheinlich wird Ray für ihn auch bald zum Ersatz für den Vater, der ihn verlassen hatte, als er noch ein kleiner Junge war. Ray kann Menschen, die sich unbewusst nach Bindungspersonen sehnen, sehr gut das Gefühl geben, dass er eine solche ist. Mit seiner Ruhe und Autorität ist er die perfekte Projektionsfläche, was er mit vielen charismatischen Führern von kleinen und großen Gruppierungen gemeinsam hat.

Während Ray die privaten Partys bevorzugt, ziehen Jesse und Roy Nacht für Nacht um die Häuser. Bald ereignet sich ein weiterer mysteriöser Todesfall in Jesses Umfeld. Ein gemeinsamer homosexueller Freund von ihr und Roy wird eines Tages tot in seiner Wohnung aufgefunden. Die genaue Todesursache bleibt unklar, doch es werden Bolzen und Muttern in seinem Magen sowie ein Türknauf in seinem Rektum gefunden. Die letzten Personen, die von den Nachbarn als Besucher gesehen wurden, waren Jesse und Roy, die häufiger mit dem Mann Drogengeschäfte machten. Trotz der ungewöhnlichen Todesumstände und der Tatsache, dass Jesse bereits beim spurlosen Verschwinden einer jungen Frau als deren letzte Begleiterin angegeben wurde, wird der Tod des Mannes aber als Unfall zu den Akten gelegt.

Im selben Jahr beginnt Roy eine Affäre mit der stadtbekannten Schönheit Marie Parker. Auch die 21-Jährige hat einen für Truth or Consequences typischen Lebenslauf: Sie wuchs bei einer alleinerziehenden Mutter mit zwei deutlich jüngeren Halbbrüdern auf. Das Verhältnis zur Mutter war stets schwierig und verschlechterte sich weiter, als sie von einem Verwandten sexuell missbraucht wurde. Mit vierzehn riss sie von zu Hause aus, sie reiste per Anhalter durch die USA, lebte auf der Straße, nahm Drogen und arbeitete als Prostituierte. Mit einundzwanzig strandet sie schließlich als alleinerziehende Mutter zweier kleiner Mädchen in Truth or Consequences und hält sich mühsam mit Geld von der Wohlfahrt über Wasser. Sie lernt Roy in der örtlichen Bar- und Drogenszene kennen. Beide verlieben sich auf Anhieb ineinander. Doch da beide offensichtlich unter deutlichen Persönlichkeitsstörungen leiden, verläuft die Beziehung in stetigen Höhen und Tiefen, geprägt von Trennungen, Versöhnungen und Seitensprüngen.

Marie ist unfähig, eine Tagesstruktur aufrechtzuerhalten oder auch nur mit den Vermietern ihrer Sozialwohnungen auszukommen. Da sie nachts laute Partys mit ihren Bekannten feiert, verliert sie schließlich auch ihre neueste Wohnung in Truth or Consequences und steht mit ihren beiden kleinen Töchtern mal wieder auf der Straße. Da bietet Jesse, die inzwischen zu Maries Freunden gehört, ihre Hilfe an. Marie könne, bis sie eine neue Bleibe gefunden habe, in einem großen Zelt am See, auf dem Grundstück ihres Vaters, wohnen. Bei den sommerlichen Temperaturen ist dies für einige Wochen problemlos möglich. Marie nimmt das Angebot freudig an und bringt ihre Töchter für diese Zeit bei einer Freundin unter. Marie macht das Beste aus ihrer neuen Situation und feiert mit Jesse, Roy und anderen Freunden einige Tage lang mit Bier und Musik am angenehm warmen Strand des Sees von Elephant Butte. Marie und Roy haben zu dieser Zeit eine lose Beziehung, die sie als Affäre definieren.

Eines Abends holt Roy Marie gemeinsam mit Jesse in einer der örtlichen Bars ab, da die Frauen vereinbart hatten, an diesem Tag gemeinsam Drogen zu besorgen. Doch irgendwann während der Fahrt hält Jesse plötzlich an. Sie wendet sich Marie zu und bedroht sie mit einer Waffe. Roy und Marie merken an ihrer Stimme, dass dies kein dummer Scherz ist. Marie versteht überhaupt nicht, was los ist. Sie schreit, als Jesse damit beginnt, ihr Handschellen anzulegen. Darauf erwidert Jesse nur kühl, wenn Marie nicht auf der Stelle erschossen werden wolle, solle sie jetzt lieber den Mund halten. Da Marie völlig verängstigt ist, lässt sie sich von Jesse weiter fesseln, bevor die drei weiter zum Haus von Ray fahren. Dort angekommen, bringt Jesse Marie in die »Toy Box«. Roy wagt nicht, sich ihr entgegenzustellen.

Einerseits hat er noch Gefühle für Marie und möchte nicht, dass sie leidet. Andererseits steckt er schon zu tief, nicht nur als Mitwisser, sondern spätestens seit dem Mord an dem gemeinsamen schwulen Freund auch als Mittäter, in Jesses und Rays kriminellen Machenschaften. Er weiß, dass Mord für Ray so alltäglich ist wie die Jagd in der Wildnis, und dass er ihn lieber nicht verärgern sollte. Ray kommt irgendwann hinzu, offensichtlich schon im Bilde über das, was passiert ist. Roy ist klar, dass sie nun alleine mit Marie »spielen« wollen. Wegen seiner eigenen kriminellen Verstrickungen kann er nicht zur Polizei und klammert sich stattdessen an den Gedanken, dass die beiden mit Marie dasselbe tun werden wie mit vielen der anderen jungen Frauen auch: Sie werden sie zwar vergewaltigen und foltern, doch anschließend mit einem starken Drogenmix dafür sorgen, dass sie alles vergisst und glaubt, sie habe einfach in letzter Zeit zu viel gefeiert.

Drei Tage lang »spielen« Jesse und Ray mit Marie, dann holen sie Roy und teilen ihm mit, sie seien »fertig mit ihr« und es sei »Zeit für sie zu gehen«. Roy glaubt, er werde in die »Toy Box« gebeten, um Marie mitzunehmen und nach Hause zu bringen. Marie liegt nackt auf dem umgebauten gynäkologischen Stuhl, gefesselt, geknebelt und mit Augenbinde. Aber Ray und Jesse wollen Roys Loyalität prüfen und ihn dazu zwingen, so weit über seine eigenen Grenzen zu gehen, dass es kein Zurück mehr für ihn gibt. Jesse reicht Roy ein Seil und sagt: »Du weißt, was du tun musst.« Roy behauptet später vor Gericht, er sei während dieser Szene zusätzlich mit einer Waffe bedroht worden. Doch wahrscheinlich ist dies gar nicht notwendig und lediglich eine Rechtfertigung im Nachhinein. Roy muss – gezogene Waffe hin oder her – damit rechnen, selbst von Ray und Jesse getötet zu werden, wenn er sich nicht als absolut loyal erweist. Selbst wenn sie ihn am Leben lassen, werden sie nicht erlauben, dass er Marie nach Hause bringt. Er glaubt, dass er nichts mehr für sie tun kann – außer es möglichst schnell hinter sich zu bringen. Ihm ist bewusst, dass Ray das Geschehen mit seiner Videokamera aufzeichnet.

Roy tritt hinter die gefesselte Marie, die ihn nicht sehen und nichts sagen kann. Ohne lange zu überlegen, legt er das Seil um ihren Hals und zieht zu, so fest er kann. Er wundert sich darüber, wie lange Marie sich noch bewegt. Um, wie er hofft, das Sterben zu beschleunigen, kniet er sich mit seinem ganzen Gewicht auf ihre Brust. Er will nur, dass sie endlich aufhört, sich zu verkrampfen und nach Luft zu ringen. Ihm ist nicht klar, dass Marie da längst bewusstlos ist und er nur die typischen Krämpfe mit Enthirnungsstarre sowie die tiefe, rhythmische Bauchatmung wahrnimmt. Die etwa vier Minuten, bis auch die letzten Muskelzuckungen enden, erscheinen ihm wie eine Ewigkeit. Danach ist nichts mehr, wie es vorher war. Roy gehört nun endgültig zur »Familie«, er ist »einer von ihnen«.

Eine artverwandte Gefährtin

Cynthia (Cindy) Hendy wird 1960 als Tochter eines Soldaten und einer Schönheitskönigin geboren. Der Vater ist wegen seiner Arbeit selten zu Hause, schließlich verlässt er die Familie endgültig. Ihre Mutter ist alles andere als ein mütterlicher Typ. Sie kommt nicht damit klar, ein Kind zu haben, schreit ihre Tochter häufig an, schlägt sie und baut nie eine echte Bindung zu ihr auf. Kurz nachdem ihr Mann sie verlassen hat, findet sie einen neuen Lebensgefährten. Der missbraucht Cindy, als diese gerade elf Jahre alt ist. Verzweifelt vertraut sie sich der Mutter an, die ihr jedoch kein Wort glaubt und sie für ihre angeblich freche Lüge bestraft. Cindy fällt in der Schule durch Schwänzen und schlechtes Betragen auf, sodass sie in der achten Klasse endgültig von der Schule fliegt. Sie raucht, trinkt, nimmt Drogen und bekommt mit sechzehn ihr erstes Kind, einen Sohn. Es folgt ein langer, tragischer Lebensweg mit Straftaten wie Urkundenfälschung und Diebstahl, prügelnden Partnern, drei Ehen, Alkohol- und Drogensucht.

Mehrfach steht Cindy nicht nur als angeklagte Kleinkriminelle, sondern auch als Opfer schwerer Beziehungsgewalt vor Gericht. Dass sie sich immer wieder Männer sucht, die sie schlecht behandeln, scheint fast wie ein Fluch zu sein. So kommt es zumindest ihren drei Kindern vor, die von verschiedenen Vätern gezeugt werden. Die erleben, wie ihre Mutter immer sofort nach dem Ende einer Beziehung den nächsten Partner sucht und findet, der sie keinen Deut besser behandelt als seine Vorgänger. Offensichtlich kann Cindy einfach nicht ohne einen Partner leben. Jedoch sucht sie sich – wie viele Opfer früher Misshandlungen – immer wieder unbewusst Partner, die ihre frühen Traumata fortsetzen. Verschiedene Studien belegen, dass Frauen, die aus gewalttätig traumatisierenden Elternhäusern stammen, viel eher Gefahr laufen, als Erwachsene in Partnerschaften zu geraten, wo sie erneut misshandelt werden. So paradox es auch klingt: Gehirne suchen nach gewohnten Mustern, um sich wohl zu fühlen. Misshandlungen in der Kindheit können dazu führen, dass später Partner, die in ihren Persönlichkeitszügen den misshandelnden Bezugspersonen aus der Kindheit ähneln, als besonders anziehend empfunden werden.

Cindy zeigt noch einige andere typische Folgen früher Traumatisierungen: Sie ist allgemein sehr impulsiv und steigert sich schnell in unangemessen heftige Wutanfälle. Irgendwann begründet sie dies einem Gericht gegenüber damit, »manisch-depressiv« zu sein. Sollte diese Diagnose jemals bei ihr gestellt worden sein, so wäre es aller Wahrscheinlichkeit die falsche gewesen. Denn Cindy zeigt alle Symptome der Borderline-Persönlichkeitsstörung, gemischt mit Zügen der antisozialen Persönlichkeitsstörung: Impulsivität, heftige Wut und allgemeine Stimmungsschwankungen, den Hang zu intensiven, aber instabilen Beziehungen, selbstgefährdendes Verhalten sowie Alkohol- und Drogenabhängigkeit. Cindys antisoziale Züge zeigen sich vor allem in ihrer langen, kriminellen Karriere und ihrer Gewissenlosigkeit, besonders ihren Kindern gegenüber. Als Mutter ist sie ebenso unfähig wie ihre eigene. Sie und ihre wechselnden Partner rangieren eindeutig über dem Wohl der Kinder. So überrascht es nicht, dass auch ihr Sohn früh durch kleinkriminelle Handlungen auffällt.

1997 erteilt das Gericht Cindy eine Auflage zum Drogenentzug. Statt dies als eine Chance zu nutzen, um ihr Leben in den Griff zu bekommen, flieht Cindy mit ihrem aktuellen Partner und lässt ihre Kinder zurück. Das Pärchen landet in Truth or Consequences. In der neuen Lebensumgebung fühlt sich Cindy sofort wohl, schnell findet sie Anschluss an die örtliche Partyszene. Wie so viele vor ihr lernt sie bald Jesse und Roy kennen. Die verwandten Seelen verstehen sich auf Anhieb – weisen sie doch alle deutliche Cluster-B-Persönlichkeitsstörungen auf. Sie alle sind auch sexuell ungewöhnlich aufgeschlossen, und da Cindy sowohl bisexuell ist als auch Fantasien in Richtung BDSM hat, werden sie, Jesse und Roy bald Liebhaber.

So dauert es nicht lang, bis auch Cindy Ray kennenlernt, der ihr aus vielen Gründen als besonders anziehender möglicher Beziehungspartner erscheint. Er sieht für sein Alter gut aus und hat immer noch diese ruhige, gelassene und gleichzeitig dominante Ausstrahlung. Er steht in der Rangordnung eindeutig über Jesse und Roy, die im Zweifelsfall tun, was er sagt. Außerdem hat er einen gesicherten, angesehenen Arbeitsplatz mit für die örtlichen Verhältnisse gutem Einkommen. All dies sind Eigenschaften, die Ray nicht nur für Cindy, sondern auch für andere Frauen in der Stadt sehr interessant erscheinen lassen. Er lebt sein sexuell freizügiges Leben selbstsicher aus und kann sich über Mangel an Sexualpartnerinnen nicht beklagen. Gegen seine mit dem Alter zunehmenden Potenzprobleme nimmt er Viagra. Cindy wächst mit der familiären Clique um die beiden Rays zusammen. Sie erlebt wilde Orgien mit Alkohol und Drogen, bei denen sie sowohl selbst gefesselt und geschlagen wird als auch bei entsprechenden Handlungen mit anderen Frauen aktiv dabei ist. Zum ersten Mal in ihrem Leben hat sie den Eindruck, sich sexuell voll ausleben zu können und unter Menschen zu sein, die sie verstehen und sie nehmen, wie sie wirklich ist. Verstanden und positiv aufgenommen zu werden ist etwas, wonach sich im Kern alle Menschen sehnen, die die Erfahrung machen, »anders« zu sein als der Durchschnittsbürger.

Während sie sich zunehmend als fester Bestandteil der Clique erlebt, führt Cindy die emotional instabile On-Off-Beziehung mit dem Mann, der sie nach Truth or Consequences gebracht hatte, weiter. An Weihnachten 1998 schlägt er sie in einem Wutanfall so heftig zusammen, dass ihr Gesicht übersät von Hämatomen und eines ihrer Augen komplett zugeschwollen ist. Cindy flüchtet zunächst in ein Frauenhaus und dann zu einem Freund in der Stadt, der sie an diesem Abend erlebt, als habe sie mehrere Persönlichkeiten. Ein Eindruck, den auch andere ihrer Freunde immer wieder gewinnen und der darauf zurückzuführen ist, dass Borderline und die dissoziative Identitätsstörung, besser bekannt unter dem veralteten Begriff Multiple Persönlichkeitsstörung, artverwandte Traumastörungen zu sein scheinen. Die dissoziative Identitätsstörung ist sehr wahrscheinlich eine schwerere Form einer Borderline-Persönlichkeitsstörung, gemischt mit den Auswirkungen einer Posttraumatischen Belastungsstörung.

Eine von außen besonders beängstigend erscheinende Auswirkung dieser schweren Traumafolgen kann Cindys Freund, der sie in jener Weihnachtsnacht aufnahm, beobachten. Bei ihm nimmt Cindy einen starken Cocktail aus Alkohol und Drogen zu sich, weil sie sich von den belastenden Emotionen und Erinnerungsfetzen, ausgelöst durch die Gewalt an diesem Abend, nicht anders zu befreien weiß. Zum Erstaunen ihres Freundes ist sie von einem Augenblick auf den anderen nicht mehr verängstigt und traurig, sondern wird wütend und schreit herum und droht, sich an »denen« rächen zu wollen. Es scheint, als sei diese Wut durch Flashbacks aus vergangenen traumatischen Situationen ausgelöst. Bei schweren Traumastörungen werden in aktuellen Belastungssituationen manchmal gleichzeitig Gefühle und Erinnerungsfetzen früherer Situationen vom Gehirn aktiviert, was eine unerträgliche emotionale Überflutung bewirkt. Deswegen wirken Dinge, die Betroffene in solchen Situationen sagen und tun, oft absolut nicht nachvollziehbar und im wahrsten Sinne des Wortes »verrückt«. So geht es auch Cindys Freund an jenem Abend. Er beginnt sich vor ihrer unberechenbaren Wut zu fürchten, sodass schließlich Ray Cindy abholt und zu sich nimmt.

Ray hat mit seiner stets ruhigen und besonnenen Art keine Probleme, Cindy unter Kontrolle zu halten. Sein gesamtes Verhalten ihr gegenüber wirkt, als empfinde er tatsächlich eine gewisse Zuneigung für sie. Nicht nur macht er sich die Mühe, sie mitten in der Nacht in ihrem desolaten emotionalen Zustand abzuholen, zu beruhigen und zu sich nach Hause zu nehmen. Am nächsten Morgen beeindruckt er einen Freund, indem er ihm seinen Revolver zeigt und sagt, sollte der Exfreund von Cindy, der sie derartig misshandelte, jemals seinen Weg kreuzen, werde er nicht zögern, ihn zu erschießen. Die Drohung gelangt bald auch dem Mann zu Ohren, um den es geht. Der hat genug Respekt vor Ray, um seinen Worten zu glauben und die Stadt innerhalb weniger Stunden zu verlassen. Rays beinahe ritterlich anmutendes Verhalten in jener Situation lässt sich durch ein Phänomen erklären, welches ich bereits in meinem Buch »Auf dünnem Eis – Die Psychologie des Bösen« recht ausführlich thematisiert habe: Auch psychopathische Menschen kümmern sich durchaus um andere, und zwar

- wenn ihre Persönlichkeit mit der eines befreundeten Menschen im Bereich deutlich ausgeprägter Eigenschaften der Cluster-B-Persönlichkeitsstörungen »artverwandt« ist oder
- wenn sie Mitmenschen als ihr Eigentum betrachten, das nicht beschädigt werden soll, weil es irgendeinen Wert für sie hat.

Sehr wahrscheinlich entspricht Rays Zuneigung Cindy gegenüber einer Mischung dieser beiden Komponenten.

Nur wenige Tage nach den dramatischen Weihnachtsereignissen, im Januar 1999, zieht Cindy bei ihm ein. Jesse zieht in dieser Zeit – wie sie es auch früher schon ab und zu tat – vorübergehend um. Auch die örtliche Umtriebigkeit hat sie offenbar von ihrem Vater geerbt. Ray seinerseits kann einfach nicht ohne eine Partnerin leben. Denn so wie Jesse die Ersatzpartnerin nach seiner vierten gescheiterten Ehe spielen musste, so nimmt Cindy praktisch lückenlos den Platz der ausziehenden Jesse ein. Fast von Anfang an nennt Ray Cindy seine Ehefrau, und diese tut alles, um sich diese »Stellung« in seinem Leben zu verdienen. Sie versucht für ihn die perfekte Partnerin und Lebensgefährtin zu sein und alles umzusetzen, was er von ihr verlangt. Ray stellt für sie klare Regeln auf, um die Symptome ihrer Persönlichkeitsstörung zu kontrollieren. Er strukturiert ihren Tagesablauf ebenso wie die Menge und Häufigkeit ihres Alkohol- und Drogenkonsums.

Struktur, klare Regeln und positive Verstärkung in Form von Zuwendung sind die Mittel, mit denen er Cindy praktisch wie ein kleines Kind »erzieht«. Ein Konzept, das erstaunlich gut anschlägt, da Ray es im Rahmen einer BDSM-Beziehung durchsetzt. Bei der extremsten Form einer solchen Beziehung tut der submissive Partner alles, was der dominante Partner sagt. Der submissive Partner gibt also die Kontrolle über alle seine Lebensbereiche an den dominanten Partner ab, was innerhalb der BDSM-Szene als »Total Power Exchange«, also »völliger Machtaustausch«, bezeichnet wird. Eine in dieser Form eher seltene und auch innerhalb der Szene umstrittene Form der Beziehungsführung, die allerdings, wie mehrere mir persönlich bekannte Fallbeispiele im nicht kriminellen Kontext zeigen, in der Beziehungskonstellation zwischen einem psychopathischen Menschen und einem Menschen mit Borderline-Persönlichkeitsstörung erstaunlich lange funktionieren kann.

Cindys Freunde und Bekannte gewinnen bald den Eindruck, Ray habe sie einer Gehirnwäsche unterzogen. Sie nimmt kaum mehr Drogen, trinkt nur noch in Maßen Alkohol, gibt nicht mehr unkontrolliert Geld aus, sie kocht und kümmert sich um den Haushalt, wie die perfekte Ehefrau in einer altmodischen Familienserie. Die völlig neue Art der Beziehungsführung mit dem stets entspannten und kontrollierten Ray gibt ihr das Gefühl, dass er auf sie aufpasst. Seine Kontrolle und Dominanz gibt ihr ein Gefühl von Sicherheit. Cindys Unterwerfung und Fügsamkeit wiederum gibt ihm ein Gefühl von Macht. Die beiden leben die einzige Form von intensiverer Liebesbeziehung, die meiner Meinung nach psychopathischen Menschen überhaupt möglich ist.

Gemeinsame Jagd

Ich will doch nur spielen.

(Titel eines Liedes von Annett Louisan)

Angelica Montano ist sechsundzwanzig Jahre alt, als sie 1998 in Truth or Consequences ankommt. Da hat sie schon eine Vergangenheit als Drogenkonsumentin und Gelegenheitsprostituierte hinter sich. Bald zieht sie mit einem neuen Partner zusammen und wird vom Sog der örtlichen Partyszene angezogen. Sie freundet sich mit Cindy an, mit der sie ab und zu zusammen feiern geht. So lernt sie auch Ray kennen. Irgendwann nimmt Cindy Angelica mit zu einer von Rays Privatpartys. Dort werden mit Angelica einvernehmlich BDSM-Handlungen durchgeführt.

Im Februar 1999 fragt Angelica Cindy am Telefon, ob sie ihr aushelfen könnte, da sie einen Kuchen für den Geburtstag ihres Lebensgefährten backen wolle. Sie sei aber mal wieder völlig pleite und könne sich nicht einmal mehr die Zutaten leisten. Cindy bietet freundlich an, ihr eine Backmischung zu geben, die sie zu Hause habe. In Wirklichkeit ist Cindy klar, dass sich die perfekte Gelegenheit bietet, um, wie Ray es wünscht, zum ersten Mal gemeinsam »auf die Jagd« zu gehen. Am nächsten Tag erscheint Angelica am vereinbarten Treffpunkt in der Stadt. Cindy und Ray kommen mit dem Wagen und behaupten, sie seien schon den ganzen Vormittag unterwegs gewesen und hätten die Backmischung vor lauter Erledigungen vergessen. Angelica könne kurz mit ihnen heimfahren, dort würden sie ihr die Mischung geben und könnten noch ein wenig plaudern.

Als sie in Rays Haus ankommen, erscheint dieser zu Angelicas Entsetzen plötzlich mit gezogenem Messer vor ihr und hält es an ihren Hals. Währenddessen richtet Cindy eine Waffe auf sie. Angelica kann kaum glauben, dass all dies Wirklichkeit sein soll, doch Ray erklärt ihr nachdrücklich, dass er keine Witze macht. Er und Cindy fesseln sie mit Metallfesseln ans Bett und legen ihr ein metallenes Halsband an. Dann zieht er ihr eine Ledermaske übers Gesicht, in der Angelica Panik bekommt, weil sie glaubt, nicht mehr richtig atmen zu können. Sie schreit verzweifelt und fleht darum, die Maske abgenommen zu bekommen. Schließlich gewährt Ray ihr dies; wahrscheinlich nicht aus Freundlichkeit, sondern weil sein »Spiel« allzu früh beendet wäre, sollte Angelica tatsächlich ersticken. Nachdem er die Maske wieder vom Gesicht genommen hat, spielt er ihr sein Einführungstonband vor. Dann zwingt Cindy sie mit vorgehaltener Waffe, eine Tablette zu nehmen. Daraufhin verliert Angelica das Bewusstsein oder ist zumindest so sehr benebelt, dass ihr später die Erinnerung an die anschließenden Geschehnisse fehlt. Ray und Cindy vergewaltigen sie in dieser Zeit.

Irgendwann kommt Angelica so weit zu sich, dass ihre Erinnerung später ab diesem Punkt wieder funktioniert. Sie ist immer noch nackt und mit dem Metallhalsband und Handfesseln ans Bett gekettet. Ihre Augen sind verbunden, und sie ist in ein Bettlaken eingerollt. Es scheint Abend zu sein, denn Ray und Cindy schauen gemütlich fern und verabreichen ihr eine weitere Tablette, die sie erneut bewusstlos werden lässt. Als sie am nächsten Tag aufwacht, ist Ray nicht mehr da. Wie sich später herausstellen wird, hat er die beiden Frauen alleine in seinem Haus gelassen, während er auf der Arbeit ist. Cindy betritt den Raum. Angelica kann nicht fassen, dass sie ihr in dieser Situation tatsächlich anbietet, mit ihr einen Burrito zu teilen – als würden sie einen ganz normalen Tag miteinander verbringen. Da Angelica das alles als unbegreiflich und grauenerregend empfindet, lehnt sie ab.

Cindy scheint Angelicas Entsetzen und ihre Weigerung, von ihr Essen anzunehmen, nicht wirklich nachvollziehen zu können. Ein Zeichen ihrer deutlichen Empathieverminderung in dieser Situation. Wie sehr es Cindy, auch unabhängig von Rays Einfluss, durch ihre starke, traumabedingte Persönlichkeitsstörung an Empathie mangelt, zeigen einige Aussagen von ihr, die sie Jahre später im Gefängnis gegenüber dem US-amerikanischen forensischen Psychiater Michael Stone tätigen wird. Von ihm dazu befragt, wie sie sich dabei fühlte, als Frau anderen Frauen solch schreckliche Dinge anzutun, erwidert sie in vollkommen sachlichem Ton: »Ich hatte zu dieser Zeit kein Schuldgefühl, es war alles wie in Zeitlupe. Ich war dort, doch ich denke nicht, dass ich in die eine oder andere Richtung irgendetwas empfunden habe. Ich hasste Cindy (Anm.: Es handelt sich hier um eine andere Cindy, nämlich um ein späteres Opfer) nicht, ich kannte sie nur einfach nicht.« Als Michael Stone wissen will, ob sie nicht wegen der Dinge entsetzt war, die geschehen sind – hier meint er die Folterungen und Vergewaltigungen –, antwortet Cindy ohne zu zögern und weiterhin emotional völlig unbeteiligt: »Nein, es passierte ja nichts Drastisches. Da war kein Blut, sie wurde nicht krankenhausreif geschlagen, wissen Sie. Also, was soll da gewesen sein, worüber man hätte entsetzt sein sollen?«

Da Cindy selbst seit frühester Kindheit emotional und körperlich misshandelt und sexuell missbraucht wurde, sind ihre natürlichen Empfindungen für Entsetzen, Mitgefühl, Schuld und Scham kontinuierlich abgebaut worden. Das Ergebnis: eine gegenüber dem Leid anderer auffällig gleichgültig wirkende Persönlichkeit, über die sie sich offenbar nicht einmal bewusst ist. Ohne es zu wissen, zeigt Cindy aufgrund ihrer psychischen Traumafolgestörungen einige der typischen Psychopathie-Merkmale, im Bereich der fehlenden Empfindungen gegenüber anderen Menschen wie auch im Bereich der chronischen Kicksuche. Diese Eigenschaften sind der Schlüssel dafür, dass Ray und sie eine Beziehung begonnen haben.

Cindys auffällige Empathieverminderung weiß Angelica zum Zeitpunkt ihrer Gefangenschaft noch nicht gänzlich abzuschätzen. So versucht sie in Rays Abwesenheit verzweifelt, auf die Frau, von der sie geglaubt hatte, sie sei ihre Freundin, einzureden. Dass Angelica die Zeit mit ihr alleine zu nutzen versucht, um Cindy ins Gewissen zu reden, macht diese offensichtlich wütend. Sie wird aggressiv und bedroht Angelica schließlich mit der Waffe, um sie zum Schweigen zu bringen. Offenbar will sie nichts hören, was in ihr auch nur einen Funken Mitgefühl oder Schuldgefühl wecken könnte. Anders als bei Ray ist Cindys Persönlichkeit trotz allem nicht so stabil, dass ein emotionsverminderter Modus dauerhaft anhalten muss. In dieser Situation will Cindy intuitiv nicht riskieren, dass ihr psychisches System vielleicht doch noch in einen mitfühlenderen Modus wechselt. Stattdessen will sie die Allmacht über einen anderen Menschen spüren, die ihr Ray durch dieses gemeinsame »Spiel« geschenkt hat. So fügt sich Angelica notgedrungen in ihr Schicksal und hofft verzweifelt, dass sie zu jenen Gefangenen gehören wird, die irgendwann frei gelassen werden.

Für einen normal fühlenden Menschen erscheint es geradezu haarsträubend, wie sich der normale Alltag von Ray und Cindy mit der Gefangenschaft der entführten Angelica vermischt. Wie in einer grotesken Satire kommt Ray in seiner Parkranger-Uniform von der Arbeit und wird von Cindy mit einem Kuss und seinem Lieblingsabendessen begrüßt. Gut gelaunt reden die beiden beim Essen miteinander, als sei Angelica gar nicht da, als kauere sie nicht nackt und verängstigt im Nebenraum. Irgendwo zwischen Feierabend und abendlicher Fernsehunterhaltung vergewaltigen und foltern die beiden Cindy. Einmal unterbricht Ray sogar die Misshandlungen an Angelica, weil ihm auffällt, dass gleich ein Stephen-King-Film im Fernsehen laufen wird, den er unbedingt sehen will. Eine tiefschwarze Ironie: Ausgerechnet eine Geschichte des Horror-Bestsellerautors unterbricht Angelicas persönlichen Horror an diesem Abend.

Ein weiterer entsetzlicher Aspekt für Angelica ist der Kontrast zwischen dem geradezu liebevollen Verhalten zwischen Ray und Cindy einerseits und dem teilweise furchterregenden Inhalt ihrer Unterhaltungen, die sie im Laufe der Tage mit anhört. So reden die beiden beispielsweise wie beiläufig über einen von Ray begangenen Mord, ebenso wie über die Idee, eine ehemalige Geliebte von Ray zu töten, auf die Cindy lange eifersüchtig war. Diese ist alleinerziehende Mutter zweier Kinder. Ray und Cindy überlegen, dass die zehnjährige Tochter der Frau sich gut dafür eignen würde, als ihre persönliche Sexsklavin ausgebildet zu werden. Der Plan erscheint den beiden sehr einfach: Man könnte die Familie auf einen Ausflug mit Rays Segelboot einladen und mitten auf dem See die Frau und ihren Sohn töten. Direkt vor Ort könne man sich der Leichen entledigen und die Tochter von da an gefangen halten. Angelica merkt, dass Ray und Cindy diese Überlegungen ernst meinen und dass sie dabei nicht die geringsten Gewissensbisse haben. Sie beginnt zu verstehen, dass sie ihren Entführern absolut alles zutrauen muss und es gut möglich ist, dass sie, wie anscheinend schon einige Menschen vor ihr, auf dem Grund des großen Sees enden wird.

So vergehen Tage und Nächte. Ray genießt es offenbar sehr, Angelica nackt und gefesselt in seiner Nähe zu wissen. Einerseits behandelt er sie kalt und abweisend wie einen Gebrauchsgegenstand, andererseits reagiert er auf ihre Verzweiflung einmal beinahe mitfühlend. Als sie in Tränen aufgelöst darum bettelt, er möge sie in den Arm nehmen und ihr sagen, dass sie lebend aus dieser Situation herauskommen werde, da geht er auf ihren Wunsch ein. Ob er es tut, weil er gewisse Teile ihrer Persönlichkeit anziehend findet, oder nur, weil er ihr Hoffnung auf eine Freilassung machen will, damit sie nicht auf »dumme Gedanken« kommt, wird für immer sein Geheimnis bleiben.

Nach drei Tagen Gefangenschaft wird Angelica zu ihrem Entsetzen für einen »Videodreh« zurechtgemacht. Ray beaufsichtigt, wie sie badet und von Cindy geschminkt wird. Dann hüllt er sie in eine Decke und führt sie aus seinem Haus heraus in die »Toy Box«. Dort fesselt Ray mit Cindys Hilfe Angelica, verbindet ihre Augen und knebelt sie. Cindy schaltet die Videokamera ein, welche in perfekter Position im Raum angebracht ist. Dann beginnt Ray damit, Angelica zu foltern, indem er ihr unter anderem anal einen Besenstiel einführt und über Metallklammern Strom in ihre Brüste und Genitalien leitet. Auch wird sie so fest mit auseinandergespreizten Armen und Beinen gefesselt, dass sie kaum atmen kann. Als sie Ray anbettelt, die Fesseln etwas zu lösen, um besser atmen zu können, wird sie von Cindy nur verhöhnt. Diese zeigt ihrerseits deutliches Vergnügen daran, Angelica leiden zu sehen. So testet sie beispielsweise aus, wie laut Angelica durch die Knebelung hindurch schreit, wenn sie das Stromgerät auf die höchste Stufe schaltet. Bald reicht diese Art der Folter nicht mehr aus. Ray und Cindy beginnen, Angelica mit Elektroschockern, die eigentlich in der

Viehzucht verwendet werden, zu quälen. Die Geräte sind so stark, dass sie Brandverletzungen auf Angelicas Haut hinterlassen. Dann führen sie einen metallenen Dildo in sie ein und setzen ihn unter Strom.

Schließlich verlangt Ray von Angelica, ihn oral zu befriedigen und sich dabei wirklich Mühe zu geben. Angelica hat weiterhin Todesangst und will ihn gnädig stimmen, deshalb führt sie seinen Befehl aus, so gut sie kann. Inzwischen ist sie überzeugt: Die beiden werden sie unter diesen Umständen niemals lebend gehen lassen. Sie sieht ihren einzigen Ausweg darin, möglichst überzeugend so zu tun, als würde sie Gefallen daran finden, als Sexsklavin benutzt zu werden. Sie versichert immer wieder, dass es eine aufregende und befriedigende Erfahrung für sie ist und dass sie weiterhin mit dem Pärchen befreundet sein möchte. Erstaunlicherweise lassen sich Ray und Cindy tatsächlich darauf ein. Wahrscheinlich glauben sie, dass Angelica nach den einvernehmlichen BDSM-Handlungen, welche sie am Anfang ihrer Bekanntschaft mit ihr durchführten, auch alles Weitere für ein mehr oder weniger verrücktes Rollenspiel hält. Hier ist ganz offensichtlich auch Rays allzu großer Glaube an seine Fähigkeit, andere zu manipulieren, ein ausschlaggebender Faktor.

Angelica muss schließlich unter Rays Aufsicht einen Freund anrufen und ihm mitteilen, dass sie einige angenehme Tage bei Freunden verbracht habe und am nächsten Tag eine Mitfahrgelegenheit nach Albuquerque brauche. Der Freund fährt aber nicht in diese Richtung und kann ihr daher nicht weiterhelfen. So entscheidet sich Angelica, per Anhalter zu reisen. Noch eine Nacht bleibt sie nackt gefesselt in Rays Haus, dann bekommt sie morgens noch einen Kaffee von Ray und wird von ihm und Cindy geradezu herzlich verabschiedet – als sei all dies ein von allen so gewünschtes, sehr intensives Rollenspiel gewesen. Die Entführung endet also so seltsam und emotional grotesk, wie sie begonnen hat.

Als Angelica kurz darauf versucht, nach Albuquerque zu trampen, wird sie ausgerechnet von einem zivilen Drogenfahnder mitgenommen. Er gibt sich nicht als Polizist zu erkennen und wartet ab, ob die leicht neben sich stehende Frau etwas Interessantes zu erzählen hat. Nach einigen Minuten Fahrt und mehreren Zigaretten sprudelt aus Angelica schließlich heraus, dass sie dringend etwas loswerden müsse. Etwas, das ihr sicher niemand jemals glauben werde. Dann erzählt sie die gesamte unfassbare Geschichte, jedenfalls alles, an das sie sich noch erinnern kann. Der Polizeibeamte kann in der Tat kaum glauben, was er da zu hören bekommt. Andererseits: Diese offensichtlich schwer belastete Frau weiß ja nicht, wer er ist, und hat eigentlich keinen logischen Grund, ihm ein solches Lügenmärchen aufzutischen. Irgendwann gibt sich der Mann als Polizist zu erkennen und rät seiner ungewöhnlichen Mitfahrerin, eine Anzeige aufzugeben. Doch Angelica hat durch ihre Drogenkarriere und die gelegentliche Prostitution selbst keine weiße Weste bei der Polizei und glaubt, bei einer Anzeige ohne Garantie auf Erfolg nur noch weitere unangenehme Konsequenzen zu riskieren. Deshalb entscheidet sie sich dagegen und fährt wie geplant weiter nach Albuquerque, um Truth or Consequences und ihren Erinnerungen zu entfliehen. Der Polizist wundert sich darüber, dass sich seine Mitfahrerin gegen eine Anzeige entscheidet. Er beginnt deswegen doch an ihrer Geschichte zu zweifeln und legt das Ganze für sich als seltsames Erlebnis mit einer verwirrten Anhalterin ab.

Game over

Dexter: »Ich werde euch eine Frage stellen, und ich will, dass ihr ehrlich antwortet. Verstanden? Keinen Quatsch mehr. Wie lange seid ihr schon verheiratet?«

Valerie: »Zwölf Jahre.«

Dexter: »Wie liebt ihr einander? Ihr seid wie ich, aber es funktioniert bei euch. Wie?«

Jorge: »Wir wollen dasselbe Leben.«

Valerie: »Wir haben dasselbe Ziel.«

Dexter: »Ihr teilt denselben Traum?«

Valerie und Jorge (gleichzeitig): »Ja, das ist es.«
Dexter (während er anfängt, die beiden zu knebeln, und ihre Tötung vorbereitet): »Das ist, hm ... hilfreich. Danke schön.«

(aus der Fernsehserie »Dexter«)

Cindy konsumiert zwar deutlich weniger Alkohol und Drogen als früher, doch gelegentlich erlaubt sie sich an Partyabenden, ihre Stimmung auf diese Weise aufzupeppen. Eines Abends, als sie mit Freunden in einer solchen feuchtfröhlichen Runde zusammensitzt, beginnt sie damit zu prahlen, ihr aktueller Lebenspartner sei ein Serienmörder, der Frauen im See versenkt. Die Anwesenden halten ihre Geschichte für einen schlechten Scherz. Redselig berichtet sie weiter, schon immer »fasziniert von Serienmördern« gewesen zu sein. Nun sei sie begeistert darüber, dass sie tatsächlich mit einem zusammenlebe. Und beim nächsten Opfer wünsche sie die Tötung eigenhändig auszuführen. Denn dieses Gefühl, einen anderen Menschen zu töten, wolle sie unbedingt auch selbst erleben.

Cindys Freunde glauben trotz ihrer plastischen Schilderungen, sie wolle sich nur um jeden Preis wichtigmachen. Keiner hält es für möglich, dass der ruhige und freundliche Parkranger solche Taten begehen könnte. Dies ist ein gutes Beispiel für die Diskrepanz zwischen dem positiven Eindruck, den Ray in den Menschen, die ihn kennenlernen, hervorruft, und dem Grauen seiner Taten. Da seine Bekannten ihn als angenehmen, ruhigen und friedlichen Mitmenschen erleben, schließt ihre unwillkürliche gefühlsmäßige Bewertung seiner Person aus, dass er etwas wirklich Grauenvolles tun könnte. Im Zweifelsfall lässt sich das menschliche Gehirn nun einmal von Gefühlen irreleiten. So ist das Gefühlssystem manchmal die größte Fehlerquelle der menschlichen Bewertung und der Entscheidungsfindung. Umfangreiche Beispiele hierzu habe ich in meinem Buch »Auf dünnem Eis – Die Psychologie des Bösen« im Kapitel »Die verbotene Frucht« beschrieben.

Sicher trägt zum Unglauben von Cindys Freunden auch bei,

dass sie beim Erzählen ihrer Schreckensgeschichten fröhlich und geradezu wirkt. Die meisten Frauen wären entsetzt, wenn sie feststellen müssten, dass ihr Partner ein Serienvergewaltiger oder sogar Serienmörder ist. Erstaunlicherweise aber reagiert Cindy offenbar von Anfang an eher mit Neugierde und sogar einer gewissen Faszination, als sie von Rays Taten erfährt. In ihrem Gespräch mit Michael Stone berichtet Cindy, wie sie von Rays geheimem Leben erfuhr und was dies in ihr auslöste: »Als ich bei ihm einzog, begann er mir von all den Frauen zu erzählen, die er getötet hatte, über etwa vierzig Jahre. (…) Es machte mich nervös.« Auf die Frage, warum, antwortet sie weiter im immer gleichen sachlichen Tonfall: »Würde es Sie denn nicht nervös machen? Ich meine, das ist doch natürlich, Sie wären auch nervös. Doch gleichzeitig interessierte es mich, denn ich hatte das Gefühl, ich würde einen Serienmörder näher kennenlernen. Ich hatte noch nie einen getroffen, und ich war einfach neugierig. Ich war mir nicht sicher, ob ich ihm glauben sollte oder nicht. Ich denke, ich war interessiert daran, in seine Gedankenwelt zu gelangen.« Da Cindy ebenso wie Ray zumindest in einigen Bereichen eine Gefühlsverminderung besitzt, ist sie von Serienmord eher fasziniert als entsetzt. Dies können Leser von True-Crime-Büchern sicher auf einer gewissen Ebene nachvollziehen. Doch für Cindy macht es keinen gefühlsmäßigen Unterschied, ob sie solche Romane liest oder mit einem echten Serienmörder eine Beziehung führt. Beides erzeugt in ihr weder starke Angst noch starkes Entsetzen – deshalb empfindet sie es in ihrem Leben eher als ein angenehmes Abenteuer denn als einen Quell des Schreckens.

Wie ich in meinem Buch »Auf dünnem Eis – Die Psychologie des Bösen« ausführlich erklärt habe, spielen Psychopathen gerne das zwischenmenschliche Interaktionsspiel »quid pro quo«, also »dieses für jenes«. Sie testen mit unterschiedlichen Verhaltensweisen oder Aussagen, wie ihre Interaktionspartner auf bestimmte Inhalte reagieren. Je nach Reaktion passt der Psychopath wiederum sein Verhalten an. Cindy erwähnt Michael Stone gegenüber, wie sie schon in der Kennenlernphase einige Übereinstimmungen mit

Ray entdeckte: »Ich habe niemals Fesselspiele oder ungewöhnlichen Sex mit meinen Ehemännern gehabt. Ray und ich haben über diese Themen gesprochen, und wir waren da in einiger Hinsicht kompatibel.« Inwieweit ein Psychopath Vertrauen oder Sympathie in einen Menschen investiert, hängt insbesondere davon ab, ob dieser Mensch bestimmte »Tests« besteht. Cindy hat aufgrund ihrer eigenen schwer gestörten Persönlichkeit ohne es zu wissen eine ganze Reihe von Tests, die Ray durchführte, bestanden. Für einen sadistischen, stark psychopathischen Verbrecher ist die Erfahrung, eine Frau zu finden, die seine Fantasien und auch realen Taten als aufregend empfindet und sogar gerne dabei mitmachen möchte, wie ein Sechser im Lotto. Es ist der Schlüssel, um ihm durch seine schwere Bindungsstörung hindurch so nahezukommen wie nur möglich.

Psychopathen lieben anders

Bei ihnen sieht es so einfach aus,
Verbindung aufzubauen zu einem anderen Menschen.
Als hätte niemand ihnen gesagt,
dass es das Schwierigste auf der Welt ist.

(Dexter über »normale« Menschen,
in der gleichnamigen Fernsehserie)

Während ein normaler Mensch in einer Partnerschaft sich und sein Gegenüber als zwei voneinander getrennte Persönlichkeiten wahrnimmt, die interagieren und verbunden sind, ist dies dem Psychopathen in dieser Form nicht möglich. Andere Menschen bleiben für ihn in der Regel Objekte, die ihm nützlich, von Nachteil oder einfach nur gleichgültig sind. Eine Ausnahme von dieser Regel, die im Fall von Ray und Cindy greift, ist das Empfinden des Psychopathen, dass ein anderer Mensch ihm in gewissen Eigenschaften hinreichend gleicht und für ihn auch gut genug steuerbar ist, um als erweiterter Teil seiner selbst zu fungieren. Bildhaft wurde dieses Prinzip für mich durch einen Test, den ich im Rahmen meiner Arbeit mit Straftätern häufiger durchführe: eine sogenannte Familienaufstellung unter Zuhilfenahme eines Holzbrettes und einer Schachtel voller unterschiedlich großer und geformter farbiger Holzfiguren. Der Klient soll aus seinem Gefühl heraus für sich und alle ihm nahestehenden Menschen Figuren auswählen und diese auf dem Brett so aufstellen, dass durch die Nähe und Distanz der Figuren ihre gefühlsmäßige Nähe zu ihm repräsentiert wird. Dieser Test kann im Kontext der übrigen Informationen, welche man über den Probanden hat, Aufschluss über seine persönlichen Beziehungen geben.

Die meisten Menschen stellen die Figur ihres Partners – wenn sie denn einen haben – relativ nah neben die ihre, aber doch noch mit einem kleinen Abstand. Als ich einen meiner nicht kriminellen, mittelgradig psychopathischen Interviewpartner bat, diesen Test zu machen, erzeugte er ein mir bis dahin noch nicht untergekommenes Bild. Er wählte für sich eine sehr große Figur und für seine Beziehungspartnerin eine sehr kleine, die er so nah wie nur möglich an seine Figur stellte. Dies kommentierte er mit den Worten: »Das bin ich, und das ist meine Sub.« Dieser Interviewpartner lebt seit langem in einer funktionierenden »Total-Power-Exchange«-Beziehung mit einer Borderlinerin, die auch psychopathische Persönlichkeitsanteile hat. Nach kurzem Überlegen beschloss er, dass die Figur seiner Partnerin unter der seinen stehen müsse, da sie ja auch völlig von ihm kontrolliert wird – was überhaupt erst ermöglichte, dass sie ihm so nahekommen konnte. Als Gesamtbild seiner Beziehung bot sich mir also ein Turm aus zwei Figuren, wobei seine Persönlichkeit aufgrund ihrer Größe und Position die andere eindeutig dominiert. Sehr passend zu dieser Symbolik sagte er in einem anderen Gespräch, diese Partnerin sei »ein Teil von ihm« – eine Redewendung, die von romantisch veranlagten Menschen benutzt werden mag, dort aber gewiss nicht so wörtlich zu nehmen ist.

Psychoanalytisch erklären lässt sich dieses interessante Beziehungskonstrukt mit dem bereits thematisierten Verschwimmen der Ich-Grenze bei manchen Persönlichkeitsstörungen. Die meisten Mitmenschen gelangen bei Psychopathie als einer Nähe vermeidenden Störung nicht durch den symbolischen Bannkreis hindurch, den diese Störung erzeugt. Sie bleiben emotional entfernt und können daher als Objekte empfunden und behandelt werden. Gelingt es aber einem Menschen aufgrund seiner ähnlich gearteten und kompatiblen Persönlichkeitsstruktur, diesen Bannkreis zu durchbrechen, so wird er praktisch ins Innere des psychopathischen »Selbst« absorbiert. Er wird zu einem Teil des psychopathischen Selbstkonzeptes, wie eine Prothese durch ihre Funktion und Steuerbarkeit zu einem Teil ihres Trägers wird.

Derselbe Interviewpartner erklärte mir auf die Frage, ob er eine »Heilung« seiner Persönlichkeitsstörung oder der seiner Partnerin wünschen würde, wenn dies durch eine revolutionäre Therapiemethode möglich wäre, dass er dies auf keinen Fall wolle. Weder für sich noch für seine Partnerin. Diese Antwort gab er, obwohl ihm wohl bewusst ist, dass seine Partnerin aufgrund ihrer – inzwischen durch therapeutische Maßnahmen deutlich abgemilderten – Borderline-Persönlichkeitsstruktur im Gegensatz zu ihm doch immer wieder mit deutlichem Leidensdruck zu kämpfen hat. Seine Begründung wirkt auf den ersten Blick überraschend, wenn man bedenkt, dass Psychopathie eine tiefe Bindungsstörung mit prinzipiell starken Abwehrmechanismen gegen emotionale Nähe ist: »Wenn einer von uns seine Persönlichkeitsstörung nicht mehr hätte, dann könnten wir die funktionierende Beziehung, die wir haben, nicht mehr führen. Nur weil wir beide kompatibel gestört sind, sind wir uns auf unsere Art nah.« Dies passt sehr gut zu zwei Aussagen, die ich auf der in Kapitel 6 schon einmal zitierten englischsprachigen Internetseite www.sociopathworld.com zum Thema »Liebe und Psychopathie« (Anm.: Das dort verwendete Wort »Soziopathie« ist inhaltlich gleichbedeutend mit dem, was laut Robert Hares Checkliste »Psychopathie« genannt wird) gefunden habe:

Zu sagen, dass Psychopathen niemals fühlen oder lieben, ist wie zu sagen, dass jemand, der an Depressionen leidet, niemals lachen kann.

Ich liebe, doch auch wenn wir beide eine Farbe gezeigt bekämen und uns gesagt würde: »Dies ist die Farbe Rot«, wie willst du wissen, ob du das, was ich sehe, nicht als Grün betrachtest?

Psychopathische Menschen können also durchaus eine Form von Liebe empfinden. Diese unterscheidet sich nur in vielen Eigenschaften von der Liebe, die nicht persönlichkeitsgestörte Menschen empfinden.

Durch die Gespräche mit Cindy, in denen Ray sich immer weiter öffnet, identifiziert er sie als »kompatibel gestört« zu sich selbst. Dies und die zunehmende Macht, welche er im Rahmen ihrer BDSM-Beziehung über sie erlangt, sind die Gründe dafür, warum er Cindy recht schnell in sein persönliches Vertrauensfeld hineinlässt. Im März 1999, einen Monat nach der gemeinsamen Entführung von Angelica, macht er ihr einen Heiratsantrag. Er glaubt, dass sie die richtige Partnerin für eine dauerhafte Bindung ist, weil sie sich nicht nur seinem Beziehungskonzept mit Begeisterung hingibt, sondern auch aus freiem Antrieb an seinen Verbrechen teilhaben möchte. Die Hochzeit soll in weniger als vier Monaten am Unabhängigkeitstag der Vereinigten Staaten stattfinden. Zu diesem Anlass laufen am Stausee von Elephant Butte traditionell Partys, und die beiden könnten eine große Feier mit prächtigem Feuerwerk veranstalten.

Ganz offensichtlich nimmt Cindy eine Sonderstellung in Rays Leben ein, die vorher nur seine Tochter Jesse auf eine gewisse Art ausgefüllt hat. Diese Sonderstellung beschreibt Cindy, als Gerichtspsychiater Michael Stone sie fragt, ob Ray sie jemals auf dieselbe extreme Art gefoltert habe wie seine Entführungsopfer. Sie verneint, worauf der Psychiater sie fragt, ob es für ihn zwei unterschiedliche Arten von Frauen gab. Cindy antwortet: »Ja, seine Spielzeuge und (nach kurzer Überlegung) seine Ehefrau, wie er mich nannte.« Während Cindy und Jesse in Rays Empfindung also ein Teil seiner selbst sind und er daher um ihr Wohl bemüht ist wie um sein eigenes, bleiben alle anderen Frauen beziehungslose Objekte, die er mit Freude und ohne Mitgefühl quälen kann.

Fünf Tage nach der Verlobung machen sich Ray und Cindy erneut gemeinsam auf die Jagd. Anlass ist eine geplante Reise Cindys nach Seattle, wo ihre erwachsene Tochter kurz vor der Geburt ihres ersten Kindes steht. Cindy möchte dabei sein, doch Ray möchte in dieser Zeit auf seine sexuelle Befriedigung nicht verzichten. So fordert er Cindy auf, mit ihm zusammen eine Prostituierte zu entführen, die ihm während ihrer Abwesenheit als Sexsklavin zu Diensten sein soll. Am Samstagvormittag fahren die beiden nach Albuquerque und finden auf dem Straßenstrich eine attraktive, südländisch aussehende Frau Anfang zwanzig. Ironischerweise heißt sie ebenfalls Cynthia. Ray und Cindy geben sich als Polizisten aus, was durch seine falschen Polizeiutensilien auch glaubhaft wirkt. Sie behaupten, Cynthia sei festgenommen. Diese versucht noch zu fliehen, wird aber von dem Paar überwältigt. Gefesselt fährt Ray sie den ganzen Weg zurück bis zu seinem Haus. Während der Fahrt versucht Cindy, das Opfer auf ihre eher ungewöhnliche Art zu beruhigen. Im selben sachlichen Ton, mit dem sie später dem Gerichtspsychiater Rede und Antwort steht, erklärt sie Cynthia, sie werde »lediglich« vergewaltigt, danach aber wieder freigelassen werden. Cindy bewacht die Entführte und vertreibt sich die lange Fahrtzeit mit dem Trinken von Wein, was Ray ihr offensichtlich zu diesem besonderen Anlass erlaubt hat.

Auf Rays Grundstück angekommen, wird Cynthia mit gezogener Waffe dazu gezwungen, sich auszuziehen. Die Ledermaske, gegen die sich Angelica so heftig gewährt hatte, wird ihr aufgesetzt. Ebenso wie Angelica wird sie nackt gefesselt und bekommt das längst bewährte Tonband zu hören. Danach führt Ray in Cindys Anwesenheit Dildos vaginal und anal ein. Im späteren Verlauf lässt er auch seinen Hund an ihren Geschlechtsorganen lecken, während sie vollkommen bewegungsunfähig fixiert ist. Danach fesselt er Cynthia frei hängend an der Decke und peitscht sie mit unterschiedlichen Gerätschaften aus. Ray probiert an diesem Tag ein weites Repertoire seiner Foltermethoden aus. Während der Folterungen ist Cindy stets dabei; sie wirkt begeistert und fordert Ray heraus, Cynthias Qualen noch zu steigern. Die Folterungen sind so extrem, dass Cynthia zwischenzeitlich das Bewusstsein verliert. Dies hält ihre Entführer nicht davon ab, immer weiterzumachen.

Ihre eigene Rolle bei den Folterungen spielt Cindy Jahre später gegenüber dem Gerichtspsychiater Michael Stone verständlicherweise herunter. Dennoch verrät sie sich in ihrer Kaltblütigkeit durch den immer weiter gleichgültigen Ton, in dem sie sagt: »Das Einzige, was ich jemals mit Cindy gemacht habe, war, sie auszupeitschen. Das war alles. Er trug mir auf, ihm bestimmte Spielzeuge in die Höhle zu bringen, wo er Cindy gefangen hielt, und sie wurde an Seilen die Decke hochgezogen.« Auf die Frage, warum sie nichts dagegen getan habe, antwortet Cindy: »Ich habe es einfach nicht beendet, es war das, was er wollte. Es war sein Paket, er konnte damit tun, was er wollte.« Ray nannte seine Gefangenen »Spielzeuge« oder »Pakete«. Letzteren Ausdruck verwendete interessanterweise auch Dennis Rader, der BTK-Killer, für seine Opfer. Diese Ausdrücke verdeutlichen die Stellung der Opfer. Dass Cindy diesen Begriff ebenfalls verwendet, lässt tief blicken. Sie sagt nicht etwa: »Ray empfand sie als seine Pakete, mit denen er meinte, alles tun zu können, was er wollte«, sondern sie formuliert den Satz so, als teile sie seine Sichtweise auf die Opfer. Angesichts von Cindys Gesamtpersönlichkeit gehe ich stark davon aus, dass dies auch tatsächlich so ist.

Am zweiten Tag ihrer Gefangenschaft bleibt Cindy mit Cynthia alleine in Rays Haus zurück. Cynthia ist weiterhin nackt und über ein Metallhalsband mittels einer massiven Kette an die Wand gefesselt. Cindy schaut in aller Seelenruhe Seifenopern, in Cynthias Sichtweite. Auf deren Fragen, warum ihr das alles angetan werde und wie es weitergehen solle, reagiert sie – wie zuvor auch schon bei Angelica – aggressiv. Doch während ihres hierauf folgenden

Wutausbruches beleidigt sie ihre Gefangene nicht nur, sondern gibt ihr auch einige wertvolle Informationen. Sie berichtet von Rays vorherigen Opfern. Davon, dass sie selbst noch recht unerfahren beim Foltern und Töten von Frauen sei, dass Ray dies allerdings schon seit Jahrzehnten tue. Sollte sich Cynthia allerdings gut benehmen, so werde sie nicht getötet, sondern in einigen Monaten »nur« unter Drogen gesetzt und frei gelassen. Cynthia erkennt, dass sie es nicht darauf ankommen lassen möchte, ihren Entführern die Entscheidung über ihr Leben zu überlassen.

Cindys Unerfahrenheit, was Entführungen angeht, wird ihr schließlich zum Verhängnis. Unachtsam lässt sie die Schlüssel für die Fesseln ihres Opfers auf einem nur ein Stück weit entfernten Tischchen liegen. Als Cynthia im Raum alleine ist, streckt sie sich so weit wie möglich und schafft es, mit ihren Fußspitzen den kleinen Tisch heranzuziehen. Während Cindy im Nebenzimmer ihre Serien schaut, gelingt es Cynthia schließlich, die rettenden Schlüssel zu erreichen. Das Metallhalsband kann sie zwar nicht abnehmen, doch das Schloss zu der Metallkette, mit der sie an die Wand gefesselt ist, lässt sich öffnen. So leise wie möglich schleicht sie zum nahen Telefon und wählt die Nummer der Polizei. Im selben Augenblick spürt sie einen heftigen Schmerz, als Cindy ihr eine massive Glaslampe über den Kopf schlägt. Während Cynthia zusammensinkt, legt Cindy den Telefonhörer auf. Trotz der Verletzung gelingt es Cynthia jedoch durch einen Adrenalinschub, sich blitzschnell wieder aufzuraffen, einen Eispickel zu greifen, mit dem das Paar sie zuvor gefoltert hatte, und Cindy damit zu verletzen.

Als Cindy durch den Schmerz kurz handlungsunfähig ist, flüchtet ihr Opfer nackt, das Metallhalsband weiter angelegt, übersät von Folterspuren und aus seiner frischen Kopfwunde blutend, zur Tür hinaus. Cynthia rennt um ihr Leben und versucht, verzweifelt mit den Armen winkend, ein Auto auf der Straße anzuhalten. Keines hält an, da die Fahrer von ihrem Anblick so abgeschreckt sind, dass sie sie für eine gefährliche Verrückte halten. So rennt Cynthia immer weiter die Straße hinauf bis zum nächsten Wohnwagen, wo sie panisch die völlig überraschte Bewohnerin anschreit, sie brauche Hilfe. Von dem Anblick der geschundenen Frau schockiert, ruft die Wohnwagenbewohnerin sofort die Polizei.

Cindy, die ihrerseits von ihrem Opfer verletzt wurde, wird Augenblicke, nachdem Cynthia aus dem Wohnwagen rannte, vom Klingeln des Telefons aufgerüttelt. Die Polizei ruft zurück und will wissen, warum eben ein Notruf von diesem Anschluss ausging und abrupt beendet wurde. Cindy täuscht vor, es müsse sich um ein Missverständnis handeln, und legt scheinbar genervt auf. Dann ruft sie Ray an und berichtet, was passiert ist. Der bleibt erstaunlich ruhig und besonnen. Er sagt ihr, sie solle nicht in Panik verfallen, er werde sich unverzüglich auf den Heimweg machen. Wenige Minuten später holt er Cindy in seinem Haus ab und macht sich mit dem Auto auf die Suche nach dem flüchtigen Opfer. Dabei gerät er in eine Polizeikontrolle, die mittlerweile wegen des unglaublichen Falles errichtet wurde. Aufgrund Cynthias Beschreibung ihrer Entführer werden Ray und Cindy festgenommen.

Das Ende der düsteren Spielgefährten

Manchmal frage ich mich, wie es für alles in mir,
das verleugnet und unbekannt ist,
wäre, aufgedeckt zu werden.
Doch das werde ich nie erfahren.

(Dexter in der gleichnamigen Fernsehserie)

Die lokalen Ermittler durchsuchen angesichts der bizarren Geschichte des Opfers Rays Grundstück und sind erstaunt über das, was sie vorfinden. Neben vielfältigen Folterwerkzeugen, einer für die Zeit modernen Kameraanlage für das Filmen der Opfer und seltsam anmutenden Details wie einem elektrischen Kerzenständer mit Totenkopfdekoration oder einem Türschild mit der Auf-

schrift »Teufelshöhle« finden sie auch Listen mit detailliert aus-
gearbeiteten Anweisungen zur psychischen und körperlichen
Folterung der Entführungsopfer. Der Fall ist im Verhältnis zu dem,
was die örtlichen Polizisten bisher gewohnt waren, so befremdlich,
dass sie das FBI um Hilfe bitten. Es dauert Wochen, bis alle gefundenen Objekte, Videos, Fotos und Details gesichtet, geordnet und
für die Ermittlungsakten aufgelistet sind. Eine Beamtin, die als
Zeichnerin beauftragt ist, die unzähligen Folterwerkzeuge aus der
Spielzeugkiste grafisch darzustellen und zu katalogisieren, verbringt mehrere Tage damit. Als sie fertig ist, gibt sie die Unterlagen
ab und fährt nach Hause. Noch in derselben Nacht steht sie auf,
holt ihren Dienstrevolver und erschießt sich. Der Verdacht liegt
nahe, dass die Dinge, mit denen sie sich über Tage derart detailliert
auseinandersetzen musste, etwas in ihr auslösten oder wieder
wachriefen, was sie nicht ertragen konnte.

Währenddessen sitzen Cindy und Ray in Untersuchungshaft
und streiten alles ab. Sie geben an, ausschließlich einvernehmlichen BDSM mit Freunden praktiziert zu haben. Cynthia hätten sie
als drogensüchtige Prostituierte kennengelernt, der sie beim Entzug hätten helfen wollen. Sie sei angekettet worden, um während
der härtesten Tage des Entzugs nicht fliehen und erneut Drogen
nehmen zu können. Angesichts Cynthias schwerer Verletzungen
und der Umstände, unter denen sie verschwand, wird allerdings
klar, dass diese Behauptung nicht haltbar ist. Das lässt Cindy zunehmend nervös werden. Ray hingegen bleibt die ganze Zeit erschreckend ruhig und gelassen. Er gibt dieselbe Geschichte wie
Cindy zu Protokoll, allerdings mit wesentlich mehr Details. Es
scheint ihm geradezu Freude zu machen, den Ermittlern seine Folterungen so umfangreich wie möglich zu schildern. Allerdings
bleibt er dabei, dass er alles, was er mit Cynthia tat, als eine sinn-
volle Drogenentzugsmethode ansieht. Am Ende seiner Vernehmung meint er unvermindert gelassen, dass er nun aber doch um
einen Anwalt bittet, da er offenbar in großen Schwierigkeiten
steckt.

Getrennt von Ray, bringt die Untersuchungshaft Cindy in eine schwierige Situation. Sie weiß, dass er ein Serienmörder ist und dass diese Tatsache vermutlich bald aufgedeckt werden wird. Je länger sie von ihm getrennt ist und nicht mit ihm kommunizieren kann, desto schwächer wird die von ihr empfundene Verbindung zu ihm und die Macht, welche er über sie hat. Ihr ist klar, dass sie als seine Komplizin möglicherweise den Rest ihres Lebens im Gefängnis verbringen wird. Diese Vorstellung macht ihr verständlicherweise Angst. So entscheidet sie sich schließlich, ihn mit ihren Aussagen zu belasten, um im Gegenzug eine mildere Strafe für sich auszuhandeln. Durch Cindys Aussagen bricht die über Jahrzehnte aufgebaute Sicherheit um Ray, die sein enger und psychologisch geschickt aufgebauter Kreis von Vertrauten gewährleistet hatte, zusammen. Sie erzählt den Ermittlern nach und nach alles, was sie weiß: von den vielen Frauen, die er bereits lange Jahre, bevor er sie kannte, entführte, von seiner Methode, die Leichen für immer in den Tiefen des Sees oder an abgelegenen Abhängen verschwinden zu lassen, und auch von den anderen Komplizen. So werden auch Rays Tochter Jesse und der gemeinsame Freund Roy zu Verdächtigen. Zunächst räumt Roy nur zahlreiche Details zu BDSM-Handlungen ein, die er gemeinsam mit Ray, Jesse, Cindy und anderen einvernehmlichen Partnerinnen durchgeführt habe. Doch bei seiner zweiten Vernehmung gesteht er überraschend den von Ray und Jesse angeleiteten Mord an seiner Exfreundin Marie Parker, von dem auch Cindy bereits berichtet hatte. Dann verrät auch er alles, was er über Ray und seine offenbar jahrzehntelange Karriere als Serienentführer, -vergewaltiger und -mörder weiß.

Parallel dazu bricht ein regelrechter Mediensturm um den Fall aus. Details über die »Toy Box« und Rays Taten sorgen für Schlagzeilen. Diese Berichterstattung sieht auch die ehemalige Schwiegermutter von Kelly Garrett, welche damals wie ihr Sohn überzeugt war, die junge Frau sei nach dem Ehestreit fremdgegangen. Unter den Fotos, welche die Polizei den Medien zur Verfügung stellt, um nach Zeugen in dem Fall zu suchen, ist eins von einer nackten, gefesselten Frau. Das Gesicht ist nicht zu erkennen, jedoch ein Tattoo, das die Frau eindeutig als das von Kelly identifiziert. Da sie längst keinen Kontakt mehr zu der jungen Frau hat, berichtet sie der Polizei alles, was sie weiß, und bittet darum, Kelly ausfindig zu machen. Dies gelingt den Ermittlern, und so haben sie aufgrund der Fotos sowie der Zeugenaussagen von Kelly, der Ex-Schwiegermutter und ihres Exmannes genug Beweise, um auch in ihrem Fall gegen Ray und seine Komplizen zu ermitteln.

Auch Angelica meldet sich bei den Ermittlern und berichtet, dass sie die ganze Geschichte bereits damals einem Zivilermittler erzählt habe. Der Polizist wird gefunden, und er bestätigt ihre Aussage.

So haben die Ermittlungsbehörden binnen kürzester Zeit drei Fälle von überlebenden Opfern und dazu zwei identifizierbare Mordopfer: Marie Parker und den ehemaligen Chef von Ray. Darüber hinaus finden die Beamten Hunderte von Videokassetten und Fotos, auf denen Folterungen verschiedener Frauen zu sehen sind. Dabei ist allerdings nicht immer eindeutig auszumachen, wo es sich um einvernehmliche und wo um uneinvernehmliche Handlungen handelt. Außerdem finden sie zahllose Zeichnungen von Ray, auf denen Folterszenen zu sehen sind, sowie diverse nackte Puppen, die in kunstvoll gebastelten Vorrichtungen entsprechend den echten Folteropfern gefesselt sind. Die Zeichnungen und die Puppenmodelle sind Rays Vorlagen für die Wirklichkeit. Besonders interessant wird für die Ermittler auch eine große Anzahl von Schmuckstücken, deren Besitzerinnen überwiegend nicht ausfindig gemacht werden können. Die Abbildungen der Schmuckstücke sind bis heute auf einer offiziellen Seite des FBI einsehbar, mit der Bitte um sachdienliche Hinweise. Die für Serienmörder typischen »Trophäen«, welche in Rays Besitz gefunden werden, sind nicht die einzigen Indizien dafür, dass er ein über Jahrzehnte erfolgreicher Serienmörder war. Neben den sehr ausführlichen schriftlichen Anweisungen, die in der »Toybox« angebracht sind und genau beschreiben, wie Rays Komplizen mit den Gefangenen zu verfahren haben, fällt den Ermittlern ein weiteres Detail auf: An einer Wand hängt eine Karte des Elephant Butte Lake, auf der etwa ein Dutzend Kreuze unterschiedliche Stellen im

See bezeichnen. Der Verdacht liegt nahe, dass dies Orte sind, an denen Ray etwas versenkte. Doch der See ist an vielen Stellen viel zu tief und insgesamt viel zu weitläufig, um bis auf den Grund nach Leichenüberresten suchen zu können.

Während der Prozess vorbereitet wird, erleidet Ray einen Herzinfarkt, den er allerdings überlebt. Dies zögert das juristische Prozedere allerdings zunächst hinaus. Im weiteren Verlauf verstirbt eines der Opfer, die zu diesem Zeitpunkt gerade fünfundzwanzigjährige Angelica, an den Folgen ihrer Drogenabhängigkeit – nur wenige Tage vor ihrer geplanten Aussage. Gut möglich, dass der psychische Stress der traumatischen Erinnerungen ihren Drogenkonsum weiter verstärkt hat, was tragischerweise zu ihrem Tod führte. Der Prozess zieht sich immer weiter in die Länge, unter anderem weil einige der Jurymitglieder nicht sicher sind, was mit und was ohne Einverständnis der Opfer in der »Spielzeugkiste« geschah. Diese Unsicherheit liegt sicher nicht zuletzt daran, dass sich die Jury erstens überhaupt nicht mit einvernehmlichem BDSM und seinen Grundsätzen auskennt und daher keine vernünftigen Entscheidungsmaßstäbe hat und dass sie zweitens die Glaubwürdigkeit der Opfer anzweifelt, die allesamt als Drogenkonsumentinnen und/oder Prostituierte bekannt sind. Im weiteren Verlauf stirbt der zuständige Richter in seinem Haus an einem Herzinfarkt, weshalb zunächst ein Nachfolger gefunden werden muss. Ray beteuert währenddessen trotz aller belastenden Indizien und Zeugenaussagen vehement weiter seine Unschuld. Er praktiziere lediglich einvernehmlichen BDSM und habe niemals jemanden getötet. Dass einige seiner ehemaligen Vertrauten sich gegen ihn wenden, scheint ihn nicht allzu sehr zu beunruhigen – jedenfalls lässt er sich dahingehend während des Prozesses nichts anmerken.

Im Laufe der Zeit wird zunehmend klarer, wie unterschiedlich tief die beziehungsmäßigen Verbindungen zwischen den einzelnen Prozessbeteiligten waren. Roy beharrt darauf, abgesehen vom Mord an seiner Exfreundin in keine kriminellen Aktivitäten verwickelt gewesen zu sein. Den Mord habe er auch nicht freiwillig begangen, sondern er sei von seinen ehemaligen Sexpartnern Jesse und Ray unter Bedrohung seines Lebens dazu gezwungen worden. Cindy erleben die Ermittler als besonders manipulativ. Sie zeigt nicht die geringsten Gewissensbisse und stellt sich als geradezu »gehirngewaschenes« Opfer von Ray dar, ohne dass sie emotional einen mit ihren Aussagen übereinstimmenden Eindruck macht. In einem Telefonat gegenüber ihrer erwachsenen Tochter behauptet Cindy ausdrücklich, sie sei eigentlich unschuldig und nie einverstanden mit Rays Aktionen gewesen. Sie geht sogar so weit, ihrer Tochter gegenüber zu behaupten, dass sie zwei der entführten Frauen aus Mitgefühl bei der Flucht geholfen habe. Eine Aussage, die von den Opfern klar widerlegt wird. Lediglich Jesse bleibt ihrem Vater gegenüber loyal. Sie sagt nur, dass sie unschuldig sei. Selbst von Fotos, auf denen sie in sexuellen Aktivitäten mit Ray, Roy und Cindy dargestellt ist, lässt sie sich nicht aus der Ruhe bringen. Auch diese Hartnäckigkeit scheint sie von ihrem Vater übernommen zu haben.

Trotz aller Beharrlichkeit wird Ray zunächst im ersten verhandelten Fall von Kelly Garrett für schuldig befunden. In einem Interview sagt er anschließend in überzeugend wirkendem, ruhigem Ton: »Ich fühle mich vergewaltigt. Ich zog meine Lust daraus, einer Frau Lust zu bereiten. Ich tat das, was sie von mir wollte, dass ich es tue.« Während des Prozesses, der wegen des zweiten Opfers gegen ihn geführt wird, versucht Ray schließlich, wenigstens seiner Tochter einen langen Gefängnisaufenthalt zu ersparen. Er bietet der Staatsanwaltschaft den Deal an, sich schuldig zu bekennen. Dafür fordert er, dass Jesse lediglich zu einer fünfjährigen Bewährungsstrafe verurteilt wird. Angesichts der schwierigen Beweislage und des sich immer weiter hinauszögernden Verfahrens geht die Staatsanwaltschaft auf den Deal ein. David Parker Ray wird zu 224 Jahren Haft verurteilt, während Jesse am Ende tatsächlich mit der von ihrem Vater für sie ausgehandelten Bewährungsstrafe von fünf Jahren davonkommt. Bei Rays Verurteilung sitzt auch sie im Gerichtssaal. Als er nach der Urteilsverkündung abgeführt wird, ruft sie ihm zu »Dad!«. Er dreht sich zu ihr um, und sie wirft ihm eine Kusshand zu.

Cindy wird zu 36 Jahren Haft verurteilt, Roy zu 30 Jahren. Beide bleiben dabei, unschuldige Opfer und nicht freiwillige Komplizen von Ray gewesen zu sein. Sobald Jesse ihre Bewährungsstrafe erhalten hat und dieses Urteil auch nicht mehr revidierbar ist, legt ihr Vater Einspruch gegen sein Urteil ein. Sein Geständnis sei das Ergebnis der Beeinträchtigung seiner geistigen Kräfte durch die starken Medikamente, welche er wegen seiner Herzerkrankung nehmen müsse, und des starken Drucks, dem er ausgesetzt sei. Er habe zum Zeitpunkt des Geständnisses eine seelische Krise gehabt und wehre sich nun, wo es ihm wieder besser gehe, gegen seine unrechtmäßige Verurteilung. Doch sein Einspruch wird abgelehnt, und an seiner Haftstrafe ist nichts mehr zu ändern. Gerade als ihm dies klar wird und er die endgültige Haft antreten soll, erleidet er im Mai 2002 einen tödlichen Herzinfarkt. Mehr als drei Jahre nach der Flucht seines letzten Opfers und nach einem schier endlosen Prozess, der mehr Fragen aufgeworfen als Antworten hinterlassen hat, nimmt David Parker Ray das Wissen um all seine düsteren Geheimnisse mit in sein Grab.

KAPITEL 10

TÖTUNGSFANTASIEN, PORNOGRAFIE UND MASSENMEDIEN: ERZEUGT GEWALTPORNOGRAFIE SEXUALVERBRECHER?

»Ja, ich gestehe, ich bin ein Wüstling; alles was man sich auf diesem Gebiet vorstellen kann, habe ich mir vorgestellt, aber ich habe durchaus nicht alles getan, was ich mir vorgestellt habe, und werde es auch nie tun. Ich bin ein Wüstling, aber ich bin weder ein Verbrecher noch ein Mörder.«

(Donatien-Alphonse-François, Marquis de Sade über sich selbst)

Der nette Nachbarsjunge und seine Gewaltvideos

Tornesch ist eine Kleinstadt im Kreis Pinneberg in Schleswig-Holstein. Ein gemischter Chor, ein Heimathaus, ein Kleingartenverein. Ein Provinzidyll. Im März 2014 wird dieses Idyll nachhaltig erschüttert. An einem Mittwochnachmittag verschwindet die 18-jährige Lisa Marie. Das letzte Mal ist sie in der Nähe der Feuerwehrwache gesehen worden. Anschließend hat sie wohl einen Bekannten besucht, in seinem nahe gelegenen Elternhaus. Lukas ist zwei Jahre jünger als sie, er gilt als schüchtern und ruhig. Die beiden kennen sich von der freiwilligen Feuerwehr.

Lukas gibt zu, Lisa als Letzter vor ihrem Verschwinden gesehen zu haben. Sie habe ihm von Problemen mit ihrem Freund erzählt, berichtet er später der Polizei und Journalisten. Irgendwann sei sie dann gegangen. Lisas Beziehungsprobleme hat er sich jedoch nur ausgedacht, denn er braucht irgendeine Erklärung dafür, warum das Mädchen nach dem Besuch bei ihm verschwunden ist.

Auch nach intensiven Ermittlungen bleibt Lisa Marie verschwunden. Die Suche wird auf den kleinen Bereich in der Nähe der Feuerwehrwache und des Elternhauses von Lukas konzentriert. So finden Ermittler fünf Tage nach ihrem Verschwinden die Leiche von Lisa Marie – halb entkleidet und verscharrt im Feld hinter dem Haus, in dem sie Lukas besucht hatte. Sie ist von hinten erwürgt worden. Lukas wird festgenommen und legt ein Geständnis ab. Eine Erklärung zu seinem Motiv bleibt er schuldig.

Doch die Polizei erhält aufschlussreiche Informationen aus seinem Bekanntenkreis. Einigen von ihnen war sein Profil auf der Internetplattform Youtube aufgefallen. Denn neben Videos über Feuerwehr- und Landmaschinenfahrzeuge hatte Lukas auch Clips positiv bewertet, in denen Frauen gewürgt werden. Diese Vorliebe erscheint den Ermittlern verdächtig, ebenso wie der Hinweis, Lukas habe schon im Alter von dreizehn Jahren versucht, eine gleichaltrige Mitschülerin zu würgen, und sei deshalb von der Schule verwiesen worden. Im späteren Verlauf wird sich herausstellen, dass er sogar schon zwei andere Mitschüler gewürgt hat.

Die Medien stürzen sich auf den Fall, denn es erscheint unbegreiflich, warum ein Jugendlicher, fast noch ein Kind, seine beliebte und hübsche Bekannte getötet hat. »Machen perverse Clips Kinder zu Mördern?«, fragt etwa die Bild-Zeitung in ihrer Online-Ausgabe vom 27. März 2014. Einen Tag zuvor bereits hat die Boulevardzeitung getitelt: »Wollte der Killer ein Horror-Video nachspielen?«

Natürlich lassen solche Taten grausige Bilder und Vorstellungen im Kopf der fassungslosen Leser entstehen. Der Versuch, das Bild des schüchternen, netten Nachbarsjungen mit dem Bild eines scheinbaren Monsters in Einklang zu bringen, das ein liebes Mädchen grundlos tötet, ist schwer. Da kommen die »bösen Videos aus dem Internet« als Erklärung gerade recht. Denn dass der Nachbarsjunge so nett und unauffällig wirkte, ist für viele Menschen das eigentlich Schockierende an der Tat. Lukas ist kein Raufbold, kein gewalttätiger Kleinkrimineller, sondern einer von »ihnen«, den scheinbar »normalen« Menschen.

Die Suche nach der Wurzel des Bösen

Der Mord an Lisa Marie löste eine öffentliche Debatte darüber aus, ob Youtube und andere Plattformen von Videos im Internet die Ursache einer solchen Tat sein könnten. Politiker und Polizei taten, was sie nach schweren Verbrechen, die allgemeines Entsetzen auslösen, meistens tun: Sie verfielen in pauschalen Aktionismus und die Forderung nach strengerem Durchgreifen. Zur Abwechslung wurde allerdings nicht wie so oft eine noch härtere Bestrafung von Tätern gefordert – die Sinnlosigkeit entsprechender Verschärfungen ist aus Langzeituntersuchungen unter anderem in den USA längst bekannt. In diesem Fall diente das aktuelle Verbrechen als Anlass, wieder einmal eine strengere Kontrolle des Internets zu fordern. Um Missverständnissen vorzubeugen: Selbstverständlich befürworte ich, wie jeder vernünftige Mensch, altersangemessene

Sicherheitsmaßnahmen für Minderjährige im Netz. Doch die Forderungen in diesem Fall beschränken sich nicht auf einen effektiven Kinder- und Jugendschutz.

In einer zum Fall angefertigten Online-Reportage erklärt ein junger Reporter, der sichtlich bemüht ist, Betroffenheit auszustrahlen: »Tagsüber war Lukas natürlich ein ganz netter Feuerwehrmann, jemand, der hilft, der sich interessierte, für Landmaschinen, für die Feuerwehr an sich. Nachts schaute er sich dann anscheinend diese Gewaltvideos an, diese menschenverachtenden Streifen auf Youtube. Immer mehr und immer länger, kann man sagen, bis dann irgendwann Lisa Marie zu Besuch kam und aus dieser kranken Fantasie tödliche Realität wurde.«

Dieses Statement fasst zusammen, was in den Köpfen vieler Menschen als plausible Erklärung auszureichen scheint: Ein netter Jugendlicher gerät zufällig an Gewaltvideos. Diese verändern seine Persönlichkeit und seine Fantasie in einer Art »Gehirnwäsche«, und am Ende steht ein Monster, gewissermaßen der »Mr. Hyde von Tornesch«. Dass die Wirklichkeit nicht so einfach gelagert ist, übersteigt die Vorstellungskraft der meisten. Warum nach komplizierten Erklärungen suchen, wenn die Boulevardmedien scheinbar kompetent exakt die Vorurteile wiederkäuen, die man schon vorher hatte?

Ein Jugendlicher, der nächtelang Videos anguckt, in denen Frauen erwürgt werden? Aus kriminalpsychologischer Sicht liegt der Gedanke nahe, dass der junge Mann Tötungsfantasien hatte, die ihn sexuell erregten. Wahrscheinlich wird er irgendwann einen Film gesehen oder eine Geschichte gelesen haben, in der ihn eine entsprechende Darstellung erregte. Was der Mensch erregend, also positiv, empfindet, das sucht er bewusst weiter – ein psychologisches Prinzip, das in allen Menschen wirkt.

Doch genau hier ist der entscheidende Punkt: Die meisten Menschen empfinden keine sexuelle Erregung, wenn sie Szenen von Verbrechen oder Tötungen sehen. Ein Mensch, der so etwas nicht erregend findet, kann sich folgenlos Tausende solcher Videos anschauen. Seltsamerweise glauben viele Menschen – vor allem in den Boulevardmedien – aber scheinbar, dass bei Jugendlichen genau das passieren kann. Dies lässt sich wissenschaftlich nicht bestätigen – ganz im Gegenteil.

Sexualwissenschaftler forschen seit Jahrzehnten an der Frage, wie sexuelle Bedürfnisse und Fantasien entstehen und warum sie ab einem gewissen Zeitpunkt ein Leben lang in einem Menschen bestehen bleiben. Der aktuelle Stand der Forschung legt nahe, dass sexuelle Neigungen als »psychologische Skripte« schon vor der Zeit angelegt werden, in der Menschen ihre Sexualität als solche bewusst zu entdecken beginnen.

Weniger Gewaltpornografie = mehr bastelnde Sexualstraftäter?

Bei allen Begierden muss man sich fragen:
Was geschieht, wenn mein Begehren befriedigt ist,
und was, wenn es nicht befriedigt wird?

(Epikur)

Dass eine erzwungene Reduktion von Gewaltpornografie einen Anstieg der Sexualstraftaten bewirken könnte, ist eine – zugegeben gewagte – These meinerseits, die ich aber mit folgenden Beispielen erhärten möchte: Folgt man den aktuellen sexualwissenschaftlichen Erkenntnissen, so können sich 1000 Menschen im gleichen jugendlichen Alter denselben Pornofilm ansehen, aber nur diejenigen von ihnen, deren »sexuelles Skript« mit den Inhalten dieses Pornofilms übereinstimmt, werden auf ihn mit sexueller Erregung reagieren. Ist dieser »Startpunkt«, also der Moment des Entdeckens der eigenen Sexualität, erst überschritten, wird die Person mit steigender sexueller Erfahrung zunehmend merken, was ihre Vorlieben sind. Das Sammeln von Erfahrungen und der Konsum von Pornografie sind also vergleichbar mit dem Bereisen einer inneren Landkarte, durch die sich ein Mensch immer klarer und bewusster in seinen persönlichen sexuellen Vorlieben zurechtfindet.

Sexuell motivierte Verbrechen gibt es seit jeher. Erstaunlicherweise findet man immer wieder historische Berichte ähnlicher Fälle, die zeitlich und örtlich weit auseinanderlagen. Grund dafür: Die psychologischen Skripte der sexuellen Neigungen eines Menschen entwickeln sich durch ein kompliziertes Zusammenspiel von Faktoren, bevor dieser Mensch seine Sexualität als solche entdeckt. Dies bestätigen auch die Aussagen und Aufzeichnungen sexuell motivierter Verbrecher, egal aus welcher Zeit: Sie alle weisen darauf hin, dass die entsprechenden sexuellen Fantasien den späteren Tätern schon in Kindheit und Jugend bewusst wurden. Eigentlich überflüssig zu sagen, aber: Die allermeisten von ihnen hatten keinen Fernseher und kein Internet, viele noch nicht einmal Zugang zu Pornografie.

Die Schlussfolgerung aus sexualwissenschaftlicher Sicht ist klar: Nicht bestimmte Medien formen den späteren Täter, sondern der spätere Täter beschafft sich Medien, die zu seinen sexuellen Bedürfnissen passen. Ein Beispiel hierfür ist Dennis Rader, der BTK-Killer. Da Rader als Jugendlicher keinerlei Zugang zu Pornografie hatte, bastelte er sich das zu seinen sexuellen Fantasien passende Material kurzerhand selbst. So schnitt er Fotografien von Frauen aus Zeitungen aus und malte auf die Bilder Fesseln oder andere erniedrigende oder qualvolle Utensilien, die ihn erregten. Schon als Kind fertigte er Bilder von Folterkammern an und fand es erregend, sich selbst spielerisch zu fesseln. Später zog er Frauenkleidung an, setzte weibliche Perücken auf und legte leicht wieder entfernbare Fesseln an, wobei er sich per Selbstauslöser mit seiner Kamera fotografierte. Es gibt viele Berichte wie diese von Tätern, die zeigen, dass ihre Fantasien nicht nach dem Anschauen von Pornografie entstehen oder verstärkt werden. Entsprechende Bilder oder Filme im Internet ersparen ihnen höchstens die Arbeit, sich Vorlagen zum Onanieren selbst zu basteln.

Tötungsfantasien
– eine gefährliche Ausnahmeerscheinung?

Sexuell erregende Tötungsfantasien stehen selbst in BDSM-Kreisen am Rande des »Toleranzspektrums«. Dort vertritt man nicht selten die Meinung, entsprechende Fantasien seien »krank« und »unmoralisch«. Dies mag einerseits am Inhalt an sich liegen, andererseits aber auch daran, dass sie selbst unter BDSMlern verhältnismäßig selten vorkommen. Schaut man sich jedoch die – nicht ganz so einfach aufzufindenden – Internetforen mit entsprechenden Inhalten an, so findet man Mitgliederzahlen zwischen mehreren hundert und mehreren tausend (allerdings länderübergreifend). Die Gesamtzahl von Menschen mit entsprechenden Fantasien ist also nicht gerade klein (zumal sicher nicht alle Mitglieder solcher Foren sind). Dies führt zu einer weiteren spannenden Überlegung: Sind Menschen mit Tötungsfantasien potenziell gefährlich?

Fast ein Jahrhundert lang nahmen Psychologen und Psychiater an, bei Menschen mit sexuell erregenden Tötungsfantasien sei das zwangsläufig der Fall. Dies ergab sich aus der weit zurückreichenden Beobachtung, dass vor allem sexuell sadistische Serienmörder immer wieder davon berichteten, oft ein Leben lang entsprechende Fantasien gehabt zu haben. Angaben über die Zahl der Menschen, die solche Fantasien hatten, aber nicht zu Mördern wurden, gab es schlicht nicht. Dies hat sich im Zeitalter des Internets geändert. »Plötzlich« fanden sich in besagten Foren Menschen unterschiedlichen Alters, Geschlechts und Nationalität zusammen, um festzustellen, dass sie nicht die Einzigen auf der Welt sind, die solche Fantasien haben und dennoch keine gefährlichen Killer sind. In den entsprechenden Foren gibt es meist eine Art »Moral-Kodex«, der besagt, dass eine klare Grenze zwischen Fantasie und Realität gezogen wird. Mitglieder, die diese Grenze in Frage stellen, werden ausgeschlossen.

Die Forenbetreiber verfahren nicht nur aus juristischen Gründen so. Sie wollen sich auch von ihrem Selbstverständnis her von

Menschen, die aufgrund solcher Fantasien Verbrechen begehen, klar distanzieren. Ebenso handhaben es die Betreiber von Webseiten, die eigens auf diese »Fantasiesparte« ausgerichtete Pornografie herstellen. Ihre Produktionen sind wirklich nachgestellte Fantasie, mit immer wieder denselben Darstellern, und die Darstellungen sind meist inhaltlich sehr weit weg von realen »Tötungsdarstellungen« – z.B. dauert es im wirklichen Leben nicht, wie in solchen Filmen öfter zu sehen, 10 bis 30 Minuten, um einen Menschen zu erhängen. Eigentlich *sollen* die Darstellungen auch gar nicht realistisch sein, denn sowohl Herstellern als auch Konsumenten ist klar, dass dies eben die perfekten, weil nicht realen Fantasien sind.

Vor einigen Jahren hatte ich die Gelegenheit, auf einem US-amerikanischen Forensiker-Kongress mit einem Mitarbeiter des FBI zu sprechen, der sich mit diesem Thema ebenso wie ich beschäftigt hatte. Er stellte dort einen Mordfall vor, in dem der Täter vorher genau solche Pornografie konsumiert hatte. Allerdings hatten ihm entsprechende Darstellungen nicht ausgereicht, er hatte »Drehbücher« an einschlägige Produktionsfirmen geschickt, in denen er darum bat, seine ganz persönlichen Fantasien umzusetzen. Als das FBI begann, seinen Fall zu bearbeiten, nahm es auch Kontakt zu den entsprechenden Firmen auf. Diese kooperierten – wie der FBI-Agent betonte – äußerst freundlich und völlig transparent, da sie um ihren Ruf besorgt waren. Das FBI habe daraufhin begonnen, nach einem möglichen Zusammenhang zwischen dem Konsum solcher Medien einerseits und dem Begehen entsprechender Straftaten andererseits zu suchen – und einen solchen nicht gefunden. Man sei selbst überrascht gewesen, wie hoch die Konsumentenzahl dieser Medien sei, die offenkundig keine Verbrechen begehe, sagte mir der FBI-Mann.

Wenn nicht die Fantasie an sich das Gefährliche ist, was dann?

Diese Frage stellte ich mir von Anfang an, als ich vor über zehn Jahren begann, in entsprechenden Foren zu recherchieren. Eine sehr gute, da allgemeinverständliche Erklärung, fand ich auf der Internetseite eines Mannes mit entsprechenden Fantasien. Er tauschte dort Geschichten und gezeichnete Bilder seiner Tötungsfantasien mit anderen aus. Auf der Seite stand aber auch ein offener Brief des Betreibers, den ich so beeindruckend finde, dass ich ihn in diesem Zusammenhang gerne für sich sprechen lasse:

> Dies sind Fantasien, nichts weiter. Ich glaube nicht, dass du aufgrund des Lesens von Fantasiegeschichten oder des Betrachtens von Bildern zu einem mordenden Vergewaltiger wirst.
>
> Menschen haben keinen Einfluss auf die Ursprünge ihrer abweichenden Fantasien. Wenn du abweichende Fantasien hast, dann nicht deshalb, weil du dich dafür entschieden hättest, sie zu haben. Sie sind nicht deine Schuld!
>
> Das entscheidende Merkmal von Mördern und Vergewaltigern ist nicht die Tatsache, dass sie gewalttätige Fantasien haben. Das entscheidende Merkmal ist, dass sie sich überhaupt nicht darum kümmern, was richtig und was falsch ist. Für diese Dinge haben sie kein Empfinden.
>
> Alle Menschen haben Gedanken, die, wenn sie sie umsetzen würden, aus ihnen Monster machen würden. Dennoch sind Menschen keine Monster, weil ihre Handlungen von sehr viel mehr als gewalttätigen Gedanken bestimmt werden. Dasselbe gilt auch für Fantasien.
>
> Wir kennen den Unterschied zwischen Fantasie und Realität. Für uns können diese Fantasien ein lustvoller Traum sein. Wir sind uns aber sehr genau darüber im Klaren, wie sehr sich die Fantasie von der Wirklichkeit unterscheiden würde. Die wirkliche Umsetzung dieser Fantasien wäre kein Traum, sondern ein Albtraum.

> Ich traue dir zu, den Unterschied zwischen Fantasie und Wirklichkeit zu verstehen. Wenn du zu der Sorte Menschen gehörst, die diese Unterscheidung nicht machen können, dann wirst du auf jeden Fall im Gefängnis landen, völlig unabhängig davon, ob du ungewöhnliche Fantasien hast oder nicht.

Was dieser Mann schon vor vielen Jahren beschrieben hat, deckt sich mit den Erkenntnissen der modernen Psychologie und Psychiatrie. Denn Untersuchungen von Menschen, die zur Umsetzung ihrer sexuellen Fantasien Vergewaltiger oder sogar Mörder wurden, zeigen: Die meisten von ihnen haben auf Persönlichkeitsstörungen basierende, ungewöhnliche Eigenschaften, welche sie von anderen Menschen unterscheiden. Insbesondere Mitgefühl und Schuldgefühl sind bei diesen Tätern vermindert oder fehlen sogar völlig.

Mitgefühl ist eine der wichtigsten menschlichen Eigenschaften und die grundlegendste Voraussetzung dafür, dass Menschen als soziale Wesen miteinander interagieren und kooperieren können. Deshalb gehört dieses Empfinden bei den meisten Menschen von Kindheit an zur »evolutionären Grundausstattung« der Psyche. Es sorgt dafür, dass schon kleine Kinder sich unwohl fühlen, wenn andere wegen ihres Verhaltens traurig sind oder Schmerzen erleiden. Dieses gefühlsmäßige Spiegeln des Leidens eines anderen ist die Grundlage für Schuldgefühle und somit für das, was wir als Gewissen definieren.

Mit zunehmendem Alter wird das Gewissen immer »feinsinniger« und schlägt sich in den persönlichen Grundüberzeugungen von »richtig« und »falsch« wieder. So erkennen Menschen, dass ein schlechtes Gewissen dann angemessener ist, wenn sie jemandem bewusst geschadet haben, als wenn sie dies versehentlich taten. Ein klassisches psychologisches Experiment hierfür wird mit kleinen Kindern durchgeführt. Sie werden gefragt, welches Kind härter bestraft werden sollte: das Kind, das absichtlich in Wut eine Porzellantasse zerschmettert, oder jenes, dem beim Tragen versehentlich mehrere Tassen herunterfallen. Jüngere Kinder empfinden den zahlenmäßig höheren Schaden als bestrafenswerter, ältere die böse Absicht.

Dies zu verstehen ist wichtig, wenn man über Gewissen im Kontext von BDSM nachdenkt: Einvernehmliche Sadisten haben kein Schuldgefühl und keinen Gewissenskonflikt, wenn sie ihren Sexualpartner im abgesprochenen Rahmen »quälen«, da sie wissen, dass es diesem eigentlich gefällt. Dadurch erleben sie sexuelle Lust bei BDSM-Aktivitäten. Hätten sie jedoch ein Gegenüber vor sich, das eine solche Form der Qual tatsächlich als grauenvolle Folter erleben würde, so würden sie keine sexuelle Erregung dabei empfinden. Vereinfacht gesagt: Schuldgefühl (auf der emotionalen Seite) und die Bewertung, gegen die eigenen Normen und Werte zu verstoßen (auf der rationalen Seite), wirken schlicht abtörnend. Wie sie das Quälen eines anderen erleben, hängt bei Sadisten also maßgeblich von ihrer persönlichen emotionalen Empfindung und rationalen Haltung gegenüber »Richtig« und »Falsch« ab.

Bei kriminellen Sadisten, die zu Vergewaltigern und Mördern werden, ist diese Gewissensinstanz verändert. Sie empfinden kein Mitgefühl für ihr Opfer oder Schuldgefühle wegen ihrer Tat. Ebenso haben sie in ihren ganz persönlichen Normen und Werten nie die Einstellung entwickelt, sich aktiv dafür zu entscheiden, anderen Menschen gegenüber nicht ungerecht grausam oder zerstörerisch zu wirken. Diese rationale Seite eines Gewissens kann – wie meine mittelgradig psychopathischen Interviewpartner demonstrieren – den Mangel oder das Fehlen des gefühlsmäßigen Gewissenssystems in einem gewissen Umfang ausgleichen.

Wie genau sich dieses stark rationale Gewissenssystem bei einem gleichzeitigen Mangel des emotionalen Empfindens entwickeln und auch in der erwachsenen Persönlichkeit stabil halten kann, diese Frage wird noch wissenschaftlich beantwortet werden müssen. Meine auf den besagten Interviews basierende Arbeitshypothese ist, dass in den frühen Biografien der nicht kriminellen, mittelgradig psychopathischen Menschen trotz der schwierigen Erlebnisse, welche zu ihrer Gefühlsverminderung führten, Personen gewirkt haben, die ihnen einen gewissen emotionalen Halt gaben. Diese auch positiven zwischenmenschlichen Erfahrungen dürften verhindert haben, dass sich eine grundsätzlich feindselige Einstellung gegenüber anderen Menschen entwickelte. Eine solche grundsätzliche Feindseligkeit ist aber häufig bei sexuell sadistischen Straftätern zu finden.

Zusätzlich muss es Rollenvorbilder (ob durch echte Menschen oder Figuren aus Büchern, Fernsehen oder Filmen) gegeben haben, mithilfe derer prosoziale, also anderen Menschen gegenüber auch positive Einstellungen Eingang in das Wertesystem der mittelgradigen Psychopathen fanden. Denn gewisse persönliche Werte und Normen werden von ihnen konsequent eingehalten. Meine mittelgradig psychopathischen Interviewpartner verfügen in allen Fällen über ein großes Maß an Selbstreflexion, Selbstkontrolle und analytischem Denken. Diese Eigenschaften sind wichtig, um die rationalen Normen und Werte wirklich konsequent umzusetzen und ihnen nicht spontan und impulsiv zuwiderzuhandeln.

Das psychische System gefährlicher Sadisten ist ganz anders aufgebaut. Ihre – für andere schädliche – Fantasie auszuleben, erzeugt für sie einen deutlich empfundenen Gewinn, sie haben aber dabei keine psychologischen Kosten – weder gefühlsmäßig noch rational. Ihre sexuelle Fantasie ist wie das Gaspedal in einem Auto, wo die Bremse – in Form einer Gewissensinstanz – fehlt. Solche Täter empfinden und bewerten sich nicht als »schlechte« Menschen, wenn sie ihre sexuellen Fantasien rücksichtslos ausleben. Es widerspricht nicht ihrem Selbstkonzept.

Der am Anfang des Buches erwähnte polnische Serienmörder Karol Kot drückt dies sehr anschaulich aus. Auf die Frage, wie er seine Taten bewertet, antwortet er: »Ich habe nicht und ich hatte nie irgendwelche moralischen Einwände dagegen.« Als er daraufhin gefragt wird, ob seine Handlungen also aus seiner Sicht ethisch gerechtfertigt waren, in Übereinstimmung mit moralischem Handeln, antwortet er: »Meiner Meinung nach sagt die Art von Verhalten dem Menschen zu, die ihm angenehme Empfindungen bereitet. Was angenehm ist, das ist moralisch. Wenn es mir also Befriedigung und Zufriedenheit verschaffte, Menschen zu töten, so war dies ein Verhalten in Übereinstimmung mit meiner Moral. Ich war erschüttert, als meine Eltern meine in der Zeitung beschriebenen Morde zu Hause kommentierten und sagten, dass dies ein Lump tue. Ein Lump ist jemand, der ein Säufer ist, ein schlechter Mensch. Ich wiederum halte mich für einen guten Menschen. Die von mir verübten Morde waren meine private Angelegenheit. Ich wäre ein schlechter Mensch, wenn ich Wodka trinken und mich mit Prostituierten einlassen würde. Man kann also ein Mörder sein und gleichzeitig ein guter Mensch, so wie ich.«

Offensichtlich fehlt Karol Kot vollständig die Fähigkeit der sogenannten kognitiven Perspektivenübernahme, also der Vorstellung, wie seine Handlungen aus der Perspektive und den Wertesystemen anderer Menschen heraus wirken. Er ist vollständig gefangen in seinem persönlichen Wertesystem, seiner verzerrten Weltsicht. Die gefühlsmäßige Komponente seines gestörten moralischen Systems erklärt er allerdings erstaunlich zutreffend. Denn alle Menschen neigen dazu, Dinge eher als »gut« oder »schlecht«, »richtig« oder »falsch« zu bewerten, wenn sie sich *für sie* positiv oder negativ anfühlen. Karol Kot hat dahingehend die gefühlsmäßige Grundlage seiner ganz persönlichen Moral richtig beschrieben. Ihm war nur rational nicht klar, dass sein Erleben vom Fehlen sehr wichtiger Empfindungen geprägt war. Karol Kot litt gewissermaßen an einer emotionalen Rot-Grün-Schwäche, von der er nichts wusste.

Einvernehmliche Sadisten und auch Menschen mit sexuellen Tötungsfantasien, aber ohne Absicht, diese je zu verwirklichen, haben diese Schwäche nicht. Wie es der erwähnte Betreiber der Internetseite für fiktive Snuff-Pornografie formuliert: »Die wirkliche Umsetzung dieser Fantasien wäre kein Traum, sondern ein Albtraum.«

Nachwort

Es gibt nichts Neues unter der Sonne,
alles ist schon da gewesen.

(Sherlock Holmes in »Eine Studie in Scharlachrot«
von Sir Arthur Conan Doyle)

Nun sind Sie am Ende der Reise durch die Gedanken- und Gefühlswelten höchst unterschiedlicher, ungewöhnlicher Menschen angelangt. Wenn Sie jetzt, mit Ihrem neuen Wissen, den Fall von Karol Kot aus dem Vorwort nochmals lesen, so werden Sie den Fall wahrscheinlich aus einer anderen Perspektive betrachten. Karol Kot ist ein perfektes Beispiel für einen stark ausgeprägten Psychopathen, mit sehr großen narzisstischen und antisozialen sowie einigen Borderline-Persönlichkeitsanteilen. In Kombination mit seinen drängenden, sexuell konnotierten Gewaltfantasien ist er der »klassische« sexuell sadistische Serienmörder.

Kot hatte in seinem Leben niemals Geschlechtsverkehr oder auch nur intimeren sexuellen Kontakt mit einer Frau. Aufklärung war in Polen zur damaligen Zeit kaum existent, über sexuelle Fantasien oder gar nur Selbstbefriedigung wurde nicht gesprochen. Daher wusste Kot die Gefühle, die er während der Taten hatte, selbst kaum richtig einzuordnen. Doch das Zusammenspiel der unterschiedlichen, sich aus seinen Persönlichkeitsstörungen ergebenden Motive ist klassisch für einen sexuell sadistisch motivierten Täter wie ihn. Daher lässt sich auf Karol Kot das folgende Tatmotivationsschema anwenden:

Er gewinnt durch das Leiden der Opfer sexuelle Lust.

Er empfindet – auch sexuell erregende – Allmacht.

Er lebt eine Wut und Kränkung aus, die er gegenüber seinen Eltern und Gleichaltrigen empfand, aber vor allem den Eltern gegenüber unterdrückte.

Diese Kriterien gelten auch für Jürgen Bartsch und Erwin Hagedorn. Diese beiden unterscheiden sich jedoch von Kot in ihrer klar ausgeprägten homosexuellen Pädophilie. Bartsch missbrauchte und tötete zwischen seinem fünfzehnten und neunzehnten Lebensjahr vier Jungen. Dem fünften zur Tötung vorgesehenen Opfer gelang die Flucht. Hagedorn, der fünf Jahre jünger war als Bartsch, tötete und missbrauchte zwischen seinem siebzehnten und neunzehnten Lebensjahr drei Jungen. Beide hatten bereits vor ihren Morden kleine Jungen angesprochen und sexuell missbraucht.

Karol Kot hingegen war primär heterosexuell. Dies lässt sich sowohl aus seinen sexuellen Tötungsfantasien, in denen hauptsächlich Frauen die Opfer sind, als auch aus seiner emotionalen Bindung an die Freundin Danka ableiten. Kots erstes Opfer, Leszek, der kleine Junge im Schnee, war eine willkommene Gelegenheit zum schnellen Befriedigen seines pochenden Tötungsdranges an jenem Tag. Doch Kots Suchraster gilt eindeutig dem weiblichen Geschlecht.

Dass seine Opfer Kinder oder ältere Frauen sind, kann zwei Gründe haben. Erstens könnten die älteren Frauen – im Sinne der für Borderline typischen Projektion – ein stellvertretendes Opfer für die Wut gegen seine Mutter gewesen sein, das kleine Mädchen entsprechend ein stellvertretendes Opfer für die Wut gegen seine kleine Schwester. Zweitens hatte Kot in der Schule häufig versucht, gleichaltrige Mädchen zu begrabschen, was ihm nur Abwehr und spöttische Sprüche einbrachte. Gut möglich also, dass sein eher instabiles narzisstisches Selbstkonzept eine Kränkung beim Versuch der eigentlich als narzisstische Aufwertung intendierten Tötung nicht in Kauf nehmen wollte. Bei Kindern und älteren Frauen war seine körperliche Überlegenheit so groß, dass er keine effektive Gegenwehr erwarten musste. Ich gehe von einer Mischung dieser beiden Erklärungskomponenten aus, um seine von seinen hauptsächlichen Zielfantasien offenbar abweichende Opferwahl zu erklären.

Im Gegensatz zu Kot missbrauchen Jürgen und Erwin ihre Opfer auch eindeutig sexuell. Kot hingegen zieht hauptsächlich aus dem Tötungsakt an sich Erregung. Hierfür kann es unterschiedliche Erklärungen geben. Eine Ursache könnte in dem unterschiedlichen Wissensstand der jungen Männer auf dem Gebiet der Sexualität liegen, aber auch in den Erfahrungen, die sie diesbezüglich bereits gemacht haben. Von Jürgen Bartsch ist bekannt, dass er als Kind in einem katholischen Internat sexuell missbraucht wurde. Bezüglich Erwin Hagedorn und Karol Kot liegen diesbezüglich keine Informationen vor, was Missbrauchserfahrungen aber nicht ausschließt. Bartsch und Hagedorn sind in der Wahl ihrer Opfer weniger willkürlich als Kot. Dies könnte darauf hindeuten, dass ihre Taten stärker von den vorherrschenden sexuellen Fantasien und Bedürfnissen geprägt sind, während Kots Taten hauptsächlich der Kompensation von Wut und Kränkung sowie dem Erleben von Macht dienen.

Die konkrete Frage, ob ihm das Töten eine sexuelle Befriedigung verschaffte, beantwortete Karol Kot durchaus nachvollziehbar: »Das Leiden der Opfer gab mir Zufriedenheit, aber ob das eine Zufriedenheit aus dem Bereich der Sexualität war, das weiß ich nicht, da ich niemals die Befriedigung mit einer Frau kennengelernt habe. Ich kann lediglich beschreiben, wie ich mich nach einem Mord gefühlt habe. Ich beruhigte mich augenblicklich, war irgendwie entspannt, ich schlief besser, fühlte nicht diesen Drang, einem Opfer hinterherzujagen, ich war so zufrieden wie nach dem Erhalt eines Geschenks.« Die von Kot hier beschriebenen Empfindungen können Ausdruck sexueller Erregung und Befriedigung, aber auch einer narzisstischen Aufwertung sein. Gerade bei sexuellen Sadisten, die stets auch narzisstische Anteile haben, verschmelzen die Befriedigung der gestörten Persönlichkeit und des mit ihr zusammenhängenden sadistischen Sexualtriebes zu einem Gesamtwerk. Dies kann Kots Verunsicherung über seine Empfindungen noch zusätzlich verstärkt haben.

Dass Kot auch als sexueller Sadist anzusehen ist, ergibt sich aus einigen Randbemerkungen, die er in seinen umfassenden Aussagen macht. So merkt er beispielsweise an: »Wenn Krieg wäre, wäre ich gerne der Chef eines Konzentrationslagers. Ich würde die Brüste der Frauen abschneiden und sie unter die Helme der Soldaten legen, damit diese nicht so am Kopf drücken.« Die Vorstellung,

Geschlechtsteile wie Brüste abzuschneiden, stützt die Annahme, dass Kot auch von sexuell sadistischen Empfindungen des gefährlichen Typus beherrscht wurde. Interessanterweise bestand eine von Hagedorns sexuellen Fantasien ebenfalls darin, ein Konzentrationslagers zu leiten. Allerdings träumte er von einem Lager ausschließlich für Kinder, was sich aus seiner kernpädophilen sexuellen Neigung ergab.

Vom sadistischen Mörder zum dämonischen Mythos

Monster, Außerirdische, Phantome,
nichts davon ist real.
Der Gedanke, dass eine echte Person dies tun könnte,
ist zu entsetzlich.
Deshalb erschafft unsere Vorstellungskraft einen Weg,
der leichter zu ertragen ist.
Doch auch die stärkste Vorstellungskraft kann uns nicht schützen,
wenn wir erst die Wahrheit kennen.

(Dexter in der gleichnamigen Serie)

Die eine wichtige Erkenntnis, welche ich in diesem Buch vermitteln möchte, ist die Einsicht, dass kein Täter ein psychologisches Unikat darstellt. Kennt man erst einmal die typischen psychologischen Grundbausteine, so lassen sich, wie in den drei verglichenen Fällen von Karol Kot, Jürgen Bartsch und Erwin Hagedorn, Gemeinsamkeiten und Unterschiede in den Persönlichkeiten, der Sexualität und sogar der Biografie gut erkennen.

Die zweite wichtige Erkenntnis ist, dass es dieselben Tätertypen in allen Zeiten und Kulturen zu geben scheint. Es sind also nicht Medien oder andere kulturelle Einflüsse ausschlaggebend für die Entstehung schwerer Verbrechen wie sexuell-sadistischer Serientaten.

Im fernen Japan ging vor tausend Jahren eine Geschichte in die

Landesfolklore ein, die aus Perspektive der modernen Kriminal-psychologie faszinierend ist: die »Geschichte von Minamoto no Yorimitsu und dem Shutendoji«. Dieser Legende nach lebte zur Zeit des Kaisers Ichijo in den Oe-Bergen ein Ungeheuer namens Shutendoji, das junge, schöne Frauen und Mädchen zur Befriedigung seiner Lüste in seinen abgelegenen Palast entführen ließ. Eines Tages fällt auch die einzige Tochter eines der kaiserlichen Räte, ein auffallend hübsches Mädchen von dreizehn Jahren, dem grausamen Treiben zum Opfer. Hierauf bittet der verzweifelte Vater den Kaiser um Hilfe, und der schickt den Krieger Minamoto no Yorimitsu und dessen fünf Gefährten in den Kampf mit dem Ungeheuer. Nach vielen Abenteuern und Gefahren gelingt es den Kriegern tatsächlich, den Shutendoji zur Strecke zu bringen. (Wer die Geschichte in voller Länge lesen will: Sie ist zu finden auf meiner Seite www.benecke-psychology.com

Lässt man die märchenhaften Elemente der Geschichte außer Acht und konzentriert sich auf die Kerninformationen über das Ungeheuer, so kommt unter der legendenumwobenen Oberfläche die Geschichte und Persönlichkeit eines sexuell sadistischen Serienmörders zum Vorschein.

Der Shutendoji...
- wurde in seiner Kindheit selbst Opfer eines Traumas.
- entwickelt starke Wutgefühle.
- neigt zu Impulsivität. – ist leicht reizbar und schnell aggressiv.
- entwickelt eine narzisstisch aufgeplusterte Persönlichkeit, der zufolge nur seine Bedürfnisse zählen.
- zeigt weder Mit- noch Schuldgefühl.
- ist alkoholabhängig.
- hat einen sehr starken Sexualtrieb.
- weist eine gefährliche sexuell sadistische Neigung auf, die mit Kannibalismus und Vampirismus verbunden ist.
- entführt zwanghaft immer mehr junge Frauen, um sie zu vergewaltigen und zu töten.

Stellt man sich das »Ungeheuer« nun als einen menschlichen Straftäter vor, so hat man das Persönlichkeitsprofil eines stark narzisstischen und stark antisozialen Psychopathen mit besonders vielfältigen, ungewöhnlichen sexuellen Neigungen (Paraphilien) vor sich. Schaut man hinter die dämonisierende Maske, so steckten hinter solchen alten Legenden und Märchen wahrscheinlich immer grausame Verbrechen. In Zeiten, als es keine wissenschaftlichen Erklärungsmodelle für solche Täter und Taten gab, erschuf die Vorstellungskraft der Menschen Monster, Vampire, Werwölfe, Zombies und allerlei andere Gestalten, die dem Grauen auf fantastische Art Ausdruck verliehen. Dies ist psychologisch verständlich, da Menschen Täter von besonders entsetzlichen Straftaten unwillkürlich gefühlsmäßig und im zweiten Schritt auch gedanklich im wahrsten Sinne des Wortes dämonisieren. Die Faustregel lautet: Je grausamer die Details und der Umfang eines Verbrechens, desto monströser ist die Vorstellung vom Täter.

Heutzutage, da wissenschaftliche Erkenntnisse global rasend schnell zunehmen, sich vernetzen und stetig weiterentwickeln, sind wir auf die schlichten Erklärungsmodelle unserer Vorfahren nicht mehr angewiesen. Unsere Welt ist komplex, sie wird mit jedem Tag komplexer. Von »denen« und »uns« zu sprechen, von den »Bösen« und den »Guten«, den »Monstern« und den »Menschen«, ist nicht mehr zeitgemäß. Im Grunde besitzt jeder Mensch monströse Persönlichkeitsfacetten; andererseits hat auch die monströseste Persönlichkeit sehr menschliche Anteile.

Der Wissenschaft stellen sich, so gesehen, zwei große Herausforderungen. Erstens: Wie können wir – kurz- bis mittelfristig – die *Intervention* optimieren? Das heißt: Wie können wir die negativen Persönlichkeitsanteile immer besser behandeln und zurückdrängen, wenn sie in einem Menschen zu stark geworden sind? Und zweitens: Wie können wir – mittel- bis langfristig – die *Prävention* optimieren? Das heißt: Was können wir gezielt und effektiv tun, um zu verhindern, dass die negativen Persönlichkeitsanteile im Menschen durch eine ungünstige Mischung seiner Anlagen und seiner Umwelt überhaupt erst so stark werden?

Eine negative Entwicklung möglichst frühzeitig zu verhindern, wäre die umfassendste Art von Schutz. Wenn wir zu verstehen versuchen, anstatt beim Verurteilen stehenzubleiben, dann werden wir eines Tages vielleicht genug anwendbares Wissen haben, um schon Kinder davor zu bewahren, Eigenschaften zu entwickeln, durch die sie sich und anderen schaden. Anstatt vor »Monstern« Angst zu haben und sie bekämpfen zu wollen, sollten wir lieber daran arbeiten, dass sie gar nicht erst entstehen.

Dank

Ich danke Kai Hattwich, Henrik Hoemann, Carl-Eric Menzel, Dirk-Boris Rödel und Martin Zink, für eure Freundschaft, eure Gedanken und Anregungen, die mir bei der Entwicklung dieses Buches halfen.

Mit besonderer Dankbarkeit an meine beste Freundin seit der Kindergartenzeit und Schwester im Herzen, Vanessa Pastor; meinen »Part-Time-WG-Partner« Boris Adam; meine gute Freundin und Kaninchenpatentante Edith Fitzek; meinen kleinen Bruder im Herzen, Max Heiliger; meine guten Freunde Eva & Alexander Körner, mit besonderem Dank an Alex für das großartigen Management; sowie meine teilweise langjährigen Freunde Mirko Augsburger, Steph Benecke, Andreas Bochem, Xenia Bogomolec, Laura Brandt, Anja Edelmann, Jens Ferlemann, Dirk Frase, Yvonne Gralla, Alina Melzner, Georg Monka, Britt Rommel alias »Sara Noxx«, Melanie & Alex Spanke, Karina Ullmann, Sandra Vollbrecht, Namru La Vey & Jonah Wagner und last but not least die »Würfel Gang«, alias u.A. Christopher »Würfel« Hoffmann, Jasmin »Abbey« Butka und Henrik »Lil Bro« Hoffmann.

Es gibt noch sehr viele Menschen in meinem Leben, die zu kennen ich als Bereicherung empfinde und für die ich sehr dankbar bin, auch wenn wir uns nur selten sehen. Ohne Anspruch auf Vollständigkeit danke ich für ihr Erscheinen in meinem Leben Christian von Aster alias »seine Heiligkeit«; Sebastian Bartoschek; Sarah Burrini; Katrin Büscher; Saskia & Veit Etzold; Jana Fasbender; Flammenkuss und Romualdo alias »Proud flesh Bondage«; Anke Gehre; Markus Heitz; Andrea Jasmin alias »Schwarze Witwe«; Roman Kasperski; Daniel de Kock; Markus Köhler alias »Cruentus«, einem der beiden Begründer des »Nexus Noctis«; Julia Kordick; »Arielle« & Paul Landers von »Rammstein«; Steffi Leitz; Simon Michael von »Subway to Sally«; Nebula & Faustus; Silke Niggemeier; Luci van Org von den »Meystersinger«; Josephine Ostermeier; Tim Pape; Axel Petermann; Maria Rimbach; Sarah Saft; Satanka alias »Fräulein Schwarz«; Viki Scarlet & Chris Pohl von »Blutengel«; Thomas van de Scheck; Andreas Schwinkendorf & Markus Schwenk; Michael Simon; Valentin Sitzmann, Friederike Sonnenberg & Thomas Glocksin; Alexa und Alexander Waschkau alias »Die Hoaxillas«; Brigitte Weidemann & Jens Goldau; Nina Wlodarczyk & Sebastian Felzmann; Mado Wohlgemut & Christian Holler.

Außerdem danke ich:

Meinem unmittelbaren Vorgesetzten bei der »Brücke Dortmund e.V.« Volker Schattenberg, der unglaublich viel Geduld und Nachsicht mit mir und meinen Besonderheiten hat und dank dem ich die wunderbare Erfahrung gemacht habe, dass Menschen Leitungspositionen vollkommen ohne Narzissmus, dafür aber mit sehr viel Engagement, Herz und Verstand bekleiden können.

Susanne Haffner und Peter Strotmann, den großartigen Lektoren, wie immer beeindruckend kompetent und effizient.

Claudia Hector-Rullkötter; Klaus Lennartz, Nicole Reuter, Jonas Schacht, Susanne Schön und Hedwig Sonnabend, meinen Psychologenkollegen in der Sozialtherapeutischen Anstalt; sowie Ilse Beßler, die mit mir die Gewaltstraftäter-Rückfall-Prophylaxegruppe leitet und Jürgen Taege, der manchmal netterweise aushilft, wenn Ilse verhindert ist.

Den Ausbildern und Supervisoren des »Institutes für Psychologische Psychotherapie« (IPP), geleitet von Prof. Dr. Rainer Sachse. Vieles vom im IPP vermittelten Wissen zu Persönlichkeitsstörungen ist in dieses Buch eingeflossen.

Meinen wunderbaren Arbeitskollegen und dem Vorstand Peter Finkenspiep von der »Brücke Dortmund e.V.«, mit denen ich unheimlich gerne zusammenarbeite und dafür auch gern Fahrtwege von mehr als 200 Kilometern pro Tag in Kauf nehme.

Den langjährigen Admins, Orgas und Teilnehmern der SMJG, besonders Ava, aZrael, Doddo, Ecke, Essener, Félin; Garden; Gwenyvere; Impi, Mist, parash, sdarkshadow und wildheart_.

Ich freue mich in einer Zeit zu leben, in der es die SMJG gibt. Hoffe sehr, die Aufklärung, die wir betreiben, wird irgendwann genug Menschen erreicht und zum Ablegen ihrer Vorurteile bewegt haben. Danke, dass ich als Jugendschutzbeauftragte dazu beitragen kann.

»Geli« Angelika Maaß, Matthias T. J. Grimme und dem ganzen Team der BDSM-Zeitschrift »Schlagzeilen«.

Danke für die echt coole Zusammenarbeit seit Jahren.

»Lady Janine«, »Bizarrlady Bianca«, »Extremsklavin Niki«, »Sir Sid« und »Zofensklavin Eva«; freundliche und wertvolle Menschen, die mir erhellende und kluge Interviews zum Thema BDSM-Prostitution gaben.

Ich habe von euch vieles gelernt, unter anderem, dass es Menschen gibt, die freiwillig und selbstbestimmt als Sexworker arbeiten und dabei einen verantwortungsvollen sozialen Beruf ausüben.

Jeder soll nach seiner Façon selig werden.
(Friedrich II. von Preußen)

Literaturhinweise und Quellen

Dies ist eine unvollständige Literatur-Liste: Sie dient nur dazu, die direkt mit dem Text zusammenhängenden Quellen erkennbar und prüfbar zu machen. Quellen, die an mehreren Stellen im Buch genutzt wurden, sind, um Wiederholungen zu vermeiden, nur ein Mal angegeben. Eine deutlich umfassendere Literaturliste zu den einzelnen für das Buch genutzten Quellen ist auf meiner Internetpräsenz www.benecke-psychology.com im Abschnitt »Extras zum Buch: Sadisten – Tödliche Liebe« zu finden. Das Passwort lautet: »prudentia_potentia_est«.

Vorwort

Snopkowski, Andrzej (1982). *Trzy wyroki*. Krajowa Agencja Wydawnicza.

Sygit, Boguslaw (1989). *Kto zabija człowieka: najgłośniejsze procesy o morderstwa w powojennej Polsce*. Wydawn, Praawnicze.

http://www.baziaa.republika.pl/uwaga.html (2014). Karol Kot. 31.10.2014.

http://www.pila2.pl/wampir-z-krakowa/ (2014). Karol Kot – Wampir z Krakowa. 31.10.2014.

Kapitel eins – Sex, Liebe und Mord in New York

Zu Harry Thaw:

Nesbit, Evelyn (2005). *Prodigal Days: The Untold Story.* Julian Messner, New York.

Thaw, Harry (2013). *The Traitor.* Literary Licensing LLC, Whitefish.

Zu John Barrymore:

Barrymore, Diane; Frank, Gerold (1957). *Too much, too soon.* Frederick Muller, London.

Barrymore, Drew (1990). *Little Girl Lost.* Simon & Schuster, New York.

Amper, Susan (2003). Evelyn Nesbit, the Benevolent Vampire, and the Crime of the Century. *http://www.criminalelement.com/blogs/2013/03/evelyn-nesbit-the-be...entury-susan-amper-true-crime-historical-legal-wrangling-feminism* 31.10.2014.

Linder, Douglas (2014) Famous Trials – Harry Thaw Trials (Stanford White Murder) – 1907 & 1908. *http://law2.umkc.edu/faculty/projects/ftrials/thaw/thawhome.html* 31.10.2014.

Umfangreiche Berichterstattung über Harry Thaw und Evelyn Nesbit in den

Online-Archiven »California Digital Newspaper Collection«, »Chronicling America« und »New York Times Online«.

Whitaker, Jan (2012). Celebrity restaurants: Evelyn Nesbit's tea room. *http:// restaurant-ingthroughhistory.com/2012/03/26/celebrity-restaurants-evelyn-nesbits-tea-room/*31.10.2014.

Wick, Marilyn (2003). Truxtun and Marie Beale by Marilyn Wick. *http://archive. today/CywT* 31.10.2014.

Wang, Julia (2014). Drew Barrymore Biography / Celebrity Central *http:// www.people.com/people/drew_barrymore/biography/0,,20007949_10,00.html* 31.10.2014.

Lügenforschung:

DePaulo, Bella; Kashy, Deborah; Kirkendol, Susan; Wyer, Melissa (1996). Lying in Everyday Life. *Journal of Personality and Social Psychology,* 70/5, 979–995.

Gozna, Lynsey; Vrij, Aldert; Bull, Ray (2001). The impact of individual differences on perceptions of lying in everyday life and in a high stake situation. *Personality and Individual Differences,* 31, 1203–1216.

Pädophilie und Hebephilie:

Beier, K.M. (2013). Hebephilie als sexuelle Störung. *Fortschritte der Neurologie-Psychiatrie,* 81/3, 128–137.

Danicke, Sandra (2010). Das war Missbrauch! Felix Krämer über Kirchner. *http://www.art-magazin.de/szene/31607/felix_kraemer_ueber_kirchner_ interview* 31.10.2014. 31.10.2014

Kapitel zwei – Geschaffen für das Liebesdrama

Affekttaten:

Marneros, Andreas (2007). *Intimizid – Die Tötung des Intimpartners: Ursachen, Tatsituationen und forensische Beurteilung.* Schattauer, Stuttgart.

Weigend, Thomas (2014). *Strafgesetzbuch StGB.* Deutscher Taschenbuch Verlag, München.

Bindungsstile / Partnerschaft:

Bierhoff, Hans-Werner; Grau, Ina (2003). *Sozialpsychologie der Partnerschaft.* Springer, Berlin, Heidelberg.

Bierhoff, H.W. & Rohmann, E. (2005). *Was die Liebe stark macht. Die neue Psychologie der Paarbeziehung. (What makes love strong. The new psychology of pair relationships).* Rowohlt, Reinbek.

Diagnoseklassifikationssysteme

American Psychiatric Association. (1996). *Diagnostisches und statistisches Manual psychischer Störungen DSM-IV.* Hogrefe, Göttingen.

American Psychiatric Association (2013). *Diagnostic and Statistical Manual of Mental Disorders, Fifth Edition (DSM-5).* American Psychiatric Publishing, Arlington.

Dilling, Horst; Freyberger, Harald; World Health Organization (2013). *Taschenführer zur ICD-10-Klassifikation psychischer Störungen: nach dem Pocket Guide von J. E. Cooper.* Huber, Bern.

Gaslighting:

Santoro, Victor (1994). *Gaslighting: How to Drive Your Enemies Crazy.* Loom Panics Unlimited. Port Townsend, Washington.

Simon, George Jr. (2010). *In Sheep's Clothing: Understanding and Dealing with Manipulative People.* Parkhurst Brothers Publishers Inc, Michigan.

Stern, Robin (2007). *The Gaslight Effect: How to Spot and Survive the Hidden Manipulation Others Use to Control Your Life.* Harmony Books, New York.

Persönlichkeitsstörungen

Fiedler, Peter (2007). *Persönlichkeitsstörungen.* Beltz, Weinheim.

Sachse, Rainer (2004). *Persönlichkeitsstörungen – Leitfaden für die Psychologische Psychotherapie.* Hogrefe, Göttingen.

Priming:

Mayr, Susanne; Buchner, Axel (2007). Negative Priming as a Memory Phenomenon: A Review of 20 Years of Negative Priming Research. *Zeitschrift für Psychologie/Journal of Psychology,* 1/215, 35–51.

Psychopathie:

Hare, Robert (2005). Gewissenlo *Die Psychopathen unter uns.* Springer, Berlin, Heidelberg.

Traumastörungen:

Fiedler, Peter (2008). *Dissoziative Störungen und Konversion: Trauma und Traumabehandlung.* Beltz, Weinheim.

Kapitel vier – Jenseits von Shades of Grey; Kapitel fünf – Krank, krass oder kreativ? Sadismus, Masochismus und die Wissenschaft

Grundlegende Nachschlagewerke

Hoffmann, Arne (2003). *SM-Lexikon: Der Inside-Führer zum Sadomasochismus: Praktiken, Personen, Literatur, Film, Philosophie und vieles mehr.* Schwarzkopf & Schwarzkopf, Berlin.

Krafft-Ebing, Richard von. (1984). *Psychopathia Sexualis.* Matthes & Seitz, Berlin.

Passig, Kathrin (2000). *Die Wahl der Qual. Handbuch für Sadomasochisten und solche, die es werden wollen.* Rowohl, Reinbek.

Fiedler, Peter (2004). *Sexuelle Orientierung und sexuelle Abweichung: Heterosexualität – Homosexualität – Transgenderismus und Paraphilien – sexueller Missbrauch – sexuelle Gewalt.* Beltz, Weinheim.

Frischauer, Paul. (2006). *Knaurs Sittengeschichte der Welt.* AREA Verlag, Erfstadt.

Kapitel sechs – Von ungefährlichen und gefährlichen Sadisten; Kapitel sieben – Einfacher Sexverbrecher oder doch sadistischer Täter?; Kapitel acht – Die Sadismus-Formel

Allgemeine- und Persönlichkeitspsychologie:

Borkenau, Ostendorf. *NEO-Fünf-Faktoren Inventar (NEO-FFI) nach Costa und McCrae – Handanweisung.* Hogrefe, Göttingen.

Roth, Hammelstein. (2003). *Sensation Seeking.* Hogrefe, Göttingen.

Zimbardo, P. & Gerrig, R., (1999). *Psychologie.* Springer, Berlin, Heidelberg.

Emotionserkennung bei Borderlinern:

Fertuck, Eric et al. (2009). Enhanced ›Reading the Mind in the Eyes‹ in borderline personality disorder compared to healthy controls. *Psychological Medicine*, 39/12, 1979–1988.

Forensische Psychologie:

Musolff, Cornelia; Hoffmann, Jen (2006). *Täterprofile bei Gewaltverbrechen* (2. Aufl.). Springer, Berlin, Heidelberg.

Schilling et al. (2010). Aktenbasiertes Screening-Instrument Sadismus assoziierter Merkmale: Entwicklung und Evaluierung. *Recht und Psychiatrie (R&P)*, 28/4, 183 – 189.

Menschlicher Erstickungstod:

Sauvageau, Anny et al. (2011). Agonal sequences in 14 filmed hangings with comments on the role of the type of suspension, ischemic habituation, and ethanol intoxication on the timing of agonal response *The American Journal of Forensic Medicine and Pathology*, 32/2, 104–107.

Nekrophilie:
Aggrawal, Anil (2009). A new classification of necrophilia. *Journal of Forensic and Legal Medicine*, 16, 316–320.
Rosman, J. P.; Resnick, P. J. (1989). Sexual attraction to corpses: A psychiatric review of necrophilia. *Bulletin of the American Academy of Psychiatry and the Law*, 17, 153–163.

Sexualwissenschaften:
Berner, Wolfgang (2011). *Perversionen*. Psychosozial Verlag, Gießen.
Deutsche Gesellschaft für Psychiatrie, Psychotherapie und Nervenheilkunde (DGPPN) (2007). *Behandlungsleitlinien Störungen der sexuellen Präferenz (Praxisleitlinien in Psychiatrie und Psychotherapie)*. Steinkoff Verlag, Dresden.
Vetter, Brigitte (2009). *Pervers, oder? Sexualpräferenzstörungen*. Huber, Bern.

Pfannen-Würge-Todesfall:
Krause, Dieter; Mathes, Werner (2009). Tod nach Sadomaso-Sex: Schneewittchen und ihr schwarzer Prinz. *http://www.stern.de/panorama/tod-nach-sadomaso-sex-schneewittchen-und-ihr-schwarzer-prinz-661865.html 31.10.2014*.

Shibari-Unfall:
Welt Online (2011). »SHIBARI« – Italienerin stirbt bei erotischer Fesselung. *http://www.welt.de/vermischtes/article13596913/Italienerin-stirbt-bei-erotischer-Fesselung.html 31.10.2014*.

Kapitel neun – David Parker Ray

Fielder, Jim (2003). *Slow Death*. Kesington Publishing Company, New York.
Thinking about Philosophy (2012). DAVID PARKER RAY (Tonbandtranskription, entspricht der im Buch von Vernon Geberth 2010 abgedruckten Transkription). *http://thinkingaboutphilosophy.blogspot.de/2012/10/david-parker-ray. htm l 31.10.2014*

Kapitel zehn – Tötungsphantasien, Pornographie und Massenmedien

Sexualwissenschaften:
Schmidt, Gunter; Matthiesen, Silja (2010). Jugendsexualität zwischen Fakten und Fiktionen. *Vortrag auf der Fachtagung »Intimität im Netz – Sexual- und*

Medienpädagogik zwischen jugendlicher Selbstbestimmung und Gefährdung. http://www.jugendsex-forschung.de/dokumente/Jugendsexualitaet%20 zwischen%20Fakten%20und%20Fiktionen.pdf 31. 10. 2014.

Lisa-Marie:
Pinneberger Tageblatt (2014). Berichtsserie über den Fall. *http://www.shz.de/ suche/?q=Lisa-Marie+Tornesch* 31. 10. 2014.

Nachwort

Lewinski-Sträuli, Marianne (1989). *Japanische Dämonen und Gespenster. Geschichten aus zwölf Jahrhunderten.* Diederichs, München.

Vitt-Mugg, Valeska (2003). *Sexuell sadistische Serientäter: Analyse der Sozialisations- und Entwicklungsgeschichte von Tötungsdelinquenten.* Pabst Science Publishers, Lengrich.